D1672303

Peut-on lutter contre l'échec scolaire ?

Pédagogies en développement

Peut-on lutter contre l'échec scolaire ?

Marcel Crahay
(sous la direction de)

Pour toute information sur notre fonds et les nouveautés dans votre domaine de spécialisation, consultez notre site web : www.deboecksuperieur.com

© De Boeck Supérieur s.a., 2019
Rue du Bosquet, 7 – B-1348 Louvain-la-Neuve

Tous droits réservés pour tous pays.

Il est interdit, sauf accord préalable et écrit de l'éditeur, de reproduire (notamment par photocopie) partiellement ou totalement le présent ouvrage, de le stocker dans une banque de données ou de le communiquer au public, sous quelque forme et de quelque manière que ce soit.

Dépôt légal :
Bibliothèque nationale, Paris : Août 2019
Bibliothèque Royale de Belgique, Bruxelles : 2019/13647/003   ISBN 978-2-8073-1585-3

SOMMAIRE

Dr. Thierry Rocher
Chef du bureau de l'évaluation des élèves,
DEPP-Ministère de l'Éducation nationale
Président de l'IEA
(International association for the evaluation
of educational achievement)

1. UN LIVRE RÉSOLUMENT OPTIMISTE

La première édition de « Peut-on lutter contre l'échec scolaire? », datée de 1996, a assurément marqué ceux qui s'intéressent au fonctionnement des systèmes éducatifs. L'ouvrage de Marcel Crahay a même constitué pour nous une sorte de livre de chevet, c'est-à-dire un livre qui nous accompagne pendant des années, avec lequel on entretient une relation particulière, sur lequel on revient fréquemment, inlassablement, et dont on a l'impression de ne jamais épuiser le contenu. Son livre a eu une influence importante sur nos travaux et nos orientations professionnelles et scientifiques. C'est dire l'honneur qui est le nôtre de pouvoir écrire quelques lignes à propos de cette nouvelle édition.

Le titre accrocheur résonne à la fois comme un signal d'alarme et une provocation. Pour les acteurs engagés dans le domaine de l'éducation, « Peut-on lutter contre l'échec scolaire? » pourrait apparaître comme une question saugrenue, tant elle semble opposer une fatalité à l'idée même qui anime largement ces acteurs, celle de la réussite de tous les élèves. Le lecteur est ainsi interpellé : si la question se pose, c'est que le problème est profond et échapperait en partie à la volonté. De surcroît, si elle se pose à nouveau vingt ans plus tard, peut-on alors *encore* lutter contre l'échec scolaire ? Cela renvoie à un sentiment que connaissent bien les observateurs et les spécialistes de l'éducation : celui de la lenteur des évolutions et de l'absence de mémoire des systèmes éducatifs.

Cependant, le livre n'est pas pessimiste, bien au contraire. Le message consiste précisément à affirmer que l'échec scolaire n'est pas une fatalité. Ce n'est pas une donnée en soi, ni un phénomène qui toucherait inexorablement une partie des élèves. Non, l'échec scolaire est une construction, le produit de comportements, de croyances, d'habitudes, etc. Pour preuve notamment, le redoublement – en quelque sorte, une matérialisation de l'échec scolaire – s'applique de manière très variée selon les pays (chapitre 1). Ces grandes variations ne s'observeraient pas si l'échec scolaire était un phénomène inéluctable, « naturellement » distribué.

L'échec scolaire est donc systémique et doit être appréhendé à travers chaque rouage d'un mécanisme complexe qui interroge le fonctionnement des systèmes éducatifs, jusque dans leurs aspects profondément culturels : c'est l'ambition du livre. En outre, si l'échec scolaire est une construction, alors il est possible de lutter contre, dès lors que l'on pense que les systèmes peuvent être modifiés. Cette idée est donc très optimiste !

2. UNE QUESTION TOUJOURS D'ACTUALITÉ

Pourquoi une nouvelle édition ? Tout n'a-t-il pas été dit ? Le sujet du redoublement n'est-il pas clos ? Sur ce dernier point, c'est sans doute le sentiment que pourraient partager ceux qui suivent les nombreuses études pointant avec constance l'inefficacité de cette pratique.

En effet, déjà en 2004, pour la préparation des débats du Haut Conseil de l'évaluation de l'école (Hcéé) sur la question du redoublement, nous avions contribué à un dossier dont le titre – « Nouvelles analyses, mêmes constats » (Cosnefroy & Rocher, 2005) – indiquait clairement que les leçons anciennes étaient confirmées à travers l'analyse de données nouvelles. L'avis du Hcéé était d'ailleurs sans appel : le redoublement est inefficace, inéquitable et stigmatise les élèves (HCéé, 2004). Une dizaine d'années plus tard, la conférence de consensus portant sur le sujet du redoublement arrivait aux mêmes conclusions (Cnesco, 2015).

Malgré tout, le redoublement reste une « pratique profondément ancrée dans le système éducatif français » (HCéé, 2004). C'est pourquoi le HCéé préconisait une « mesure radicale » : « Il faudrait que les moyens, dégagés jusqu'ici par la prise en compte des redoublants au même titre que les autres élèves lors de l'allocation des dotations aux écoles et aux collèges, ne soient plus attribués qu'à l'issue de la négociation d'un projet alternatif prévoyant d'autres mesures de lutte contre les difficultés des élèves.». Dans un contexte général de maîtrise des dépenses publiques, le redoublement pourrait ainsi servir de levier à l'économie de moyens, en proposant des solutions d'accompagnement, moins onéreuses et plus efficaces.

C'est dans cet esprit que les taux de redoublement ont continué leur chute en France, chute qui s'est même accélérée depuis 2005, comme cela est montré dans le premier chapitre de cet ouvrage. Mais au-delà de la politique volontariste et des décrets, de manière plus générale, les conclusions de la recherche se sont diffusées dans le monde éducatif. Les résultats très médiatisés de PISA ont également joué leur rôle : «la France championne du monde des redoublements» pouvait-on lire en une des journaux en 2005, à la sortie du rapport annuel de l'OCDE *Regards sur l'éducation*. PISA a également permis de pointer les écarts de performances très impressionnants chez les élèves français de 15 ans, entre ceux qui ont redoublé et ceux qui n'ont jamais redoublé.

Cependant, même si les taux de redoublement ont diminué – et il faut s'en réjouir –, la pratique reste massive, même en France où la baisse est la plus spectaculaire : environ un élève sur cinq a redoublé au moins une fois à l'âge de 15 ans. Plus inquiétant, comme le montre le chapitre 1, dans la Fédération Wallonie-Bruxelles (ex. Communauté française de Belgique), les taux de retard ont quant à eux progressé depuis le début des années 2000 et, à 15 ans, près d'un élève sur deux aujourd'hui a redoublé au moins une fois !

Bref, la question est toujours très actuelle et on ne peut qu'être frappé par une telle dissonance opposant des résultats de la recherche qui condamnent le redoublement à une pratique toujours vive.

3.   PLUS QU'UNE NOUVELLE ÉDITION, UN NOUVEAU LIVRE

Si la question est ancienne, le livre est nouveau.

Tout d'abord, par rapport à l'édition de 1996, le livre est désormais écrit à plusieurs mains. Des auteurs, pour la plupart bien connus dans le monde francophone de la recherche en éducation, sont venus enrichir l'ouvrage. Leurs profils variés contribuent à faire de cet ouvrage un livre réellement interdisciplinaire.

Si ce nouvel opus reprend des apports fondamentaux, par exemple l'effet Posthumus sur lequel nous revenons plus loin ou bien certaines études ayant fait date, il s'est considérablement enrichi de nouvelles références. En vingt ans, de nombreuses recherches ont été réalisées, notamment sur les effets du redoublement, et l'ouvrage en rend compte de manière détaillée. De nouvelles perspectives sont également ouvertes, avec par exemple une conceptualisation des effets du redoublement sur les attitudes des élèves, envisagée sous l'angle nouveau des stéréotypes. En outre, des données supplémentaires ont fait leur apparition, provenant des évaluations internationales ou bien des organismes statistiques nationaux. Une réexploitation fine de ces données a été menée, afin d'actualiser les analyses. Enfin, et c'est un point très important, les auteurs eux-mêmes ont conduit un ensemble de recherches dont ils font état. Elles portent en particulier sur les enseignants, leurs pratiques, leurs conceptions, leurs croyances. Ce dernier point est sans doute celui qui est le plus largement revisité par rapport à l'édition de 1996, et constitue une étape importante : comprendre les mécanismes sous-jacents et agir dessus.

En effet, l'ouvrage – bien que très armé d'un point de vue conceptuel – ne propose pas une théorie, mais adopte une approche pragmatique. La nouvelle édition présente d'ailleurs celle de 1996 comme un manifeste, alors qu'en 2019 des pistes d'actions sont imaginées et expérimentées, à travers des « recherches-action », sur la formation des enseignants en particulier. En ce sens, le livre de 2019 répond de façon concrète à celui de 1996 qui affichait pour ambition de « contribuer de façon significative à la lutte contre l'échec scolaire » (édition 1996, page 7).

4. LA SCIENCE DANS TOUS SES ÉTATS

Bien que très différentes, les deux éditions ont cependant des socles communs importants. En particulier, elles s'appuient sur un corpus scientifique solide et diversifié.

En 1996, Marcel Crahay fustigeait le règne de l'opinion sur les faits, largement présent pour lui dans le champ de l'éducation : « L'éducation reste, trop souvent encore, affaire de bon sens, à moins que ce ne soit l'avis d'un quelconque *gourou* qui fasse autorité. » (page 23). Ce reproche n'est visiblement plus d'actualité dans l'édition de 2019. L'idée qu'une approche scientifique puisse dominer dans le domaine de l'éducation a-t-elle à ce point progressé depuis vingt ans, pour que ce ne soit plus un sujet aujourd'hui ? Nous voulons le croire.

Un autre aspect est sans doute révélateur : dans l'ouvrage de 1996, l'auteur s'interroge sur le champ disciplinaire dans lequel s'inscrirait l'ouvrage, quelque part entre la psychologie et la sociologie, avant d'opter au final pour les sciences de l'éducation. Le questionnement sur le positionnement disciplinaire a disparu dans l'ouvrage de 2019, ce qui de notre point de vue est très bon signe et révèle sans doute des convergences disciplinaires qui apparaissent plus évidentes aujourd'hui qu'hier et ne nécessitent pas de justifications. C'est une grande force des deux ouvrages que de mêler différentes traditions académiques, différentes perspectives. C'est encore plus frappant dans cette nouvelle édition, qui propose un panachage impressionnant d'approches, de méthodes et de données, complémentaires les unes des autres. Les sources sont multiples : départements statistiques, comparaisons internationales, recherches *ad hoc*, etc. Les méthodologies sont variées : études descriptives, expérimentales, quasi-expérimentales, etc. Le quantitatif est souvent complété par le qualitatif : il n'est pas rare que des verbatims succèdent à des tableaux statistiques. Chaque question semble ainsi s'appuyer sur le corpus de données et de méthodes le plus adapté.

5. LA STATISTIQUE À L'HONNEUR

Ayant une sensibilité particulière sur les aspects statistiques, qu'il nous soit permis de souligner la grande qualité des analyses conduites dans cette nouvelle édition. Les méthodes employées sont robustes et variées : analyses factorielles, modèles en classes latentes, modèles multiniveaux, etc. Certaines d'entre elles n'étaient d'ailleurs pas ou peu développées il y a vingt ans. Leur emploi permet d'éclairer les données sous un nouveau jour. En outre, les nombreux encadrés méthodologiques qui parsèment l'ouvrage sont tous extrêmement clairs et permettront aisément aux néophytes de comprendre les fondements de chaque méthode, ainsi que leurs intérêts respectifs.

Cette grande maîtrise des techniques statistiques est à mettre en avant, car elle est malheureusement encore assez rare dans le monde francophone de la recherche en éducation. Gageons que l'ouvrage fera naître des appétences en statistique !

6. LA COMPARAISON INTERNATIONALE COMME RÉVÉLATEUR

En 1996, PISA n'existait pas et la « starification » des évaluations internationales n'avait pas débuté. En vingt ans se sont développés de nombreux instruments, à travers les données fournies par Eurydice, l'IEA ou l'OCDE. Des comparaisons temporelles sont maintenant possibles, ce qui n'était pas le cas en 1996. L'édition de 2019 exploite très bien toute la richesse de ces données nouvelles, en conduisant à la fois des analyses de cas mais également des analyses statistiques macroscopiques.

Comme évoqué précédemment, le recours aux données internationales permet tout d'abord de démontrer le caractère relatif de l'échec scolaire : il procède d'une construction et ne s'impose pas comme une fatalité. En mettant en lumière des modes de fonctionnement différents, les comparaisons internationales sabordent l'idée de l'inéluctabilité de certaines pratiques.

En effet, pour encore nombre d'acteurs du monde éducatif, le redoublement reste une pratique sinon efficace, du moins nécessaire, dont on ne pourrait se passer. Par exemple, le redoublement serait nécessaire pour réduire l'hétérogénéité du niveau des élèves et permettre les conditions de l'enseignement. Or, il est des pays où le redoublement est exceptionnel, voire interdit, et où l'on favorise le passage automatique à la classe supérieure. Ces pays sont-ils pour autant moins efficaces et plus inégalitaires ? La mise en exergue de quelques cas, comme la Finlande ou le Japon, permet facilement de montrer qu'il n'en est rien. Bien entendu, le simple fait que la Finlande ou le Japon soient plus performants et plus équitables en termes de résultats des élèves que la France ou la Belgique ne suffit pas à condamner le redoublement : de nombreux facteurs entrent en jeu dans le niveau de performance et le degré d'équité d'un pays (facteurs économiques, sociaux, culturels, etc.). En outre, la politique de promotion automatique s'inscrit dans un ensemble plus global, impliquant une organisation différente du système scolaire, organisation qui elle-même peut sensiblement varier entre deux pays adeptes du passage automatique, comme c'est le cas pour la Finlande et le Japon dont les systèmes scolaires sont très différents sur bien des aspects. Ainsi, il est impossible d'affirmer que les compétences des élèves finlandais ou japonais seraient moins bonnes si une partie d'entre eux avait redoublé. De la même manière, on ne peut pas se déterminer sur l'évolution des compétences des élèves français si l'on supprimait brusquement le redoublement.

Cependant, les évaluations internationales permettent d'affirmer, et c'est là un résultat important, que le redoublement n'est pas la réponse *ad hoc* pour traiter la difficulté scolaire. À ceux qui pensent qu'il vaut mieux maintenir un enfant plutôt que de le «noyer» dans la classe supérieure où ses difficultés risquent de s'aggraver, un modèle «alternatif» leur est fourni par les pays qui favorisent le passage automatique et dans lesquels on n'observe pas plus d'élèves en difficulté qu'ailleurs, sinon moins.

Ce premier aspect est primordial et moins anodin qu'il n'en a l'air : la comparaison internationale sert de révélateur. L'étape suivante est de parvenir à identifier des éléments explicatifs des différences observées entre pays.

7.   UNE QUESTION DE CULTURE

Peut-on trouver des dénominateurs communs entre pays où se produisent des phénomènes similaires ?

Dans plusieurs pays, les taux de redoublement diminuent, mais en Fédération Wallonie-Bruxelles (FW-B) et en Autriche, ils ont augmenté depuis le début des années 2000. Comment expliquer ces variations ? L'étude proposée dans le chapitre 1 montre qu'il ne se dégage pas de lien très clair entre l'évolution des taux de redoublement et la manière dont sont organisés les systèmes éducatifs (hors promotion automatique évidemment). La sévérité des règlementations en cours n'apparaît pas non plus comme un facteur déterminant. Chaque situation est singulière.

À ce titre, les études de cas livrées dans le chapitre 1 sont instructives. Dans le cas de la FW-B, elle montre l'inefficacité des décrets en matière de réduction des taux de redoublements. D'autres moyens doivent être employés. En France, la politique adoptée a porté ses fruits, mais elle est sans doute difficilement exportable dans un système organisé de façon décentralisée. À Genève, une analyse plus fine fait apparaître des cultures très différentes dans le primaire et le secondaire. Enfin au Luxembourg, la baisse constatée ne trouve pas d'explication très affirmée… Il est ainsi difficile d'appréhender, d'un pays à l'autre, les différences d'évolution en matière de redoublement, et donc d'espérer pouvoir tirer des enseignements sur une politique à mener. Ce serait une question de culture, notion fréquemment convoquée au fil des pages.

L'édition de 1996 abordait déjà les comparaisons internationales avec lucidité : va-t-on pouvoir identifier les manières optimales d'organiser un système éducatif ? « Il faut d'emblée décevoir le lecteur : le présent ouvrage n'apporte pas de réponses définitives à cette ambitieuse question ». (page 22)

Comme les auteurs le soulignent, il serait intéressant de développer plus avant des études de cas pour comprendre les mécanismes qui opèrent différemment dans chaque pays et qui échappent pour l'instant à l'analyse.

8. DE NOMBREUX ÉLÉMENTS À CHARGE

Au-delà de l'étude de cas, une deuxième approche complémentaire est celle, plus quantitative, de l'analyse statistique macroscopique, qui repose sur des corrélations établies entre différentes variables caractérisant les pays.

Dans cet esprit, le chapitre 2 livre une étude très fouillée, à partir des données de PISA et de PIRLS. Si l'on tente un résumé succinct de ces analyses très complètes : la corrélation des taux de retard avec le niveau des élèves est négative, elle est positive avec le déterminisme social, négative avec le nombre d'élèves résilients, et positive avec la ségrégation entre établissements scolaires. En revanche, il est difficile de tirer des enseignements probants sur les pays dont le taux de retard a baissé : leurs indicateurs de performance ont varié de façon différente.

Bien entendu, ces analyses font apparaître des tendances générales et non des liens déterministes. Elles ne permettent pas de déduire directement des relations de cause à effet. Comme l'indiquait Torsten Husén, un des pères fondateurs de l'IEA et des évaluations internationales, à propos de la première grande enquête comparative sur les mathématiques : « il doit être clairement établi que la manière dont est conçue cette étude ne permet pas de confirmer l'existence de relations causales »[1] (Husén, 1967). Cependant, si les analyses corrélationnelles n'autorisent pas à trancher définitivement sur les effets de la pratique du redoublement, elles fournissent un faisceau d'éléments à charge montrant que les pays pratiquant le redoublement ont tendanciellement de moins bons résultats et sont plus inégalitaires. Cela ne constitue pas une preuve définitive mais les éléments à charge sont accablants.

9.   LES EFFETS : DE QUOI ET SUR QUI ?

Les comparaisons internationales parviennent à dégager des tendances macroscopiques, mais elles ne répondent pas directement à la question de l'impact du redoublement sur les élèves et leurs résultats. Le redoublement permet-il de traiter efficacement la difficulté scolaire ? Quels en sont les effets ? De nombreuses études ont abordé cet aspect et le présent livre y consacre un chapitre entier (le 3), fortement renouvelé, au regard d'études plus récentes ayant été conduites depuis la première édition.

Avant tout, il convient certainement de s'interroger sur le terme « effets » qui invite à traiter la question sous un angle que l'on pourrait qualifier de médical, où l'impact du redoublement sur la réussite scolaire serait appréhendé comme l'effet d'un traitement sur la santé des patients concernés. Outre d'épineux problèmes de méthodes abordés plus loin, cette conception interroge car, dans le cas du redoublement, la nature même du « traitement » est ambiguë et rend la question des « effets » plus complexe. Le redoublement est avant tout une pratique : à notre connaissance, il n'y a pas de conception théorique affirmée du redoublement comme moyen de lutte contre l'échec scolaire, au-delà de la simple idée de réitérer la même année d'enseignement. L'effet escompté provient du fait que le redoublant tirerait profit de cette année supplémentaire pour rattraper son retard et reprendre le chemin des progressions attendues.

Mais les conditions du redoublement sont rarement précisées, comme pourraient l'être celles d'un protocole de soin ou d'une méthode pédagogique. En premier lieu, la décision de redoublement laisse place à une part d'arbitraire très importante à la fois au niveau de l'élève, de sa famille, de son établissement, de sa classe, etc. Puis, la manière dont se

---

1.   *« It should be clearly stated that the design of this study does not allow for confirmation of imputed causal relationships. »*

déroule le redoublement n'est pas spécifiée de façon univoque. À chaque élève son redoublement. Dès lors, la mesure des effets du redoublement porte sur une action très variable selon les individus et les contextes, et aux contours assez mal définis.

En outre, les effets eux-mêmes sont potentiellement multiformes étant donné les diverses fonctions remplies par le redoublement (Draelants, 2008) : instrument de sélection des élèves, garant de l'idéal méritocratique, pratique visant à réduire l'hétérogénéité des classes, moyen d'asseoir l'autorité des enseignants, etc. Le redoublement touche ainsi à de nombreux aspects du système éducatif. Il est donc à craindre que les effets sur la réussite scolaire n'affectent pas seulement les redoublants eux-mêmes, pris individuellement, mais soient plus globaux. Un exemple : quid des effets du redoublement sur ceux qui ne redoublent pas, c'est-à-dire sur ceux qui échappent à ce qui peut être perçu comme une «punition» ?

10. PAS DE MÉTHODE MIRACLE

On le voit, il peut sembler quelque peu artificiel d'aborder la question des effets du redoublement sur la réussite scolaire, dans la même optique que celle des effets d'une méthode d'apprentissage ou d'un dispositif pédagogique, dont les objectifs et les modalités seraient clairement définis. En dépit de ce qui vient d'être énoncé, si l'on envisage le redoublement comme un «traitement» éclairé de la difficulté scolaire au niveau individuel, de redoutables difficultés méthodologiques se présentent pour en mesurer les effets.

À l'évidence, il ne suffit pas de comparer les performances des élèves ayant redoublé avec celles des élèves n'ayant pas redoublé. Nous serions alors leurrés par un «biais de sélection», puisque les élèves ayant redoublé sont – par définition – différents des autres, selon des caractéristiques – observables et non observables – liées à leurs performances scolaires et à leurs progrès futurs. La méthode idéale n'est pas réalisable : il faudrait comparer la réussite scolaire d'un élève ayant redoublé avec sa réussite s'il n'avait pas redoublé. Si l'approche expérimentale permet théoriquement de résoudre ce problème (en proposant ces deux alternatives à deux échantillons équivalents d'élèves), en l'espèce elle pose de sérieux soucis déontologiques. Ces difficultés méthodologiques sont remarquablement bien décrites dans le chapitre 3.

Nous sommes donc condamnés à comparer les élèves ayant redoublé avec des élèves «jumeaux», c'est-à-dire ayant les mêmes caractéristiques mais n'ayant pas redoublé, par exemple au moyen de méthodes dites de *matching*, qui consistent à apparier des élèves – redoublants et non redoublants – selon un ensemble de caractéristiques et à observer leurs écarts de réussite. Cependant, ces méthodes reposent sur l'hypothèse que les variables observées captent – en grande partie – les différences entre les deux groupes d'élèves, et que la décision de redoublement résulte alors d'un processus aléatoire indépendant des caractéristiques des élèves. Or, certaines variables inobservées ont pu jouer dans la décision de redoublement, et ces variables (dites endogènes) sont susceptibles d'expliquer de moins bonnes performances futures, indépendamment du fait que l'élève redouble ou pas. Issues de travaux en économétrie, des techniques statistiques ont été proposées pour résoudre cette difficulté et ont été appliquées récemment à la problématique du redoublement, par exemple, le recours à des variables instrumentales. Cependant, ces méthodes reposent sur des hypothèses parfois invérifiables.

11. DES CONCLUSIONS NUANCÉES MAIS CONFIRMÉES

Prenant en compte ces difficultés, de nouvelles analyses ont été conduites depuis 1996. Des méta-analyses plus rigoureuses nuancent les résultats et révèlent des effets globalement nuls ou faiblement négatifs, en se concentrant sur les études qui tentent de réduire le problème de biais de sélection, par la prise en compte des différences initiales de niveaux entre redoublants et non-redoublants.

En outre, des travaux plus récents, issus de la littérature économétrique, révèlent des effets positifs, mais seulement à court terme. Cependant, comme le rappellent les auteurs du chapitre 3, certaines de ces études sont réalisées dans des contextes très spécifiques. Ainsi, la décision de redoublement est parfois liée à la réussite des élèves à des tests standardisés. Dans ce cas, l'effet du redoublement est positif à court terme pour un élève situé «à la limite» du score-seuil mais s'estompe ensuite. Loin de la situation française, ces études montrent cependant qu'il ne serait sans doute pas plus efficace de simplement standardiser les décisions de redoublement.

Le chapitre 3 est très complet et aborde également des questions connexes : quid des effets du redoublement avec remédiations ? Quid du fait de retarder l'entrée au primaire ? Quid du lien entre redoublement et décrochage ? Etc.

En 1996, cette partie s'achevait par la question : «peut-on encore croire aux vertus du redoublement ?» (page 190) et la réponse était très clairement non. En 2019, les résultats sont présentés comme plus nuancés, plus complexes. Mais au final, il reste difficile de trouver des effets très positifs au redoublement, l'idée générale étant que lorsqu'ils sont positifs c'est de courte durée. La littérature scientifique sur les effets du redoublement reste donc globalement convergente : le redoublement n'est pas efficace du point de vue du progrès des élèves et constitue une mauvaise réponse à la question du traitement de la difficulté scolaire.

12. LA DOUBLE PEINE

Au-delà des effets sur les acquis eux-mêmes, des effets induits sont susceptibles de jouer négativement, comme ceux qui concernent l'impact sur la motivation des élèves que de nombreuses études ont pointés, déjà en 1996 : incompréhension de la part des élèves, loi du silence, dévalorisation, autant d'éléments qui impactent en retour les futurs apprentissages. Par ailleurs, les élèves redoublants sont victimes de discrimination. Le chapitre 4 rappelle utilement que les enfants intègrent très tôt, dès le début du primaire, des stéréotypes et en subissent des effets négatifs. Les élèves redoublants sont clairement l'objet de stéréotypes négatifs qui exercent sur eux une pression importante, en particulier en situation d'évaluation, ce qui affecte négativement leurs résultats.

Au passage et de façon anecdotique, notons que l'édition de 1996 parlait de doublement et non de redoublement, ce qu'un dictionnaire aurait pointé comme un régionalisme. Cependant, quelle étrangeté que la langue française ait ajouté ce « re » inutile et insistant, comme si précisément il fallait bien faire comprendre qu'il s'agissait de quelque chose de grave…

Sur la question de la stigmatisation, l'édition de 2019 adopte un nouvel angle, inspiré de la psychologie sociale, en ayant recours au concept de menace de stéréotype : les comportements des redoublants seraient influencés par la croyance qu'ils ont du potentiel regard négatif que l'on peut porter sur eux. Leurs performances en seraient ainsi altérées. Le mécanisme est décrit de manière plus fine : le redoublement a certes un effet négatif sur les dimensions socioaffectives, mais il ne serait pas totalement direct, il serait dû en partie à la menace de stéréotype. Les hypothèses sont intéressantes, mais comme l'indiquent eux-mêmes les auteurs, des recherches doivent être développées sur le sujet. Une question méritera sans doute une attention particulière : dans une situation de diminution des taux de redoublement, les élèves qui redoublent ne seront-ils pas encore plus stigmatisés et affectés négativement ? Comme pointé dans le chapitre 4, en situation de minorité, la menace de stéréotypes joue un rôle encore plus important.

13. LA CONNAISSANCE CONTRE LA CROYANCE

À ce stade, la question est claire : pourquoi persévérer dans une pratique dont on sait qu'elle produit des effets délétères ?

En fait, si le redoublement persiste, c'est qu'il s'inscrit dans un système de fonctionnement dans lequel les acteurs croient en son efficacité. Ce système renvoie en réalité à la notion plus générale de culture, et en particulier la culture de l'évaluation et de l'échec, telle que dénoncée par Marcel Crahay en 1996 et reprise ici. C'est la thèse du chapitre 5, qui implique de tester de nombreuses hypothèses sur le thème de l'adhésion au redoublement des différents acteurs : élèves, parents et en particulier enseignants.

Ce chapitre occupe une place importante dans l'ouvrage et a beaucoup évolué depuis l'édition de 1996, en centrant le propos sur le concept de croyance. De nouvelles recherches ont été conduites, dans différents contextes, en Belgique, en Suisse et en France, qui permettent d'interroger les croyances selon différentes perspectives.

Les auteurs interrogent d'abord la structure de ces croyances, qui concernent les enseignants en fonction mais également, de manière très intéressante, les enseignants en formation initiale, avant qu'ils ne débutent leur carrière. Pourquoi les enseignants croient-ils en l'efficacité du redoublement ? Un questionnaire a été développé et validé psychométriquement. Plusieurs dimensions sont identifiées et des échelles peuvent être construites, ce qui constitue une avancée tout à fait significative. Il ressort des études présentées que les croyances sur le redoublement ne seraient pas liées aux conceptions que les enseignants peuvent avoir de l'intelligence, du développement de l'enfant ou de la pédagogie par exemple. Comme le résument les auteurs : il y a ceux qui y croient et ceux qui n'y croient pas.

Néanmoins, et c'est une découverte importante, le niveau de connaissance des recherches scientifiques sur le redoublement semble jouer sur l'adhésion des enseignants. Autrement dit, le niveau de connaissance ferait baisser les croyances en les bienfaits du redoublement. Forts de ce constat, les auteurs n'en restent pas là : des expérimentations montrent que des actions de formations, apportant des connaissances scientifiques, peuvent faire évoluer les croyances sur le redoublement. Voilà une excellente nouvelle, très prometteuse, donnant une couleur particulière à l'édition de 2019, qui révèle des transformations réussies de la recherche en l'action.

14. LE CÔTÉ OBSCUR DE L'ÉVALUATION

Au-delà des croyances sur le redoublement, l'ouvrage s'attaque, comme en 1996, au sujet fondamental des conceptions et des pratiques des enseignants en matière d'évaluation. L'ouvrage pointe ainsi les deux visages de l'évaluation : la face lumineuse qui éclaire et soutient l'action pédagogique, et le côté obscur qui conduit à hiérarchiser les élèves et à traiter leurs différences en créant de l'échec scolaire.

Le dernier chapitre rappelle ainsi très utilement les fonctions multiples assignées à l'évaluation, en distinguant deux formes qui doivent être combinées pour conduire le maximum d'élèves vers la réussite : l'évaluation formative et l'évaluation sommative à référence critériée. Malheureusement, c'est souvent l'évaluation normative qui est privilégiée, c'est-à-dire l'évaluation comme moyen de classer les élèves entre eux, sans référence préalable ou absolue.

Les auteurs sont clairs : « Pour nous, l'ennemi à terrasser, c'est l'évaluation normative ».

Ils décrivent, comme en 1996, la loi de Posthumus, du nom du chercheur ayant montré que les enseignants ont inconsciemment tendance à produire une distribution gaussienne des résultats obtenus au sein de leurs classes. Ce phénomène, que d'autres appellent la « constante macabre », conduit ainsi à considérer des élèves en situation d'échec, de manière relative et indépendante de critères objectifs de maîtrise.

La décision de redoublement laisse ainsi la place à une part d'arbitraire très importante : le fait que les enseignants jugent leurs élèves de façon normative, à l'aune de leur classe, a des implications directes sur l'équité de la décision de redoublement : d'une classe à l'autre, des élèves seront amenés à redoubler et d'autres non, alors qu'ils présentent des niveaux d'acquisition similaires.

Peut-on faire bouger les lignes ? Là encore, l'ouvrage relate les résultats de recherches récentes et appliquées. Elles montrent d'abord que les enseignants font la distinction entre évaluation formative et normative. Néanmoins, le concept d'évaluation sommative critériée est appréhendé de manière contrastée selon les systèmes : les futurs enseignants du canton de Genève en ont une vision claire alors que cette forme d'évaluation est absente des représentations des enseignants en fonction en FW-B. Cependant, à nouveau, la bonne nouvelle est que ces conceptions sont modifiables par des actions de formation. Il est ainsi permis d'espérer des évolutions de conceptions et de pratiques sur la question de l'évaluation et donc sur celle du redoublement.

15. POUR UNE CULTURE ÉCLAIRÉE DE L'ÉVALUATION

La question du redoublement touche à bien des aspects des systèmes éducatifs. Elle interroge les représentations des acteurs, qui ont intégré dans leurs pratiques des croyances en contradiction avec les résultats de la recherche. Mais elle pose des questions plus fondamentales comme : un système scolaire peut-il exister sans échec ? La réponse à cette question renvoie à des conceptions plus profondes sur l'éducation. Comme il est dit dans l'ouvrage, d'une certaine manière, s'intéresser à l'échec scolaire, c'est avant tout s'intéresser aux enseignants, à leurs représentations et leurs pratiques, et moins aux élèves eux-mêmes.

Cette nouvelle édition insiste ainsi grandement sur la notion de culture. Mais comment agir sur une culture, comment la faire évoluer ? Si cela peut sembler difficile, l'ouvrage montre que des actions de formation peuvent être efficaces pour changer les représentations, lutter contre les croyances et au final modifier les pratiques. C'est un apport très important de l'ouvrage, de notre point de vue.

Nous terminerons en insistant avec les auteurs, sur le changement profond qui reste à opérer en matière de pratiques évaluatives. Le développement d'une culture éclairée de l'évaluation, basée sur des critères harmonisés, fiables et objectifs, indépendants de la subjectivité de jugements normatifs, est impératif. Le recours à des instruments standardisés, construits scientifiquement, intégrés dans les pratiques, en tant qu'outils professionnels et non en tant qu'instruments de classement, nous apparaît également indispensable afin de favoriser des jugements éclairés et équitables sur les difficultés que peuvent rencontrer les élèves, et leur apporter ainsi des réponses adaptées. Les programmes d'évaluations nationales et internationales auxquels nous contribuons, participent selon nous au développement de cette culture.

Pour conclure, il est grand temps que les pistes ouvertes par cet ouvrage soient considérées à leur juste mesure, dans l'espoir de faire naître des pratiques nouvelles, au service de la réussite de tous les élèves.

INTRODUCTION

Marcel Crahay

1. 1996, un Manifeste pour lutter contre l'échec scolaire
2. À propos de la notion d'échec scolaire et de sa mesure
3. À propos des effets du redoublement
4. Redoublement et inégalités sociales
5. Pourquoi les enseignants croient-ils dans les vertus du redoublement?
6. L'évaluation des élèves: Mister Hyde et Docteur Jekyll de l'enseignement
7. Dans quelle mesure les systèmes éducatifs peuvent-ils changer?

1.   1996, UN MANIFESTE POUR LUTTER CONTRE L'ÉCHEC SCOLAIRE

En 1996, date de sa première édition, le livre *Peut-on lutter contre l'échec scolaire ?* se voulait un Manifeste. Car la question posée en titre était oratoire. Le message du livre consistait à affirmer haut et fort qu'il est possible de lutter contre l'échec scolaire. L'éradiquer sans doute pas ; le réduire fortement, assurément.

Ce Manifeste engagé principalement contre le redoublement se fondait sur les données scientifiques disponibles à l'époque[1]. Au cœur de ce Manifeste, plusieurs thèses centrales étaient défendues :

1. Les échecs scolaires et, partant, les redoublements sont pour l'essentiel la résultante de décisions prises par les enseignants, décisions fondées sur un jugement porté sur les performances des élèves (celles-ci étant évaluées selon un schéma normatif visant à les classer dans le cadre d'une hiérarchie d'excellence) et leurs comportements en classe.

2. Ces décisions reposent sur une certaine conception de l'évaluation des élèves, conception sous-tendue par ce qu'il est coutume de nommer la loi de Posthumus consistant à croire que, dans toutes les classes, il y a un petit nombre de « bons » élèves, un grand nombre de « moyens » et quelques élèves « faibles », ainsi que par une série de croyances amenant les enseignants à croire aux bienfaits du redoublement.

3. Or, d'une part, la loi de Posthumus correspond à une conception normative de l'évaluation qui est, selon nous, contestable, et, d'autre part, la croyance dans les vertus du redoublement ne dispose pas de preuves empiriques qui permettraient d'en faire une certitude. Au contraire, le recensement des nombreuses études quasi expérimentales menées à ce propos tend à faire douter de son efficacité : il arrive souvent que les élèves faibles qui répètent une année primaire progressent moins rapidement que leurs pairs, également faibles, qui sont promus. De surcroît, les redoublants sont stigmatisés et tendent à perdre confiance dans leur capacité à réussir à l'école.

4. Renforçant la démonstration des études quasi expérimentales, les études internationales des systèmes éducatifs montrent que les pays où le redoublement n'est pas ou peu pratiqué ne subissent pas la baisse de niveau dont le spectre est régulièrement brandi par ceux qui veulent conserver l'école en son état.

---

1.   Les rééditions de 2003 et 2007 sont des versions « augmentées » par rapport à celle de 1996 ; notamment, le chapitre intitulé « Faut-il sélectionner pour être efficace ? », consacré aux apports des études internationales, a été enrichi des premières études PISA.

5. En définitive, certains pays (Belgique, France, Luxembourg, etc.) sont imprégnés d'une culture de l'échec considérant en quelque sorte que, si certains élèves n'échouent pas, la réussite des autres perd de sa saveur. Cette culture de l'échec n'est pas universelle. Bien plus, elle paraît contre-productive : les pays les moins sélectifs et, de ce fait, les plus égalitaires tendent à faire partie des systèmes éducatifs les plus performants.

Qu'en est-il un peu plus de vingt années plus tard ? Cette question se décline à deux niveaux : celui des recherches et celui de ce qui s'est passé sur le terrain scolaire. Notre objectif sera de les articuler afin de favoriser l'évolution des politiques éducatives, des croyances et pratiques en s'appuyant sur des informations solides tirées des recherches.

Qu'en est-il de l'état des recherches relatives à l'échec scolaire ? Qu'apportent aujourd'hui les études internationales qui se sont fortement développées depuis 2000, notamment avec PISA ? Dans quels sens ont évolué les études comparant l'évolution des élèves faibles qui redoublent et de ceux qui ne redoublent pas ? Que sait-on aujourd'hui à propos des croyances des enseignants, des parents et des élèves concernant cette pratique ? La conceptualisation du processus évaluation-régulation a-t-elle évolué et, si oui, dans quel sens ? Etc.

Notre Manifeste visait principalement la Communauté française de Belgique – désormais, rebaptisée la Fédération Wallonie-Bruxelles (FWB) –, la France et le Grand-Duché de Luxembourg, des systèmes gangrenés de façon importante par le fléau de l'échec scolaire ; le canton de Genève était également ciblé vu l'ampleur de son engagement politique et scientifique pour lutter contre ce fléau. Il est logique de s'interroger sur l'évolution des systèmes éducatifs visés par ce Manifeste. Ont-ils changé depuis l'ouvrage de 1996 ? Des politiques d'action publique ont-elles été mises en œuvre afin de lutter contre l'échec scolaire et, si oui, ont-elles engendré les effets escomptés ?

Ces questions visent principalement les pays mentionnés ci-dessus, mais pas seulement. Il est, en effet, légitime de reprendre la question que posait Paul dès 1997 : « Le redoublement à l'école : une maladie universelle ? » (Paul, 1997). La question est percutante. Elle a directement ou indirectement interpellé les chercheurs, mais aussi les organisations internationales (UNDP, UNESCO, UNFPA, UNICEF & World Bank, 1998) et la Commission européenne. Ainsi, après avoir produit un document intitulé « Améliorer les compétences pour le XXIᵉ siècle »[2], la Commission européenne a demandé

2. Conseil de l'Union européenne (2009). Conclusions du Conseil du 12 mai 2009 concernant un cadre stratégique pour la coopération européenne dans le domaine de l'éducation et de la formation (« Éducation et formation 2020 »), *Journal officiel de l'Union européenne*, C 119/2, 28 mai 2009.

à EURYDICE de se pencher sur la question. Un rapport couvrant 31 pays (les 27 États membres de l'UE, l'Islande, le Liechtenstein, la Norvège et la Turquie) a été publié sous le titre: *Le redoublement dans l'enseignement obligatoire en Europe: réglementations et statistiques* (2011). Cette étude d'Eurydice montre que cette pratique varie fortement entre les pays, un constat déjà réalisé en 1996. C'est aussi le constat tiré par Goos, Schreier, Knipprath, De Fraine, Van Damme et Trautwein (2013) dans leur article intitulé «How Can Cross-Country Differences in the Practice of Grade Retention Be Explained? A Closer Look at National Educational Policy Factors». Cette question est aussi au cœur du rapport d'Eurydice: outre les statistiques nationales, il explore les réglementations en la matière et s'efforce de déceler d'éventuels liens entre les unes et les autres. Le but des chercheurs d'Eurydice est évidemment d'identifier les réglementations et, plus largement, les politiques d'action publique qui pourraient avoir un effet réducteur sur les taux de redoublement. Ces deux questions – universalité du redoublement et pouvoir des réglementations visant à en limiter la pratique – sont traitées au chapitre 1.

2. À PROPOS DE LA NOTION D'ÉCHEC SCOLAIRE ET DE SA MESURE

Isambert-Jamati (1992) a consacré une intéressante étude à l'émergence du concept d'échec scolaire dans les milieux pédagogiques français. Elle a examiné plusieurs revues à large diffusion et s'est efforcée de repérer quand l'expression «échec scolaire» apparaissait et avec quelle signification. *Grosso modo*, il faut attendre les années 1960 pour voir apparaître de nombreux articles consacrés à ce thème. Auparavant, il n'est que rarement présent dans les titres des articles. Autre fait intéressant: l'acception du terme a changé. Au début des années 1950, on l'utilisait pour désigner «les enfants que l'on s'attend à voir réussir et qui sont cependant en échec»; autrement dit, l'échec était le propre des enfants issus de bonne famille qui, destinés à poursuivre des études longues, n'y arrivaient pas. La sociologue française fait justement remarquer qu'au début du XXᵉ siècle, nombreux sont les enfants de milieu populaire qui entament la scolarité primaire et l'abandonnent précocement. Pour ces enfants, on utilise l'expression débilité légère ou l'on n'en parle pas.

Discutant la contribution d'Isambert-Jamati, Hutmacher (1992) souligne que «le recours à la notion d'échec marque un moment de transformation du sens que les gens tendent à donner à des phénomènes par ailleurs connus» (p. 44). Rappelant qu'à la fin du XIXᵉ siècle et au début du XXᵉ siècle, on désignait les élèves en difficulté comme «vicieux, réfractaires, ascolaires, rebelles, asociaux, paresseux ou encore peu doués, inintelligents, débiles», il aboutit à une conclusion apparemment paradoxale : l'apparition de l'expression «échec scolaire» témoigne d'un progrès dans les conceptions pédagogiques. Pour lui,

> «L'explication des différences entre élèves […] ne laissait pas place à cette époque à la notion d'échec parce qu'il n'y a pas d'échec tant que l'on ne s'attend pas à une réussite, tant que l'explication renvoie à l'incapacité d'une fraction d'élèves, à des «tares» ou des «déficits» individuels sur lesquels l'école ne se donne pas prise» (Hutmacher, 1992, p. 45).

Plus loin, il précise sa pensée : «L'emploi généralisé de la notion d'échec scolaire pour l'ensemble des élèves en difficulté grave suppose en effet implicitement que l'on s'attend à ce que tous réussissent ou puissent réussir, ou du moins qu'on le souhaite» (p. 46). Autrement dit, si aujourd'hui on s'inquiète de l'importance de l'échec scolaire, c'est parce que l'idéal de la réussite scolaire pour tous s'est imposé. Incontestablement, ceci témoigne d'une évolution rapide des mentalités qui renvoie à la question de la plasticité ou de la faisabilité ou encore de l'éducabilité des individus. Ainsi, comme le souligne encore Hutmacher,

> «La généralisation de la notion d'échec […] marque une extension radicale de la représentation que se donnent les sociétés industrielles de la faisabilité des individus par des dispositifs organisés. Dans les écoles et dans les familles, en quelques décennies, on est passé d'une prétention de faisabilité restreinte à une prétention de faisabilité universelle» (p. 48).

Il est aisé de donner une définition théorique de la notion d'échec scolaire. Celle rédigée par de Landsheere en 1992 dans son *Dictionnaire de l'évaluation et de la recherche en éducation*, reste valable : «Situation où un objectif éducatif n'a pas été atteint» (p. 91). On la retrouve dans les textes officiels de différents pays. En voici un petit échantillon, trouvé sur le site Eurydice[3] :

- Belgique : L'échec scolaire se définit en Communauté française par «des objectifs cognitifs non atteints».
- Angleterre : «The school failure» concerne tout élève qui ne parvient pas à réaliser son «potentiel individuel».
- Espagne : «El fracaso escolar» s'appréhende par le taux d'échec aux examens et se définit par l'incapacité à «atteindre les objectifs généraux fixés par l'enseignement de base».
- Italie : «La dispersione scolastica o il fallimento nella scuola» sont considérés comme «l'incapacité à acquérir les connaissances de base» et appréciés par les taux de redoublement et d'abandon.

---

3. Source : EURYDICE (le réseau d'information sur l'éducation en Europe, www. eurydice. org).

Par-delà son évidence, cette définition dissimule une question technique difficile : la fixation d'un seuil de césure. Car pour évaluer dans quelle mesure un objectif est atteint, il faut soumettre les élèves à des épreuves ou observer leurs performances dans un certain nombre de situations problèmes. S'il arrive que certains élèves réussissent tous les items de l'épreuve et/ou n'échouent face à aucune situation problème, la majorité d'entre eux ont des scores dont la dispersion est plus ou moins grande selon les cas. Alors, où faut-il mettre la barre ? À 50 % ? À 60 % ?... Dans la « Pédagogie de maîtrise » de Bloom (cf. Crahay, 2012), le seuil de césure ou critère de réussite est situé à 80 %, parfois à 90 %[4]. Cependant, à la fin de sa définition, de Landsheere (1992) signale qu'il arrive que la césure soit fixée de façon purement arbitraire. Ce qui légitime la question que pose sa fille dans un article de la revue *Tribune libre* : « La réussite à l'école primaire. Une loterie ? » (De Landsheere, 1989). De surcroît, la réussite ou l'échec des élèves dépend de la difficulté des épreuves ou tâches à résoudre et, comme nous le rappellerons au chapitre 6, on observe à cet égard d'énormes différences selon les classes d'un même système éducatif.

Le problème est déjà fort complexe lorsqu'il faut déterminer le seuil de césure pour une épreuve portant sur une discipline. Sa complication est démultipliée lorsqu'il s'agit de prendre une décision de réussite ou d'échec en fin d'année. À ce moment, il faut tenir compte des différentes disciplines (langue maternelle, mathématique, histoire, géographie, etc.) et des poids différents qui leur sont accordés. Sur quelle base ? À notre connaissance, peu d'études existent à ce sujet. L'observation des écoles révèle à nouveau d'importantes variations à cet égard. Bien sûr, on observe des tendances : priorité de la lecture sur les autres disciplines au début du primaire ; plus de points accordés aux mathématiques et à la langue maternelle qu'à l'histoire ou la géographie dans la filière générale du secondaire. Pourquoi ? On peut penser que la répartition des points entre les disciplines traduit la valeur sociale que l'École et la Société leur accordent en cette époque. Car, en ce domaine, les choses peuvent fortement évoluer au cours des décennies ; il suffit de penser à la place du latin telle qu'elle a évolué dans l'enseignement secondaire au cours des cinquante dernières années. Cette question, que nous ne faisons qu'effleurer, est largement sous-estimée[5]. En effet, Dutrévis et Toczek (2007) ont montré dans une recherche menée en France, auprès d'élèves et d'enseignants du primaire, que les disciplines scolaires reflètent les stéréotypes de genre véhiculés dans notre société. Ces chercheuses travaillent actuellement sur des

---

4.   De Landsheere (1988) a traité cette question en profondeur dans son livre *Faire réussir, faire échouer. La compétence minimale et son évaluation.*

5.   Il nous faut reconnaître que nous ne connaissons pas de textes proposant une réflexion théorique sur la hiérarchie des disciplines ; peut-être un manque d'information de notre part.

données récoltées auprès des élèves du secondaire afin d'examiner si les effets observés au primaire se maintiennent, s'estompent ou, au contraire, augmentent avec l'avancée dans le cursus scolaire (Dutrévis et Toczek). Cette ligne de recherche a évidemment toute sa pertinence car on sait que les stéréotypes de genre, très présents et actifs dans nos sociétés, peuvent conduire les individus qui en sont la cible à obtenir de mauvaises performances dans certaines disciplines et, dans la foulée, engendrer des sentiments de compétence amoindris (par exemple : trop souvent encore, les filles ne se pensent pas mathématiciennes ou scientifiques). Ils peuvent même contaminer les goûts et les aspirations de chacun et donc éloigner de certaines filières ou disciplines des individus qui, pourtant, réunissent toutes les conditions pour exceller dans celles-ci.

Notons encore qu'à l'intérieur d'une même discipline, le poids accordé aux sous-disciplines joue un rôle dans la réussite ou l'échec des élèves. En FWB, la grammaire est une discipline respectée, enseignée très tôt (trop tôt selon nous) ; l'importance qui lui est accordée, affecte évidemment les évaluations et, partant, influe sur qui réussit et qui échoue. Faut-il en déduire qu'aimer lire est moins important, aux yeux de l'école, que maîtriser la grammaire et l'orthographe ? À ce stade de notre réflexion, ce point permet d'illustrer l'idée que l'échec scolaire des élèves paie un lourd tribut à l'arbitraire de la hiérarchie des disciplines et sous-disciplines et nous ne pensons pas que l'approche par compétences ait contribué à en diminuer l'importance. De plus, comme l'a montré le rapport d'Eurydice (2011), dans de nombreux pays, il est reconnu que la décision de faire répéter une année par un élève peut reposer sur une appréciation globale ; les éléments à prendre en compte dans cette appréciation ne sont que rarement précisés.

Par bonheur, il est possible de résoudre pragmatiquement le problème posé par la définition de l'échec scolaire, ceci dans la perspective des analyses projetées. **Un élève en échec scolaire est un élève dont il est décidé qu'il ne sera pas promu, c'est-à-dire qu'il ne pourra pas passer dans la classe supérieure.** Cette décision peut être prise (en particulier, au primaire) par un enseignant seul, mais c'est de plus en plus rare. Les législations au sein des systèmes éducatifs européens exigent de plus en plus souvent que la décision soit collective : avec le ou les enseignant(s) de l'élève concerné, mais aussi le directeur d'école et/ou d'autres spécialistes (psychologue, logopède, etc.). En outre, le point de vue des familles est désormais de plus en plus souvent pris en considération. Ainsi, diverses législations soumettent les décisions de redoublement à l'accord des parents (Eurydice, 2011).

Vu la définition de l'échec scolaire adoptée ci-dessous, le meilleur indicateur est le **taux de redoublement.** Des données à ce sujet sont disponibles pour de plus en plus de systèmes éducatifs. Hélas, ce n'est pas toujours le cas et, pour comparer les systèmes éducatifs, on recourt au **taux de retard scolaire**.

Sur un plan strictement technique, il est plus aisé de calculer un taux de retard scolaire que d'obtenir des pourcentages fiables de redoublement[6]. Connaissant l'âge théorique de fréquentation d'un niveau scolaire, on peut facilement repérer les élèves plus âgés d'une ou de plusieurs années, les compter et calculer leur pourcentage par rapport à la population des élèves qui fréquentent ce niveau[7]. Il va de soi que pareil calcul ne constitue qu'une estimation indirecte de l'échec scolaire. Parmi les élèves en retard scolaire, on trouve des élèves qui ont redoublé une ou plusieurs années, ceux qui ont entamé leur scolarité en retard parce qu'ils ont été maintenus en maternelle[8] ou dans d'autres structures éducatives, des enfants venus de l'étranger qui, ne maîtrisant pas la langue d'enseignement, ont repris la scolarité à un niveau inférieur à ce que prescrivait leur âge, etc.

Dès lors que l'on compare des chiffres venant de pays différents, il faut considérer que l'amplitude de ces différents facteurs varie. Ainsi, en Allemagne où une sélection drastique des élèves est opérée à la fin du primaire, les parents redoutent le redoublement et, dans l'espoir d'éviter cette expérience à leurs enfants, nombreux sont ceux qui retardent leur entrée dans le primaire. Par ailleurs, ce pays comme l'Autriche et les pays nordiques sont actuellement touchés par d'importants flux d'immigration venant des pays ayant appartenu au bloc soviétique ainsi que du Moyen-Orient. Un grand nombre d'enfants ou d'adolescents sont ainsi introduits au milieu du cursus scolaire et, pour faciliter leur insertion, sont retardés d'un an ou deux par rapport à leur âge légal.

D'autres difficultés surgissent encore lorsqu'on cherche à comparer les systèmes quant au retard scolaire. Il faut notamment tenir compte de la réglementation du pays en matière d'obligation scolaire et, plus particulièrement, de début de scolarité obligatoire. Dans certains pays, les enfants doivent avoir atteint l'âge de la scolarité obligatoire avant la rentrée scolaire. De plus, la date à laquelle l'élève doit avoir l'âge requis pour entrer dans l'enseignement obligatoire varie selon les cas : entre le 30 juin et le 30 septembre en Allemagne, le 31 août en Autriche et au Portugal, le 1er septembre en République tchèque, le 1er octobre en Estonie, le 31 mai en Hongrie, etc.

---

6.   On peut synthétiser la discussion développée ici en précisant les définitions suivantes : le «redoublement» (*grade retention* ou *grade repetition*) est le fait de répéter une année ; le «taux de retard scolaire» : connaissant l'âge théorique de fréquentation d'un niveau scolaire, on peut facilement repérer les élèves plus âgés d'une ou de plusieurs années, les compter et calculer leur pourcentage par rapport à la population des élèves qui fréquentent ce niveau.
7.   Cf. Eurostat qui donne la répartition par âge dans les niveaux CITE.
8.   Notons que l'on peut assimiler le maintien en maternelle à un redoublement.

(Eurydice, 2017a). Si leur anniversaire survient après cette date, les élèves doivent attendre l'année suivante pour entrer dans l'enseignement obligatoire et ont un an de plus que l'âge théorique d'entrée au moment de la collecte des données. PISA fournit désormais des données plus fiables : il est demandé directement aux étudiants âgés de 15 ans s'ils ont ou non redoublé.

3. À PROPOS DES EFFETS DU REDOUBLEMENT

Si l'inefficacité du redoublement est admise par une majorité de chercheurs, il n'en va pas de même pour les enseignants et les parents. Il est important de revenir une fois encore sur les études qui ont été menées par les chercheurs sur les effets du redoublement et qui ont amené certains d'entre eux à mettre en doute cette pratique. Les chapitres 2, 3 et 4 seront consacrés à cette question.

Depuis l'émergence de PIRLS (Progress in Reading Literacy Study) et de PISA (Programme International pour le Suivi des Acquis des élèves) au début des années 2000, on dispose de données internationales d'une envergure considérable. Certes, auparavant, l'IEA (International Association for the Evaluation of Educational Achievement), fondée en 1958, avait déjà fourni des données solides indiquant que les systèmes éducatifs qui n'ont pas recours au redoublement ou qui ne le pratiquent que de façon modérée ne sont pas victimes de la baisse de niveau redoutée par bon nombre d'enseignants et de parents (cf. Crahay, 1996 et surtout 2007). Sans développer ici les différences entre les programmes PIRLS et PISA (ce sera fait au chapitre 2), il faut souligner l'intérêt de la récurrence régulière des récoltes de données. Tous les cinq ans pour PIRLS et tous les trois ans pour PISA, une enquête est menée auprès d'élèves respectivement de 4e primaire et de jeunes de 15 ans dans un nombre important de pays. Dans le programme PIRLS, une enquête ciblant la lecture-compréhension a été conduite en 2001, 2006, 2011 et 2016. Ainsi, tous les cinq ans, les élèves ont été testés dans leur quatrième année après le début de l'apprentissage formel de la lecture. Les enquêtes PISA évaluent l'acquisition de savoirs et savoir-faire essentiels à la vie quotidienne au terme de la scolarité obligatoire. Les tests portent sur la lecture, la culture mathématique et la culture scientifique. Dans PIRLS comme dans PISA, les élèves remplissent en complément un questionnaire de contexte. Les responsables d'établissement répondent également à un questionnaire portant sur l'organisation de leur école. En définitive, avec PIRLS et PISA, les chercheurs disposent actuellement de données de performances ainsi que d'informations relatives aux élèves et aux écoles pour une série importante de systèmes éducatifs, qui permettent de suivre de manière rigoureuse les évolutions, vu le caractère cyclique des études. Il est également possible de mettre les différents paramètres mesurés en relation (notamment le taux de retard à 15 ans, dans le cas de PISA) et d'examiner d'éventuelles convergences d'évolution.

On devine l'intérêt des analyses ainsi rendues possibles. Le chapitre 2 rédigé par Lafontaine, Baye et Monseur y est dévolu. En conjuguant les deux programmes internationaux, il est alors possible de traiter du redoublement à deux niveaux : au primaire (données PIRLS) et au secondaire (PISA). Les analyses concernent les pays de l'OCDE à l'exception du Mexique, de la Turquie, du Chili et de certains pays asiatiques. Le taux de retard par pays est ainsi mis en lien avec une série d'indicateurs : performances, écart-type, pourcentage d'élèves peu et très peu performants, corrélation entre le statut socio-économique des élèves et leurs performances, variance entre écoles, risque relatif d'être en retard en fonction du statut socio-économique[9] (sous contrôle de la performance). Ces analyses sont répétées pour chacun des cycles de collectes de données.

Le chapitre 3, rédigé par Baye, Dachet et Crahay, reprend l'essentiel des études quasi expérimentales déjà mentionnées dans les versions antérieures (1996, 2003, 2007), mais est complété par des résultats plus récents. Le questionnement des études quasi expérimentales peut être formulé comme suit : confrontés à des élèves qui ont des difficultés d'apprentissage importantes, est-il bénéfique qu'ils recommencent l'entièreté de l'année scolaire au cours de laquelle ces difficultés sont apparues comme importantes ? Pour répondre à cette question, des études ont été menées afin de comparer l'évolution d'élèves faibles qui répètent une année scolaire à celle d'élèves également faibles mais qui ne redoublent pas. En 1996, 2003 et 2007, la revue de la littérature permettait de conclure de façon tranchée : en moyenne, les progrès des élèves faibles promus sont supérieurs à ceux des élèves faibles qui redoublent. Autrement dit, la répétition d'une année scolaire n'a pas l'efficacité que les enseignants lui prêtent. Depuis lors, de nouvelles recherches – principalement anglo-saxonnes – ont été menées, recourant à des analyses statistiques plus sophistiquées. En outre, il est devenu courant d'associer au redoublement des mesures pédagogiques visant à soutenir les élèves qui recommencent une année. Bien plus, dans certains États des États-Unis, la décision de redoublement échappe aux enseignants ; elle est prise sur la base d'un test officiel et les remédiations sont ciblées sur la réussite à ce test (Hugues, Chen, Thoemmes et Kwok, 2010). Le bilan est désormais plus complexe et plus nuancé ; il arrive que des effets positifs à court terme soient observés avant de s'estomper avec le temps.

---

9.   Dans le chapitre 2, les auteurs utilisent l'acronyme anglais ESCS (Economical and social status) car ils renvoient spécifiquement à l'indicateur construit dans le cadre de PISA.

Inefficace du point de vue des apprentissages scolaires (principalement à long terme), le redoublement a également des effets préjudiciables sur les dimensions psycho-affectives du développement des élèves. L'expérience de l'échec scolaire n'est pas anodine pour ceux que Dubet nomme les «vaincus de l'école» (2006). Le vécu des redoublants était déjà abordé dans la version originale. Elle est reprise ici dans une perspective théorique plus structurée, ancrée dans les apports de la psychologie sociale. Le concept central est celui de stigmatisation que l'on doit à Goffman (1963). Il désigne un processus qui marque un groupe d'individus d'un opprobre. Les stigmatisés subissent une réprobation sociale du fait d'une (ou de) caractéristique(s) qui les distingue(nt) de ceux considérés comme «normaux» et, de ce fait, appartenant au groupe dominant. Le processus de stigmatisation transforme une caractéristique, un comportement, une incompétence, une déficience, ou un handicap d'une personne en une marque négative ou d'infériorité. Il repose généralement sur un (ou des) stéréotype(s), ceux-ci étant connus et partagés par les dominants qui stigmatisent et par les victimes (les stigmatisés). Les stéréotypes influent sur les relations sociales même lorsque les individus refusent d'y adhérer. Au chapitre 4, Fresson et Dardenne partent de l'hypothèse que les redoublants sont victimes de stéréotypes dévalorisants, une hypothèse confirmée par la recherche de Crisafulli, Guida, Perreard Vité et Crahay (2002) ainsi que par celle de Farcoz (2003, cité par Crahay, 2007). Prenant appui sur les recherches ayant mis en évidence le phénomène de la menace du stéréotype, ils construisent une réflexion pour une large part exploratoire. Car, hélas, il n'existe que peu de recherches portant sur la stéréotypisation des redoublants. Or, très jeunes, les élèves connaissent le stéréotype du redoublant (Crisafulli *et al.*, 2002 ; Farcoz, 2003, cité par Crahay, 2007). Conscients de ce stéréotype sans nécessairement y adhérer, les redoublants sont très probablement victimes de la menace du stéréotype : dès lors que le stéréotype en question est activé, ces élèves confirment involontairement celui-ci par des performances faibles. Ce processus serait subtil. Obnubilé par le souci de ne pas correspondre au stéréotype qui leur colle à la peau (d'où des pensées et des émotions perturbatrices), les redoublants finiraient de manière quelque peu paradoxale par le confirmer. Des facteurs modérateurs peuvent avoir une influence amplifiant la menace du stéréotype ou, au contraire, en l'affaiblissant. Ceci est intéressant car on voit dans certains de ces facteurs des pistes d'action pour atténuer les effets délétères du redoublement. Par ailleurs, l'exposition chronique à un stéréotype dévalorisant peut aboutir à son internalisation. À partir de ce moment, l'estime de soi du redoublant serait mise en danger. Celle-ci peut vaciller (Dutrévis et Crahay, 2013), mais le redoublant peut aussi réagir par des stratégies de protection de soi. Afin de préserver son image de lui-même, il désinvestirait progressivement le domaine scolaire. Les conséquences n'en seraient pas moins préjudiciables. Dans cette perspective, ce ne serait pas tant le redoublement d'une année scolaire qui générerait des effets délétères, mais la dynamique sociale négative que celui-ci enclencherait, un processus dans lequel les compagnons de classe, les parents mais aussi les enseignants seraient – parfois, à leur corps défendant – parties prenantes.

Les chapitres 2, 3 et 4 constituent en quelque sorte un bloc (ou une section) avec les effets du redoublement pour objet. Ceux-ci sont envisagés sous des angles différents : les conséquences de la pratique du redoublement sur l'efficacité et l'équité des systèmes éducatifs au chapitre 2 ; l'amélioration des performances scolaires des élèves en grande difficulté scolaire au chapitre 3 et les effets de stigmatisation au chapitre 4.

Alors que les chapitres 3 et 4 envisagent les effets du redoublement au niveau individuel, le chapitre 2 les explore au niveau macroscopique, un niveau qui concerne peut-être moins les parents et les enseignants que les décideurs politiques qui ont la responsabilité de la qualité du système éducatif. Rappelons ici la question que posait Hutmacher en 1992 : l'école a-t-elle besoin de l'échec ? Car il importe de distinguer clairement les deux niveaux. Sur le plan individuel, il semble bien que le redoublement (sans autre mesure pédagogique) porte préjudice aux élèves faibles. Loin de les remettre en selle, il entrave leur progression scolaire, surtout sur le long terme. On peut également redouter des séquelles affectives du redoublement : attribuant leur échec à un manque de capacité (une cause interne et non contrôlable), certains élèves conçoivent un sentiment d'incapacité acquis. Et ce n'est pas tout. Les recherches indiquent également que le redoublement contribue de façon significative à la constellation de facteurs qui conduit au décrochage scolaire (chapitre 3). Au chapitre 2, Lafontaine, Baye et Monseur rappellent que le redoublement relève d'une logique de séparation (*versus* intégration) et participe à un processus d'orientation-relégation de certains élèves vers les filières les moins nobles. En définitive, on peut craindre que le redoublement n'introduise les élèves qui en sont l'objet dans une dynamique sociale et scolaire bien peu favorable à leur épanouissement.

4.   REDOUBLEMENT ET INÉGALITÉS SOCIALES

Tous les élèves ne sont pas égaux devant le risque de redoublement, du retard scolaire et finalement de décrochage scolaire. La première idée de bon sens qui vient à l'esprit cible les élèves immigrés : plus que les élèves autochtones, ils seraient candidats à l'échec scolaire. C'est, comme déjà expliqué dans la version de 1996, une hypothèse de bon sens car, qui dit élève immigré, dit élève qui, probablement, n'a pas pour langue maternelle la langue d'enseignement. De surcroît, un élève immigré est susceptible d'avoir un parcours chahuté : quand est-il arrivé dans son pays d'accueil et dans quelle année scolaire a-t-il été intégré ? Quel est le niveau socio-économique et culturel de ses parents ? Etc. Autrement dit, le fait d'être un élève immigré est souvent lié à d'autres caractéristiques qui, elles aussi, peuvent être invoquées par le bon sens comme des causes de l'échec scolaire.

Cette hypothèse de bon sens a été analysée dès 1993 par Hutmacher. Le sociologue genevois débute son analyse par le constat qu'à Genève les taux de redoublement enregistrés dans les trois premiers niveaux scolaires de l'enseignement primaire ont diminué de 1971 à 1975 pour connaître une recrudescence à partir de 1980. Or Hutmacher (1993) montre clairement que cette tendance ne correspond pas à l'évolution des taux d'élèves étrangers inscrits dans les écoles genevoises : c'est entre 1973 et 1979, c'est-à-dire pendant la période où l'on observe les taux de redoublement les plus bas, que le pourcentage d'élèves étrangers est le plus élevé. Ce qui lui permet d'affirmer : « On ne peut pas retenir l'hypothèse qui expliquerait l'augmentation des taux de redoublement par l'augmentation des élèves étrangers » (pp. 48-49).

En soi, ce constat est déjà convaincant. Hutmacher ne s'en satisfait toutefois pas. Afin de vérifier que l'augmentation des taux de redoublement ne tient pas à l'augmentation d'enfants immigrés dans les classes, il reprend l'analyse en excluant les élèves nés hors de Genève. Sont donc pris en considération les élèves suisses et étrangers nés à Genève. La conclusion est nette :

> Quelle que soit l'origine sociale ou nationale des écoliers, on retrouve parmi les élèves nés à Genève les tendances observées pour l'ensemble de la population, immigrés inclus. Dans tous les groupes, le taux de redoublement baisse jusqu'en 1975-76 puis augmente (pp. 67-68).

À titre d'illustration, on rapportera le tableau 1 ; les chiffres traduisent en fraction de pour cent moyen l'augmentation des taux observés entre 1975 et 1988 pour différentes catégories d'élèves.

Tableau 1 : Évolution (en pour cent moyen) des taux de redoublement enregistrés à Genève en première primaire entre 1975 et 1988. Coefficients ventilés en fonction de l'origine nationale et sociale des élèves (Hutmacher, 1993, p. 69)

	En tout	Élèves suisses nés à Genève	Élèves étrangers nés à Genève
Ouvriers & agents spic.	0,36	0,24	0,47
Employés & cadres intermédiaires	0,08	0,08	0,09
Cadres sup. & dirigeants	0,01	0,03	– 0,05
En tout	0,17	0,11	0,32

Lorsqu'on considère la population totale des élèves (Suisses et étrangers nés à Genève), on constate que les taux de redoublement ont globalement augmenté (+0,17). Cet accroissement affecte principalement les fils d'ouvriers (+0,36) et, dans une moindre mesure, ceux d'employés et de cadres intermédiaires. En revanche, les fils de cadres supérieurs et de dirigeants ne sont pas touchés par le phénomène. On retrouve des tendances identiques avec des ampleurs différentes lorsqu'on se concentre sur les élèves suisses nés à Genève, d'une part, et sur les élèves étrangers nés à Genève, d'autre part. Par ailleurs, on retrouve ici un phénomène qu'avait mis en évidence dès 1987 le même auteur : lorsqu'on tient compte de l'origine sociale des élèves, leur origine nationale et l'immigration ont une relation statistiquement limitée avec la réussite scolaire (Hutmacher, 1987).

Le mérite d'Hutmacher (1987, 1993) a été de tenter de dissocier l'effet propre du statut d'immigré et celui du statut socio-économique de la famille. Car, bien sûr, le sociologue genevois était conscient du fait qu'il existe différentes sortes d'immigrations : celle de main-d'œuvre peu qualifiée, de réfugiés politiques, de populations fuyant la guerre, mais aussi celle de personnes bien formées et recherchées par les employeurs eu égard à leur haut degré de compétence. De surcroît, un élève immigré ne parle pas nécessairement à la maison une autre langue que celle de l'école et il arrive que des personnes nées dans le pays ne la parlent pas. Ainsi, un Irlandais qui arrive aux États-Unis est un immigré qui parle à la maison la langue d'enseignement alors que, dans ce vaste pays, il existe un nombre important d'enfants de famille d'origine hispanique, vivant dans le pays depuis plusieurs décennies, qui ne parlent pas anglais à la maison. Bref, les relations entre ces trois variables sont plus complexes qu'il n'y paraît à première vue.

Grâce à PISA, les chercheurs disposent aujourd'hui de données internationales pour étudier l'influence qu'ont le statut d'immigré, le statut socio-économique et le fait de parler à la maison une autre langue que celle d'enseignement. Dans l'analyse qui suit[10], nous avons sélectionné les pays de l'OCDE auxquels nous avons ajouté les pays européens qui n'en font pas partie. Parmi les pays de l'OCDE, nous avons écarté les pays asiatiques (Japon, Corée), sud-américains (Mexique, Chili) et du Proche-Orient (Israël) dans la mesure où les contextes économiques ou éducatifs nous semblaient trop différents de ceux qui nous concernent en premier lieu. La variable dépendante – le retard scolaire à 15 ans – a été mesurée en combinant les réponses des élèves aux questions contextuelles qui leur demandaient s'ils avaient redoublé au primaire et/ou au secondaire. Dans ce même questionnaire de contexte, nous avons utilisé les réponses des élèves relatives (1) au lieu de naissance, (2) à la langue parlée à la maison, (3) à la profession

---

10.   Réalisées par Christian Monseur.

des parents. En ce qui concerne les analyses statistiques, il importe de tenir compte du caractère dichotomique de la variable dépendante : a ou n'a pas redoublé. Par ailleurs, il est possible de transformer les trois variables indépendantes considérées ici en variables dichotomiques : le lieu de naissance est transformé en une variable « né hors du pays » c'est-à-dire « étranger *versus* natif » ; la langue parlée à la maison devient « langue parlée à la maison autre que la langue d'enseignement », en codant 1 pour une réponse affirmative. Concernant le niveau professionnel des parents, nous avons attribué le code 1 aux élèves dont la famille est, au niveau national, parmi les 25 % les plus défavorisés sur le plan professionnel. Procédant de la sorte, nous pouvons rapportés les résultats des régressions logistiques auxquelles nous avons procédé sous la forme d'un odds ratio.

Encart 1. Odds ratio

Cet indice renvoie au nombre de chances (ou de risque) de voir apparaître une variable dépendante si une variable indépendante est présente ; par exemple le fait d'avoir redoublé lorsqu'on est étranger. Il s'agit d'un indice relatif en ce sens qu'il signifie que la catégorie d'élèves qui possède la caractéristique (dans notre exemple, être étranger) présente N fois plus de risque d'avoir redoublé que les élèves qui ne l'ont pas. Pour interpréter les chiffres présentés dans le tableau 2, il importe de considérer qu'un odds ratio d'une valeur de 1 représente un risque identique pour les deux sous-populations comparées. Si l'odds ratio est inférieur à 1 cela signifie que la catégorie étudiée présente moins de risque que la catégorie de comparaison. S'il est supérieur à 1, c'est l'inverse : la catégorie étudiée (par exemple, le fait d'être étranger) présente un risque plus grand d'avoir vécu un redoublement par rapport à la catégorie de comparaison (dans notre exemple, le fait d'être natif). Soulignons qu'étant donné que les valeurs obtenues l'ont été par des régressions logistiques, celles-ci sont à interpréter toutes choses égales par ailleurs ; autrement dit, il s'agit d'effets propres.

Tableau 2 : Caractéristiques personnelles et familiales des élèves ayant redoublé au primaire ou au secondaire avant 15 ans (PISA 2015)[11]

	Étranger	Autre langue parlée	Statut socio-économique bas
Allemagne			1,56
Australie	1,32		1,37
Autriche	1,55		
Belgique (Communauté flamande)	1,72	2,33	2,39
Belgique (FWB)		1,37	3,41

---

11.   Seules les valeurs significatives à p = 0,05 sont indiquées.

	Étranger	Autre langue parlée	Statut socio-économique bas
Belgique (Communauté germanophone)			2,23
Canada	0,71	1,54	2,22
Espagne	2,38	0,81	3,02
Estonie		3,85	2,92
États-Unis	0,69	1,76	2,02
Finlande		2,16	2,32
France			2,99
Grèce	2,54	2,29	2,25
Hongrie			3,51
Irlande			1,95
Italie	2,26		2,15
Luxembourg	1,26	1,60	2,20
Nouvelle-Zélande			1,72
Pays-Bas			1,59
Pologne			1,80
Portugal	1,71		3,27
République tchèque		3,05	3,64
Royaume-Uni	1,86	1,84	1,69
Slovénie		4,56	2,39
Suède	2,06	3,05	1,77
Suisse	1,46	1,44	1,52

Un constat saute d'emblée aux yeux : dans tous les pays, à l'exception de l'Autriche, le statut socio-économique de la famille influe sur la probabilité de redoublement. Ainsi, en FWB, un élève dont la famille est parmi les 25 % les plus défavorisés sur le plan professionnel court un risque 3,41 fois plus grand de redoubler qu'un élève appartenant à une famille moyenne ou supérieure du point de vue socio-économique. En France, être issu d'une famille pauvre multiplie le risque de redoubler par 2,99 et ceci toutes choses égales par ailleurs. Le poids du statut socio-économique sur la réussite scolaire est connu depuis les travaux de Coleman et de Bourdieu[12]. Le constat fait ici n'est donc pas surprenant. Il est néanmoins important de le rappeler. Car si le redoublement n'a pas l'effet de rattrapage escompté par beaucoup d'enseignants et si, au contraire, le redoublement est une expérience qui accroît le risque de décrochage scolaire, cette pratique

---

12.   Pour une revue sur cette question, le lecteur peut consulter Crahay et Felouzis (2012).

pédagogique est en définitive préjudiciable aux enfants issus des familles les moins fortunées.

D'autre part, dans certains pays, le fait d'être un élève étranger influe, toutes choses étant égales par ailleurs, sur la probabilité de redoubler. C'est le cas dans treize pays sur les vingt-six considérés par cette analyse. Quant au fait de parler à la maison une autre langue que celle de l'école, il influe sur le risque d'être en retard scolaire dans quatorze pays. Ces constats suggèrent que les mécanismes par lesquels un redoublement est décrété peuvent varier selon les pays, mais ils rappellent aussi que le redoublement menace au sein des différents systèmes éducatifs les élèves les plus fragiles. Considérant le redoublement comme résultant d'une décision prise au sein des écoles, basée notamment sur l'appréciation globale des élèves par les enseignants, on peut craindre l'effet de stéréotypes lorsqu'on découvre que le statut d'immigré a par lui-même un effet significatif dans autant de pays. Nous reviendrons aux chapitres 5 et 6 sur ce problème de l'arbitraire qui peut affecter les décisions de redoublement.

5. POURQUOI LES ENSEIGNANTS CROIENT-ILS DANS LES VERTUS DU REDOUBLEMENT?

Comme l'a souligné Dubet (2002a) dans son article « Pourquoi ne croit-on pas les sociologues? », il y a une certaine logique à penser que le redoublement puisse aider les élèves en grande difficulté. Puisque ceux-ci n'ont pas réussi à apprendre ce que l'on a tenté de leur faire apprendre, le bon sens consiste à essayer à nouveau. De plus, comme le disent des enseignants, laisser passer un élève c'est le confronter à de nouveaux apprentissages alors qu'il n'a pas les bases, qu'il ne maîtrise pas les prérequis. Faire redoubler un élève, c'est lui donner une seconde chance. Et, lorsque l'élève redouble dans la même classe c'est-à-dire avec l'enseignant qui a décidé le redoublement, celui-ci affirme observer des progrès. Certes, cet enseignant ne peut pas savoir ce qui se serait passé si cet élève avait été promu, une question que les enseignants se posent rarement en réalité. Or, comme expliqué ci-dessus, c'est à cette question que tentent de répondre les recherches quasi expérimentales et les résultats tendent à montrer que les effets du redoublement sont soit inexistants, soit s'estompent sur le moyen et le long terme. Plus précisément, Dubet (2002a) parle de « raisons raisonnables de ne pas croire les sociologues » (p. 13).

> [Il existe] des motifs rationnels de ne pas croire aux résultats des recherches [...] Pour cela, il suffit de se placer du point de vue des individus pour comprendre pourquoi ils peuvent accepter les analyses des sociologues, puisqu'ils croient à la science [...] sans y adhérer (Dubet, 2002a, p. 13).

Pour l'essentiel, l'idée développée par Dubet (2002) consiste à souligner que la réalité à laquelle les enseignants sont confrontés diffère de celle qui est étudiée par les sociologues (et les chercheurs en éducation). Les premiers sont dans le « local » et le particulier alors que les seconds se donnent pour objectif d'étudier les phénomènes à un niveau général, celui de la société. Pour Dubet, « le chercheur a incontestablement raison, mais l'acteur, lui, n'a pas tort de ne pas en démordre puisqu'il voit bien "son" redoublant progresser alors qu'il ne peut le comparer à rien et notamment aux progrès réalisés s'il n'avait pas redoublé » (p. 15). On peut ainsi comprendre que de nombreux enseignants croient dans les vertus du redoublement alors que les recherches ne le confirment pas. Dès lors, de notre point de vue, il est légitime de tenter d'appréhender au mieux comment fonctionnent les croyances des enseignants.

Bien des questions se posent, en effet, concernant les croyances des enseignants. Quelle est ou quelles sont leur(s) origine(s) ? La culture pédagogique ? Très probablement, puisque cette croyance est enracinée parmi les enseignants, les parents et les élèves de certains pays et qu'elle est considérée comme une aberration dans d'autres ; ainsi, une collègue japonaise, Ayuko Seedoka, nous disait que, dans son pays, faire répéter une année à un élève serait considéré comme de la maltraitance à son égard. La tradition ? Probablement que celle-ci joue aussi un rôle. Dans des pays comme la Belgique, la France, la Suisse, le redoublement se pratique depuis toujours ; plus justement, il semble bien qu'il en a toujours été ainsi. Ce qui est sûr, c'est que les enseignants en fonction n'ont jamais connu une école sans redoublement. Lorsqu'ils étaient élèves, leurs enseignants en brandissaient déjà la menace pour les faire travailler. Lorsqu'on leur parle d'une école sans redoublement, lorsqu'on leur dit que, dans certains pays, il a été aboli, c'est la surprise et l'incrédulité qu'on lit sur le visage de beaucoup. Autrement dit, on peut se demander dans quelle mesure ils ont été informés des recherches existantes et de quelle manière.

Par ailleurs, suffit-il d'être informé pour changer de croyances et suffit-il de changer de croyances pour changer de pratiques ? Si l'on pose ce questionnement à un niveau général, on se rappellera qu'il n'a pas suffi que Copernic (1473-1543) suivi par Galilée (1564-1642)[13] affirment, preuves à l'appui, que la terre n'était pas le centre du monde pour que l'héliocentrisme s'impose comme la vérité scientifique. Bien plus, aujourd'hui encore, cette vérité n'est pas admise par tous. Selon un sondage publié par Gallup en 2014[14],

---

13.   Il est intéressant de rappeler que plusieurs philosophes grecs – notamment Héraclide du Pont, vers 340 av. J.-C., Aristarque de Samos (310-230 av. J.-C.) – avaient déjà élaboré des théories héliocentriques.

14.   http://news.gallup.com/poll/170822/believe-creationist-view-human-origins. aspx?g_source=creationist&g_medium=search&g_campaign=tiles.

un Américain sur quatre pense que Dieu a créé l'Homme et la Terre il y a moins de 10 000 ans. 50 % acceptent l'idée d'une évolution guidée par Dieu.

Divers sondages conduits sur la période 2004-2012 montrent que le principe de l'héliocentrisme n'est pas encore compris par une large partie du grand public : 34 % des Européens, 30 % des Indiens, 28 % des Malaisiens, 26 % des Américains et 14 % des Sud-Coréens pensent ainsi que c'est le Soleil qui tourne autour de la Terre[15].

Et que dire de la théorie de Darwin concernant l'évolution des espèces : personnellement, nous la considérons comme une connaissance dont la validité se renforce au fur et à mesure des découvertes en biologie, mais les créationnistes la contestent et refusent qu'elle soit enseignée dans les écoles comme une théorie scientifiquement validée[16]. Bref, d'une manière générale, les croyances sont résistantes au changement.

Le concept de « croyances » a désormais tendance à se substituer au concept de représentation sociale, en particulier dans les publications anglo-saxonnes. Pourtant, ces deux concepts ont de nombreux points communs. Les recherches psychologiques dans le domaine des croyances sont nombreuses. Bien des incertitudes subsistent néanmoins. Par ailleurs, la distinction ou opposition entre croyances et connaissances n'est guère aisée à établir en particulier en ce qui concerne l'éducation. Le cas du redoublement présente l'avantage que de nombreuses recherches ont été réalisées à ce sujet et qu'une conclusion validée scientifiquement peut, selon nous, être tirée. Car, comme déjà écrit ci-dessus, les études quasi expérimentales (chapitre 3), qui s'efforcent de respecter au mieux le principe *ceteris paribus*[17] en comparant l'évolution des élèves redoublants avec celle d'autres élèves éprouvant des lacunes similaires, n'apportent pas la preuve que la répétition d'une année scolaire est bénéfique en elle-même[18]. De surcroît, les analyses que permettent les études internationales (PISA et PIRLS) renforcent cette conclusion : les pays qui usent volontiers du redoublement ne se montrent ni plus performants ni plus équitables que ceux qui n'y recourent qu'exceptionnellement ; les résultats des analyses tendent

---

15. Source : https://fr.wikipedia.org/wiki/H%C3%A9liocentrisme.
16. Dans certains États des États-Unis, de nombreux livres de biologie se voient apposer un autocollant sur la page de garde : « Ce livre contient des informations sur l'évolution. L'évolution est une théorie, pas un fait, relative à l'origine des êtres vivants. Ces informations doivent être approchées avec un esprit ouvert, étudiées soigneusement et considérées avec un esprit critique. ». Voir http://www.lemonde.fr/planete/article/2005/04/26/inquietante-offensive-des-creationnistes-americains_643115_3244.html.
17. Ou « toutes choses égales par ailleurs ». Cette expression est utilisée pour signifier qu'on s'efforce de comparer deux (ou plusieurs) groupes d'individus semblables idéalement en tout point à l'exception de celui dont on veut étudier l'effet, ici le fait d'avoir redoublé.
18. Il est devenu fréquent désormais d'associer des mesures de soutien au redoublement, ce qui évidemment change la donne. Nous reviendrons sur ce point au chapitre 3.

à montrer le contraire. On peut donc considérer qu'**en ce qui concerne les effets du redoublement, on est en possession de données de différentes natures permettant de douter de son efficacité**. Or nombreux sont les enseignants belges, français, luxembourgeois et suisses qui continuent à défendre l'utilité du redoublement.

En 1996 (ainsi que dans les versions suivantes), nous avions l'ambition de porter aux enseignants la connaissance des recherches (études quasi expérimentales et résultats des comparaisons internationales) avec, évidemment, l'espoir de bousculer les croyances largement partagées par les enseignants et les parents dans les bénéfices du redoublement. Notre point de vue n'a pas changé en ce qui concerne les effets du redoublement. Concernant la modificabilité des croyances, il s'est nuancé et ceci grâce aux recherches que nous avons menées ainsi que celles résultant de revues de la littérature. Au chapitre 5, des recherches menées dans plusieurs systèmes éducatifs (FWB, Genève, France, Luxembourg, Roumanie) seront analysées avec un certain détail. Des enseignants en fonction, mais aussi d'autres en formation, ont été interrogés à propos de leurs idées concernant le redoublement par questionnaire, mais aussi au cours d'entretiens qualitatifs. Leurs connaissances des recherches dans le domaine ont également été investiguées. Leurs conceptions concernant l'apprentissage, l'intelligence, l'évaluation mais aussi les principes de justice à privilégier à l'école ont été explorées. L'objectif était évidemment de repérer d'éventuelles relations entre ces différentes croyances, voire une éventuelle structuration de celles-ci. Il existe en effet plusieurs théories concurrentes à propos de la structuration des croyances (ou représentations sociales).

Dans la foulée de la théorie de Rokeach (1976) et d'Abric (1994), au début de nos recherches, nous faisions l'hypothèse de la centralité de certaines croyances. Pour rappel, Rokeach comme Abric, font l'hypothèse que les croyances ou représentations sociales sont organisées selon une structure noyau-périphérie. Pour changer en profondeur les croyances d'une personne, il faut toucher le noyau ; les croyances périphériques jouent une sorte de rôle protecteur par rapport à celle(s) qui est (ou sont) au centre ou, si l'on veut, au cœur de la structure. En 1996, nous faisions l'hypothèse que la croyance en l'innéité de l'intelligence constituait le noyau de la structure des croyances sous-jacentes à la pratique du redoublement. Cette hypothèse reposait sur l'étude de Smith (1990). Cette chercheuse américaine avait interrogé quarante enseignants opérant au niveau *Kindergarten*, c'est-à-dire de l'école maternelle[19]. Elle constatait que les enseignants qui avaient une conception maturationniste du développement ont une confiance absolue dans les effets

---

19.   Ce niveau scolaire présentait, au moment de l'étude, un intérêt particulier. Aux États-Unis s'est développé un courant d'idées affirmant que les enfants devraient entamer leur scolarité primaire à des âges différents. Les enseignants des *Kindergarten* se sont

positifs du redoublement et l'utilisent davantage que leurs collègues qui ont d'autres conceptions du développement. Afin d'étayer l'idée selon laquelle les pratiques des enseignants sont – au moins partiellement – déterminées par leurs théories spontanées du développement, Smith opposait les enseignants qui suggéraient fréquemment de retarder le début de la scolarité primaire de certains enfants (ceux-là le font pour 10 % au moins de leurs élèves) et ceux qui usaient de cette mesure avec parcimonie. À partir de là, elle établit un tableau (tableau 3), dont les chiffres parlent d'eux-mêmes.

Tableau 3 : Relations entre les conceptions du développement professées par 40 enseignants du niveau maternel et leurs pratiques de redoublement (Smith, 1990)

Enseignants qui	Proposent fréquemment le redoublement	Proposent rarement le redoublement
ont une conception maturationniste du développement	16	3
ont une conception interactionniste du développement	3	18

Ainsi, pour les enseignants qualifiés par Smith de « nativistes », confrontés à un enfant qui n'est pas prêt à aborder la scolarité primaire, la meilleure chose à faire est de lui accorder un temps supplémentaire. Par ailleurs, Smith constate que, quelle que soit leur conception du développement, les enseignants n'envisagent pas que le redoublement puisse avoir des effets nocifs. Lorsque la question leur est posée explicitement, ils évoquent des inconvénients temporaires. Ainsi, ils imaginent la difficulté d'accepter la décision, d'éventuels problèmes d'insertion dans la nouvelle classe et surtout la tristesse occasionnée par la séparation d'avec les condisciples de l'année écoulée. Dans tous les cas, ils soulignent le caractère passager de ces difficultés. Plus significatif encore : tous les enseignants hormis trois pensent qu'en cas de doute, il est préférable de décider un redoublement que d'opter pour la promotion[20]. Dans la foulée, l'analyse d'entretiens menés par Burdevet (1994, cité par Crahay, 1996, 2003 et 2007) auprès de onze enseignants primaires genevois conduisait à des constats similaires. Nombreux étaient les enseignants qui invoquaient le manque de maturité pour justifier le redoublement.

---

ainsi vus confier une nouvelle fonction : repérer les enfants pour lesquels il serait salutaire de retarder leur entrée dans le cursus primaire.

20. En fin d'interview, Smith posait la question suivante : « Selon vous, quelle erreur est la plus susceptible d'être préjudiciable au développement d'un enfant : lui faire répéter une année alors qu'il aurait pu suivre avec fruit les enseignements de l'année à venir ou le promouvoir alors qu'il aurait fallu lui faire répéter son année ? »

Depuis lors, nous avons approfondi l'analyse des croyances des enseignants à propos du redoublement dans le cadre d'un Fonds national suisse (FNS) de la recherche (2010-2014). L'objectif était d'étudier, d'une part, l'évolution et la structuration des croyances et connaissances relatives au redoublement, mais aussi à l'apprentissage, l'intelligence, l'évaluation et les principes de justice et, d'autre part, les processus évaluatifs et décision-nels conduisant au redoublement. La recherche a porté sur des enseignants en formation de France, FWB, Genève et Roumanie et d'enseignants en fonction de FWB et à Genève. Dans la foulée des travaux de Bless, Bonvin et Schüpbach (2005), nous nous sommes intéressés aux décisions de redou-blement : quand sont-elles prises ? En cours d'année ou en toute fin d'année ? Quels sont les éléments principaux qui interviennent dans ces décisions ? Quel rôle jouent les croyances concernant le redoublement ?

Au chapitre 5, ce programme de recherches est détaillé et les résul-tats obtenus relatés et discutés minutieusement. Car, en définitive, en ce qui concerne les croyances psychopédagogiques des enseignants et, surtout, la possibilité de les transformer en profondeur, les conclusions que l'on peut tirer actuellement doivent être formulées avec nuance. Le sujet est loin d'être clos et il faut espérer que, dans le futur, de nouvelles recherches permettront d'avoir une vision claire en ce vaste domaine. Signalons dès à présent que l'on observe des différences entre les enseignants des différents pays et que celles-ci corroborent les taux de retard et de redoublement observés par ailleurs. Ceci laisse évidemment penser qu'il y a une liaison entre croyances à propos du redoublement et sa pratique. Toutefois, il serait prématuré de tirer la conclusion qu'il suffit de changer les croyances des enseignants pour transformer leurs pratiques. Certes, on peut penser qu'il y a une utilité certaine à « travailler » les croyances psychopédagogiques des enseignants, mais cela ne suffit pas pour changer radicalement les choses dans la lutte que nous menons contre l'échec scolaire.

6.   L'ÉVALUATION DES ÉLÈVES : MISTER HYDE ET DOCTEUR JEKYLL DE L'ENSEIGNEMENT

La problématique de l'échec scolaire est intimement liée à celle de l'évaluation des apprentissages des élèves ; plus justement une évaluation qui sanctionne, qui classe, qui sélectionne et qui contribue à l'exclusion de cer-tains élèves – à titre métaphorique, le Mister Hyde du roman de Stevenson (1886). Mais un dispositif d'évaluation à visée formative ou régulatrice peut aussi soutenir les apprentissages, aider les élèves à progresser, contribuer aux ajustements pédagogiques nécessaires pour envisager la réussite du plus grand nombre – le Docteur Jekyll... Il y aurait donc une « mauvaise » évaluation et une « bonne » évaluation.

Dans le chapitre 6, nous avons regroupé deux chapitres qui, dans la version initiale, étaient séparés : « Comment l'évaluation peut engendrer l'échec » (chapitre 2) et « Est-il possible de mettre l'évaluation au service de la réussite et de l'apprentissage des élèves ? » (chapitre 7).

Il reste nécessaire de rappeler les travaux de l'équipe APER de l'Université de Liège, qui ont montré qu'à compétences égales certains élèves sont mis en redoublement tandis que d'autres sont promus. Cette recherche a en quelque sorte été répliquée par Bless, Bonvin et Schüpbach (2005). De manière générale, les biais qui peuvent entacher une évaluation qu'elle soit écrite ou orale sont connus des chercheurs. Mais sont-ils connus des enseignants ?

Autre questionnement d'importance : les enseignants ont-ils conscience des différentes fonctions que peuvent remplir les évaluations ? À nouveau grâce au soutien du FNS, un ensemble d'enquêtes ont pu être menées pour investiguer les conceptions qu'ont les enseignants du primaire (en formation et en fonction) de plusieurs systèmes éducatifs : Bulgarie, FWB, Genève, Turquie. Des différences notables selon les systèmes éducatifs et entre enseignants d'un même système ont pu être mises en évidence. Il semble légitime de penser que ces conceptions différentes ont des consé-quences sur la régulation des apprentissages des élèves et, partant, de leur réussite ou leur échec.

Pour lutter contre l'échec scolaire, un enjeu n'est-il pas de penser et, donc, de **coordonner les fonctions pédagogiques de l'évaluation dans une même finalité de soutenir et de valoriser les apprentissages des élèves** (Mottier Lopez, 2015) ? Mais quelles sont alors ces façons de penser l'évaluation eu égard aux travaux, nombreux dans la littérature de recherche, qui ont montré les influences, les limites, les biais qui affectent les jugements évaluatifs des enseignants ? Quels sont les résultats de recherche actuels sur une « évaluation soutien d'apprentissage » (Allal et Laveault, 2009) susceptible de transformer les croyances et les pratiques à propos d'une évaluation souvent perçue comme étant d'abord menaçante (Butera, Buchs et Darnon, 2011), plutôt que formative et bienveillante ?

7. DANS QUELLE MESURE LES SYSTÈMES ÉDUCATIFS PEUVENT-ILS CHANGER ?

Dans tous les pays, les écoles sont habitées par des enseignants et des élèves ; elles sont entourées de parents. Les uns et les autres – enseignants, parents et élèves – ont des croyances. Concernant le redoublement, celles-ci sont généralement convergentes au sein des systèmes éducatifs. Ainsi, si on prend le cas de la FWB, une majorité d'enseignants, de parents et même d'élèves continuent à croire dans les vertus du redoublement (chapitre 5). En revanche, dans des pays comme la Finlande, la Norvège, la Suède et même le Japon, cette pratique paraît barbare. On pourrait penser qu'il suffirait de changer les croyances des acteurs éducatifs (enseignants, parents et élèves) dans les pays où le redoublement est pratiqué couramment pour que les choses changent. En les encourageant à faire usage régulier d'évaluation formative et, plus largement, des pratiques de régulation des apprentissages, on devrait pouvoir faciliter ce changement. Hélas, les choses ne sont pas aussi simples.

L'école est une institution[21], c'est-à-dire une structure sociale (ou un système de relations sociales) dotée d'une certaine stabilité dans le temps. Selon Hauriou (cf. Millard, 1995), les institutions sont des groupements humains dominés par une idée d'œuvre à accomplir – le maintien de l'ordre pour la police, la diffusion du christianisme pour l'Église ou l'accumulation de capital pour l'entreprise. « Une institution sociale est une entreprise dont l'idée domine tellement le personnel des agents qu'elle est devenue pour eux une œuvre à accomplir[22]. » Dans leur livre *À l'École. Sociologie de l'expérience scolaire*, Dubet et Martuccelli (1996) écrivent :

> Longtemps, on a pensé que l'école était une institution transmettant par le biais des connaissances et par la forme même de la relation pédagogique, les normes et les valeurs générales d'une société. [...] L'école chrétienne fabriquait des chrétiens, celle de la République, des Français et des citoyens rationnels (p. 11).

On retrouve dans cette citation l'influence de Durkheim et la définition de l'éducation qu'il livre dans *Éducation et sociologie* (1985) :

> L'éducation est l'action exercée par les générations adultes sur celles qui ne sont pas encore mûres pour la vie sociale. Elle a pour objet de susciter et de développer chez l'enfant un certain nombre d'états physiques, intellectuels et moraux que réclament de lui et la société politique dans son ensemble, et le milieu spécial auquel il est particulièrement destiné (p. 51).

Pour Durkheim, « l'homme que l'éducation doit réaliser en nous, ce n'est pas l'homme tel que la nature l'a fait, mais tel que la société veut qu'il soit ; et elle le veut tel que le réclame son économie intérieure » (p. 100). L'école est l'instrument créé par la société pour réaliser cette socialisation.

Conjointement à cette fonction de socialisation, l'école doit également remplir, selon Dubet et Martuccelli (1996), deux autres fonctions : une

---

21. Pour Durkheim (1871, pp. XXII-XXIII), le concept d'institution est fondateur de la sociologie ; il permet sa construction comme une science sociale autonome : « On peut [...] appeler institutions, toutes les croyances et tous les modes de conduite institués par la collectivité. La sociologie peut être alors définie comme la science des institutions, de leur genèse et de leur fonctionnement. »
22. https://fr.wikipedia.org/wiki/Institution_(sociologie)

fonction d'éducation et une fonction de distribution. La fonction éducative vise à former des individus rationnels, c'est-à-dire capables de penser par eux-mêmes. La fonction d'éducation est en tension par rapport à la fonction de socialisation. L'école moderne veut éviter l'endoctrinement, tout en formant des citoyens qui partagent des valeurs communes. Selon les termes des deux sociologues français, «l'éducation devait assurer simultanément l'intégration de la société et la promotion de l'individu» (Dubet et Martuccelli, 1996 p. 12)[23] ou, un peu plus haut dans le même paragraphe, l'école de la République s'est donné pour but de former «à la fois des Français partageant les mêmes valeurs, et des citoyens capables d'exercer un jugement personnel». Enfin, l'école doit assumer une fonction de distribution en ce sens qu'elle

> attribue des qualifications scolaires possédant une certaine utilité sociale dans la mesure où certains emplois, positions ou statuts sont réservés aux diplômés. L'école répartit des «biens» ayant une valeur sur les marchés professionnels et la hiérarchie des positions sociales (p. 24).

Nous postulons que, dans tous les systèmes éducatifs du monde, ces trois fonctions sont assumées d'une manière ou d'une autre. La locution d'une manière ou d'une autre est importante, car elle permet de tenir compte du fait que l'École en tant qu'institution assumant les trois fonctions définies ci-dessus a adopté des formes d'organisation différentes selon les pays, mettant l'accent de façon différente sur ces trois fonctions. En France, l'enseignement primaire comporte cinq années et le secondaire en compte sept alors qu'en FWB, il y a six années primaires et six années secondaires. Dans les pays d'Europe du Nord (Danemark, Finlande, Islande, Norvège, Suède), l'école de base s'étale sur neuf années et le secondaire sur trois. L'école primaire comporte bien des similitudes d'un pays à l'autre. En revanche, le niveau secondaire présente des organisations très différentes selon les pays. D'abord, il démarre à des moments différents. Ainsi, en Allemagne et en Autriche, la scolarité primaire dure quatre ans, commençant à 6 ans et s'achevant à dix ans, ce qui signifie que le secondaire débute alors que les enfants ont onze ans. Dans la plupart des autres pays, le secondaire commence à douze ans et, comme déjà dit, il commence à 16 ans dans les pays du Nord de l'Europe. Dans un certain nombre de pays, le secondaire commence par un tronc commun dont la durée est le plus souvent de trois ans; l'orientation dans des filières différentes commence donc vers quinze ans (en définitive, comme dans les pays d'Europe du Nord). Dans d'autres pays, la différenciation institutionnelle, c'est-à-dire l'orientation dans des filières différentes, se réalise plus tôt.

---

23. Ces auteurs utilisent l'imparfait car ils se demandent dans quelle mesure ce modèle idéal, l'école de la République, est encore viable aujourd'hui.

En ce qui concerne les diverses modalités d'organisation du secondaire, on peut distinguer trois modèles[24], dont la figure 1 montre la répartition géographique.

Figure 1 : Principaux modèles d'enseignement primaire et secondaire inférieur (CITE 1-2) en Europe 2017/2018

Dans le premier modèle, tous les élèves poursuivent leur scolarité pendant neuf ou dix ans dans un même établissement sans transition entre le niveau primaire et le niveau secondaire. Ils y suivent une formation générale commune à tous. Ce modèle, appelé structure unique, se rencontre non seulement dans les pays nordiques, mais aussi dans plusieurs pays de l'ancien «bloc de l'Est», en particulier dans tous les pays issus de l'ancienne Yougoslavie. Le second modèle connu sous le nom de tronc commun propose également une formation générale commune pour tous jusqu'au terme de l'enseignement obligatoire[25]. Cependant dans ces pays, la transition entre le niveau primaire et le niveau secondaire est maintenue : d'une part, la réussite du primaire est attestée d'une façon ou d'une autre et, d'autre part, les élèves changent d'établissement à cette étape de leur parcours scolaire.

---

24. Vu la diversité organisationnelle des systèmes éducatifs, une classification internationale a été adoptée par l'UNESCO (2012) : CITE 0 : Éducation de la petite enfance ; CITE 1 : Enseignement primaire ; CITE 2 : Premier cycle de l'enseignement secondaire ; CITE 3 : Deuxième cycle de l'enseignement secondaire ; CITE 4 : Enseignement post-secondaire non supérieur ; CITE 5 : Enseignement supérieur de cycle court ; CITE 6 : Niveau licence ou équivalent ; CITE 7 : Niveau master ou équivalent.

25. La FWB (anciennement nommée Communauté française de Belgique) considère qu'elle a mis en place un tronc commun de deux ans depuis le décret du 30 juin 2006 relatif à l'organisation pédagogique du 1er degré de l'enseignement secondaire ; celui-ci se termine donc un an avant la fin de la scolarité obligatoire. Nous reviendrons sur les spécificités du tronc commun de la FWB dans le chapitre 1.

Ce modèle caractérise les pays latins et méditerranéens. Dans le troisième modèle, la fin de l'enseignement primaire (ou de la première année du secondaire au plus tard) constitue un moment de transition important car les élèves sont orientés dans des types d'enseignement différents. Les filières offrent soit une formation générale avec plusieurs niveaux académiques hiérarchisés (Allemagne[26], Autriche, Liechtenstein), soit une orientation vers une formation professionnelle ou technique (Belgique, Luxembourg, Pays-Bas). C'est aussi parmi ces pays que l'on trouve les cycles primaires les plus courts.

Ces différentes modalités d'organisation du secondaire (l'âge du début et, surtout, l'âge de l'orientation dans des filières) traduisent des positionnements différents face à la question de la formation commune *versus* la différenciation des élèves en fonction de leurs compétences et motivations. À un extrême, on trouve les pays d'Europe du Nord qui ont opté pour une organisation qui offre une éducation commune longue (9 ans); au chapitre 2, les auteurs parleront de logique d'intégration. À l'autre extrême, il y a le modèle allemand que l'on trouve aussi en Autriche, au Luxembourg, dans plusieurs cantons suisses et, de façon dissimulée (selon nous), en FWB, qui ont opté pour une différenciation institutionnelle précoce des formations; on peut, dans ces cas, parler de logique de séparation. Nous sommes tentés par l'hypothèse que le positionnement des pays par rapport à cette question influe sur la façon d'évaluer les élèves et la tendance plus ou moins forte à recourir au redoublement.

Pour en revenir aux trois fonctions distinguées par Dubet et Martuccelli (1996), il semble que les systèmes éducatifs se différencient fortement en ce qui concerne la façon de gérer la fonction de distribution de l'école. Il nous paraît donc logique de formuler l'hypothèse que, dans les pays d'Europe du Nord, la fonction de distribution est peu prégnante pendant les neuf années de la structure unique; dès lors, l'idée de promotion automatique s'impose quasi naturellement. En revanche, dans les pays où la filiarisation démarre avec le début de l'enseignement secondaire, la fonction de distribution imprime sa marque dans les pratiques d'enseignement et d'évaluation dès ce moment et sans doute avant, dès le primaire, car il est probable que la destination des élèves vers telle ou telle filière de formation secondaire se prépare avant l'entrée dans le secondaire. Pour formuler autrement l'hypothèse avancée ci-dessus, les systèmes éducatifs

---

26.   Dans l'étude qu'il a consacrée à *L'enseignement secondaire obligatoire en Europe*, J.-M. Leclercq (1993) fait de l'Allemagne le bastion d'une «organisation en un réseau d'établissements d'exigence inégale» (p. 9). En 1996, nous avions remarqué que tous les autres pays qui ont conservé cette structure sont limitrophes de cet État. Depuis la publication des résultats PISA, des réformes ont été entreprises dans divers systèmes éducatifs, notamment en Allemagne ébranlée par ses mauvaises performances telles que révélées par PISA 2000.

se différencieraient selon la façon de remplir la fonction de distribution, ce qui influerait sur les pratiques d'évaluation et de redoublement.

La façon dont les élèves sont affectés dans les écoles varie également selon les systèmes éducatifs. Eurydice[27] distingue quatre modalités. À une extrémité, il y a le modèle de la carte scolaire : les élèves fréquentent l'école qui leur est affectée en fonction de leur domicile. C'est notamment ce qui se pratique dans le canton de Genève. À l'autre extrémité, on trouve le modèle du libre choix : les parents font leur marché parmi les écoles disponibles, quitte à imposer des trajets importants à leur(s) enfant(s). La figure 2 empruntée à Eurydice, décline les différentes modalités d'affecter les élèves dans les écoles et permet de les localiser sur la carte de l'Europe.

Figure 2 : Degré de liberté des parents/élèves dans le choix de l'école pour l'enseignement obligatoire dans le secteur public, 2010-2011

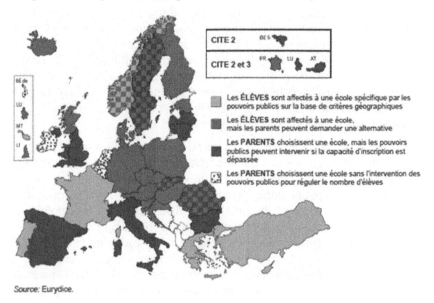

Source: Eurydice.

Dans un texte intitulé « Régulation post-bureaucratique des systèmes d'enseignement et travail enseignant », Maroy (2009) relate les résultats d'une recherche collective menée dans cinq pays : Angleterre, Belgique francophone, France, Hongrie, Portugal. L'objectif était d'analyser les principales évolutions des modes de régulation institutionnels des systèmes d'enseignement obligatoire. Ce chercheur observe des convergences :

---

27.   Cf. le site http://eacea.ec.europa.eu/Education/eurydice/eurybase_fr.php.

tendance à l'autonomie accrue des établissements, recherche d'un point d'équilibrage entre centralisation et décentralisation, introduction plus ou moins importante du libre choix de la part des parents, diversification accrue de l'offre éducative dans l'enseignement obligatoire, introduction de «standards» à atteindre et de mécanismes d'évaluation (p. 84).

Selon lui, ces transformations ne doivent pas être considérées isolément. Il écrit:

> Nous sommes sans doute face à un changement de régime de régulation des systèmes d'enseignement obligatoire que ces politiques tendent à générer. Le régime «bureaucratico-professionnel» de régulation avait accompagné, avec d'importantes variantes nationales, la construction et le développement de systèmes éducatifs «de masse» dès les années 1950-1960. Dans ce régime, la régulation et le contrôle étaient basés sur des arrangements tels que le contrôle de conformité aux règles, la socialisation et l'autonomie de professionnels de l'éducation ou la régulation conjointe (État/ syndicats enseignants) de questions d'emploi ou de curriculum. Ce régime de régulation est désormais travaillé par des politiques éducatives qui tendent à lui substituer ou à lui superposer de nouveaux arrangements institutionnels basés sur le modèle du quasi-marché et/ou sur le modèle de l'État-évaluateur. On pourrait dès lors assister à la montée d'un nouveau régime de régulation, qu'on peut qualifier de post-bureaucratique, mais aussi peut-être de post-professionnel (p. 84).

Nous renvoyons le lecteur aux différents écrits de Maroy pour le détail de ses analyses indiquant cette évolution de l'organisation de l'école vers ce régime de régulation post-bureaucratique. Concernant la thématique de l'échec scolaire, la notion de quasi-marché[28] nous paraît capitale. Dans la perspective de ce modèle, la compétition induite par les choix des consommateurs est supposée favoriser l'amélioration de la qualité de l'enseignement. Maroy (2009) caractérise le fonctionnement de l'école dans la perspective du quasi-marché comme suit:

> Dans le modèle du quasi-marché, l'État reste très important, et l'initiative privée locale ne peut s'émanciper des interventions des autorités publiques. L'État définit les objectifs opérationnels, les missions et les finalités de l'enseignement, tout en encourageant l'autonomie d'entités décentralisées, en particulier des établissements. Le système reste financé pour l'essentiel par les pouvoirs publics, mais le montant des financements est orienté en fonction de la demande adressée aux écoles, que les parents peuvent choisir librement (p. 86).

---

28. Maroy (2009) rappelle que la théorie du quasi-marché a été développée par les économistes Bartlett et Legrand (1993) et fortement promue par les économistes néolibéraux américains en opposition à la régulation bureaucratique.

Évidemment, la liberté de choix de l'école laissée aux parents est un facteur clef de ce modèle. Sans elle, la compétition entre les écoles ne peut s'opérer et l'autonomie laissée aux établissements paraît sans sens.

Le lien entre le modèle du quasi-marché et le redoublement est établi par Draelants (2006) dans un article au titre provocateur «Le redoublement est moins un problème qu'une solution. Comprendre l'attachement social au redoublement en Belgique francophone». Ce sociologue prend pour hypothèse de départ le «contre-pied de ce que les chercheurs en éducation énoncent habituellement sur le redoublement» (p. 5). Le point de départ de sa réflexion et de son enquête est l'échec des diverses tentatives effectuées en FWB pour lutter contre l'échec scolaire et en particulier «la réforme du premier degré». Dans un contexte général de crise économique et budgétaire, le ministre de l'Éducation de l'époque (1994) décide d'interdire le redoublement en première année du premier degré de l'enseignement secondaire. La suppression du redoublement entraîne *de facto* le passage ou la «promotion» automatique de classe pour tous les élèves en fin de première année secondaire. La réforme prévoit en fin de seconde année la possibilité d'organiser une année complémentaire pour les élèves qui n'auraient pas satisfait aux compétences de base requises pour intégrer la troisième année et le second cycle de l'enseignement secondaire. D'emblée mal accueillie par les enseignants, cette réforme a échoué au point d'être sinon abandonnée du moins révisée radicalement: en 2001, à l'occasion d'un changement de majorité politique, le principe d'un passage automatique de classe qui avait été instauré en 1994 est supprimé et remplacé par la possibilité d'assigner une année dite complémentaire aux élèves détectés par les enseignants en grande difficulté scolaire, à n'importe quel moment du 1er degré. Dénonçant une théorie du changement simpliste (il suffit de démontrer l'inefficacité du redoublement pour changer les croyances et pratiques des enseignants), Draelants (2006) adopte une posture compréhensive, cherchant donc à saisir de l'intérieur l'attachement des enseignants (en particulier, ceux du secondaire dans le cas de son étude) au redoublement. Son apport essentiel consiste à indiquer que cette pratique remplit *de facto* quatre fonctions latentes qui la rendent utile, voire nécessaire au fonctionnement de l'école. Ces quatre fonctions sont les suivantes:

(1) une fonction de gestion de l'hétérogénéité et de tri des élèves au sein des établissements; (2) une fonction de positionnement stratégique et symbolique par rapport à des établissements environnants; (3) une fonction de régulation de l'ordre scolaire au sein de la classe; (4) une fonction de maintien de l'autonomie professionnelle des enseignants (p. 13).

Ces quatre fonctions latentes peuvent être séparées en deux catégories:

D'une part, les deux premières fonctions renvoient à deux types d'usages sociaux du redoublement susceptibles d'apparaître au niveau spécifique des établissements scolaires, la première sur le plan de la gestion intra-organisationnelle et la seconde sur le plan des relations inter-organisationnelles au sein d'un même espace local. D'autre part, les fonctions trois et quatre renvoient à deux autres types d'usages sociaux qui ont été conférés au redoublement par les enseignants, considérés à la fois individuellement dans leur gestion de la classe et collectivement, en tant que groupe professionnel (p. 13).

Ce sont les deux premières de ces fonctions latentes qui nous intéressent à ce niveau de l'analyse[29], car elles nous paraissent liées de façon évidente au modèle organisationnel adopté en FWB. Dans ce système éducatif, la différenciation institutionnelle des élèves est opérée au cours du premier degré de l'enseignement secondaire d'une façon que nous qualifions de dissimulée ; en effet, les filières ne sont pas dévoilées de façon explicite comme en Allemagne ou en Autriche, mais l'orientation future des élèves dans des filières hiérarchiquement différenciées au second cycle est préparée par le choix des options à l'intérieur d'une organisation qui relèverait du tronc commun. De surcroît, en FWB, les parents jouissent de la liberté de choix de l'école de leur(s) enfant(s). Or, pour beaucoup de parents, la bonne école est exigeante et, partant, ne laisse pas passer les élèves simplement parce que l'année scolaire s'achève.

Pour Draelants, il importe de poser le problème du redoublement au niveau du fonctionnement d'ensemble du système scolaire. Pour lui, Perrenoud (1996) se pose une mauvaise question lorsqu'il interroge : « Des enseignants qui n'entendent pas ou des chercheurs qui expliquent mal ? » Selon Draelants (2006), « il importe de comprendre que la clé du problème ne réside pas juste dans une mauvaise communication entre chercheurs et praticiens de terrain » (p. 13) car, selon lui, « il existe des conditions structurelles – essentiellement l'exigence de sélection scolaire – qui engendrent les "maux" réprouvés. En ce sens, le redoublement n'est qu'un symptôme, un épiphénomène » (p. 13).

Dans la conclusion, nous aborderons de front la question que pose le titre du présent ouvrage : « Peut-on lutter contre l'échec scolaire ? » Nous le ferons sur la base des recherches en éducation, psychologiques et sociologiques passées en revue dans les différents chapitres composant ce livre, mais aussi en prenant en considération le point de vue systémique explicité par Draelants : si le redoublement n'est qu'un épiphénomène, s'il est la « conséquence » de conditions structurelles liées à l'organisation d'ensemble du système, est-il possible d'éradiquer l'échec scolaire, au moins de le réduire de façon substantielle et, si oui, comment procéder ?

---

29. Notons que cette analyse a débouché sur un ouvrage publié en 2009 sous le titre : *Réforme pédagogique et légitimation. Le cas d'une politique de lutte contre le redoublement* (Draelants, 2009).

Chapitre 1

Mais pourquoi les taux d'échec varient-ils autant selon les systèmes éducatifs? Est-il possible de les faire diminuer là où ils sont élevés?

Marcel Crahay & Géry Marcoux

1. L'école a-t-elle besoin de l'échec pour fonctionner?

2. Les taux de retard scolaire dans le monde vu à travers PISA

3. Structuration du système éducatif et taux de retard scolaire

4. Peut-on décréter la réduction du redoublement?

5. Études de quatre systèmes scolaires concernant l'évolution des taux de redoublement et de retard scolaire

6. Le redoublement: une question de culture pédagogique

1. L'ÉCOLE A-T-ELLE BESOIN DE L'ÉCHEC POUR FONCTIONNER?

En FWB, en France, au Luxembourg mais aussi en Suisse romande, nombreux sont les enseignants et, d'une manière plus large, les citoyens qui ne peuvent imaginer une école sans échec scolaire et pour qui la suppression du redoublement passe encore aujourd'hui pour une idée aberrante de chercheurs isolés dans leur tour d'ivoire. Ainsi, déjà dans son livre sobrement intitulé *De l'école*, Milner (1984) rédigeait un réquisitoire sans concession contre le projet de réforme du Collège proposée par Louis Legrand en 1982[1]. À la page 83, il écrivait: «En supprimant l'échec, on a aussi supprimé le succès. Car, on a honte de le rappeler, cet échec scolaire qu'on dénonce [...], il n'est qu'une des faces de la structure, l'autre étant le succès.» Et quelques lignes plus loin: «D'où vient cette autorité qu'on s'arroge de condamner le second, au bénéfice du premier?» (*ibid.*). Assurément, les propos de Milner sont partisans car Legrand, s'il voulait lutter contre l'échec scolaire qui affecte principalement les élèves de milieu modeste, n'avait jamais eu pour projet de supprimer la réussite. L'implicite de l'argumentation de Milner est que la menace de l'échec est le moteur du travail des élèves. Or, pour que la menace soit crédible, il faut qu'elle soit mise en exécution sur un certain nombre d'élèves. Autrement dit, la mise en échec de certains élèves ne sert pas tant à eux qu'à leurs condisciples et l'école aurait besoin de pouvoir brandir la menace de l'échec pour assurer son propre fonctionnement.

Adoptant une posture sociologique, Hutmacher (1992 et 1993) a repris cette interrogation. Constatant l'inanité des efforts consentis dans le canton de Genève pendant trente ans de lutte contre l'échec scolaire (cf. l'introduction du livre paru en 1993), il écrit:

> En présence d'un système qui résiste si bien aux remèdes qui lui sont administrés, l'observateur finit par se demander si le redoublement n'est pas simplement indispensable au fonctionnement normal du système. En d'autres termes, pour scandaleuse ou iconoclaste qu'elle puisse paraître, la question se pose: si la lutte contre l'échec scolaire n'a pas réussi comme on s'y attendait, n'est-ce pas parce que l'école a besoin d'échec pour fonctionner? (Hutmacher, 1992). L'hypothèse serait donc qu'elle ne peut pas

---

1.   Le «rapport Legrand» rendu sous le titre *Pour un collège démocratique* prône, entre autres, afin de lutter contre l'échec, la constitution au sein des établissements de groupes de besoins, de programmes adaptés, de recours à la pédagogie de projet multidisciplinaire, de tutorat, ainsi que la reconnaissance des enseignements artistiques, technologiques et sportifs à égale dignité avec les autres matières. Il propose enfin une redéfinition du service hebdomadaire des enseignants dans le sens d'une présence accrue dans l'établissement: seize heures de cours pour tous (agrégés compris), trois heures de tutorat et trois heures de concertation» (http://www.lemonde.fr/disparitions/article/2015/10/26/deces-de-louis-legrand-l-homme-qui-tenta-de-reformer-le-college-en-1982).

s'en passer, que le redoublement et l'échec qu'il consacre sont consubstantiels de son économie interne. […] Explicitement ou discrètement, l'échec ou la menace d'échec (et symétriquement la réussite et la promesse de promotion) ne sont-ils pas un des moteurs les plus efficaces (ou les moins inefficaces ?) pour assurer à la fois la participation et l'implication d'une majorité d'élèves dans le travail scolaire tel qu'il est exigé, et la mobilisation de l'autorité parentale dans ce même but ? (pp. 157-158).

Il ne faut pas confondre, malgré leur apparente similarité, les positions de Milner et celle de Hutmacher. Le premier affirme et veut le maintien des notes et la conservation de l'échec scolaire, tandis que le second se questionne afin de progresser dans la façon de lutter contre l'échec scolaire, se demandant : « L'école peut-elle inventer un autre moteur au travail des élèves ? » (p. 159). Et ce questionnement amène le sociologue genevois à s'interroger sur le sens que les élèves donnent au travail scolaire. Pour lui, cette interrogation renvoie au sens que les parents donnent à l'école. Il écrit :

Pour un grand nombre d'élèves et de parents, la promotion est la visée, le moteur ; ils craignent le redoublement. Il est le signe tangible et alarmant de l'échec non pas tellement du projet de formation, mais de celui de la progression scolaire en tant qu'elle préfigure aussi la promotion sociale. Ce n'est pas par hasard que, dans notre usage linguistique, le terme de « promotion » désigne la mobilité ascendante d'un degré au suivant tout à la fois à l'école et dans la hiérarchie des entreprises et des administrations (p. 158)[2].

Comme indiqué dans l'Introduction, d'autres auteurs se sont interrogés sur les raisons de l'attachement social au redoublement. C'est le cas de Draelants (2006) selon qui cette pratique remplit quatre fonctions latentes, d'où sa persistance. Dubet (2002a) a également cherché à comprendre et à expliquer le fossé existant entre les croyances des enseignants et les faits démontrés par les chercheurs en sociologie. Il distingue, d'une part, « les raisons raisonnables de ne pas croire les sociologues » (p. 13) et, d'autre part, ce qu'il nomme les « fictions nécessaires » (p. 17). Pour l'essentiel, Dubet (2002a) indique que la réalité à laquelle les enseignants sont confrontés diffère de celle qui est étudiée par les sociologues (et les chercheurs en éducation). Les premiers sont dans le « local » et le particulier alors que les seconds se donnent pour objectif d'étudier les phénomènes à un niveau général, celui de la société. Nous reviendrons sur cette analyse et celle de Draelants dans la Conclusion générale. À ce stade de l'ouvrage, il nous paraît important de souligner que les analyses de Dubet et de Draelants doivent

---

2. Soulignons aussi la nuance du propos : « pour un grand nombre d'élèves et de parents » ; ce qui signifie que, pour Hutmacher, le sens donné à l'école par les familles n'est pas homogène, ce qui a pour conséquence « la variété des motivations que les élèves apportent ou n'apportent pas à l'école » (p. 159).

se comprendre en relation avec le point de vue épistémologique adopté : un positionnement « compréhensif » propre aux approches qualitatives, animées par l'ambition de rendre compte des mobiles qui sous-tendent et orientent les actions des acteurs sociaux que sont les enseignants. S'efforçant de comprendre la résistance des enseignants à la lutte contre l'échec scolaire, Draelants et, dans une moindre mesure, Dubet[3] adoptent leurs points de vue et en arrivent en quelque sorte à légitimer leur résistance et leurs pratiques. Les interrogations de Hutmacher (1992, 1993) sont d'un ordre différent : cherchant à comprendre le pourquoi de l'échec de la lutte contre l'échec scolaire, il poursuit l'objectif de trouver de meilleurs moyens pour mener cette lutte.

Chez ces trois chercheurs, l'analyse se fonde sur les propos et expérience des enseignants d'un système éducatif ; la pertinence des conclusions est donc, de notre point de vue, limitée au système éducatif au sein duquel elles ont été produites : la France pour Dubet, le canton de Genève pour Hutmacher et la FWB pour Draelants. Elles sont contextualisées et ne peuvent valoir pour les pays qui, officiellement ou non[4], ont adopté la promotion automatique au sein d'une organisation que l'on nomme la structure unique (cf. l'Introduction). En définitive, pour traiter avec un maximum de rigueur la question posée au début de cette section, il nous semble nécessaire, aujourd'hui comme en 1996, de recourir aux comparaisons internationales et d'étudier les taux de retard scolaire d'un maximum de pays, les considérant comme un indicateur indirect de la pratique du redoublement. Ceci est possible principalement grâce aux données récoltées par PISA (cf. la section 2). De surcroît, vu le caractère cyclique des enquêtes PISA, il est possible d'examiner dans quelle mesure les taux de retard sont restés stables dans les différents pays participants ou si, au contraire, ils ont évolué à la hausse ou à la baisse (section 2). Dans le cas où des évolutions positives significatives sont observées dans certains pays, il est possible de réfuter le caractère inéluctable du redoublement, idée qui est induite par les auteurs cités ci-dessus. Il eût été intéressant de chercher à savoir ce qui s'est passé dans tous ces pays pour comprendre ce qui a engendré d'éventuelles régressions (ou augmentation) du redoublement ; pour des raisons d'accessibilité des données, nous nous limiterons à quatre systèmes éducatifs : la FWB, la France, le Luxembourg et le canton de Genève. Avant d'aborder ces quatre études de cas, nous intéresserons à l'étude publiée par Eurydice (2011) : « Le redoublement dans l'enseignement obligatoire en Europe : réglementations

---

3.   Plus généralement, il faut comprendre la réflexion de Dubet et sa théorie exposée notamment dans son livre *Le Déclin de l'institution* (2002b).

4.   Comme on le verra ci-dessous, le redoublement est interdit dans certains pays (par exemple, la Suède ou la Norvège) et est autorisé dans d'autres tout en n'étant pas pratiqué sauf cas exceptionnel (notamment, la Finlande).

et statistiques». Celle-ci s'est attelée à l'analyse des législations des pays de l'UE en matière de redoublement. Dans la foulée, nous nous intéresserons à la structuration générale des systèmes scolaires européens et chercherons à mettre en relation les modèles distingués par Eurydice (cf. l'Introduction) avec les taux de redoublement et/ou de retard. Enfin, dans la conclusion, nous nous efforcerons de synthétiser les constats et hypothèses que suggèrent les différentes analyses entreprises.

2. LES TAUX DE RETARD SCOLAIRE DANS LE MONDE VU À TRAVERS PISA[5]

Ainsi, les études PISA permettent de porter un regard longitudinal sur une série de paramètres caractérisant les systèmes éducatifs. En regroupant les réponses à plusieurs questions posées aux élèves, il est possible de construire un indicateur reflétant les taux de retard à 15 ans[6]. Dans le tableau 1.1, nous avons uniquement conservé les pays de l'OCDE ainsi que les pays européens qui ne sont pas membres de l'OCDE[7]. L'idée de base est d'ordonner les pays en fonction du taux de retard calculé pour 2003 et d'examiner leur évolution jusqu'en 2015.

Nous avons maintenu ce principe pour tous les pays qui ont participé au Survey de 2003. Lorsque cela n'était pas possible, nous avons pris en considération le taux de retard de PISA 2009 pour positionner les pays pour lesquels les données étaient manquantes en 2003[8]. Nous avons ensuite examiné dans quelle mesure les taux de retard étaient stables: 2 ou 3 % de fluctuation ne nous paraît pas pouvoir traduire une tendance, vu que l'erreur standard peut atteindre 2[9].

---

5. Nous remercions Christian Monseur pour son aide statistique.
6. Malheureusement, les questions portant sur ce paramètre n'ont pas été posées en 2000 et 2006 dans tous les pays.
7. Ce choix exclut les pays africains; nous considérons que leur situation est différente de celle des pays retenus, en raison de la pauvreté qui, hélas, sévit dans quasiment tous les pays de ce continent. Comparer ces pays avec les pays de l'OCDE et les pays européens n'a, à nos yeux, guère de sens.
8. Les questions relatives au fait d'avoir redoublé n'ont pas été posées dans PISA 2000 et PISA 2006.
9. C'est le cas pour la Suisse dans PISA 2009. Dans la majorité des cas, l'erreur standard est inférieure à 1. Les erreurs standards peuvent être obtenues auprès des auteurs du chapitre.

Tableau 1.1 : Évolution des taux de retard entre PISA 2003 et PISA 2015 dans les pays de l'OCDE mais aussi les pays européens non-membres de l'OCDE

Pays	PISA 2003	PISA 2009	PISA 2012	PISA 2015
Corée	0,5		3,6	4,7
Islande		0,9	1,2	1,1
Slovénie		1,5	3,4	1,9
Monténégro		1,8	1,3	1,6
Serbie		2,0	1,6	
Royaume-Uni	2,2	2,2	2,7	2,8
République slovaque	2,5	3,8	7,6	6,5
République tchèque	2,7	4,0	4,9	4,8
Croatie		2,8	2,7	1,6
Finlande	2,8	2,8	3,8	3,0
Russie	3,2	3,2	2,5	1,5
Suède	3,5	4,6	4,0	4,0
Danemark	3,6	4,4	4,7	3,4
Pologne	3,6	5,3	4,2	5,3
Lituanie		3,9	2,5	2,5
Roumanie		4,2	4,5	5,9
Nouvelle-Zélande	4,6	5,1	5,4	4,9
Albanie		4,7	3,2	
Estonie		5,6	3,5	4,0
Bulgarie		5,6	4,8	4,8
Lettonie	7,0	11,1	8,5	5,0
Grèce	7,1	5,7	4,5	5,0
Australie	9,2	8,4	7,5	7,1
Hongrie	9,7	11,1	10,8	9,5
Autriche	10,2	12,6	11,9	15,2
Canada	10,9	8,4	8,0	5,7
États-Unis	11,6	14,2	13,3	11,0
Irlande	14,4	12,0	8,6	7,2
Italie	15,1	16,0	17,1	15,1
Turquie	18,0	13,0	14,2	10,9
Liechtenstein	18,7	21,5	18,9	
Allemagne	21,6	21,4	20,3	18,1
Suisse	22,0	22,8	19,9	20,0

Pays	PISA 2003	PISA 2009	PISA 2012	PISA 2015
Chili		23,4	25,2	24,6
Comm. flamande	24,0	26,0	27,4	24,3
Espagne	29,0	35,3	32,9	31,3
Pays-Bas	29,5	26,7	27,6	20,1
Mexique	29,7	21,5	15,5	15,8
Portugal	30,2	35,0	34,3	31,2
Comm. germanophone	31,6	34,1	31,7	30,5
Luxembourg	38,6	36,5	34,5	30,9
FWB	38,6	46,0	47,8	46,0
France	39,5	36,9	28,4	22,1

Les différences entre pays[10], que ce soit en 2003, 2009, 2012 ou 2015, sont importantes. Déjà en 2003, on relevait dix pays (sur 30) dans lesquels le taux de retard à 15 ans était inférieur à 5 % et onze dans lesquels ce taux était supérieur à 20 % ; dans cinq pays, il est supérieur à 30 %. À cette époque, la France occupait la dernière place avec 39,5 % suivie par la FWB et le Luxembourg avec 38,6 %. On peut établir des constats analogues avec les données recueillies en 2009, 2012 et 2015. Dans l'ensemble, il y a peu d'évolution importante. Si l'on considère PISA 2015, on compte dix-sept pays (sur 42) qui se caractérisent par un taux de retard égal ou inférieur à 5 %. Lorsque l'on prend le seuil de 10 %, on ajoute sept pays et on obtient donc vingt-quatre pays. À l'opposé, les taux de retard restent supérieurs à 30 % dans cinq systèmes éducatifs, la FWB détenant le record avec 46 %. La FWB est, en outre, le pays qui a connu la hausse la plus importante entre 2003 (38,6 %) et 2015 (46 %), soit une augmentation de 7,4 % ; il est le seul système éducatif à franchir la barre des 40 %. L'Autriche a aussi connu une augmentation importante : de 10,2 en 2003 à 15,2 en 2015, soit une hausse de 5 %. À l'opposé, plusieurs pays se caractérisent par une diminution « significative » :
- La France est passée de 39,5 % à 22,1 %
- Le Luxembourg de 38,6 % à 30,9 %
- La Turquie de 18 % à 10,9 %
- Les Pays-Bas de 29,5 % à 20,1 %
- L'Irlande de 14,4 % à 7,2 %
- Le Canada de 10,9 % à 5,7 %

Pour tous les autres pays, on peut considérer que les taux de retard sont stables dès lors que l'on tolère des fluctuations de l'ordre de 2 à 4 %.

---

10. Pour faire simple, nous utilisons le terme « pays », ce qui est discutable notamment dans le cas des trois régions linguistiques de la Belgique qui chacune ont droit à une ligne.

Ces données comparatives interpellent. Elles nous suggèrent une question simple dans sa formulation, mais dont la réponse sollicitera notre réflexion à différents endroits de cet ouvrage : pourquoi l'école aurait-elle besoin du redoublement pour fonctionner dans certains pays et pas dans d'autres ? Plus simplement, pourquoi des variations d'une telle ampleur ? Si l'école a besoin du redoublement pour fonctionner, les performances des élèves devraient être supérieures dans les pays où il est pratiqué fréquemment par rapport aux pays dans lesquels les taux de retard sont inférieurs à 5 %. Plus généralement, une des questions qui s'impose est la suivante : y a-t-il une relation entre le taux de retard et l'efficacité et l'équité des systèmes éducatifs ? Cette question sera abordée au chapitre 2.

3. STRUCTURATION DU SYSTÈME ÉDUCATIF ET TAUX DE RETARD SCOLAIRE

Il est tentant de formuler l'hypothèse d'une relation entre la structure des systèmes éducatifs et la propension de celui-ci à user du redoublement et à produire plus ou moins de retard scolaire[11]. C'est cette hypothèse que nous allons examiner ici. Dans l'Introduction, nous avons repris les distinctions établies par Eurydice concernant l'organisation du système éducatif et en particulier le début du secondaire. Nous avons également repris les quatre modalités repérées par ce réseau de travail concernant la façon dont les élèves sont affectés dans les écoles. Dans le tableau 1.2, nous croisons ces deux paramètres et situons les différents pays de l'UE dans les différentes cellules[12].

En prenant en considération la structure des systèmes éducatifs et les modalités d'affectation, on définit une matrice de douze cases dont onze sont remplies par au moins un pays. Ce tableau n'en reste pas moins simplificateur. Ainsi, la Suède apparaît dans deux cases, car le mode d'affectation des élèves aux écoles est du ressort des Municipalités et qu'il y a une diversité au sein même de ce système éducatif[13]. De plus, lorsque des responsables interviennent pour opérer une régulation, d'autres critères peuvent être mobilisés en plus de la capacité d'accueil des écoles ; ceux-ci varient selon les pays. De même, en Slovaquie, deux systèmes coexistent[14] ;

---

11. Sur les effets de la structure des systèmes éducatifs, le lecteur pourra également consulter Monseur et Lafontaine (2009) ainsi que Monseur et Lafontaine (2012).

12. La Suisse n'est pas classée dans le tableau 1.2 vu la variation de la structure de l'enseignement selon les cantons.

13. Si l'on considère la Suisse (qui ne fait pas partie de l'UE), il faudrait tenir compte de la variabilité entre cantons ; celle-ci reste importante malgré l'effort d'harmonisation qui a été entrepris avec le projet HarmoS. Le lecteur intéressé peut consulter https://edudoc.ch/record/96778/files/harmos-konkordat_f.pdf.

14. https://webgate.ec.europa.eu/fpfis/mwikis/eurydice/index.php/Slovakia:Overview.

dans la base de données Eurydice Countries, on constate qu'à côté d'une structure unique de 6 à 9 ans (subdivisée en deux cycles) subsistent encore des écoles à filières dès le début du secondaire (*Gymnasium et Konzervatorium*). C'est également le cas en Hongrie : à côté de l'*általános iskola* (structure unique), subsistent des filières de gymnasium.

Tableau 1.2 : Structuration des systèmes éducatifs européens et modes d'affectation des élèves aux écoles à l'entrée du CITE 2. (Source : Eurydice, année 2016-2017 pour la structure[15] et 2011 pour le paramètre « affectation »)

	Structure unique	Tronc commun en début d'enseignement secondaire	Branches ou filières distinctes dès le début du secondaire
Les élèves sont affectés à une école spécifique par les pouvoirs publics sur la base de critères géographiques	Norvège, Turquie (jusqu'à 13 ans et demi)	Grèce, Chypre, Malte, Turquie	
Les élèves sont affectés à une école spécifique, mais les parents peuvent demander une alternative	Finlande, Danemark, Suède, Croatie, Estonie, Islande	France, République tchèque, Roumanie, Pologne, Écosse	Allemagne
Les parents choisissent une école, mais les pouvoirs publics peuvent intervenir si la capacité d'inscription est dépassée	Portugal, Bulgarie, Lettonie, Suède, Hongrie	Espagne, Italie, Royaume-Uni	Autriche, Hongrie, Luxembourg, Lituanie
Les parents choisissent une école sans l'intervention des pouvoirs publics pour réguler le nombre d'élèves	Slovaquie	Irlande	Pays-Bas, (Slovaquie), FWB, Communautés flamande et germanophone de Belgique

L'intérêt de ce tableau consiste simplement à donner une vue synoptique de la diversité des systèmes éducatifs, une diversité souvent sous-estimée par les non-spécialistes de l'éducation comparée, qu'il s'agisse des parents, des responsables politiques, des étudiants et des enseignants eux-mêmes. Beaucoup d'acteurs du champ éducatif sont victimes d'une sorte d'ethnocentrisme, croyant en quelque sorte que, partout, l'école fonctionne comme celle qu'ils ont connue lorsqu'ils étaient élèves. Ce n'est pas le cas.

---

15. Le lecteur intéressé peut également consulter le site Eurydice Countries https://webgate. ec.europa.eu/fpfis/mwikis/eurydice/index.php/Countries.

L'adoption d'une structure unique ne va pas toujours de pair avec la promotion automatique. Ainsi, au Portugal, où a été adoptée officiellement une structure unique nommée l'*ensino básico*, il est possible de faire redoubler les élèves. Comme dans d'autres pays, « une appréciation générale des progrès scolaires de l'élève est réalisée à la fin de l'année scolaire » (Eurydice, 2011, p. 24). Les notes données aux élèves pendant l'année scolaire peuvent intervenir dans cette appréciation globale ainsi que d'autres caractéristiques. Bien plus, toujours dans le rapport d'Eurydice, on lit qu'au Portugal, l'élève progresse à partir de la deuxième année du premier cycle, « s'il possède les compétences nécessaires qui lui permettront de réussir l'année suivante et de développer les compétences fondamentales définies pour la fin du cycle » (p. 25). Bref, au Portugal, on se trouve avec une structure unique, mais la promotion automatique n'est pas d'application. Et il en va de même en Hongrie, au sein de l'*általános iskola* (qui s'étale sur 8 années et non pas 9 comme dans les pays nordiques) : à partir de la deuxième année, il est recommandé d'utiliser une classification numérique. « Si l'école choisit une autre méthode d'évaluation, celle-ci doit être convertie en une classification numérique » (p. 25). En Slovaquie, le redoublement est également possible pendant l'enseignement de base de neuf ans : « L'enseignant généraliste est la seule personne à décider si l'élève progressera ou non vers la classe suivante ou redoublera l'année » (p. 28).

Par ailleurs, le terme de « tronc commun » recouvre des réalités différentes selon les pays. Le plus souvent, le tronc commun recouvre trois années hormis en Belgique où il englobe seulement les deux premières années du secondaire (donc, jusqu'à 14 ans), ceci étant valable pour les trois communautés (flamande, francophone ou FWB, germanophone). Le classement de la FWB et de la Communauté flamande et germanophone dans la colonne « tronc commun » aurait été discutable et ceci d'autant plus que des classes de niveau sont constituées dès la première année du secondaire dans certains établissements secondaires (Monseur et Crahay, 2008), le plus souvent sur la base du choix ou non du latin ou de l'allemand comme option. Nous nous sommes posé la même question pour la France. Depuis sa création en 1975, le Collège unique est l'objet de polémiques et de multiples réformes dont la dernière est celle portée par la ministre Vallaud-Belkacem en 2015, qui souhaite rendre ce cycle d'enseignement moins inégalitaire en réduisant les options, en luttant contre les classes de niveau et en définissant huit thématiques communes, sorte de socle commun de connaissances et compétences[16]. En définitive, nous avons laissé la question en suspens.

---

16. Dans une lettre intitulée « Contre l'école inégalitaire, vive le collège du XXIᵉ siècle », publiée dans *Le Monde* du 18 mai 2015 par un collectif d'intellectuels favorables à la réforme, on lit dès la première ligne : « Le collège actuel n'est ni unique ni juste et encore moins efficace. » (https://www.lemonde.fr/idees/article/2015/05/18/contre-l-ecole-inegalitaire-vive-le-college-du-xxie-siecle_4634997_3232.html).

Dans un ouvrage intitulé *Les nouvelles politiques éducatives*, Mons (2007) distingue quatre types d'organisation du début du secondaire. Le premier, elle le nomme **modèle de la séparation**. Il est en usage en Allemagne avec trois filières rigides (car il n'y a pas de passerelles entre elles) correspondant à une hiérarchie de niveaux scolaires. Comme indiqué dans le tableau 1.2, on retrouve ce modèle en Autriche, au Luxembourg, en Lituanie et aux Pays-Bas, mais aussi dans certains cantons suisses alémaniques. Selon Mons, en 2007, ce modèle était d'application dans près d'un tiers des pays de l'OCDE. Aux trois autres modèles, le terme de tronc commun peut être appliqué dans la mesure où l'objectif est d'amener l'ensemble des élèves vers un même socle d'objectifs, ceci dans le cadre d'un parcours unifié long. Dans les pays du Nord de l'Europe (Danemark, Finlande, Islande, Norvège, Suède) mais aussi dans certains pays asiatiques (Corée, Japon…), le tronc commun est d'une manière ou d'une autre inséré dans l'école de base, d'où l'appellation « structure unique » utilisée par Eurydice. Mons parle, quant à elle, de **modèle d'intégration individualisé**, dans la mesure où certaines formes de différenciation sont valorisées, soit au niveau des groupes, soit au niveau des individus, pour autant que les groupes ne constituent pas des classes permanentes, rigides et hiérarchisées. Selon Lafontaine (2016), « ces modèles sont sous-tendus par un idéal d'égalité des acquis auquel s'ajoute, dans le modèle à la carte, une visée d'excellence pour les meilleurs élèves, qui bénéficient de cours avancés dans certaines matières » (p. 226).

Dans ces systèmes éducatifs, la première sélection n'est organisée qu'à l'entrée dans le second cycle. Jusque-là, il y a promotion automatique dans la classe suivante; les difficultés des élèves sont gérées par des cours individualisés organisés au sein de l'école publique dans les pays nordiques ou par du soutien scolaire privé au Japon et en Corée. **Le modèle d'«intégration à la carte»** diffère du précédent car dans le primaire, il existe souvent des regroupements d'élèves par niveau pour les matières fondamentales, et dans le secondaire, une offre de formation différenciée de cours est organisée en fonction du niveau des élèves pour toutes (ou la majorité) les disciplines. Les groupes de niveau sont flexibles et évolutifs pour toutes les disciplines. C'est le modèle anglo-saxon (États-Unis, Royaume-Uni, Canada, Nouvelle-Zélande). Enfin, **le modèle d'intégration uniforme** (France, FWB et pays du Sud de l'Europe) applique un principe strict d'égalité de traitement. L'individualisation de l'enseignement, lorsqu'elle existe, n'est destinée qu'aux élèves en difficulté; le terme de remédiation peut être utilisé dans ce cas. Souvent, dans les pays qui relèvent de ce modèle, on trouve des classes de niveau. Ce modèle est animé par l'idéologie de l'égalité de traitement. De ce fait, il est indifférent (ou peu sensible) aux différences individuelles, et sanctionne les faibles résultats par le redoublement, comme c'est en fait le cas en FWB, au Luxembourg et dans certains cantons de la Suisse romande (cf. ci-dessous).

Tout en gardant à l'esprit les distinctions proposées par Mons (2007), nous conserverons la trichotomie proposée par Eurydice pour croiser les paramètres de structure et d'affectation des élèves, ceci afin d'utiliser une même source pour les deux paramètres. Nous basant sur les catégories du tableau 1.2, nous explorons dans le tableau 1.3 un possible lien entre celles-ci et les taux de retard scolaire tels qu'ils ont été mesurés par PISA 2015. Afin de ne pas surcharger ce tableau, nous avons regroupé en deux les quatre catégories d'affectation des élèves.

Tableau 1.3 : Structuration des systèmes éducatifs européens, modes d'affectation des élèves aux écoles à l'entrée du CITE 2 et taux de retard scolaire mesurés par PISA 2015[17]

	Structure unique		Tronc commun		Systèmes à filières	
	Affectation des élèves aux écoles	Choix des parents	Affectation des élèves aux écoles	Choix des parents	Affectation des élèves aux écoles	Choix des parents
Égal ou inférieur à 5	Croatie, Danemark, Estonie, Finlande, Islande, Suède	Bulgarie	Lettonie, République tchèque	Grèce, Royaume-Uni, Lettonie		
De 5,1 à 10		Slovaquie, Hongrie	Pologne, Roumanie	Irlande		
De 10,1 à 15			Turquie			
De 15,1 à 20				Italie	Allemagne	Autriche
De 20,1 à 25			France			Pays-Bas, Com. Flamande de Belgique
De 25,1 à 30						
Au-dessus de 30		Portugal		Espagne		Luxembourg, FWB

Comme on devait s'y attendre, **les pays qui ont adopté la structure unique, la promotion automatique et l'affectation des élèves aux écoles se caractérisent tous par des taux de retard scolaire inférieurs à 5 %**. C'est un constat majeur, même si l'on repère d'autres pays qui ont des taux de retard aussi faibles avec une structure à tronc

---

17.   Nous remercions Arlette Delhaxhe pour sa contribution à ce tableau.

commun : Grèce, Lettonie, République tchèque, Royaume-Uni. Les pays qui ont adopté la structure unique mais pas la promotion automatique, ni l'affectation des élèves aux écoles, ont des taux de retard plus élevé ; c'est particulièrement le cas du Portugal. **Les systèmes scolaires qui ont opté pour l'organisation de filières se situent tous au-dessus de la barre des 15 %,** même en Allemagne où les parents n'ont pas la liberté complète du choix de l'école. C'est parmi les pays qui déclarent avoir mis en place un tronc commun que l'on trouve le plus de disparités, ce qui n'est pas étonnant vu les nombreuses formes que peut prendre celui-ci. Au-delà de ces constats, instructifs par ailleurs, il est difficile de tirer une conclusion nette concernant le lien entre les deux paramètres considérés et les taux de retard. En fait, par-delà la structure du système éducatif, il faut prendre en considération les réglementations spécifiques adoptées dans les différents pays de l'UE pour saisir au mieux la situation de chaque pays en matière de redoublement et de retard scolaire. C'est cette analyse qu'a réalisée Eurydice dans son rapport de 2011, *Le redoublement dans l'enseignement obligatoire en Europe : réglementations et statistiques.* Nous y consacrons la section suivante dans le but d'explorer l'hypothèse selon laquelle les taux de retard scolaire à 15 ans sont le reflet des taux de redoublement et, en définitive, dépendent des réglementations en vigueur dans les différents pays. Celles-ci sont plus ou moins sévères selon les pays.

4. PEUT-ON DÉCRÉTER LA RÉDUCTION DU REDOUBLEMENT ?

Les réglementations en matière de redoublement varient considérablement selon les pays. Eurydice (2011) les a rassemblés en trois catégories : *Redoublement possible, restrictions, progression automatique.* Afin de donner une vue synoptique de ces réglementations dans les pays de l'UE, deux cartes ont été établies : l'une correspondant au niveau primaire (CITE 1) et l'autre correspondant au secondaire inférieur (CITE 2). Nous les reproduisons ci-dessous.

Eurydice constate que « dans presque tous les pays, selon la législation en vigueur, il est possible pour un élève de redoubler une classe au niveau primaire. [...] Très peu de pays font exception à la règle du redoublement possible » (p. 21) et, lorsque c'est le cas, il n'est pas nécessairement stipulé explicitement que le redoublement est interdit, hormis en Bulgarie, Islande et Liechtenstein. En Norvège, « les réglementations donnent le droit à chaque élève de progresser en continu tout au long de la scolarité obligatoire » (p. 21). Le cas du Royaume-Uni est particulier car aucune exigence légale n'existe en ce qui concerne le passage des élèves vers un nouveau groupe d'âge à la fin de chaque année scolaire. Toutefois, « il existe un principe de base défini dans la législation selon lequel l'éducation doit être appropriée à l'âge, aux capacités et aux aptitudes de l'enfant » (p. 21). Cohérente avec ce principe, la structure du curriculum peut s'adapter pour répondre aux différences d'aptitudes et de performances des élèves. Les écoles organisent en outre des groupes d'enseignement, de telle manière que les élèves caractérisés par différents niveaux de compétence, « se retrouvent ensemble dans leur groupe d'âge et ne sont placés dans un groupe d'âge ne correspondant pas au leur que dans des circonstances exceptionnelles » (p. 21).

Figure 1.1 : Passage de classe selon les réglementations existantes dans les pays de l'UE, 2009/2010

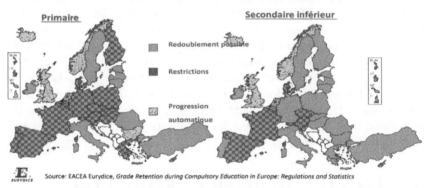

Source: EACEA Eurydice, *Grade Retention during Compulsory Education in Europe: Regulations and Statistics*

Au primaire, il existe peu de pays dans lesquels aucune restriction n'est définie; c'est le cas en Estonie, Irlande, Italie, Lettonie, Lituanie, Roumanie, Suède et Turquie. Au secondaire inférieur, à ces huit pays viennent s'ajouter les neuf pays suivants : Allemagne, Bulgarie, Finlande, Grèce, Hongrie, Pays-Bas, Pologne, Portugal et Slovaquie. À ce niveau d'enseignement (CITE 2), il y a donc une majorité de pays (17 sur 28) où le redoublement est possible sans restriction.

Les chercheurs d'Eurydice ont tenté de mettre en relation les diverses législations identifiées et les taux de retard. Pour ce faire, ils ont eu recours aux données de l'année scolaire 2007-2008 issues de la base de données d'Eurostat et de l'étude PISA 2009. Signalons d'emblée que les conclusions ne varient pas selon que l'on considère l'une ou l'autre base de données. Nous leur empruntons le graphique ci-dessous[18].

---

18.   http://eacea.ec.europa.eu/Education/eurydice/eurybase_fr.php.

**Figure 1.2 : Taux de redoublement et types de réglementation
par pays de l'UE**

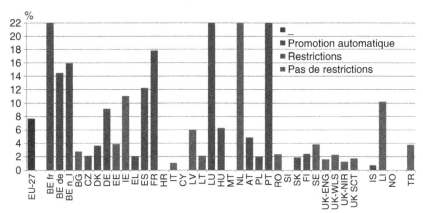

Cette figure confirme le fait que les taux de redoublement varient considérablement de pays à pays. Par ailleurs, on ne discerne pas de relation claire entre réglementation et taux de redoublement. C'est d'ailleurs une des conclusions majeures du Rapport Eurydice[19] :

> Malgré des réglementations assez similaires, les taux de redoublement varient fortement entre les pays européens. Dans certains pays où les pourcentages sont élevés, l'idée selon laquelle le redoublement est bénéfique reste partagée par la communauté éducative (p. 60).

Ceci les amène à une conclusion qui rejoint une idée déjà défendue dans la version de 1996 : « C'est une culture du redoublement qui expliquerait son recours fréquent » (p. 60).

Faut-il dès lors verser dans le fatalisme et conclure que la culture du redoublement qui règne dans certains pays est immuable ? L'observation de diminutions importantes des taux de retard dans des pays comme la France, le Grand-Duché de Luxembourg, les Pays-Bas, la Turquie, l'Irlande et le Canada permet de réfuter cette idée pessimiste. Il serait particulièrement intéressant d'étudier ce qui s'est passé dans les pays où les taux de retard scolaire ont connu des évolutions importantes : là où ils ont augmenté pour tenter de saisir les facteurs qui ont produit cet effet indésirable et, surtout, là où ils ont diminué pour tenter de comprendre le processus de changement social qui s'est mis en branle. Nous avons tenté de produire

---

19. Les autres constats tirés par Eurydice (pp. 59-60) méritent d'être mentionnés car nous les retrouverons à différents endroits de ce livre : le retard scolaire peut débuter dès l'admission au primaire dans les pays où des critères de maturité sont pris en compte ; le progrès scolaire est le critère le plus répandu dans les réglementations pour décider du redoublement ; dans la plupart des pays, l'avis des enseignants prédomine dans le processus de décision tandis que les parents jouent un rôle mineur.

cette analyse, mais avons dû renoncer en raison d'un accès difficile aux informations nécessaires pour interpréter les chiffres qui, eux, sont généralement d'accès facile.

5. ÉTUDES DE QUATRE SYSTÈMES SCOLAIRES CONCERNANT L'ÉVOLUTION DES TAUX DE REDOUBLEMENT ET DE RETARD SCOLAIRE

Dans les pages qui suivent, par prudence scientifique, nous nous concentrerons sur quatre systèmes scolaires que nous connaissons bien : la FWB, la France, le canton de Genève[20] et le Grand-Duché de Luxembourg. Notre choix est motivé par le souci d'éviter autant que faire se peut des erreurs ou approximations d'interprétations. Il serait souhaitable qu'à l'avenir, une organisation internationale s'attache à comprendre les fluctuations eu égard aux taux de redoublement et taux de retard scolaire.

5.1. Le cas de la Fédération Wallonie-Bruxelles (FWB[21])

5.1.1. Introduction

En FWB, la scolarité obligatoire s'étend de 6 à 18 ans ; à partir de 15 ans, l'élève peut fréquenter l'école à mi-temps et consacrer l'autre mi-temps à un emploi[22]. Le système éducatif se décline en six années d'enseignement primaire et six années d'enseignement secondaire. L'école maternelle, non obligatoire mais gratuite, est accessible aux enfants à partir de 2,5 ans. L'enseignement fondamental est structuré en 3 étapes, divisées en cycles. Ces termes évoquent un dispositif pédagogique regroupant plusieurs années d'études afin d'assurer la continuité des apprentissages et la pratique d'une pédagogie différenciée et, par voie de conséquence, de permettre à chaque enfant de parcourir sa scolarité de manière continue, à son rythme et sans redoublement, de l'entrée en maternelle à la fin de la 2e année primaire (étape 1) et de la 3e à la 6e année primaire (étape 2).

---

20.   L'attention que nous accordons au canton de Genève se justifie notamment par le fait que, dans d'autres chapitres, nous utiliserons des études réalisées dans ce système scolaire qui, par ailleurs, a joué un rôle de pionnier dans les recherches sur l'échec scolaire (cf. ci-dessous).

21.   Antérieurement nommée Communauté française de Belgique (CFB).

22.   Les informations présentées ici ont été recueillies sur le site http://www.enseignement.be.

L'étape 3 (ou 5ᵉ cycle) correspond aux deux premières années du secondaire. Le tableau 1.4 résume ces informations.

Tableau 1.4 : Organisation de l'enseignement fondamental en FWB

Étape 1	1ᵉʳ cycle	De l'entrée en maternelle à l'âge de 5 ans
	2ᵉ cycle	De l'âge de 5 ans à la fin de la 2ᵉ primaire
Étape 2	3ᵉ cycle	3ᵉ et 4ᵉ années primaires
	4ᵉ cycle	5ᵉ et 6ᵉ années primaires
Étape 3	5ᵉ cycle	1ʳᵉ et 2ᵉ années secondaires

À la fin de l'enseignement primaire, les élèves se soumettent à une évaluation pour obtenir le CEB (Certificat d'Enseignement de Base).

L'enseignement secondaire ordinaire comprend, outre le 5ᵉ cycle, quatre filières, nommées « formes d'enseignement » : Général (G) ; Technique de transition (TT) ; Technique de qualification (TQ) et Professionnel (P). Il se subdivise en trois degrés de deux ans chacun (trois ans maximums pour le premier degré) : le 1ᵉʳ degré, dit degré d'observation (normalement pour les élèves âgés de 12 à 14 ans – maximum 16 ans), le 2ᵉ degré, qualifié d'orientation (normalement, pour les élèves âgés de 14 à 16 ans) et le 3ᵉ degré, dit degré de détermination (normalement, pour les élèves âgés de 16 à 18 ans).

Au terme du premier degré, l'élève qui a réussi se voit délivrer un Certificat d'études du 1ᵉʳ degré (CE1D) qui lui permet de s'inscrire dans toutes les formes d'enseignement de son choix au 2ᵉ degré. À la fin du secondaire général, l'élève obtient un Certificat d'enseignement secondaire supérieur (CESS). Ce CESS et/ou un Certificat de qualification (CQ) peuvent également être délivrés au terme des autres formes d'enseignement.

Le premier degré est commun à tous les élèves qui ont obtenu le CEB à la fin du primaire ; il doit être parcouru en trois ans. Pour ceux qui n'ont pas obtenu le CEB et qui sont âgés de 12 ans ou plus, un 1ᵉʳ degré différencié est organisé. Une fois titulaire du CEB, l'élève qui n'a pas atteint l'âge de 16 ans au 31/12 intègre le parcours commun[23]. Les quatre formes d'enseignement précitées (G, TT, TQ et P) démarrent à partir de la 3ᵉ secondaire ; c'est donc au terme de la deuxième année du secondaire que s'opère l'orientation des

---

23. L'organisation du 1ᵉʳ degré en FWB est complexe. Il est réglementé par le décret du 30 juin 2006 relatif à l'organisation pédagogique du 1ᵉʳ degré de l'enseignement secondaire. Ce décret prévoit une année complémentaire, une année spécifique de différenciation et d'orientation ainsi qu'un degré différencié (http://www.enseignement.be/index.php?page=25664). Lorsqu'un élève réintègre le parcours commun après un passage dans un degré différencié, il n'est pas considéré comme un redoublant ; néanmoins, il a accumulé du retard et son cas accroît le taux de retard.

élèves dans les différentes filières. Comme déjà mentionné précédemment, le tronc commun de la FWB est particulier puisqu'il ne comporte que deux ans[24]. Si l'on reprend la typologie de Mons (2007), on hésite à classer la FWB dans le modèle de la séparation ou dans celui d'intégration uniforme ; en effet, l'individualisation prend essentiellement la forme de remédiation et des classes de niveau sont fréquemment organisées dès la première année du secondaire.

Faits majeurs concernant l'enseignement en Belgique : l'existence de réseaux et la liberté de choix de l'école garantie aux parents. Plus précisément, il existe des écoles confessionnelles (principalement catholiques, mais il existe également des *écoles* juives, protestantes et musulmanes) et non confessionnelles. Les écoles sont sous la responsabilité de pouvoirs organisateurs (PO) ; ceux-ci peuvent être officiels (la FWB, provinces, les villes et les commues) ou libres, c'est-à-dire privés. Les pouvoirs organisateurs libres sont des associations (asbl ou autres) confessionnelles ou, plus rarement, non confessionnelles. Cette mosaïque organisationnelle a pour conséquence une diversité et une dispersion des autorités compétentes en matière d'enseignement ; le ou la ministre n'a qu'un pouvoir de tutelle par rapport aux écoles dites « libres » (c'est-à-dire confessionnelles), provinciales et communales. Entre les écoles, relevant de PO différents (mais pouvant se jouxter spatialement), la concurrence est rude pour attirer les élèves. De ce contexte compétitif résultent des établissements de niveaux différents et d'importants effets d'agrégation. Comme l'ont montré de nombreuses analyses, il existe des écoles fréquentées majoritairement par des enfants de familles aisées et d'autres fréquentées par des enfants de familles modestes (cf. notamment Monseur et Crahay, 2008). Ce quasi-marché (Maroy, 2006) débouche sur d'importantes inégalités de traitement et de résultats (Monseur et Lafontaine, 2012).

Grâce au décret du 27 mars 2002 relatif au pilotage du système éducatif de la FWB, on dispose de nombreux indicateurs relatifs à son fonctionnement[25]. Afin de comprendre l'augmentation des taux de retard en FWB dévoilée par PISA (tableau 1.1), nous avons consulté deux indicateurs, et ceci pour les années allant de 1988 à 2015 : les taux de retard et de redoublement (soient les indicateurs 13 et 14) dans le primaire (de P1 à P6) et le secondaire (de S1 à S6).

5.1.2. L'évolution des taux de retard à la fin du primaire et du secondaire

Il est frappant de constater que les commentaires ne varient quasiment pas selon les années consultées, et ceci est en accord avec les chiffres.

---

24. Le Pacte d'excellence, qui devrait être adopté dans le courant de l'année 2018, prévoit un tronc commun de trois ans.
25. http://www.enseignement.be/index.php?page=0&navi=2264.

En combinant la figure retraçant l'évolution des taux de retard scolaire entre l'année scolaire 1988-1989 jusqu'à l'année 2003-2004 (figures 1.3a et 1.3b[26]) et celle dessinant l'évolution des taux de retard scolaire entre 2006-2007 et 2015-2016 (figures 1.4a et 1.4b[27]), on peut dire que, depuis 1988, environ un élève sur cinq (20 %) est en retard scolaire à la fin du primaire et près de trois élèves sur cinq (60 %) à la fin du secondaire. Ces chiffres sont évidemment impressionnants.

Figure 1.3a. Évolution du taux de retard scolaire par sexe dans l'enseignement ordinaire – Années 1988-1989 à 2003-2004

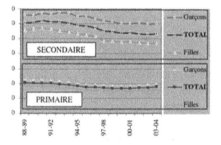

Figure 1.3b. Évolution du taux de retard scolaire dans certaines années d'études de l'enseignement ordinaire – Années 1988-1989 à 2003-2004

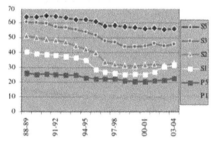

Figure 1.4a : Évolution du taux de retard scolaire par sexe dans l'enseignement ordinaire de plein, exercice – 2006-2007 à 2015-2016

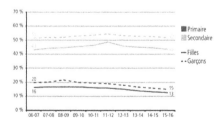

En 2015-2016, dans le primaire, 15 % des garçons et 13 % des filles sont en retard scolaire d'au moins un an ; dans le secondaire, ce sont 52 % des garçons et 43 % des filles qui sont en retard scolaire d'au moins un an.

Figure 1.4b : Évolution du taux de retard scolaire dans certaines années d'études de l'enseignement ordinaire de plein exercice – 2006-2007 à 2015-2016

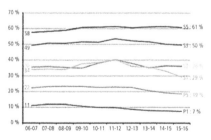

En 2015-2016, 7 % des élèves de 1re année primaire (P1) sont en retard et 19 % le sont en 5e primaire (P5) ; dans le secondaire ordinaire (toutes sections confondues), le taux de retard s'élève à 29 % en 1re année (S1), à 36 % en S2, à 50 % en S3 et à 61 % en S5.

---

26.   Ces figures reproduisent les figures 2 et 3 des Indicateurs 2006.
27.   Ces figures reproduisent les figures 10.2 et 10.33 des Indicateurs 2006.

En ce qui concerne le **primaire**, on observe **une légère tendance à la diminution**. Précisément, le taux de retard scolaire en fin du primaire diminue lentement, mais progressivement, de 1988-1989 à 1998-1999 (figure 1.3a), ce qui fait descendre le pourcentage d'élèves en retard sous la barre des 20 %. Ensuite, le taux de retard se stabilise, avant de connaître une nouvelle diminution depuis 2009-2010 (figure 1.3b). Cette diminution reste faible, puisqu'en 2015-2016, on enregistre encore 15 % de garçons et 14 % de filles qui ont au moins une année de retard. En 2006-2007, les chiffres correspondants étaient : 20 % et 16 %. Signalons que la différence garçons-filles s'observe depuis de nombreuses années et n'est pas spécifique à la FWB ; les garçons redoublent (en moyenne) plus fréquemment que les filles et ceci semble être un phénomène propre à tous les systèmes éducatifs (cf. Goos, Schreier, Knipprath, De Fraine, Van Damme et Trautwein, 2013).

Dans le secondaire, les choses ont bougé sans bouger entre 1988-1989 et 2000-2001 ; plus exactement, les moments forts de prise de retard se sont déplacés. Ainsi, pendant cette période, on observe une diminution importante du retard scolaire en 1re secondaire : on passe de 40,3 % de retard à 25,3 %. En 2e, cette variation se répercute sur les taux observés : 51,5 % en 1988-1989 à un minimum de 30,9 % en 1999-2000. Hélas, la tendance à la diminution s'amortit en 3e et 5e années. L'explication de ceci est donnée dans les commentaires de cet indicateur :

> À partir de 1995-1996, la diminution nette du retard scolaire en début de secondaire (et ses effets sur le reste du parcours) peut s'expliquer comme une conséquence de la réforme instaurée dans le premier degré, lequel doit dorénavant s'effectuer en un maximum de trois ans[28].

La réforme initiale imposait le non redoublement en 1re secondaire et instaurait la possibilité d'une année complémentaire en fin de 2e. En 2000-2001, cette réforme a été amendée : l'année complémentaire est permise en fin de 1re. Ceci explique sans doute la remontée des taux de retard en début du secondaire à partir de cette date. Concernant cette réforme du premier degré, il faut constater son faible impact sur la fin du secondaire, ce qui laisse supposer une production simultanée et plus importante de retard scolaire en 4e, 5e et 6e secondaires (figure 1.4b). Bien plus, à partir de 2006-2007, les taux de retard tendent à remonter à tous les niveaux du secondaire. En 2015-2016, on relève les chiffres suivants : S1 = 29 %, S2 = 36 %, S3 = 50 % et S5 = 61 %. Notons que la tendance à la diminution des taux de retard dans le primaire est confirmée dans la figure 1.4b. On peut donc déduire de ces analyses que

---

28.   Notons qu'il y a eu plusieurs réformes du 1er degré en FWB. Ici, il s'agit de la réforme supprimant le redoublement en fin de S1.

l'augmentation des taux de retard en FWB révélée par PISA est imputable au secondaire. Les chiffres fournis par les indicateurs de l'enseignement en FWB donnent une image encore plus dramatique de ce système éducatif puisqu'ils révèlent qu'en 2015-2016, **la majorité des élèves (plus de 60 %) terminent le secondaire avec une année ou plus de retard**.

5.1.3. L'évolution des taux de redoublement dans le primaire et le secondaire

Une constante traverse le temps en ce qui concerne les taux de redoublement dans le primaire : c'est au début du primaire (P1 et P2) que l'on redouble le plus (figures 1.5a et 1.5b[29]). Pourtant, les responsables politiques se sont efforcés de combattre ce phénomène en promulguant un décret relatif à la promotion d'une école de la réussite dans l'enseignement fondamental du 14 mars 1995 (*M.B.*, 17 août 1995). Celui-ci impose à terme (2000-2005) une organisation en cycles « à l'intérieur desquels l'élève parcourt sa scolarité de manière continue, à son rythme et sans redoublement » (cf. note 3 de l'indicateur « Redoublement » de l'année 2006). Lorsqu'on examine les chiffres, il apparaît que ce décret a produit l'effet escompté entre 1999-2000 et 2003-2004, avant que les choses ne reviennent à l'état observé auparavant. La figure 1.5b illustre tout particulièrement ce retour à l'état antérieur : le redoublement, quoiqu'officiellement interdit en 1re année, est le plus élevé à ce moment de la scolarité. Ainsi, en 2015-2016, les taux de redoublement sont les suivants : 5,2 % en P1, 3,5 % en P2, 2,9 % en P3, 2,6 % en P4, 2,9 % en P5 et 1,1 % en P6[30].

Notons que le taux d'élèves retenus en maternelle est en baisse : il chute de 5,1 % en 2006-2007, à 1,7 % en 2015-2016. Cette diminution est concomitante d'une politique visant à réduire le redoublement en maternelle (Projet Décôlage[31]). Cette décroissance des maintiens en maternelle sera-t-elle pérenne ou, au contraire, va-t-on observer un « retour à la normale » comme on a pu l'observer pour le redoublement en P1 ? Les indicateurs qui seront publiés au cours des prochaines années apporteront une réponse à cette question.

---

29. Ces figures sont également extraites des Indicateurs de l'enseignement en FWB (années 2006 et 2017). Il en va de même pour les figures 1.9, 1.10 et 1.11.
30. En FWB, on peut parcourir le primaire en 6 ans, voire 7 et exceptionnellement en 8 ans. Du fait de cette réglementation, un certain nombre d'élèves quittent prématurément la 5ᵉ ou même la 4ᵉ primaire pour entrer en 1re année secondaire, nommée 1re Accueil. C'est sans doute là qu'il faut trouver l'explication de taux de redoublement aussi bas en P6, mais aussi de taux retard moins élevés en P6 qu'en P5.
31. http://www.enseignement.be/index.php?page=26594&navi=3305.

Figure 1.5a : Évolution du taux de redoublement dans l'enseignement primaire ordinaire de 1992-1993 à 2003-2004

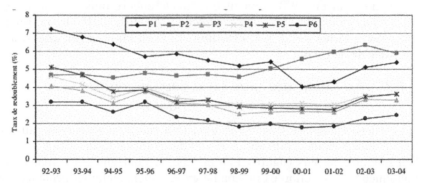

Mode de lecture : en 2003-2004, 5,4 % des élèves redoublent en 1ʳᵉ année primaire (P1), 5,9 % en 2ᵉ primaire (P2), 3,3 % en 3ᵉ primaire (P3).

Figure 1.5b : Évolution du taux de redoublants dans l'enseignement fondamental ordinaire de 2006-2007 à 2015-2016

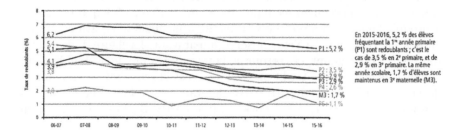

En 2015-2016, 5,2 % des élèves fréquentant la 1ʳᵉ année primaire (P1) sont redoublants ; c'est le cas de 3,5 % en 2ᵉ primaire, et de 2,9 % en 3ᵉ primaire. La même année scolaire, 1,7 % d'élèves sont maintenus en 3ᵉ maternelle (M3).

Concernant le secondaire, des commentaires similaires à ceux rédigés pour le primaire peuvent être proposés. Clairement, la réforme du 1ᵉʳ degré a eu un effet entre 1995-1996 et 2001-2002. Ensuite, c'est le « retour à la normale » (figures 1.6a et 1.6b). L'examen de la figure 1.6a mérite une attention particulière. Elle montre que, si les taux de redoublement chutent en S1 pendant la période allant de 1995-1996 et 2001-2002, ceux de S3, S4 et S5 augmentent. En S3, le taux de redoublement avoisine les 15 % en 1992-1993 ; il est proche de 20 % en 2002-2004. En S4, il est de 12 % en 1992-1993 et s'approche de 16 % en 2002-2004. Enfin, en S5, il est de 12 % en 1992-1993 ; il est proche de 18 % en 2002-2004. Ces chiffres incitent à penser que la suppression du redoublement en S1, imposée par décret, a été compensée par une sorte de rattrapage dans les degrés supérieurs (S3, S4 et S5). Bien plus, les choses se sont même aggravées, ce qui se traduit par l'augmentation des taux de retard décelés par PISA.

Figure 1.6a. : Évolution du taux de redoublement dans l'enseignement secondaire ordinaire de 1992-1993 à 2003-2004

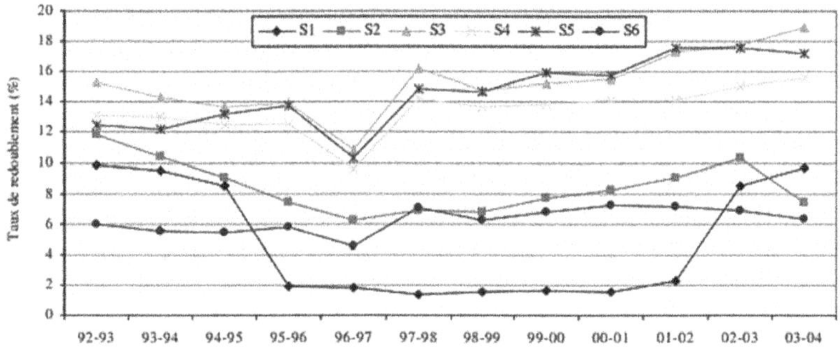

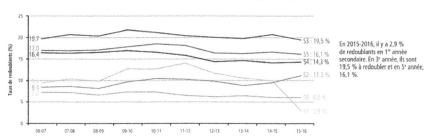

Mode de lecture : en 2003-2004, près d'1 élève sur 10 est un redoublant en 1re année secondaire (S1); en 3e année (S3), le taux de redoublement est de 18 ,9 % et en 5e année (S5) de 18,2 %.

Figure 1.6b : Évolution du taux de redoublement dans l'enseignement secondaire ordinaire de 2006-2007 à 2015-2016

En 2015-2016, il y a 2,9 % de redoublants en 1re année secondaire. En 3e année, ils sont 19,5 % à redoubler et en 5e année, 16,1 %.

La figure 1.7, correspondant aux années 2006-2007 à 2015-2016, fournit un complément d'informations sur la répartition des taux de redoublement dans le secondaire. Il montre que ceux-ci varient considérablement selon la filière fréquentée par les élèves.

Dans la filière «Générale», la plus noble, les taux de redoublement en 3G et 5G sont de l'ordre de 10 %. Dans la filière «Technique de transition», ils sont supérieurs à 20 % en 3TT et flirtent avec la barre des 30 % en 5TT. La situation est plus grave encore en «Technique de qualification»: en 3TQ, les taux sont nettement supérieurs à 20 % et ils sont supérieurs à 30 % en 5TQ. En filière «Professionnelle», les taux de redoublement augmentent en 3P et en 5P à partir de 2006-2007 avant de dessiner une légère régression à partir de 2010-2011; c'est en 3P qu'ils sont les plus élevés. Ces tendances, que l'on observe également lorsqu'on examine la période de 2004-2005 à 2013-2014, dévoilent le **processus de relégation** déjà dénoncé dans les versions de 1996, 2003 et 2007. En FWB, le 1er degré fonctionne comme une salle de triage: les «bons» élèves continuent dans la filière générale au sein de laquelle le taux de redoublement se stabilise autour de 10 % ; au pis, ils se retrouvent dans la filière de technique de transition. Quant aux autres élèves, ceux qui éprouvent des difficultés sont orientés vers les filières techniques de qualification et professionnelles au sein desquelles le redoublement sévit à un niveau égal ou supérieur à 20 %.

Figure 1.7 : Évolution du taux de redoublants accueillis en 3e et 5e années du secondaire ordinaire, selon la forme d'enseignement suivie de 2006-2007 à 2015-2016

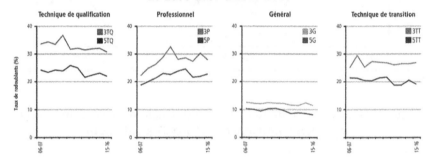

En 2015-2016, on observe des taux de redoublants très différents en 3e année secondaire selon la forme d'enseignement suivie : 30,5 % dans la forme technique de qualification, 27,9 % dans la forme professionnelle, 11,4 % dans la forme générale, 26,9 % dans la forme technique de transition.

Il est utile de rappeler ici les données présentées dans l'introduction sous la forme d'Odds ratio. Cette statistique montrait que, pour la FWB, les élèves d'origine socio-économique avaient 3,41 fois plus de risque de redoubler que les autres élèves[32]. On peut donc craindre que **la composition sociale des différentes filières de l'enseignement secondaire diffère fortement**[33]. C'est ce que nous avons investigué à l'aide des données PISA ; ici, nous nous contenterons d'examiner deux cohortes : 2003 et 2015, soit la première et la dernière (tableau 1.5).

Les données confirment nos craintes. Les filières de transition comportent peu d'élèves appartenant au quart inférieur du point de vue socio-économique (11,71 % en 2003 et 19,60 % en 2015) alors qu'ils sont nombreux dans les filières strictement professionnelles (46,16 % en 2003 et 40,15 en 2015). Le constat est inverse lorsque l'on regarde le pourcentage d'élèves appartenant au quart supérieur du point de vue socio-économique. Il semble donc que l'on puisse **retenir l'hypothèse d'un triage des élèves qui se fait par le biais du redoublement** et aboutit à ce que Felouzis, Liot et Perroton (2005) nomment un apartheid scolaire.

---

32.   Seule la Hongrie présentait du point de vue de cette variable une valeur supérieure (3,51).

33.   Telles que les données ont été codées en fonction des catégories PISA, il n'est pas possible de faire la distinction entre Général et technique de transition, ni entre technique de qualification et professionnel.

**Tableau 1.5 : Composition sociale des filières de 3ᵉ secondaire
en FWB – PISA 2003 et 2015**

	PISA 2003		PISA 2015	
	Général et technique de transition	Technique de qualification et professionnel	Général et technique de transition	Technique de qualification et professionnel
% d'élèves	61,00	39,00	73,60	26,40
% d'élèves appartenant au quart inférieur du point de vue socio-économique	11,71	46,16	19,60	40,15
% d'élèves appartenant au quart supérieur du point de vue socio-économique	36,64	6,48	30,68	9,14

5.1.4. En résumé : des décrets inefficaces, voire contre-productifs

Un constat douloureux s'impose en ce qui concerne la pratique du redoublement au sein de la FWB. Les décrets visant à en réduire l'ampleur n'ont pas produit l'effet escompté. Au primaire, le décret relatif à la promotion d'une école de la réussite dans l'enseignement fondamental du 14 mars 1995 a eu un effet momentané; éphémère, sommes-nous tentés d'écrire même si, au final, on observe une légère diminution des taux de retard à la fin du primaire. Au secondaire, c'est pire. La réforme du 1ᵉʳ degré affecte les redoublements dans les deux premières années qui chutent pendant sept années, de 1995-1996 à 2001-2002. Cependant, durant cette courte période, on constate une augmentation des redoublements dans les années supérieures qui compensent la diminution enregistrée au début du secondaire. À partir de 2001-2002, les redoublements en S1 reprennent vigueur et on retrouve les taux enregistrés avant la réforme; dans les années supérieures, ils se maintiennent au niveau élevé enregistré pendant les sept années de la réforme. Au final, il faut conclure à une augmentation des redoublements dans les cycles 2 et 3 du secondaire: en 2013-2014, toutes filières confondues, ils sont de 19,8 % en S3, de 14,7 % en S4 et de 16,3 % en S5. **La volonté politique de réduire les redoublements en FWB, qui s'est traduite par plusieurs décrets, se solde par une déroute**. Enfin, le processus de relégation dans les filières les moins prestigieuses se perpétue créant un apartheid scolaire (Felouzis *et al.*, 2005) : il y a les filières nobles dans lesquelles on trouve une majorité d'élèves qui n'ont pas redoublé et dont il apparaît qu'ils sont en majorité issus des couches socio-économiquement favorisées et les filières professionnelles qui sont majoritairement fréquentées par des élèves majoritairement issus des couches socio-économiquement défavorisées.

5.2. Le cas de la France

5.2.1. Introduction

À l'opposé du système scolaire de la FWB, celui de la France est centralisé, piloté par le ministère de l'Éducation nationale. Depuis 1959 (réforme Berthoin), l'instruction y est obligatoire de 6 à 16 ans[34]. L'enseignement primaire regroupe l'école maternelle ainsi que l'école élémentaire. Cette dernière se divise en trois cycles ; le premier correspond à l'école maternelle ; le second cycle est dévolu aux apprentissages fondamentaux qui sont au cœur des CP (Cours préparatoire), CE1 et CE2 tandis que le troisième, dit cycle de consolidation, comprend deux années (CM1 et CM2) plus la sixième (c'est-à-dire la première du Collège). Les quatre premières années de l'enseignement secondaire (sixième, cinquième, quatrième et troisième) relèvent du Collège au terme duquel l'élève peut obtenir le Diplôme national du brevet et ainsi accéder au Lycée. C'est à partir de là qu'une différenciation institutionnelle s'opère. Dans un lycée général mais aussi dans un lycée technologique, l'enseignement dure 3 ans, dans les classes de seconde, première et terminale ; dans le premier cas, l'élève peut obtenir le baccalauréat général et, dans le second, le baccalauréat technologique. Le lycée professionnel a été l'objet de plusieurs réformes depuis 2008 : on y accède soit après une 3ᵉ, un CAP ou une 2ᵈᵉ GT ; passé de deux ans à trois comme les autres bacs, il prépare soit au CAP soit au bac pro.

5.2.2. Le redoublement, une pratique en déclin

La France a connu une forte régression du redoublement au cours des dernières années, tout particulièrement au primaire. Telle est la conclusion du rapport rédigé par le CNESCO (2014) en marge de la conférence de consensus organisée les 27 et 28 janvier 2015 sur le thème « Lutter contre les difficultés scolaires : le redoublement et ses alternatives ». C'est aussi la conclusion tirée par Mattenet et Sorbe dans la Note d'information n° 36 de la DEPP (novembre 2014). Selon ces derniers, le retard accumulé par les élèves s'est divisé par deux en vingt ans. Les chiffres sont éloquents. Prenant pour repère, la classe de troisième, c'est-à-dire le dernier niveau du Collège, celle dévolue en principe aux élèves de 14-15 ans, ils constatent

---

34.   Signalons qu'un projet de loi est en cours pour reculer l'âge obligatoire à 3 ans à la rentrée 2019, sachant qu'une très grande majorité des enfants de 3-6 sont déjà scolarisés à l'école maternelle.

qu'en 1993, 46 % des élèves la fréquentant présentaient une ou deux années de retard. En 2013, ils ne sont plus que 24 %. C'est surtout le pourcentage d'élèves retardés de deux ans qui a chuté : 15 % en 1993, 2 % en 2013. Cette importante diminution résulte d'une régression des taux de redoublement au primaire et au Collège. La figure 1.8 reprise du rapport du CNESCO (2014, p. 8) confirme cette analyse.

Figure 1.8 : Évolution des taux de redoublement en France depuis 1970

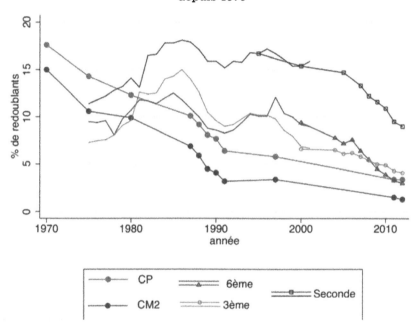

En 1970, environ 18 % des élèves redoublaient le CP (1ʳᵉ année du primaire) ; le taux est descendu à 5 % en 2012. La courbe correspondant aux taux de redoublement en CM2 (fin du primaire) est parallèle à celle du CP : les redoublements passent de 15 % en 1970 à 2 % en 2012. Il faut souligner le caractère progressif de ces régressions ; les deux courbes, CP et CM2, le montrent. La tendance à la régression du redoublement s'est prolongée par-delà 2014. C'est ce que met en évidence la Note d'information n° 41 de décembre 2016 de la DEPP : Gasq, Conton et Blanché constatent une baisse généralisée des taux de redoublement parmi les élèves du second degré à la rentrée 2016. Le tableau 1.6 que nous leur empruntons en atteste.

**Tableau 1.6 : Taux de redoublement par niveau de la sixième
à la troisième (en %) au Collège entre 2013 et 2016.**

	Rentrée 2013	Rentrée 2014	Rentrée 2015	Rentrée 2016
Redoublement de 6ᵉ	2,2	2,2	1,5	0,6
Redoublement de 5ᵉ	1,2	1,3	0,9	0,4
Redoublement de 4ᵉ	1,8	1,8	1,3	0,5
Redoublement de 3ᵉ	3,4	3,3	3,0	2,2

Disposant de statistiques fort complètes pour le second degré (le Collège), les chercheurs du CNESCO ont pu retracer

« de manière quasi continue l'évolution du redoublement depuis l'instauration du collège unique en 1975. Ils identifient quatre phases :
 – une croissance forte du redoublement entre 1975 et 1985 davantage marquée pour la 3ᵉ et la 2ᵈᵉ;
 – une diminution du redoublement entre 1985 et 1990 ;
 – une hausse sensible entre 1990 et 2000 ;
 – une forte diminution du redoublement entre 2000 et 2012 marquée par une accélération de la décroissance à partir de 2005 » (pp. 8-9).

Selon les chercheurs du CNESCO, la première phase correspondrait à une adaptation au collège unique

La suppression des filières a posé de nombreuses difficultés aux professeurs qui ont dû enseigner à des classes dont la composition est soudainement devenue plus hétérogène. Le redoublement a alors largement servi de moyen de continuer l'orientation d'une partie des élèves vers les CPPN et CPA[35] dès la fin de la 5ᵉ ou de la 4ᵉ, ou vers la vie active pour les plus en retard […]. Il aura fallu attendre 10 ans pour que le redoublement diminue et que l'orientation précoce des élèves en difficulté vers la voie professionnelle soit moins employée (p. 9).

Progressivement, les enseignants s'ajustent au public massifié qui, désormais, fréquente le Collège ; d'où la diminution entre 1985 et 1990. La remontée observable entre 1990 et 2000 constituerait un effet secondaire de la Loi n° 89-486 du 10 juillet, 1989, réformant les cycles au primaire empêchant qu'un élève redouble plus d'une fois dans le premier degré. Selon le CNESCO (2014, p. 9), « il est probable que la hausse du redoublement, à partir de 1990 en 6ᵉ, soit une réaction des conseils de classe du secondaire à la moindre pratique du redoublement dans le premier degré ».

---

35.   CPPN = Classe préprofessionnelle de niveau pour les élèves de moins de 15 ans. Mises en place de 1973 à 1991 par la circulaire du 10 mars 1972 et CPA = Classes préparatoires à l'apprentissage pour les élèves d'au moins 15 ans entre 1973 et 1991. Il s'agit dans les deux cas de filières moins « nobles » que la filière générale conduisant au Lycée.

Mattenet et Sorbe (2014) soulignent le fait que la baisse du redoublement s'est accompagnée d'une meilleure réussite des élèves. Plus précisément, à la fin du Collège, le taux de réussite au DNB (Diplôme du brevet) est resté stable. En revanche, le passage en seconde générale et technologique des élèves de troisième « à l'heure » a progressé, passant de 79,8 % en 2008 à 81,9 % en 2013. De surcroît, le pourcentage d'élèves obtenant le baccalauréat à l'heure a fortement augmenté. Il faut néanmoins regretter que la baisse du redoublement n'a pas réussi à effacer les différences entre enfants d'ouvriers et ceux de cadre, bien que les écarts se sont réduits entre 2004 et 2015. C'est ce qu'on peut lire dans le tableau 1.7, emprunté à Mattenet et Sorbe (2014).

Tableau 1.7 : Proportion d'élèves en retard en troisième selon la Catégorie socioprofessionnelle des parents (CSP)

CSP	2004	2015
Très favorisée	19 %	10 %
Favorisée	31 %	17 %
Moyenne	38 %	23 %
Défavorisée	53 %	35 %
Total	39 %	24 %

Par ailleurs, ces deux chercheurs révèlent que les élèves fréquentant une école du Réseau « Éclair »[36] présentent des taux de retard supérieurs à ceux des élèves qui ne fréquentent pas ce dispositif d'éducation prioritaire : 20 % des élèves issus de ces écoles entrent en 6e avec au moins un an de retard alors que seulement 11,3 % des élèves fréquentant une école hors éducation prioritaire ne sont pas à l'heure. Or, on sait que ce sont surtout des enfants d'ouvriers qui fréquentent ces écoles Éclair : 72,8 % contre 34,3 % dans les écoles ordinaires hors éducation prioritaire.

Le constat du maintien d'inégalités liées à l'origine sociale des élèves ne doit pas faire oublier le constat majeur que toutes les études mettent en évidence : une diminution constante depuis 2000 du redoublement au Collège, laquelle s'ajoute à la régression de celui-ci au primaire amorcé dès les années 1970. Il est logique que ces évolutions se répercutent sur les taux de retard enregistrés par PISA dévoilant une diminution de 39,5 % à 22,1 % entre 2003 et 2015.

---

36.   Éclair = Écoles, collèges et lycées pour l'ambition, l'innovation et la réussite.

5.2.3. En résumé : une volonté politique qui se traduit par des effets significatifs sur les taux de retard scolaire

La décroissance du redoublement à partir de 2000 serait le résultat, selon Mattenet et Sorbe (2014), d'un discours scientifique dénonçant l'inefficacité du redoublement, discours repris avec force par les responsables politiques, et d'une politique volontariste dans toutes les académies de France. Mons (communication personnelle) confirme cette analyse ; selon elle, la régression des redoublements résulte d'une volonté politique constante communiquée aux académies par des directives explicites. Ce qui s'est passé dans les Académies a pu varier : simple encouragement à limiter les redoublements alors que, dans d'autres académies, des alternatives au redoublement étaient suggérées et soutenues par les autorités. Ceci se traduit évidemment par des effets différents. Le rapport du CNESCO (2014) note d'ailleurs qu'il «existe des écarts importants dans le taux d'élèves en retard suivant les académies» (p. 11) et dresse des cartes de France montrant les disparités de taux de retard entre académies. Ce faisant, les chercheurs du CNESCO confirment l'analyse de Baccaïni, De Lapasse, Lebeaupin et Monso (2014, cité par le CNESCO, p. 13) qui ont montré que le retard scolaire est plus important dans les territoires les plus défavorisés. Ce constat n'est pas neuf. Déjà en 2005, Goux et Maurin (cité par le CNESCO, p. 13) montraient que les caractéristiques de voisinage, un indicateur indirect de la CSP, affectent le redoublement et donc les performances scolaires.

La volonté politique du ministère de lutter contre le redoublement s'est concrétisée par le décret du 18 novembre 2014 qui proscrit le maintien en maternelle, et limite drastiquement son usage au primaire et au collège. Il ne peut intervenir que pour

> pallier une période importante de rupture des apprentissages scolaires. Dans les classes liées à l'orientation, le redoublement reste accordé en cas de demande des parents lorsqu'il existe un désaccord entre les vœux des familles et la décision d'orientation définitive. Il n'est toutefois plus possible de demander ou de proposer le redoublement en premier lieu[37].

Selon Rocher (communication personnelle), il faut tenir compte du caractère centralisé et hiérarchisé du système éducatif français pour comprendre pourquoi la volonté politique de réduire le redoublement s'est traduite en effets tangibles. Le paysage éducatif français est divisé en 30 Académies, celles-ci étant dirigée par des recteurs placés sous les ordres du ou de la ministre de l'Éducation. Sous le commandement des recteurs, on trouve les directeurs académiques des services de l'Éducation nationale (DASEN) et les

---

37. https://www.cnesco.fr/fr/redoublement/etat-du-redoublement/.

directeurs académiques adjoints des services (DAASEN); ceux-ci sont chargés d'animer et de mettre en œuvre la politique éducative dans les départements[38] et, plus particulièrement, d'œuvrer avec les chefs d'établissement pour mettre en application la politique décidée au niveau du ministère.

En France, la diminution des redoublements et, par voie de conséquence, des retards scolaires résultent d'un processus top-down. Or, en FWB, la promulgation de décrets visant à réduire le redoublement s'est avérée inefficace et même contre-productive. D'où une question: pourquoi ce qui a raté en FWB a-t-il réussi en France? Il est difficile, sinon impossible de répondre de façon sûre à cette question. Il paraît néanmoins pertinent de souligner avec Rocher la tradition centralisatrice – certains disent jacobine[39] – de la France alors que le système scolaire en FWB est fortement décentralisé avec ses trois réseaux d'enseignement et ses pouvoirs organisateurs (PO) qui dirigent les écoles au niveau local. Bref, il paraît défendable de faire l'hypothèse qu'il est possible d'influer sur la pratique du redoublement par une démarche top-down dans un pays comme la France nourri d'un substrat culturel hiérarchique alors que cela n'est pas possible dans un pays où le système scolaire a pris les contours d'un quasi-marché (Maroy, 2006, 2007).

5.3. Le cas de Genève

5.3.1. Introduction

Comme en France, le système éducatif genevois est centralisé, dirigé par le Département d'Instruction Publique (DIP). Depuis la réforme HarmoS (2009), l'enseignement primaire s'étale sur 8 ans: le cycle élémentaire va de 4 à 8 ans (1P, 2P, 3P et 4P); le cycle moyen va de 8 à 12 ans (5P, 6P, 7P, 8P). Le cycle d'orientation (CO) suit l'école primaire. C'est la dernière phase de l'école obligatoire. Appelé «Enseignement secondaire I», le CO a pour mission de préparer par des options et regroupements différents les élèves en vue des différentes orientations post-obligatoires; le triage qui s'y opère joue un grand rôle dans le destin scolaire et professionnel des élèves (cf. ci-dessous). L'enseignement secondaire 2 (de 15 à 19 ans), post-obligatoire, comporte (1) le Collège (formation gymnasiale) qui prépare aux études académiques de type supérieur, (2) l'École de Culture Générale, qui permet d'obtenir des connaissances générales et spécifiques dans les domaines de la santé, du

---

38. http://www.education.gouv.fr/cid1149/inspecteur-d-academie-directeur-des-services-departementaux-i.a.-d.s.d.e.n..html#Les_missions_des_DASEN_et_des_DAASEN.
39. Le mot «jacobinisme» désigne aujourd'hui une doctrine qui tend à organiser le pouvoir de façon administrative (bureaucratie) et centralisée (centralisation) et à le faire exercer par une petite élite de techniciens (technocratie) qui étendent leur compétence à tous les échelons géographiques et à tous les domaines de la vie sociale afin de les rendre uniformes, ce qui en fait l'adversaire du régionalisme. (https://fr.wikipedia.org/wiki/Jacobinisme).

social, de la communication et des arts et (3) l'apprentissage qui consiste en une formation professionnelle initiale que l'on peut effectuer soit en école (système plein temps), soit en entreprise (système dual).

Genève a une longue tradition de lutte contre l'échec scolaire et les inégalités sociales de réussite. Dans un texte retraçant l'histoire de *L'irrésistible institutionnalisation de l'expertise dans le champ péda-gogique*, Hofstetter, Schneuwly et Freymond (2014) en font remonter les débuts au XIXe siècle. Busino (1982), quant à lui, voit dans la publication en 1961 de l'*Enquête sur les retards scolaires: étude analytique de quelques-unes de leurs causes présumées* de Roller et Haramein une sorte de point de départ de la sociologie de l'éducation en Suisse romande. Ces auteurs constatent avec effroi qu'à cette époque, 44 % des élèves de 6e primaire ont redoublé au moins une fois une année scolaire.

L'évolution des taux de redoublement et de retard scolaire étant l'objet de cette section, il convient de rappeler le travail de Hutmacher (1993). Dans son ouvrage *Quand la réalité résiste à la lutte contre l'échec scolaire*, il montre que, dans le système scolaire genevois, le pourcentage d'élèves qui redoublent a fortement fluctué entre 1971 et 1991. De 1971 à 1975, ils ont diminué pour connaître une recrudescence à partir de 1980 dans les trois premières années scolaires (1^P, 2^P et $3^{P)}$. Dans les trois années supérieures (4^P, 5^P et 6^P), ils ont diminué entre 1971 et 1978 et sont restés globalement dans les mêmes marges de variation entre 1978 et 1988. Enfin, depuis les années 1980, c'est en 1^P (3^P depuis la réforme HarmoS) que l'on fait le plus redoubler alors que ce n'était pas le cas auparavant.

Le titre de l'ouvrage de Hutmacher exprime avec force une décep-tion: les efforts consentis pour lutter contre l'échec scolaire n'ont pas produit les effets escomptés. Cette déception est également exprimée par Allal et Schubauer (1993) déçues de constater que, dans l'enseignement primaire genevois, on s'alarme d'enregistrer les taux de redoublement les plus élevés de Suisse après le canton de Neuchâtel. Les deux chercheuses les énumèrent: 5,8 % de redoublants en 1^P, 4,2 % en 2^P, 3,6 % en 3^P, 3,1 % en 4^P, 3,7 en 5^P et 2,2 en 6^P. Déception car, comme elles l'écrivent,

> sur le plan matériel et institutionnel, on peut difficilement invoquer des conditions d'enseignement moins favorables qu'ailleurs. Au contraire, l'in-vestissement dans les moyens de lutte contre l'échec scolaire – tels que la réduction des effectifs des classes, l'ouverture de postes de non-titulaires chargés de l'appui aux élèves en difficulté et de l'aide aux élèves non francophones, ainsi que la création de services de formation continue et d'encadrement didactique – est globalement plus important à Genève que dans d'autres cantons (p. 3).

Procédant à une analyse diachronique des taux de redoublement et des effectifs de classe, Hutmacher (1993) aboutit à un constat quelque peu désabusé. Il observe que, de 1972 à 1989, l'effectif moyen des classes genevoises a été en constante diminution. Pendant la même période, les taux de redoublement ont également baissé jusqu'en 1974 pour connaître ensuite une phase de stabilité puis une augmentation. Comment, face à pareils résultats, continuer à défendre la réduction des effectifs de classe face aux responsables politiques ?

Pourtant, de nombreuses recherches (cf. notamment Bressoux, Kramarz et Prost, 2009 ainsi que Monso, 2014), indiquent qu'en général, la réduction des effectifs par classe constitue une mesure qui engendre des effets positifs sur l'apprentissage et la motivation des élèves. De façon apparemment paradoxale, cette même mesure aurait un effet nul, voire négatif, sur la réduction des taux de redoublements. La loi de Posthumus, dont nous développerons l'analyse des effets négatifs au chapitre 6, offre une voie d'explication à ce phénomène. Si les évaluations pratiquées sont ajustées de sorte à produire une distribution gaussienne (loi de Posthumus), il se trouvera toujours des élèves à l'extrémité gauche de la courbe, attestant qu'ils sont plus faibles ou moins performants que leurs condisciples. Si les enseignants croient dans les vertus du redoublement, ils décideront de faire recommencer l'année par ces élèves et ceci quel que soit le nombre d'élèves en classe. C'est ce raisonnement qui a amené Hutmacher (1993) a formulé ce qu'il nomme une hypothèse socio-arithmétique. Constatant que, pour les enseignants genevois, un nombre de deux échecs par classe paraît normal, il conclut que la réduction des effectifs par classe peut conduire à une augmentation des taux d'échecs au niveau du canton. La démonstration est simple : si les enseignants continuent à faire redoubler deux élèves par classe, le taux cantonal d'échecs augmentera au fur et à mesure que le nombre d'élèves composant la classe diminue. Ainsi, si la tendance de la majorité des enseignants est de faire redoubler deux élèves par classe[40] et que les classes sont composées en moyenne de trente élèves, le taux de retard scolaire sera de 6,6 %. Si la tendance reste stable et si le nombre moyen d'élèves par classe est réduit à vingt-cinq, il passe à 8 %. Il s'élève à 10 % si l'effectif moyen par classe est de vingt, à 13,3 % si cet effectif est de quinze, et grimpe à 20 % si l'on réduit à dix le nombre moyen d'élèves par classe.

5.3.2. L'évolution des taux de redoublement et de retard au primaire entre 1990 et 2016[41]

Que s'est-il passé depuis lors dans l'enseignement primaire à Genève ? Le SRED (Service de la Recherche en Éducation) a accepté de

---

40. C'est ce seuil qui était donné par la plupart des enseignants genevois interrogés par Hutmacher (1993).
41. Pour cette section et la suivante, nous avons pu bénéficier de l'aide d'Annick Evrard du SRED qui a constitué les bases de données à partir desquelles nous avons pu élaborer nos analyses.

nous fournir les taux de redoublement de la 1P à la 8P[42] pour la période s'étalant de 1990 à 2016, ce qui nous a permis de tracer les figures 1.9 (de la 1P à la 4P) et 1.10 (de la 5P à la 8P).

Figure 1.9 : Évolution des taux de redoublement de la 1P à la 4P entre 1990 à 2016

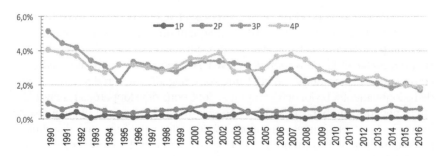

Figure 1.10 : Évolution des taux de redoublement de la 5P à la 8P entre 1990 à 2016

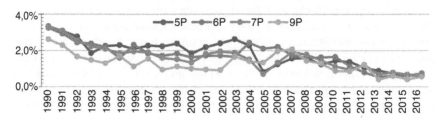

De manière générale, on observe une diminution des taux de redoublement à quasiment tous les degrés de l'enseignement primaire. Lorsqu'on calcule la différence entre le taux de redoublement enregistré en 2016 et celui de 1990, on obtient les valeurs suivantes :

1P	2P	3P	4P	5P	6P	7P	8P
− 0,1 %	− 0,3 %	− 3,4 %	− 2,2 %	− 2,7 %	− 2,5 %	− 2,7 %	− 2,1 %

C'est pour la 3P, ancienne 1P, que la diminution est la plus marquée : de 5,1 % en 1990 à 1,7 % en 2016. Elle est de l'ordre de 2 % pour les degrés allant de la 4P à la 8P. En ce qui concerne les 1P et 2P, anciennement 1re et 2e enfantine, on peut parler de stabilité. L'examen fin des chiffres ne permet pas de repérer des bonds significatifs. Bien sûr, on observe quelques

---

42. Depuis la réforme HarmoS (cf. ci-dessous), dans tous les cantons de la Confédération helvétique, l'obligation scolaire débute à 4 ans. À Genève, les anciennes classes enfantines (1re et 2e) ont été intégrées dans l'enseignement primaire et renommées 1P et 2P.

pointes vers le haut ou vers le bas dans plusieurs courbes, mais celles-ci ne dépassent jamais 2 % avant de reprendre la tendance descendante générale. Ceci nous amène à conclure à une décroissance progressive des taux de redoublement au primaire.

Le SRED nous a également fourni, pour la même période, les taux de retard, ce qui permet de dessiner la figure 1.11 reflétant l'évolution de ces taux de la 5P à la 8P.

Figure 1.11 : Évolution des taux de retard de la 5P à la 8P entre 1990 à 2017

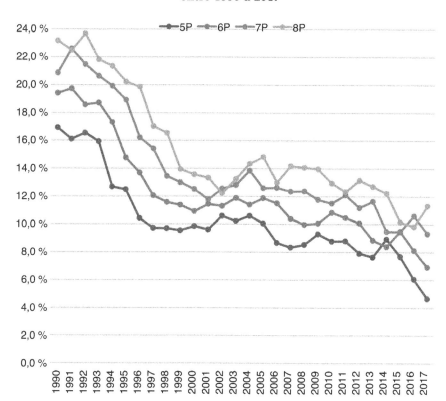

Logiquement, eu égard à la décroissance des redoublements, on observe une lente et progressive diminution des retards en fin d'enseignement primaire. En 1990, 23,2 % des élèves de 8P étaient en retard d'une année ou plus ; en 2016, ils ne sont plus que 11,8 %.

La progressivité de la diminution des taux de redoublement et de retard scolaire a de quoi surprendre tant il s'est passé de choses à propos de l'école dans la Cité de Calvin au cours des trois décennies, tant il y a eu de controverses concernant l'évaluation des élèves, la formation des enseignants et, enfin, l'organisation du Cycle d'orientation (CO).

À sa sortie de presse, en 1993, l'ouvrage de Hutmacher provoque un choc et constitue une prise de conscience pour le monde de l'éducation à Genève et, dans une moindre mesure, dans d'autres pays francophones (la FWB et le Québec) : il ne suffit pas que les responsables politiques décident de réduire les effectifs de classe, de créer des postes d'enseignants généralistes non-titulaires (GNT) chargés de l'appui aux élèves en difficulté, ainsi que la création de services de formation continue et d'encadrement didactique pour vaincre l'échec scolaire. De là naît la conviction, encore partagée aujourd'hui par certains, que le changement doit se faire au niveau des équipes d'enseignants, dans leurs pratiques et croyances ; il ne peut être décrété du haut de la hiérarchie, mais doit être construit en collaboration avec les enseignants de chaque école.

À partir de 1994, un processus bottom-up va être amorcé sous la houlette de Perrenoud, Hutmacher et plusieurs autres chercheurs en éducation. Ce qui, en terre genevoise, est appelé la Rénovation est conçu comme un processus en deux temps : une phase d'exploration avec des écoles volontaires de 1995 à 1999 suivie d'une phase d'extension progressive à l'ensemble des écoles du canton, pour aboutir en une dizaine d'années à un nouveau fonctionnement généralisé de l'enseignement primaire genevois (Gather-Thurler, 1998). Autrement dit, il s'agissait de penser la transformation de l'école genevoise selon un processus de changement en profondeur des pratiques et des croyances qui, partant de la base, en tout cas de quelques équipes volontaires, se diffuse progressivement à l'ensemble du système.

Si l'on considère que la période 1994-2006 correspond au temps de la rénovation, il faut bien constater que la décroissance du redoublement avait démarré avant son début et s'est prolongé au-delà de sa mise à mort par une votation populaire. Car la rénovation, si elle est globalement bien acceptée par un grand nombre d'enseignements primaires, est honnie par un groupe d'enseignants secondaires qui vont créer une Association pour refaire l'école (ARLE). Point central des dissensions qui opposent les adeptes de la Rénovation et les membres d'ARLE, l'évaluation des élèves et, plus particulièrement, leur évaluation par des appréciations qualitatives. ARLE sollicite une votation populaire sur la question et l'obtient. Le 26 septembre 2006, le peuple genevois se prononce à 75 % en faveur du retour des notes chiffrées au grand désarroi d'un grand nombre d'enseignants primaires qui s'étaient fortement investis dans la Rénovation. Nombreux furent ceux qui craignaient que le retour de la note engendre une recrudescence du redoublement (cf. notamment Maulini, 2003a et b, 2012 ; Vité, 2012). Les chiffres présentés ci-dessus ne valident pas cette crainte.

En 2009, la Conférence suisse des directeurs de l'instruction publique (CDIP) annonce l'entrée en vigueur du concordat intercantonal HarmoS pour le 1er août de la même année. Un délai transitoire de six ans maximum est accordé aux 10 cantons signataires (dont Genève) pour mettre en pratique les divers points du concordat. Parmi eux, signalons : (1) l'uniformisation des structures scolaires cantonales : le degré primaire (école enfantine incluse) devra durer huit ans et le secondaire I, trois ans, (2) l'âge d'entrée à l'école est fixé à quatre ans révolus, ce qui rend l'école enfantine obligatoire, (3) l'introduction de standards nationaux de formation pour la scolarité obligatoire et la vérification de leur atteinte dans le cadre du monitorat suisse de l'éducation. Finie donc la Rénovation qui faisait des enseignants des acteurs essentiels du changement. HarmoS impose une série de changement selon une démarche top-down et soumet les enseignants à la logique de la redevabilité (en anglais, *accountability*). Son implantation à Genève démarre en 2011[43]. La crainte d'une primarisation de l'ancienne école enfantine (cf. Veuthey et Marcoux, 2016) ne s'est pas réalisée, du moins en ce qui concerne la pratique du redoublement.

Osons une hypothèse qui expliquerait la régression du redoublement à Genève. Depuis 1996, les enseignants primaires sont formés à l'Université en quatre ans. Comme on le verra au chapitre 5, leur formation se donne notamment pour objectif de relativiser leurs croyances dans les vertus du redoublement et celle-ci semble produire les effets escomptés. L'entrée progressive de ces jeunes enseignants primaires formés à l'Université peut-elle expliquer le déclin du redoublement démontré ci-dessus ? Il serait présomptueux de l'affirmer sans nuance bien que des recherches montrent une incertitude des enseignants genevois à l'égard des bienfaits du redoublement plus grande qu'auparavant. Cependant, il faut à nouveau rappeler que la diminution des taux de redoublement débute dès 1991, donc avant la mise en place de la formation universitaire des enseignants primaires.

Dans l'indicateur « D1. Transitions dans l'enseignement primaire public » des *Repères et indicateurs statistiques* n° 50 de septembre 2017 publié par le SRED, Le Roy-Zen Ruffinen et Martz observent également une diminution des redoublements en considérant les années 2005, 2010 et 2016. Elles constatent en outre que les écarts entre filles et garçons s'estompent avec le temps, même si les garçons continuent à redoubler plus souvent que les filles. Hélas, les différences de parcours liées au milieu social sont toujours marquées. Le tableau 1.8 qui reprend les pourcentages de retard qu'elles ont calculés par Catégories socio-professionnelles (CSP) en atteste. C'est à partir de la 3P et 4P (c'est-à-dire les anciennes 1P et 2P) que les écarts se creusent. Deux regards peuvent être portés sur ces données : d'une part, il faut continuer à se désoler de l'inégalité persistante

---

43.   http://ge.ch/dip/enseignement/en-bref-schema/4-12-ans.

entre enfants de milieux favorisés et ceux de familles modestes et, d'autre part, on se réjouira de constater que ce sont principalement ces derniers qui bénéficient de la diminution du redoublement. En 2010, ils étaient 20 % à terminer l'enseignement primaire avec retard ; en 2016, ce taux a diminué de 4 %. En nombre d'élèves, cela signifie qu'ils étaient 311 en retard en 2010 et qu'ils ne sont plus que 235 en 2016.

Tableau 1.8 : Pourcentages d'élèves en retard, selon le degré de scolarité et la Catégorie socioprofessionnelle des parents (CSP).

	2010			2016		
	Cadres supérieurs et dirigeants	Employés et cadres inter- médiaires	Ouvrier divers et sans indication	Cadres supérieurs et dirigeants	Employés et cadres inter- médiaires	Ouvrier divers et sans indication
1P	2 %	1 %	1 %	0 %	0 %	1 %
2P	1 %	1 %	2 %	1 %	1 %	2 %
3P	1 %	3 %	7 %	1 %	2 %	5 %
4P	3 %	6 %	12 %	1 %	3 %	7 %
5P	3 %	7 %	14 %	3 %	4 %	10 %
6P	5 %	7 %	18 %	4 %	6 %	13 %
7P	3 %	8 %	19 %	6 %	7 %	17 %
8P	6 %	10 %	20 %	6 %	7 %	16 %

5.3.3. L'évolution des taux de redoublement et de retard au Cycle d'Orientation entre 1990 et 2017

Figure 1.12 : Évolution des taux de redoublement au CO entre 1990 et 2017

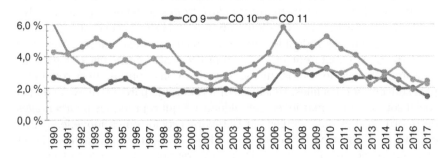

Dans l'enseignement secondaire 1 (figure 1.12), on observe une sorte de *statu quo* avec des fluctuations légères des redoublements en

CO9 ainsi qu'en CO11 ; en CO10, les fluctuations sont plus importantes et une tendance à la diminution se dessine depuis 2009. Notons que c'est en deuxième année du Cycle d'Orientation que l'on redouble le plus, du moins jusqu'en 2014.

La figure 1.13 montre qu'en fin de CO, les taux de retard sont en diminution constante. En 1990, 34,9 % des élèves n'étaient plus à l'heure ; en 2017, ils ne sont plus que 20,1 % dans ce cas, ce qui correspond à une différence de 14,8 %.

Figure 1.13 : Évolution des taux de retard à la fin du CO entre 1990 et 2017

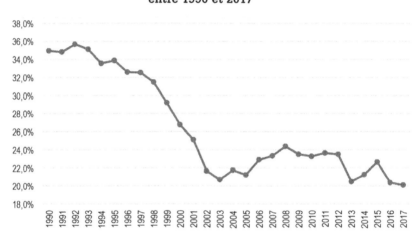

Évidemment, cette diminution des retards à la fin de l'enseignement obligatoire est en grande partie imputable à la diminution du redoublement au primaire. Si l'on calcule la différence entre le taux de retard en 8P et celui de CO11, on obtient la figure 1.14 qui montre que la contribution du CO à ce processus démarre vraiment à partir de 2000, mais avec une remontée à partir de 2006-2007, moment où le canton débat de la réorganisation du CO en préparation à une votation populaire qui aura lieu en 2009.

Faut-il déduire de ces graphiques que la réorganisation du CO en 2011 à la suite de la votation du 17 mai 2009 n'a eu aucun effet ? Avant de conclure, exposons brièvement l'enjeu de cette votation.

En novembre 2005, le Réseau école et laïcité (Réel), association dissidente d'ARLE (Association pour Refaire l'École) lance l'initiative populaire cantonale IN 134 « Pour un cycle qui oriente ». Celle-ci propose d'organiser le CO en six filières distinctes qui mènent soit vers une maturité professionnelle ou gymnasiale, soit vers une formation professionnelle. Comme la loi suisse le permet, le Département de l'Instruction Publique (DIP) oppose un contre-projet qui est plébiscité par la population avec 75 % de oui. Depuis 2011, date de sa mise en place, les élèves intègrent en première année du cycle (CO9) l'un des trois regroupements (R1, R2 ou R3) en fonction des moyennes annuelles obtenues en 8P en Français et en Mathématique. Ensuite, à leur entrée en CO10, les élèves sont orientés, en fonction des moyennes obtenues en 9ᵉ, vers l'une des trois sections : Littéraire et scientifique (LS), Langues vivantes et communication (LC), Communication et technologie (CT). À l'intérieur de la section LS, les élèves ont la possibilité de choisir un profil parmi les trois suivants : Latin, Langues vivantes, Scientifique. Les regroupements en 9ᵉ et les sections en 10ᵉ et 11ᵉ correspondent à des niveaux d'exigences différents : R1 et CT, exigences élémentaires ; R2 et LC, exigences intermédiaires ; R3 et LS exigences étendues.

Figure 1.14 : Différence entre CO11 et 8P

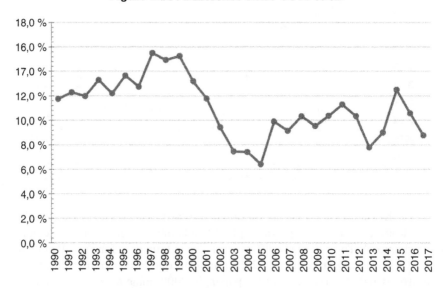

En réalité, le contre-projet ne proposait pas grand-chose de différent de ce qui existait auparavant : trois regroupements aux exigences hiérarchiquement différentes. Ce sont surtout les critères d'admission à la filière noble (R3) qui sont rendus plus exigeants. Comme le montrent Rastoldo et Mouad dans la note du SRED n° 61 de mars 2018, la réforme du cycle a eu pour effet un avancement du moment de la sélection, sans la bouleverser. Ils précisent que, depuis 2011, la sélection est non seulement plus précoce, mais aussi plus forte à l'entrée au CO. Avant la réforme, le regroupement 1, c'est-à-dire la filière à exigences scolaires étendues, accueillait entre 76 % et 79 % des élèves des cohortes de première année ; entre 2011 et 2016, entre 65 % à 70 % des élèves entrent dans la filière la plus exigeante (R3).

La réforme du CO rend possible des passerelles : promotionnelle lorsque l'élève termine en CO11 à un niveau d'exigences plus élevé que celui de CO9, sélectif dans le cas inverse et neutre lorsqu'une réorientation promotionnelle est suivie d'une réorientation sélective ou dans l'ordre inverse. Rastoldo et Mouad (2018) ont étudié le parcours des 4'321 élèves entrés au CO en 2013. Ils sont 262 à parcourir le CO en 4 ans ; autrement dit, 6 % redoublent, dont la moitié pour se maintenir dans leur regroupement initial et 2 % pour viser une orientation promotionnelle. On enregistre 86 % de parcours linéaires et 9 % de parcours sélectifs (donc de passage vers R2). Dans les filières R2 et R3, respectivement 34 et 30 % des élèves ont un parcours linéaire ; 26 % et 30 % ont un parcours promotionnel dont certains avec redoublement ; c'est dire si les élèves ou leurs familles ont compris la hiérarchie de ces filières pudiquement nommées regroupements. Rastoldo et Mouad (2018) ont calculé que les réorientations (promotionnelles, sélective ou neutre) intervenues durant le cursus du CO ont impliqué un quart de la cohorte entrée en 2013. On peut considérer ce chiffre comme un indicateur de la valeur des orientations initiales : 1 chance sur 4 de se tromper.

On ne s'étonnera pas – hélas – de ce que le processus de sélection/ orientation soit lié au milieu social des élèves et à leur genre. Ainsi, 87 % des élèves issus des milieux favorisés sont scolarisé en R3 alors que seulement la moitié des élèves issus des milieux défavorisés s'y retrouvent. Au final, la réforme de 2011 a accru la sélection. Toujours selon Rastoldo et Mouad (2018),

> un regard rétrospectif à long terme (depuis 1965, c'est-à-dire depuis la généralisation du CO) sur la sélection à l'entrée du CO montre que la proportion d'élèves suivant la section ou le regroupement le plus exigeant scolairement, augmente régulièrement jusqu'en 2000, se stabilise entre 2000 et 2010, diminue fortement avec la réforme du CO de 2011, date à laquelle le taux d'orientation vers la filière le plus exigeante est revenu au niveau de celui observé à la fin des années 1970 et enfin recommence à augmenter assez régulièrement à partir de 2012 (p. 2).

5.3.4. En résumé : un enseignement primaire visant la réussite et un secondaire inférieur dévolu à l'orientation des élèves

L'impression qui s'impose au regard extérieur, c'est la différence de culture pédagogique entre le primaire et le secondaire inférieur (le CO).

L'enseignement primaire semble avoir résisté au retour des notes chiffrées et à la réforme HarmoS mettant en exergue des standards de performance à atteindre selon un calendrier strict ; en quelque sorte, au primaire a perduré une perspective visant la réussite d'un maximum d'élèves, ce qui se traduit par une diminution substantielle des retards scolaires entre 1990 et 2017. Hélas, le redoublement continue à toucher principalement les enfants d'ouvriers et, plus généralement, d'origine modeste. Cependant, il faut souligner que ce sont principalement ces derniers qui bénéficient de la diminution du redoublement et, partant, que l'écart s'est réduit au cours des dernières années.

Le CO remplit une fonction de triage entre les élèves pour préparer les orientations qui seront prises au niveau post-obligatoire. Ce triage des élèves se fait en principe uniquement sur la base des performances des élèves. Toutefois, Rastoldo et Mouad (2018) ont mis en évidence que ce processus opère une sélection en fonction du milieu social et du genre. De plus, ces chercheurs du SRED montrent qu'au final, avec la réforme de 2011, la sélection s'est accrue : il y a moins d'élèves qui sont admis dans le parcours « noble » et surtout moins d'élèves de milieux « défavorisés ».

À certains égards, on peut apercevoir des similitudes entre les évolutions du redoublement au sein du système scolaire genevois et celui de la FWB si ce n'est que ce dernier est bien plus « meurtrier ». De part et d'autre, on constate une diminution du redoublement au primaire, mais celle-ci est plus marquée dans le canton de Genève. Rappelons qu'en France également, le redoublement est en régression au primaire. De part et d'autre, le secondaire inférieur ou secondaire 1 est le niveau scolaire où s'opère le triage des élèves. En FWB, le redoublement est en franche augmentation, ce qui n'est pas le cas à Genève. En définitive, dans ce canton romand, il y a de moins en moins d'élèves en retard à la fin de la scolarité obligatoire, ce dont il faut se réjouir.

5.4. Le cas du Grand-Duché de Luxembourg

5.4.1. Introduction

Au Grand-Duché de Luxembourg, l'école est obligatoire de 4 à 16 ans. L'école fondamentale comporte quatre cycles : cycle 1 pour les élèves de 3 à 5 ans dont la première année est optionnelle ; cycle 2 pour les élèves de 6 et 7 ans ; cycle 3 pour les élèves de 8 et 9 ans et le cycle 4 pour ceux âgés de 10 et 11 ans. Vient ensuite l'enseignement secondaire[44] qui, organisé selon le modèle de la séparation (Mons, 2007), présente deux types d'enseignement. L'Enseignement Secondaire Classique (ESC) comporte sept années et oriente vers les études supérieures (notamment l'Université). L'Enseignement Secondaire Technique (EST), désormais renommé Enseignement Secondaire Général (ESG), est composé de trois années dans une voie d'orientation ou dans une voie de préparation (pour les élèves en grande difficulté scolaire en

---

44.   http://www.men.public.lu/catalogue-publications/fondamental/passage-fondamental-es/
que-faire-apres-la-4eme/fr.pdf. Cf. schéma p. 12.

fin d'école fondamentale). Ensuite, le cursus se décline en quatre régimes, deux de quatre années et deux de trois années. Le premier de ces quatre régimes conduit au Diplôme de fin d'études secondaires générales donnant accès aux études supérieures. Le second mène au Diplôme de Technicien (DT) qui peut être prolongé par des études techniques supérieures, après réussite de modules préparatoires. Les deux régimes de trois années conduisent soit au Diplôme d'aptitude professionnelle (DAP), soit au Certificat de capacité professionnelle (CCP) ouvrant la porte à des emplois qualifiés. Dans les faits, les élèves sont donc soumis à une première orientation en fin d'école fondamentale (12 ans normalement) et à une seconde à 15 ans pour ceux qui ont été orientés vers l'EST/ESG. L'orientation dépend en partie des résultats scolaires et du conseil d'orientation; trois échanges individuels entre l'enseignant et les parents sont également prévus[45]. Par ailleurs, au Grand-Duché existent à côté de l'école publique des écoles privées. Parmi celles-ci, il faut distinguer les écoles privées qui suivent le programme de l'Éducation nationale et celles qui ne le suivent pas; dans ce dernier cas, il s'agit d'écoles internationales dont la fréquentation est en croissance comme on le verra plus loin.

Le Grand-Duché de Luxembourg est un petit pays (2 586 km^2), dont la population (590 667 habitants en 2017) présente plusieurs caractéristiques qui ont une incidence forte sur le système scolaire. Les étrangers représentent 47,6 % des résidents (c'est-à-dire 281 497 personnes)[46]; bref, près de la moitié de la population n'a pas la nationalité luxembourgeoise. Le flux migratoire est loin de se tarir. Selon le STATEC (Institut national de la statistique et des études économiques), entre le recensement de 2001 et celui de 2011, la proportion d'étrangers a augmenté de près de 35 %; au 1er février 2011, elle atteint 110 522 personnes, ce qui représente 43,04 % de la population totale[47]. Les Portugais représentent 34,6 % des étrangers et 16 % de la population totale; leur nombre ne cesse de croître (cf. le STATEC), mais ce n'est pas la seule catégorie d'étrangers qui est en augmentation: les ressortissants de l'ex-Yougoslavie sont de plus en plus nombreux. Eu égard à l'enseignement, la Loi du 6 février 2009 relative à l'obligation scolaire « précise que chaque enfant habitant sur le territoire du Luxembourg a le droit à une formation scolaire à partir de l'âge de trois ans ». Ceci implique que tout enfant en âge de scolarité obligatoire doit être inscrit à l'école, quel que soit le statut des parents. Aucun enfant ne peut être refusé, quels que soient son origine, son genre, sa langue ou

---

45.   Concernant le dispositif d'orientation, on consultera le site http://www.men.public.lu/fr/ actualites/articles/communiques-conference-presse/2016/04/15-orientation-fondamental/ index.html.

46.   https://fr.wikipedia.org/wiki/D%C3%A9mographie_du_Luxembourg.

47.   http://www.statistiques.public.lu/catalogue-publications/RP2011-premiers-resultats/2012/04-12.pdf.

sa religion[48]. En pratique, lorsqu'une famille s'installe dans une commune, l'enfant reçoit automatiquement une inscription pour l'école fondamentale.

Cette hétérogénéité démographique a pour première conséquence un fossé entre la langue d'enseignement et celle(s) parlée(s) à la maison. Ce problème s'est amplifié au cours des deux dernières décennies. Selon Eurydice[49], en 2004-2005, les élèves parlant le luxembourgeois à la maison étaient majoritaires ; en 2012-2013, 60,2 % des élèves parlaient à la maison une autre langue que celle d'enseignement. Eurydice considère que ce phénomène pose un problème d'équité au système scolaire luxembourgeois : alors que 44,1 % des enfants entrant dans le système scolaire sont étrangers, ils sont peu nombreux à se retrouver en ES/ESC à l'âge de 12 ans. Toujours selon Eurydice, en 2014-2015, seulement 21,6 % des élèves de ce type d'enseignement étaient des étrangers tandis qu'ils représentaient 45,7 % de la population de l'EST/ESG.

Le problème de la langue est omniprésent dans le système scolaire du Grand-Duché qui se définit comme un état plurilingue : la langue nationale est le luxembourgeois, alors que le français est la langue législative et que trois langues sont reconnues pour les questions administratives et juridiques (français, allemand et luxembourgeois). Le système éducatif est lui aussi plurilingue, avec l'usage de l'allemand, du français et du luxembourgeois. Alors que l'allemand est la principale langue utilisée pour l'enseignement à l'école fondamentale et dans les classes inférieures du secondaire, la plupart des disciplines sont enseignées en français dans les classes supérieures[50]. Ceci a pour conséquence que le Luxembourg est le système scolaire européen qui présente le plus haut taux d'élèves qui, à la maison, ne parlent pas la langue d'enseignement. De surcroît, c'est le système qui exige le plus d'apprentissage de langues étrangères ; par voie de conséquence, le temps alloué à l'enseignement de langues étrangères est plus élevé que dans les autres pays (cf. le site Eurydice).

5.4.2. De plus en plus d'élèves avec un background d'immigrants et pourtant une diminution des retards scolaires

En fonction de ces analyses et du constat établi par le STATEC que le nombre d'étrangers a augmenté entre 2001 et 2011 et a probablement continué de croître au-delà de cette date, il aurait pu paraître « normal »

---

48.   http://www.luxembourg.public.lu/fr/etudier/systeme-educatif-luxembourgeois/systeme-educatif-detail/index.html.

49.   https://webgate.ec.europa.eu/fpfis/mwikis/eurydice/index.php/Countries.

50.   Pour plus d'informations, on consultera le site : http://www.men.public.lu/fr/themes-transversaux/langues-ecole-luxembourgeoise/index.html.

statistiquement parlant que le taux de retard scolaire mesuré à 15 ans par PISA ait augmenté. Or c'est l'inverse qui s'observe. Comme on l'a vu dans le tableau 1.1, il y a une décroissance progressive des retards scolaires : 38,6 % en 2003 ; 36,5 % en 2009, 34,5 % en 2012 et 30,9 % en 2015. Comment expliquer cette diminution de l'ordre de 7,7 % au total ?

On se demandera d'abord à quel niveau d'enseignement s'est opérée cette diminution[51]. Les données statistiques publiées par le ministère de l'Éducation nationale, de l'Enfance et de la Jeunesse (tableau 1.9) montrent une stabilité temporelle de la proportion d'élèves en retard scolaire dans les 4 cycles de l'école fondamentale, une diminution de 4 % dans l'ES/ESC et de 2 % dans l'EST/ESG. Il faut souligner que le tableau 1.9 concerne l'ensemble des élèves scolarisés sans prendre en considération les écoles internationales. En outre, les chiffres correspondant à l'EST/ESG incluent les retards enregistrés dans les deux voies organisées (orientation et préparatoire).

Tableau 1.9 : Pourcentage d'élèves en retard selon le niveau scolaire

	2003	2005	2008	2010	2012	2014	2015
Cycle 1	2	2	2	2	3	3	3
Cycle 2-4	20	20	20	18	18	20	20
ES/ESC	21	19	19	19	18	18	17
EST/ESG	62	62	61	62	61	59	60

Les données PISA (tableau 1.10) offrent un point de vue complémentaire dans la mesure où elles prennent en considération les écoles internationales et distinguent la voie préparatoire de l'EST/ESG. En revanche, elles ne donnent pas d'indication sur l'école élémentaire. On rappellera aussi que les informations récoltées sont autodéclarées : ce sont les élèves qui disent s'ils ont ou non redoublé, ce qui peut induire un biais comme déjà mentionné.

Tableau 1.10 : Pourcentage d'élèves en retard à 15 ans selon le type d'enseignement

	PISA 2003	PISA 2006	PISA 2009	PISA 2012	PISA 2015
EST/ESG (voie préparatoire)	71	79,8	81,5	80,2	69
EST/ESG (voie d'orientation)	49,9	49,1	49,5	46,5	41,8

---

51.   Pour cette partie, nous avons pu bénéficier de l'aide de Christophe Dierendonck de l'Université du Luxembourg qui a procédé à plusieurs analyses sur les bases de données nationales. Ceci permet notamment d'inclure les données relatives à PISA 2006. Afin de rendre à César ce qui appartient à César, nous avons indiqué plusieurs fois le nom de l'auteur des analyses. Nous remercions également le ministère de l'Éducation nationale, de l'Enfance et de la Jeunesse qui a autorisé l'accès à certaines données.

	PISA 2003	PISA 2006	PISA 2009	PISA 2012	PISA 2015
ES/ESC	18,3	14,9	14	11,5	11,6
Écoles internationales	9,5	14,1	15,3	13,2	8,6

De ces deux tableaux, il est possible de tirer plusieurs conclusions. D'abord, il apparaît que le retard scolaire n'a pas diminué à l'école élémentaire. Concernant le secondaire, on constate, sans surprise, que les pourcentages de retard scolaire varient selon les filières ou types d'enseignement. Ils sont extrêmement élevés dans la voie préparatoire de l'EST/ESG, ce qui est «logique» puisque cette filière accueille les élèves en grande difficulté scolaire au fondamental. Ils fluctuent entre 40 et 50 % dans la voie d'orientation de l'EST/ESG. Ils sont nettement plus bas dans la filière ES/ESC et dans les écoles internationales. Selon les données PISA, depuis 2009, le retard scolaire est en diminution dans tous les types d'enseignements, mais tout particulièrement dans la voie préparatoire de l'EST/ESG et dans les écoles internationales ; le déclin se serait principalement opéré entre 2012 et 2015. Le conditionnel s'impose. En effet, pour PISA 2015, il y a un nombre important de valeurs manquantes pour les questions sur le redoublement : 19,3 % de l'échantillon alors que, pour les enquêtes antérieures, leur pourcentage est inférieur à 2 %. Ceci a probablement un effet sur les taux calculés. On conclura néanmoins à une régression du retard scolaire au Luxembourg puisqu'il apparaît également, certes de manière moins marquée, dans les données du ministère.

5.4.3. Mesures prises pour lutter contre le redoublement et les retards scolaires

Différentes mesures ont été prises au Grand-Duché pour lutter contre les taux élevés de redoublement (cf. Eurydice, 2011). D'abord, les deux dernières années préscolaires ont été rendues obligatoires. Ensuite, plusieurs textes légaux limitent le nombre de redoublements. Au fondamental, une organisation en cycles a été adoptée en 2009 tout en maintenant la possibilité d'un redoublement en cours de cycle, mais la scolarité sur l'ensemble des cycles 2, 3 et 4 ne peut être prolongée de plus de deux années. Au cours du secondaire inférieur, le nombre total de redoublements est limité à deux. Enfin, des procédures de remédiation sont prévues. Ainsi, les élèves en difficulté qui sont ajournés reçoivent des devoirs supplémentaires afin d'améliorer leurs résultats. S'ils réussissent, ils sont admis dans la classe suivante. L'école doit également assurer un appui individuel à l'élève qui reçoit un travail supplémentaire. Si un redoublement est décidé par l'équipe éducative, celui-ci doit être accompagné de mesures de remédiation décidées collégialement par les enseignants de la classe de l'élève lors du conseil de classe. Celui-ci peut proposer une grille d'horaires modifiée pour l'élève redoublant, sous réserve de l'accord du directeur. L'élève peut ainsi profiter pour certains cours d'une dispense liée à l'obligation de suivre pendant ce temps des mesures de remédiation ou de faire des travaux de révision.

Les données présentées ci-dessus dans le tableau 1.9 révèlent que la limitation de redoublement à deux années durant la scolarité primaire n'a pas eu pour effet de réduire le pourcentage d'élèves en retard. Il serait cependant excessif de conclure à la nullité de cette mesure ; en effet, en 2015, il y a moins d'élèves avec deux ou plus de deux années de retard au fondamental que précédemment. En ce qui concerne la légère diminution des taux de retard dans les deux filières d'enseignement secondaire (ES/ ESC et EST/ESG), il est délicat de l'attribuer à la limitation officielle du redoublement vu que la baisse s'amorce avant 2009.

Par ailleurs, afin de lutter contre le retard scolaire particulière- ment important en EST/ESG, le gouvernement luxembourgeois a tenté une expérience nommée PROCI. Les classes participant à cette expérience étaient volontaires. Le système PROCI a supprimé le redoublement pour les élèves de première et deuxième année de la voie d'orientation de l'EST/ ESG et l'a rendu volontaire en troisième année. Il a créé des dispositifs de remédiation précoce et une différenciation en troisième année (cours de base et avancés). Des données nationales PISA 2006, 2009 et 2012, il est possible d'extraire plusieurs informations concernant cette expérience (tableau 1.11) : le nombre d'élèves PROCI inclus dans les échantillons PISA, le pourcentage de ces élèves par rapport au nombre total d'élèves inscrits en EST/ESG et le plus important pour notre propos, le pourcentage de retard au sein de ces deux catégories d'élèves. Comme on peut le voir, les élèves PROCI présentent des taux de retard scolaire plus importants que les élèves fréquentant la filière EST/ESG, mais qui n'ont pas intégré le dispositif expérimental.

Tableau 1.11 : Pourcentage d'élèves PROCI et non-PROCI en retard scolaire à 15 ans

PISA	2006	2009	2012
Nombre d'élèves PROCI	254	280	400
% par rapport au nombre total d'élèves en EST/ESG	10	12	15
% d'élèves PROCI en retard à 15 ans	59	62	56
% d'élèves non-PROCI (EST/ESG) en retard à 15 ans	48	48	45

Peut-on conclure que cette expérience a eu des effets contraires à ceux recherchés ? Les choses sont plus complexes. D'une part, dans les rapports PISA nationaux, il a été montré que la performance aux tests PISA était meilleure chez les élèves PROCI, comparés aux non-PROCI. D'autre part, il semble y avoir, dès la constitution des classes PROCI, un déséquilibre en termes de retard scolaire : ainsi, si on examine les données PISA 2012, il apparaît que les élèves PROCI se différencient des élèves non-PROCI par une proportion plus élevée de redoublement au fondamental : 39 % contre 27 %. Vu que, dans un même établissement, il peut y avoir des classes PROCI et d'autres non-PROCI, on peut penser que les classes PROCI sont dévolues aux élèves qui, au sein de l'EST/ESG, ont manifesté des difficultés d'apprentissage importantes ; le fait que les résultats de ces élèves obtiennent de meilleures performances aux épreuves PISA que leurs pairs qui ne fréquentent pas ces classes tend à conclure à un effet positif de cette expérience.

5.4.4. Retard scolaire et statut migratoire des élèves

Vu les caractéristiques démographiques du Grand-Duché, il est logique de se demander si la diminution du taux de retard mis en évidence par les statistiques nationales et les enquêtes PISA touche différemment les élèves selon leur statut migratoire. Dans le tableau 1.12, nous avons distingué les natifs, les immigrants de première et seconde génération : ceux de première génération sont nés hors du Luxembourg ainsi que leurs parents ; ceux de seconde génération sont nés au Luxembourg, mais pas leurs parents.

Tableau 1.12 : Pourcentage d'élèves natifs du Grand-Duché de Luxembourg et d'étrangers et taux de retard

PISA	2003	2006	2009	2012	2015
% de natifs	67,0	64,4	60,8	54,3	48,3
% Immigrants de 1re génération	15,7	16,2	15,8	17,2	21,1
% Immigrants de 2e génération	17,3	19,4	23,4	28,5	30,6
% de natifs en retard	36,6	32,7	31,2	28,2	25,7
% Immigrants de 1re génération en retard	44,5	45,5	40,2	40,8	37
% Immigrants de 2e génération en retard	40,3	48,3	46,8	41,1	33,8

Les données PISA vont dans le même sens que ce qu'a constaté le STATEC : la proportion d'élèves immigrants (1re et 2e génération cumulées) a augmenté au Luxembourg entre 2003 et 2015, passant de 33 % à 52 %. Ce dernier chiffre est impressionnant car il indique que plus de la moitié des élèves fréquentant les écoles luxembourgeoises ont un background d'immigrant. Si les élèves immigrants de 1re génération ont augmenté (+5 %), ce sont surtout ceux de seconde génération qui ont cru, passant de 17 % à 31 %. L'accroissement du nombre d'élèves immigrants n'a pas eu un effet négatif sur le taux de retard scolaire. Au contraire, on constate qu'il est en diminution constante depuis 2003 chez les natifs ; une diminution de forte ampleur puisqu'il passe de 36,6 % à 28,2 % en 2012 et à 25,7 % en 2015.

On constate également une diminution chez les immigrants de 1re génération : de 44,5 % à 40,8 % en 2012 et à 37 % en 2015. Pour ceux de seconde génération, on observe d'abord une augmentation avant une diminution qui serait particulièrement importante entre 2012 et 2015 ; ceci doit être affirmé avec nuance eu égard au nombre important de valeurs manquantes pour cette question dans PISA 2015 au Luxembourg.

Comment expliquer ces évolutions ? Seraient-elles imputables à une augmentation des élèves orientés dans la filière technique (EST/ESG) réputée moins exigeante, voire même au sein de la voie préparatoire de l'EST/ESG ? Les chiffres présentés dans le tableau 1.13 infirment cette hypothèse. Par ailleurs, pour comprendre ces évolutions, il est important de prendre en considération le fait qu'au Grand-Duché existent, à côté de l'école publique, des écoles internationales. Le nombre d'élèves qui fréquentent ces écoles est en augmentation : entre 2003 et 2015, ils sont passés de 5 % à 10 %.

Tableau 1.13 : Pourcentage d'élèves fréquentant les différents types d'enseignement à 15 ans

PISA	2003	2006	2009	2012	2015
EST/ESG (voie préparatoire)	7	8	6	7	7
EST/ESG (voie d'orientation)	54	53	51	52	51
ES/ESC	34	35	37	34	32
Écoles internationales	5	4	6	7	10

Qu'en est-il de la fréquentation de ces différentes filières lorsqu'on distingue les autochtones et les immigrants de 1re et de 2e génération ? Les données rassemblées dans le tableau 1.14 permettent de répondre à cette question.

Tableau 1.14 : Pourcentage d'élèves natifs et d'étrangers de 1re et 2e génération fréquentant les différents types d'enseignement à 15 ans

PISA	2003	2006	2009	2012	2015
EST/ESG (voie préparatoire)					
% de natifs	3,4	2,3	1,9	2,3	2,1
% Immigrants de 1re génération	1,1	3,3	2,0	2,4	2,9
% Immigrants de 2e génération	2,5	1,6	1,5	1,8	2,1
EST/ESG (voie d'orientation)					
% de natifs	34,7	32,7	28,7	25,4	22,2
% Immigrants de 1re génération	9,5	7,9	7,7	8,5	10,1
% Immigrants de 2e génération	10,1	12,8	14,7	18,3	18,6

PISA	2003	2006	2009	2012	2015
ES/ESC					
% de natifs	28,3	28,9	29,1	25,4	22,5
% Immigrants de 1ʳᵉ génération	3,2	2,4	2,4	2,4	2,9
% Immigrants de 2ᵉ génération	2,3	3,8	5,7	6,3	7,4
Écoles internationales					
% de natifs	0,6	0,5	1,1	1,3	1,5
% Immigrants de 1ʳᵉ génération	1,9	2,6	3,7	3,8	5,2
% Immigrants de 2ᵉ génération	2,3	1,1	1,5	2,1	2,6

L'EST/ESG (voie d'orientation + voie de préparation) accueille une proportion importante d'élèves qui ont un background d'immigrants. Leur pourcentage varie de 23,2 en 2003 à 33,7 % en 2015 alors que le pourcentage de natifs diminue avec le temps, passant de 38,1 % en 2003 à 24,3 % en 2015. Autrement dit, en 2015, dans l'EST/ESG, il y a plus d'élèves ayant un background d'immigrant que de natifs. Précisément, il faut remarquer que c'est principalement le pourcentage d'immigrants de seconde génération qui augmente, passant de 12,6 % en 2003 à 20,7 en 2015. Cependant, il faut noter des tendances analogues en ES/ESC, mais de moindre ampleur : diminution du pourcentage de natifs passant de 28,3 % en 2003 à 22,5 en 2015 et augmentation des immigrants passant de 5,5 % en 2003 à 10,3 % en 2015 et, à nouveau, c'est principalement le pourcentage d'immigrants de seconde génération qui augmente, passant de 2,3 à 7,4 %. Quant aux écoles internationales, elles sont assez logiquement fréquentées par une majorité d'élèves issus de l'immigration : en 2015, ils représentent 7,8 % sur 9,3 %, ce qui correspond à 84 % du public de ces écoles.

Utilisant les données du ministère luxembourgeois de l'Éducation, Dierendonck a affiné les constats précédents[52]. Il a étudié l'évolution entre 2003 et 2015[53] des indicateurs suivants : effectifs, nombre d'élèves en retard scolaire, nombre d'élèves de nationalité étrangère, taux d'élèves en retard scolaire d'une année au moins dans l'enseignement fondamental ainsi que dans l'ES/ESC et EST/ESG. Il a ainsi pu établir les constats suivants :

- Une stabilité du nombre d'élèves scolarisés dans les cycles 2 à 4 de l'enseignement fondamental, mais une augmentation de 1 700 élèves étrangers, faisant passer le taux d'élèves étrangers de 41 à 46 %.
- Une augmentation de 1 750 élèves dans l'enseignement secondaire classique (ES/ESC) dont environ 700 élèves étrangers.

---

52. Le détail de ses analyses, graphiques y compris, peuvent être obtenus sur demande.
53. Précisément, il a examiné les données pour les années 2003, 2005, 2008, 2010, 2012, 2014 et 2015.

- Une augmentation d'environ 5 300 élèves dans l'enseignement secondaire technique (EST/ESG), dont la très grande majorité (environ 4 300) sont des étrangers.

Bref, en ce qui concerne le secondaire, la filière ES/ESC reste majoritairement réservée aux natifs alors que la filière EST/ESG est principalement dévolue aux élèves ayant un background d'immigrants. On y rencontre un grand nombre d'élèves d'origine portugaise, c'est-à-dire originaire de la communauté étrangère la plus importante du Luxembourg. En 2003, ils représentaient 22 % alors que l'ensemble des étrangers représentait 38 % ; en 2015, leur pourcentage avait grimpé jusqu'à 29 % et l'ensemble des étrangers était monté jusqu'à 46 %. Dans la filière ESC, leur pourcentage est parfaitement stable à travers toutes les années examinées : 7 %.

Quant aux taux de retard, ils sont stables dans l'enseignement fondamental, en diminution de 4 % dans la filière ES/ESC et de 2 % dans l'enseignement technique (EST/ESG), ce qui aboutit à 6 % de décroissance du retard scolaire. Cette diminution est peut-être imputable à une progressive transformation des caractéristiques sociales des immigrés. Dans une analyse menée sur les données PISA 2009 et 2015, Dierendonck a croisé la variable migratoire et le statut socio-économique des élèves. Il constate que le nombre et le statut socio-économique moyen des élèves de seconde génération et de première génération augmentent entre 2009 et 2015 et, paradoxalement, que le nombre et le statut socio-économique moyen des natifs diminuent.

5.4.5. Types d'enseignement et statut socio-économique des familles des élèves

En définitive, force est de constater qu'au Grand-Duché de Luxembourg comme en FWB, par le biais des filières, l'enseignement secondaire génère un apartheid scolaire (Felouzis *et al.*, 2005) réservant prioritairement aux autochtones la filière noble qui conduit à l'université et aux étrangers une filière de seconde classe conduisant à des formations techniques, le changement de dénomination (de EST à ESG) n'étant qu'un leurre. Pour étayer ce constat, nous avons calculé, sur l'ensemble des élèves de la base de données nationale, les quartiles en fonction de leur statut socio-économique. Les chiffres repris dans le tableau 1.15 rendent compte des proportions au sein de chacune des filières pour les différents échantillons PISA de 2003 à 2015, ce qui permet d'examine dans quelle mesure on observe des évolutions.

Tableau 1.15 : Évolution de la distribution de la composition sociale dans les différents types d'enseignement

	Quartiles	2003	2006	2009	2012	2015
EST/ESG (voie préparatoire)	Le plus défavorisé	54,2 %	59 %	61,7 %	55,2 %	49,3 %
	Défavorisé	31,1 %	27,4 %	24,1 %	29,4 %	29,4 %
	Favorisé	10,3 %	10,2 %	8,3 %	10,4 %	17,7 %
	Le plus favorisé	4,4 %	3,3 %	5,9 %	5,0 %	3,5 %
Nombre de sujets		273	332	253	332	367
EST/ESG (voie d'orientation)	Le plus défavorisé	34,1 %	32,9 %	35,6 %	35,5 %	35,9 %
	Défavorisé	29,7 %	30,4 %	30,8 %	31,5 %	31,6 %
	Favorisé	24,4 %	23,5 %	22,1 %	21,4 %	22,4 %
	Le plus favorisé	11,8 %	13,2 %	11,5 %	11,6 %	10,1 %
Nombre de sujets		2093	2392	2312	2676	2635
ES/ESG	Le plus défavorisé	7,8 %	9 %	9,3 %	8,8 %	9,5 %
	Défavorisé	19,0 %	17,9 %	20,4 %	18,3 %	18,8 %
	Favorisé	29,7 %	31 %	31,4 %	32,9 %	30,4 %
	Le plus favorisé	43,6 %	42,1 %	38,9 %	40,0 %	41,3 %
Nombre de sujets		1311	1573	1692	1744	1695
INT	Le plus défavorisé	1,6 %	2,1 %	1,0 %	1,6 %	1,4 %
	Défavorisé	5,9 %	7,3 %	7,9 %	6,2 %	7,6 %
	Favorisé	21,8 %	22,5 %	23,7 %	26,2 %	25,7 %
	Le plus favorisé	70,7 %	68,1 %	67,4 %	66,2 %	65,2 %
Nombre de sujets		188	191	291	367	486
Échantillon total		3865	4488	4548	5124	5183

Un constat majeur se répète à chaque prise de données : le marquage social des types d'enseignement. La voie préparatoire de l'EST/ESG est massivement fréquentée par des enfants de familles très défavorisées et défavorisées : environ 80 %. C'est aussi le cas de la voie d'orientation de l'EST/ESG ; on y relève toutefois un plus grand nombre d'enfants de familles favorisées et très favorisées. Dans l'ES/ESC, on trouve une majorité d'élèves de familles favorisées et très favorisées : aux alentours de 70 %. Cette tendance est encore plus marquée dans les écoles internationales : près de 90 % des élèves proviennent de familles très favorisées et favorisées et ces écoles ne sont quasiment pas accessibles aux élèves de familles très défavorisées.

Quant à notre questionnement sur une possible évolution de cet état de fait observable dès 2003, il faut y répondre par la négative : il n'y a aucun changement d'ampleur quelque peu importante.

5.4.6. En résumé : un paysage démographique complexe, une diminution des retards scolaires, mais le maintien d'importantes discriminations négatives

Dans le cas du Grand-Duché de Luxembourg, il est particulièrement ardu d'expliquer les raisons de la diminution des retards scolaires. Or ceux-ci sont avérés au secondaire que l'on se base sur les données PISA ou sur celles du ministère de l'Éducation. Contrairement à ce que l'on observe en FWB, en France et à Genève, il n'y a pas de diminution du redoublement au primaire. Le déclin des retards scolaires s'opère donc au secondaire inférieur (CITE 2). En 2013, le ministère a décrété une limitation des redoublements dans ce cycle, mais il a fait de même pour le primaire en 2009 avec l'instauration de cycles sans que cela produise au final d'effet sur le taux d'élèves en retard scolaire à ce niveau scolaire. Peut-on faire l'hypothèse que des décrets de même nature produisent des effets au secondaire inférieur et pas au primaire ? Celle-ci nous paraît difficilement crédible. En revanche, l'hypothèse d'un effet indirect d'une transformation au niveau du flux migratoire paraît plus plausible puisque, comme Dierendonck l'a montré, on observe depuis quelques années une augmentation globale de la population scolaire et, entre 2009 et 2015, une augmentation du nombre et du statut socio-économique moyen des élèves de seconde génération et de première génération, associée à une diminution du nombre et du statut socio-économique moyen des élèves natifs.

L'organisation du secondaire inférieur au Luxembourg relève sans ambiguïté du modèle de la séparation (Mons, 2007). Ses effets sont analogues à ceux observés en FWB : les filières sont marquées socialement : la filière qui conduit à l'Université est réservée prioritairement aux natifs, de statut socio-économique élevé. Quant à la filière « technique », elle est principalement dévolue aux élèves issus de l'immigration, ne parlant pas la langue d'enseignement à la maison et de statut socio-économique bas. On peut parler, comme pour la FWB, d'un apartheid scolaire. Bref, même si les taux de retard scolaire ont décru, le système scolaire du Luxembourg reste profondément inégalitaire.

6. LE REDOUBLEMENT : UNE QUESTION DE CULTURE PÉDAGOGIQUE

La diversité entre pays est la règle en matière de redoublement et de retard scolaire. Comme le montre le tableau 1.1., en 2015, dans de nombreux pays de l'OCDE et des pays européens non-membres de cette organisation, les taux de retard à 15 ans sont inférieurs à 5 % : 18 sur 42 pour rappel. Lorsque l'on prend le seuil de 10 %, on ajoute 9 pays, ce qui fait 27 pays, soit deux tiers sous cette barre. À l'opposé, les taux de retard sont supérieurs à 30 % dans cinq systèmes éducatifs, la FWB détenant le record avec 46 %.

Revenant à la question posée dans la première section de ce chapitre – l'école a-t-elle besoin de l'échec pour fonctionner? –, les chiffres du tableau 1.1 obligent à une réponse nuancée. Dans les 18 pays dans lesquels le taux de retard scolaire à 15 ans est inférieur à 5 %, la réponse est, de notre point de vue, négative. Nous sommes tentés de répondre de la même manière pour les pays dans lesquels ce taux est inférieur à 10 %. En revanche, dans les cinq pays dans lesquels le retard scolaire à 15 ans est supérieur à 30 %, l'hypothèse de Draelants (2006 et 2009) consistant à affirmer que le redoublement remplit des fonctions latentes nous paraît pertinente.

De façon plus générale, il s'agit de se demander comment expliquer l'importante dispersion des taux de retard (et, partant, de redoublement) entre pays? La réponse proposée dans les versions antérieures de cet ouvrage consistait à postuler l'influence de la culture pédagogique propre aux différents pays. Ainsi, des pays comme la Belgique, la France, le Grand-Duché du Luxembourg et le Portugal seraient imprégnés d'une culture de l'échec scolaire, caractérisée notamment par la conviction qu'il n'est pas imaginable que tous les enfants soient «faits» pour réussir des études. Les pays d'Europe du Nord seraient quant à eux animés par une culture pédagogique différente, priorisant l'épanouissement affectif des élèves et redoutant la stigmatisation et la perte d'estime de soi des enfants qui subissent le redoublement.

Dans un article intitulé «How Can Cross-Country Differences in the Practice of Grade Retention Be Explained? A Closer Look at National Educational Policy Factors», Goos, Schreier, Knipprath, De Fraine, Van Damme et Trautwein (2013) ont abordé la question des facteurs prédictifs du redoublement avec une grande rigueur. Leur analyse porte sur les données PISA 2009 et se concentre sur les 34 pays membres de l'OCDE. Goos *et al.* ciblent deux variables dépendantes: le redoublement en primaire et au début du secondaire. Plus précisément, ils ont utilisé, comme nous l'avons fait pour calculer les taux de retard PISA, les réponses des élèves aux questions leur demandant s'ils avaient redoublé au primaire et/ou au secondaire. Ce faisant, ces chercheurs obtiennent un échantillon de 284 829 élèves issus de 11 026 écoles primaires et de 282 448 élèves issus de 11 020 écoles secondaires. Se fondant sur un modèle conçu par Creemers et Kyriakides (2008), Goos *et al.* retiennent trois niveaux de variables potentiellement explicatives de la probabilité de répéter une année: l'élève, l'école et le pays. Le niveau «enseignant», inclus dans le modèle théorique de Creemers et Kyriakides n'est pas repris car la base de données PISA 2009 ne permet pas de les identifier.

Les données rassemblées ont été analysées selon la technique des modèles multi-niveaux qui suppose la réalisation d'une séquence d'analyses statistiques au cours de laquelle on introduit successivement des variables supplémentaires. Le modèle 0, qui offre une ligne de base, révèle que la probabilité de redoubler au secondaire se répartit comme suit : 46,30 % pour le niveau élève, 29,47 % pour le niveau école et 24,23 % pour le niveau pays. Que le niveau élève prenne le pourcentage de variance le plus élevé n'a rien d'étonnant : dans tous les systèmes scolaires, ce sont les élèves qui éprouvent des difficultés d'apprentissage qui sont menacés de redoublement. Il faut cependant souligner que le niveau scolaire de l'élève n'atteint pas les 50 %. Les niveaux « école » et « pays » combinés expliquent 53,7 % de la variance des redoublements. Cette dernière valeur est considérée comme importante par Goos et ses collègues qui y puisent une légitimation *a posteriori* de l'étude qu'ils ont entreprise. Dans une seconde étape de l'analyse débouchant sur un second modèle (le modèle 1), les chercheurs introduisent des variables élèves tels que le genre, le niveau de formation des parents, le statut d'immigrant, la langue parlée à la maison. Enfin, dans une troisième étape, des variables caractérisant le système éducatif (donc au niveau pays) sont introduites dans les analyses.

Concernant les variables élèves, les résultats obtenus dans cette étude à travers les pays rejoignent ceux obtenus dans les études menées à l'intérieur d'un même pays. Les garçons redoublent plus souvent que les filles et ceci même lorsqu'ils sont autochtones et issus d'une famille de haut niveau socio-économique. Par ailleurs, parler la langue d'enseignement à la maison est un atout ainsi que le fait de vivre dans une famille dont les parents ont fait des études. À l'inverse, le statut d'immigré est un facteur négatif en ce sens qu'il accroît le risque de redoubler pour les filles comme pour les garçons.

L'originalité de cette étude – à notre connaissance, unique en son genre – est d'avoir tenté d'estimer le poids de certaines caractéristiques propres aux systèmes éducatifs. Ainsi, il apparaît qu'**un haut pourcentage d'élèves fréquentant l'école publique est un indicateur lié à un faible taux de redoublement**. D'autre part, **le fait d'accorder des rémunérations supplémentaires aux enseignants qui acceptent de travailler avec des élèves à besoins éducatifs particuliers réduit le risque de redoublement**. Sans cacher leur surprise, les chercheurs constatent que le fait d'accorder des bourses que ce soit au primaire et/ou au secondaire accroît la probabilité de redoublement au sein des pays qui ont adopté cette disposition. L'hypothèse explicative avancée par Goos *et al.* est que cette variable renvoie à un autre phénomène : les pays qui ont décidé d'octroyer des bourses sont en fait ceux qui sont le plus confrontés à des élèves vivant dans la pauvreté. En définitive, cette étude novatrice dans sa conception débouche sur des constats en quelque sorte contradictoires : à un niveau global, elle montre l'importance du niveau « pays » dans l'explication de la fréquence des redoublements, mais elle ne réussit à identifier que peu de paramètres spécifiques pour expliquer la variance entre pays. Parmi les indicateurs qui n'ont pas d'effet sur le redoublement, on trouve la liberté laissée aux parents de choisir l'école, le nombre de filières en début de secondaire, l'âge de l'orientation/sélection, le nombre annuel d'heures d'enseignement, le nombre d'élèves par classe, la dépense moyenne par élève, l'engagement des parents dans des conseils de participation. Autrement dit, une part importante de la variance entre pays reste inexpliquée. Comme le suggèrent Goos *et al.* (2013), ce constat décevant est probablement lié à la pauvreté voire au manque de données permettant de prendre en compte le type de politique éducative adoptée dans les différents pays.

Les chercheurs n'excluent pas une autre hypothèse : « Il se peut que la pratique du redoublement soit peu influencée par les mesures politiques prises au niveau national. Peut-être que les traditions et croyances jouent un rôle plus important que les caractéristiques structurelles des systèmes scolaires et les réglementations adoptées[54]. » Dans la foulée, Goos et ses collaborateurs plaident pour **la prise en compte des représentations sociales et/ou des croyances pédagogiques des enseignants et, plus largement, de la population des différents pays**. Bref, ces auteurs légitiment une hypothèse qui nous est chère : le redoublement serait pour une large part une affaire de croyance. Dans certains pays comme la Belgique, la France, le Luxembourg, les Pays-Bas, le Portugal, etc., une école sans redoublement est inconcevable : brandissant une menace, il opérerait comme un moteur qui incite les élèves à travailler pour échapper à la sanction que constitue la répétition d'une année. À l'opposé, dans des pays comme le Danemark, la Finlande, l'Islande, la Norvège, la Suède, etc., l'école peut se concevoir sans un recours régulier à cette pratique ; le redoublement est associé à la crainte d'une maltraitance infligée à l'enfant et n'est dès lors pratiqué que dans des cas vraiment exceptionnels. De surcroît, dans les pays où se pratique fréquemment le redoublement, les enseignants mais aussi les parents et les élèves croient dans les vertus du redoublement ; celui-ci offrirait une seconde chance aux élèves qui n'ont pas réussi à acquérir les connaissances et/ou compétences requises par le curriculum au niveau où ils se situent. Bref, c'est le spectre de la baisse de niveau qui serait brandi à l'encontre de ceux, chercheurs ou personnalités politiques, qui plaident en faveur de la limitation voire de l'abolition du redoublement. Ceci expliquerait la résistance de certains enseignants voire de certains parents aux réformes que les responsables de certains systèmes scolaires ont tenté de mettre en place. C'est notamment ce qui semble s'être passé en FWB.

---

54.   Nous traduisons assez librement la citation suivante : « Second, it might also be the case that grade retention practices are only slightly affected by any national educational policy. Perhaps educational traditions and beliefs, and particularly the country-specific configuration of educational policy, traditions, and beliefs, simply play a bigger part in ex plaining differences in grade retention practices around the world... » (Goos *et al.*, 2013, p. 77).

Goos *et al.* regrettent le faible nombre d'études qui, jusqu'à présent, ont abordé la question du taux de retard scolaire et du redoublement dans une perspective comparative (*cross-countries studies*). Nous partageons ce regret. Car, au terme de ce chapitre, il nous faut reconnaître la difficulté d'expliquer pourquoi les taux de retard touchent un cinquième, voire plus, d'étudiants dans certains systèmes scolaires alors que, dans d'autres, 95 % des élèves voire plus sont à l'heure, ce qui signifie qu'ils n'ont pas redoublé.

Dans leur conclusion, ces chercheurs argumentent en faveur d'études de cas. Nous appuyons avec enthousiasme cette recommandation. Si l'objectif est la promotion d'une école de la réussite dans tous les pays de l'Union européenne et, plus largement, dans tous les pays industrialisés, il est impératif de comprendre pourquoi les retards scolaires ont, sur la même période (c'est-à-dire entre 2003 et 2015), augmenté dans certains pays (essentiellement, l'Autriche et surtout la FWB) alors qu'ils ont diminué dans d'autres pays (la France principalement, mais aussi le Grand-Duché de Luxembourg, les Pays-Bas, l'Irlande, etc.).

À travers quatre études de cas, nous avons proposé une tentative dans ce sens. S'il faut tirer une leçon transversale de ces études, c'est que le contexte propre à chaque système scolaire joue un rôle important. Ainsi, en France, une démarche top-down de type autoritaire a eu pour effet une diminution de 10 % des retards scolaires. En FWB, une démarche similaire n'a pas donné pareil effet ; au contraire, les redoublements au secondaire sont plus nombreux après la promulgation des décrets visant à réduire le redoublement qu'avant. Pour comprendre ce constat, il faut – pensons-nous – prendre en compte le caractère centralisé et hiérarchisé des institutions françaises alors qu'en FWB, l'existence de plusieurs réseaux d'enseignement et la liberté de choix laissée aux parents a débouché sur l'émergence d'un quasi-marché scolaire (Maroy, 2006, 2007) au sein duquel l'échec scolaire est interprété comme un indicateur d'exigence et d'excellence. Alors qu'en France, le ou la ministre de l'Éducation est au sommet d'une pyramide administrative, en FWB, son pouvoir est dit de tutelle par rapport aux réseaux d'enseignement libres, provinciaux et communaux. Au Grand-Duché de Luxembourg où existent, comme en FWB, des écoles privées subventionnées par l'État même lorsqu'elles ne suivent pas le programme de l'éducation nationale, les règlements visant à limiter le redoublement à l'intérieur des cycles ne semblent pas avoir eu non plus grand effet. Dans le cas du Grand-Duché, la diminution des retards scolaires semble liée aux caractéristiques de l'immigration récente, une immigration de haut niveau socio-économique. Quant à Genève, la différence de culture entre les enseignants du primaire et ceux du secondaire semble jouer un rôle important : depuis 1990, les taux de redoublement sont en diminution constante au primaire alors qu'au secondaire, durant la même, période, ils jouent au yoyo.

Dans ces quatre études de cas, nous retrouvons le constat classique, rappelé dans l'introduction, d'une liaison entre redoublement et statut socio-économique, un constat valable pour tous les systèmes scolaires (hormis en Autriche). Ce que montrent en plus trois des études de cas présentées ici, c'est que le secondaire inférieur dès lors qu'il comporte des filières, des regroupements ou des options hiérarchisées opère un triage des élèves. Celui-ci a un lien avec le redoublement. Que ce soit en FWB, à Genève ou dans le Grand-Duché de Luxembourg, les filières nobles, ayant pour mission de conduire les élèves jusqu'à l'université, rassemblent davantage d'élèves qui sont à l'heure que les filières de moindre prestige. À ce niveau du cursus s'opère un clivage entre les filières fréquentées majoritairement par les élèves qui n'ont jamais redoublé auparavant et celles qui, dans les faits, apparaissent comme dévolues aux « moins bons » élèves parmi lesquels nombreux ont déjà redoublé. Vu le lien entre redoublement et statut socio-économique, les filières ou regroupements sont marqués socialement : les enfants de cadres supérieurs se retrouvent majoritairement dans les filières « nobles » tandis que les fils d'ouvriers se retrouvent majoritairement dans les filières professionalisantes. Sous cette tendance se dessine le processus de « La Reproduction » sociale dénoncé par Bourdieu et Passeron (1964).

De manière générale, il faut s'étonner du peu de littérature scientifique consacrée à l'analyse de l'évolution des taux de redoublement et de retard au sein des différents systèmes éducatifs. Pour rédiger les quatre études de cas présentées ici, nous nous sommes retrouvés face à une série de données rigoureusement établies eu égard aux taux de redoublements et de retard scolaire et fort peu de tentatives (pour ne pas écrire aucune) d'explication des évolutions mises en évidence. Ce regret ne doit toutefois pas nous empêcher de nous réjouir des diminutions observées : dans certains cas, celles-ci sont d'une ampleur qui avoisine les 10 % et même les dépasse dans le cas de la France.

Si les données manquent pour expliquer la propension à faire redoubler les élèves en difficulté dans certains pays et pour cerner les mesures politiques qui pourraient freiner celle-ci, lorsqu'il s'agit de mettre en relation les taux de retard scolaire et le redoublement avec les performances des élèves au sein des systèmes scolaires et, donc, de traiter de l'efficacité et de l'équité de la pratique du redoublement, les données disponibles sont plus riches et permettent de mener des analyses rigoureuses et d'aboutir à des conclusions bien plus affirmées. Ce sera l'objet du chapitre 2.

Chapitre 2

Redoublement, efficacité et équité : l'éclairage des enquêtes internationales

Dominique Lafontaine, Ariane Baye et Christian Monseur

1.   INTRODUCTION

Les enquêtes internationales menées à l'initiative de l'OCDE (PISA) et de l'IEA[1] (PIRLS et TIMSS) constituent une source précieuse pour étudier le lien entre les structures des systèmes éducatifs, leur efficacité (performances) et leur équité (écarts entre les élèves les plus et les moins performants, proportion d'élèves aux performances faibles ou aux performances élevées, écarts liés à l'origine sociale et culturelle). Les recherches menées au départ des bases de données internationales permettent d'envisager les effets combinés de différentes modalités d'organisation pour gérer les différences d'aptitudes entre élèves qui font système et pour lesquels différentes formes de typologie ont été proposées (Mons, 2009 ; Trautwein, Lüdtke, Köller, Marsh et Baumert, 2006). Le regard porté par les enquêtes internationales sur les effets du redoublement permet, comme on l'a déjà vu au chapitre 1, de relativiser le phénomène en montrant que celui-ci est loin d'être une pratique universelle, ce qui ne manquera pas d'ébranler certaines certitudes. En outre, en interrogeant les données internationales, on se positionne non pas au niveau des individus (élèves) ou des pratiques enseignantes, mais véritablement au niveau du système et des politiques éducatifs qui, pris globalement, infléchissent les parcours scolaires et professionnels des élèves. L'avantage des enquêtes internationales sur les approches expérimentales (chapitre 3) est qu'elles portent sur des contextes diversifiés, alors que les études quasi expérimentales ont été réalisées majoritairement dans les systèmes éducatifs anglo-saxons, dans le système nord-américain en particulier ; dès lors leurs résultats ne sont pas automatiquement transférables à d'autres contextes, notamment ceux où l'usage du redoublement est beaucoup plus fréquent. Dans les enquêtes internationales, il sera en revanche difficile d'isoler l'effet du redoublement d'autres modalités de gestion des parcours d'élèves auxquelles il est fréquemment associé. C'est pourquoi approche expérimentale et comparative sont aussi indispensables l'une que l'autre, et complémentaires pour appréhender le phénomène dans toute sa complexité.

---

1.   IEA est l'acronyme désignant l'Association internationale pour l'évaluation du rendement scolaire (voir http://www.iea.nl). L'IEA a conduit des enquêtes comparatives bien avant l'OCDE, dès la fin des années 1960, auxquelles la France et la Belgique francophone ont régulièrement pris part. Parmi les enquêtes les plus connues, on peut citer PIRLS (*Progress in International Reading Literacy Study*) et TIMSS (*Trends in International Mathematics and Science Study*) (https://timssandpirls.bc.edu/).

1.1. Le redoublement : la face émergée d'une logique de gestion des différences d'aptitudes entre élèves

Avant de nous plonger dans les analyses des effets du redoublement, il convient de souligner que celui-ci s'inscrit dans un faisceau de pratiques et de politiques éducatives obéissant à une même logique. Dans la manière dont les systèmes éducatifs s'organisent pour gérer les inévitables différences entre élèves, que celles-ci relèvent du domaine cognitif ou non cognitif, il existe certes une réelle diversité, mais les combinatoires de pratiques et de politiques éducatives ne relèvent pas du hasard, elles ont leur cohérence politique et pédagogique.

À la suite de Mons (2007)[2], on peut ainsi opposer les systèmes éducatifs qui s'inscrivent dans une **logique de la séparation** à ceux qui s'inscrivent dans une **logique de l'intégration**. Alors que les premiers auront tendance à séparer les élèves en fonction de leurs différences regroupant ainsi les élèves qui se «ressemblent», les seconds viseront à éduquer ensemble le plus souvent et le plus loin possible des élèves différents, au sein de groupes classes ou écoles hétérogènes. Alors que le modèle de la séparation était largement dominant jusque dans les années 1970, il n'a depuis lors cessé de céder du terrain pour laisser la place à une organisation plus intégrative ou plus inclusive qui est aujourd'hui la plus répandue dans les pays européens et occidentaux (Commission européenne/EACEA/Eurydice, 2017).

Le redoublement, qui nous occupe ici, est l'un des principaux mécanismes de la logique de séparation : il consiste en effet à séparer l'élève en difficulté de son groupe d'âge pour le regrouper avec des élèves plus jeunes. D'autres mécanismes relevant d'une même logique de séparation existent, parmi lesquels on retrouve :

- l'enseignement spécialisé ;
- les classes de niveau constituées sur la base des résultats antérieurs pour une année au moins[3] ;
- les écoles de niveau ou de réputations différentes (surtout dans les systèmes éducatifs où le choix d'école est libre, sans sectorisation) ;
- les filières liées à une orientation (académique, technique, artistique, sportive, professionnelle…) ;
- les options dont la difficulté relative ou la rareté engendre *de facto* des hiérarchies et des regroupements par aptitude voire selon

---

2. La typologie de Mons (2007) fait l'objet d'une présentation plus détaillée dans le chapitre 1.
3. Ces classes de niveau s'inscrivant dans la durée ne sont pas à confondre avec des regroupements par niveau plus transitoires ou flexibles qui se créent dans une discipline, de manière temporaire.

l'origine sociale (par exemple: enseignement immersif, choix des langues anciennes, du russe ou du chinois).

Comme nous le verrons en analysant les données, les systèmes éducatifs qui recourent fréquemment au redoublement ont aussi des pourcentages plus élevés d'élèves fréquentant l'enseignement spécialisé, les élèves y sont généralement orientés de façon relativement précoce vers des filières d'études distinctes, et les différences de performances entre écoles y sont généralement importantes. La logique sous-jacente est en effet la même, ainsi que les conceptions pédagogiques sous-jacentes à cette logique (Lafontaine, 2017).

Le principe pédagogique est de séparer les élèves de leur cohorte ou d'éclater cette cohorte en groupes distincts pour leur proposer un enseignement en principe mieux adapté à leurs caractéristiques, leurs besoins ou leur rythme d'apprentissage, enseignement qui serait ainsi supposément plus efficace. La réduction de l'hétérogénéité des groupes d'apprentissage qui résulte de cet «écrémage» apparaît souvent, aux yeux des acteurs de terrain, comme une condition nécessaire à la mise en place d'une pédagogie adaptée aux besoins de chacun, adossée au principe d'école «sur mesure» et au modèle d'égalité des chances. Selon Oakes, Gamoran et Page (1992), la justification explicite du regroupement par aptitude – la diminution de l'hétérogénéité des groupes – est cependant loin d'être atteinte dans les faits: «Des études mettent en évidence un recouvrement considérable entre les savoir-faire et les habiletés des élèves des différents groupes. Ainsi, la mesure dans laquelle le regroupement par niveau réduit l'hétérogénéité est peut-être bien moindre que ce que l'on prétend habituellement» (Oakes, Gamoran et Page, 1992, p. 594)[4].

1.2. Envisager un large empan d'effets

L'utilisation des enquêtes internationales permet d'étudier les effets du redoublement à un niveau systémique plutôt que sur des parcours individuels d'élèves; elle permet également d'envisager un plus large empan d'effets que les études quasi expérimentales et de répondre ainsi à un vaste éventail de questions.

La première des questions qui vient immédiatement à l'esprit est celle de l'**efficacité** ou des performances des systèmes éducatifs pratiquant le redoublement comparativement à d'autres qui le pratiquent moins ou peu. Les premiers, davantage sélectifs et se voulant porteurs d'une réputation d'exigence dont le redoublement serait la marque, sont-ils davantage

---

4.   «Studies document considerable overlap of students' skills and abilities among groups. Thus, the degree to which tracking reduces heterogeneity maybe far less than we typically assume» (Oakes, Gamoran et Page, 1992, p. 594).

efficaces, les performances moyennes y sont-elles meilleures ? Ce devrait en principe être le cas, sinon, par quoi se justifierait le recours au redoublement ? Dans le même ordre d'idées, la proportion d'élèves très performants est-elle plus élevée dans les systèmes pratiquant davantage le redoublement ? Certains pourraient le penser, en arguant que les enseignants peuvent mieux avancer s'ils n'ont pas à s'occuper d'élèves en trop grand décalage avec le reste de la classe. De même, on peut se demander si la proportion d'élèves très peu performants est moins élevée dans les systèmes pratiquant davantage le redoublement. Si, comme certains le pensent, le redoublement « remet les élèves en selle », ce devrait être le cas.

À cette question de l'efficacité s'en ajoutent d'autres :

- Le redoublement accroît-il ou réduit-il l'écart entre les élèves les plus forts et les plus faibles, autrement dit des indicateurs de dispersion tels que l'écart-type[5] sont-ils plus ou moins élevés dans les systèmes pratiquant davantage le redoublement ?
- Les écarts de performances ou inégalités liées à l'origine socio-économico-culturelle des élèves sont-ils plus ou moins importants dans les systèmes pratiquant davantage le redoublement ? À compétences égales, les élèves d'origine défavorisée courent-ils plus de risque de redoubler ? Avec ce type d'indicateurs, c'est la question de l'équité qui se pose.
- Enfin, les systèmes qui pratiquent davantage le redoublement connaissent-ils un plus haut degré de concentration au sein des écoles d'élèves présentant les mêmes caractéristiques scolaires, sociales ou ethniques, autrement dit la ghettoïsation y est-elle davantage marquée ? C'est ici la question de la ségrégation académique et sociale qui est en jeu.

En somme, les données des enquêtes internationales permettent de poser la question des effets du redoublement via le prisme de dimensions qui participent toutes à la qualité d'un système éducatif : efficacité, production d'une « élite » suffisamment nombreuse et d'une proportion limitée d'élèves très peu performants, inégalités sociales réduites, ségrégation académique et sociale contenue. Certains systèmes éducatifs de l'OCDE combinent toutes ces vertus (OCDE, 2011a ; OCDE, 2011b) ; d'autres hélas ont le triste privilège d'être à la fois peu performants, très inégalitaires et considérablement

---

5. L'**écart-type** (symbolisé par S) est la mesure de dispersion la plus couramment utilisée. On l'obtient en appliquant la procédure suivante : (1) calculer la moyenne, (2) soustraire chaque mesure de la moyenne (X-Moy), (3) élever au carré chaque valeur obtenue suite à la soustraction, (4) additionner toutes les différences élevées au carré, (5) diviser le total par le nombre total de mesures prise (ce qui donne la variance, S^2), (6) calculer la racine carrée. Lorsque la distribution est normale, un écart-type de part et d'autre de la moyenne englobe *grosso modo* 68 % des cas, deux écarts-types 95 % et trois écarts-types 99 %.

ségrégés. La question ici ne sera pas de décerner des trophées, mais plutôt d'apporter une réponse à une question qui traverse ces différentes dimensions. Quand on se pose la question des politiques à adopter en matière de redoublement, les décideurs sont-ils amenés à arbitrer entre avantages et inconvénients, faudra-t-il par exemple privilégier l'efficacité ou l'excellence au détriment de l'équité, ou au contraire, les résultats de recherche font-ils tous pencher la balance du même côté – ce qui rendrait évidemment la décision politique plus simple?

1.3. Organisation du chapitre

Le présent chapitre est organisé de la manière suivante :

- Présentation des enquêtes internationales, des indicateurs sélectionnés et des analyses menées
- L'apport du programme PISA
- L'apport de l'étude PIRLS
- Analyse de l'évolution des différents indicateurs dans quelques systèmes où les taux de redoublement ont sensiblement diminué au cours des six dernières années
- Synthèse et discussion des résultats

2. DONNÉES ET ANALYSES

2.1. Bases de données

Pour analyser à l'échelle des systèmes éducatifs les retombées des politiques en matière de redoublement, les bases de données des différents cycles de l'étude PISA (OCDE) ont été utilisées en priorité; une seconde série d'analyses porte sur l'enquête PIRLS de l'IEA.

PISA et les études de l'IEA présentent en réalité nombre de caractéristiques communes et mobilisent une méthodologie similaire largement éprouvée : les élèves d'échantillons représentatifs de chaque système éducatif sont testés dans un ou plusieurs domaines, de manière cyclique. Des informations de contexte sont recueillies auprès des élèves, des directeurs d'établissement et parfois auprès des enseignants et des parents. Ces informations contextuelles sont capitales pour analyser les résultats et comprendre les différences de performance ou les inégalités entre élèves à l'intérieur des systèmes et entre systèmes éducatifs.

Quelles sont les principales différences entre PISA et PIRLS?

- PISA teste les élèves dans trois domaines (lecture, mathématiques et sciences) tous les trois ans depuis 2000. PIRLS teste la lecture-compréhension uniquement, tous les cinq ans.

– Tous les pays de l'OCDE ont participé à PISA depuis 2000 ; certes l'OCDE a progressivement accueilli de nouveaux membres en son sein (par exemple le Chili ou Israël), mais le noyau de référence est complet et stable. À ce noyau de pays de l'OCDE viennent s'ajouter, de façon volontaire, des pays dits partenaires, non-membres de celle-ci, dont le nombre varie selon les cycles. Ce nombre est en constante augmentation depuis 2000. Ces pays n'ont toutefois pas été pris en compte dans les analyses, en raison des fluctuations susmentionnées.

– Les pays participant aux études de l'IEA ne correspondent pas à un sous-ensemble défini comme l'OCDE ou l'Union européenne. Ce sont simplement les pays ou systèmes éducatifs qui ont décidé de prendre part à PIRLS. Si l'ensemble de systèmes éducatifs est large (par exemple 48 systèmes dans PIRLS 2011) et diversifié sur le plan géographique, il s'agit d'un ensemble plus hétérogène que dans PISA, et surtout d'un ensemble moins stable d'un cycle à l'autre. On peut donc enregistrer des fluctuations de résultats, simplement dues au fait qu'il ne s'agit pas du même ensemble de pays d'un cycle à l'autre.

– L'étude PISA porte sur un échantillon d'âge à savoir les élèves âgés de 15 ans où qu'ils en soient dans leur parcours. Dans les systèmes pratiquant le (multi-)redoublement et l'accélération comme la FWB, on trouve ainsi dans l'échantillon PISA des élèves allant du grade 7 au grade 12 soit l'ensemble du cycle secondaire, avec un mode aux grades 9 et 10. L'échantillon de PIRLS porte sur l'année d'étude couplée avec des indications relatives à l'âge. Ainsi PIRLS teste dans la très grande majorité des pays[6] les élèves dans leur quatrième année d'études après le début de l'apprentissage formel de la lecture. L'âge des élèves testés peut donc sensiblement varier, d'une part en fonction de l'âge où commence la scolarité obligatoire (5, 6 ou 7 ans), d'autre part en fonction des taux de redoublement. Dans les systèmes où le redoublement est rare, les élèves auront tous à peu près le même âge ; dans ceux où le redoublement est possible, les élèves seront en moyenne plus âgés. Cette différence est évidemment cruciale par rapport à la problématique des effets du redoublement.

– En ce qui concerne deux des variables contextuelles issues des questionnaires nécessaires à nos analyses, l'étude PISA présente des variables plus précises que les études de l'IEA. Il s'agit en premier lieu de la variable qui permet d'identifier si un élève a ou non redoublé dans son parcours. Alors que dans PISA la question a été explicitement posée à l'élève (as-tu ou non redoublé une année dans le primaire ou dans le secondaire ?), l'information n'est pas disponible dans les bases de données internationales PIRLS. Il faut

---

6. Sauf dans les pays où la scolarité commence à 5 ans et où les élèves du grade 4 sont donc trop jeunes.

dès lors, pour estimer l'ampleur des redoublements, utiliser une variable de substitution : l'écart-type de l'âge des élèves. Plus il y a d'élèves en retard scolaire dans une année d'études (par exemple en 4ᵉ primaire dans PIRLS), plus l'écart-type augmente. Toutefois, d'autres paramètres peuvent aussi augmenter l'écart-type, tels que la latitude laissée aux familles pour inscrire leur enfant en 1ʳᵉ année primaire, latitude qui est variable selon les pays. La mesure est donc imparfaite et n'est pas univoque, mais elle est valide.

– En second lieu, il s'agit de la variable utilisée pour mesurer l'origine socio-économique et culturelle de l'élève. Alors que dans PISA cette variable consiste en un indice composite (ESCS[7]) reprenant le plus haut niveau de diplôme des deux parents, le niveau professionnel le plus élevé des deux parents et la possession de différents biens matériels et culturels, la meilleure mesure disponible dans les études de l'IEA est le nombre de livres à la maison, qui est certes un bon indicateur de l'origine socioculturelle classiquement utilisé, mais incontestablement moins riche et précis que ne l'est l'indicateur ESCS dans PISA. Les possibilités d'analyse seront donc moins nombreuses que dans le cas de PISA, en raison de cette double faiblesse méthodologique.

C'est en raison de cet ensemble de différences, en particulier des deux dernières évoquées (précision des variables), que nous accordons la primauté aux résultats de PISA et complétons dans un second temps ce premier ensemble de résultats avec les données PIRLS. Celles-ci, en effet, en dépit des limites énoncées, présentent un double intérêt : d'une part, elles apportent des données relatives à l'enseignement primaire, d'autre part, il s'agit d'échantillons fondés sur l'année d'études et non sur l'âge. La comparaison des deux permet de vérifier si ce que l'on peut conclure sur la base d'un échantillon d'âge (PISA) vaut aussi pour un échantillon fondé sur l'année d'études(PIRLS).

En ce qui concerne PISA, les données des cycles 2003, 2009, 2012 et 2015 ont été utilisées. La raison en est que la question sur le redoublement n'a été introduite qu'en 2003 et n'a malheureusement pas été reprise en 2006. La plupart des pays et/ou systèmes éducatifs de l'OCDE ont été inclus, à l'exception de la Corée du Sud, du Japon, du Chili, d'Israël, du Mexique et de la Turquie[8]. Le nombre de pays ou systèmes éducatifs est donc de 29 pour 2003, de 31 pour les cycles postérieurs. La Belgique a été

---

7.   ESCS : Economical and sociocultural status.

8.   Deux raisons distinctes président à la non-inclusion de ces quatre pays : le Chili, le Mexique et la Turquie sont des pays économiquement moins avancés que les autres pays de l'OCDE, où de surcroît la couverture des jeunes de 15 ans est nettement moins complète (beaucoup de jeunes de cet âge ont quitté l'école). Le Japon et la Corée n'ont pas été retenus car, pour des raisons culturelles que nous connaissons mal, les systèmes asiatiques ont généralement un fonctionnement assez différent de tous les autres pays.

scindée en trois communautés (française, flamande et germanophone) qui correspondent à trois systèmes éducatifs distincts et totalement autonomes (il n'existe pas de ministère de l'Éducation « nationale » en Belgique).

En ce qui concerne PIRLS, les données des cycles 2001, 2006, 2011 et 2016 ont été utilisées. Seuls les pays ou systèmes éducatifs membres de l'Union européenne ou de l'OCDE ont été retenus. Ont donc été écartés les pays du Maghreb, du Golfe arabique, d'Amérique du Sud et de l'Asie du Sud-Est. Ceux-ci, il faut le souligner, sont nettement plus nombreux dans les études de l'IEA que dans PISA.

Tableau 2.1 : Pays/systèmes éducatifs des différents cycles de l'enquête PIRLS retenus pour les analyses

	PIRLS 2001	PIRLS 2006	PIRLS 2011	PIRLS 2016
Allemagne	x	x	x	x
Autriche		x	x	x
Australie			x	x
Canada	x		x	x
Canada Alberta		x		
Canada, Colombie britannique		x		
Canada, Nouvelle Écosse		x		
Canada, Ontario		x		
Canada, Québec		x		
Comm. flamande de Belgique		x		x
Comm. française de Belgique		x	x	x
Danemark		x	x	x
Écosse	x	x		
Espagne		x	x	x
États-Unis	x	x	x	x
Finlande			x	x
France	x	x	x	x
Grèce	x			
Hongrie	x	x	x	x
Irlande			x	x
Irlande du Nord			x	x
Islande	x	x		
Italie	x	x	x	x
Luxembourg		x		

Leur comportement atypique pourrait masquer une relation existante ou en faire apparaître une qui ne repose que sur leur présence.

	PIRLS 2001	PIRLS 2006	PIRLS 2011	PIRLS 2016
Norvège	x	x	x	x
Nouvelle-Zélande	x	x	x	x
Pays-Bas	x	x	x	x
Pologne		x	x	x
Portugal			x	x
République tchèque	x		x	x
Royaume-Uni	x	x	x	x
Slovaquie	x	x	x	x
Slovénie	x	x	x	x
Suède	x	x	x	x

Douze systèmes éducatifs ont pris part à tous les cycles de PIRLS : l'Allemagne, l'Angleterre, les États-Unis, la France, la Hongrie, l'Italie, la Norvège, la Nouvelle-Zélande, les Pays-Bas, la République slovaque, la Slovénie, la Suède. Le cycle le plus atypique est le premier (2001) : seuls 17 systèmes éducatifs issus de l'Union européenne ou de l'OCDE y ont participé.

Un résultat a retenu notre attention, qui incite à une relative prudence dans l'utilisation des résultats de PIRLS. Lorsque, pour les douze pays qui ont participé aux quatre cycles PIRLS, on calcule les corrélations de rang entre les performances des élèves dans les différents cycles, les corrélations entre les trois premiers cycles sont relativement élevées : 0,75 entre 2001 et 2006, ainsi qu'entre 2006 et 2011 ; en revanche, les performances enregistrées en 2016 ne corrèlent que faiblement avec celles enregistrées lors des cycles antérieurs (respectivement 0,36 avec 2001, 0,20 avec 2006 et 0,28 avec 2011). Une telle instabilité est relativement troublante. Les systèmes éducatifs peuvent certes voir leurs performances s'améliorer ou décroître, mais les évolutions sont en général relativement lentes, surtout dans le primaire où il est improbable d'observer un changement de structure tel que l'instauration d'un tronc commun long, qui peut occasionner des ruptures plus marquées. En cas de changement structurel, l'effet est relativement immédiat et peut prendre une certaine ampleur, comme on a pu l'observer en Pologne, lorsque le tronc commun a été prolongé d'un an (Lafontaine et Baye, 2012). Les effets des réformes de type curriculaire ou pédagogique sont quant à eux plus lents à apparaître ou plus progressifs.

Une comparaison rapide des performances des pays dans PIRLS 2011 et 2016 fait apparaître des évolutions positives assez spectaculaires en Pologne (+39 points) et en Norvège (+52 points). Dans les deux cas, la raison de cette apparente « amélioration » est simple : le pays a simplement décidé de tester les élèves du grade supérieur, donc un an plus âgés. Ce faisant, la Norvège et la Pologne ne dérogent pas aux règles internationales de définition de la population et on peut comprendre leur choix à l'échelle nationale, mais un tel changement introduit évidemment du bruit et des fluctuations entre cycles qui peuvent impacter le type d'analyses menées ici.

2.2. Analyses

Pour l'essentiel, les analyses consistent à mettre en relation via des corrélations ou des analyses de régression (voir encadré ci-après) un indicateur de l'importance des pratiques de redoublement (le pourcentage d'élèves qui déclarent avoir déjà redoublé dans PISA et l'écart-type de l'âge des élèves dans PIRLS) des systèmes éducatifs avec différents indicateurs d'efficacité, de dispersion, d'inégalités sociales, d'équité et de ségrégation académique et sociale. En raison du nombre restreint d'unités d'analyses, les analyses se faisant au niveau des systèmes éducatifs, les corrélations de rang (aussi dénommées corrélations de Spearman) ont été préférées aux corrélations de Bravais-Pearson afin d'éviter qu'un résultat ne soit trop influencé par les valeurs atypiques prises par un ou deux pays.

Encart 2. Corrélation et analyse de régression

Pour tester le lien possible entre deux variables, ici entre les taux de retard et une série d'indicateurs, l'outil de base est la **corrélation**. La mesure de la corrélation linéaire entre les deux variables se fait par le calcul du coefficient de corrélation linéaire ; celui-ci varie entre – 1 et +1. La corrélation peut donc être positive ou négative. Lorsque la corrélation est positive, ceci signifie que plus une variable augmente, plus l'autre variable augmente ; c'est l'inverse dans le cas d'une corrélation négative, lorsqu'une variable augmente, l'autre diminue.

On peut vouloir affiner la mesure de la relation entre deux ou plusieurs variables en procédant à une **régression linéaire**. Via cette analyse, on cherche à établir la droite (de régression) qui « explique » ou prédit la variable y à partir de la variable x. Ainsi, une régression linéaire a été menée pour estimer dans quelle mesure les performances en lecture s'expliquent par l'origine socioculturelle de l'élève.

La **régression logistique** est un modèle d'analyse multivariée ; elle permet de mesurer l'association entre une variable à expliquer (par exemple les performances) et plusieurs variables dites explicatives. Cette analyse permet de démêler les effets de confusion ou de recouvrement entre les variables. Quand on veut par exemple examiner le lien entre le fait d'être immigré et les performances, on peut certes comparer les résultats des élèves dits « natifs » à ceux des élèves immigrés. Cette analyse ne prend pas en compte le fait que les immigrés sont souvent issus des couches sociales les plus défavorisées, donc la variable immigration recouvre en partie l'origine sociale. Une analyse de régression dans laquelle on introduit l'origine sociale d'une part, l'origine immigrée d'autre part permet d'estimer dans quelle mesure le statut d'immigré, indépendamment de l'origine sociale, ou à origine sociale équivalente, permet d'expliquer les performances.

Les indicateurs et le type d'analyse statistique utilisés sont présentés de manière synthétique dans le tableau suivant en regard de la dimension qu'ils évaluent. Plus de détails à propos des analyses statistiques sont fournis lors de la présentation des résultats. Sauf mention contraire, les analyses se font au niveau des pays ou systèmes éducatifs : la démarche sous-jacente aux analyses effectuées est de voir si les différents indicateurs listés dans le tableau ci-après diffèrent significativement en fonction de l'ampleur des taux de retard dans les différents systèmes éducatifs.

Tableau 2.2 : Indicateurs et types d'analyses statistiques

Dimension	Indicateurs et types d'analyses
Efficacité	Performances moyennes dans le ou les domaines évalués par le test
Dispersion	Écart-type des performances[9] dans le ou les domaines évalués par le test
Excellence	% d'élèves très performants en compréhension de l'écrit : dans PISA, niveaux 5 et 6, soit un score supérieur à 626 ; dans PIRLS, score supérieur à 625.
Égalité des acquis de base	% d'élèves très peu performants en compréhension de l'écrit : dans PISA, en dessous du niveau 2, soit un score inférieur à 407 ; dans PIRLS, score inférieur à 400.
Inégalités sociales/ équité	Pourcentage de variance de la performance en compréhension de l'écrit expliquée par l'indice socio-économique et culturel (soit le R^2)[10]
	% d'élèves « résilients », i.e. élèves très défavorisés aux performances supérieures à la moyenne du pays (élèves qui au sein de chaque pays sont en dessous du percentile 25 de l'indice socio-économique et culturel, et au-dessus du percentile 50 pour les performances).
	Risque relatif (*odds ratio*) d'un élève qui figure parmi les 25 % les plus défavorisés dans son pays d'avoir redoublé au moins une fois dans son parcours.
Ségrégation scolaire	Variance des performances entre écoles et à l'intérieur des écoles.
Ségrégation sociale	Variance de l'indice ESCS entre écoles et à l'intérieur des écoles.
	Risque relatif (*odds ratio*) d'un élève qui figure parmi les 25 % les plus défavorisés de fréquenter une école qui figure parmi les 25 % d'écoles qui accueillent les élèves les plus défavorisés.

---

9.   Pour ne pas multiplier les indicateurs, on a choisi de n'effectuer cette analyse que dans le domaine de la lecture, à savoir le même domaine que dans PIRLS. Il faut savoir que les indicateurs d'inégalités sociales sont relativement stables, quel que soit le domaine. Le domaine de la lecture est *a priori* le domaine dans lequel les inégalités sociales se marquent davantage.

10.   L'écart-type est une mesure de la dispersion des données autour de la moyenne. C'est une mesure importante. Ainsi, deux pays peuvent avoir la même moyenne à un test PISA, mais différer grandement par leur écart-type ce qui signifie que, dans un de ces pays, la dispersion des scores des élèves est plus grande que dans l'autre.

3. RETARD SCOLAIRE : L'APPORT DE L'ÉTUDE PISA

3.1. L'importance des taux de retard dans les pays de l'OCDE

L'étude PISA, complémentairement à la mesure des performances en mathématiques, en lecture et en sciences, prélève un vaste ensemble d'informations contextuelles auprès des élèves testés. Les élèves sont ainsi invités à mentionner s'ils ont redoublé une fois ou plus d'une fois une année d'étude durant leur scolarité primaire, secondaire inférieure ou secondaire supérieure[11]. Ces données permettent de déterminer si l'élève présente un retard d'un an ou de plus d'un an et, ainsi, d'estimer pour chacun des pays participants, la proportion d'élèves de 15 ans en retard dans leur parcours. Les données relatives au pourcentage d'élèves en retard dans les différents cycles de PISA ont déjà été présentées et commentées dans le tableau 1.1 du chapitre 1. Nous n'y reviendrons pas.

Tableau 2.3 : Pourcentage d'élèves en retard, pourcentage d'élèves dans l'enseignement général et performances en sciences en 2015. Données PISA 2015

Pays	Élèves en retard	Élèves dans le général	Performances moyennes en sciences (err. std.)
Japon	n.d.	$75,6_{(0,95)}$	$538_{(2,97)}$
Estonie	$4,0_{(0,36)}$	$99,7_{(0,10)}$	$534_{(2,09)}$
Finlande	$3,0_{(0,25)}$	$100,0_{(0,00)}$	$531_{(2,39)}$
Canada	$5,7_{(0,38)}$	n.d.	$528_{(2,08)}$
Corée	$4,7_{(0,30)}$	$83,9_{(0,35)}$	$516_{(3,13)}$
Comm. flamande	$23,3_{(0,74)}$	$47,4_{(1,34)}$	$515_{(2,60)}$
Nouvelle-Zélande	$4,9_{(0,32)}$	$100,0_{(0,00)}$	$513_{(2,38)}$
Slovénie	$1,9_{(0,32)}$	$42,6_{(0,23)}$	$513_{(1,32)}$
Australie	$7,1_{(0,30)}$	$87,0_{(0,80)}$	$510_{(1,54)}$
Royaume-Uni	$2,8_{(0,26)}$	$99,2_{(0,24)}$	$509_{(2,56)}$
Allemagne	$18,1_{(0,84)}$	$97,3_{(0,66)}$	$509_{(2,70)}$
Pays-Bas	$20,1_{(0,55)}$	$73,9_{(0,93)}$	$509_{(2,26)}$
Suisse	$20,0_{(1,04)}$	$90,8_{(1,15)}$	$506_{(2,90)}$
Comm. germanophone	$30,5_{(1,12)}$	$64,0_{(1,18)}$	$505_{(4,81)}$

---

11. Cette donnée ne figure pas dans les bases de données PISA 2000 et 2006.

Pays	Élèves en retard	Élèves dans le général	Performances moyennes en sciences (err. std.)
Irlande	$7,2_{(0,47)}$	$99,2_{(0,25)}$	$503_{(2,39)}$
Danemark	$3,4_{(0,27)}$	$100,0_{(0,00)}$	$502_{(2,38)}$
Pologne	$5,3_{(0,35)}$	$99,9_{(0,06)}$	$501_{(2,51)}$
Portugal	$31,2_{(1,23)}$	$86,9_{(1,14)}$	$501_{(2,43)}$
Norvège	n.d.	$100,0_{(0,00)}$	$498_{(2,26)}$
États-Unis	$11,0_{(0,75)}$	$100,0_{(0,00)}$	$496_{(3,18)}$
Autriche	$15,2_{(0,69)}$	$28,6_{(0,87)}$	$495_{(2,44)}$
France	$22,1_{(0,57)}$	$81,3_{(0,86)}$	$495_{(2,06)}$
Suède	$4,0_{(0,40)}$	$99,9_{(0,10)}$	$493_{(3,60)}$
OCDE	$12,0_{(0,10)}$	$84,3_{(0,15)}$	$493_{(0,43)}$
Rép. tchèque	$4,8_{(0,39)}$	$66,7_{(1,31)}$	$493_{(2,27)}$
Espagne	$31,3_{(0,98)}$	$99,1_{(0,14)}$	$493_{(2,07)}$
Lettonie	$5,0_{(0,45)}$	$99,2_{(0,42)}$	$490_{(1,56)}$
FWB	$46,0_{(1,75)}$	$72,4_{(2,39)}$	$485_{(4,48)}$
Luxembourg	$30,9_{(0,47)}$	$77,7_{(0,21)}$	$483_{(1,12)}$
Italie	$15,1_{(0,63)}$	$50,3_{(1,19)}$	$481_{(2,52)}$
Hongrie	$9,5_{(0,60)}$	$84,1_{(0,56)}$	$477_{(2,42)}$
Islande	$1,1_{(0,16)}$	$100,0_{(0,00)}$	$473_{(1,68)}$
Israël	$9,0_{(0,59)}$	$100,0_{(0,00)}$	$467_{(3,44)}$
Slovaquie	$6,5_{(0,53)}$	$67,4_{(1,00)}$	$461_{(2,59)}$
Grèce	$5,0_{(0,71)}$	$83,6_{(2,57)}$	$455_{(3,92)}$
Chili	$24,6_{(0,94)}$	$99,4_{(0,10)}$	$447_{(2,38)}$
Turquie	$10,9_{(0,68)}$	$59,0_{(1,94)}$	$425_{(3,93)}$
Mexique	$15,8_{(0,86)}$	$74,7_{(1,08)}$	$416_{(2,13)}$

Les systèmes éducatifs sont ordonnés par ordre décroissant de performances en 2015.
N.d. : données non disponibles.

Une simple mise en regard des colonnes « taux de retard » et « performances » permet de battre en brèche l'idée selon laquelle un recours intensif au redoublement irait de pair avec un haut niveau de performances : les pays qui apparaissent aux dix premières places du classement ont des taux de retard faibles, à une seule exception près : la Communauté flamande.

Ceci ne veut pas dire qu'il n'existe aucun système éducatif pratiquant le redoublement qui soit performant. La Communauté flamande est l'exemple le plus frappant d'un système éducatif où les taux de retard à 15 ans sont assez élevés (20 %) et où les performances sont supérieures à la moyenne des pays de l'OCDE. C'est aussi le cas, mais dans une moindre mesure, des Pays-Bas, de l'Allemagne et de la Suisse.

Afin de valider empiriquement l'hypothèse selon laquelle le taux de retard est lié à d'autres mécanismes de tri des élèves sur la base de leurs aptitudes, les taux de retard ont été corrélés avec le pourcentage d'élèves de 15 ans fréquentant l'enseignement général. Nous testons donc l'hypothèse selon laquelle le mécanisme structurel vertical de gestion de l'hétérogénéité des élèves via le ralentissement de leur parcours scolaire est lié à un autre mécanisme structurel de gestion de flux, horizontal celui-là, que constitue la répartition des élèves dans différentes filières avant l'âge de 16 ans. Précisons que dans les systèmes dits compréhensifs, où les élèves fréquentent un tronc commun jusqu'à 15 ans, on considère que tous les élèves sont dans l'enseignement général.

Encart 3. Échantillonnage et inférence statistique

Les pays retenus dans le cadre de nos analyses ne peuvent être considérés comme un échantillon aléatoire de pays, condition indispensable pour recourir à l'inférence statistique. Il n'y a donc pas lieu de différencier les corrélations selon qu'elles diffèrent ou non statistiquement de 0. Toutefois, à titre indicatif, avec un échantillon aléatoire et simple de 30 unités d'analyses, il est d'usage de considérer qu'une corrélation diffère statistiquement de 0 si, en valeur absolue, elle est supérieure à 0.35.

Tableau 2.4 : Corrélations de rang entre le taux d'élèves en retard et le pourcentage d'élèves de 15 ans fréquentant l'enseignement général. Données PISA

Cycles	2003	2009	2012	2015
Corrélations	− 0,37	− 0,29	− 0,47	− 0,48

Ces corrélations importantes sont toutes négatives. Cela signifie que **plus le taux de retard est important dans un pays, moins le pourcentage d'élèves dans l'enseignement général est important,** et plus le pourcentage d'élèves dans les filières techniques ou professionnelles (*vocational*) est important. Ces résultats sont une preuve empirique de l'existence d'une logique de séparation (vs une logique d'intégration) présidant à différents mécanismes de tri des élèves – ici le redoublement et l'orientation vers des filières qualifiantes. Même si ce n'est pas le propos ici, dans pas mal de systèmes éducatifs, le redoublement n'est souvent que l'antichambre d'une orientation vers des filières moins prestigieuses ou réputées moins exigeantes. La particularité de la Flandre et des Pays-Bas est peut-être précisément que les élèves y sont orientés assez précocement vers des filières techniques ou professionnelles sans avoir au préalable connu de redoublement (Monseur et Lafontaine, 2009).

3.2. Retard scolaire, performances et dispersion des résultats

Afin d'estimer si les pays qui connaissent des taux de retard plus importants ont des performances en moyenne plus ou moins élevées que les pays qui pratiquent peu le redoublement, des corrélations ont été calculées entre les taux de retard à 15 ans[12] et les performances moyennes des pays. Les taux de retard ont ensuite été corrélés avec la dispersion des résultats, pour voir si le redoublement accroît les écarts de performances entre élèves. Enfin, les taux de retard ont été mis en relation avec le pourcentage d'élèves très peu performants d'une part, avec le pourcentage d'élèves très performants en lecture d'autre part, pour voir si le redoublement accroît ou diminue leur proportion.

Tableau 2.5 : Corrélations entre les taux de retard à 15 ans, les performances moyennes et l'écart-type dans les trois domaines, pourcentage d'élèves excellents en lecture, et pourcentage d'élèves très peu performants. Données PISA

Cycles	2003	2009	2012	2015
Performances moyennes en lecture	− 0,12	− 0,13	0,01	− 0,17
Performances moyennes en maths	− 0,13	− 0,17	− 0,03	− 0,09
Performances moyennes en sciences	− 0,24	− 0,25	− 0,18	− 0,21
Écart-type lecture	0,25	0,20	0,18	0,11
Écart-type maths	0,20	0,37	0,31	0,36
Écart-type sciences	0,21	0,17	0,08	0,10
% d'élèves excellents en lecture	− 0,07	0,04	0,09	− 0,13
% d'élèves peu performants en lecture	0,26	0,17	0,08	0,16

Toutes les corrélations entre le taux de retard et les performances moyennes (dans les trois domaines pour quatre cycles PISA) sont, à une exception, négatives, même si elles ne sont pas très élevées. La tendance de fond est claire : **recourir davantage au redoublement ne hausse pas le niveau de performances moyennes d'un pays, au contraire**. Les performances moyennes ont tendance à être plutôt meilleures dans les

---

12.   Le taux de retard à 15 ans correspond au pourcentage de jeunes de 15 ans qui ont connu au moins un redoublement dans leur carrière scolaire. Il est donc la résultante d'un ou plusieurs redoublements. Nous n'avons pas distingué ici les élèves qui ont redoublé une fois de ceux qui ont connu plusieurs redoublements.

systèmes qui recourent moins au redoublement et qui ont sans doute mis en place des stratégies plus efficaces pour aider les élèves à progresser ou pour gérer les difficultés d'apprentissage de certains d'entre eux.

En outre, l'examen de la dispersion des résultats (écart-type) montre que des taux de retard plus élevés vont de pair avec des écarts entre élèves plus importants. En effet, toutes les corrélations sont positives, surtout en mathématiques. Rappelons que l'échantillon PISA est un échantillon d'âge : les élèves de 15 ans qui ont redoublé sont moins avancés dans leur parcours et ont donc eu moins d'occasions de se confronter à certains apprentissages. Il est normal que l'effet se marque davantage en mathématiques que dans les deux autres domaines, le test PISA étant davantage lié au curriculum enseigné dans ce domaine. En lecture et en sciences, certaines compétences telles qu'elles sont évaluées dans PISA peuvent en effet s'acquérir plus aisément en dehors de l'école que dans le cas des mathématiques.

Les corrélations entre les taux de retard et, d'une part, le pourcentage d'excellents élèves, d'autre part le pourcentage d'élèves très peu performants sont pour la plupart proches de zéro. Pour le pourcentage d'excellents élèves, aucune tendance ne se dégage : selon les cycles, la faible corrélation est soit positive soit négative, ou encore proche de zéro. La proportion d'élèves excellents n'est donc pas liée au taux de retard. Sur cette base, on peut exclure l'hypothèse de sens commun selon laquelle « l'exigence » que représenteraient des taux de retard élevés pousserait les meilleurs élèves à se surpasser. En ce qui concerne le pourcentage d'élèves très peu performants, la tendance est cohérente à travers les cycles : toutes les corrélations sont positives, sans être toutefois très élevées : dans les systèmes où les taux de retard sont plus élevés, la proportion d'élèves très peu performants est plus importante. Ceci confirme à l'échelle du système éducatif que le redoublement ne constitue pas une mesure pédagogiquement très efficace. **Si, au niveau d'individus, on ne peut exclure que le redoublement constitue parfois une manière de se remettre en selle, ce n'est clairement pas le cas lorsque l'on raisonne sur des nombres importants d'élèves, à l'échelle des systèmes éducatifs.**

3.3. Le retard scolaire amplifie-t-il les inégalités de performances liées à l'origine socio-économique et culturelle ?

C'est un fait établi depuis longtemps : tous les élèves ne sont pas affectés de la même manière par le redoublement. Ainsi, dans nombre de systèmes éducatifs, les élèves provenant de milieux socialement défavorisés sont plus nombreux, comparativement aux autres, à connaître le redoublement et à accumuler du retard scolaire. Mais ceci est-il injuste ou inéquitable ? Le redoublement vient en effet sanctionner des faiblesses ou difficultés scolaires dont on sait qu'elles sont plus importantes dans les milieux moins favorisés. La question qui se pose est de savoir si un recours plus intense au redoublement contribue à accroître les inégalités sociales, en particulier pour des élèves dont les aptitudes sont équivalentes. Pour répondre à cette question, plusieurs analyses ont été successivement menées.

3.3.1. Lien entre performances en lecture et origine sociale

D'abord, pour chaque système éducatif, une régression linéaire a été menée pour estimer dans quelle mesure les performances en lecture s'expliquent par l'origine socioculturelle de l'élève. Plus le résultat est élevé (part de variance expliquée par l'indice ESCS), plus on est dans un système éducatif où la performance «dépend» du milieu socioculturel de l'élève. Ce résultat a ensuite été corrélé avec le taux de retard dans chaque système éducatif. La moyenne de ces corrélations est présentée dans le tableau 2.6.

Tableau 2.6 : Corrélations entre les taux de retard à 15 ans
et la part de variance des performances en lecture expliquée
par l'indice socioculturel de l'élève. Données PISA

Cycles	2003	2009	2012	2015
Corrélations	0,28	0,42	0,40	0,50

Pour les quatre cycles PISA, les corrélations sont positives, et plutôt élevées. Le lien entre l'origine socioculturelle de l'élève et ses performances est sans conteste plus fort dans les systèmes où les taux de retard sont plus importants. **Le redoublement agit donc comme un amplificateur des inégalités sociales. Le déterminisme social est plus marqué dans les pays où les taux de retard sont plus élevés.**

3.3.2. Risque pour un jeune d'origine défavorisée d'avoir redoublé au moins une fois dans son parcours

À l'aide des données PISA, il est possible de déterminer l'influence de l'origine sociale de l'élève sur le risque de redoublement, *à performances égales* en lecture dans le test PISA, en recourant à une régression logistique et en calculant un rapport de chances (*odds ratio*[13]). Cette analyse revient à déterminer si des élèves ayant des performances identiques dans PISA, mais issus de milieux sociaux contrastés, ont des probabilités différentes de présenter un retard scolaire. Plus ce rapport de chance est élevé (significativement supérieur à 1), plus le redoublement apparaît comme socialement injuste. Pour calculer le rapport de chances des élèves défavorisés, les élèves

---

13.   L'*odds ratio* est une statistique déjà utilisée (et expliquée) dans l'introduction.

ont été répartis en deux groupes : les élèves qui figurent parmi les 25 % les plus défavorisés sont opposés aux autres élèves (75 % davantage favorisés).

Le tableau 2.7 reprend pour PISA 2015 les rapports de chances (*odds ratio*) de l'origine sociale pour les seuls pays qui présentent au moins lors d'un cycle PISA un pourcentage d'élèves en retard scolaire égal ou supérieur à 10 %. Seules les valeurs qui diffèrent de 1 sont reprises dans le tableau. Lorsque le rapport de chance ne diffère pas de 1, il est indiqué non significatif (ns) ; cela signifie que les deux groupes comparés ont le même risque d'avoir redoublé. En colonne 2 sont d'abord présentés les rapports de chances bruts, sans contrôler la performance en lecture : ceux-ci correspondent au risque pour un élève défavorisé d'avoir connu le redoublement, comparativement à un élève d'origine plus favorisée. Ensuite, en colonne 3, est présenté le même rapport de chances, mais en tenant la performance de l'élève en lecture sous contrôle, ce qui revient à comparer le risque d'avoir redoublé d'élèves défavorisés et d'élèves plus favorisés qui ont le même niveau en lecture.

Tableau 2.7 : Odds ratio de l'origine sociale sur le redoublement, avant et après contrôle de la performance en lecture dans les pays où le taux de retard est égal ou supérieur à 10 %. Données PISA 2015

	Sans contrôle de la performance en lecture	Sous contrôle de la performance en lecture
Allemagne	1,75	ns
Autriche	1,50	ns
Comm. flamande de Belgique	2,74	1,56
Comm. française de Belgique	3,44	1,90
Comm. germanophone de Belgique	2,95	3,00
Canada	2,78	1,80
Espagne	3,74	2,66
États-Unis	2,19	1,44
France	3,13	1,62
Hongrie	2,79	1,51
Irlande	1,99	1,43
Italie	2,34	1,45
Lettonie	2,66	1,69
Luxembourg	2,21	1,18
Pays-Bas	1,57	1,25
Portugal	3,42	2,16
Suisse	2,00	1,32

Dans le premier type d'analyse, les *odds ratio* diffèrent statistiquement de 1 dans tous les pays ; le lien entre origine sociale et redoublement est donc confirmé dans les systèmes éducatifs où le redoublement est une pratique assez répandue. Si on prend l'exemple de l'Autriche, un élève d'origine défavorisée a une fois et demie plus de chances d'avoir redoublé qu'un élève plus favorisé. Quel que soit le système éducatif, les élèves de milieux modestes redoublent plus souvent. Les valeurs de l'*odds ratio* oscillent néanmoins entre 1,50 en Autriche et 3,47 en Espagne ; les inégalités sociales face au redoublement sont donc nettement plus marquées dans certains systèmes éducatifs.

Envisageons à présent la seconde analyse qui tient compte du niveau de performances en lecture des élèves et qui permet de tester si le redoublement frappe de manière injuste les élèves d'origine défavorisés. Si les élèves de milieux défavorisés, **à compétences égales**, redoublent plus souvent que leurs condisciples issus de milieux plus favorisés, le redoublement amplifie les inégalités sociales de manière injuste. Le tableau 2.7 présente en colonne 3, à nouveau sous forme d'*odds ratio*, l'influence de l'origine sociale sous contrôle de la performance scolaire[14].

Dans la majorité des pays, **à compétences en lecture égales dans PISA, les élèves issus de milieux défavorisés redoublent** effectivement **plus souvent que les enfants issus de milieux plus favorisés**. Le rapport de chances s'élève par exemple à 1,90 en Belgique francophone, à 1,62 en France et à 2,66 en Espagne. En France, les chances d'un élève issu d'un milieu défavorisé d'être en retard scolaire plutôt qu'à l'heure sont 1,62 fois plus élevées que celles de ses condisciples qui obtiennent un même score dans PISA, mais sont issus de classe sociale moyenne ou supérieure. En Autriche et en Allemagne, le risque pour un jeune d'origine défavorisée d'être en retard scolaire n'est plus significatif dès lors que l'on tient sous contrôle la performance scolaire. Dans ces deux systèmes, si les élèves de milieu modeste sont davantage frappés par le redoublement, c'est d'abord parce que leurs performances scolaires sont moins bonnes que celles de leurs pairs de milieux plus aisés. En revanche, dans tous les autres systèmes où les taux de retard sont égaux ou supérieurs à 10 %, le risque accru pour les élèves d'origine défavorisée d'avoir connu le redoublement tient manifestement à d'autres facteurs que leurs performances scolaires. Cette inégalité « ajoutée » constitue une forme d'injustice particulièrement déplorable.

La corrélation de rang entre le rapport de chances pour un jeune d'origine défavorisée d'avoir redoublé au moins une fois dans son parcours, sous contrôle de sa performance, a ensuite été corrélée avec les taux de retard scolaire, pour les seuls systèmes éducatifs repris dans le tableau 2.7. Cette corrélation est assez instable. En effet, alors qu'elle avoisine 0 en 2003

---

14.   La performance en lecture a été introduite dans la régression logistique.

et en 2009, elle s'élève à 0,41 en 2012 et à 0,62 en 2015. Sur la base de ces résultats en partie contradictoires, il serait imprudent de conclure qu'un système éducatif sera d'autant plus inéquitable à l'égard des défavorisés qu'il pratique abondamment le redoublement. Toutefois, les corrélations enregistrées au cours des deux derniers cycles (2012 et 2015) incitent à retenir ce lien comme une sérieuse hypothèse, à confirmer lors des cycles ultérieurs.

3.3.3. Pourcentage de jeunes «résilients»

Le terme de «résilients» est parfois utilisé pour désigner des individus qui en dépit d'une origine sociale très défavorisée (nous avons choisi de considérer ainsi le quart d'élèves le plus défavorisé, en dessous du percentile 25 de l'indice ESCS) obtiennent des performances au-dessus de la moyenne de leur pays. Le lien entre le pourcentage de jeunes «résilients» ainsi défini et le taux de retard scolaire a été calculé.

Tableau 2.8 : Corrélations entre les taux de retard à 15 ans et la proportion d'élèves «résilients». Données PISA

Cycle	2006	2009	2012	2015
Corrélations	– 0,24	– 0,33	– 0,47	– 0,50

Les corrélations sont négatives pour les quatre cycles, elles sont plutôt élevées, particulièrement en 2012 et 2015. Très clairement, le recours au redoublement diminue les chances des jeunes d'origine défavorisée d'obtenir des performances supérieures à la moyenne de leur pays. En d'autres termes, **le redoublement est un frein à l'ascension sociale**.

3.4. Retard scolaire, ségrégation scolaire et sociale

On ne peut aborder la question des inégalités sociales ou de l'équité sans aborder la question de la ségrégation scolaire et sociale. Delvaux (2005) définit la ségrégation comme la «traduction de différences sociales dans l'espace. Elle se manifeste dès que des individus, classés par la société dans des catégories sociales distinctes […] se trouvent séparées dans l'espace et sont amenés à peu se côtoyer» (p. 276). On associe fréquemment ségrégation scolaire et ségrégation résidentielle, en pensant que la première résulte logiquement de la seconde. Pourtant, tant en Belgique (Delvaux, 2005; Delvaux et Serhadlioglu, 2014; Marissal, 2014) qu'en France (Merle, 2011, 2012), des chercheurs ont analysé l'intrication des deux phénomènes. Ces travaux permettent de conclure à une relative autonomie des deux champs, dans la mesure où l'on peut observer une augmentation de la ségrégation scolaire à des moments où la ségrégation résidentielle reste stable ou diminue.

Les systèmes éducatifs se différencient fortement par leur propension à concentrer dans certains établissements les élèves en difficulté et les élèves d'origine sociale ou culturelle similaire. À nouveau, ceci correspond à une logique qui ne doit rien au hasard et qui obéit, dans ce cas en particulier, à des politiques soit visant à préserver une hétérogénéité de profils académiques et/ou une mixité socioculturelle au sein de chaque établissement, soit laissant s'installer – parfois insidieusement – une homogénéisation des publics au sein des établissements. Si nous parlons de laisser s'installer, c'est parce que la ségrégation académique et sociale qui en résulte n'est pas souvent assumée ou explicitement encouragée en tant que telle par les responsables politiques, à l'exception des conservateurs et évidemment dans les cas patents d'apartheid.

Les systèmes qui s'inscrivent dans une logique d'intégration auront tendance à mettre en place des mécanismes de régulation des inscriptions limitant la possibilité de choix de l'école et visant à assurer une répartition équilibrée et mixte des publics entre écoles. Ceci est évidemment plus simple à faire dans les pays ou les contextes (en milieu rural par exemple) où l'hétérogénéité culturelle est moindre (moins de jeunes d'origine immigrée par exemple) et où les tensions et défis liés à la mixité et au vivre ensemble sont moins vifs. Par contraste, les systèmes qui s'inscrivent dans une logique de séparation ne considèrent pas comme problématique le fait que les élèves en difficulté scolaire ou les jeunes d'origine défavorisée ou immigrée se concentrent dans certains établissements, selon une logique de niche. Après tout, la ségrégation n'est que la résultante d'une logique de la séparation poussée à l'extrême. Le simple fait de laisser certains établissements se spécialiser dans l'organisation de filières d'enseignement général ou dans des filières techniques et professionnelles produit un clivage substantiel tant en termes de performances que de profils d'élèves entre ces deux types d'établissements. Dans certains systèmes éducatifs, comme le Luxembourg, chaque établissement propose une offre mixte ; ceci réduit de facto la concentration d'élèves qui se ressemblent dans les mêmes établissements (Dierendonck, 2011).

Sur le plan statistique, la propension des systèmes éducatifs à concentrer les élèves aux aptitudes assez proches (ségrégation académique ou scolaire) ou au profil socioculturel assez homogène (ségrégation sociale) est estimée en décomposant la variance totale entre variance entre écoles et variance entre élèves à l'intérieur des écoles[15]. La variance entre écoles correspond à l'ampleur des différences de performances entre établissements. Plus cette variance augmente, plus les écoles diffèrent entre elles. La variance à l'intérieur des écoles reflète les différences entre élèves au sein des écoles.

---

15.   La décomposition de la variance nécessite le recours à des modèles dits « multiniveaux ». Ces modèles prennent en compte la structure hiérarchique des données, en l'occurrence le fait que les élèves sont nichés dans des classes, elles-mêmes nichées dans des écoles (dans PISA toutefois, le niveau classe n'existe pas, vu le mode d'échantillonnage). Pour prendre une comparaison simple, ce type de modèle tient compte du fait que les pommes d'un même pommier se ressemblent davantage entre elles qu'elles ne ressemblent à celles d'un autre pommier.

Encart 4. Décomposition de la variance des scores à un test

La **variance totale des scores** est la somme de toutes les différences de performance des élèves par rapport à la moyenne générale. Plus ces différences sont importantes, plus la variance totale sera élevée. Inversement, plus les performances se concentrent autour de la moyenne, plus la variance sera faible. À la limite, si tous les élèves obtiennent un score identique, la variance sera égale à 0, traduisant ainsi l'absence de variabilité. Cette variance totale se décompose en :

1. **Variance entre écoles** : celle-ci indique l'importance des différences moyennes de performance d'un établissement à l'autre. Dans les systèmes hautement ségrégés, on observe généralement des variances entre écoles élevées. À l'inverse, les systèmes éducatifs qui ne différencient pas l'offre d'enseignement (pas de filières) se caractérisent généralement par une faible variance entre écoles.

2. **Variance entre élèves dans les écoles** : celle-ci traduit l'ampleur des différences de performance des élèves au sein des établissements.

Une fois les variances entre écoles et entre élèves à l'intérieur des écoles calculées, l'une et l'autre ont été mises en rapport avec le taux de retard scolaire dans les différents systèmes éducatifs. Les corrélations entre la propension des systèmes éducatifs à ségréger les élèves selon leurs aptitudes scolaires et à recourir au redoublement, puis entre la propension à séparer les élèves selon leur origine sociale et à recourir fréquemment au redoublement sont présentées successivement ci-après.

Une dernière analyse présente enfin le risque pour un jeune défavorisé de fréquenter une école elle-même défavorisée et le lien entre ce risque et les taux de retard.

3.4.1. Ségrégation scolaire ou académique

Tableau 2.9 : Corrélations entre les taux de retard à 15 ans et dans chacun des domaines, la part de variance des performances entre écoles et entre élèves à l'intérieur des écoles. Données PISA

Cycles	2006	2009	2012	2015
Variance entre écoles (lecture)[16]	0,53	0,49	0,44	0,40
Variance à l'intérieur des écoles[17] (lecture)	−0,31	−0,24	−0,24	−0,31
Variance entre écoles (maths)	0,52	0,47	0,50	0,46
Variance à l'intérieur des écoles (maths)	−0,46	−0,21	−0,33	−0,21
Variance entre écoles (sciences)	0,55	0,39	0,43	0,40
Variance à l'intérieur des écoles (sciences)	−0,44	−0,31	−0,30	−0,32

---

16. Les chiffres indiqués correspondent aux corrélations entre les taux de retard et les variances entre écoles et intra-écoles dans les différents domaines.
17. Plus précisément, variance entre élèves à l'intérieur des écoles.

Dans les quatre cycles PISA et dans les trois domaines, sans aucune exception, il apparaît que des taux de retard élevés vont de pair avec une variance entre écoles plus élevée; toutes les corrélations sont positives. Ainsi, **dans les systèmes qui recourent davantage au redoublement, les écoles présentent des profils de performances davantage contrastés, certaines écoles obtenant d'excellentes performances et d'autres des performances plus faibles**. À l'inverse, dans les systèmes pratiquant moins le redoublement, les écoles ont des profils de performances plus similaires, la réussite d'un élève y apparaît donc moins liée à l'école qu'il fréquente.

Les taux de retard sont, sans exception, liés négativement à la variance entre élèves à l'intérieur des écoles. Dans les systèmes où les taux de retard sont plus importants, le «niveau» des élèves est plus homogène à l'intérieur des écoles.

3.4.2. Ségrégation sociale

La tendance des systèmes éducatifs à concentrer des élèves au profil socioculturel assez semblable dans des écoles dites «sanctuaires» et des écoles ghettos peut être estimée de la même manière que pour les performances. C'est alors la manière dont les variations de l'indice socioculturel se distribuent entre écoles et à l'intérieur des écoles qui sert d'indicateur.

Tableau 2.10 : Corrélations entre les taux de retard à 15 ans et la part de variance de l'indice socioculturel ESCS entre écoles et entre élèves à l'intérieur des écoles. Données PISA

Cycles	2006	2009	2012	2015
Variance entre écoles de l'indice socioculturel	0,54	0,52	0,41	0,55
Variance à l'intérieur des écoles de l'indice socioculturel	0,45	0,38	0,42	0,46

Les résultats vont en partie dans le même sens que pour la décomposition de la variance des performances. Des taux de retard élevés vont de pair avec une variance entre écoles de l'indice socioculturel plus élevée. **Dans les systèmes qui recourent davantage au redoublement, les écoles se distinguent par des publics d'élèves socialement et culturellement plus contrastés**, certaines écoles regroupant davantage d'élèves d'origine plutôt favorisée (écoles sanctuaires), d'autres regroupant un public socialement défavorisé voire très défavorisé (écoles ghettos). Dans un système fortement ségrégé comme celui de la FWB, certains établissements sont par exemple fréquentés à 90 % par des jeunes d'origine immigrée; dans d'autres établissements, cette proportion ne dépasse pas 5 % (Quittre, Crépin et Lafontaine, 2018).

La variance de l'indice socioculturel entre élèves à l'intérieur des écoles a aussi tendance à être significativement plus élevée dans les systèmes qui recourent davantage au redoublement. Si des taux de retard plus élevés vont de pair à la fois avec une variance entre écoles et une variance à l'intérieur des écoles plus élevées, cela signifie que dans les systèmes éducatifs où les taux de retard sont plus élevés, la variance totale de l'indice socioculturel est plus importante, en d'autres termes que la diversité socioculturelle des élèves y est plus marquée. Les corrélations de rang entre les taux de retard et la variance totale de l'indice socioculturel s'élèvent respectivement à 0,61, 0,49, 0,50 et 0,54 pour 2003, 2009, 2012 et 2015. Plus un système recourt au redoublement, plus les disparités sociales y sont importantes, sans que l'on puisse affirmer que le redoublement soit la cause. On ne peut en effet exclure que dans les pays où les disparités sociales sont plus marquées, la tendance à recourir au redoublement soit aussi plus marquée.

Une analyse complémentaire a été réalisée afin d'estimer le risque pour un jeune d'origine défavorisée de fréquenter une école dont la composition sociale est elle-même défavorisée.

Comme pour le rapport de chances d'un jeune défavorisé d'être en retard, nous avons d'abord estimé le rapport de chances d'un jeune défavorisé de figurer parmi les 25 % d'écoles les plus défavorisées de manière brute, et ensuite, sous contrôle de sa performance en lecture. En effet, un jeune défavorisé ayant davantage de risques d'obtenir de moins bonnes performances dans PISA, il a aussi plus de risques de se retrouver dans des écoles moins performantes ou des écoles offrant surtout de l'enseignement professionnel, qui sont aussi, dans une large mesure, des écoles dont le recrutement social est moins favorisé. **Pour déterminer s'il existe une injustice envers les élèves d'origine défavorisée d'être éduqué dans un environnement scolaire moins favorable, il convient de raisonner « à performances égales »**.

Tableau 2.11 : Odds ratio pour un jeune d'origine défavorisée de fréquenter une école socioculturellement défavorisée, sans contrôle et avec contrôle de la performance en lecture. Données PISA 2015

Pays	Sans contrôle de la performance	Sous contrôle de la performance en lecture
Allemagne	4,6	3,3
Australie	5,6	4,5
Autriche	4,2	3,0
Comm. flamande de Belgique	4,9	3,4

Pays	Sans contrôle de la performance	Sous contrôle de la performance en lecture
Comm. française de Belgique	6,0	3,9
Comm. germanophone de Belgique	2,3	2,2
Canada	3,9	3,2
Danemark	3,9	3,3
Espagne	5,1	4,4
Estonie	5,0	4,5
États-Unis	5,1	4,4
Finlande	2,7	2,5
France	5,2	3,3
Grèce	4,8	3,4
Hongrie	8,1	5,2
Irlande	3,3	2,6
Islande	3,7	3,4
Italie	4,7	3,2
Lettonie	4,6	3,9
Luxembourg	3,6	2,2
Norvège	3,1	2,9
Nouvelle-Zélande	3,8	2,9
Pays-Bas	3,9	2,9
Pologne	3,8	3,4
Portugal	4,6	3,5
République tchèque	5,0	3,3
Royaume-Uni	4,0	3,4
Slovaquie	5,8	4,0
Slovénie	4,7	3,8
Suède	3,2	2,7
Suisse	3,3	2,5

Dans tous les systèmes éducatifs de l'OCDE, le risque pour un jeune d'origine défavorisée de fréquenter une école elle-même très défavorisée (colonne 2) est bien réel. Il est même substantiel. Pour prendre l'exemple le plus extrême, en Hongrie, un jeune d'origine défavorisée a plus de huit fois de risques de fréquenter une école très défavorisée qu'un jeune d'origine plus favorisée. C'est en Communauté germanophone de Belgique et en Finlande que ce risque est le plus faible, mais il est toutefois supérieur à deux. En Communauté française, il est de 6, en France de 5,2 et en Suisse de 3,3.

Une fois la performance en lecture tenue sous contrôle, le risque diminue dans tous les systèmes éducatifs, mais il reste important : dans tous les pays, il est supérieur à 2, et atteint ou dépasse 4 dans plusieurs d'entre eux (Australie, Espagne, Estonie, États-Unis, Hongrie, Slovaquie). Les jeunes de 15 ans défavorisés obtenant au test PISA des scores identiques en lecture à ceux de jeunes plus favorisés ont au moins deux fois, et jusqu'à quatre fois plus de risques d'être scolarisés dans une école dont le recrutement est défavorisé. Ceci constitue un facteur défavorable qui amplifie les inégalités et représente une forme d'inéquité.

Les variations selon les pays du risque d'un jeune défavorisé de fréquenter une école défavorisée sont-elles associées à l'importance des pratiques de redoublement ? Pour répondre à cette question, les corrélations de rang ont été calculées entre le taux de retard et le rapport de chances pour un élève défavorisé de fréquenter une école défavorisée.

Tableau 2.12 : Corrélations entre les taux de retard à 15 ans et le risque relatif pour un jeune d'origine défavorisée de fréquenter une école socioculturellement défavorisée. Données PISA

Cycles	2006	2009	2012	2015
Corrélations	0,25	0,35	0,20	0,21

Les corrélations pour les quatre cycles sont toutes positives, sans toutefois être particulièrement élevées. **Quand le taux de retard augmente, la probabilité pour un jeune défavorisé de se retrouver dans une école socialement défavorisée et d'être dès lors éduqué dans un environnement d'apprentissage moins favorable augmente**. Le redoublement, s'il ne le crée pas, participe donc au phénomène de ségrégation sociale et de ghettoïsation des établissements.

4. L'APPORT DE L'ENQUÊTE PIRLS POUR L'ENSEIGNEMENT PRIMAIRE

Pour rappel, l'enquête PIRLS évalue les compétences en lecture-compréhension d'élèves dans leur quatrième année d'études après le début de l'apprentissage formel de la lecture. L'âge des élèves testés peut donc sensiblement varier, d'une part en fonction de l'âge où commence la scolarité obligatoire (5, 6 ou 7 ans), d'autre part en fonction des taux de redoublement. Dans les systèmes où le redoublement est rare, les élèves auront tous à peu près le même âge; l'écart-type des âges sera donc resserré. Dans ceux où le redoublement est possible, à âge de début de la scolarité identique, les élèves seront en moyenne plus âgés et surtout l'écart-type sera plus étendu.

Examiner le lien entre les taux de retard et différents indicateurs d'efficacité, d'équité et de ségrégation dans la base de données PIRLS présente un double intérêt:

- comme les données concernent la 4e année de scolarité, les effets des taux de retard sont indépendants en tout cas de ceux d'un autre mécanisme de tri/sélection des élèves, les filières d'enseignement, qui dans les pays concernés intervient après le primaire;
- l'échantillon n'est pas un échantillon d'âge, mais de niveau d'études: tous les élèves, quel que soit leur âge, qu'ils aient connu ou non le redoublement, sont au même niveau dans leur parcours et ont bénéficié des mêmes occasions d'apprendre. Dans l'enquête PISA avec échantillon d'âge, un élève en retard d'une ou de plusieurs années part en quelque sorte perdant si on le compare avec d'autres élèves de son âge, plus avancés dans leur scolarité. Même si PISA n'a pas pour ambition d'évaluer des acquis strictement scolaires, il n'empêche que les élèves en retard, surtout de plus d'un an, peuvent être moins familiers de certains contenus, savoirs ou compétences, en particulier en mathématiques. Du fait de son mode d'échantillonnage, PISA en quelque sorte joue le miroir grossissant des effets négatifs du redoublement. Il est donc important de confronter les effets observés dans PISA à ceux d'études utilisant un autre mode d'échantillonnage.

Sur le plan des variables utilisées, rappelons que:

- l'information relative au redoublement n'est pas disponible dans les bases de données internationales PIRLS, tout simplement car la question n'a pas été posée aux élèves. Pour estimer l'ampleur des redoublements dans un système éducatif, une variable de substitution (*proxy*) a été utilisée: l'écart-type de l'âge des élèves. Plus il y a d'élèves en retard scolaire dans une année d'études (en 4e primaire comme c'est le cas de PIRLS), plus l'écart-type est important;
- à la différence de PISA, on ne dispose pas d'un indice composite (ESCS) permettant d'estimer avec précision l'origine socioculturelle de l'élève. La meilleure estimation possible dans PIRLS est le nombre de livres à la maison.

Étant donné ces deux faiblesses méthodologiques, toutes les analyses effectuées pour PISA n'ont pas pu être reproduites. On dispose cependant de résultats pour les trois dimensions – efficacité, équité, ségrégation.

4.1. Importance du retard scolaire dans le primaire

Sur la base de l'année et du mois de naissance des élèves, ainsi que des législations nationales en matière d'obligation scolaire (âge de début de la scolarité), il a été possible d'estimer le pourcentage d'élèves en retard scolaire pour bon nombre de pays. Les huit pays pour lesquels cette estimation n'a pas été possible (Allemagne, Australie, Canada, États-Unis, Irlande, Pays-Bas, Slovaquie) sont pour l'essentiel des pays fédérés au sein desquels la législation peut différer d'un état, d'une province ou d'un land à l'autre.

Le tableau 2.13 présente la moyenne et la dispersion des indications relatives à l'âge dans les échantillons de PIRLS 2011 des systèmes retenus dans le cadre de ces analyses. L'âge moyen varie de 9,7 en Norvège à 10,9 au Danemark. L'écart-type de l'âge (exprimé en mois) varie de 3,52 à 7,06. On voit qu'il est plus élevé dans les systèmes où le redoublement est plus fréquent : la FWB, la France, le Portugal, l'Espagne, l'Allemagne).

Tableau 2.13 : Moyenne et écart-type de l'âge exprimé en mois, âge moyen en année et pourcentage d'élèves en retard estimé au départ de la répartition des élèves selon leur mois et années de naissance et de la réglementation en vigueur dans le pays. Données PIRLS 2011

	Âge (mois)	Écart-type Âge (mois)	Âge (année)	Pourcentage
Allemagne	124,5	6,20	10,4	
Angleterre	123,1	4,00	10,3	1,92
Australie	119,9	5,34	10,0	
Autriche	123,1	5,36	10,3	14,50
Comm. française de Belgique	121,0	6,98	10,1	20,01
Canada	119,1	4,25	9,9	
Danemark	130,3	4,47	10,9	15,80
Espagne	118,2	5,36	9,8	9,71
États-Unis	122,7	5,24	10,2	
Finlande	129,5	4,13	10,8	5,27
France	119,5	5,21	10,0	10,85
Hongrie	128,1	5,94	10,7	29,78
Irlande	124,2	4,96	10,3	
Irlande du Nord	125,2	3,95	10,4	1,85
Italie	116,7	4,31	9,7	2,37
Norvège	116,7	3,52	9,7	0,45
Nouvelle-Zélande	120,8	3,89	10,1	2,69

	Âge (mois)	Écart-type Âge (mois)	Âge (année)	Pourcentage
Pays-Bas	121,9	5,71	10,2	
Pologne	118,8	3,71	9,9	1,54
Portugal	120,4	6,01	10,0	13,45
République tchèque	124,5	5,15	10,4	23,86
Slovaquie	125,3	7,06	10,4	
Slovénie	118,4	4,08	9,9	4,94
Suède	128,9	3,99	10,7	2,94

La corrélation de rang entre l'écart-type de l'âge et le taux de retard estimé pour les 17 systèmes éducatifs où cela a été possible s'élève à 0,86. L'utilisation de l'écart-type de l'âge en lieu et place des taux de retard (non disponibles pour tous les pays) s'avère donc valide. Dans la suite du chapitre, pour des raisons de lisibilité du texte, on parlera de taux de retard, mais il faut garder à l'esprit qu'il s'agit, sauf mention contraire, de l'écart-type de l'âge.

4.2. Retard scolaire, performances et dispersion des résultats

Tableau 2.14 : Corrélations entre les taux de retard, les performances moyennes et l'écart-type des performances. Données PIRLS

Cycles	2001	2006	2011	2016
Performances	0,14	0,19	− 0,16	− 0,54
Écart-type	− 0,61	− 0,31	− 0,17	− 0,14

La corrélation entre les taux de retard scolaire (estimés via l'écart-type de l'âge) et les performances est relativement instable, y compris dans son orientation. Alors que la corrélation est légèrement positive en 2001 et 2006, la tendance s'inverse et devient négative à partir de 2011, pour atteindre une valeur négative très élevée en 2016. Bref, alors que dans les études plus anciennes, les performances étaient légèrement meilleures dans les systèmes où les taux de retard étaient plus élevés, en 2011 et en 2016 surtout, c'est l'inverse qui est observé. Comme déjà signalé, ces fluctuations peuvent tenir au fait que même si certains systèmes éducatifs ont participé à tous les cycles, ce n'est pas le cas de tous. L'arrivée ou la sortie de certains systèmes éducatifs peut ainsi infléchir les résultats. Pour tenter de tempérer les effets de ces fluctuations, les corrélations ont été recalculées pour les seuls systèmes qui ont participé aux quatre cycles.

Sur les 12 systèmes éducatifs qui ont participé aux quatre cycles de PIRLS[18], les corrélations entre taux de retard et performances s'élèvent respectivement à – 0,08, 0,31, 0,31 et – 0,50. Cette instabilité peut tenir soit à des changements dans l'écart-type de l'âge, soit à des fluctuations relativement importantes des performances des pays et du classement qui en résulte. Pour tenter d'identifier la source de cette instabilité, les corrélations entre les différents écarts-types de l'âge au cours de ces quatre cycles ont été calculées : elles sont toutes proches ou supérieures à 0,80, l'écart-type de l'âge est donc stable. Les corrélations entre les performances moyennes des pays dans les quatre cycles ont ensuite été calculées. Alors que les performances de 2001, 2006 et 2011 sont fortement corrélées (corrélations de 0,75 et de 0,65), les performances moyennes observées en 2016 présentent avec les cycles précédents des corrélations assez faibles pour 2001 (0,36), 2006 (0,20) et 2011 (0,29). Ce sont donc bien des variations dans les performances des pays (surtout en 2016) qui occasionnent des incohérences dans les résultats d'un cycle à l'autre.

Poursuivons l'examen des résultats présentés au tableau 2.14. En ce qui concerne l'écart-type des performances, les corrélations sont négatives pour les quatre cycles. Plus les taux de retard sont importants, moins la dispersion des résultats est importante. Lors des deux derniers cycles, la corrélation est cependant faible. C'est l'inverse de ce qui est observé dans PISA, où les corrélations étaient toutes positives, montrant une dispersion des résultats plus importante dans les systèmes à taux de retard élevés. Ce résultat peut se comprendre aisément si on a bien à l'esprit la différence de mode d'échantillonnage entre les deux études et ce qu'elle implique. Dans PISA, les élèves qui ont redoublé sont vraiment en retard d'apprentissage par rapport à leurs pairs du même âge, puisqu'ils fréquentent des classes d'un grade inférieur (grade 8 ou 9 par exemple dans un pays où la scolarité obligatoire commence à 6 ans), ce qui accroît les écarts de performances. En revanche, dans PIRLS ou toute étude dont l'échantillon est fondé sur l'année d'études, il est logique que les élèves qui ont redoublé aient des performances plus proches de celles de leurs camarades de classe, puisqu'ils ont été exposés aux mêmes enseignements, parfois à deux reprises l'année où ils ont redoublé, et qu'en outre leurs camarades à l'heure dans leur parcours sont plus jeunes d'au moins un an. Dans ce cas de figure, les élèves qui ont redoublé partent presque avec un avantage, le facteur maturité jouant en leur faveur.

---

18.   La liste de ces pays figure dans le tableau 2.1.

Tableau 2.15 : Qu'en est-il de la relation entre les taux de retard, les pourcentages d'élèves très peu performants et d'élèves excellents

Cycles	2001	2006	2011	2016
% élèves peu performants	– 0,45	– 0,32	– 0,12	0,22
% élèves excellents	– 0,19	– 0,02	– 0,24	– 0,55

Les quatre corrélations entre les taux de retard et le pourcentage d'élèves très performants sont négatives, particulièrement en 2016 où elle s'élève à – 0,55. **En d'autres termes, plus le taux de retard est important, moins il y a d'élèves très performants.** Il faut l'avouer, il est difficile d'avancer une explication plausible à ce phénomène assez paradoxal. En ce qui concerne le pourcentage d'élèves très peu performants, la tendance n'est pas cohérente : pour les trois premiers cycles, les corrélations sont négatives, parfois fortes (surtout en 2001), parfois faibles (surtout en 2011) : la proportion d'élèves peu performants est moindre quand les taux de retard sont plus importants. Par contre, en 2016, elle est légèrement positive et c'est donc l'inverse.

Enfin, à l'intention des personnes qui se poseraient la question du niveau de performances des élèves en retard par rapport aux élèves à l'heure, voici, à titre illustratif, quel est cet écart en 2016 en FWB (Schillings, Dejaegher, Dupont, Géron, Matoul et Lafontaine, 2018).

Tableau 2.16 : Performances moyennes des élèves à l'heure et en retard en FWB. Données PIRLS 2016

	2016
À l'heure	506
En retard	445

En dépit du fait qu'ils ont redoublé au moins une année, les élèves en retard obtiennent des performances moyennes en lecture-compréhension très inférieures à celles des élèves à l'heure dans leur parcours. Ceci n'a pas de quoi surprendre, puisqu'*a priori* les élèves qui ont dû redoubler sont des élèves qui ont connu des difficultés d'apprentissage. Cependant si le redoublement avait les vertus que beaucoup lui prêtent (aider l'élève à combler ses lacunes ou à « se remettre en selle »), un tel écart de 50 points, assez considérable, ne devrait pas être observé en défaveur des élèves en retard.

4.3. Le retard scolaire amplifie-t-il les inégalités de performances liées à l'origine socio-économique et culturelle ?

Tableau 2.17 : Corrélations entre les taux de retard
et la part de variance des performances en lecture expliquée
par le nombre de livres à la maison. Données PIRLS

Cycles	2001	2006	2011	2016
Corrélations	0,39	0,47	0,17	0,17

Une régression linéaire a été menée pour estimer dans quelle mesure les performances en lecture s'expliquent par l'origine socioculturelle de l'élève (ici approchée via le nombre de livres à la maison). La corrélation entre la part de variance expliquée par le nombre de livres à la maison et le taux de retard a ensuite été estimée. Les corrélations sont toutes positives, assez élevées en 2001 et en 2006, plutôt faibles en 2011 et en 2016. **Le lien entre l'origine socioculturelle de l'élève et ses performances est plus fort dans les systèmes où les taux de retard sont plus importants** avec néanmoins, un essoufflement du lien à partir de 2011.

4.4. Retard scolaire et ségrégation scolaire

En raison de l'absence d'un indice solide mesurant l'origine socio-culturelle, aucune analyse portant sur la ségrégation sociale n'a pu être menée. En revanche, l'analyse est possible en ce qui concerne la ségrégation scolaire. Dans ce cas, le même indicateur que pour PISA a été calculé, à savoir la décomposition de la variance des performances entre écoles et entre élèves à l'intérieur des écoles.

Tableau 2.18 : Corrélations entre les taux de retard, la part de variance
des performances entre écoles et entre élèves à l'intérieur des écoles.
Données PIRLS

Cycles	2001	2006	2011	2016
Variance entre écoles	0,03	0,35	0,29	0,32
Variance entre élèves à l'intérieur des écoles	– 0,65	– 0,56	– 0,38	– 0,42

Dans les quatre cycles PIRLS, il apparaît que des taux de retard plus élevés vont de pair avec une variance entre écoles plus importante (sauf en 2001 où la corrélation est proche de zéro) et une variance entre élèves à l'intérieur des écoles plus restreinte. **La pratique du redoublement s'accompagne donc d'une homogénéisation des élèves au sein des écoles et d'une exacerbation des différences entre écoles**. Ce phénomène, typique d'une logique de la séparation, correspond notamment, même s'il ne s'y réduit pas, à ce que l'on appelle l'échec scolaire «externalisé». L'élève qui échoue son année, en particulier dans une école aux exigences élevées, peut ainsi se voir recommander de recommencer son année, «dans son intérêt», dans une école qui «place la barre un peu moins haut». Certains parents tirent d'ailleurs eux-mêmes cette conclusion, en tout cas dans des systèmes où le choix de l'école est libre et où le quasi-marché scolaire domine.

5. QUAND LE REDOUBLEMENT EST EN RECUL: ANALYSE DU CAS DE QUELQUES PAYS

Dans les cinq systèmes éducatifs retenus pour nos analyses, des baisses sensibles des taux de retard ont été observées entre 2003 et 2015[19]. Il s'agit du Canada, de la France, de l'Irlande, du Luxembourg et des Pays-Bas. La situation dans les cinq pays est cependant relativement différente. Au Canada et en Irlande, pays qui pratiquaient déjà peu le redoublement (10,9 % d'élèves en retard pour le Canada et 14,4 % pour l'Irlande en 2003), les taux de retard se sont encore réduits, de manière progressive: entre chaque cycle PISA, le retard régresse de 2 ou 3 % pour atteindre en 2015 5,7 % au Canada et 7,2 % en Irlande. Le Luxembourg, la France et les Pays-Bas en revanche sont des pays où les taux de retard sont historiquement importants et le restent, même après la réduction observée. Au Luxembourg, la diminution sur la période 2003-2015 est relativement importante (de 38,6 % à 30,9 % donc moins 8 %) et elle est progressive. En France, la diminution est plus importante (de 39,5 % à 22,1 % donc moins 17 % sur la période) et une cassure se produit entre 2009 et 2012 (moins 9 %). Enfin, aux Pays-Bas, la diminution sur la période 2003-2015 avoisine aussi les 10 % (de 29,5 % à 20,1 %); c'est entre 2012 et 2015 que se produit la diminution (moins 7,5 %).

Au vu de cette analyse, il n'y a guère qu'en France et dans une moindre mesure aux Pays-Bas que l'on pourrait s'attendre à des «effets» perceptibles, concomitant à une baisse des taux de retard assez marquée entre deux cycles. Il faut toutefois se montrer extrêmement prudent avec ce type de résultats et éviter d'attribuer les éventuels changements observés à la baisse des taux de retard. Au cours d'une période qui est relativement longue (douze ans), bien d'autres éléments peuvent avoir changé dans le pays et contribué aux évolutions observées.

Pour ces raisons, nous limiterons l'analyse à l'examen de quelques indicateurs en nous focalisant sur les deux moments les plus éloignés dans le

19.   Voir chapitre 1, tableau 2.1.

temps, PISA 2003 et PISA 2015. Les performances dans les trois domaines, le pourcentage d'élèves excellents d'une part, très peu performants d'autre part seront examinés, à savoir essentiellement les indicateurs d'efficacité et de dispersion.

Au vu des données présentées dans le tableau 2.19, les indicateurs de performances évoluent peu dans les différents pays, en sens divers selon les pays et surtout à l'intérieur des pays selon le domaine. Dans quatre des cinq pays, on observe une évolution unilatérale à la baisse ou à la hausse dans les trois domaines. Aux Pays-Bas, en revanche, une évolution à la baisse des performances est bien observée dans les trois domaines, de manière plus nette en mathématiques et en sciences.

En outre, les pourcentages d'élèves excellents et très peu performants sont plutôt stables, sauf aux Pays-Bas où la proportion d'élèves peu performants augmente, ainsi que la proportion d'élèves excellents, mais de manière plus légère.

En France, si on examine plus précisément les performances moyennes dans les deux cycles (2009-2012) entre lesquels se produit la baisse la plus marquée du taux de retard (moins 9 %), les performances sont identiques en mathématiques (496), en légère hausse en sciences (497-499) et en lecture (495-506)[20]. Les performances font donc le yoyo, dans des marges qui ne dépassent pas l'erreur de mesure standard.

Aux Pays-Bas, si on examine les performances moyennes dans les deux cycles (2012 et 2015) entre lesquels se produit la baisse la plus marquée du taux de retard (moins 7,5 %), c'est bien à ce moment que les performances en sciences baissent (522 à 509[21]) ; en lecture, l'évolution est moins linéaire (baisse en 2009, remontée en 2012 et légère baisse en 2015), et en mathématiques, l'érosion est progressive (538 en 2003, 526 en 2009, 522 en 2012 et 513 en 2015). Dans le rapport consacré par l'OCDE aux Pays-Bas (OECD, 2014), aucune réforme structurelle importante n'est mentionnée au cours des dernières années ; la baisse du redoublement n'y est même pas signalée. Seul un programme encourageant l'excellence (Promotion of Excellence program, « Sirius Programma », 2009-2014) prévoit des fonds supplémentaires dédiés aux 20 % d'élèves les plus doués, ce qui pourrait expliquer la légère augmentation du pourcentage d'élèves excellents dans PISA.

---

20. Quand on analyse les données PISA, il ne faut jamais perdre de vue que certains changements ou réformes peuvent impacter avec retard l'échantillon d'élèves de 15 ans. Imaginons par exemple qu'une réforme interdise le redoublement dans l'enseignement primaire uniquement. Il faudra attendre environ neuf ans pour qu'un échantillon d'élèves issu d'une cohorte n'ayant pas connu le redoublement soit testé dans PISA.

21. Rappelons toutefois qu'une baisse de 14 points sur l'échelle de scores PISA ne représente pas une baisse importante. Dans le rapport consacré aux Pays-Bas par l'OCDE en 2014, seule l'évolution à la baisse en mathématiques est pointée comme significative (OECD, 2014).

Tableau 2.19 : Évolution des taux de retard, des performances moyennes dans les trois domaines, du pourcentage d'élèves excellents et très peu performants dans cinq pays. Données PISA

| | Taux de retard | | | | Performances | | | | | | % Élèves peu performants | | % Élèves excellents | |
| | | | | | Maths | | Sciences | | Lecture | | | | | |
	2003	2009	2012	2015	2003	2015	2003	2015	2003	2015	2003	2015	2003	2015
Canada	11	8	8	6	532	515	518	528	528	527	10 %	10 %	13 %	14 %
France	39	37	28	22	511	494	512	496	496	498	18 %	21 %	7 %	12 %
Irlande	14	12	9	7	503	503	512	496	506	502	11 %	10 %	10 %	10 %
Luxembourg	39	37	35	31	493	487	483	483	479	480	23 %	26 %	5 %	8 %
Pays-Bas	30	27	28	20	538	513	525	509	514	503	11 %	18 %	9 %	11 %

L'analyse de l'évolution des performances dans les cinq pays où les taux de retard ont significativement baissé ne permet pas de tirer de conclusion forte. Tout d'abord pour les raisons de prudence mentionnées ci-avant, mais aussi parce que les évolutions ne suivent aucune tendance nette. Tout au plus peut-on écarter, sur la base de ces données, l'idée largement répandue selon laquelle une réduction du redoublement engendrerait automatiquement une « baisse de niveau » notable. Un exemple *a contrario* illustre bien le risque que l'on encourt en mettant en regard des fluctuations dans les performances et la diminution des taux de retard. En Flandre, une baisse assez nette des résultats dans PISA et encore plus dans PIRLS a été observée entre 2003 et 2015. Or les taux de retard sont stables (autour de 24 %), en dehors de quelques légères fluctuations. Si ces taux avaient diminué, la tentation serait grande de considérer la diminution du redoublement comme responsable de la baisse des performances, ce qui serait sans aucun fondement.

6. SYNTHÈSE ET DISCUSSION DES RÉSULTATS

Comme nous l'avons indiqué dans l'introduction de ce chapitre, la richesse des enquêtes internationales tient à la diversité des contextes éducatifs et au fait que le redoublement y est pratiqué avec une intensité variable. Nous avons d'emblée souligné les différences entre PISA et PIRLS, parmi lesquelles il faut distinguer des différences « objectives », telles que des définitions de la population distinctes (âge dans PISA, année d'études dans PIRLS) et des différences liées à la qualité des variables. Nous avons mis en garde contre le fait que deux variables au cœur de nos analyses faisaient l'objet d'une mesure plus précise dans PISA – le redoublement lui-même et l'origine socioculturelle de l'élève ; l'absence de mesure solide et univoque dans PIRLS a d'ailleurs conduit à renoncer à certaines analyses liées à l'origine socioculturelle de l'élève. Nous avons néanmoins plaidé pour un examen des résultats PIRLS, parce qu'ils concernent le primaire et parce que PIRLS définit la population en termes d'années d'études.

En examinant les résultats de manière approfondie, certaines incohérences entre les cycles de PIRLS sont apparues, incohérences qui ne manquent pas de poser question et qui nous incitent à redoubler de prudence. Néanmoins, nous avons pris le parti de présenter ces résultats, même si, en raison de leur relative instabilité, ils nous paraissaient moins solides que ceux de PISA. Dans PISA, même si des nuances ont été observées d'un cycle à l'autre ou d'un domaine à l'autre, aucune véritable incohérence n'a été observée. Ceci tient notamment au fait que le groupe de pays participants est stable, numériquement important (31 systèmes éducatifs) et que la définition de la population en termes d'âge est stricte et ne laisse aucune marge de manœuvre aux pays. On a vu que dans PIRLS il existe une marge de manœuvre certes limitée, mais réelle, qui a permis à certains pays de changer, selon les cycles, l'année d'études où sont testés les élèves, tout en respectant les règles fixées par PIRLS.

Ces considérations faites, quelles tendances peut-on dégager des enquêtes internationales en matière de redoublement ?

Dans le tableau suivant, les principaux résultats pour chacun des indicateurs sont présentés de manière synthétique. Dans les colonnes PISA et PIRLS figure le résultat correspondant à des taux de retard *plus élevés*. La colonne comparaison permet de se rendre compte d'un simple coup d'œil de la concordance des résultats. Nous commencerons par présenter les résultats pour lesquels la plus grande cohérence a été observée.

Encart 5. À propos des limites des analyses statistiques utilisées

Rappelons les limites des statistiques utilisées et la prudence nécessaire : même si certaines d'entre elles indiquent un lien fort entre la propension des systèmes éducatifs à pratiquer le redoublement et certains des indicateurs choisis, ces statistiques ne permettent pas de conclure que le redoublement – et encore moins le redoublement seul – est la cause des effets observés. Dans certains cas, d'autres caractéristiques des systèmes covarient avec le redoublement – par exemple les systèmes qui recourent fréquemment au redoublement sont presque tous des systèmes avec orientation précoce, à l'exception de l'Espagne et du Portugal : les effets potentiels du redoublement se confondent dans ces cas avec les effets de l'orientation précoce. Dans d'autres cas, justement comme en Espagne et au Portugal, certains effets négatifs du redoublement peuvent être compensés par l'existence d'un tronc commun long.

Tableau 2.20 : Récapitulatif des liens entre taux de retard et différents indicateurs dans PISA et dans PIRLS

Indicateurs	PISA	PIRLS	Comparaison
Efficacité Performances moyennes	Performances un peu moins élevées, tous cycles et tous domaines	Performances un peu plus élevées dans deux cycles, moins élevées dans les deux autres	Résultats cohérents dans deux cycles, en sens opposés dans les deux autres cycles de PIRLS, mais instabilité manifeste des performances dans PIRLS selon les cycles
Excellence Pourcentage d'élèves très performants	Aucun lien, pas de tendance claire	Moins d'élèves excellents (tendance plus marquée en 2016)	Résultats en partie non concordants
Proportion d'élèves très faibles	Plus importante, mais le lien est assez faible	Résultats en sens divers selon les cycles	Résultats en partie non concordants, y compris entre cycles dans PIRLS

Indicateurs	PISA	PIRLS	Comparaison
Dispersion	Plus élevée dans tous les cycles et les domaines, surtout en mathématiques	Moins élevée dans les quatre cycles	Résultats en sens opposés
Inégalités sociales Part des performances expliquée par l'origine socioculturelle	Plus marquées dans tous les cycles	Plus marquées surtout dans les deux premiers cycles	Résultats cohérents
Risque pour un jeune d'origine défavorisée d'avoir redoublé au moins une fois dans son parcours	Risque plus marqué dans la grande majorité des 17 systèmes éducatifs où les taux de retard à 15 ans sont supérieurs à 10 %.	Non disponible	–
Risque pour un jeune d'origine défavorisée de fréquenter une école dont la composition sociale est elle-même défavorisée	Risque plus marqué	Non disponible	–
Ségrégation scolaire Variance des performances entre écoles	Variance entre écoles nettement plus marquée dans tous les cycles	Variance entre écoles assez nettement plus marquée dans trois cycles sur quatre	Résultats cohérents (une seule exception)
Ségrégation scolaire Variance des performances entre élèves dans les écoles	Variance entre élèves dans les écoles assez nettement moins marquée dans tous les cycles	Variance entre élèves dans les écoles nettement moins marquée dans tous les cycles	Résultats cohérents
Ségrégation sociale Variance entre écoles de l'indice ESCS	Variance entre écoles de l'origine socioculturelle nettement plus marquée dans tous les cycles	Non disponible	–
Ségrégation sociale Variance de l'indice ESCS entre élèves dans les écoles	Variance entre élèves dans les écoles de l'origine socioculturelle assez nettement plus marquée dans tous les cycles	Non disponible	–

C'est sans conteste dans le domaine des **inégalités sociales** que les résultats sont les plus cohérents. Dans les systèmes qui pratiquent davantage le redoublement, tant au primaire que dans le secondaire, les inégalités liées à l'origine socioculturelle de l'élève sont plus marquées. En d'autres termes, le déterminisme social y est plus pesant. Il y est plus difficile de sortir de sa condition en empruntant l'ascenseur social. En outre, des analyses disponibles pour PISA seulement mettent le doigt sur la manière dont le redoublement amplifie les inégalités sociales : des élèves qui ont la même performance dans PISA n'ont pas les mêmes chances d'avoir connu le redoublement selon leur origine sociale ; celles-ci sont accrues pour un élève défavorisé. Il y a donc bien injustice, ou amplification des inégalités via le redoublement. On pourrait certes objecter à cela que PISA ne mesure pas toute l'étendue des savoirs et compétences des élèves et que ce sont d'autres lacunes qui ont entraîné le redoublement. C'est sans doute en partie vrai, mais en partie seulement. Une explication d'un autre ordre paraît plus plausible : quand en conseil de classe, les équipes éducatives doivent décider du passage de classe d'un élève présentant des lacunes, il est vraisemblable que celles-ci soient plus enclines à faire un pari positif pour un élève en difficulté de milieu plus favorisé, tablant sur un soutien possible de la famille, direct (encouragements et soutien des parents aux devoirs) ou indirect (recours à des leçons particulières[22]).

Les indicateurs en matière de **ségrégation scolaire** sont aussi cohérents dans leur ensemble. Aussi bien dans le primaire que dans le secondaire, le niveau de performances d'une école à l'autre varie nettement plus quand les taux de retard sont plus élevés. D'un autre côté, et la tendance est à nouveau la même dans le primaire et le secondaire, les différences de performances entre élèves à l'intérieur des écoles, autrement dit l'hétérogénéité des élèves, est assez nettement moindre quand les taux de retard sont plus élevés. Un recours plus fréquent au redoublement s'accompagne ainsi d'une exacerbation des différences entre écoles et d'une homogénéisation des élèves à l'intérieur des écoles. Ce résultat n'a rien de surprenant : c'est précisément une logique et des conceptions pédagogiques qui consistent à penser que l'enseignement sera plus efficace si les élèves sont plus semblables, ou si les classes sont plus homogènes, qui justifient le recours au redoublement et aux autres mécanismes de tri et de sélection des élèves. Les indicateurs relatifs à la **ségrégation sociale**, disponibles uniquement pour PISA, montrent aussi que celle-ci est nettement plus accusée dans les systèmes où les taux de retard sont importants.

---

22.   Ceci sera confirmé, dans le chapitre sur les croyances et décisions de redoublement, par des données qualitatives recueillies à Genève et à Liège qui montrent que plusieurs enseignants disent explicitement tenir compte du soutien à la maison pour décider de la promotion ou du redoublement.

Venons-en enfin aux questions relatives à **l'efficacité** et à la dispersion des résultats. C'est dans ce domaine que les résultats sont les moins concordants entre PIRLS et PISA. Alors que dans PISA, les performances ont tendance à être légèrement moins élevées quand les taux de retard sont plus importants, les résultats dans PIRLS varient selon les cycles : dans deux des cycles, la tendance est la même que dans PISA, et plus forte dans PIRLS 2016 que dans PISA ; dans les deux autres cycles, c'est l'inverse. Sur la base de ces résultats en partie contradictoires, il est sans doute prudent de ne pas conclure, même si la tendance majoritaire montre un léger effet négatif du redoublement. En revanche, ce que l'on peut affirmer avec force, c'est que le recours au redoublement ne dope pas les performances d'un système éducatif. Dans la foulée, on peut écarter, sur la base de résultats tangibles, l'idée selon laquelle des systèmes éducatifs où le redoublement est rare ont un piètre niveau, idée explicitement contenue dans l'argument souvent brandi par les partisans du redoublement qu'une réduction voire la suppression du redoublement engendrerait *de facto* une baisse de niveau, les élèves ne faisant des efforts que par crainte du bâton ou de la sanction (redoubler son année). Les résultats de nos analyses incitent à dépasser ces idées reçues. Manifestement, la pédagogie de la carotte a autant – sinon davantage – de vertus et est promise à de beaux lendemains…

Par ailleurs, la capacité des systèmes éducatifs à produire d'excellents élèves n'est pas liée dans PISA aux taux de retard, et dans PIRLS, c'est même l'inverse. Plus les taux de retard sont élevés, moins les systèmes éducatifs comptent d'excellents élèves. Nous nous garderons aussi d'une conclusion forte face à ces tendances contradictoires et difficilement explicables. Il en va en partie de même pour la proportion d'élèves faibles, plus importante dans PISA quand les taux de retard sont plus élevés et variable selon les cycles dans PIRLS.

Enfin, en ce qui concerne **la dispersion des résultats**, c'est-à-dire l'ampleur des écarts entre les élèves les plus et les moins performants, les résultats sont cohérents entre les cycles de PISA et entre les cycles de PIRLS, mais vont en sens opposés. Dans ce cas précis, ce résultat contradictoire est directement lié à la différence de définition de la population des deux études, en termes d'âge pour PISA et en termes d'années d'études pour PIRLS[23]. Dans PISA, un élève en retard est moins avancé dans son parcours et a donc eu moins d'occasions d'apprendre qu'un élève à l'heure. L'écart entre les élèves à

---

23. Ce résultat peut être rapproché de ce que l'on observe dans les études quasi expérimentales sur les effets du redoublement qui sont au centre du chapitre 3. Certaines comparent les acquis des élèves à âge constant et d'autres à degré scolaire constant. Cette différence de design aboutit aux mêmes conclusions que la comparaison PIRLS (population fondée sur l'année d'étude) – PISA (population d'âge) : l'ampleur de l'effet est plus grande à âge constant, l'ampleur est plus faible, voire nulle, à degré scolaire constant.

l'heure (*a priori* plus performants) et en retard (*a priori* plus en difficulté) s'en trouve donc augmenté. En revanche dans PIRLS, dès lors que tous les élèves sont dans la même année d'études, même si les élèves en retard sont plus âgés, les écarts entre les uns et les autres sont plus réduits et il n'est pas exclu que le redoublement réussisse à combler un peu les écarts entre redoublants et élèves à l'heure, d'autant plus que comme PIRLS teste les élèves de 4ᵉ année primaire, l'année redoublée peut l'avoir été dans un passé relativement récent et les effets du redoublement sont davantage positifs (ou moins négatifs) à court terme, comme nous le verrons dans le chapitre 3.

En conclusion, en dépit de quelques discordances entre les résultats issus de PISA et de PIRLS, parfois dus à la différence de définition de la population, mais plus souvent à l'instabilité ou la non-concordance des résultats entre les cycles de PIRLS qui nous ont amenés à éviter de conclure, des lignes de force assez claires se dégagent des enquêtes internationales.

Sommes-nous, au vu de ces résultats, amenés à arbitrer entre efficacité (performances) et réduction des inégalités sociales (équité) ou de la ségrégation scolaire et sociale ? Pas vraiment. On savait déjà, via des études antérieures, que l'efficacité et l'équité des systèmes éducatifs sont liées, de manière assez faible, mais positive : plus un système est équitable, plus il est efficace, et inversement (Monseur et Lafontaine, 2012 ; OCDE, 2016). Cela n'empêche bien entendu pas des exceptions à ces tendances générales, dont la Communauté flamande est le plus bel exemple : ce système très performant est aussi l'un des plus inéquitables, mais il s'agit bien d'une exception.

Le recours plus fréquent au redoublement est somme toute assez peu lié aux performances des systèmes éducatifs, bien moins qu'on ne pourrait le croire. Dans PISA, les systèmes où le redoublement est rare ont des performances un peu meilleures, dans PIRLS, cela dépend des cycles. Les pays qui recourent davantage au redoublement ne se distinguent pas par une proportion plus importante d'excellents élèves, c'est plutôt l'inverse, selon les données PIRLS. En ce qui concerne la proportion d'élèves faibles et les écarts entre élèves, les résultats vont en sens divers, ce qui dans ce cas précis s'explique principalement par la différence de population entre les deux études.

Il n'existe pas, en matière d'estimation des effets du redoublement via les enquêtes à large échelle, de situation neutre. À certains égards, les études fondées sur une population d'âge peuvent conduire à surestimer les effets négatifs du redoublement sur les acquis d'apprentissage, les élèves qui ont redoublé étant en retard dans leur parcours. À l'inverse, les études fondées sur une année d'études auront tendance à les sous-estimer, les élèves en retard étant plus âgés. Mais ceci, comme nous espérons l'avoir démontré, n'empêche pas de dégager des lignes de force utiles pour les politiques éducatives.

En ce qui concerne le lien entre les taux de retard et les indicateurs d'inégalités et de ségrégation, le tableau qui se dégage est nettement plus cohérent et facile à interpréter. Tant dans PIRLS que dans PISA, le redoublement va de pair avec des inégalités sociales plus importantes, avec une exacerbation des différences de performances entre écoles et une homogénéisation des publics d'élèves par aptitude à l'intérieur des écoles.

En retournant l'argument, on peut affirmer, à l'intention des décideurs politiques, qu'en optant pour une politique visant à réduire les taux de redoublement, les inégalités sociales et la ségrégation scolaire et sociale devraient s'en trouver diminuées, et ce d'autant plus si des approches alternatives au redoublement sont mises en œuvre pour accompagner les élèves en difficulté scolaire. Ce faisant, un système éducatif encourt-il un risque de voir ses performances diminuer ? La réponse est clairement non. Même si cette analyse a ses limites et doit être prise avec prudence, l'évolution des performances dans cinq systèmes éducatifs où les taux de retard ont sensiblement diminué, en France en particulier (moins 17 %), ne démontre aucun effondrement du niveau. On se fait peur en brandissant le spectre de la baisse de niveau, mais le spectre s'évanouit dès qu'on sort de l'obscurité.

Chapitre 3

Faut-il faire redoubler?

Ariane Baye, Dylan Dachet et Marcel Crahay

1.   L'ÉTUDE DES EFFETS DU REDOUBLEMENT : PRÉAMBULE MÉTHODOLOGIQUE

Le redoublement reste pratiqué selon des ampleurs différentes dans la plupart des systèmes d'enseignement (cf. chapitre 1). Ses effets positifs sont plus que discutables au niveau des systèmes d'enseignement, comme il a été montré au chapitre 2. Dans ce chapitre, la question de l'efficacité du redoublement est reprise à un autre niveau ; il ne s'agit plus d'en appréhender les effets positifs ou négatifs au niveau du fonctionnement de l'école, mais au niveau des élèves en difficulté. La question qui nous occupera tout au long de ce chapitre est la suivante : a-t-il été démontré que le redoublement permettait aux élèves en difficulté de combler leurs lacunes et de repartir sur de bonnes bases ? Est-ce la solution la plus judicieuse pour les élèves faibles, pour ceux qui sont à la traîne par rapport à la majorité de leurs compagnons de classe, ceux qui éprouvent des difficultés à suivre le rythme des apprentissages tel que prévu par les programmes scolaires ? Afin d'apporter une réponse à cette question, trois types de recherches quantitatives ont été menés par des chercheurs en sciences de l'éducation : des études avant-après, des études comparatives de type quasi expérimental, des études comparatives de type expérimental. À partir des années 1970 se sont également développées les synthèses de ces recherches. Les premières étaient assez rudimentaires du point de vue de la quantification : les chercheurs se contentaient de compter le nombre de résultats favorables *versus* défavorables (cf. ci-dessous Jackson, 1975). Très vite, des améliorations méthodologiques ont abouti à une quantification de l'ampleur de l'effet (AE) : on parle dans ce cas de méta-analyses. Dans ce chapitre, nous traiterons de l'apport des méta-analyses successives, rassemblant les études comparatives menées à propos des effets du redoublement. Cette synthèse permettra de faire le point sur ce que l'on sait actuellement de l'effet moyen du redoublement. Soulignons d'emblée que la grande majorité de ces recherches porte sur l'enseignement primaire. Dans un deuxième temps, nous exploiterons les études quantitatives disponibles pour répondre à des questions plus spécifiques telles que l'effet du redoublement accompagné de remédiations, l'effet du redoublement en début de scolarité obligatoire, l'effet du maintien en maternelles et enfin l'impact du redoublement sur le décrochage scolaire.

Pour comprendre les résultats des différentes recherches, il convient de présenter au préalable la méthodologie des différents types d'études s'étant attelées à répondre à la question de l'efficacité du redoublement[1]. Aucune méthodologie n'est parfaite ; dès lors, nous nous attacherons à la

---

1   Notre présentation s'inspire largement de celle de Jackson (1975).

description des biais[2] potentiellement associés à chaque type d'études et nous synthétiserons l'ensemble des discussions dans un tableau.

Plusieurs recherches menées sur la thématique du redoublement sont conçues selon les plans de recherche qualifiés de ***design* prétest-posttest, menés sur un seul groupe de sujets (sans groupe contrôle)**. Les chercheurs qui recourent à ces plans de recherche comparent les résultats d'élèves **avant** (prétest utilisé afin d'établir le niveau de départ des élèves) et **après** (posttest utilisé afin d'établir le niveau des élèves en fin d'étude) le redoublement. Comme le signalait Jackson dès 1975, il y a gros à parier que ces études aboutissent systématiquement à conclure en l'évolution positive des élèves après redoublement. En effet, il est immanquable – heureusement d'ailleurs – qu'en un an de temps, les élèves (même «faibles») progressent ne serait-ce qu'un peu. En mesurant uniquement le progrès des élèves ayant redoublé, sans avoir d'élément de comparaison, le chercheur n'est pas en mesure de définir les causes de ce progrès. Peut-on attribuer le progrès au redoublement lui-même ou est-il attribuable à d'autres variables telles que la maturation et le développement cognitif de l'élève ? Plus fondamentalement encore, qui peut prétendre que les progrès des redoublants n'auraient pas été d'une ampleur encore plus importante s'ils avaient été promus dans l'année supérieure au lieu de redoubler ? Au regard de ces interrogations, l'intérêt des études «prétest-posttest» paraît mince. Notons toutefois que les témoignages d'enseignants qui constatent des progrès suite à un redoublement se situent exactement dans cette logique de comparaison de progrès «avant-après» sans élément de comparaison. Or ce constat très pragmatique des bénéfices du redoublement que font bon nombre d'enseignants constitue un des arguments fréquemment avancés pour en maintenir l'usage.

L'incapacité des études prétest-posttest à identifier des liens de causalités clairs et intelligibles rend nécessaire d'autres méthodologies de recherche qui permettent un plus grand contrôle des variables en jeu et une comparaison de la progression des élèves faibles redoublants à des élèves faibles promus. Nous entrons ici dans le domaine des études dites «comparatives» impliquant un groupe dit «expérimental» et un groupe «contrôle» ou «témoin». Ce type de recherches «avec groupe de comparaison» tente de répondre à la question suivante : «Les bénéfices des élèves faibles qui répètent une année sont-ils plus importants que ceux des élèves faibles qui ne redoublent pas ?» Pour répondre à cette question, il s'agit de comparer l'évolution de deux groupes d'élèves faibles, les uns ayant redoublé et les autres pas. Bien évidemment, de telles comparaisons n'ont de sens que si l'on peut garantir l'équivalence initiale des deux groupes. C'est sur ce

---

2   Un biais est une erreur systématique qui mène à surestimer ou sous-estimer les résultats réels d'une étude.

point que se différencient les deux types d'études comparatives : les études quasi expérimentales et les études expérimentales. Notons que le qualificatif « expérimental » est toujours réservé aux sujets qui bénéficient d'un traitement. Dans le cas des recherches sur le redoublement, l'année répétée constitue la mesure correctrice réservée aux élèves faibles. À l'opposé, le passage de classe est considéré comme l'absence de traitement ; c'est le sens même de la notion de groupe de contrôle.

Les études **expérimentales** sont les plus rigoureuses, car elles utilisent un plan de recherche avec échantillonnage aléatoire. Dans la littérature anglo-saxonne, on les qualifie d'ailleurs, d'essais contrôlés (car il y a un groupe « contrôle ») randomisés (car il y a une affectation aléatoire des sujets dans l'un et l'autre groupe). Dans le cas du redoublement, cela voudrait dire que, parmi le groupe des élèves en difficulté, certains seraient assignés de manière strictement aléatoire (c'est-à-dire par un tirage au sort) à un groupe de redoublants (groupe expérimental) ou à un groupe d'élèves promus (groupe contrôle ou groupe témoin). Cet assignement aléatoire est garant de l'équivalence préalable des groupes (Slavin, 2007) et donc de la comparabilité des mesures finales (un, voire plusieurs posttests) qui seront réalisées par la suite auprès des élèves des deux conditions. La rigueur méthodologique nécessaire à la mise en place de telles études et le contrôle des variables réalisé en amont permettent aux études expérimentales d'identifier des liens de causalités (Slavin, 2002). En d'autres termes, avec de tels plans de recherches, on peut associer les progrès ou les régressions des élèves après l'expérimentation au dispositif mis en place pour le groupe expérimental.

Le tableau 3.1 offre une schématisation d'une étude expérimentale sur l'effet du redoublement dans laquelle est opéré un suivi des élèves pendant plusieurs années.

Tableau 3.1 : Schématisation d'une étude expérimentale type sur l'effet du redoublement

Évaluation diagnostique afin de repérer les élèves en difficultés	Assignement aléatoire des sujets	(Vérification de l'équivalence sur les variables cognitives et socio-démographiques)[3]	Fin 2019	Fin 2020	Fin 2021
	Redoublement (G.E.)		Posttest 1	Posttest 2	Posttest 3
	Non-redoublement (G.C.)		Posttest 1	Posttest 2	Posttest 3

---

3   En théorie, cette étape n'est pas nécessaire, puisque la sélection aléatoire garantit l'équivalence des groupes. Dans la pratique, les chercheurs vérifient le plus souvent que c'est bien le cas.

Si de telles procédures ne posent généralement pas de problème dans le cadre de l'évaluation de l'efficacité pédagogique de dispositifs d'enseignement tels qu'une méthode d'enseignement-apprentissage des mathématiques ou de la lecture (cf. travaux de la *Best Evidence Encyclopedia*, d'*Education Endowment Foundation* et de *What Works Clearinghouse* notamment), la situation est bien différente dans le cas du redoublement. En effet, il semble peu justifiable sur le plan éthique de tirer au sort, dans un panel d'élèves en difficulté, ceux qui recommenceront la même année scolaire et ceux qui seront promus à l'année scolaire suivante[4].

Des raisons éthiques expliquent donc qu'il n'existe qu'un nombre très limité d'études sur le redoublement recourant à un plan d'étude (*design*) expérimental. Par ailleurs, bien que de nombreux chercheurs considèrent ce type d'études comme le standard de rigueur méthodologique pour les études quantitatives (Li Wan Po, 1998 ; Slavin, 2002, 2007), les études expérimentales ne sont pas exemptes de biais potentiels. En effet, des méta-analyses récentes montrent que les résultats d'études expérimentales peuvent être surestimés dans le cas où les effectifs sur lesquelles elles portent sont trop faibles ou dans le cas où les chercheurs créent eux-mêmes les tests utilisés pour évaluer les élèves au lieu d'utiliser des tests standardisés (Cheung et Slavin, 2016 ; de Boer, Donker et van der Werf, 2014 ; Slavin et Smith, 2009).

Dès lors, la grande majorité des chercheurs étudiant le redoublement se sont placés dans des conditions moins confortables sur le plan de la rigueur et ont usé des plans de recherche **quasi expérimentaux**. Tirant parti de la variabilité des exigences des enseignants, ils s'attachent à repérer dans un échantillon de classes des élèves en difficulté scolaire pour lesquels la décision de fin d'année diffère naturellement. En effet, comme on le verra au chapitre 6, avec un même niveau de compétences, des élèves d'une même année scolaire peuvent être promus ou, au contraire, être amenés à répéter l'année. Le principe sous-jacent aux études quasi expérimentales consiste à suivre, sur une ou plusieurs années, l'évolution d'élèves qui ont fait preuve de compétences scolaires équivalentes à un test standardisé, mais pour lesquels la décision en fin d'année est différente. Il arrive que ces élèves fréquentent la même classe ou la même école ; le plus souvent, ils proviennent de classes et d'écoles différentes[5]. On est ici proche d'une situation expérimentale à l'exception de la méthode d'assignement des individus au groupe expérimental ou au groupe contrôle. En effet, au lieu d'un assignement aléatoire, les chercheurs apparient

---

4 Cela dit, on pourrait mettre en regard de cette légitime prudence éthique, derrière laquelle on pressent que l'on joue une année d'un élève, le peu de scrupules, dans certains systèmes éducatifs, à utiliser abondamment une pratique dont on ignore l'efficacité. Et que dire de l'éthique de la pratique du redoublement si l'on était non pas dans l'ignorance, mais dans la certitude qu'il ne s'agit pas d'une pratique efficace ?

5 Notons que c'est aussi le cas dans les études expérimentales menées en éducation.

des élèves jugés équivalents[6], mais qui, en raison notamment de la variabilité des décisions prises dans telle école ou dans telle classe, redoublent ou sont promus dans l'année supérieure. Les premiers seront assignés au groupe expérimental, les seconds au groupe contrôle. Ce plan de recherche (avec suivi des élèves pendant plusieurs années) est schématisé dans le tableau 3.2.

Tableau 3.2 : Schématisation d'une étude quasi expérimentale type sur l'effet du redoublement

Évaluation diagnostique (prétest) afin de repérer les élèves en difficulté	Attente des décisions des enseignants et repérage des élèves redoublants	Appariement		Fin 2019	Fin 2020	Fin 2021
		Trouver des élèves faibles promus équivalents aux élèves redoublants	Redoublement (G.E.)	Posttest 1	Posttest 2	Posttest 3
			Promotion (G. C.)	Posttest 1	Posttest 2	Posttest 3

Les études quasi expérimentales sur le redoublement ne sont pas exemptes de biais. Dans des situations réelles, même si on parvient bel et bien à trouver, dans la population scolaire, des élèves comparables sur un bon nombre de caractéristiques (milieu socio-économique, ethnicité, sexe, résultats à un test standardisé), on peut faire l'hypothèse qu'il reste des différences – non observables ou non mesurées par le chercheur – entre ces élèves (par exemple, des problèmes de comportements ou d'absentéisme) ; ces différences pourraient contribuer à la décision de promotion ou de redoublement. Si elles ne sont pas prises en compte, ces différences latentes mènent à ce qu'on appelle un biais de sélection[7]. Jackson (1975) a montré que si des différences latentes entre les élèves des deux groupes n'ont pas été correctement identifiées lors du prétest, à cause des erreurs de mesure qu'il comporte inévitablement, cela peut mener à une surestimation ou à une sous-estimation de l'effet du redoublement. Les résultats du posttest pourraient ainsi mener à conclure en des différences de gains alors qu'en fait, il y a un biais de sélection des sujets, biais occulté par l'erreur de mesure du prétest. Ce risque est évidemment minimisé dans une démarche expérimentale pure avec assignement aléatoire des sujets.

---

6   Pour assurer l'équivalence, on s'intéresse à des variables cognitives (test de QI, niveau de compétence en lecture ou en mathématiques) et des variables non cognitives (caractéristiques sociodémographiques, socio-affectives…).

7   Le terme **biais de sélection** désigne une erreur systématique faite lors de la sélection des sujets à étudier, donc au moment de l'échantillonnage. Cette locution rassemble tous les biais pouvant conduire à ce que les sujets effectivement observés lors d'une enquête ne constituent pas un groupe représentatif de la population visée par celle-ci. Dans le cas de comparaison entre deux groupes, le biais de sélection a pour effet que les deux groupes ne sont pas équivalents pour une ou plusieurs caractéristique(s).

La question qui se pose aux chercheurs soucieux de mesurer les effets du redoublement revient à distinguer l'effet vrai de cette mesure de l'effet apparent. Dans sa méta-analyse princeps (présentée avec exhaustivité dans la suite du chapitre), Jackson (1975) a expliqué qu'une erreur de mesure lors du prétest impactait, dans le sens opposé, l'interprétation de l'effet du redoublement[8].

Encart 6. : l'erreur de mesure

Afin de mieux comprendre l'impact d'une erreur de mesure lors d'un prétest sur l'interprétation de l'effet du redoublement, il est nécessaire de l'illustrer. Voir ci-dessous un ensemble de données permettant une telle illustration.

Considérons (1) une mesure vraie et parfaite des élèves lors du prétest (seconde ligne du tableau – « aucune erreur de mesure ») et (2) une égalité stricte entre le groupe des redoublants (expérimental) et le groupe des promus (contrôle). Les redoublants, entre le prétest et le posttest, ont progressé de 10 points (passant d'une moyenne de 10 à une moyenne de 20). Le gain entre le prétest et le posttest pour les promus est également de 10 points. Afin de quantifier l'effet du redoublement, il est nécessaire de comparer l'évolution de ces deux groupes d'élèves. Ainsi, si on soustrait à la progression des redoublants (10 points de gain), la progression des promus (10 points de gain), on peut conclure en la nullité de l'effet du redoublement. Dans cette situation, aucune erreur de mesure n'ayant influencé les résultats des élèves au prétest, aucune erreur d'interprétation de l'effet n'est à constater.

Tableau 3.3. Impact d'une erreur de mesure au prétest sur l'interprétation de l'effet du redoublement

Erreur de mesure	Indice	Groupe expérimental		Groupe contrôle		Différence de gains	Erreur d'interprétation
		Pré	Post	Pré	Post		
Aucune	Moyenne	10	20	10	20	0	Le redoublement n'a aucun effet
	Gain	10		10			
En faveur des redoublants	Moyenne	11	20	10	20	-1	Sous-estimation de l'effet du redoublement
	Gain	9		10			
En défaveur des redoublants	Moyenne	9	20	10	20	1	Surestimation de l'effet du redoublement
	Gain	11		10			
En faveur des promus	Moyenne	10	20	11	20	1	Surestimation de l'effet du redoublement
	Gain	10		9			
En défaveur des promus	Moyenne	10	20	9	20	-1	Sous-estimation de l'effet du redoublement
	Gain	10		11			

---

8   « This bias is in the opposite direction from the bias inherent in comparing regularly retained and regularly promoted pupils... » (Jackson, 1975, p. 622).

Considérons toujours cette même étude (qui devrait se conclure par une nullité de l'effet du redoublement), mais en laissant une erreur de mesure biaiser les résultats des élèves au prétest. Imaginons que cette erreur de mesure soit en faveur des élèves redoublants (troisième ligne du tableau) et que le score au prétest des élèves promus ne soit pas touché par une erreur de mesure (leur moyenne restant donc à 10), le score des redoublants au test biaisé sera donc supérieur (une moyenne de 11 dans le tableau) à leurs scores dans le cadre du test sans erreur de mesure (une moyenne de 10 dans le tableau). Dans ce contexte, les redoublants, entre le prétest et le posttest, ont progressé de 9 points (passant d'une moyenne de 11 à une moyenne de 20) ; ce qui sous-estime leur gain vrai (10). Le gain entre le prétest et le posttest pour les promus est toujours, quant à lui de 10 points. La différence entre ces deux gains (9 – 10) étant de – 1, le chercheur pourra conclure en un effet négatif des pratiques de redoublement. Or, les mesures vraies (deuxième ligne du tableau) montrent plutôt un effet nul. Ainsi, un biais en faveur des élèves redoublants au prétest, c'est traduit par une erreur d'interprétation des résultats de l'étude ayant mené à sous-estimer l'effet du redoublement.

Les lignes 4, 5 et 6 du tableau présentent le même constat. L'erreur d'interprétation de l'effet du redoublement prend le sens opposé à la nature de l'erreur de mesure initiale impactant les résultats des élèves redoublants ou des élèves promus.

Durant la seconde moitié du XXe siècle, de nombreuses recherches quasi expérimentales, menant parfois à des résultats d'ampleurs très différentes, ont été menées sur le redoublement. Or, pour les praticiens ou les décideurs politiques, cette foison d'études et de résultats quantitatifs ne permet pas d'obtenir une réponse synthétique quant à la question de l'efficacité du redoublement. À la fin des années 1970, un nouveau type de recherches s'est développé et est toujours en plein essor : la méta-analyse. Cette dernière vise à proposer un état des lieux de ce que l'on sait de l'efficacité d'une pratique particulière à un moment donné. Les résultats statistiques de différentes études sont compilés dans le but de quantifier un effet global (moyen) d'un traitement médical ou d'un dispositif pédagogique donné (Delvenne, 1999 ; Maison, 2010). Cette méthode permet également de neutraliser de petits biais présents dans les études particulières incluses dans la méta-analyse. Par contre, une étude présentant un biais trop important devra être exclue, afin que les résultats de la méta-analyse soient établis sur des bases solides.

Le tableau 3.4 présente une synthèse de la discussion méthodologique qui précède.

**Tableau 3.4 : Synthèse des catégories de recherches quantitatives
sur le redoublement et des biais en découlant**

Catégories	Plan de recherche	Biais éventuels
I	***Études avant-après*** l'année de redoublement, sur base d'un prétest et d'un posttest, d'élèves redoublants, et ce sans recourir à un groupe contrôle (Petticrew et Roberts, 2006).	Ce type de recherches ne permet pas d'établir des liens de cause à effet entre l'évolution des élèves et le redoublement. En effet, il est inévitable, dans pareille étude, d'observer des progrès chez les élèves, mais doit-on les attribuer au redoublement lui-même ou à la maturation des élèves ? Qu'en est-il des élèves faibles qui eux ont été promus ? Ont-ils plus ou moins évolué que les élèves ayant redoublé ?
II	***Comparaisons quasi expérimentales*** entre des élèves «promus» (groupe contrôle) et des élèves «redoublants» (groupe expérimental) ; et ce après les avoir appariés sur base d'un prétest mesurant certaines dimensions (performances académiques, QI, âge, classe sociale, indicateur d'adaptation sociale…), logiquement garantes de l'équivalence préalable des groupes (Slavin, 2007). Le chercheur contrôle ainsi une bonne part des variables en jeu dans la situation afin d'établir des rapports de causalité (Peers, 1996).	Les élèves promus, même s'il y a eu appariement, sont susceptibles de présenter des difficultés moindres que les redoublants (justifiant, par ailleurs, leur promotion à l'année supérieure). On risque de «passer à côté» d'une supériorité des élèves promus lors du prétest.
III	***Comparaison expérimentale*** – qu'on appelle aussi les essais contrôlés randomisés – entre des élèves «promus» (groupe contrôle) et des élèves «redoublants» (groupe expérimental) et ce, après que les élèves (ou les classes ou les écoles) aient été assignés à chaque condition de manière strictement aléatoire ; cet assignement strictement aléatoire étant garant de l'équivalence préalable des groupes (Slavin, 2007). Ce type de recherches permet d'établir des rapports de causalité (Peers, 1996) et est souvent considéré comme le standard le plus élevé de rigueur méthodologique (Li Wan Po, 1998).	Les comparaisons expérimentales sont celles qui comportent le moins de biais et qui permettent de se doter des précautions méthodologiques nécessaires à l'établissement d'un lien de causalité. Cependant, les chercheurs émettent des réserves éthiques à leur utilisation dans le cadre de recherche sur le redoublement. Notons tout de même que toutes les études expérimentales ne se valent pas. Ainsi pour garantir leur rigueur méthodologique et le fondement empirique de leurs conclusions, ces études se doivent d'être réalisées sur des effectifs relativement importants (30 sujets par groupe) et en utilisant des tests standardisés (et non des tests créés par les chercheurs eux-mêmes) (Cheung et Slavin, 2016 ; de Boer *et al.*, 2014 ; Slavin et Smith, 2009).

Catégories	Plan de recherche	Biais éventuels
IV	***Méta-analyses*** rassemblant, combinant et synthétisant des résultats issus de différentes études comparatives expérimentales et/ou quasi expérimentales, et ce en usant d'outils et de protocoles explicites (Maison, 2010) dans le but de quantifier l'effet global du redoublement au travers de l'ensemble des études considérées (Delvenne, 1999).	Les méta-analyses permettent souvent de neutraliser les éventuels biais présents dans certaines études en rassemblant en une seule et même mesure les résultats issus de plusieurs études portant sur le même sujet ou sur la même question. Afin de s'assurer de la rigueur méthodologique de ces méta-analyses, il est utile de proposer un protocole clair et explicite décrivant les études qui peuvent (ou qui ne peuvent pas) y être incluses (Cochrane Suisse, 2017 ; The Cochrane Collaboration, 2017). La qualité d'une méta-analyse dépend en effet de la qualité des études qu'elle inclut.

2.   EXEMPLE D'ÉTUDE QUASI EXPÉRIMENTALE : L'ÉTUDE FRANÇAISE DE SEIBEL

Dans la suite de ce chapitre, nous allons passer en revue les grandes méta-analyses consacrées au redoublement. Préalablement, il est intéressant de prendre l'exemple d'une étude comparative de type quasi expérimental afin d'illustrer le type de méthodes et de résultats que ce genre d'études permet de produire. Cette étude est datée et la méthodologie actuelle serait plus sophistiquée ; menée en France, elle constitue un exemple prototypique présenté à des fins pédagogiques.

En 1984, Seibel profita d'une évaluation pédagogique mise en œuvre à la demande du ministère (DEP) sur un échantillon représentatif de classes et d'élèves du cours préparatoire (première année de l'enseignement primaire) afin d'analyser l'évolution des scores, en mathématiques et en français, de 1 100 élèves entre juin 1983 et décembre de la même année. Il établit des catégories d'élèves selon leur niveau à l'évaluation externe. Trois catégories d'élèves ont été identifiées : les élèves forts, les élèves moyens et les élèves faibles. Pour les deux premières catégories, la décision de promotion allait de soi. Pour la dernière catégorie, à niveau égal, certains élèves, selon la classe et l'école dans laquelle ils se trouvent, sont invités à passer à l'année suivante (être promus) ou à redoubler. Deux types de redoublants ont également été distingués : les redoublants nouveaux pour lesquels la décision de redoublement a été prise en juin 1983 et les redoublants anciens pour lesquels la décision de redoublement a été prise auparavant (en 1982) et qui viennent de réussir au deuxième essai le CP. Les deux tableaux suivants ont été conçus sur la base des données issues des recherches de Seibel (1984).

Tableau 3.5 : Évolution du nombre moyen d'items réussis au test de français par enfant entre juin et décembre

Catégorie d'élèves	Résultats moyens en juin	Résultats moyens en décembre	Gain
Non-redoublants forts	86,5	84,0	– 2,5
Non-redoublants moyens	69,9	75,5	+5,6
Non-redoublants faibles	36,3	53,8	+17,5
Redoublants anciens	60,1	61,8	+1,8
Redoublants nouveaux	33,4	37,5	+4,1

Tableau 3.6 : Évolution du nombre moyen d'items réussis au test de mathématiques par enfant entre juin et décembre

Catégorie d'élèves	Résultats moyens en juin	Résultats moyens en décembre	Gain
Non-redoublants forts	98,2	99,1	+0,9
Non-redoublants moyens	77,9	85,9	+8,0
Non-redoublants faibles	51,1	62,8	+11,7
Redoublants anciens	71,8	75,9	+4,1
Redoublants nouveaux	47,8	51,1	+3,3

Ces résultats indiquent clairement que le redoublement ne favorise guère une évolution positive des élèves en termes d'acquis en mathématiques et en français. En effet, tant en français qu'en mathématiques, l'écart entre les non-redoublants faibles (élèves promus en 1983) et les redoublants nouveaux (élèves redoublant en 1983) s'est accru entre juin et décembre. L'écart originel de 2,9 (36,3 – 33,4) en français en juin s'est accru jusqu'à atteindre, en décembre, un écart de 16,3 (53,8 – 37,5). Le même phénomène peut être observé en mathématiques où l'écart est passé de 3,3 (51,7 – 47,8) en juin à 11,7 (62,8-51,1) en décembre. Par ailleurs, les non-redoublants faibles progressent davantage en français et en mathématiques (gains de respectivement 17,5 et 11,7) que les redoublants anciens (gains de respectivement 1,8 et 4,1) et que les redoublants nouveaux (gains de respectivement 4,1 et 3,3). Enfin, on constate également que les «redoublants anciens» qui, en juin, semblent attester de compétences équivalentes à celles des «non-redoublants moyens» évoluent beaucoup moins que ces derniers jusqu'en décembre. On peut y voir un effet à moyen terme du redoublement subi l'année auparavant.

Notons que la faible progression des élèves non-redoublants forts n'est pas étonnante et rend compte d'un phénomène appelé l'effet plafond (Bressoux, 2010). En effet, par opposition aux élèves jugés plus faibles, les élèves forts ont une marge de progression beaucoup plus réduite ; ce qui conduit à une diminution des gains moyens entre les deux tests.

3. SYNTHÈSES DE RECHERCHES SUR LE REDOUBLEMENT

3.1. Le bilan de recherches de Jackson (1975)

Au cours de la première moitié du XXe siècle, un certain nombre d'études menées aux États-Unis se sont attaquées à la problématique du redoublement et de son efficacité. Face à cette multitude d'études et à leurs conclusions parfois divergentes, Jackson décida, en 1975, de proposer une première synthèse. Il a ainsi répertorié 12 études de type prétest-posttest, 17 études quasi expérimentales et trois études expérimentales. Ces études ont recueilli différents types de résultats : des données sur le rendement scolaire des élèves (résultats cognitifs) et sur leur adaptation socio-affective (estime de soi, motivation scolaire, etc.). Nous détaillons ces résultats en fonction du *design* des études.

Sans surprise, les résultats issus des **études de type prétest-posttest** mènent à constater, dans la majorité des cas, une **progression significative des élèves** qui ont connu le redoublement, que cela soit au niveau des connaissances scolaires ou de variables socio-affectives.

Tableau 3.7 : Nombre de résultats[9] statistiques issus des 12 études avant-après menant à des conclusions d'équivalence ou de différence entre le prétest et le posttest (adapté de Jackson)

Catégorie de résultats / Variable	Régression[10] significative	Régression observable, mais non significative	Statu quo	Progrès observable, mais non significatif	Progrès significatif
Rendement scolaire	0	0	0	4	69
Adaptation socio-affective	1	2	2	7	29
Total	1	2	2	11	98

---

9 Une étude peut prendre plusieurs mesures et fournir différents résultats, c'est la raison pour laquelle le nombre de résultats est supérieur au nombre d'études.

10 Le mot « régression » est ici employé dans son usage courant (diminution) et non au sens statistique du terme.

Comme indiqué plus haut, les résultats des études avant-après ne sont pas suffisants pour conclure en l'efficacité du redoublement. En effet, la question reste de pouvoir comparer ce progrès à la progression d'élèves qui, en situation identique, ont quant à eux été promus, afin de déterminer dans quelle mesure les élèves redoublants n'auraient pas connu une évolution plus positive encore s'ils avaient été promus. C'est dans ce but que Jackson (1975) synthétisa également les résultats des études expérimentales et quasi expérimentales menées jusqu'alors à ce sujet.

Tableau 3.8 : Nombre de comparaisons, issues des études quasi expérimentales considérées, relevant de différentes catégories de résultats (adapté de Jackson)

Catégorie de résultats / Variable	En faveur des élèves promus		Pas de différence	En faveur des élèves redoublants	
	Différence significative	Différence non significative		Différence non significative	Différence significative
Connaissances scolaires	24	45	4	29	2
Adaptation socio-affective	27	40	0	34	3
Total	51	85	4	63	5

Ces résultats montrent une tendance nette, aussi bien en ce qui concerne les connaissances scolaires que l'adaptation socio-affective : les élèves promus progressent plus que les élèves redoublants. En effet, au niveau des connaissances scolaires, 69 analyses (24 + 45) montrent une différence des résultats en faveur des promus, alors que seulement 31 analyses (29 + 2) mettent en avant des différences en faveur des élèves redoublants. Pour ce qui est de l'adaptation socio-affective, le constat est le même : 67 analyses montrent un progrès plus important en faveur des élèves promus alors que seulement 37 des 104 analyses réalisées montrent un progrès plus important en faveur des élèves redoublants. En outre, on observe bien plus de résultats significatifs en faveur des promus (51) qu'en faveur des redoublants (5).

Jackson (1975) entreprit ensuite la même démarche de synthèse sur la base des résultats issus des trois études expérimentales réalisées sur cette thématique (Cook, 1941 ; Farley, 1936 ; Klene et Branson, 1929 ; toutes citées par Jackson, 1975).

Tableau 3.9 : Nombre de comparaisons, issues des études expérimentales considérées, relevant de différentes catégories de résultats (adapté de Jackson)

Catégorie de résultats ⟍ ⟍ Variable	En faveur des élèves promus		Pas de différence	En faveur des élèves redoublants	
	Différence significative	Différence non significative		Différence non significative	Différence significative
Connaissances scolaires	1	17	0	22	0

Les résultats de ces trois études expérimentales, toutes trois réalisées dans le contexte historique particulier des années 1930, sont plus balancés que les résultats précédents : une seule étude présente un résultat significatif, en faveur des élèves promus. Tous les autres résultats sont non significatifs, même si l'on note un peu plus de différences, non significatives, en faveur des redoublants. Cela dit, ces études ne permettent pas plus que les précédentes de conclure en l'efficacité du redoublement, puisque les élèves ayant bénéficié d'une année supplémentaire ne progressent pas davantage que les élèves promus.

Concernant les études quasi expérimentales, Jackson (1975) s'est interrogé sur la part des erreurs de mesure affectant les résultats (cf. l'encart 6). Il les subdivise en deux catégories, selon le type de biais que l'on peut craindre : en faveur des promus ou, à l'opposé, en faveur des redoublants. Comme le montre le tableau 3.10, les résultats observés dans le domaine des connaissances scolaires restent défavorables au redoublement.

Tableau 3.10 : Distribution des résultats selon la nature du biais redouté (adapté de Jackson, 1975)

Catégorie de résultats ⟍ ⟍ Nature du biais redouté	En faveur des élèves promus		Pas de diffé-rence	En faveur des élèves redoublants		Total
	Différence significative	Différence non significative		Différence non significative	Différence significative	
en faveur des élèves promus	22	28	3	6	1	60
en faveur des élèves redoublants	2	17	1	23	1	44
Total	24	45	4	29	2	104

Sur la base de ce tableau, on peut expliquer l'intérêt des méta-analyses telles que celles passées en revue dans ce chapitre. Soixante analyses sont passibles d'un biais en faveur des élèves promus et 44 sont susceptibles de présenter le biais inverse. Dans le cadre des méta-analyses, on part du principe que l'on dispose d'un éventail d'analyses relativement équilibré quant aux biais qui auraient pu infléchir la conclusion dans un sens ou dans un autre. Dans le cas présent, le bilan est légèrement déséquilibré en faveur de la promotion et, par voie de conséquence, le caractère préjudiciable du redoublement serait quelque peu sous-estimé. Quoi qu'il en soit, on peut exclure l'idée que la tendance inverse, c'est-à-dire un bilan largement favorable au redoublement, eut pu être observée.

3.2. Les premières méta-analyses : Holmes et Mattews (1984) et Holmes (1989)

Malgré l'intérêt grandissant d'obtenir une synthèse des données disponibles quant à l'effet du redoublement, il faut attendre les études menées par Holmes et Mattews en 1984 et par Holmes en 1989 pour que la technique de la méta-analyse, développée par Glass (1977) et Glass, Cahen, Smith et Filby (1982), soit appliquée au domaine de la recherche sur le redoublement. L'intérêt d'une telle technique est qu'elle permet dans une certaine mesure de neutraliser certains biais inhérents à toute étude prise isolément, et ce en combinant les résultats issus de différentes recherches, ce qui leur confère une validité plus importante. En effet, d'une part, on peut souvent regretter les faibles effectifs sur lesquels sont réalisées les études expérimentales et quasi expérimentales : la méta-analyse résout ce problème en agrégeant les effectifs issus de toutes les études considérées. D'autre part, le risque existe, sur une étude particulière, que des erreurs de mesure favorisent l'un des deux groupes : la méta-analyse, en regroupant de nombreuses études, peut espérer bénéficier d'un effet de compensation des biais rencontrés. Cependant, bien qu'elle puisse combler de petites faiblesses méthodologiques de telle ou telle étude, la méta-analyse ne peut pas corriger les défauts graves que pourraient comporter certaines recherches, d'où la nécessité de réaliser une sélection des recherches à inclure dans une méta-analyse sur la base de critères de qualité et de critères méthodologiques stricts et précis. Toutes les méta-analyses ne se valent donc pas.

Encart 7. Principes de base des méta-analyses

On peut distinguer quatre étapes pour la réalisation d'une méta-analyse de qualité :

1° Une revue systématique de la littérature reprenant, de façon exhaustive, toutes les études expérimentales et quasi expérimentales cherchant à évaluer l'efficacité du traitement pédagogique analysé (ici le redoublement).

2° Une évaluation des études considérées sur base de critères de qualité préalablement définis et permettant une sélection des études à inclure dans la synthèse finale.

3° Le calcul, pour chaque étude retenue et pour chaque variable dépendante mesurée, d'un indice statistique standardisé, appelé **l'ampleur de l'effet**, permettant de mettre tous les résultats disponibles sur une même échelle.

Plusieurs formules peuvent être utilisées afin de calculer cette ampleur de l'effet ; les travaux de recensement et les comparaisons de Becker (2000), Hedges et Olkin (1985), Morris et DeShon (2002) ou encore Moris (2008) en attestent. Nous retiendrons cependant la version la plus classique de cette formule, celle du Delta de Glass (1977) qui nécessite une équivalence stricte entre les deux groupes lors du prétest afin de proposer une estimation non biaisée de l'ampleur de l'effet.

$$\Delta = \frac{\textit{Moyenne du groupe expérimental} - \textit{Moyenne du groupe contrôle}}{\textit{Écart-type du groupe contrôle}} = \frac{\textit{Mexp} - \textit{Mctrl}}{\sigma\textit{ctrl}}$$

Notons qu'une version revisitée de cette formule permet de prendre en compte, dans le calcul de l'ampleur de l'effet, les différences éventuelles existantes entre le groupe de contrôle et le groupe expérimental au prétest.

$$\Delta_{\text{post-pré}} = \frac{\textit{Mexp post} - \textit{Mctrl post}}{\sigma\textit{ctrl post}} - \frac{\textit{Mexp pré} - \textit{Mctrl pré}}{\sigma\textit{ctrl pré}}$$

Prenons un exemple afin d'illustrer l'utilisation de ces deux formules. Une étude quasi expérimentale – totalement hypothétique et décrite à simple titre illustratif – a été menée afin de comparer les résultats en mathématiques d'élèves ayant bénéficié d'un apprentissage traditionnel (groupe de contrôle) à ceux d'élèves ayant bénéficié d'un apprentissage soutenu par ordinateur (groupe expérimental). Les élèves ont d'abord réalisé un prétest sur base d'un test standardisé en mathématiques : les élèves du groupe contrôle ont obtenu une moyenne de 50 avec un écart-type de 10 tandis que les élèves du groupe expérimental ont obtenu une moyenne de 55. Ensuite, le dispositif expérimental a été mis en place dans le groupe du même nom et les élèves du groupe de contrôle ont été invités à suivre un enseignement traditionnel. Une fois le temps de l'implémentation du dispositif passé, un posttest a été réalisé et les résultats obtenus par les élèves des deux groupes sont les suivants : une moyenne de 65 avec un écart-type de 10 pour le groupe de contrôle et une moyenne de 75 pour le groupe expérimental. Dans cette situation, selon la formule de l'ampleur de l'effet que nous utilisons, nous obtenons des résultats très différents :

$$\Delta = \frac{Mexp - Mctrl}{\sigma ctrl} = \frac{75 - 65}{10} = 1$$

$$\Delta_{post\text{-}pré} = \frac{Mexp\ post - Mctrl\ post}{\sigma ctrl\ post} - \frac{Mexp\ pré - Mctrl\ pré}{\sigma ctrl\ pré} = \frac{75 - 65}{10} - \frac{55 - 50}{10} = 1 - 0.5 = 0.5$$

Si l'on se contente de calculer les différences au posttest, l'ampleur de l'effet (1) est très grande. Par contre, si l'on tient compte des différences initiales entre les deux groupes, qui valent un demi-écart-type, on obtient un « effet net » du dispositif de 0,5.

Comme le montrent les deux calculs réalisés ci-dessus, l'ampleur de l'effet de l'utilisation d'un ordinateur au service de l'apprentissage des mathématiques varie fortement selon que l'on prenne ou non en compte les différences entre les élèves au prétest. Il faut donc prendre en compte les spécificités méthodologiques de toute étude pour sélectionner la méthode de calcul la plus appropriée pour le calcul de l'ampleur de l'effet (à ce sujet, voir Lipsey et Wilson, 2001).

4° L'interprétation de l'ampleur de l'effet. Comment donner du sens à l'ampleur de l'effet calculée ? Cohen (1988) a proposé de qualifier les ampleurs de l'effet en considérant qu'entre – 0,20 et +0,20, l'effet est négligeable, qu'il est faible entre |0,20| et |0,50|, moyen jusqu'à |0,80| et fort au-delà. Fréquemment utilisée, cette typologie ne convainc pas tous les chercheurs. Glass lui-même (Glass, McGaw et Smith, 1981) était contre l'interprétation décontextualisée d'ampleurs de l'effet. Dans un article de référence, Hill, Bloom, Black et Lipsey (2007) montrent que la meilleure façon d'interpréter une ampleur de l'effet est de le faire de manière relative et non absolue. Ces chercheurs constatent par exemple que les progrès que les élèves effectuent en une année scolaire varient fortement au fil de la scolarité : au début de la scolarité obligatoire, on peut s'attendre à des progrès de près de 1 unité d'ampleur d'effet en lecture et seulement de 0,15 en fin d'enseignement secondaire. En ce qui concerne les interventions dans le domaine de l'éducation (une intervention pour améliorer les résultats des élèves faibles par exemple), ils conseillent de se référer aux interventions du même type pour interpréter une ampleur de l'effet. Enfin, il faut aussi être conscient que plus une étude est rigoureuse (étude expérimentale, menée sur de larges échantillons, en utilisant des instruments standardisés et validés pour mesurer les acquis), moins l'on peut s'attendre à des effets conséquents (Cheung et Slavin, 2016 ; de Boer *et al.*, 2014).

Très attentif à la rigueur et à la validité écologique des études à prendre en compte dans les travaux de synthèse en sciences de l'éducation, Slavin a proposé, dès 1986, d'adopter ce qu'il appelait la *Best-Evidence Synthesis*, ou synthèse des meilleures preuves. La *Best Evidence Encyclopedia* qu'il a patiemment construite synthétise ce que l'on sait de l'efficacité de dispositifs d'intervention à partir d'études de qualité portant sur des dispositifs mis en place en situation réelle.

La première méta-analyse importante réalisée dans le cadre de l'évaluation de l'efficacité du redoublement est celle proposée par Holmes et Mattews (1984). Ces chercheurs ont examiné 650 recherches portant sur cette thématique et en ont retenu 44 pour lesquelles l'évaluation positive de la qualité et de la rigueur des démarches entreprises pouvait être considérée comme une garantie de la fiabilité des conclusions[11]. Le tableau 3.11 présente les résultats de cette méta-analyse sur les différentes variables considérées. D'emblée, on constate que toutes les ampleurs de l'effet sont négatives et ce, indépendamment du type de critères considérés. Rappelons qu'une ampleur de l'effet négative montre un effet du redoublement inférieur à l'effet de la promotion. Cela ne signifie pas que les redoublants ne progressent pas, mais qu'ils progressent moins.

**Tableau 3.11 : Ampleur de l'effet du redoublement
sur une série de variables (adapté de Holmes et Mattews, 1984)**

Variable critères	Nombre d'études	Ampleur de l'effet
Apprentissage académique général	31	− 0,44
Lecture	24	− 0,48
Mathématiques	20	− 0,33
Méthode de travail	1	− 0,41
Ajustement social	13	− 0,27
Ajustement émotionnel	5	− 0,37
Comportement en classe	7	− 0,31
Image de soi	9	− 0,19
Attitude vis-à-vis de l'école	8	− 0,16

En 1989, Holmes remit à jour cette méta-analyse en y incluant 19 études supplémentaires plus récentes, dont la rigueur méthodologique a également été jugée de qualité. Le tableau 3.12 présente une synthèse des résultats de cette méta-analyse. On constate à nouveau qu'à l'exception d'un critère, toutes les ampleurs de l'effet sont négatives. La seule ampleur de l'effet positive, de +0,06, sur l'estime de soi peut être considérée comme négligeable étant donné sa faible valeur. Les résultats généraux de cette méta-analyse mènent donc à la même conclusion que les résultats de la première méta-analyse : le redoublement est préjudiciable pour les élèves qui en font l'objet.

---

11   Nous verrons plus loin dans ce chapitre qu'aujourd'hui, avec l'évolution des méthodes de recherches quasi expérimentales et l'évolution des outils d'analyse des données, certaines critiques méthodologiques peuvent tout de même être appliquées aux études incluses dans la méta-analyse de Holmes et Mattews.

**Tableau 3.12 : Ampleur de l'effet du redoublement
sur une série de variables (adapté de Holmes, 1989)**

Variable critères	Nombre d'études	Ampleur de l'effet
Performances académiques	47	− 0,31
Performances en langue maternelle	18	− 0,33
Performances en lecture	34	− 0,30
Performances en mathématiques	31	− 0,25
Performances en activités scientifiques	3	− 0,37
Résultats aux épreuves de l'enseignant	3	− 0,78
Réactions affectives générales	27	− 0,21
Développement social	27	− 0,21
Bien-être émotionnel	10	− 0,12
Attitudes comportementales	10	− 0,23
Image de soi	11	+0,06
Attitudes vis-à-vis de l'école	10	− 0,18
Fréquentation scolaire	5	− 0,22
Effet général	63	− 0,26

Dans la même méta-analyse, Holmes (1989) a proposé une réponse à deux questions fréquentes vis-à-vis du redoublement : 1) L'effet du redoublement dépend-il du moment auquel il survient ? 2) Quel est l'effet à moyen terme du redoublement ?

Pour répondre à la première de ces deux questions, il a proposé des ampleurs de l'effet des études recensées dans sa méta-analyse selon le niveau scolaire auquel elles ont été réalisées[12]. À nouveau, on constate (tableau 3.13) que toutes les valeurs sont négatives. Cependant, il semble que l'effet préjudiciable du redoublement soit d'une ampleur plus importante en début (en maternelle et en première primaire) et en fin de l'enseignement primaire. Contrairement à une croyance très répandue, l'effet du redoublement n'a donc pas d'effet préventif et n'est pas plus bénéfique s'il est pratiqué de manière précoce dans la scolarité.

---

12   Notons que, pour certaines années d'études, le nombre d'études sur lesquelles se fonde le calcul de l'ampleur de l'effet est très faible.

Tableau 3.13 : Ampleur de l'effet du redoublement mesurée par des tests de connaissance en fonction du niveau d'études auquel survient le redoublement (adapté de Holmes, 1989)

	Maternelle	P1	P2	P3	P4	Après la 4ᵉ
Nombre d'études	8	12	4	7	6	5
Amplitude de l'effet	– 0,28	– 0,28	– 0,10	– 0,15	– 0,36	– 0,38

La seconde question que se pose Holmes (1989) met à l'avant-plan une spécificité des études quasi expérimentales sur la thématique du redoublement. En effet, dans le cadre de ces études, alors que les élèves promus réalisent de nouveaux apprentissages, les élèves redoublants, quant à eux, recommencent des apprentissages déjà abordés l'année précédente. Ainsi, au moment du posttest réalisé à l'issue de l'année redoublée ou promue, certains élèves auront une année scolaire d'avance sur les autres, malgré leur âge équivalent. Or le principe du redoublement consiste à sacrifier une année pour permettre à l'enfant de repartir sur de meilleures bases et atteindre – avec une année de retard certes – des niveaux de compétences auxquels il n'aurait pu prétendre s'il n'avait pas redoublé. Ce raisonnement appelle un autre type de comparaisons où l'on met en relation les niveaux de connaissance atteints par des élèves faibles qui ont redoublé et ceux atteints par des élèves faibles qui ont été promus, et ce, lorsque les deux groupes ont atteint un même niveau scolaire (par exemple, à la fin d'un cycle).

Lorsqu'on s'intéresse à l'efficacité du redoublement, il est donc pertinent de différencier deux types de comparaisons : 1) les **comparaisons à âge constant** entre les élèves qui ont redoublé et les élèves faibles non-redoublants au même âge ; 2) les **comparaisons à année scolaire constant(e)** entre les élèves redoublants et non-redoublants au terme de la même année scolaire et ce en sachant que les premiers sont plus âgés d'un an.

Ce type de comparaisons mérite d'être décrit et illustré concrètement. Prenons un groupe d'élèves entrant en première année primaire en 2018. En 2019, deux types de décisions sont prises pour les élèves faibles : soit ils sont promus et passent au niveau scolaire suivant, soit ils répètent leur année. Pour les premiers, en 2019, ils seront en deuxième année primaire, pour les seconds, ils resteront en première année. Ainsi, si ces élèves ne connaissent plus, par la suite, de redoublement, leur parcours devrait ressembler à celui décrit dans le tableau ci-dessous. Dans le cadre des comparaisons à âge constant, il s'agira de comparer ces deux cohortes (promus et redoublants) d'élèves faibles au même moment (par exemple, fin juin 2020), et ce tout en sachant que les uns viennent de terminer l'année académique supérieure (troisième primaire pour les promus) tandis que les redoublants viennent de terminer la deuxième primaire. Pour les comparaisons à année scolaire constante, on attendra que les élèves redoublants aient atteint le même niveau scolaire que les élèves promus avant de comparer leurs résultats avec ceux de ces derniers. Les élèves redoublants auront un an de plus que les élèves promus lors de la comparaison. On utilisera dans ce cas un test de troisième primaire soumis aux élèves promus en 2020, et aux élèves redoublants en 2021.

**Tableau 3.14 : Illustration du parcours scolaire
selon qu'un élève faible est promu ou qu'il redouble son année**

	2018	2019	2020	2021	2022	2023
Faibles promus	1P	2P	3P	4P	5P	6P
Faibles redoublants	1P	1P	2P	3P	4P	5P

Il faut souligner que, lorsqu'on compare les élèves à année scolaire constante, les redoublants bénéficient d'un an de plus avant de répondre au test, et par la même occasion, bénéficient d'un avantage en termes de maturité.

Les deux tableaux qui suivent présentent les résultats obtenus par Holmes dans le cadre de sa méta-analyse vis-à-vis de ces deux types de comparaisons. Le tableau 3.15 présente les résultats des comparaisons à âge constant. Le tableau 3.16 présente les résultats des comparaisons à année scolaire constante.

**Tableau 3.15 : Effet à moyen et long terme du redoublement
sur base des comparaisons à âge constant (adapté de Holmes, 1989)**

	1 an après	2 ans après	3 ans après	Plus de 3 ans après
Nombre d'études	28	5	3	3
Amplitude de l'effet	– 0,41	– 0,64	– 0,74	– 0,88

**Tableau 3.16 : Effet à moyen et long terme du redoublement sur base
des comparaisons à année scolaire constante (adapté de Holmes, 1989)**

	1 an après	2 ans après	3 ans après	Plus de 3 ans après
Nombre d'études	10	7	5	6
Amplitude de l'effet	0	+0,02	– 0,12	+0,04

Les résultats des comparaisons à âge constant mènent à des conclusions cohérentes avec celles déjà énoncées par ailleurs : les redoublants ont des résultats plus faibles que les promus, la différence entre les deux groupes s'accentuant encore au fil des années. Les comparaisons à année scolaire constante indiquent, quant à elles, des ampleurs de l'effet négligeables et montrent que, lorsqu'ils arrivent dans l'année d'études que les élèves promus ont atteinte l'année précédente, les élèves redoublants et les élèves faibles promus obtiennent des résultats comparables. Or, pour les élèves redoublants, il a fallu une année de plus pour aboutir au même résultat que leurs condisciples faibles promus. Dès lors, on peut conclure qu'une année redoublée est donc bel et bien une année perdue puisqu'elle conduit les élèves faibles au niveau qu'ils atteindraient une année plus tôt s'ils avaient pu poursuivre leur scolarité avec les condisciples de leur âge.

3.3. La méta-analyse de Jimerson (2001)

Il faut ensuite attendre 2001 et les travaux de Jimerson avant qu'une nouvelle méta-analyse de qualité soit produite sur la thématique du redoublement. Ce dernier inclut dans sa revue, sur base de critères précis (étude quasi expérimentale, vérification de l'équivalence préalable des groupes), 20 études sur les 400 études recensées sur le sujet entre 1990 et 1999. La méthode d'appariement entre les groupes expérimentaux et les groupes de contrôle de ces études a également fait l'objet d'une évaluation. Pour la plupart de ces études, l'appariement s'est fait sur la base de plusieurs mesures telles que le quotient intellectuel des sujets, leur rendement scolaire, leur statut socio-économique, leur genre et leur niveau d'ajustement socio-émotionnel.

Le tableau 3.17 présente les ampleurs de l'effet (AE) de la méta-analyse de Jimerson classées en deux catégories générales : les résultats cognitifs et l'ajustement socio-émotionnel.

**Tableau 3.17 : Ampleur de l'effet du redoublement
sur une série de variables (adapté de Jimerson, 2001)**

Variables critères	Nombre d'études	Nombre d'AE[13]	Ampleur de l'effet moyenne
Indice global	20	246	− 0,31
Réussite académique	18	169	− 0,39
Linguistique	5	11	− 0,36
Lecture	11	52	− 0,54
Mathématiques	10	48	− 0,49
Mesures combinées	8	13	− 0,20
Notes scolaires (GPA)	6	45	− 0,18
Ajustement socio-émotionnel	16	77	− 0,22
Social	5	12	− 0,08
Émotionnel	6	13	− 0,28

---

13   La majorité des études comporte plusieurs posttests. Ainsi, les performances en lecture comprennent souvent des mesures de déchiffrage, de compréhension, etc.

Variables critères	Nombre d'études	Nombre d'AE[13]	Ampleur de l'effet moyenne
Comportemental	11	30	– 0,11
Concept de soi	6	16	– 0,04
Ajustements (mesures combinées)	4	4	– 0,15
Présence (>< absentéisme)	2	2	– 0,65

Malgré les dix ans qui séparent cette méta-analyse des travaux de Holmes, les résultats restent cohérents entre eux – toutes les ampleurs de l'effet sont à nouveau négatives – et indiquent que le redoublement peut porter préjudice aux élèves qui y sont soumis[14].

Afin de pouvoir comparer ses résultats au bilan réalisé par Jackson en 1975, Jimerson (2001) a également classé les études incluses au sein de sa méta-analyse selon la nature des différences qu'elles mettent en exergue entre les deux conditions expérimentales. Autrement dit, Jimerson (2001) a classé les résultats des comparaisons issues des études incluses dans sa méta-analyse selon que les conclusions des auteurs : (1) étaient en faveur des élèves promus ; (2) ne montraient pas de différences significatives entre les deux groupes ; (3) étaient en faveur des élèves redoublants. Le tableau 3.18, présenté ci-dessous, propose une synthèse de cette analyse des études considérées et nous permet de formuler la même conclusion que Jackson en son temps : la majorité des études comparatives quasi expérimentales étudiant l'effet du redoublement sur les performances académiques des élèves et sur leur ajustement socio-émotionnel indiquent un effet négatif ou une absence d'effet de cette pratique pédagogique quand on la compare à la promotion des élèves.

Tableau 3.18 : Nombre de comparaisons issues des études considérées relevant de différentes catégories de résultats (adapté de Jimerson, 2001)

Variable \ Catégorie de résultats		En faveur des élèves promus	Pas de différence	En faveur des élèves redoublants
Réussite scolaire	Nombre	82	84	3
	Pourcentage	47	48	2
Ajustement socio-émotionnel	Nombre	13	119	5
	Pourcentage	9	80	3

---

14   Quelques années plus tard, Hattie (2009), dans sa « méta-analyse des méta-analyses », reprit les résultats de l'étude de Jimerson (2001) et les compila avec ceux issus de six autres méta-analyses, dont les deux décrites auparavant dans ce chapitre (Holmes, 1989 ; Holmes et Mattews, 1984). Sur base de cette compilation de données relatives à, au total, près de 14 000 sujets, il estime l'ampleur de l'effet du redoublement (indice global) à – 0,16.

Le fait qu'il existe quelques études montrant des différences significatives en faveur des élèves redoublants nous permet d'illustrer le fonctionnement des méta-analyses. Comme en attestent les figures 3.1 et 3.2, la distribution des ampleurs de l'effet, que cela soit vis-à-vis des variables relatives à la réussite académique ou à l'ajustement socio-émotionnel, montre que, même si la majorité de ces ampleurs de l'effet sont négatives ou nulles, il existe également des résultats en faveur du redoublement. En effet, la technique de la méta-analyse rend compte de l'effet moyen d'un traitement pédagogique donné. Si l'effet moyen est négatif, cela n'empêche pas qu'au sein d'une étude donnée, certains élèves redoublants progressent autant ou davantage que les élèves faibles promus, cela n'empêche pas non plus qu'au sein d'un ensemble d'études données, certaines études particulières trouvent des effets positifs. En effet, une moyenne ne signifie pas que les résultats sont tous convergents. Concernant le redoublement, la majorité des études (mais pas toutes) trouvent des résultats négatifs ou nuls.

Figure 3.1 : Distribution des ampleurs de l'effet sur la réussite académique (n = 169) (issu de Jimerson, 2001)

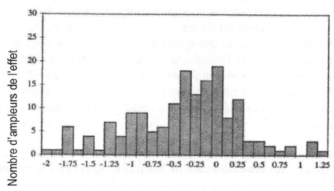

Figure 3.2. Distribution des ampleurs de l'effet sur l'ajustement socio-émotionnel (n = 77) (issu de Jimerson, 2001)

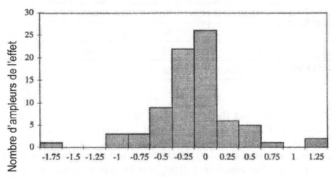

Deux autres hypothèses peuvent être posées et peuvent apporter des explications complémentaires à l'existence d'effets positifs du redoublement. D'une part, certains chercheurs (Alexander, Entwisle et Dauber, 1994; Lorence, Dworkin, Toenjes et Hill, 2002) avancent que certaines des études retenues dans les méta-analyses seraient méthodologiquement peu fiables, ce qui mènerait à surestimer l'effet négatif qui est souvent attribué au redoublement; nous exposerons l'avis de ces auteurs dans le cadre de la section suivante.

D'autre part, comme Holmes l'avait déjà identifié en 1989, certaines des études relevant des ampleurs de l'effet positives en faveur du redoublement n'évaluent pas le redoublement comme une pratique éducative isolée, mais comme une pratique conjointe à des dispositifs de remédiation spécifiques dont les redoublants peuvent bénéficier; nous nous intéresserons à ces pratiques particulières du redoublement et aux études y afférant dans la section 5. C'est aussi dans l'optique d'évaluer le redoublement dans toutes ses déclinaisons que nous recenserons et synthétiserons quelques études évaluant les pratiques de redoublement précoce dans les sections 6 et 7.

4. DES AMPLEURS DE L'EFFET SURESTIMÉES ?

Les méta-analyses présentées jusqu'ici ont été remises en cause d'abord, par Alexander *et al.* (1994) et ensuite, par Lorence *et al.* (2002). Selon ces chercheurs, les études incluses dans les méta-analyses sur le redoublement ne possèdent pas toujours la qualité méthodologique nécessaire pour que les ampleurs de l'effet qui sont calculées à partir d'elles soient réellement représentatives de l'effet réel du redoublement. Dès lors, ils postulent que les ampleurs de l'effet négatives attribuées au redoublement sont surestimées en raison de biais méthodologiques affectant la qualité des études sélectionnées au sein des méta-analyses.

Dans l'optique d'étayer cette argumentation, Lorence (2006) a entrepris une réévaluation de la qualité des études incluses dans les méta-analyses de Holmes (1989) et Jimerson (2001) au regard des critères dérivés des problèmes potentiels identifiés par Dunkin (1996) dans les synthèses de recherches en éducation : le statut de publication de l'étude, le plan de recherche de l'étude, la méthode d'appariement, le type d'analyse statistique, la stratégie de comparaison, l'échelle de mesure, la représentativité de l'échantillon et la taille de l'échantillon. Une synthèse des résultats de cette réévaluation, à partir des études incluses dans Jimerson (2001), est présentée au tableau 3.19. Notons que les résultats de cette réflexion peuvent être appliqués à la méta-analyse de Holmes (1989).

Selon Lorence (2006), les études incluses par Jimerson (2001) souffrent de faibles effectifs (souvent une soixantaine de sujets) et de représentativité (sujets souvent issus d'un seul et unique district scolaire).

Lorence (2006) a également évalué la qualité de la démarche quasi expérimentale entreprise dans le cadre de ces études. L'un des problèmes les plus récurrents de ces études est le manque de prise d'informations lors des prétests (soit au niveau des compétences de base des élèves ou de leurs caractéristiques sociodémographiques), comme en attestent les colonnes 3 et 4 du tableau 3.19 ; ce qui ne permet pas de réaliser des appariements adéquats et de vérifier l'équivalence initiale des groupes. Lorence (2006) constate également que, bien que certaines études prennent une mesure de prétest, l'usage statistique qui en est fait afin de contrôler les différences initiales (colonnes 5 et 6) est loin d'être systématique. Quant aux méthodes de mesure, selon Lorence (2006), il faudrait, dans l'absolu, éviter de comparer les étudiants sur base de leurs résultats à un test standardisé spécifique à un niveau ou à une année scolaire, car ce type de test ne permettrait pas une mesure adéquate de l'évolution au fil du temps entre les groupes. Selon lui, les scores dérivés de ces instruments de mesure n'auraient pas la même signification pour chaque niveau scolaire et pour chaque année (colonne 8), ce qui les rendrait inadéquats pour effectuer des comparaisons à âge constant. Précisons enfin que Lorence (2006) préfère les comparaisons à année scolaire constante aux comparaisons à âge constant : selon le chercheur, puisque le redoublement consiste à laisser aux élèves un an de plus, il convient d'en évaluer l'effet lorsque ces élèves sont arrivés à un certain niveau scolaire. C'est un avis que nous ne partageons pas[15] : les deux types de comparaisons ayant leur intérêt et leurs limites, comme nous l'avons expliqué plus tôt (section 3).

Notons que les constats de Lorence auraient sans doute été les mêmes s'il avait pris un autre sujet que le redoublement. Dans toutes les disciplines scientifiques, lorsque l'on juge le passé à l'aulne de critères scientifiques plus récents, on peut être tenté de pousser un soupir compatissant devant tant de naïveté ou de maladresses méthodologiques. Or, selon nous, les méta-analyses successives et leurs remises en question illustrent en fait très bien le processus normal de production de savoir scientifique, fait d'avancées méthodologiques et de remises en cause permanentes.

---

15   La réflexion du Conseil National d'Évaluation du Système Scolaire (2014a, p. 9) nous semble intéressante à ce sujet : « [...] la question de recherche derrière ces deux comparaisons n'est pas exactement la même. Les comparaisons à âge égal testent si deux années passées dans le même niveau induisent une progression plus forte que deux ans passés dans des niveaux différents (la seconde année étant dans une classe supérieure). Lorsqu'on compare des élèves à degré égal, on s'intéresse plutôt au fait de savoir si les élèves en difficulté apprennent davantage en deux ans qu'en un an et s'ils parviennent à rattraper leur retard à l'issue de cette deuxième année. »

Tableau 3.19 : Caractéristiques des études sur le redoublement incluses dans la méta-analyse de Jimerson (adapté de Lorence, 2006)

Auteurs	Qualité du contrôle	Prétest sur les résultats quant aux variables étudiées	Prétest sur les aptitudes	Contrôle statistique des différences de résultats quant aux variables étudiées	Contrôle statistique des différences d'aptitudes	Type de comparaisons	Conclusion des auteurs quant à l'effet du redoublement
Johnson et al. (1990)	Inadéquat	Non	Non	Non	Non	Même grade[16]	Négatif[b]
Hagborg, Masella, Palladino et Shepardson (1991)	Inadéquat	Non	Non	Non	Non	Même grade	Négatif
Meisels et Law (1993)	Inadéquat	Non	Non	Non	Non	Même grade	Négatif
Dennenbaum et Kulberg (1994)	Inadéquat	Non	Oui ?	Non	Non	Même grade	Négatif
Ferguson (1991)	Adéquat	Non	Oui	Non	Non	Même grade	Négatif[b]
Ferguson et Mueller-Streib (1996)	Inadéquat	Non	Oui ?	Non	Non	Même grade	Négatif
Phelps et al. (1992)	Inadéquat	Oui[a]	Non	Non	Non	Même âge	Négatif
McCombs-Thomas et al. (1992)	Inadéquat	Oui	Non	Non	Non	Même âge	Négatif
Mantzicopoulos et Morrison (1992)	Adéquat ?	Oui[?]	Oui[a]	Non	Non	Les deux	Négatif
Mantzicopoulos (1997)	Adéquat ?	Oui[?]	Oui[a]	Non	Oui	Les deux	Négatif
Rust et Wallace (1993)	Adéquat	Oui	Non	Non	Non	Même âge	Négatif[b]
Jimerson et al. (1997)	Adéquat	Oui	Oui	Non	Non	Même grade	Négatif[b]
Jimerson (1999)	Inadéquat	Oui	Oui[a]	Non	Non	Même grade	Négatif
Reynolds (1992)	Adéquat	Oui	Oui	Oui	Oui	Les deux	Négatif
Reynolds et Bezruczko (1993)	Adéquat	Oui[a]	Oui[a]	Oui	Oui	Même âge	Négatif
McCoy et Reynolds (1999)	Adéquat	Oui[a]	Oui[a]	Oui	Non	Même âge	Négatif
Pierson et Connel (1992)	Adéquat	Oui	Oui	Non	Non	Même âge	Positif
Alexander et al. (1994)	Adéquat	Oui	Non	Oui	Non	Les deux	Positif

[a] élèves redoublants et élèves promus sont statistiquement significativement différents sur cette variable au moment du redoublement.
[b] les données indiquent que le redoublement a un effet positif sur la réussite académique.
? il y aurait un doute

16 Aux États-Unis, les comparaisons dites «au même grade» correspondent aux comparaisons à année scolaire constante.

Suite au constat de Lorence (2006) concernant la présence de faiblesses méthodologiques dans les études incluses dans les méta-analyses réalisées jusqu'alors, Allen, Chen, Wilson et Hughes (2009) ont décidé de réaliser une nouvelle méta-analyse relative à l'efficacité du redoublement, en étant attentifs à la rigueur méthodologique des études à inclure dans la revue (toutes réalisées entre 1990 et 2007), rigueur répondant à des standards plus récents. Au total, sur les 199 études évaluées, 22 ont été incluses dans la méta-analyse. Le tableau 3.20 montre, entre autres, les caractéristiques de ces études (année(s) du redoublement, année(s) de l'évaluation...) et une analyse de leur méthodologie.

Pour chacune des études incluses, Allen *et al.* (2009) calculent une AE : celle-ci varie entre – 0,95 et +0,85 ; 6 ont une AE se situant entre – 0,20 et +0,20, 9 ont un AE positive et 7 une AE négative. La moyenne de ces AE est de – 0,11. Les chercheurs montrent également que les études rigoureuses d'un point de vue méthodologique (et qui, notamment, réalisent un appariement et un contrôle plus strict des variables en jeu) obtiennent des résultats d'une ampleur de l'effet de 0,34 plus élevés que les études moins rigoureuses. Cela signifie qu'une partie des effets très négatifs du redoublement comparativement à la promotion est imputable à la qualité méthodologique des études. Si l'on tient ce facteur en compte, la différence entre le redoublement et la promotion est quasi nulle (et non significative d'après les tests effectués par Allen et ses collègues). Cela dit, cela ne rend pas le redoublement plus intéressant que la promotion, puisque les élèves continuent de perdre une année entière pour un bénéfice nul. Par ailleurs, de manière cohérente avec les conclusions passées, les auteurs montrent que, plus les résultats des élèves sont analysés longtemps après le redoublement, plus leurs effets s'avèrent néfastes. Allen *et al.* concluent donc que le redoublement ne constitue pas une pratique pédagogique efficace quand on le compare à des pratiques de promotion. Ils écrivent[17] : « Le constat que même les études qui contrôlent strictement les phénomènes de biais de sélection [...] ne parviennent pas à trouver de bénéfices au redoublement indique l'importance de se concentrer sur les stratégies à employer lorsque les enfants ne parviennent pas à atteindre les compétences attendues pour leur niveau scolaire, afin de les aider à réussir à l'école » (p. 495).

---

17   La citation anglaise est la suivante : « The finding that even studies that provide strong controls for selection effects fail to find benefits of grade retention underscores the importance of focusing on the strategies employed when children fail to meet grade-level competencies to support the students' academic success. »

Tableau 3.20 : Tableau de synthèse issu de la méta-analyse d'Allen, Chen, Wilson et Hughes (2009)

Auteurs	Année(s) du redoublement	Année(s) d'évaluation	Nombre d'années après le redoublement	Type de comparaisons[18]	Nombre d'étudiants retenus	Nombre d'étudiants promus	Nombre de résultats académiques	Qualité du groupe de contrôle[a]	Qualité du contrôle statistique[b]	Qualité du design[c]	Ampleur de l'effet
Alexander, Entwisle et Dauber (1994)	1-3	1-7	1-7	Âge et année	58	68	108	2	3	2	− 0,10
Dennebaum et Kuhlberg (1994)	K[d]	1-3	2-4	Année	17	70	9	1	1	1	− 0,54
Ferguson (1991)	K	2	3	Année	46	20	3	3	1	2	0,85
Ferguson et Mueller Streib (1996)	K	4	5	Année	33	14	1	3	1	2	− 0,12
Gleason, Kwok et Hughes (2007)	1	1	1	Âge	63	287	2	2	3	2	0,60
Hagborg, Masella, Paladino et Shepardson (1991)	K-8	9-12	2-13	Année	38	38	3	2	1	1	− 0,90
Jimerson, Carlson, Rotert, Egeland et Sroufe (1997)	K-3	1-4, 6, 9	2, 10	Année	19	32	15	3	4	3	0,25

Auteurs	Année(s) du redoublement	Année(s) d'évaluation	Nombre d'années après le redoublement	Type de comparaisons[18]	Nombre d'étudiants retenus	Nombre d'étudiants promus	Nombre de résultats académiques	Qualité du groupe de contrôle[a]	Qualité du contrôle statistique[b]	Qualité du design[c]	Ampleur de l'effet
Johnson, Merrell et Stover (1990)	K, 1	4	4-5	Année	20	17	5	1	1	1	– 0,01
Lorence et Dworkin (2006)	3	3-8, 10	1-6, 8	Année	863	29 051	7	2	3	2	0,63
Mantzicopoulos (2003)	K	K-2	1-3	Année	27	28	6	1	3	2	0,63
Mantzicopoulos et Morrison (1992)	K	K-2	1-3	Âge et année	53	53	10	3	2	2	0,35
McCombs-Thomas et al. (1992)	K, 1	2-5	2-6	Année	28	28	5	3	1	2	0,00
McCoy et Reynolds (1999)	1-7	7	1-7	Année	310	830	4	1	3	2	– 0,28
Meisels et Liaw (1993)	K-8	8	1-9	Année	3 203	13 420	2	1	2	1	– 0,30
Moller, Stearns, Blau et Land (2006)	K-8	8-12	1-13	Année	1 805	7 240	1	1	4	2	– 0,25
Phelps, Dowdell, Rizzo, Ehrlich et Wilczenski (1992)	K-4	7-9	4-10	Année	46	24	3	1	4	2	0,32

Auteurs	Année(s) du redoublement	Année(s) d'évaluation	Nombre d'années après le redoublement	Type de comparaisons[18]	Nombre d'étudiants retenus	Nombre d'étudiants promus	Nombre de résultats académiques	Qualité du groupe de contrôle[a]	Qualité du contrôle statistique[b]	Qualité du design[c]	Ampleur de l'effet
Pierson et Connell (1991)	1-4	3-6	3-6	Année	74	69	1	3	1	2	0,32
Reynolds (1992)	1-3	3	1-3	Année	231	200	2	3	3	3	– 0,95
Roderick et Nagaoka (2005)	3, 6	3, 4, 6, 7	1-2	Âge	2 844	2 163	4	2	4	3	– 0,01
Rust et Wallace (1993)	K	1-3	2-4	Âge	60	60	6	3	4	3	0,31

a. 1 = appariement sur des variables non académiques ; 2 = comparaison avec des étudiants faibles promus ; 3 = appariement sur des compétences académiques.

b. 1 = pas de covariable ; 2 = covariable distale ; 3 = covariable proximale ; 4 = mesures répétées ou modèle linéaire général.

c. 1 = faible ; 2 = moyen ; 3 = bon.

d. k = kindergarten ; l'équivalent américain de la dernière année d'enseignement maternel qui constitue, aux États-Unis, la première année d'enseignement obligatoire.

18   Comparaison à âge constant ou à année constante.

Observant la présence d'études caractérisées par des AE positives et incluses dans la méta-analyse d'Allen *et al.* (2009), nous avons analysé de plus près quatre de ces études. Ainsi, nous avons pu constater que les études de Mantzicopoulos (2003) et de Ferguson (1991), avec des AE respectivement de +0,63 et +0,85, évaluent l'efficacité du redoublement dans le contexte spécifique des écoles qui, aux États-Unis, proposent le «transitional first-grade program». Ce programme retient certains élèves en retard de performance un an de plus dans l'enseignement maternel avant de les réintégrer en première primaire, mais est caractérisé par un certain nombre de différences avec le redoublement tel qu'on l'entend dans son acception classique. En effet, là où le redoublement propose traditionnellement aux apprenants de revivre un an dans la même classe et en suivant, à nouveau, le même programme de cours, les «classes de transition» proposent aux apprenants un curriculum spécifique afin de les aider à développer les compétences essentielles et nécessaires à une scolarité réussie par la suite. Qui plus est, bien que ces deux études aient montré des AE positives, aucun des auteurs n'en a conclu à l'efficacité du programme de transition en première primaire; les différences entre les deux groupes n'étant pas significatives. Quant à l'étude menée par Lorence et Dworkin (2006), elle montre des effets positifs et significatifs (AE = +0,63) du redoublement à court terme, mais ces effets tendent à disparaître au fil des années. Enfin, l'étude de Gleason, Kwok et Hughes (2007) révèle également un effet positif du redoublement à court terme (AE = +0,60), mais, malheureusement, ne propose pas un suivi à long terme des élèves impliqués dans l'étude. Par ailleurs, cette étude ne devrait selon nous pas être incluse dans la méta-analyse, tant les différences initiales entre les groupes sont importantes. On peut également pointer des faiblesses méthodologiques chez Mantzicopoulos (2003) et Ferguson (1991), par exemple en termes d'effectifs réduits.

Les études aboutissant sur des AE négatives importantes ne sont pas non plus exemptes de faiblesses méthodologiques. Nous avons pu pointer, pour les études de Dennebaum et Kulberg (1994, AE = – 0,54) ainsi que de Hagborg, Masella, Palladino, Shepardson (1991, AE = – 0,90), la faible taille des effectifs, la faible qualité des méthodes d'appariement et le manque de données permettant de vérifier l'équivalence initiale des groupes. Ces faiblesses méthodologiques sont susceptibles de mener à une surévaluation de l'effet négatif du redoublement.

De tout ceci, on peut conclure que, même s'il semble que le redoublement soit moins néfaste à court terme que ce que les premières méta-analyses (Holmes et Mattews, 1984; Holmes, 1989; Jimerson, 2001) avaient pu laisser croire, il n'en est pas moins inefficace puisque, pour atteindre un niveau de compétence quasi identique aux promus faibles, les redoublants doivent passer un an de plus sur les bancs de l'école. De plus, à long terme, les effets positifs s'estompent et, parfois même, des effets négatifs sont observés.

5. LE REDOUBLEMENT ACCOMPAGNÉ DE REMÉDIATIONS INDIVIDUALISÉES EST-IL EFFICACE ?

Depuis quelques années, et sans doute en réaction aux études montrant un effet global négatif du redoublement, certaines politiques éducatives ont progressivement évolué, soit en conditionnant le redoublement à certains critères (score minimal à un test standardisé, principalement), soit en assortissant le redoublement de mesures d'aide spécifiques[19]. Ainsi, dans l'État de Floride, la pratique du redoublement s'est vue associée à la passation d'un test standardisé et à la pratique de remédiations spécifiques. Le processus y est désormais pratiqué en deux temps. Dans un premier temps, un test standardisé de lecture est imposé à tous les élèves chaque année et ceux qui n'atteignent pas le niveau requis redoublent leur année scolaire (Swherdt, West et Winters, 2017) ; cette décision ne dépend donc pas du ou des enseignants des élèves concernés, de la classe ou de l'école fréquentée. Dans un second temps, un dispositif complexe de remédiation est mis en place afin d'aider les élèves redoublants à atteindre le niveau de compétences requis (Swherdt *et al.*, 2017) : (1) les élèves ont l'opportunité de suivre un programme de lecture durant l'été afin de les préparer à l'année suivante ; (2) ils sont assignés aux classes des enseignants jugés les plus efficaces ; (3) ils reçoivent un programme (basé sur des preuves d'efficacité issues de la recherche) intensif (90 minutes consécutives par jour) de développement des compétences en lecture durant l'année redoublée.

Swherdt, West et Winters (2017) ont analysé les effets de la politique spécifique de redoublement telle qu'elle est pratiquée en Floride sur tous les élèves de troisième primaire des cohortes de 2003 à 2008 ; ce qui fait un total de 983 308 élèves dont 76 398 élèves faibles redoublants et 83 468 élèves faibles promus. Les chercheurs partent du postulat que la relation discontinue qui existe entre le test de lecture et la probabilité de redoublement[20] permet d'éviter que les résultats soient affectés par un biais de sélection. La notion de discontinuité signifie que la décision de promotion/redoublement (basée sur les résultats au test) introduit un point de césure : en dessous ou au-dessus d'un score au test étatique. La relation entre le niveau de performance et la décision dépend donc d'un facteur externe (exogène). Ainsi, les techniques de régression discontinue ne sont applicables que lorsqu'une règle stricte est à l'origine de l'assignement des sujets au groupe contrôle ou au groupe

---

19   Cette idée avait déjà été avancée par Dolan en 1982. Holmes (1989) constatait, sur un très petit nombre d'études, que la combinaison redoublement + aide individualisée produisait des effets positifs (cf. les éditions antérieures du présent ouvrage).

20   Du fait même que la décisin de promotion ou de redoublement dépend des résultats des élèves à ce test.

expérimental. Dans ce contexte, seules les pratiques de redoublement basées sur les résultats des élèves à un test standardisé (en dessous de tel score, l'élève redouble) peuvent être évaluées sur base d'une approche par régression discontinue. Dans le contexte européen, notamment, les décisions de redoublement étant du fait des enseignants, à compétence égale sur un test standardisé, un élève peut redoubler ou être promu selon la classe ou l'école dans laquelle il se trouve ; il n'y a donc pas de discontinuité.

Encart 8. Les régressions sur discontinuité

Les approches par régression discontinue relèvent de designs non expérimentaux pouvant être utilisés afin d'estimer l'effet d'un programme lorsque les sujets de l'étude sont assignés à un traitement pédagogique ou à une condition de contrôle sur base d'une règle stricte : le traitement n'est administré à un sujet que lorsque son score à une (ou des) variable(s) donnée(s) est inférieur (ou supérieur) à un seuil ou à un point de césure déterminé (Jacob, Zhu, Somers et Bloom, 2012). Autrement dit, ce type de design permet de quantifier l'effet d'un traitement pédagogique lorsque l'assignation des sujets à ce traitement (ou à une condition contrôle) dépend du score des sujets sur une (ou des) variable(s) donnée(s). Ainsi, la mise en place d'un tel design est à l'origine d'une discontinuité (puisqu'il y a un point de césure) dans la relation entre les variables nécessaires à l'estimation de l'effet du traitement pédagogique. Cette discontinuité rend obligatoire l'usage d'analyses statistiques appropriées afin de comparer la tranche de sujets juste au-dessus du point de césure avec la tranche de sujet juste en dessous de ce même point de césure.

À titre d'exemple, nous savons que le statut socio-économique des familles a une influence sur les résultats scolaires de leurs enfants ; comme en atteste la simulation (N = 100) présentée dans le nuage de points ci-dessous.

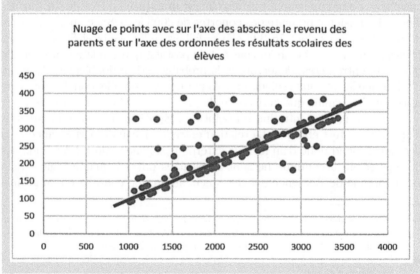

Nuage de points avec sur l'axe des abscisses le revenu des parents et sur l'axe des ordonnées les résultats scolaires des élèves

De ce constat scientifique, certains ministres pourraient vouloir octroyer des aides financières destinées à permettre aux familles de faibles revenus de bénéficier d'un même accès à la culture et à l'éducation que les familles plus aisées. Étant donné que, financièrement parlant, il est impossible d'accorder cette aide à tous les parents, les ministres doivent décider du seuil au-delà duquel les familles ne pourront plus bénéficier de cette aide; fixons-le arbitrairement à 2 000 euros. Le graphique ci-dessous est identique au précédent, mais indique le point de césure par une barre verticale. Sous ce point de césure, les familles bénéficieront d'une aide financière et seront donc assignées au groupe expérimental; au-dessus de ce seuil, elles n'en bénéficieront pas et seront assignées au groupe contrôle.

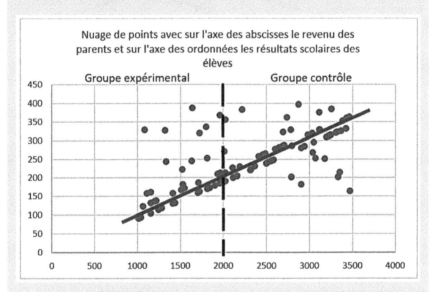

Au bout de quelques années, il est décidé d'évaluer l'effet de cette politique éducative. Comme le graphique ci-dessous en atteste, il appert que la régression originellement linéaire entre les compétences scolaires des élèves et le revenu des parents est désormais discontinue; d'où la nécessité d'user d'analyses statistiques appropriées afin de juger de l'efficacité de cette politique en comparant les élèves juste sous le seuil des 2 000 euros avec les élèves juste au-dessus de ce seuil.

Les résultats de cette simulation sont nets: la politique d'aide financière aux familles à faible ou moyen revenu permet de limiter l'impact du statut socio-économique sur les compétences scolaires.

Le «guide pratique des régressions sur discontinuité» de Jacob et Zhu (2012) propose une présentation plus complète et plus précise de cette approche et des techniques statistiques y afférant.

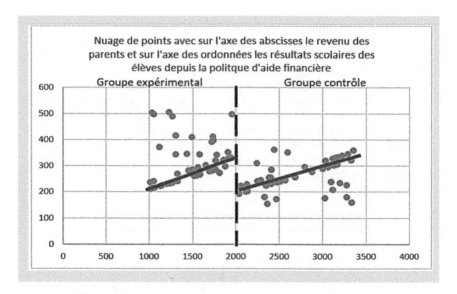

Dans les contextes où le redoublement est décidé sur la base d'un test standardisé, la technique statistique de régression par discontinuité peut être exploitée pour identifier l'effet causal du redoublement. Les tableaux 3.21 et 3.22 présentent les comparaisons à niveau scolaire constant et à âge constant pour les étudiants faibles pour lesquels la décision de promotion ou de redoublement a été prise en troisième année. La manière de présenter les effets est ici un peu différente du calcul d'AE décrit dans les méta-analyses. Afin de se faire une idée des effets du redoublement, il faut ici s'intéresser à deux données essentielles : l'écart-type rapporté du test utilisé et la fraction de cet écart-type représentant la progression du groupe expérimental (redoublement) en comparaison à celle du groupe de contrôle (promotion).

Tableau 3.21 : Effet à année scolaire constante de la politique de redoublement en Floride sur la réussite scolaire des étudiants dont la décision a été prise lors de leur troisième année primaire (adapté de Schwerdt, West & Winters, 2017)

Lecture		Mathématiques	
Année scolaire (effectifs)	Comparaison à année scolaire constante	Année scolaire (effectifs)	Comparaison à année scolaire constante
PCAT scores (ET = 370)		PCAT scores (ET = 306)	
4ᵉ primaire (76 208)	269,07*** (12,98)	4ᵉ primaire (76 091)	186,25*** (8,56)
5ᵉ primaire (59 562)	204,48*** (9,58)	5ᵉ primaire (59 334)	133,21*** (7,76)

Lecture		Mathématiques	
6e primaire (45 804)	159,08*** (13,93)	6e primaire (45 760)	159,70*** (13,89)
1re secondaire (35 051)	102,43*** (16,43)	1re secondaire (35 057)	105,17*** (16,07)
2e secondaire (23 253)	69,90*** (9,67)	2e secondaire (23 230)	40,97*** (8,22)
PCAT 2.0 scores (ET = 21)			
3e secondaire (28 939)	7,48*** (0,85)		
4e secondaire (29 944)	4,79*** (1,00)		

* $p<0,10$; ** $p<0,05$; *** $p<0,001$

Tableau 3.22 : Effet à âge constant de la politique de redoublement en Floride sur la réussite scolaire des étudiants dont la décision a été prise lors de leur troisième année primaire (adapté de Schwerdt *et al.*, 2017)

Lecture		Mathématiques	
Posttest après... (effectifs)	Comparaison à âge constant	Posttest après... (effectif)	Comparaison à âge constant
PCAT scores (ET = 370)		*PCAT scores (ET = 306)*	
1 an (74 443)	83,64*** (8,67)	1 an (74 327)	92,51*** (9,75)
2 ans (70 596)	182,23*** (11,24)	2 ans (70 596)	34,06*** (4,34)
3 ans (57 122)	97,64*** (11,20)	3 ans (57 042)	110,10*** (7,47)
4 ans (43 909)	37,55*** (10,96)	4 ans (43 884)	− 23,58** (9,83)
5 ans (34 311)	1,71 (13,83)	5 ans (34 290)	− 22,69*** (5,69)
6 ans (22 999)	39,82*** (14,38)	6 ans (22 977)	− 7,77 (7,21)
PCAT 2.0 scores (ET = 21)			
7 ans (27 063)	0,29 (0,74)		

* $p<0,10$; ** $p<0,05$; *** $p<0,001$

Si, à titre d'exemple, on s'intéresse à la comparaison à niveau scolaire équivalent lors du test de lecture de quatrième primaire, on observe que la progression des élèves redoublants est de 269,07 fractions d'écart-type supérieures à celle du groupe de contrôle constitué d'élèves promus. L'écart-type du test étant de 370, on en conclut que les élèves redoublants progressent de 72,7 % (269/370*100) d'écart-type de plus que les élèves promus.

L'analyse de ces tableaux appelle plusieurs constats. Tout d'abord, que cela soit à âge constant ou à année scolaire constante, les élèves faibles bénéficiant du programme de redoublement avec remédiation spécifique en Floride progressent davantage que les élèves faibles promus et ne bénéficiant pas de ce programme. Ensuite, on constate que ce bénéfice est indépendant de la discipline évaluée : malgré un bénéfice plus important en lecture, les élèves redoublants bénéficient également de ce dispositif en mathématiques. Cela dit, la différence entre les élèves redoublants ayant bénéficié du dispositif de remédiation et les élèves faibles promus s'affaiblit au fil des ans. En effet, à âge constant en lecture, on passe d'une différence de 49,25 % d'écart-type (182,23/3,7) à l'avantage des redoublants deux ans après le redoublement et à une différence de 0,46 % d'écart-type (1,71/3,7) à l'avantage des redoublants cinq ans après ce redoublement. Ainsi, on constate un effet positif à court terme du programme de redoublement en Floride qui ne se maintient pas dans le temps. Précisons qu'un tel effet à court terme avait déjà été identifié par Greene et Winters (2007) ainsi que par Schwerdt et West (2012) sur le même programme et par Jacob et Lefgren (2004) sur un programme de redoublement associé à un dispositif de rattrapage via des écoles d'été à Chicago. Comme dans l'étude de Swherdt *et al.* (2017), cet effet s'estompe quand on analyse les résultats des élèves sur un plus long terme.

Deux autres observations viennent confirmer ce dernier constat. D'une part, à année scolaire constante, on peut constater qu'il existe toujours, même dans l'enseignement secondaire, des différences entre les élèves ; mais que ces différences ne sont plus significatives quand on compare ces mêmes élèves à âge constant. Or, de ce fait, le lien de causalité entre la pratique de redoublement adjointe à de la remédiation spécifique et la différence des élèves à année scolaire constante ne peut plus être établi ; il peut s'agir ici de différences résultant simplement de la différence d'âge entre les élèves redoublants et les élèves promus. D'autre part, malgré ce bénéfice d'apprentissage à court terme, il semble, comme en atteste le tableau 3.23, que cette pratique spécifique de redoublement-remédiation ne permette pas aux élèves redoublants de convertir ce gain d'apprentissage en un diplôme menant soit à une profession soit à une inscription dans l'enseignement supérieur, constat également soutenu par les résultats d'une étude antérieure de Jacob et Lefgren (2009).

De tels résultats soulignent la nécessité d'investiguer le lien qui peut exister entre le redoublement et le risque qu'un élève quitte l'enseignement sans avoir obtenu un diplôme suffisant. Nous traiterons du lien entre le décrochage scolaire et le redoublement dans le cadre de la section 8.

Tableau 3.23 : Effet de la politique de redoublement en Floride sur l'obtention d'un diplôme (adapté de Schwerdt *et al.*, 2017)

Variable	Entrée en High School	Diplôme d'High School			
		Type de diplômes obtenus			
		Tout	Traditionnel	GED	CoC
	(1)	(2)	(3)	(4)	(5)
Redoublant en 3e année	− 0,006 (0,020)	− 0,003 (0,036)	0,005 (0,034)	0,006 (0,015)	0,018 (0,026)
Lecture	0,001 (0,001)	0,000 (0,002)	− 0,003*** (0,001)	− 0,001*** (0,000)	− 0,001** (0,001)
Lecture x en dessous de la limite	− 0,000 (0,001)	0,003 (0,002)	0,004*** (0,001)	0,002*** (0,001)	0,002* (0,001)
Étudiants	27 724	27 724	17 147	17 147	17 147
R^2	0,015	0,056	0,036	0,031	0,038

* $p<0,10$; ** $p<0,05$; *** $p<0,01$

Par ailleurs, ce type d'études pose un problème de taille : la comparabilité du groupe expérimental « redoublement » avec le groupe de contrôle « promotion ». En effet, là où le groupe expérimental bénéficie, en plus du redoublement, d'un traitement de remédiation spécifique, le groupe de contrôle ne bénéficie, quant à lui, que de la promotion. Il est dès lors difficile d'établir un lien de causalité clair (Conseil National d'Évaluation du Système Scolaire, 2014b) : est-ce le redoublement, la pratique de remédiation, ou l'action conjointe des deux, qui permet une progression significative des élèves du groupe expérimental ? Se pose également la question essentielle de l'intérêt de ces pratiques de remédiation pour les élèves faibles associées à la promotion : les élèves faibles ne bénéficieraient-ils pas davantage de pratiques de remédiation combinées à une promotion dans l'année suivante plutôt qu'à un redoublement ?

Ce type de recherches comparatives est, au jour d'aujourd'hui, une denrée rare, alors que l'on recense un important corpus d'études consacrées à l'évaluation des effets de pratiques de remédiation associées au redoublement. Dans ces études, on compare l'évolution de redoublants bénéficiant de la pratique en question à d'autres élèves faibles du même niveau scolaire, non-redoublants qui n'en bénéficient pas. Idéalement, il conviendrait de considérer quatre catégories d'élèves : (1) les élèves faibles qui redoublent et ne bénéficient d'aucune remédiation (redoublement), (2) les élèves faibles qui ne redoublent pas et ne bénéficient d'aucune remédiation (promotion), (3) les élèves faibles qui redoublent et bénéficient de pratique(s) de remédiation (redoublement + remédiation), et (4) les élèves faibles qui ne redoublent pas et bénéficient de pratiques de remédiation (promotion + remédiation). Ce type d'études semble n'avoir jamais été réalisé.

En 1980, Leinhardt a, quant à elle, comparé l'évolution en lecture d'enfants redoublants bénéficiant d'une assistance individualisée avec celle d'élèves que l'on avait promus tout en leur assurant le même accompagnement individualisé[21]. Le tableau 3.24 présente les moyennes et les écarts-types des deux groupes au prétest et au posttest. Sur la base de ces données et en utilisant la formule issue de Morris (2008), l'ampleur de l'effet (D_{ppc2}[22]) peut être estimée à − 0,016. Ces résultats sont éclairants quant à la question qui nous occupe ici. Si l'évolution des élèves redoublants bénéficiant de dispositifs spécifiques de remédiation peut s'avérer plus importante que l'évolution d'élèves faibles promus qui, eux, ne bénéficient d'aucun dispositif de ce type, le constat est tout autre lorsqu'on compare ces élèves redoublants à des élèves faibles promus tout en permettant à ces deux groupes d'élèves de bénéficier du même dispositif de remédiation. En effet, dans ce dernier cas, les élèves redoublants et les élèves promus progressent dans une même mesure, à la seule différence qu'il faudra un an de plus pour que les élèves redoublants atteignent le même niveau de scolarité que les élèves promus. Il faut néanmoins regretter que Leinhardt (1980) n'ait pu suivre l'évolution des deux groupes pendant plusieurs années, afin d'appréhender une éventuelle différence des effets à long terme

Tableau 3.24 : Étude de Leinhart (1980) comparant l'effet du redoublement combiné à une intervention individualisée et de la promotion également combinée à une intervention individualisée

Nombre d'élèves		Élèves redoublants	Élèves promus
		44	32
Prétest	Moyenne (Écart-type)	11,2 (4,3)	13,3 (2,2)
Posttest	Moyenne (Écart-type)	49,9 (17,3)	60,5 (17,9)

L'évaluation menée par Peterson, Degracie et Ayabe (1987) de l'innovation pédagogique implantée dans les *MESA Public Schools* fournit une confirmation indirecte du point de vue défendu par Leinhardt. L'échantillon comporte 106 élèves redoublants, dont 65 devaient répéter la première année, 26 la seconde et 15 la troisième. Ceux-ci ont été appariés à d'autres enfants du même âge, du même sexe, du même groupe ethnique et des mêmes

---

21   Il s'agit, en fait, d'un dispositif d'apprentissage individualisé de la lecture, baptisé The New Reading System (NRS) par leurs auteurs Beck et Miroff (1972, cité par Leinhart, 1980) et Resnick et Beck (1976, cité par Leinhart, 1980).

22   La formule présentée dans l'encart 7 n'est pas toujours d'application. Il existe d'autres formules mieux adaptées à des groupes dont les effectifs ou les écarts-types sont très différents. À titre d'exemple, le site https://www.psychometrica.de/effect_size.html propose différentes formules adaptées aux caractéristiques des échantillons.

scores au Californian Achievement Test (CAT), mais ne redoublant pas. Les sujets des deux groupes ont été suivis pendant trois ans, à l'aide du même instrument de mesure (le CAT). Ceci permet non seulement de comparer les deux groupes de sujets par rapport aux trois sous-scores (lecture, langage et mathématiques), mais aussi d'opérer les deux types de comparaisons présentés ci-dessus : à âge constant et à année scolaire constante.

Tableau 3.25 : Moyennes et écarts-types caractéristiques des élèves redoublants et des élèves promus aux trois sous-scores du CAT (lecture, langage et mathématiques) de 1981 à 1984.
Élèves redoublants en première année (issu de Peterson *et al.*, 1987)

Critère	Année du test	Élèves redoublants			Élèves promus			Comparaison à année scolaire constante	Comparaison à âge constant
		Nombre	Moyenne	Écart-type	Nombre	Moyenne	Écart-type		
Lecture	1981	64	41,9	13,5	62	43,1	11,8	P 0,05[23]	N.S.
	1982	64	61,4	13,3	62	46,0	14,4	P 0,05	P 0,05[24]
	1983	64	51,6	16,2	62	48,0	14,8	N.S.	N.S.
	1984	64	49,8	17,7	62	45,7	13,4	[25]	N.S.
Langage	1981	64	34,0	16,0	63	37,1	15,4	P 0,05	N.S.
	1982	64	55,4	18,1	63	49,2	15,2	P 0,05	N.S.
	1983	64	57,2	17,3	63	51,7	18,9	N.S.	N.S.
	1984	64	56,5	16,6	63	53,0	18,1		N.S.
Math	1981	65	40,3	11,8	61	41,1	11,0	P 0,05	N.S.
	1982	65	64,4	15,4	61	50,9	16,2	N.S.	P 0,05
	1983	65	56,3	15,2	61	50,1	17,8	N.S.	P 0,05
	1984	65	51,4	17,2	61	49,7	16,5		N.S.

Note : N.S. = différence non significative.

[23] Dans ce type de comparaison, on estime l'importance de la différence entre les scores obtenus par les redoublants au terme de l'année répétée et ceux obtenus par les promus lors de leur première passation. Concrètement, dans le cas de la première ligne, on compare 61,4 (résultats moyens des redoublants au terme de leur première année répétée) avec 43,1 (résultats moyens des promus au terme de leur première passation).

[24] Dans ce type de comparaisons, on estime l'importance de la différence entre les scores obtenus par les redoublants et les promus. Concrètement, dans le cas de la deuxième ligne, on compare 61,4 (résultats moyens des redoublants au terme de leur première année répétée) avec 46,0 (résultats moyens des promus au terme de leur seconde année).

[25] Lors de la dernière année d'études, seule une comparaison à âge constant est disponible.

Avant d'interpréter les résultats, on examinera l'éventualité d'un biais de sélection. À ce sujet, il convient d'examiner les résultats des élèves des deux groupes (redoublants et promus) aux tests de 1981, ceux-ci ayant valeur de mesure initiale. On constate dans tous les cas de légères différences (non significatives sur le plan statistique), dont quatre sont favorables aux redoublants et quatre aux promus.

Soulignons, pour éviter toute ambiguïté d'interprétation, que 1981 est, dans tous les cas, l'année du redoublement et que les années 1982, 1983 et 1984 permettent d'appréhender les effets à moyen terme de la décision prise en 1981. Aucun des cas conservés pour les analyses présentées ici n'a eu à subir un deuxième redoublement.

On trouvera l'essentiel des résultats de cette étude dans les tableaux 3.25, 3.26 et 3.27. Les deux dernières colonnes de chaque tableau indiquent les valeurs des multiples analyses de variance.

Tableau 3.26 : Moyennes et écarts-types caractéristiques des élèves redoublants et des élèves promus aux trois sous-scores du CAT (lecture, langage et mathématiques) de 1981 à 1984. Élèves redoublants en deuxième année (issu de Peterson *et al.*, 1987)

Critère	Année du test	Élèves redoublants			Élèves promus			Comparaison à année scolaire constante	Comparaison à âge constant
		Nombre	Moyenne	Écart-type	Nombre	Moyenne	Écart-type		
Lecture	1981	26	34,5	12,3	26	33,9	12,3	P 0,05	N.S.
	1982	26	48,6	13,9	26	37,2	10,4		P 0,05
	1983	26	47,7	13,5	26	39,8	13,0	P 0,05	P 0,05
	1984	26	47,4	10,4	26	39,7	16,1		P 0,05
Langage	1981	25	33,8	16,5	25	32,3	17,1	P 0,05	N.S.
	1982	25	48,8	18,0	25	37,3	14,5	P 0,05	N.S.
	1983	25	48,4	17,1	25	44,1	16,6	P 0,05	N.S.
	1984	25	55,0	18,2	25	46,6	15,7		N.S.
Math	1981	26	35,9	13,2	24	37,0	12,4	P 0,05	N.S.
	1982	26	54,1	19,3	24	36,8	15,3		P 0,05
	1983	26	47,3	13,8	24	42,6	15,5	P 0,05	P 0,05
	1984	26	51,0	16,7	24	46,0	13,3		N.S.

Tableau 3.27 : Moyennes et écarts-types caractéristiques
des élèves redoublants et des élèves promus aux trois sous-scores
du CAT (lecture, langage et mathématiques) de 1981 à 1984.
Élèves redoublants en troisième année
(issu de Peterson *et al.*, 1987)

Critère	Année du test	Élèves redoublants			Élèves promus			Comparaison à année scolaire constante	Comparaison à âge constant
		Nombre	Moyenne	Écart-type	Nombre	Moyenne	Écart-type		
Lecture	1981	15	31,0	10,5	15	28,3	6,2	P 0,05	N.S.
	1982	15	44,2	15,0	15	35,5	15,3	P 0,05	N.S.
	1983	15	43,9	17,1	15	37,1	14,4	P 0,05	N.S.
	1984	15	48,1	21,3	15	41,7	11,9		N.S.
Langage	1981	14	33,4	18,6	15	30,3	8,1	P 0,05	N.S.
	1982	14	53,2	24,4	15	39,1	15,3	P 0,05	N.S.
	1983	14	53,8	17,1	15	40,8	12,6	P 0,05	N.S.
	1984	14	51,9	21,5	15	48,2	19,4		N.S.
Math	1981	14	33,6	19,4	14	30,9	10,3	P 0,05	N.S.
	1982	14	49,3	18,3	14	36,4	14,9	P 0,05	N.S.
	1983	14	50,4	18,0	14	42,5	11,2	P 0,05	N.S.
	1984	14	50,6	18,6	14	52,4	11,5		N.S.

Les résultats sont intéressants. Dans cette étude, de manière générale, les redoublants obtiennent de meilleurs résultats dans les comparaisons à année scolaire constante (différences significatives à p. 0,05). Le contraire serait dramatique : ces enfants recommencent les mêmes apprentissages et bénéficient d'assistance individualisée. En revanche, les comparaisons à âge constant aboutissent la plupart du temps à des différences non significatives. Plus désolant, comme le montre clairement la figure 3.3, les bénéfices acquis juste après l'intervention s'estompent très vite : après deux ans, il n'en reste rien.

Pour les auteurs, ces résultats sont franchement décevants. Avec une rigueur et une honnêteté qui les honorent, ils concluent que, bien sûr, leur intervention combinant redoublement et assistance individualisée produit de meilleurs résultats que le redoublement seul, mais ils reconnaissent que c'était bien le moins que l'on pouvait espérer. Renonçant à leurs convictions de départ, ils suggèrent d'emboîter le pas à ceux qui, tel Leinhardt (1980), préconisent une organisation pédagogique combinant la promotion automatique avec l'assistance individualisée des élèves en difficulté.

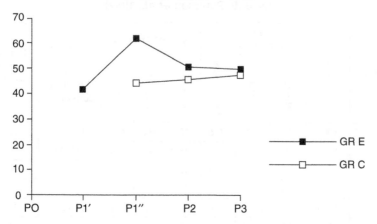

Figure 3.3 : Évolution de la première (P1) à la troisième (P3)
année des scores en lecture des élèves qui ont redoublé en 1981 (GE)
comparée à l'évolution pendant la même période des scores en lecture
d'élèves appariés (GC)

6.   LE REDOUBLEMENT PRÉCOCE EST-IL BÉNÉFIQUE À MOYEN TERME ?

Les études présentées jusqu'à présent avaient pour but d'estimer un effet moyen des pratiques de redoublement sur les élèves, quel que soit le niveau scolaire auquel ils se situaient lors de la décision. Or de nombreux enseignants croient dans les vertus d'un redoublement précoce (Chenu *et al.*, 2011). Selon eux, plus celui-ci est mis en place tôt dans la scolarité d'un élève, plus il aura un effet positif sur son devenir scolaire. Le postulat qui découle de cette croyance est qu'en laissant un an de plus aux jeunes élèves pour acquérir les compétences de base de la lecture et de la numération, entre autres, on assure aux élèves faibles un bagage suffisant pour appréhender le reste de leur scolarité. Dans cette section, nous allons passer en revue les études s'intéressant au redoublement au début de l'enseignement primaire. Dans la section 7, nous synthétiserons les résultats de recherches concernant la fin de l'enseignement maternel.

Rappelons que, dans la méta-analyse de Holmes (1989), le redoublement n'a pas d'effet positif, quel que soit le moment auquel il intervient dans la scolarité de l'élève qui en fait l'objet. Certaines études ciblent plus précisément l'effet du redoublement précoce. Nous évoquerons d'abord deux études américaines sur le sujet, soulignant au passage les différences institutionnelles entre ce contexte et le contexte européen. Nous rappellerons ensuite brièvement l'étude menée par Allal et Ntamakiliro (1997) à Genève, avant de nous concentrer sur des études plus récentes : celle de Bonvin, Bless et Schuepbach (2008) en Suisse, celle de Troncin (2005) en France et celle de Goos, Van Damme, Onghena, Petry et de Bilde (2013) suivie de celle de Vandecandelaere, Vansteelandt, De Fraine et Van Damme (2015) en Flandre.

Dans le contexte américain, une étude menée par Gleason *et al.* (2007) montre un effet positif à court terme (un an après le redoublement) et à année scolaire constante[26] du redoublement en première primaire sur des variables cognitives[27], mais aussi sur l'évaluation de l'élève redoublant par son enseignant et ses pairs. Dans la continuité de cette étude, Hugues, Chen, Thoemmes et Kwok (2010) montrent également, sur un échantillon de 769 étudiants du Texas (165 redoublants et 604 promus), un effet positif à court terme du redoublement. Selon cette étude, ce bénéfice peut se prolonger jusqu'en troisième année. Les chercheurs calculent une ampleur de l'effet du redoublement de 0,99 en lecture et de 0,97 en mathématiques lorsqu'on compare le groupe de contrôle (élèves promus) et le groupe expérimental (élèves répétant la première primaire) sur base de leurs résultats au test de fin de troisième primaire. Ces résultats, tous issus d'études menées au Texas, sont obtenus dans un contexte scolaire très différent de celui du canton de Genève, de la Suisse, de la France et de la Flandre. En effet, Hugues *et al.* (2010) parlent de « context of accountability testing ». Dans ce contexte, un socle de compétences est défini pour chaque année scolaire et un test officiel a pour fonction de mesurer la maîtrise de celles-ci ; c'est sur la base des résultats à ce test standardisé que sont prises les décisions de redoublement. De plus, lorsque les compétences ne sont pas maîtrisées, les élèves ont l'occasion de participer à un programme scolaire de rattrapage durant les vacances d'été.

Dans l'étude d'Allal et Ntamakiliro (1997), un groupe d'élèves ayant redoublé en première ou en deuxième primaire a été suivi jusqu'à son entrée au *Cycle d'orientation* (première année de l'enseignement

---

26　Les ampleurs de l'effet sont négatives à âge constant. Il faut aussi noter qu'il y a une importante différence de départ entre les deux groupes d'élèves, en faveur des élèves promus.

27　Moser, West et Hughes (2012) obtiennent des résultats congruents avec l'étude de Gleason *et al.* (2007). En utilisant une méthodologie d'appariement par score de propension, ces chercheurs ont étudié l'effet du redoublement en première primaire sur deux cohortes successives d'étudiants (2000 et 2001) de trois districts scolaires des états du Sud-Ouest des États-Unis. Ils ont montré qu'en mathématiques et en lecture, les étudiants redoublant en première année bénéficiaient d'un « booste » à court-terme de leurs performances et ce en comparaison des élèves promus. Cependant, ce « booste » se dissipe progressivement au fil des années.

secondaire). Il est donc possible d'étudier l'effet à moyen terme d'un redoublement intervenu tôt dans le cursus de l'élève. L'échantillon de départ est composé de 250 individus, dont 170 ont redoublé en première et 80 en deuxième. Une majorité sont des garçons (58 %), étrangers (52 %) et de statut économique faible (52 %). Sept ans après leur entrée à l'école primaire, 77 de ces 250 élèves ont quitté le secteur ordinaire de l'enseignement public genevois (transfert en classes spécialisées ou dans l'enseignement privé). Des 177 élèves restants, 32 ont redoublé une seconde fois et se retrouvent en sixième alors que 141 sont passés au *Cycle d'orientation*. Afin d'analyser les relations entre le redoublement précoce et la trajectoire scolaire, Allal et Ntamakiliro (1997) ont pu retenir 76 élèves (parmi les 141) dont les dossiers comportaient les notes annuelles dans les branches de passage (français et mathématiques) pour toutes les années du primaire. En première primaire, avant redoublement, 84 % des élèves de l'échantillon retenu ont des notes nettement insuffisantes en lecture ; ils sont seulement 25 % dans cette situation en ce qui concerne les mathématiques. Après redoublement, aucun élève ne reçoit de notes inférieures à 4, que ce soit en lecture ou en mathématiques et nombreux sont ceux qui obtiennent des notes de 5 ou 6[28]. L'effet immédiat du redoublement sur les notes scolaires semble donc positif. En sixième, le bilan est moins positif. En effet, pour bien interpréter ces données, il faut prendre en considération qu'à l'époque de la recherche, des notes entre 1 et 3 empêchent en principe le passage en section prégymnasiale du *Cycle d'orientation* (CO). Or la moitié de ces 76 élèves est dans ce cas de figure en ce qui concerne le français et un tiers en ce qui concerne les mathématiques.

Parmi les 141 redoublants admis au CO en 1991, 30 sont entrés dans des collèges sans sections, tandis que 111 sont passés dans des établissements où l'orientation s'effectue, dès la première année du secondaire, vers une filière : soit la section prégymnasiale *Latine-Scientifique*, soit l'une des sections préprofessionnelles, *Générale ou Pratique*. Une question s'impose d'emblée : ces 111 redoublants sont-ils l'objet d'orientation analogue à celle des autres élèves ? Si le redoublement précoce permet effectivement une remise à niveau réelle des élèves en difficulté, on ne doit pas trouver de différence entre ces derniers et le tout-venant de la population scolaire fréquentant les CO. Manifestement, ce n'est pas le cas. Comme le montrent les données du tableau 3.28, rares sont les élèves qui, ayant redoublé au début du primaire, se retrouvent dans la filière *Latine-Scientifique*. La répartition de ces élèves dans les trois filières est très différente de celle de l'ensemble des élèves qui sont entrés la même année au CO. Ce constat reste valide

---

28   Dans l'enseignement genevois, les notes s'échelonnent entre 0 et 6 ; 4 est la note de passage.

lorsqu'on prend pour référence la fourchette approximative d'orientation dans chaque section si la population totale avait une composition semblable à celle du groupe des redoublants sur le plan de la nationalité et du statut socio-économique (SES).

Tableau 3.28 : Répartition des élèves dans les filières du Cycle d'orientation (année scolaire 7)

Filière	Redoublants (1P/2P) N = 111	Population année scolaire 7 N = 2758	Fourchettes approximatives pour nationalité et SES comparables
Latin-Scientifique	31 %	71 %	64-67 %
Générale	52 %	24 %	27-28 %
Pratique	17 %	5 %	6-8 %

L'étude de Bovin *et al.* (2008), menée dans les cantons germanophones et francophones de Suisse, confirme les conclusions d'Allal et Ntamakiliro (1997). L'échantillon national comporte 4 690 élèves de deuxième primaire (en mai 2001). Les chercheurs ont pris connaissance des élèves désignés par les enseignants pour un redoublement et les ont appariés avec des élèves promus sur base d'un ensemble de variables cognitives (QI et résultats à des tests de performance scolaire) et sociodémographiques (sexe, âge, nationalité, etc.). Les élèves, redoublants ou promus en fin de deuxième primaire, ont été suivis pendant les deux années scolaires suivantes. Ils ont été soumis à des tests de performance scolaire en début (novembre 2001) et en fin de l'année scolaire (mai 2002) suivante ; c'est-à-dire en fin de deuxième primaire pour les redoublants et de troisième primaire pour les promus. En 2003, une dernière mesure a été prise en fin d'année scolaire (mai 2003) ; les redoublants sont alors en fin de troisième primaire tandis que les promus sont en fin de quatrième primaire. Un tel *design* a permis à la fois de réaliser des comparaisons à âge constant (tableau 3.29) et des comparaisons à année scolaire constante (tableau 3.30).

Tableau 3.29 : Comparaison à âge constant (issu de Bonvin, Bless et Schuepbach, 2008)

Comparaison à âge constant									
	Mai 2001			Novembre 2001			Mai 2002			p_{value} (Éta^2)
	M	SD	N	M	SD	N	M	SD	N	
Mathématiques										
Élèves de langue allemande										
Redoublants	46,19	14,96	33	51,06	15,73	33	70,06	16,85	33	0,001
Promus	47,57	13,88	33	68,78	13,60	33	80,35	13,66	33	(0,14)

	M	SD	N	M	SD	N	M	SD	N	p_{value} (Éta²)
Élèves de langue française										
Redoublants	23,74	10,32	30	35,86	14,78	30	48,59	14,16	30	0,051
Promus	24,44	10,13	30	41,62	17,49	30	58,59	17,62	30	(0,05)
Langue										
Élèves de langue allemande										
Redoublants	45,49	13,11	33	58,65	12,92	33	67,32	12,53	33	0,395
Promus	47,61	13,59	33	61,03	15,20	33	73,23	14,10	33	(0,01)
Élèves de langue française										
Redoublants	35,35	12,54	30	46,61	14,46	30	61,91	14,62	30	0,060
Promus	38,55	11,72	30	51,98	14,87	30	65,12	11,79	30	(0,05)

Les résultats des comparaisons à âge constant ne sont pas surprenants. Que ça soit en mathématiques ou en langue, les élèves faibles redoublants des deux régions linguistiques progressent moins que les élèves faibles promus. Les différences entre les deux groupes ne sont cependant significatives que dans les analyses relatives aux mathématiques.

Tableau 3.30 : Comparaison à année scolaire constante (issu de Bonvin, Bless et Schuepbach, 2008)

Comparaison à année scolaire constante	Mai 2001			Mai 2002			Mai 2003			p_{value} (Éta²)
	M	SD	N	M	SD	N	M	SD	N	
Mathématiques										
Élèves de langue allemande										
Redoublants	45,98	15,64	29				86,94	8,80	29	0,046
Promus	47,65	14,69	29	80,98	12,85	29				(0,07)
Élèves de langue française										
Redoublants	25,03	10,93	23				70,75	13,81	23	0,025
Promus	24,64	10,86	23	59,42	18,47	23				(0,11)
Langue										
Élèves de langue allemande										
Redoublants	45,62	13,53	30				76,72	10,02	30	0,029
Promus	47,61	13,59	33	61,03	15,20	33	73,23	14,10	33	(0,08)
Élèves de langue française										
Redoublants	33,13	12,78	23				73,47	9,44	23	0,14
Promus	37,18	11,24	23	67,23	11,02	23				(0,13)

Les résultats des comparaisons à année scolaire constante sont également cohérents avec ce qui a déjà été montré auparavant. À court terme, les redoublants progressent significativement plus que les promus. Bless, Bonvin et Schuepbach (2005, p. 209) concluent de ces deux comparaisons : « Si l'on considère ces deux résultats ensemble [...], on doit admettre une situation d'égalité causée par le biais introduit par chaque type de comparaisons à l'avantage ou au désavantage des élèves redoublants. » Autrement dit, étant donné qu'à âge constant, le test est à l'avantage des promus (qui ont bénéficié du curriculum de l'année supérieure par rapport aux redoublants) et qu'à année scolaire constante, le test est à l'avantage des redoublants (qui ont bénéficié d'une année de scolarité supplémentaire avant de réaliser le test), les effets positifs du redoublement à année scolaire constante sont compensés par ses effets négatifs à âge constant.

Enfin, Bovin *et al.* (2008) ont opéré un troisième type de comparaisons, à la fois original et très pertinent : ils ont comparé les redoublants (de deuxième primaire) avec un groupe (nommé « normatif ») composé des nouveaux élèves de deuxième primaire (tableau 3.31). Autrement dit, ils comparent les redoublants à des élèves (un an plus jeune), qui se retrouvent en classe avec eux.

**Tableau 3.31 : Comparaison avec un groupe normatif
(issu de Bonvin, Bless & Schuepbach, 2008)**

Comparaison avec un groupe normatif									
	Novembre 2001			Mai 2002			Mai 2003		p_{value} (Éta^2)
	M	SD	N	M	SD	N	M	SD	N	
Mathématiques										
Élèves de langue allemande										
Redoublants	52,46	15,97	29	72,20	15,35	29	86,94	8,80	29	0,021
Nouveaux	44,45	19,50	390	70,43	18,03	390	87,79	10,51	390	(0,01)
Élèves de langue française										
Redoublants	37,81	15,15	23	50,59	14,49	23	70,75	13,81	23	0,000
Nouveaux	30,56	16,32	168	52,06	18,92	168	78,88	12,31	168	(0,10)
Langue										
Élèves de langue allemande										
Redoublants	59,98	11,09	30	67,94	12,99	30	76,72	10,02	30	0,000
Nouveaux	49,13	17,83	406	64,43	17,01	406	80,18	11,62	406	(0,04)
Élèves de langue française										
Redoublants	41,89	13,95	23	62,84	15,25	23	73,47	9,44	23	0,029
Nouveaux	39,16	16,63	158	62,46	16,00	158	78,16	9,15	158	(0,03)

Les résultats sont instructifs. En novembre 2001, c'est-à-dire en début de deuxième année, les redoublants ont des scores supérieurs aux «nouveaux». En mai 2002, c'est-à-dire en fin d'année, l'écart entre les deux groupes s'est resserré. En mai 2003, c'est-à-dire en fin de troisième année, les «nouveaux» surpassent les redoublants et ce, dans les deux régions linguistiques. Cette nouvelle comparaison s'érige comme un argument supplémentaire contre la pratique du redoublement. En effet, en considérant que les redoublants ont non seulement un an de plus, donc normalement plus de maturité, et qu'ils ont déjà «vu la matière» une première fois, qu'ils soient finalement si rapidement «distancés» par leurs pairs plus jeunes montre l'inefficacité du redoublement à véritablement aider les élèves en difficulté scolaire.

En France, dans le cadre d'une recherche de l'IREDU portant sur la réussite scolaire dans le département de la Côte d'Or, Troncin (2005) a utilisé les données récoltées de manière à réaliser une étude quasi expérimentale visant à apprécier les effets du redoublement du point de vue des acquisitions scolaires, mais aussi des implications pour l'enfant et sa famille. Le schéma de son étude est le suivant:

Tableau 3.32 : Schématisation de l'étude de Troncin (2005)

	Année 2002-2003		Année 2003-2004	
	Début CP (Septembre 2002)	**Fin CP (Juin 2003)**	**Début CE1 Début 2e CP (Septembre 2003)**	**Fin CE1 Fin 2e CP (Juin 2004)**
Élèves	3932	3096	3385	3258
Redoublants			123 scolarisés dans 68 classes	
Classe	274	222	306	298
Écoles	220	180	241	240

L'échantillon recouvre quasiment toute la population du département (4 961 élèves, 336 classes et 274 écoles). Pour mesurer les acquisitions scolaires, Troncin a profité des évaluations systématiques en grande section de maternelle et au cours préparatoire qui ont été initiées par les tutelles ministérielles, au cours de l'année scolaire 2002-2003[29]. Les modalités de passation de ces évaluations étaient pour la plupart semi-collectives ou individuelles. L'épreuve de début de CP évalue des compétences liées à l'aisance graphique, l'espace-temps, la langue et la lecture ainsi qu'au traitement de l'information. L'épreuve de fin CP explore quatre domaines: la

---

29   M.E.N., «Évaluation et aide aux apprentissages en grande section de maternelle et en cours préparatoire: identification des compétences et repérage des difficultés des élèves», Circulaire n° 2001-148 du 27 juillet 2001.

langue écrite, les mathématiques, les relations au monde environnant et le traitement de l'information. En début de CE1 (promus) ou au début du second CP (redoublants), on a resoumis aux élèves les épreuves de fin de CP. Les épreuves de fin CE1 et de fin du second CP proposent des items communs dans divers domaines (cf. tableau 3.33).

En ayant recours à la méthode d'appariement par probabilité prédite, il a été possible de choisir des élèves promus au CE1 qui ressemblent « autant que faire se peut » aux redoublants de CP au regard de leurs probabilités respectives de redoubler. Dans le cas présent, cette méthode consiste, dans une première étape, à élaborer un modèle régressant la probabilité de redoubler le CP à partir de différentes caractéristiques individuelles. À partir de ce modèle, il est possible d'estimer les probabilités individuelles de redoubler pour chacun des enfants de l'échantillon, qu'ils aient effectivement redoublé ou non. L'appariement « un à un » consiste ensuite à trouver pour chaque redoublant un élève de CE1 ayant la même probabilité prédite que chacun des redoublants retenus pour constituer le groupe expérimental. Au final, 103 binômes ont été retenus. L'indice de réussite moyenne au test de fin de CP est de 0,29 pour le groupe des futurs redoublants et de 0,28 pour le groupe des élèves faibles promus ; la différence est évidemment non significative.

Si, en juin 2003, les deux groupes ne diffèrent pas du point de vue des acquis scolaires, il n'en va plus de même en juin 2004. Comme le montre le tableau 3.33, les faibles promus ont des scores supérieurs à ceux des redoublants.

Tableau 3.33 : Comparaison des indices de réussite moyenne des redoublants et des promus faibles en fin de seconde année d'enseignement élémentaire (repris de Troncin, 2005)

Domaine (nombre d'exercices)	Redoublants	Faibles promus	Ampleur de l'effet
Global (14)	0,50 (0,13)	0,55 (0,12)	– 0,42
Français (5)	0,48 (0,14)	0,54 (0,15)	– 0,40
Mathématiques (5)	0,44 (0,13)	0,49 (0,12)	– 0,42
Relations au monde environnant (2)	0,56 (0,13)	0,59 (0,13)	– 0,23
Traitement de l'information (2)	0,62 (0,10)	0,66 (0,11)	– 0,36

Une découverte assez inédite de Troncin concerne la progression des acquis des élèves durant les vacances d'été. À ce moment-là, les redoublants savent qu'ils vont recommencer leur année, alors que les élèves faibles promus savent que, malgré leurs faiblesses, ils vont entamer l'année supérieure. En comparant les résultats au test de juin 2003 et à celui (identique) de septembre 2003, Troncin constate que les futurs redoublants de CP régressent pendant les vacances d'été (– 1,9) alors que leurs camarades qui seront en CE1 à la rentrée scolaire suivante progressent (+3,6), ce qui fait une différence de 5,5. Comment interpréter ce constat ? Faut-il y voir un effet démotivant de l'information qui a été donnée à ceux qui vont devoir répéter le CP ? Autre hypothèse : la décision de promotion aurait eu un effet sur les familles dont les enfants ont été promus malgré leurs faiblesses ; celles-ci auraient cherché à maintenir un environnement stimulant pour leurs enfants.

La tendance générale est claire : le redoublement au cours préparatoire ne permet pas en moyenne d'obtenir de meilleurs résultats en fin d'année scolaire suivante. Pour nuancer, il convient de tenir compte des écarts-types (cf. tableau 3.33). Ceci amène Troncin à examiner les résultats finaux de chacun des 103 binômes constitués par un redoublant et son pair promu au CE1. À la lecture du graphique ci-dessous[30], il constate que, dans trois quarts des cas, les élèves promus obtiennent des résultats finaux supérieurs à ceux des redoublants alors même que leur niveau initial en fin de première année de scolarisation élémentaire était comparable. Ceci signifie également que, dans un quart des cas, on observe l'inverse. Hélas, nous ignorons quand et pourquoi ces redoublements paraissent avoir été « positifs » et ce qu'il advient des élèves qui auraient eu le bénéfice d'un redoublement réussi. Notons toutefois que, ayant interrogé 35 redoublants, Troncin a pu identifier deux catégories de redoublants grâce à une analyse factorielle des correspondances. Il y a d'une part ceux qui savent pourquoi ils redoublent, peuvent expliquer ce qu'implique ce redoublement et en ont parlé à l'école avec leur enseignant, avec leurs parents et leurs copains ; ils sont 13 dans ce cas. Quinze présentent le profil inverse. Les sept autres n'entrent dans aucune de ces deux catégories. Malheureusement, l'auteur n'a pas relié ces profils aux effets positifs ou négatifs du redoublement.

Par ailleurs, Troncin ne fait pas l'apologie de la promotion simple des élèves faibles. Lorsqu'il compare les résultats au test de fin de CE1 (juin 2004) des élèves faibles promus à ceux des autres élèves, il constate que plus de 90 % d'entre eux font partie du premier décile de la distribution des indices de réussite moyenne des autres élèves. Autrement dit, les élèves qui étaient faibles en CP le restent en CE1. Bien plus, certains échouent à la fin de cette année.

---

30   Les colonnes ascendantes indiquent les binômes dans lesquels le faible promu a obtenu de meilleurs scores au test final que le redoublant ; les colonnes descendantes indiquent l'inverse.

**Figure 3.4 : Comparaison des indices de réussite moyenne
en fin de seconde année pour chaque binôme CP-CE1 (Troncin, 2005)**

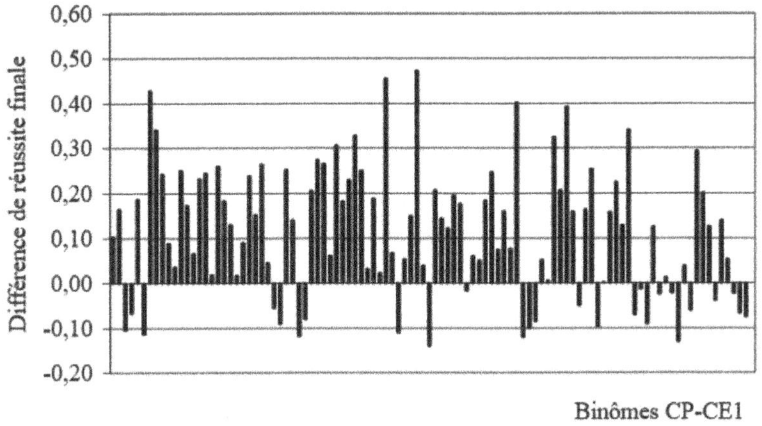

Troncin a également analysé l'évolution des avis de 26 familles dont l'enfant a redoublé le CP. En début de CP, tous les parents du département avaient reçu un questionnaire dans lequel certaines questions portaient sur le redoublement. En Juin 2003 et puis en novembre 2003, le chercheur français a pu interroger 26 parents. Lorsque l'annonce du redoublement de leur enfant leur est faite, 19 parents sont favorables à cette décision. Deux mois après la rentrée, ils ne sont plus que huit à avoir un avis positif ; ils sont neuf à avoir un avis mitigé et neuf un avis négatif. Il aurait été intéressant de recueillir l'avis de ces parents en fin d'année (fin de deuxième CP) pour savoir si, du point de vue des parents, le redoublement avait été un succès.

Afin d'analyser l'effet à moyen terme du redoublement en CP, Troncin (2005) a utilisé les données récoltées par la DEP et publiées dans *Éducation et formation* n° 66 ; celles-ci portent sur les résultats aux épreuves (externes) de sixième. Il reproduit notamment le tableau 3.34.

**Tableau 3.34 : Impact du redoublement à l'école élémentaire
sur les résultats aux épreuves d'évaluation de sixième en 1995.
Éducation et formation, n° 66, p. 28.)**

	Français			Mathématiques		
	Écarts bruts	Écarts nets	Rapport Net/Brut (%)	Écarts bruts	Écarts nets	Rapport Net/Brut (%)
Non-redoublants	67,5			64,8		
Redoublants CP	− 18,9	− 15,0	79,4	− 20,1	− 16,2	80,6
Redoublants CE1	− 16,0	− 11,8	73,8	− 17,4	− 13,2	75,9

	Français			Mathématiques		
	Écarts bruts	Écarts nets	Rapport Net/Brut (%)	Écarts bruts	Écarts nets	Rapport Net/Brut (%)
Redoublants CE2	– 13,5	– 9,4	69,6	– 14,7	– 10,6	72,1
Redoublants CM1	– 12,4	– 8,5	68,5	– 12,0	– 8,2	68,3
Redoublants CM2	– 9,6	– 6,8	70,8	– 8,9	– 6,2	69,7

Ainsi, les élèves qui n'ont pas redoublé à l'école élémentaire réussissent 67,5 % des items à l'épreuve de français et 64,8 % à l'épreuve de mathématiques. Les redoublants de CP, quant à eux, n'en réussissent respectivement que 48,6 % et 44,1 %, soit un écart de 18,9 % pour le français et de 20,1 % pour les mathématiques. Ces écarts sont respectivement de 15 et 16,2 items quand ils sont estimés toutes choses égales par ailleurs en termes de situations familiales et d'origine sociale. Ces écarts nets représentent 79,4 % et 80,6 % de l'écart brut. Par ailleurs, il est intéressant de constater que les écarts (bruts et nets) diminuent lorsque le redoublement intervient plus tard dans le cursus. Autrement dit, selon ces données, il est moins préjudiciable de répéter le CE1 ou le CE2 que le CP ; ceci vaut aussi lorsqu'on considère le redoublement au CM1 et CM2.

Bien plus, toujours sur la base des données de la DEP, Troncin (2004) signale que seulement un quart des élèves ayant redoublé au CP atteindra la classe terminale, un sur dix obtiendra son baccalauréat général ou technologique, près du tiers sortira du système éducatif sans qualification et près de la moitié ne réussira pas à obtenir le moindre diplôme (Tableau 3.35). Enfin, il rappelle que « le redoublement au CP est très différentiel selon les groupes sociaux : 13 % des enfants d'inactifs pour seulement 1 % des enfants de cadres et d'enseignants. C'est au CP que cette distribution inégale du redoublement est la plus forte socialement. La précocité de la décision de redoublement dans la scolarité élémentaire, le caractère socialement différencié de cette décision peuvent être très préjudiciables pour les élèves » (Troncin, 2005, p. 3). Les chiffres du tableau 3.35 indiquent également que plus le redoublement arrive tardivement, moins graves sont les conséquences en termes de niveau de qualification atteint et de diplôme obtenu.

Plus récemment, en Flandre, une équipe de chercheurs (Goos *et al.*, 2013) a décidé de mettre la croyance d'une plus-value du redoublement précoce à l'épreuve d'une étude de type quasi expérimental sur un effectif de 122 écoles aléatoirement sélectionnées (projet SiBO). Ces 122 écoles comptaient, dans le cadre de la cohorte 2003-2004, plus de 3 700 élèves en première année dont 298 ont redoublé leur première primaire lors de l'année scolaire 2004-2005. Annuellement, une évaluation commune à l'ensemble des classes a permis de mesurer les compétences en lecture et en mathématiques des élèves. Parallèlement, une évaluation portant sur les dimensions psychosociales a été réalisée. Les chercheurs ont ensuite comparé, sur base d'un modèle de régression à deux niveaux, les élèves faibles qui ont redoublé en première primaire aux élèves faibles qui, eux, ont été promus. Les résultats des comparaisons à année scolaire constante et à âge constant sont, respectivement, présentés aux figures 3.5 et 3.6.

Tableau 3.35 : Impact du redoublement sur le niveau de qualification atteint et le diplôme le plus élevé obtenu
(*Éducation et formation*, n° 66, p. 29)

Niveau redoublé	Niveau de qualification atteint[a]			Diplôme le plus élevé obtenu				
	V ou VI bis	V	IV	Aucun	Brevet	CAP ou BEP	Bac pro, BT, BP, BMA[b]	Bac général ou techno
CP	30,3	44,3	25,5	42,7	5,8	32,9	9,9	8,7
CE1	26,1	45,8	28,1	38,1	5,5	35,4	10,0	11,0
CE2	24,7	45,4	29,9	35,0	5,6	37,3	10,4	11,7
CM1	21,8	45,2	33,0	32,7	6,5	34,5	13,7	12,6
CM2	18,8	44,5	36,7	27,3	7,9	35,6	14,7	14,6
6ᵉ	19,9	43,8	36,3	29,4	5,8	37,1	15,2	12,5
5ᵉ	16,4	39,2	44,4	23,8	6,8	34,1	16,7	18,6

(a) Les niveaux VI ou VIbis concernent les élèves qui sortent d'une classe de premier cycle ou avant la dernière année d'un CAP ou BEP. Le niveau V concerne les élèves qui ont terminé la préparation d'un CAP ou BEP, ou sortant de seconde ou de première. Le niveau IV concerne les élèves qui sortent d'une classe de terminale ou d'une classe équivalente.
(b) Bac pro.: baccalauréat professionnel; BT: brevet de technicien; BP: brevet professionnel; BMA: brevet des métiers d'art.

À année scolaire constante, en fin de première année, on observe que les élèves redoublants ont eu des scores supérieurs, en mathématiques et en lecture, aux scores des élèves promus. Notons qu'il s'agit bien d'un score à l'issue de deux années dans le même niveau pour les redoublants, et à l'issue d'une unique première primaire pour les promus. Par contre, cet effet positif à court terme s'affaiblit progressivement au fil des années scolaires, si bien que dès la troisième primaire, les élèves qui ont été originellement promus obtiennent de meilleurs résultats que les élèves ayant redoublé.

**Figure 3.5 : Estimation de la courbe de croissance des scores
en mathématiques et en fluence de lecture pour des élèves appariés
promus ou redoublants en première année basée sur une comparaison
à grade constant (issu de Goos *et al.*, 2013)**

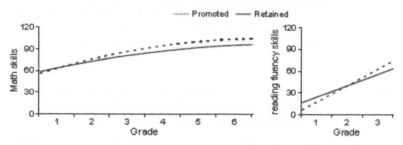

À âge constant, que cela soit en mathématiques ou en lecture, les élèves promus ont systématiquement de meilleurs résultats que les élèves redoublants. Là où en mathématiques, la différence entre les deux groupes semble rester constante, elle s'accroît progressivement en lecture à l'avantage des élèves promus. Ces résultats démontrent que redoubler ne permet pas aux élèves de se «remettre en selle» pour la suite de leur scolarité. Qui plus est, sur base des mêmes données, Goos *et al.* (2013) ont montré que les élèves ayant redoublé en première primaire avaient plus de chance de connaître à nouveau le redoublement dans la suite de leur scolarité que les élèves faibles qui, eux, ont été promus.

**Figure 3.6 : Estimation de la courbe de croissance des scores
en mathématiques et en fluence de lecture pour des élèves appariés
promus ou redoublants en première année basée sur une comparaison
à âge constant (issu de Goos *et al.*, 2013)**

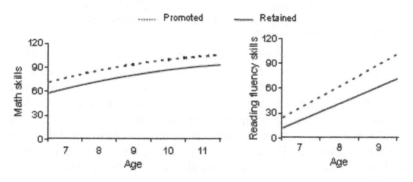

L'évaluation des compétences psychosociales des élèves (Goos *et al.*, 2013) va dans le même sens que les conclusions à propos des variables cognitives. En effet, à âge équivalent, les élèves redoublants ont de moins bonnes relations avec leurs pairs, se sentent moins heureux à l'école et ont une moins grande confiance en eux que les élèves n'ayant pas connu de redoublement.

Vandecandelaere *et al.* (2015) ont également utilisé les données du projet SiBO afin d'effectuer un suivi sur le long terme des élèves ayant redoublé en première primaire. Sur la cohorte des élèves entrant à l'école maternelle en 2002-2003 (5 306 étudiants), 267 enfants promus à l'issue de la première primaire ont été appariés à 235 enfants redoublant leur première primaire. Les deux groupes sont comparables sur un grand nombre de variables. Les auteurs ont ensuite suivi ces élèves lors des six années qui ont suivi leur redoublement ou leur promotion. Chaque fin d'année, les chercheurs ont réalisé des comparaisons à âge constant des résultats des élèves en mathématiques. Les résultats de ces comparaisons sont présentés dans le tableau 3.36. On constate que le redoublement en première primaire a un effet négatif tout au long de la scolarité des élèves, même si cet effet tend à légèrement diminuer au fil de la scolarité primaire.

Tableau 3.36 : Estimation des effets (après pondération) du redoublement en première primaire dans le cadre des cinq années qui ont suivi ce redoublement (adapté[31] de Vandecandelaere, Vansteelandt, De Fraine et Van Damme, 2015)

Année	Estimation	Significativité	Erreur standard	z	Ampleur de l'effet
Année 2	– 7,00	***	1,01	– 6,95	– 0,84
Année 3	– 6,67	***	1,02	– 6,55	– 0,82
Année 4	– 6,27	**	2,04	– 3,08	– 0,70
Année 5	– 5,84	***	1,51	– 3,88	– 0,67
Année 6	– 5,69	**	2,01	– 2,83	– 0,66

Les résultats des études en contexte européen convergent quant à la non-efficacité à moyen et à long terme du redoublement précoce. Des effets positifs à court terme sont observés dans ces différentes études, hormis dans l'étude de Troncin, qui relève des effets négatifs à court terme.

---

31 Précisons que nous avons inversé les données du tableau pour les faire correspondre aux autres études décrites dans ce chapitre. En effet, traditionnellement, les élèves redoublants sont assignés au groupe expérimental. Dès lors, pour calculer l'ampleur de l'effet, on soustrait leur(s) résultat(s) au(x) résultat(s) des élèves promus. Ici, les auteurs ont réalisé les soustractions inverses, considérant les élèves promus comme faisant partie du groupe expérimental.

7.   EST-IL BÉNÉFIQUE DE REPORTER D'UN AN L'ENTRÉE À L'ÉCOLE PRIMAIRE DE CERTAINS ENFANTS?

Poussée à l'extrême, la croyance dans les effets particulièrement positifs du redoublement précoce mène certains établissements scolaires à repousser d'un an l'entrée de certains élèves à l'école primaire. Cette pratique peut se justifier par un constat indiscutable: dans de nombreux systèmes éducatifs, les élèves doivent légalement entrer à l'école élémentaire à un mois spécifié de l'année civile (le plus souvent en septembre, dans les pays de l'hémisphère nord) où ils atteignent l'âge légal de scolarisation. Cela implique que, dans une même classe, il puisse exister une différence d'âge de 12 mois entre les élèves nés en début et en fin d'année civile. Plusieurs études confirment que la date de naissance d'un enfant peut avoir un impact sur le devenir scolaire et professionnel de certains élèves. Nous ne ferons pas une recension complète de ces études; nous en présenterons quatre avant de décrire certaines études ayant évalué l'efficacité du maintien des élèves faibles à l'école maternelle.

7.1.   L'impact du mois de naissance sur le devenir scolaire

En s'appuyant sur deux échantillons de 10 000 et 2 000 élèves français suivis à partir du cours préparatoire, Cosnefroy (2010)[32] montre que l'âge d'entrée à l'école est un facteur important dans l'explication des différences interindividuelles de réussite scolaire. Ce constat est confirmé par l'étude de Grenet (2010) sur les données françaises issues du Panel Primaire (PPEN), du Panel Secondaire (PSEN) et du Diplôme National du Brevet (DNB) et représentant plus de 800 000 élèves: plus un élève naît tard dans l'année, plus ses résultats scolaires risquent d'être faibles par rapport aux autres élèves du même âge étant nés plus tôt dans l'année. Ainsi, la figure 3.7, montre que les élèves nés en décembre ont des résultats moyens inférieurs de 66 % d'écart-type par rapport à leurs condisciples nés en janvier de la même année. Même si ce phénomène tend à s'affaiblir au fil de la scolarité, il reste tout de même non négligeable jusqu'à la fin de l'enseignement secondaire. La figure 3.7 montre également que la décroissance de l'effet est plus rapide en mathématiques qu'en français, bien que l'écart d'origine entre les élèves soit plus important dans cette première discipline.

---

32   https://rechercheisidore.fr/search/resource/?uri=10670%2F1.2yw1ic.

Figure 3.7 : Impact du fait d'être né en décembre plutôt qu'en janvier de la même année sur les résultats aux évaluations (normalisés en unité d'écart-type) (issu de Grenet, 2010)

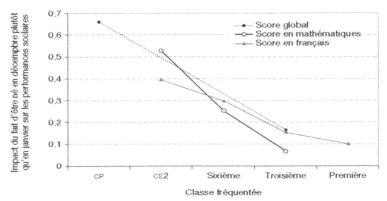

Ce « handicap scolaire » induit par le fait d'être né en fin d'année plutôt qu'en début d'année, et donc de souffrir d'une forme de carence en maturité comparativement aux autres élèves du même âge nés plus tôt dans l'année, a également un impact sur la probabilité qu'ont les élèves de redoubler durant leur scolarité. En effet, la figure 3.8 montre que la probabilité de connaître le redoublement durant sa scolarité augmente progressivement à mesure que l'on est né tard dans l'année.

Figure 3.8. Proportion d'élèves ayant au moins un an de retard scolaire à l'âge de 7, 11 et 15 ans en fonction de leur mois de naissance (issu de Grenet, 2010)

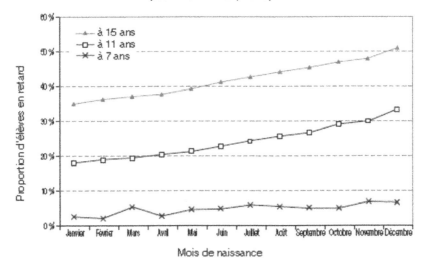

González-Betancor et López-Puig (2016) ont également étudié l'impact du mois de naissance sur la probabilité de redoublement en exploitant les données issues de l'évaluation diagnostique générale (EGD) des élèves de quatrième année de l'enseignement fondamental en Espagne. Cette évaluation se base sur un *design* d'échantillonnage en deux étapes et par grappes stratifiées fixes ; les régions autonomes constituant les différentes strates. En 2009, l'enquête EGD a évalué 28 708 étudiants issus de 874 écoles. Afin de déterminer l'effet de variables contextuelles sur la probabilité de redoublement, González-Betancor et López-Puig (2016) ont utilisé un modèle logistique multiniveau. Les résultats de cette étude sont présentés sous forme d'*Odds Ratio* dans le tableau 3.37 ; ils montrent, entre autres, que la probabilité de redoubler augmente plus le trimestre de naissance est éloigné du premier trimestre de l'année civile. En comparaison d'un élève né au premier trimestre de l'année : 1) un élève né au second trimestre présente 1,22 fois plus de risque de redoubler ; 2) un élève né au troisième trimestre a 1,45 fois plus de risque de redoubler ; et 3) un élève né au quatrième trimestre a 1,71 fois plus de risque de redoubler[33].

Tableau 3.37 : Modèle de régression logistique adapté et réduit de González-Betancor et López-Puig (2016)

Niveau	Variables	Odds Ratio
	Constante	0,05
Niveau 1	Garçons (ref. filles)	1,38
Étudiants et	Scolarité précoce (réf. non)	0,86
familles	Trimestre de naissance (réf. 1er)	
	2e	1,22
	3e	1,45
	4e	1,71
	SES	0,54
	Familles uniparentales (réf. famille nucléaire)	1,64
	Langue différente à la maison (réf. identique)	1,16
	Immigrants (réf. natifs)	
	1re génération	1,97
	2e génération	1,69

---

33   Notons qu'il est également intéressant de constater au sein de ce modèle que les immigrants de deuxième génération ont 1,69 fois plus de chances de redoubler que les natifs tandis que les immigrants de première génération ont 1,97 fois plus de chances de redoubler que les natifs.

Niveau	Variables	Odds Ratio
Niveau 2	École privée (réf. publique)	0,96
Écoles et	Nombre d'étudiants dans l'école	1,00
enseignants	Le programme de formation des enseignants concerne…	
	… les problèmes de curriculum et de méthodologie	0,99
	… la diversité, la coexistence et l'interculturalité	0,99
	… les nouvelles technologies	0,85
	La taille de la classe (réf. 25 étudiants)	1,00
	Moyenne du SES de la classe (réf. niveau bas)	
	Niveau moyen	0,97
	Haut niveau	0,72

Bertholet (2015) a réalisé une analyse logistique analogue à la précédente sur base des données PISA 2003 et PISA 2012. Le tableau 3.38 présente les *Odds Ratio* pour les pays qu'il a sélectionnés dans son analyse. Cette sélection a été réalisée sur base de deux critères distincts : (1) les pays pour lesquels l'âge requis pour entrer dans l'enseignement obligatoire est atteint durant l'année civile (par opposition à ceux dont l'âge requis doit être atteint avant la date de la rentrée scolaire) ; (2) les pays pour lesquels la taille des sous-échantillons correspond aux standards d'analyse de l'OCDE pour les données PISA. On constate qu'en FWB, un élève né dans le dernier trimestre de l'année (octobre, novembre ou décembre) a 1,45 fois plus de risque de redoubler qu'un élève né entre janvier et septembre ; en Flandre, en Espagne et en France, les *Odds Ratio* indiquent des différences encore plus élevées.

Tableau 3.38 : Comparaison des probabilités de redoublement des élèves nés lors des trois premiers trimestres de l'année et des élèves nés lors du dernier trimestre de l'année (issu de Bertholet, 2015)

Pays	Neuf premiers mois	Dernier trimestre	Odds Ratio
Flandre	10,73	16,76	1,68 (0,12)
FWB	15,49	21,00	1,45 (0,14)
Espagne	9,30	15,65	1,81 (0,07)
France	7,87	14,40	1,97 (0,13)
Italie	0,70	0,62	0,89 (0,30)

Les systèmes scolaires auraient-ils du mal à gérer l'hétérogénéité inhérente au fait qu'ils ont choisi de rassembler dans des classes des élèves dont les naissances s'étalent sur un an ? Face à ces constats, on peut s'interroger sur la pratique de regroupement, historiquement située, sur l'usage du redoublement pour gérer l'hétérogénéité, ou encore se poser la question de l'intérêt de postposer l'entrée dans le primaire des élèves nés tardivement dans l'année civile. Des études ont été menées afin de caractériser l'effet du maintien des élèves dans l'enseignement maternel.

7.2.   Quid de l'efficacité pédagogique du maintien à l'école maternelle?

À l'instar d'autres études plus générales sur le redoublement, certaines études sur la rétention des élèves dans les classes maternelles montrent que, sur un plan cognitif, cette pratique peut mener à des bénéfices à court terme pour les élèves qui en font l'objet. L'étude menée par Dong (2010) fait partie de ces études. En utilisant les données issues de la cohorte 1998-1999 de l'étude longitudinale de la petite enfance aux États-Unis, le chercheur a pu identifier 281 élèves maintenus dans l'enseignement maternel et 8 391 élèves promus vers l'enseignement primaire. Afin d'estimer l'effet du maintien en maternelle, Dong (2010) a choisi une méthode d'appariement utilisée afin de corriger certains biais d'échantillonnage: l'appariement par le plus proche voisin[34]. Les résultats de cette analyse sont présentés dans le tableau 3.39. Ils montrent un effet positif du redoublement sur les résultats en mathématiques et en lecture en première année. Cet effet diminue avec le temps: dans les deux domaines, l'effet décroît nettement dès la troisième primaire, et il n'est d'ailleurs plus significatif en lecture.

Tableau 3.39 : Effets du redoublement dans les classes maternelles (adapté de Dong, 2010)

Domaine et année	
Compétences en lecture en première année	0,265***
Compétences en lecture en troisième année	0,080___
Compétences en mathématiques en première année	0,472***
Compétences en mathématiques en troisième année	0,186***

*** significatif à p.<0.01

La réelle présence de ce «boost» à court terme provoqué par le redoublement pratiqué en maternelle est contestée par d'autres études. Toujours aux États-Unis, Fruehwirth, Navarro et Takahashi (2015) montrent, sur la base d'une comparaison à âge constant et d'un modèle structurel conçu dans le but d'évaluer l'impact du redoublement à différents moments

---

34   Cette méthode considère que les résultats potentiels des individus sont indépendants de l'attribution du traitement sous contrôle des caractéristiques observées. Autrement dit, le modèle crée les estimations sur les uniques différences observées, sans prendre en compte d'autres différences non observées.

de la scolarité, un effet négatif du redoublement, et ce, quel que soit le moment choisi pour le pratiquer. Qui plus est, selon ces auteurs, l'effet négatif initial du redoublement est presque deux fois plus important s'il est pratiqué dans l'enseignement maternel comparativement à la première année du primaire. Les données issues de cette recherche montrent cependant que les effets délétères, à court terme, du redoublement sur les compétences des élèves ne persistent pas à long terme.

L'étude de Hong et Raudenbush (2005) est particulièrement inté-ressante en raison de la prise en considération de la problématique à deux niveaux : niveau école (ou macro) et niveau élèves (ou micro). En outre, les chercheurs analysent l'interaction entre ces deux niveaux. L'analyse montre des effets négatifs du redoublement lorsqu'il est appliqué dès l'école maternelle. En se basant également sur les données issues de l'étude lon-gitudinale de la petite enfance aux États-Unis, les chercheurs ont étudié l'évolution de plus de 20 000 élèves de l'école maternelle entre l'automne 1998 et le printemps 2000. Ils ont réalisé deux types de comparaisons : ils ont comparé les écoles pratiquant le redoublement dans les classes mater-nelles à des écoles ne le pratiquant pas (niveau macro) ; ensuite, les deux chercheurs ont réalisé une comparaison (traditionnelle) entre des élèves faibles promus et des élèves faibles redoublants issus d'écoles maternelles pratiquant le maintien en maternelle.

Comme en atteste le tableau 3.40, bien que les résultats ne soient pas significatifs, il apparaît que les écoles qui pratiquent le maintien en maternelle sont, en moyenne et sur tous les élèves y étant inscrits, moins efficaces que les écoles ne le pratiquant pas (– 0,24 en lecture et – 0,14 en mathématiques).

Lorsqu'ils comparent les élèves faibles promus à des élèves faibles redoublants issus d'écoles maternelles pratiquant le maintien en maternelle, Hong et Raudenbush (2005) constatent qu'à l'issue de l'année du redou-blement, les élèves faibles redoublants à l'école maternelle ont des scores en lecture en moyenne inférieurs de 9,01 points par rapport aux élèves promus, ce qui équivaut à un effet estimé de deux tiers d'un écart-type en faveur des élèves faibles promus (tableau 3.40). En mathématiques, le tableau 3.40 montre que les résultats sont cohérents avec ceux obtenus en lecture. En effet, les élèves redoublants à l'école maternelle ont des scores en mathématiques en moyenne inférieurs de 5,89 points par rapport aux élèves promus, ce qui équivaut à un effet estimé de deux tiers d'un écart-type en faveur des élèves faibles promus.

**Tableau 3.40 : Estimation de l'effet en lecture
et en mathématiques du maintien à l'école maternelle
(Hong et Raudenbusch, 2005)**

Effet fixe en lecture	Coefficient	Erreur standard	T
Ordonnée à l'origine (faibles promus dans les écoles à redoublement)	53,99	0,28	192,15
Effet du redoublement (faibles redoublants dans les écoles à redoublement)	– 9,01	0,68	– 13,27
Effet fixe en mathématiques			
Ordonnée à l'origine (faibles promus dans les écoles à redoublement)	42,32	0,19	227,95
Effet du redoublement (faibles redoublants dans les écoles à redoublement)	– 5,89	0,50	– 11,79

À nos yeux, un résultat particulièrement intéressant provient d'une analyse particulière : la comparaison des résultats des élèves dont le risque d'échec scolaire est très faible lorsqu'ils fréquentent une école pratiquant le maintien à ceux des élèves de même type lorsqu'ils fréquentent des écoles caractérisées par une «politique» inverse (si possible, pas de maintien). Les élèves fréquentant le premier type d'écoles ne bénéficient pas de la politique de maintien. Les résultats montrent que, comparativement à des élèves équivalents dans des écoles qui ne pratiquent pas le maintien en maternelle, leurs scores sont plus faibles en lecture (– 0,87) et en mathématiques (– 0,80) (tableau 3.41). Ce constat réfute deux hypothèses souvent plébiscitées : 1) l'hypothèse avançant que le redoublement puisse s'ériger comme «une punition» tellement crainte par les élèves qu'elle favoriserait leur travail consciencieux pour l'éviter ; 2) l'hypothèse selon laquelle le redoublement permet, en rendant les classes plus homogènes en termes de compétences scolaires, un meilleur enseignement et un meilleur apprentissage pour tous les élèves.

**Tableau 3.41 : Estimation des effets des politiques de maintien
dans les classes maternelles (issu de Hong et Raudenbush, 2005)**

Population	Lecture		Mathématiques	
	Coefficient	IC 95 %	Coefficient	IC 95 %
Tous les élèves	– 0,24	(– 1,93 ; 1,45)	– 0,14	(– 1,22 ; 0,94)
Élèves à faible risque	– 0,87	(– 3,05 ; 1,31)	– 0,80	(– 2,21 ; 0,61)

La seule étude menée en Europe que nous avons pu repérer est celle de Vandecandelaere, Vansteelandt, De Fraine et Van Damme (2015), déjà décrite dans la section précédente. Celle-ci montre que le maintien à l'école maternelle a des effets négatifs sur les performances scolaires en mathématiques des élèves flamands de Belgique. Ainsi, comme en atteste le tableau 3.42, la comparaison à âge constant entre les élèves maintenus en maternelle (n = 257) et les élèves à risque promus (n = 267) tourne toujours à l'avantage de ces derniers, même si l'ampleur de l'effet diminue au fil du temps.

Tableau 3.42 : Estimation des effets du redoublement dans les classes maternelles dans le cadre des six années qui ont suivi ce redoublement (adapté de Vandecandelaere, Vansteelandt, De Fraine et Van Damme, 2015)

Année	Estimation	Significativité	Erreur standard	z	Ampleur de l'effet
Année 1	– 11,24	***	0,97	– 11,53	– 1,33
Année 2	– 11,05	***	1,19	– 9,29	– 1,33
Année 3	– 6,84	***	1,28	– 5,33	– 0,84
Année 4	– 5,84	*	2,57	– 2,27	– 0,65
Année 5	– 5,61	*	2,36	– 2,38	– 0,64
Année 6	– 3,19		2,77	– 1,15	– 0,37

De ces différentes études, il semble difficile de conclure que le maintien en maternelle des élèves qualifiés d'élèves faibles produit généralement des effets positifs. Rappelons que Holmes (1989) estimait à – 0,28 l'ampleur de l'effet de la répétition appliquée au préscolaire. Lorsqu'on examine les recherches récentes, on constate que, lorsqu'un effet positif à court terme sur des variables cognitives est identifié, il est contrebalancé par les effets négatifs identifiés par d'autres études sur ces mêmes variables, que cela soit dans une perspective à court, à moyen ou à long terme.

8. REDOUBLEMENTS ET DÉCROCHAGE SCOLAIRE

On a vu ci-dessus qu'il arrive qu'un premier redoublement en annonce un second (cf. notamment les études d'Allal et Ntmakiliro, 1997 et celle de Goos, *et al.*, 2013). De tels constats font craindre des carrières scolaires chaotiques et, *in fine*, des décrochages. Il paraît dès lors logique d'investiguer la relation qui existe entre le redoublement et le décrochage ou l'abandon scolaire. Ce thème est incontournable si l'on s'accorde sur le fait que l'objectif de l'enseignement obligatoire est d'armer les jeunes pour l'enseignement supérieur ou la transition vers l'emploi. S'il existe un lien entre redoublement et décrochage, on pourra en conclure que les pratiques de redoublement sont inefficaces, contre-productives, voire même néfastes pour l'avenir des jeunes.

Tout d'abord, intéressons-nous au concept de décrochage scolaire et aux réalités, parfois très distinctes (Chenu et Blondin, 2013 ; Thibert, 2013), qu'il englobe. Le décrochage scolaire peut être défini comme un phénomène multidimensionnel (Poncelet et Lafontaine, 2011) pouvant se développer dès les premiers contacts avec l'institution scolaire (Bautier, 2003) et découlant « d'un long processus cumulatif de désengagement qui résulte d'une interaction entre milieu sociofamilial et fonctionnement/vécu scolaire » (Chenu et Blondin, 2013, p. 8). Le décrochage peut aussi être défini comme l'abandon de l'école avant d'avoir atteint un niveau de qualification suffisant. Le concept d'Abandon Scolaire Précoce (Commission européenne, 2011 ; Commission européenne, 2017) découle de cette acception du concept de décrochage scolaire. Un recensement rapide de la littérature scientifique permet de dresser une longue liste d'études mettant en évidence un lien entre cette acception du décrochage scolaire et les pratiques de redoublement.

Déjà en 1966, Randall étudiait cette relation et présentait le fruit de ses investigations sous la forme du tableau 3.43.

Tableau 3.43 : Pourcentage d'abandons et de diplômés dans une école publique de Bloomongton en fonction du nombre de redoublements subis au préalable (issu de Grissom et Shepard, 1989)

	Aucun redoublement	Un redoublement	Deux redoublements	Total
Élèves qui ont abandonné	34,1 %	45,9 %	20,0 %	100 %
Élèves qui sont diplômés	97,1 %	2,9 %	0 %	100 %

Les données de ce tableau sont explicites : parmi les élèves qui quittent prématurément l'école sans diplôme, ils sont 65,9 % à avoir vécu un ou deux redoublement(s). Parmi ceux qui sont diplômés, ils sont seulement 2,9 % à avoir eu cette expérience. 97,1 % des diplômés sont des non-redoublants. Néanmoins, ce type d'études ne permet pas d'identifier avec certitude la nature du lien qu'entretient le redoublement avec le décrochage scolaire : est-ce le décrochage scolaire qui est le résultat direct du redoublement ou est-ce le redoublement qui s'avère l'indice le plus manifeste d'une inadaptation scolaire plus générale dont l'abandon scolaire précoce est l'aboutissement ? Dans cette seconde perspective, le redoublement n'agirait pas en tant que cause directe, mais traduirait simplement la faiblesse scolaire de l'élève qui, elle, serait la raison du décrochage.

En se concentrant sur des études plus récentes et basées sur une méthodologie scientifique stricte, on peut isoler l'effet propre du redoublement de celui des mauvaises performances scolaires. En 2002, Jimerson, Anderson et Whipple réalisent une revue systématique de la littérature dans le but de proposer une synthèse de la recherche en éducation sur le sujet. Après avoir analysé et regroupé les résultats de 17 études différentes, leur conclusion est sans appel : **le redoublement est un prédicteur puissant du décrochage scolaire**. En effet, sur base de toutes ces études, on peut estimer que les élèves ayant connu le redoublement sont de 2 à 11 fois plus susceptibles de décrocher durant l'école secondaire que les élèves n'ayant pas connu de redoublement. Ces résultats confirment les travaux de Rumberger (1995) et de Rumberger et Lim (2008).

L'étude de Jimerson (1999), incluse dans la revue systématique de Jimerson *et al.*, est une bonne illustration de ces conclusions. Dans le cadre de cette étude, Jimerson (1999) a apparié deux groupes d'étudiants du début de l'enseignement élémentaire dont les résultats à un test standardisé sont faibles, mais dont la décision quant à l'avenir scolaire diffère : 29 étudiants redoublent tandis que 50 sont promus. Un groupe contrôle de 100 étudiants promus dont le niveau de compétences au test standardisé est moyen ou fort est également constitué. Le chercheur a ensuite récolté des données sur ces étudiants une fois qu'ils ont atteint l'âge de 19 et 20 ans. Les résultats de l'étude sont reportés dans le tableau 3.44.

Tableau 3.44 : Résultats à 19 et 20 ans des étudiants suivis selon le groupe auquel ils appartiennent (adapté de Jimerson, 1999)

Variables	Groupe 1 Faibles redoublants	Groupe 2 Faibles promus	Groupe 3 Moyens-forts promus	Contraste	Valeur du F ou χ^2	Significativité
Décrochage en secondaire supérieur	69 % (20/29)	46 % (23/49)	29 % (30/98)	1 vs. 2	3,57	*
				1 vs. 3	13,79	***
				2 vs. 3	3,77	*
Obtention du certificat de fin d'enseignement secondaire (19 ans)	42 % (11/26)	72 % (33/46)	88 % (84/95)	1 vs. 2	5,44	**
				1 vs. 3	23,66	***
				2 vs. 3	5,83	**
Inscription dans un institut d'enseignement supérieur (20 ans)	23 % (6/26)	41 % (19/46)	56 % (53/95)	1 vs. 2	2,43	ns
				1 vs. 3	8,74	**
				2 vs. 3	2,60	ns
Compétence pour l'emploi (20 ans)	N = 26 M = 2,28 SD = 0,83	N = 46 M = 2,68 SD = 0,74	N = 95 M = 2,8 SD = 0,58	1 vs. 2	4,39	*
				1 vs. 3	13,04	***
				2 vs. 3	1,03	ns

* p < 0,05; ** p < 0,01; *** p < 0,001

Cette étude de type quasi expérimental permet d'isoler l'effet du redoublement indépendamment de l'effet des compétences scolaires de base car elle compare des étudiants faibles pour lesquels la décision de redoublement ou de promotion diffère. La première ligne du tableau 3.44 montre qu'à compétences égales, un élève faible ayant connu le redoublement a 23 % plus de chance d'abandonner l'école avant la fin de l'enseignement secondaire qu'un élève faible ayant été promu. Les trois autres lignes indiquent qu'en plus d'une augmentation du risque de décrochage scolaire pour les élèves faibles, les redoublants encourent un risque plus élevé de ne pas obtenir de diplôme de fin d'enseignement secondaire, de ne pas s'inscrire dans un institut d'enseignement supérieur – et le cas échéant d'avoir un taux de participation inférieur dans le cadre des cursus de l'enseignement supérieur (Ou et Reynolds, 2010) – et, en définitive, d'obtenir des compétences moindres sur le marché de l'emploi. Les différences constatées entre les élèves faibles promus (2) et les élèves faibles redoublants (1) sont toutes significatives, hormis en ce qui concerne l'inscription dans l'enseignement supérieur. À ce sujet, il est intéressant de constater qu'entre élèves faibles promus et élèves moyens/forts, la différence n'est pas significative ; il en va de même pour le paramètre « compétences pour l'emploi » ; en revanche, pour ces deux variables, toutes les différences sont significatives quand on compare les élèves redoublants (1) aux élèves moyens/forts (3). Ainsi, les élèves promus ont des chances bien plus élevées que les élèves redoublants tant dans l'obtention d'un diplôme de fin d'enseignement secondaire que dans l'acquisition des compétences pour l'emploi.

Allensworth (2004) propose un autre type de comparaisons afin de juger de l'impact du redoublement sur le décrochage scolaire. Elle profite de la mise en place en 1996 du « *eighth-grade promotion gate* » dans le district de Chicago afin de comparer l'évolution du décrochage scolaire avant et après l'introduction de cette politique. Celle-ci vise à objectiver les décisions de redoublement en basant celles-ci sur les résultats des élèves à un test standardisé et en permettant aux élèves de rattraper leur retard et de remédier à leurs difficultés en profitant d'un programme scolaire d'été de six semaines. Une fois le programme d'été terminé, les élèves sont invités à repasser le test standardisé. Les élèves qui le réussissent sont alors promus en troisième secondaire, les élèves en échec sont invités à redoubler leur année ou à participer à une école transitoire les préparant à passer en *High School* l'année suivante. L'implémentation de cette politique éducative eu pour effet direct une augmentation considérable du taux de redoublement. En effet, ce taux avoisinait les 2 % avant l'année scolaire 1995 et la mise en place du « *eighth-grade promotion gate* » pour atteindre entre 8 et 11 % les années qui suivirent sa mise en place. Allensworth (2004) profita de cette augmentation du taux de redoublement pour évaluer si, parallèlement, le taux de décrochage scolaire augmentait. En suivant les premières cohortes qui ont bénéficié de ce nouveau programme et en comparant leur taux de décrochage à ceux des dernières cohortes ayant bénéficié des anciennes politiques éducatives, elle met en évidence que le taux de décrochage a augmenté de 8 % pour les élèves de faible niveau scolaire de 17 ans (le taux de décrochage est passé de 31 à 39 %) et de 13 % pour les élèves de faible niveau scolaire de 19 ans (le taux de décrochage est passé de 44 à 57 %).

Malgré une plainte déposée en 2010 par l'association *Parents United for Responsible Education* et soutenue par l'*Office for Civil Rights* afin d'abolir les pratiques de redoublement, la politique «*eighth-grade promotion gate*» est restée d'application durant les deux dernières décennies. En 2016, Allensworth, Healey, Gwynne et Crespin ont publié une analyse fournissant des données permettant de juger de l'effet à long terme de cette politique. Cette analyse montre une progression importante (de 52,4 % à 74,8 %) du taux de diplomation des élèves et une diminution du taux de décrochage (de 35 % à 11 %) entre 1998 et 2014. Cependant, dans le contexte éducatif américain des deux dernières décennies, il semble difficile de départager les facteurs qui ont contribué à ces changements : la politique «*eighth-grade promotion gate*», la création de diplômes alternatifs[35], l'implémentation de nouvelles politiques éducatives[36] au niveau national et au niveau du district scolaire, l'augmentation de l'attention portée aux nouveaux élèves de l'enseignement secondaire supérieur, la mise en place d'un plan personnel d'apprentissage pour les élèves redoublants... Il semble bien que cet ensemble de mesures a eu un impact positif sur des variables, telles que le taux de présence au cours ou encore le niveau scolaire des élèves, qui, indépendamment du redoublement, leur ont permis de sortir mieux armés du système éducatif. Enfin, et parallèlement à l'effet conjoint de la mise en place de ces nouvelles politiques éducatives dans les écoles de Chicago, le taux de redoublement, bien que la politique de redoublement sur base du test standardisée a été maintenue, a diminué.

Mattenet et Sorbe (2014) ont réalisé le même type d'analyses pour la situation inverse en France. En effet, là où le redoublement a augmenté à Chicago suite à la mise en place d'une nouvelle politique éducative, il a

---

35 Les chercheurs ont constaté que le taux d'obtention du diplôme traditionnel de fin d'enseignement secondaire a augmenté de 19 %, mais que la création d'un diplôme alternatif (GED) a également participé à l'augmentation du taux général de diplomation et à la diminution du taux de décrochage. Or, selon Tyler (2005), la valeur de ce diplôme alternatif sur le marché de l'emploi est moindre comparativement au diplôme traditionnel.

36 Des mesures radicales sont en vigueur aux États-Unis depuis la votation au niveau fédéral en 2001 de la législation No Child Left Behind : ouverture de nouvelles écoles, fermeture d'écoles dont les performances ont été jugées faibles, redéfinition des prérequis à la diplomation, transformation des logements sociaux, utilisation d'un nouveau système d'archivage des données sur les élèves...

diminué en France de près de 40 % lors des 20 dernières années. Les deux chercheurs ont ainsi montré qu'en parallèle de cette diminution du taux de redoublement, le taux de réussite au baccalauréat général et technologique avait lui aussi augmenté, comme en atteste la figure 3.9.

Figure 3.9 : Taux de réussite au baccalauréat général et technologique en troisième (issu de Mattenet et Sorbe, 2014)

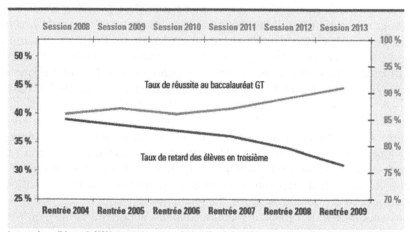

Lecture : alors qu'à la rentrée 2004 le taux d'élèves en retard en troisième était de 39 %, le taux de réussite au baccalauréat général et technologique à la session 2008 a été de 86 %.
Champ : France métropolitaine + DOM hors Mayotte, élèves de troisième, Segpa inclus, enseignements public et privé.
Source : MENESR-DEPP, Systèmes d'information Scolarité et Examens.

Malgré l'intérêt certain de telles données, les plans de recherche longitudinale utilisés ici ne permettent pas d'établir de lien de causalité entre l'augmentation du taux de redoublement et l'augmentation du taux de décrochage. Pour cela, Jacob et Lefgren (2009) ont réalisé une étude quasi expérimentale méthodologiquement comparable à celle de Jimerson (1999) mais avec des effectifs beaucoup plus importants (11 777 étudiants de sixième primaire et 7 509 étudiants de deuxième secondaire dont 41 % ont redoublé), afin d'évaluer l'impact du *eighth-grade promotion gate* sur le décrochage scolaire. Les résultats de cette étude, présentés dans le tableau 3.45, montrent qu'à compétence égale, une personne ayant redoublé en sixième primaire a une probabilité de décrocher de 4 % (0,039) supérieure à celle d'un élève faible n'ayant pas redoublé. Le constat est le même pour les élèves redoublant en deuxième secondaire : leur probabilité de décrocher augmente de 8 % s'ils ont moins de 14,4 ans comparativement à des élèves du même âge ayant été promus et de 7 % s'ils ont plus de 14,4 ans et redoublent pour la seconde fois comparativement à des élèves du même âge ayant déjà redoublé une première fois.

Tableau 3.45 : L'effet du redoublement sur la probabilité de décrocher (adapté de Jacob et Lefgren, 2009)

		Variable dépendante = décrochage scolaire		
		6ᵉ P	2ᵉ S (moins de 14,4 ans)	2ᵉ S (plus de 14,4 ans)
Stratégie d'estimation	*Spécification*	0,039***	0,079***	0,066***
Méthode des moindres carrés	Aucune co-variable hormis la variable groupe	(0,013) _	(0,015) _	(0,017) _
Moyenne de la variable dépendante dans le groupe contrôle		0,528	0,517	0,699
Observations (N)		9 519	3 599	2 849

* $p<0,10$; ** $p<0,05$; *** $p<0,001$

En définitive, il semble nécessaire d'appréhender le décrochage scolaire dans une perspective multifactorielle au sein de laquelle le redoublement est un facteur prédicteur parmi d'autres ; c'est ce que Grissom proposait en 1988 dans son modèle en pistes causales qui reste à ce jour l'un des travaux les plus aboutis à ce sujet. Afin de concevoir ce modèle, il passa par plusieurs étapes distinctes. Tout d'abord, en prenant en compte les recherches empiriques antérieures, il élabora un modèle théorique tentant d'expliquer les performances scolaires, la probabilité de redoubler et la probabilité de décrocher sur base du milieu familial dont l'élève est issu (c'est-à-dire le niveau socio-économique des parents et leur origine ethnique) et de son sexe (les filles ont souvent des résultats scolaires plus élevés que les garçons et des chances de connaître l'échec scolaire moindres). Il pose également, en toute logique, l'hypothèse que les performances scolaires sont, partiellement du moins, liées à la probabilité de redoublement. Tout le cœur de l'investigation est d'analyser s'il existe un lien spécifique entre l'abandon scolaire précoce et les résultats scolaires, d'une part, et le redoublement, d'autre part.

Grissom et Shepard (1989) ont mis ce modèle théorique à l'épreuve de trois séries de données – les deux premières relatives à des populations défavorisées tandis que la troisième a trait à un district particulièrement favorisé – recueillies en des endroits différents, et ceci en utilisant l'équation de régression multiple :

- Étude n° 1 : les données relatives à plus de 60 000 étudiants d'un grand district scolaire urbain du Texas (Austin) composés de 26 % d'Hispaniques et de 18 % de noirs ; le taux d'abandon scolaire précoce lors des années précédentes se situe entre 20 et 24 %.
- Étude n° 2 : les données collectées, en 1979 et 1981, à Chicago par Rice, Toles, Schulz, Harvey et Foster (1987, cité par Grissom et Shepard, 1989).

- Étude n° 3 : les données issues d'un grand district scolaire périurbain du Nord-Ouest dont les quelque 40 000 élèves proviennent d'un milieu socio-économique moyen particulièrement élevé ; seulement 21 % de la population fait partie de minorités et le taux de décrochage scolaire y avoisine les 4 %.

L'étude n° 1 est sans doute la plus complète en termes de données et permet d'obtenir le modèle conceptuel le plus élaboré de ceux proposés par Grissom et Shepard (1989). La figure 3.10 présente ce modèle. Différents constats en découlent : 1) la relation entre le statut socio-économique d'une famille et son origine ethnique (0,43) est forte (ce qui n'est malheureusement pas surprenant) ; 2) le coefficient reliant le redoublement et l'abandon est lui aussi fort (0,34) ; 3) le statut socio-économique (– 0,20) et l'origine ethnique (– 0,41) ont tous deux un impact direct non négligeable sur les résultats scolaires. Pour ce qui est du décrochage scolaire, on retient de ce modèle que, « toutes choses égales par ailleurs », le redoublement accroît à lui seul de 27 % la probabilité qu'un étudiant quitte, de manière prématurée, l'institution scolaire comparativement à un étudiant présentant des caractéristiques similaires mais qui n'a jamais connu le redoublement.

Figure 3.10 : Résultats de l'analyse en pistes causales appliquées par Grissom et Shepard (1989) aux données recueillies dans le district d'Austin

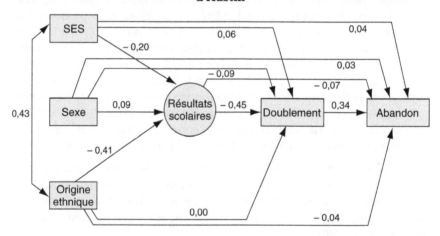

Tout ceci démontre qu'il est erroné d'imputer la décision que prennent certains adolescents de déserter l'école à la seule médiocrité de leurs performances scolaires. Certes, celles-ci jouent un rôle, mais il semble que le fait d'avoir connu un redoublement intervienne plus encore. Les études menées par Mann (1986), Rumberger (1983), Ekstrom, Goertz, Pollack et Rock (198?) et Wehlage et Rutter (1986), cités par Grissom et

Shepard (1989), indiquent que ceux qui abandonnent précocement l'école invoquent avant tout les expériences négatives, voire humiliantes vécues à l'école.

9.   PEUT-ON ENCORE CONCLURE À PROPOS DES EFFETS DU REDOUBLEMENT ?

Depuis les parutions antérieures de cet ouvrage, la recherche concernant les effets du redoublement sur l'évolution des élèves éprouvant des difficultés scolaires s'est complexifiée. Des chercheurs ont remis en cause la validité des méta-analyses de Holmes et Mattews (1984), de Holmes (1989) et même de Jimerson (2001). Plus précisément, Alexander, Entwisle et Dauber (1994) ainsi que Lorence, Dworkin, Toenjes et Hill (2002) avancent que les études retenues dans les méta-analyses seraient méthodologiquement peu fiables, ce qui mènerait à surestimer l'effet négatif attribué au redoublement. Le travail de réévaluation de la qualité des études incluses dans les méta-analyses de Holmes (1989) et Jimerson (2001) réalisé par Lorence (2006) est particulièrement stimulant ; ses critiques ne peuvent être prises à la légère. Elles sont à l'origine de la méta-analyse d'Allen, Chen, Wilson et Hughes (2009), réalisée avec un soin extrême sur le plan méthodologique. Ces chercheurs aboutissent à une ampleur moyenne de l'effet de − 0,11, ce qui est effectivement inférieur aux valeurs obtenues par Holmes (1989) et Jimerson (2001) qui donnaient à lire des valeurs de l'ordre de − 0,31 pour les variables cognitives et scolaires. De surcroît, calculant une AE pour chacune des études retenues, Allen *et al.* (2009) constatent que celle-ci varie entre − 0,95 et + 0,85, ce qui est énorme. Rappelons que Jimerson (2001) avait précédemment souligné la variabilité des AE calculées étude par étude (cf. les figures 3.1 et 3.2 ci-dessus). Il est regrettable que ces chercheurs ne se soient guère intéressés à cette variabilité. Nous avons esquissé une exploration susceptible de mieux comprendre la diversité des résultats. Ceci nous a conduit à constater que, parmi les études aboutissant à des AE négatives importantes, des faiblesses méthodologiques étaient probablement à l'origine d'une surestimation de ces valeurs négatives élevées. Cela dit, les études concluant à des AE positives importantes ne sont pas non plus exemptes de biais méthodologiques. Par ailleurs, il apparaît que, dans cette dernière méta-analyse, des études combinant redoublement et mesures pédagogiques (notamment, le *transitional first-grade program*) se retrouvent mélangées à des études comparant strictement le redoublement des élèves en difficulté à leur promotion.

« Gagner une bataille, mais perdre la guerre » ! Ce titre de l'étude de Jimerson, Anderson et Whipple (2002) constitue une bien belle analogie pour rendre compte des résultats des recherches qui, en usant de méthodologies d'appariement plus strictes, en hybridant les pratiques de redoublement en les adjoignant à des dispositifs diagnostiques et/ou de remédiation ou en rendant compte de situations particulières et spécifiques, mettent en lumière un effet positif à court terme du redoublement sur les acquis scolaires, comparant des élèves faibles redoublants à des élèves faibles promus. Le redoublement aurait gagné une bataille. Néanmoins, ces quelques effets positifs rencontrés dans le cadre d'analyses à court terme des impacts du redoublement sont contrebalancés par les études quasi expérimentales et les modèles de régression discontinue soulignant l'absence d'effet à long terme des pratiques de redoublement, quelle que soit l'année scolaire durant laquelle il est appliqué, sur les acquis scolaires des élèves.

Sans doute faut-il se réjouir que l'adjonction de dispositifs diagnostiques et/ou de remédiation au redoublement produise généralement des effets positifs à court terme. Cette formule avait déjà été recommandée par Dolan en 1982. Plus précisément, cet auteur préconisait qu'un test pronostique soit proposé aux élèves au milieu de l'année, et ceci afin de repérer les élèves «*à risque*» et de les faire bénéficier d'un programme d'aide spécifique pendant la seconde moitié de l'année. Si, malgré cela, il est décidé d'en faire redoubler certains en fin d'année, ceux-ci sont placés dans une *intermediate class* dont l'effectif est réduit afin de permettre à l'enseignant d'individualiser son action. Cette formule repose sur l'idée que le redoublement seul ne suffit pas, mais qu'il apporte néanmoins quelque chose de positif. Il est regrettable que seule Leinhardt (1980) se soit demandé si l'assistance individualisée telle que souhaitée par Dolan (1982) n'est pas aussi, voire plus efficace, lorsque les élèves sont promus en fin d'année, quels que soient leurs résultats aux tests bilans de fin d'année. Les résultats de son étude, menée sur de petits effectifs, confortent son intuition. L'absence d'études ayant approfondi cette piste suggère une sorte de parti pris en faveur du redoublement de ceux qui, aux États-Unis, sont responsables des politiques scolaires. Les chercheurs, soucieux d'isoler l'effet des variables indépendantes, attendent encore le programme de recherches qui compareraient l'évolution sur le long terme de quatre conditions expérimentales: 1) les élèves faibles redoublent et ne bénéficient d'aucune remédiation, 2) les élèves faibles ne redoublent pas et ne bénéficient d'aucune remédiation, 3) les élèves faibles redoublent et bénéficient de pratique(s) de remédiation, et 4) les élèves faibles ne redoublent pas et bénéficient de pratique(s) de remédiation. Ce type d'études permettrait définitivement d'identifier l'effet vrai du redoublement et celui de son interaction avec un accompagnement pédagogique complémentaire.

Au moment de faire un bilan de l'état des connaissances à propos des effets du redoublement, on ne peut ignorer que la majorité des recherches ont été réalisées aux États-Unis. Or, comme déjà signalé ci-dessus, depuis la votation au niveau fédéral en 2001 de la législation *No Child Left Behind*, des mesures radicales ont été prises dans le but d'améliorer le système d'enseignement. On peut, à l'instar d'Hugues *et al.* (2010) parler de « context of accountability testing » : un socle de compétences est défini pour chaque année scolaire et un test officiel a pour fonction de mesurer la maîtrise de celles-ci. Au Texas et sans doute dans d'autres états, c'est sur la base des résultats à ce test standardisé que sont prises les décisions de redoublement. Autrement dit, la décision de faire redoubler certains élèves n'appartient plus aux enseignants. De plus, lorsque les compétences ne sont pas maîtrisées, les élèves ont l'occasion de fréquenter des programmes scolaires de rattrapage pendant l'été. Ajoutons à ceci que les écoles sont évaluées à l'aune des performances de leurs élèves à des tests officiels et peuvent être fermées en cas de faibles résultats répétés. On ne peut ignorer ce contexte institutionnel, très différent de celui des pays européens, en particulier la Belgique, la France et la Suisse. Ceci explique l'importance accordée dans ce chapitre aux quelques études réalisées dans ces trois pays : Allal et Ntmakiliro (1997) à Genève, Bonvin, Bless et Schuepbach (2008) en Suisse, Troncin (2005) en France ainsi que Goos, Belfi, Van Damme, Onghena, Petry et de Bilde (2013) et Vandecandelaere, Vansteelandt, De Fraine et Van Damme (2015) en Flandre. Or celles-ci concluent clairement à l'inefficacité du redoublement.

Il ne faut pas se méprendre sur le sens de nos propos. Il serait erroné de conclure que le redoublement est efficace aux États-Unis et inefficace en Europe. Il faut rappeler ici la conclusion d'Allen *et al.* (2009) : « Le constat que même les études qui contrôlent strictement les phénomènes de biais de sélection […] ne parviennent pas à trouver de bénéfices au redoublement indique l'importance de se concentrer sur les stratégies à employer lorsque les enfants ne parviennent pas à atteindre les compétences attendues pour leur niveau scolaire, afin de les aider à réussir à l'école » (p. 495). Cette conclusion rejoint celle plus ancienne de Peterson, Degracie et Ayabe (1987) reconnaissant les effets non persistants des remédiations pédagogiques qu'ils avaient eux-mêmes mises en place. Il nous semble en définitive que, concernant, les études anglo-saxonnes, les remises en question critiques et l'évolution des méthodes d'analyse aboutissent principalement à minorer les conclusions radicales des méta-analyses de Holmes (1989) et de Jimerson (2001). Ceci ne prouve pas l'efficacité du redoublement et ne cautionne pas non plus l'idée qu'il suffit de promouvoir les élèves qui éprouvent des difficultés d'apprentissage pour que celles-ci s'évanouissent comme par enchantement. Paraphrasant Allen *et al.* (2009), il est urgent de se concentrer sur les méthodes propices à aider les élèves qui ne réussissent pas à apprendre aussi vite que leurs compagnons les compétences cognitives qu'ils sont censés maîtriser par rapport au curriculum du système scolaire dans lequel ils sont insérés.

Si l'on se concentre sur les études européennes passées ici en revue, on retiendra qu'elles mettent en évidence les effets délétères du redoublement sur le devenir scolaire à long terme des élèves (équivalence des compétences scolaires mais en un an de plus, risque accru de décrochage, déclin des chances d'obtention d'un diplôme ou d'une inscription dans un institut d'enseignement supérieur). On ne peut pas non plus oublier les études anglo-saxonnes qui attestent d'un lien entre redoublement et décrochage scolaire. Ce constat, combiné avec celui de conséquences socio-affectives négatives (estime de soi, confiance en soi, ajustement socio-émotionnel) nous paraît crucial. Il indique – pensons-nous – que le redoublement agit généralement comme un stigmate (cf. chapitre 4) qui marque l'individu à tout jamais.

Sur le plan pédagogique, à notre sens, le redoublement constitue une «réponse tardive, qui ne cible pas spécifiquement les difficultés rencontrées par l'élève et qui le replace dans les conditions qui ont conduit à l'échec» (Baye, Chenu, Crahay, Lafontaine et Monseur, 2014, p. 3). En effet, comme le rappelle Goos, «beaucoup de redoublants recyclent simplement la matière, au lieu de recevoir une instruction à leur rythme, dans leur groupe de niveau» (2013, p. 20).

Des différents constats rassemblés dans cette revue de la littérature, on conclut en la nécessité de limiter à des cas vraiment exceptionnels le recours au redoublement. Par ailleurs, il est clair également que la promotion automatique seule n'est pas un vecteur de réussite scolaire et ne permet pas aux plus faibles d'atteindre sans autre forme d'aide les compétences de base (Jimerson, 2001). C'est, comme déjà dit, la question de l'aide à apporter aux élèves qui éprouvent des difficultés d'apprentissage qu'il convient de reconsidérer, en les ciblant dès qu'elles apparaissent.

Chapitre 4

Les redoublants, victimes de stéréotypes dévalorisants?

Megan Fresson et Benoît Dardenne

1. LE REDOUBLEMENT: LE REGARD DE LA PSYCHOLOGIE SOCIALE

Dans les éditions précédentes de cet ouvrage, les résultats de différentes études menées à Genève et au Val d'Aoste auprès d'enfants issus de l'enseignement primaire ont été présentés (Crahay, 1996, 2003, 2007). Les principaux résultats de ces recherches montraient que :

- Les non-redoublants associent davantage le fait de redoubler aux personnages (dessins d'enfants) qui étaient «endormis», «bagarreurs», «foufous» et «sales». Les non-redoublants mettent également en évidence plusieurs caractéristiques qui «empêchent» de redoubler: «écouter», «être attentif», «être sage», «travailler», «participer», etc.
- Interrogés sur les causes du redoublement, les enfants non-redoublants tendent à expliquer le redoublement par une série de comportements/caractéristiques liés au manque d'effort et aux mauvais comportements en classe. Dans une moindre mesure, ils évoquent également un «manque d'intelligence».
- Il apparaît clairement que les enfants non-redoublants associent des caractéristiques négatives aux enfants redoublants et des caractéristiques positives aux enfants non-redoublants.
- À la suite d'interviews menées avec des enfants redoublants du primaire, Crahay et Monaghesi (voir Crahay, 1996, 2003, 2007) mettent en évidence «une loi du silence» concernant le redoublement. Plus précisément, les enfants ont tendance à dissimuler leur redoublement et à ne pas en parler à leurs pairs, comme s'ils en avaient honte. Ces enfants expliquent également que l'instituteur/l'équipe pédagogique n'ont pas parlé avec eux du redoublement. Plus de la moitié de ces enfants expliquent même qu'ils ne savent pas pourquoi ils redoublent. Quant aux réactions parentales, pour la plupart, les enfants relatent le mécontentement et la colère de leurs parents. Byrnes (1989) avait déjà fait le même constat auparavant et montré que les enfants n'avaient pas une bonne compréhension des causes de leur échec.
- Lorsque ces élèves parlent de ce qu'ils ont ressenti lorsqu'ils ont appris qu'ils devaient redoubler, ils évoquent la tristesse, la peur des moqueries, le rejet des autres et l'impression d'être punis. Ils s'attribuent l'échec et certains évoquent leur manque d'intelligence. Ces propos font craindre l'émergence d'un sentiment d'incompétence ou d'impuissance face aux apprentissages scolaires à réussir.

Dans ce chapitre, notre propos sera d'appliquer – parfois de manière exploratoire – le concept de stéréotype à la problématique générale du redoublement. «Les stéréotypes sont les croyances des personnes concernant les attributs, les traits de personnalité typiques qui définissent un groupe» (Yzerbyt, 2016, p. 90). Comme synthétisé par Crahay (2003, 2007), il y a, chez les enfants, un stéréotype de l'enfant redoublant. Les enfants associent donc un ensemble de caractéristiques au groupe des enfants redoublants. Il est important de préciser ici que le contenu du stéréotype n'est pas toujours faux et peut réellement refléter les caractéristiques d'un groupe (Jussim, Crawford et Rubinstein, 2015).

En psychologie sociale, la notion de stéréotype a suscité de nombreuses études et l'influence des stéréotypes a été envisagée selon deux axes principaux. D'une part, on a étudié l'influence des stéréotypes auquel un groupe adhère (par exemple, les hommes ou les Occidentaux) sur leurs attitudes et comportements envers un autre groupe pertinent (par exemple, les femmes ou les Africains). Ce champ de littérature concerne donc les préjugés et la discrimination (les émotions et les comportements discriminatoires). La distinction entre le concept d'endogroupe et celui d'exogroupe est cruciale pour la théorisation du processus de stéréotypisation : l'endogroupe est le groupe d'appartenance d'un individu ; l'exogroupe renvoie à tout autre groupe auquel l'individu ne s'identifie pas et dont il ne se sent pas faire partie. À cet égard, il est important de préciser que les membres de l'endogroupe peuvent également adhérer aux stéréotypes dont leur groupe est la cible. En d'autres termes, l'enfant redoublant pourrait lui-même associer le groupe des enfants redoublants à un manque d'intelligence, à la paresse, etc.

D'autre part, les chercheurs se sont aussi intéressés à l'impact des stéréotypes sur le groupe cible lui-même. Autrement dit, comment des individus sont influencés par la mauvaise réputation qui pèse sur leur groupe. Dans le cadre de ce chapitre, nous nous intéresserons principalement à cette deuxième thématique, c'est-à-dire comment les enfants redoublants sont influencés par le stéréotype négatif qui les concerne et comment ils se perçoivent en conséquence. Historiquement, ce type de travaux fait référence à la notion de stigmate, c'est-à-dire de trace indélébile qui révèle une dégradation ou une infériorité chez celui qui la possède (Goffman, 1963 ; pour une présentation récente et exhaustive de ce concept, voir Major, Dovidio et Link, 2018). Un stigmate est donc une «caractéristique associée à des traits et stéréotypes négatifs qui font en sorte que ses possesseurs subiront une perte de statut et seront discriminés au point de faire partie d'un groupe particulier ; il y aura "eux", qui ont une mauvaise réputation, et "nous", les normaux» (Croizet et Leyens, 2003, pp. 13-14). La stigmatisation renforce donc la distinction endogroupe/exogroupe. À l'école, comme dans la vie en général, les stigmates sont nombreux et variés : l'origine socio-économique, la couleur de peau et l'origine ethnique, le sexe et l'orientation sexuelle, le poids ou encore la couleur des cheveux... Les conséquences pour le porteur d'un stigmate sont tout aussi diverses et bien souvent négatives, perturbatrices et déstabilisantes : désinvestissement dans le domaine concerné (par exemple, les maths pour les filles), baisse de l'estime de soi, désespoir ou encore colère. Notons que la stigmatisation est un processus contextualisé et dépendant de la situation : un footballeur sera mis en vedette par les spectateurs d'un match, mais sera sans doute victime d'une mauvaise réputation lors d'un tournoi d'échecs.

Nous porterons un intérêt tout particulier au phénomène de **menace du stéréotype** (Steele, 1997). L'idée de base n'est pas neuve et apparaît déjà dans les travaux sur les stigmates ainsi que sur la « paresse sociale » : en situation d'évaluation et d'apprentissage, la performance à des tâches suffisamment complexes sera impactée négativement par la simple présence d'un évaluateur ou d'un co-acteur qui peut être vécue comme menaçante (Zajonc, 1965). La nouveauté, c'est que cette menace est ici due aux croyances que l'individu détient quant au regard négatif (prétendu ou réel) que les autres porteraient sur son groupe ou à la mauvaise réputation générale de celui-ci dans la société. Craignant d'être jugé au travers de ce regard ou de cette réputation, ce stigmate, un individu peut se sentir menacé, par exemple craindre de faire quelque chose qui confirmerait aux yeux des autres cette mauvaise réputation.

Kleck et Strenta (1980) ont fourni une illustration expérimentale, avant l'heure mais particulièrement parlante, de ce phénomène de menace dans les yeux de l'autre. Ils ont demandé à de jeunes femmes de participer à une discussion avec une autre jeune femme dans le but d'étudier la réaction de cette dernière lorsqu'elle interagit avec une personne. Plus précisément, il leur était dit que l'étude portait sur l'impact de l'apparence physique de l'interlocuteur. Pour ce faire, certaines de ces jeunes femmes acceptaient qu'une maquilleuse dessine sur leur joue droite, du bas de l'oreille au coin de la bouche, une cicatrice bien visible (un stigmate). Elles pouvaient confirmer la qualité du maquillage en se regardant dans un miroir. Cependant, prétextant une dernière manipulation pour fixer le maquillage, celui-ci était en fait totalement effacé ! Les jeunes femmes croyaient donc avoir une horrible cicatrice sur le visage (nous dirions qu'il s'agit d'une menace) alors qu'en réalité il n'y en avait aucune. Lors de l'interaction sociale qui a suivi, on a demandé aux participantes de ne pas mentionner leur (prétendue) cicatrice. Les résultats de cette étude sont complexes, mais peuvent être résumés comme suit. Se croyant dévalorisées par la fausse cicatrice, les participantes s'attendent à ce que leur interlocutrice ne puisse s'empêcher de scruter leur visage. Et en effet c'est ce qu'elles croient : elles pensent que l'interlocutrice les a particulièrement inspectées au niveau du visage. Elles s'attendent aussi à ce que l'interlocutrice soit nerveuse et mal à l'aise et c'est à nouveau ce qu'elles perçoivent : elle la juge comme ayant été mal à l'aise et nerveuse. Pour rappel, aucune cicatrice n'était en réalité visible ; la (fausse) menace réside dans ce que les participantes croient ce que sera la réaction des autres en général face à quelqu'un d'horriblement défiguré. Cette menace (présumée dans le cas de cette expérience) modifie donc la perception que l'on a des comportements des autres, ce qui peut altérer non seulement son propre comportement, mais aussi le bon déroulement des interactions sociales. Les études de Kleck et Strenta (1980) montrent qu'il y a une croyance stéréotypique sur la réaction habituelle de tout un chacun face à une personne physiquement dévaluée et stigmatisée.

Dans une de leurs études, Steele et Aronson (1995) ont examiné l'impact du stéréotype selon lequel les personnes afro-américaines seraient intellectuellement inférieures aux blancs[1]. Dans une première expérience, ils ont réparti des participants blancs et noirs dans deux groupes selon une condition de menace du stéréotype et une condition «non diagnostique». Dans la condition de menace du stéréotype, les participants apprenaient que le test à réaliser révélerait leurs capacités verbales et de raisonnement, tandis que dans la condition «non diagnostique», aucune référence aux capacités verbales n'était faite. Les participants réalisaient ensuite un test d'aptitudes verbales. Les résultats ont montré qu'en condition non diagnostique, les performances des participants blancs et noirs ne différaient pas, tandis qu'en condition de menace du stéréotype, les participants noirs obtenaient de moins bons résultats que les participants blancs. Dans une autre expérience, Steele et Aronson (1995, Expérience 4) ont montré que le simple fait de demander aux participants noirs de mentionner leur «race» (condition de menace du stéréotype) avant de faire le test induisait une diminution de performance. La performance des participants noirs dans la condition de menace du stéréotype était alors inférieure à celle des participants noirs dans la condition neutre (condition identique, excepté qu'il ne leur était pas demandé de mentionner leur race) et à celle des participants blancs dans les deux conditions. Les auteurs décrivent cette menace du stéréotype comme suit :

> L'existence d'un stéréotype négatif à propos d'un groupe auquel une personne appartient […], indique que dans les situations dans lesquelles le stéréotype est applicable, la personne est à risque de le confirmer comme une caractéristique propre, à soi-même et aux yeux de ceux qui connaissent le stéréotype. […] Et, quand le stéréotype implique une humiliation dans un domaine aussi important que les habilités intellectuelles, cette menace peut être assez perturbante pour […] réduire la performance intellectuelle (p. 808).

La menace du stéréotype est donc un phénomène situationnel dans lequel un individu appartenant à un groupe stigmatisé va craindre de confirmer le stéréotype. En retour, cette crainte de confirmer le stéréotype va

---

1. Nous utilisons les désignations utilisées dans la littérature internationale en parlant de participants blancs et de participants noirs. Les participants blancs désignent généralement les participants caucasiens, protestants et anglo-saxons. Les participants noirs désignent les participants afro-américains ou plus généralement d'origine africaine subsaharienne.

engendrer une diminution de performance. L'environnement est important car c'est la situation qui va rappeler à l'individu le stéréotype qui le concerne.

Par exemple, nous avons montré que la façon de présenter une épreuve constitue une dimension importante de la situation. Dans une étude (Fresson, Dardenne et Meulemans, 2018a), nous avons fait réaliser des épreuves de concentration et de mémoire à des personnes ayant été victimes d'atteintes neurologiques. Le groupe A apprenait qu'ils allaient réaliser des épreuves cognitives pour étudier les capacités de mémoire et de concentration des personnes cérébrolésées. Dans ce groupe, le stéréotype est activé : on mentionne l'appartenance des individus à un groupe stigmatisé et on met en évidence la capacité des épreuves à révéler le stéréotype. Dans l'autre groupe (B), on expliquait aux personnes qu'elles allaient faire des tests de vue et d'audition (aucune référence à leur identité de «personne céré-brolésée» n'était faite). Les résultats de cette étude sont assez marquants puisque comparés aux participants du groupe B (condition neutre), ceux du groupe A qui réalisaient les épreuves dans une situation qui rappelait le stéréotype obtenaient des résultats bien inférieurs. Une telle menace situationnelle n'est pas sans conséquence au niveau clinique. Dans une autre étude (Fresson, Dardenne et Meulemans, 2018b), nous avons montré qu'elle pouvait mener certains participants à produire des performances en mémoire en deçà du seuil habituellement admis comme indiquant un fonctionnement normal. Autrement dit, ces individus menacés recevaient un score en mémoire indiquant une pathologie clinique!

Un phénomène de menace du stéréotype est donc lié à une situation qui va déclencher chez la personne une crainte de confirmer un stéréotype : une personne âgée qui va réaliser un test de mémoire, une jeune femme à qui on demande d'indiquer son genre avant de faire un test de mathé-matiques, un homme blanc qui va devoir réaliser des activités sportives au sein d'un groupe d'hommes noirs, etc. Et enfin, probablement, un élève redoublant qui va devoir réaliser une évaluation au sein d'une classe d'élèves majoritairement non-redoublants...

Avant de considérer plus avant l'influence potentielle du redou-blement sous l'angle de la menace du stéréotype, il importe de faire une présentation un peu plus détaillée de ce concept.

2. MENACE DU STÉRÉOTYPE : COMMENT ? À QUELLE CONDITION ? QUI ?

Dans les études sur la menace du stéréotype, on a donc montré qu'en situation menaçante, les individus obtiennent de moins bons résultats aux épreuves ciblées par le stéréotype. Les chercheurs ont dès lors mené des investigations afin de comprendre le *comment*, c'est-à-dire par quels mécanismes le stéréotype négatif peut mener à une diminution des résultats à des épreuves. On parle de variables médiatrices. Le modèle explicatif qui a reçu le plus de soutien empirique est celui proposé par Schmader, Johns et Forbes (2008). D'après ce modèle, lorsqu'un individu appartenant à un groupe stigmatisé se trouve dans une situation où il peut craindre de confirmer le stéréotype négatif qui lui est lié, plusieurs processus physiologiques, émotionnels et cognitifs vont opérer. Ces différents processus vont conduire à une augmentation des pensées et des émotions négatives intrusives. Par exemple, des émotions telles que le découragement et des pensées telles qu'un sentiment d'infériorité vont occuper l'esprit de la personne (Dardenne, Dumont et Bollier, 2007). En réaction, afin de se sentir mieux, la personne va tenter de supprimer et de contrôler cet état émotionnel négatif. On parle de « suppression de pensées interférentes » (Dardenne *et al.*, 2013 ; Dumont, Sarlet et Dardenne, 2010). Ces mécanismes de suppression vont utiliser une partie significative des ressources cognitives de la personne (en particulier, celle de la mémoire de travail). En conséquence, la personne ne disposera plus de l'intégralité de ses ressources cognitives pour réussir la tâche qu'elle doit réaliser. Le résultat final est que la personne obtiendra de moins bons résultats car elle ne sera pas en possession de toutes ses ressources intellectuelles pour réaliser l'épreuve.

À la question du *à quelle condition*, nous avons déjà expliqué plus haut que la diminution de résultats due à la menace du stéréotype est liée à la situation. La situation dans laquelle la personne va réaliser une épreuve comporte des indices plus ou moins flagrants qui rappelleront le stéréotype. Par exemple, on demandera à une petite fille d'indiquer son genre sur sa feuille de mathématiques, on lui expliquera que les garçons sont meilleurs en mathématiques que les petites filles, etc. Cependant, plusieurs études indiquent que les indices situationnels ont un effet d'autant plus délétère s'ils sont subtils plutôt que flagrants (Dardenne *et al.*, 2007 ; Fresson, Dardenne et Meulemans, 2018c ; Wheeler et Petty, 2001). Par exemple, il y aurait une plus grande probabilité d'observer une diminution des résultats à une épreuve de mathématiques chez une petite fille à qui on a simplement demandé d'écrire « fille » sur sa feuille d'interrogation qu'à cette même petite fille à qui on aurait dit que « les petits garçons sont plus forts en mathématiques ». Les indices subtils de menace et les « insinuations du stéréotype » auraient davantage tendance à déclencher des émotions et des pensées négatives. Ceci s'expliquerait par le fait que lorsque le stéréotype serait présenté de manière explicite (indices flagrants), les personnes auraient plus de facilité de rejeter le stéréotype. Alors qu'en situation ambiguë (indices subtils), les personnes auraient plus de difficultés pour identifier la source de l'inconfort et de leurs émotions négatives. Nous verrons plus tard que cette distinction est importante dans notre réflexion sur le redoublement.

Finalement, à la question du *qui*, les études sur la menace du stéréotype ont montré que certaines variables individuelles ou environnementales pouvaient moduler l'influence des stéréotypes. On parle de variables modératrices. Par exemple, dans la littérature sur la menace du stéréotype, on a défini l'identification au domaine comme la valeur qu'un individu accorde à un domaine spécifique. Par exemple, l'identification au domaine des mathématiques peut être définie comme la valeur qu'un individu accorde à cette discipline. Les études ont montré que plus les femmes présentaient une identification élevée aux mathématiques (plus elles accordaient de l'importance aux mathématiques), plus l'influence des stéréotypes pouvait être négative (Cadinu, Maass, Frigero, Impagliazzo et Latinotti, 2003; voir aussi Fresson *et al.*, 2018c). Parmi les variables les plus étudiées, on relève également l'identification au groupe (à quel point la femme se considère-t-elle comme faisant partie du groupe des femmes; Schmader, 2002), la conscience du stigmate (à quel point la femme a-t-elle connaissance du stéréotype concernant les femmes; Pinel, 1999), le lieu de contrôle (interne ou externe; Fresson, Dardenne, Geurten et Meulemans, 2017), etc. Il apparaît donc que certaines caractéristiques rendent les individus issus de groupes stigmatisés particulièrement vulnérables à la menace du stéréotype.

3.   CONSCIENCE DU STIGMATE ET MENACE DU STÉRÉOTYPE CHEZ LES ENFANTS

Chez les enfants, de nombreuses études ont été conduites sur le développement et l'influence des stéréotypes liés au genre (Cvencek, Meltzoff et Greenwald, 2011), à l'appartenance ethnique (McKown et Weinstein, 2003) et au statut socio-économique (Désert, Préaux et Jund, 2009). Les études indiquent que les enfants ont généralement conscience du stigmate (conscience du stéréotype) dès le début de l'école primaire (environ 6 ans) (Cvencek *et al.*, 2011; del Río et Strasser, 2013; McKown et Strambler, 2009; Muzzatti et Agnoli, 2007). Par-delà la connaissance du stéréotype, il convient de se demander si les enfants adhèrent à ces stéréotypes. Pour ceux qui ne sont pas porteurs du stigmate, l'adhésion à ces stéréotypes génère des attitudes sexistes, racistes, etc. Pour ceux qui en sont porteurs, on peut craindre une internalisation du stéréotype, qui finit par faire partie intégrante de leur identité. Autrement dit, dans pareil cas, ces caractéristiques stéréotypiques constitueraient alors des éléments de définition personnelle qui guideraient leurs attitudes et comportements en classe et ailleurs (Allport, 1954; Eccles, Adler, Futterman, Goff, Kaczala, Meece et Midgley, 1983). Cette distinction entre connaissance et adhésion ou internalisation renvoie à la distinction entre connaissance des stéréotypes et croyances personnelles (Devine, 1989). Il importe de souligner que la simple connaissance des stéréotypes peut avoir un effet délétère sur les membres des groupes stéréotypés (Shapiro et Williams, 2012 ; Steele, 1997). Leyens, Désert, Croizet et Darcis (2000) montrent que la menace du stéréotype fonctionne sans qu'il y ait adhésion explicite à celui-ci. Kiefer et Sekaquaptewa (2007) obtiennent exactement les mêmes résultats et montrent également que l'adhésion implicite au stéréotype (telle que mesurée par un test d'association implicite entre fille et maths) ne modifie aucunement l'impact négatif du stéréotype sur les performances. Cependant, d'autres recherches ont montré que l'adhésion aux stéréotypes pouvait magnifier la menace du stéréotype, voire être une condition nécessaire. Ainsi, Schmader, Johns et Barquissau (2004 ; Brown et Pinel, 2003) montrent que les effets délétères de la menace sur la performance de femmes en mathématiques n'apparaissent que chez celles qui croient au stéréotype de l'infériorité des femmes en mathématiques. Finalement, le rôle de l'adhésion pourrait bien être celui d'une variable intermédiaire : la connaissance du stéréotype peut mener à y adhérer, au moins partiellement, et cela déboucherait sur une diminution des performances (Davies, Spencer et Steele, 2005 ; Fresson, Meulemans, Dardenne et Geurten, 2018 ; Galdi, Cadinu et Tomasetto, 2014 ; Smith, 2004).

Concernant les stéréotypes de genre, dans l'étude de Miller, Lurye, Zosuls et Ruble (2009), lorsqu'ils décrivent les garçons, les enfants (âgés de 3 à 10 ans) utilisent plus de caractéristiques liées aux activités (par exemple, le sport) ou au caractère (par exemple, jouent brutalement, etc.) que pour décrire les filles. Les enfants évoquent aussi plus de comportements antisociaux et agressifs pour faire référence aux garçons que pour faire référence aux filles. Closson (2009) a montré que, selon les enfants (dès l'âge de 11 ans), le garçon populaire est celui qui s'oppose, qui prend des risques et qui a de mauvais points à l'école. Hartley et Sutton (2013) ont montré que les petites filles, dès l'âge de 4 ans, et les petits garçons, dès l'âge de 7 ans, adhèrent au stéréotype du bon comportement en classe («academic ability») plus fréquent chez les filles que chez les garçons et perçoivent que les adultes y adhèrent également (conscience du stigmate). Les enfants indiquent que les grandes personnes pensent que les petits garçons sont moins aptes à se concentrer sur leur travail, à s'asseoir et à écouter attentivement l'instituteur(rice), à se comporter correctement, etc.

Ces études semblent indiquer que le stéréotype à propos des filles est du type *«filles = sages et gentilles»* et c'est exactement ce qu'ont montré Bian, Leslie et Cimpian (2017). En effet, à l'âge de 5 ans, les filles comme les garçons attribuent à leur propre groupe plus de gentillesse (un effet typique de favoritisme pour l'endogroupe, voir Dunham, Baron et Banaji, 2016). À l'âge de 6 ans, si les petites filles continuent à attribuer à leur groupe (petites filles comme femmes adultes) plus de gentillesse, les garçons par contre en attribuent moins à leur propre groupe qu'à celui des filles et des femmes. En miroir, à l'âge de 5 ans, les filles comme les garçons attribuent à leur propre groupe plus de brillance. En effet, ils considèrent que les membres de leur propre groupe sont plus «*really, really smart*» que ceux de l'autre groupe. Mais cette fois, dès l'âge de 6 ans, si les garçons continuent à décrire plus souvent leur groupe comme brillant, les petites filles considèrent à cet âge que garçons et filles (ainsi que les hommes et femmes adultes) sont «*really, really smart*» de manière égale! Au niveau du stéréotype, tout se passe donc comme si la petite fille est travailleuse et sage alors que le garçon est paresseux mais brillant (voir Jackson et Dempster, 2009), ce qui pour ce dernier et lorsqu'il réussit, lui donne la réputation du plus intelligent de la classe (Heyder et Kessels, 2017)!

Si, dès l'entrée dans le primaire, les enfants prennent conscience des stéréotypes qui les concernent, les études ont également montré que, très jeunes, les enfants peuvent être négativement influencés par ces sté-réotypes. Dans l'étude de Bian *et al.* (2017), les garçons de 6 ans sont plus intéressés par un nouveau jeu présenté comme intelligent que les petites filles du même âge. De plus, ce sont les croyances stéréotypiques associant «garçons = brillants» qui expliquent cette différence dans le choix de jeux intelligents. En ce qui concerne plus spécifiquement l'influence négative de la menace du stéréotype, celle-ci a été mise en évidence sur des tâches très variées, notamment des épreuves scolaires et cognitives. Par exemple, l'un des stéréotypes les plus étudiés chez les enfants est celui selon lequel les petites filles sont moins bonnes en mathématiques que les petits garçons. Dans une étude de Neuville et Croizet (2007), les auteurs ont demandé à des enfants âgés entre 7 et 8 ans de colorier un personnage correspondant à leur genre (féminin ou masculin) ou un personnage dont le genre ne pouvait être identifié (neutre). Ensuite, les enfants réalisaient des exercices de mathématiques. Les petites filles chez qui on avait activé le stéréotype (en leur demandant de colorier le personnage féminin) réalisaient de moins bonnes performances en mathématiques aux items difficiles comparative-ment aux petites filles chez qui on n'avait pas activé le stéréotype (coloriage du personnage neutre).

Beaucoup d'études ont obtenu de tels résultats et les auteurs sug-gèrent que la supériorité numérique des hommes dans les domaines des sciences, de la technologie, de l'ingénierie et des mathématiques pourrait être une résultante de la menace du stéréotype (Ambady, Shih, Kim et Pittinsky, 2001; Galdi *et al.*, 2014; Huguet et Régner, 2007, 2009; Keller et Dauenheimer, 2003; Neuburger, Jansen, Heil et Quaiser-Pohl, 2012; Tomasetto, Alparone et Cadinu, 2011).

Si l'influence du stéréotype de genre sur les mathématiques a suscité beaucoup de recherches, il apparaît cependant que les filles présentent de meilleurs résultats à l'école que les garçons, et ce dans beaucoup de matières scolaires, en particulier en lecture et parfois même en mathématiques

(Duckworth et Seligman, 2006 ; OECD, 2011, 2012 ; Voyer et Voyer, 2014 ; Weis, Heikamp et Trommsdorff, 2013). Les garçons sont également la cible de stéréotypes négatifs et de discrimination à l'égard de leur attitude (comportement en classe, discipline, etc.) et de leur réussite scolaire (Brown et Stone, 2016). Les garçons sont bien souvent perçus par les enseignants et les enfants comme ayant une attitude problématique en classe (perturbateurs, dissipés, etc.) et comme ayant de mauvais résultats scolaires (Retelsdorf, Schwartz et Asbrock, 2015). La petite fille serait quant à elle perçue comme présentant un comportement propice à la réussite scolaire (studieuse, calme, etc.) et comme ayant dès lors de meilleurs résultats scolaires que les petits garçons.

Hartley et Sutton (2013) ont étudié ce stéréotype et son influence sur les résultats de jeunes enfants dans diverses épreuves scolaires. Ces auteurs montrent que lorsqu'on rappelle ce stéréotype (menace du stéréotype), les garçons de 7 à 8 ans avaient des résultats plus faibles à des tests de mathématiques, de lecture et d'écriture comparativement aux garçons chez qui on n'avait pas activé ce stéréotype. Les résultats des filles n'étaient en revanche pas influencés par ce qui leur avait été dit. D'autres études ont aussi montré que les garçons de 9 ans et de 14 à 17 ans obtenaient de moins bons résultats à une épreuve de lecture lorsque ce stéréotype d'« infériorité scolaire » était activé (Latsch et Hannover, 2014 ; Pansu *et al.*, 2016).

À l'instar des stéréotypes de genre décrivant les garçons comme étant moins avancés que les filles sur le plan de la discipline et de la réussite scolaire, il apparaît que la représentation dans la société des troubles de l'attention chez l'enfant (trouble de l'attention avec ou sans hyperactivité ; TDAH) est également sexuée. En effet, les troubles de l'attention sont généralement présentés comme une problématique masculine (Horton-Salway, 2013). D'ailleurs, les données épidémiologiques montrent qu'il y a plus de garçons que de filles catégorisés comme ayant ce type de troubles de l'attention (Cuffe, Moore et McKeown, 2005 ; Havey, Olson, McCormick et Cates, 2005 ; Keshavarzi, Bajoghli, Mohamadi, Holsboer-Trachsler et Brand, 2014 ; Richa *et al.*, 2014 ; Sassi, 2010). Si des facteurs génétiques et/ou évolutionnaires peuvent évidemment expliquer cette prépondérance des garçons, le stéréotype ne ferait que renforcer celle-ci. Nous avons donc fait l'hypothèse que ce stéréotype masculin, relatif à la discipline et à la réussite, pouvait également avoir un impact délétère sur les résultats de jeunes garçons à des tests neuropsychologiques d'évaluation des capacités de concentration. Dans une étude, nous avons ainsi montré que dans certaines conditions, les petits garçons (entre 8 et 10 ans) présentaient de moins bons résultats à des épreuves de concentration lorsqu'on rappelait ce stéréotype (Fresson *et al.*, 2018). Dans une autre partie de cette étude, nous avons demandé à des étudiants en psychologie de visionner une courte séquence d'un enfant dont le visage était flouté. L'enfant était habillé de telle sorte qu'il était impossible de deviner son genre. Les étudiants devaient évaluer son comportement et ses capacités de concentration à l'aide d'un questionnaire. Les résultats ont montré que lorsqu'on disait que l'enfant était un garçon, les étudiants évaluaient plus sévèrement l'enfant que lorsqu'on disait que l'enfant était une fille ou lorsqu'on ne précisait pas le genre.

Ces études montrent donc que, dès les primaires, les enfants peuvent non seulement avoir conscience des stéréotypes qui sont véhiculés dans la société, mais en subissent des effets délétères. Les stéréotypes qui affectent les enfants touchent à leur genre, au niveau socio-économique de leur famille, à leur identité ethnique, etc. La menace du stéréotype peut avoir une influence sur des tâches scolaires, mais également sur des tâches cognitives. Ce que ces études montrent également, c'est que lorsqu'un enfant appartenant à un groupe stigmatisé doit réaliser une épreuve qui touche au domaine dans lequel son groupe est réputé comme étant moins bon, ses résultats à cette épreuve peuvent diminuer. En effet, cette situation d'évaluation va évoquer un stéréotype d'infériorité. L'influence négative du stéréotype sera d'autant plus forte que l'enfant percevra l'épreuve qu'il va réaliser comme évaluant précisément le domaine dans lequel il est supposé être moins bon (à cause de son appartenance groupale).

4.   LE REDOUBLEMENT SCOLAIRE SOUS L'ANGLE DE LA MENACE DU STÉRÉOTYPE

Ainsi, très jeunes, les enfants développent des stéréotypes concernant certains groupes sociaux : garçons-filles, favorisés-défavorisés, etc. Il en va de même concernant l'élève redoublant. Crisafulli, Guida, Perreard Vité et Crahay (2002) ont montré que les enfants attribuaient des caractéristiques négatives au groupe des enfants redoublants[2]. Ces auteurs proposaient aux enfants des vignettes représentant différents personnages scolaires (l'enfant sportif, l'enfant studieux, etc.). Lorsqu'on leur demandait d'indiquer selon eux quel(s) personnage(s) pouvai(en)t redoubler, les enfants pointaient davantage l'enfant « endormi », « bagarreur », « foufou » et « sale ». Lorsqu'on présentait la vignette de l'enfant « neutre » et qu'on leur demandait pourquoi cet enfant ne redoublait pas, les enfants évoquaient un ensemble de comportements tels que « est un bon élève », « étudie », « écoute », « est attentif », « est sage », etc. Dans une deuxième tâche, on demandait aux enfants de faire deviner l'expression « enfant redoublant » et dans une troisième tâche, les enfants choisissaient par couple de qualificatifs (positif-négatif) le terme

---

2.   Cette recherche menée à Genève est relatée en détail dans les versions antérieures de cet ouvrage. Rappelons qu'elle a été répliquée avec les mêmes résultats au Val d'Aoste par Farcoz (2003, cité par Crahay, 2003, 2007).

qui correspondait le mieux au redoublant. Les résultats montrent que pour définir « enfant redoublant », une majorité des réponses des enfants peuvent être regroupées sous la catégorie « manque d'effort » et « comportements en classe ». Pour finir, dans la troisième tâche, les enfants attribuent plus de caractéristiques négatives à l'enfant redoublant que de caractéristiques positives (par exemple, distrait, mal poli, désobéissant, mauvais, fainéant, etc.). De manière intéressante, le sexe masculin est davantage choisi que le sexe féminin pour décrire l'enfant redoublant[3].

Ces résultats suggèrent donc que les enfants ont une vision stéréotypée des élèves redoublants. Il y aurait chez les enfants une croyance commune selon laquelle le redoublant présente une série de caractéristiques négatives. Au même titre que les autres stéréotypes dont peuvent avoir conscience les enfants, le stéréotype du redoublant pourrait donc également avoir une influence négative pour l'enfant qui en est la cible. Ceci apparaît d'autant plus probable que l'élève redoublant serait constamment exposé à ce stéréotype. En effet, dans la menace du stéréotype, on a montré que l'environnement et la diagnosticité des tâches étaient des dimensions importantes dans ce phénomène. Concernant l'environnement, comme nous l'avons vu précédemment, la menace du stéréotype a d'autant plus de chance de se reproduire que l'environnement rappelle le stéréotype. Concernant la diagnosticité de l'épreuve, la menace du stéréotype a d'autant plus de chance d'avoir une influence négative que l'individu percevra l'épreuve à réaliser comme étant diagnostique des compétences ciblées par le stéréotype.

L'enfant redoublant est constamment baigné dans un milieu scolaire où la notion de réussite est valorisée. Il est de plus constamment soumis à des exercices et contrôles qui évaluent précisément ce dans quoi il est supposé être moins bon. Si l'on reprend la définition de la menace du stéréotype, en milieu scolaire, l'enfant redoublant serait fréquemment exposé au stéréotype qui concerne le groupe des enfants redoublants. Lorsque ses compétences scolaires sont évaluées (via un exercice ou un contrôle), l'enfant craindrait de confirmer que ce stéréotype est vrai. Cette pression à la réussite induirait donc une diminution de ses résultats scolaires via différents mécanismes (augmentation des émotions négatives, diminution des capacités de mémoire de travail, etc.).

Il est également intéressant de souligner que les études sur les stéréotypes ont montré que le fait d'être seul représentant de son groupe aggravait les effets de menace du stéréotype ; ceci est nommé l'effet solo. Par exemple, Sekaquaptewa et Thompson (2003) ont montré que des femmes ont plus

---

3.   Comme rappelé ci-dessus sur la base des travaux de Jussim, Crawford et Rubinstein (2015), le contenu du stéréotype n'est pas toujours faux. C'est le cas ici puisque plus de garçons redoublent que de filles.

de chance de voir leurs résultats diminuer en mathématiques lorsqu'elles se retrouvent en minorité pendant l'évaluation de leurs compétences par comparaison à une situation où elles seraient en majorité. Ces auteurs obtiennent également l'effet classique de la menace du stéréotype : une diminution de performance en condition de menace par rapport à la condition contrôle. Pour les femmes à la fois menacées et isolées dans un groupe d'hommes, leur performance en mathématiques sera encore plus impactée. Si l'on fait le parallèle avec les enfants redoublants, ceux-ci sont en minorité dans certains groupes classe, en particulier dans le primaire, ce qui pourrait exacerber les effets délétères de la menace du stéréotype ainsi que cette crainte de confirmer le stéréotype négatif qui les concerne. Le fait d'avoir redoublé ferait donc d'eux une minorité « sociale » négativement stéréotypée au sein du groupe classe.

Pour finir, comme exposé plus haut, dans les études sur la menace du stéréotype, les auteurs ont montré que l'influence de la menace du stéréotype a d'autant plus de chance d'être présente que l'activation du stéréotype sera subtile/implicite par comparaison aux activations flagrantes/explicites (Nguyen et Ryan, 2008). Cette distinction est intéressante car, dès la première version (1996) de cet ouvrage, il ressortait des recherches menées par Crahay, Baeriswyl et Vellas (1996, cité par Crahay, 1996, 2003, 2007) qu'à la suite d'un redoublement, la loi du silence s'imposait. L'équipe pédagogique ne parlait pas à l'enfant de son redoublement. L'enfant n'en parlait pas avec ses camarades de classe. Finalement, les enfants ne savaient pas toujours pourquoi ils avaient redoublé. Tout semble se passer comme si l'enfant vivait son redoublement dans le silence et la honte (Byrnes, 1989). Le stéréotype serait donc présent dans le milieu scolaire, mais de manière implicite. Si le stéréotype peut être activé de manière implicite dans le milieu scolaire de l'enfant redoublant, alors ce dernier sera à risque de présenter une diminution de ses résultats scolaires ainsi que tous les phénomènes associés (baisse d'estime de soi, émotions négatives, etc.)

5.   REDOUBLEMENT ET MENACE DU STÉRÉOTYPE : QUELS MODÉRATEURS ?

Concernant l'influence négative du stéréotype de l'enfant redoublant, on pourrait faire l'hypothèse de plusieurs variables modératrices, c'est-à-dire de variables qui rendent plus ou moins les enfants sensibles à la menace du stéréotype.

5.1. Conception de l'intelligence

Concernant les variables modératrices, une dimension qui suscite beaucoup de recherches à l'heure actuelle est la conception de l'intelligence.

La conception de l'intelligence peut être définie comme la représentation que se font les enfants de la notion d'intelligence. Selon Dweck (1999 ; Dweck et Leggett, 1988 ; Molden et Dweck, 2006), les conceptions de l'intelligence peuvent être distinguées en deux catégories : la conception de l'intelligence comme une entité et la conception de l'intelligence incrémentielle. Selon la conception de l'intelligence comme entité, l'intelligence est vue comme une entité fixe, stable et qui n'est pas influencée par l'environnement au sens large. Les enfants qui adhèrent à cette conception considèrent donc que leur intelligence n'évoluera pas et que, quels que soient leurs actions ou leurs efforts, leur intelligence n'en sera pas altérée. C'est donc une vision plutôt pessimiste de l'intelligence. Selon la conception de l'intelligence incrémentielle, celle-ci est un ensemble de caractéristiques qui peuvent évoluer dans le temps en fonction des apprentissages et des confrontations avec l'environnement. Les élèves qui adhèrent à cette conception vont donc considérer que, selon leurs comportements, leur intelligence, ils vont pouvoir évoluer avec le temps. C'est donc une vision plutôt optimiste de la notion d'intelligence.

Les études ont montré que la conception que l'enfant cultive concernant son intelligence va influencer ses comportements, notamment scolaires. Ainsi, par comparaison aux élèves qui ont une conception figée de l'intelligence, les élèves qui ont une conception évolutive de l'intelligence auront tendance à s'investir dans des tâches plus complexes qui leur permettront donc de faire de nouveaux apprentissages. Contrairement aux élèves qui ont une conception figée de l'intelligence, ces enfants ne favoriseront pas à tout prix des épreuves leur permettant d'éviter le jugement négatif de l'enseignant (voir par exemple, Dweck, 1999). Les conceptions de l'intelligence vont également influencer les attributions que les enfants feront des résultats de leurs actions (Dweck, Chiu et Hong, 1995 ; Grant et Dweck, 2003). Les personnes qui ont une conception de l'intelligence figée vont attribuer leurs échecs à un manque d'intelligence, ce qui les prédispose à un sentiment d'impuissance (puisque leur intelligence est figée). Les individus qui ont une conception incrémentielle de l'intelligence auront tendance quant à eux à remettre en cause des variables contrôlables (effort, les stratégies d'apprentissage, etc.). Ils pourront alors mettre en œuvre différentes actions susceptibles de remédier aux difficultés rencontrées.

Dans les études sur la menace du stéréotype, on a montré que les conceptions de l'intelligence ou des capacités cognitives de manière plus générale venaient influencer les effets de menace du stéréotype. Par exemple, concernant le stéréotype des personnes âgées (stéréotype selon lequel la mémoire est défaillante chez les personnes âgées), Weiss (2016) a montré que les personnes âgées qui avaient une conception des capacités intellectuelles comme étant figées étaient particulièrement vulnérables aux effets de la menace du stéréotype. Lorsqu'on activait le stéréotype, ces personnes âgées montraient une diminution de leurs capacités en mémoire (comparé aux mêmes personnes chez qui on n'avait pas activé le stéréotype). En revanche, les personnes âgées qui n'avaient pas cette conception figée des capacités cognitives (vision incrémentielle) montraient, quant à elles, une augmentation de leurs capacités de mémoire lorsqu'on leur rappelait le stéréotype. De manière intéressante, dans la littérature sur la menace du stéréotype, il a été montré qu'induire une conception incrémentielle permettait d'annuler les effets négatifs de la menace du stéréotype (Aronson, Fried et Good, 2002; Good, Aronson et Inzlicht, 2003) et que seuls les «*entitéistes*» chroniques subissaient cette menace (Froehlich, Martiny, Deaux, Goetz et Mok, 2016).

En regard de ces études, on pourrait donc faire l'hypothèse que les élèves redoublants qui ont une conception figée de l'intelligence seraient particulièrement vulnérables aux effets négatifs de la menace du stéréotype. Les enfants redoublants ayant une conception incrémentielle de l'intelligence seraient, à l'inverse, moins vulnérables que ces derniers. Il serait également intéressant de considérer les conceptions de l'intelligence de l'enfant dans le contexte plus général qu'est celui des conceptions des adultes l'entourant, c'est-à-dire leurs parents et les enseignants. En effet, on peut supposer qu'un enfant qui est entouré d'adultes – enseignants ou parents – ayant une conception de l'intelligence comme entité figée serait également plus vulnérable aux conséquences négatives des stéréotypes.

5.2. Le lieu de contrôle et la contrôlabilité

En lien avec les conceptions de l'intelligence, la notion de lieu de contrôle (Rotter, 1966) a également été envisagée dans la littérature sur la menace du stéréotype. Le lieu de contrôle peut être défini comme l'attente relative à l'influence des comportements (au sens large) sur les expériences vécues. On distingue un lieu de contrôle interne et externe. Les individus qui présentent un lieu de contrôle interne ont tendance à considérer que les événements qu'ils vivent sont le fruit de leurs propres caractéristiques (personnalité, comportements, etc.). À l'inverse, les individus ayant un lieu de contrôle externe ont tendance à expliquer les événements survenus par des variables externes. Ainsi, si l'on prend l'exemple d'un élève qui échoue à un contrôle, celui qui a un lieu de contrôle interne va envisager des caractéristiques telles que le manque d'effort ou encore les stratégies d'apprentissage pour expliquer son échec. En revanche, l'enfant qui a un lieu de contrôle externe va considérer que son échec est explicable par des variables qui ne lui sont pas propres, par exemple la difficulté des exercices ou encore la mauvaise humeur de l'enseignant. Les études montrent qu'un lieu de contrôle interne prédispose à des résultats plus favorables dans divers domaines, notamment la réussite scolaire, les stratégies d'apprentissage, le traitement cognitif, la résistance au stress, etc. (voir notamment Lefcourt, 2014).

À côté de la notion de lieu de contrôle, dans sa théorie de l'attribution causale (comment nous expliquons l'origine des événements), Weiner (1985) inclut également les dimensions de stabilité et de contrôlabilité. La notion de stabilité renvoie donc au caractère fluctuant ou non de la cause des événements; la cause sera stable ou variable. Quant à la notion de contrôlabilité, elle renvoie au contrôle perçu. **Selon cette théorie, les attributions causales auront une influence plus importante sur l'engagement de l'enfant dans sa scolarité que l'échec en tant que tel**. Par exemple, les enfants qui ont tendance à attribuer leurs échecs à une cause interne, contrôlable et variable, telle que le manque d'effort, auront tendance à persister dans leurs apprentissages. En revanche, les enfants qui ont tendance à attribuer leurs échecs à des causes internes, stables et incontrôlables telles qu'un manque d'intelligence risqueront quant à eux de ne pas persister dans leurs activités d'apprentissage puisqu'ils ne perçoivent aucun contrôle sur leurs apprentissages. Ceci pourrait expliquer l'observation de Troncin (2005) rapportée au chapitre précédent: à l'opposé de la tendance générale, il arrive que certains redoublants progressent davantage que les promus auxquels ils ont été appariés, ce qui signifie qu'il arrive que le redoublement ait des effets bénéfiques, au moins à court terme. Notons encore que, quel que soit le domaine académique, les filles pensent plus que les garçons que l'effort est important pour réussir à l'école (Lightbody, Siann, Stocks et Walsh, 1996; Mok, Kennedy et Moore, 2011). Ceci pourrait donc contribuer au taux de succès scolaire plus important chez elles que chez eux.

Dans les études sur la menace du stéréotype, la théorie de l'attribution causale dans son ensemble n'a été que très peu investiguée comme modérateur de la menace du stéréotype. En fait, c'est uniquement la dimension «lieu de contrôle» qui a été envisagée. Les auteurs ont étudié l'effet de la menace du stéréotype selon que les individus avaient tendance à attribuer ou non leurs événements de vie à des causes internes ou externes. Cadinu, Maass, Lombardo et Frigerio (2006, Expérience 2) ont montré que seuls les individus ayant un lieu de contrôle interne étaient influencés négativement par la menace du stéréotype, les individus ayant un lieu de contrôle externe n'étaient quant à eux pas influencés par la menace du stéréotype. Les auteurs expliquent ce résultat comme suit: seuls les individus ayant un lieu de contrôle interne voient leurs résultats à des épreuves diminuer car ils sont victimes d'une pression importante puisqu'ils considèrent être responsables de leurs performances. Dans une de nos études, nous avons montré qu'au contraire, en condition de menace du stéréotype très explicite, les individus stigmatisés ayant un lieu de contrôle interne élevé montraient de meilleurs résultats cognitifs que dans la condition neutre (Fresson, Dardenne, Geurten et Meulemans,

2017). Puisque les résultats dans la littérature apparaissent contradictoires, il est difficile de faire des hypothèses sur l'influence que le lieu de contrôle pourrait avoir dans la menace du stéréotype chez les élèves redoublants. Néanmoins, on rappellera qu'un lieu de contrôle interne prévient les individus de la pression sociale et des situations anxiogènes (Lefcourt, 2014). On soulignera également que considérer l'attribution causale dans son ensemble, c'est-à-dire en tenant compte également de la dimension stable-variable et de la dimension contrôlable-incontrôlable, permettrait de mieux comprendre le rôle du lieu de contrôle dans les effets de la menace du stéréotype.

La dimension de contrôlabilité nous apparaît particulièrement importante dans le domaine du redoublement. On pourrait faire l'hypothèse que les élèves redoublants qui ont une prédisposition pour les attributions «contrôlables» pourraient être moins vulnérables que les enfants qui ont tendance à attribuer ce qui leur arrive à des causes incontrôlables. Cela renvoie aux études sur l'impuissance apprise (Seligman, 1975)[4]: à force de confrontations répétées avec un événement négatif qu'il ne peut contrôler, un individu (ou un animal) va progressivement développer un état d'impuissance apprise qui va se manifester par un état d'abandon, d'anxiété, etc. Le comportement de l'enfant redoublant (au sens large et ce y compris son état socio-affectif) pourra être d'autant plus affecté négativement que celui-ci tend à faire des attributions incontrôlables face aux événements négatifs qu'il rencontre. À l'inverse, l'enfant qui peut attribuer les événements négatifs qu'il vit à une cause contrôlable (il perçoit donc qu'il peut avoir une influence sur les événements) pourrait être moins affecté par les stéréotypes car il se sentira capable de modifier le cours des événements dans son parcours scolaire. À notre connaissance, aucune étude n'a encore été menée sur le rôle de l'impuissance acquise dans la problématique spécifique du redoublement.

5.3. Les attitudes des parents et des enseignants

Finalement, on évoquera également le rôle des attitudes parentales face au redoublement comme étant une dimension importante à considérer dans l'étude de l'influence de la menace du stéréotype chez les enfants redoublants. Les parents, comme les enfants, ont des croyances concernant la malléabilité de l'intelligence ou la contrôlabilité des apprentissages. Räty, Vänskä, Kasanen et Kärkkäinen (2002) ont ainsi montré que père et mère évaluent la compétence en mathématiques comme étant plus élevée si leur enfant (d'environ 7 ans) est un garçon plutôt qu'une fille. C'est l'inverse

---

4.   Le terme anglais est *helplessness*. Il est généralement traduit par sentiment d'impuissance; en Sciences de l'éducation, on trouve fréquemment l'expression «sentiment d'incompétence». Il correspond à la croyance et au sentiment qu'il ne sert à rien de tenter d'affronter la situation auquel l'individu est confronté car, dans son esprit, l'échec est plus que probable.

en lecture : les parents jugent que les filles sont plus compétentes que les garçons. Les parents évoquent plus souvent le talent comme facteur de réussite en mathématiques et en lecture si leur enfant est un garçon plutôt qu'une fille. Par contre, c'est l'effort qui est mis en avant pour la réussite des filles en mathématiques comme en lecture.

Dans plusieurs domaines, les attitudes parentales se sont révélées avoir une influence décisive sur le comportement adaptatif de leurs enfants à la suite de divers événements. Par exemple, on a montré que la détresse psychologique des parents était un médiateur de l'effet du traumatisme crânien sur les comportements adaptatifs de l'enfant (Micklewright, King, O'Toole et Henrich et Floyd, 2012) tels que les capacités de communication, les capacités sociales, la réalisation des activités de la vie quotidienne et les capacités physiques. Autrement dit, à la suite d'un traumatisme crânien, si les parents ressentent une détresse psychologique importante, l'enfant présentera moins de comportements adaptatifs. Autre résultat intéressant, Bhanot et Jovanovic (2005) ont montré que les stéréotypes de genre dont les parents étaient porteurs (les filles sont moins bonnes en mathématiques) expliquaient les perceptions que les filles se faisaient de leurs capacités en mathématiques. L'aide intrusive des parents était un médiateur de cette relation. Autrement dit, les parents qui sont porteurs des stéréotypes de genre ont tendance à intervenir davantage dans le travail scolaire des filles, ce qui diminue le sentiment de capacités de celles-ci en mathématiques. Dans le domaine des traumatismes psychologiques chez l'enfant, on a montré qu'un des meilleurs prédicteurs de l'évolution de l'enfant était la réaction parentale face au traumatisme de leur enfant (McFarlane, 1987).

Rappelons que, selon l'étude de Crahay et Monaghesi (exposée dans Crahay, 1996, 2003, 2007), les enfants redoublants percevaient principalement de la colère et du mécontentement de la part de leurs parents. On pourrait également supposer que le mécontentement exprimé par les parents soit empreint d'une conception stéréotypée du redoublement. Ces attitudes parentales influencent certainement les comportements d'apprentissage des enfants à la suite du redoublement. On pourrait supposer que l'influence de la menace du stéréotype serait plus forte pour les enfants dont les parents exprimeraient principalement du mécontentement et véhiculerait également le stéréotype du redoublement.

Qu'en est-il du rôle de l'enseignant et de ses propres attitudes ? Sur la base d'interviews, Jones et Myhill (2004) révèlent que les enseignants pensent que les filles sont sérieuses et consciencieuses alors que les garçons sont plutôt turbulents. Ceci correspond donc exactement au regard que portent les enfants sur eux-mêmes. Heyder et Kessels (2015) sont parmi les rares à s'être intéressés à cette question de l'attitude des enseignants à l'aide d'une démarche expérimentale. Les auteurs montrent que lorsqu'on présente aux enseignants des vignettes décrivant des garçons et des filles ayant un comportement neutre et identique (refuser de réaliser une tâche ennuyeuse ou se balancer sur sa chaise), ceux-ci imputent aux garçons plus de comportements entravant l'apprentissage (ne pas lire de livres, ne pas être attentif en classe) qu'aux filles. C'est l'inverse pour les comportements favorables à l'apprentissage (prendre des notes ou participer en classe) : ils sont plus souvent attribués aux filles qu'aux garçons. Lorsque les vignettes décrivent des enfants ayant des comportements stéréotypiques de leur genre (roter en classe pour les garçons ou avoir les ongles vernis pour les filles), les enseignants attribuent moins de comportements favorisant et plus de comportements défavorisant l'apprentissage aussi bien aux garçons qu'aux filles. Cependant, ce sont les garçons qui vont particulièrement pâtir de cette description stéréotypée.

Ces attentes des enseignants (et des parents) concernant les garçons et les filles, pouvant être vécues comme menaçantes, peuvent-elles influer sur la réussite scolaire des enfants en situation de redoublement ? Invoquer l'effort ou la brillance et attribuer des comportements favorisant ou inhibant l'apprentissage peuvent-ils déterminer le comportement de l'enfant en redoublement ? À notre connaissance, il n'y a aucune étude spécifique sur ces questions. Pourtant, nous n'hésitons pas à répondre par l'affirmative. De nombreuses études montrent clairement que les attentes de l'enseignant envers un étudiant déterminent la performance académique de celui-ci (par exemple, Peterson, Rubie-Davies, Osborne et Sibley, 2016 ; pour une revue, voir Jussim et Harber, 2005). Il en va de même si les attentes sont stéréotypiques (Sorhagen, 2013). Muntoni et Retelsdorf (2018) ont récemment montré, dans un design longitudinal, que les scores en lecture d'enfants de 11 ans sont déterminés par les attentes des enseignants (en contrôlant le niveau de base de ces enfants en lecture). De plus, les attentes des enseignants concernant les meilleurs résultats des filles comparés aux garçons expliquent (statistiquement parlant) la supériorité constatée de celles-ci. Enfin, l'impact de ces attentes des enseignants est d'autant plus fort qu'ils adhèrent fortement au stéréotype donnant l'avantage aux filles en lecture. En quelque sorte, l'adhésion au stéréotype par les enseignants générerait au moins en partie la différence souvent constatée d'à peu près un grade en lecture entre garçons et filles (OECD, 2014) !

6.   REDOUBLEMENT ET MENACE DU STÉRÉOTYPE : QUELS MÉDIATEURS ?

Concernant les médiateurs de l'effet de la menace du stéréotype sur les résultats scolaires des enfants redoublants, plusieurs d'entre eux (variables qui expliquent la diminution de performance en situation de menace du stéréotype) peuvent être envisagés. Nous décrirons ici l'influence potentielle des buts poursuivis à l'école ainsi que celle des émotions et pensées négatives.

6.1. Buts poursuivis: approche *vs* évitement

Concernant les déterminants de la motivation dans une tâche, Dweck (1986) a distingué deux types de disposition motivationnelle de l'individu face à une activité: les buts d'apprentissage et les buts de performance. Lorsque confronté à une tâche, un individu poursuit un but d'apprentissage, il sera motivé à développer ses compétences dans le domaine. La motivation de l'individu dans la poursuite de l'activité sera de développer sa compétence et d'apprendre. En revanche, l'individu qui poursuit un but de performance sera motivé par la volonté de démontrer (prouver) ses capacités aux autres. Par la suite, Elliot et McGregor (2001) ont proposé une seconde dimension dans l'étude des buts poursuivis: la dimension approche-évitement. Cette dimension caractérise la tendance soit à vouloir éviter un événement négatif (évitement) soit à tendre vers un événement positif (approche).

Si l'on croise les deux dimensions (maîtrise-performance et approche-évitement), quatre dispositions motivationnelles sont identifiées. Si l'on s'intéresse au champ scolaire, et à l'apprentissage des mathématiques en particulier, un élève qui poursuivrait un but de maîtrise-approche réaliserait ses exercices afin de développer ses compétences dans le domaine. Celui qui poursuivrait un but de maîtrise-évitement s'engagerait dans ses exercices de mathématiques pour éviter de ne pas comprendre la leçon suivante. L'enfant qui serait animé par un but de performance-approche réaliserait ses exercices de mathématiques dans le but de montrer à son instituteur ses capacités intellectuelles. Finalement, l'élève qui poursuivrait des buts de performance-évitement s'impliquerait dans ses exercices de mathématiques afin d'éviter un jugement négatif de la part de son instituteur.

Lorsqu'un individu s'engage dans une activité, le fruit de son activité sera influencé par ses dispositions motivationnelles et donc par les buts qu'il poursuivra dans la tâche qu'il effectue. De nombreuses recherches ont montré que les buts poursuivis influençaient la régulation émotionnelle, les stratégies cognitives et les comportements des individus. Par exemple, il a été montré que les buts de performance-évitement mènent à des résultats plus défavorables dans des situations d'évaluation (scolaire notamment) car ces buts induisent une anxiété de test (voir par exemple, Elliot, McGregor et Gable, 1999).

Dans la littérature sur la menace du stéréotype, plusieurs études suggèrent que celle-ci induirait un but d'évitement (performance aussi bien que maîtrise), qui conduirait à une diminution des résultats à l'épreuve (Brodish et Devine, 2009; Chalabaev, Sarrazin, Stone et Cury, 2008; Seibt et Förster, 2004). Ainsi, dans une situation dans laquelle on rappellerait à un individu le stéréotype négatif qui pèse sur son groupe, la motivation de l'individu dans la tâche subséquente reposerait sur le désir d'éviter une évaluation négative de la part des autres ou tout simplement un événement négatif. Cette explication renvoie à la définition initiale de la menace du stéréotype, c'est-à-dire la crainte de confirmer aux yeux des autres le stéréotype négatif qui pèse sur son groupe d'appartenance. L'influence des buts (approche-évitement) en condition de menace du stéréotype s'expliquerait par des changements au niveau des stratégies métacognitives. Seibt et Förster (2004) ont ainsi montré que la menace du stéréotype induisait un but d'évitement qui impliquait une approche cognitive davantage analytique (plutôt que créative). Dans une autre expérience, ils ont montré que la menace du stéréotype menait les participants stigmatisés à favoriser la qualité de leurs réponses au détriment de la vitesse de réalisation de la tâche. Ainsi, les buts d'évitement induiraient une série de changements dans la manière dont les individus abordent la tâche, ce qui mènerait à une diminution de (certaines de) leur performance[5].

Concernant les élèves redoublants, si les situations d'apprentissages scolaires déclenchent le stéréotype négatif les concernant, on pourrait alors faire l'hypothèse que ces élèves favoriseraient des buts d'évitement car ils seraient motivés à échapper à l'échec. Ils auraient pour objectif d'éviter une évaluation négative de la part de l'enseignant, ses condisciples ou encore ses parents, voire d'eux-mêmes. Et, dans le domaine scolaire, les études ont montré que comparé aux buts d'approche, les buts d'évitement étaient moins favorables aux apprentissages et à l'épanouissement scolaires en général.

6.2. Émotions et pensées négatives

Dans le modèle de Schmader *et al.* (2008), présenté brièvement précédemment, les auteurs parlent d'une augmentation des processus de monitoring en situation de menace: plus l'individu sera motivé à éviter l'échec et plus il examinera (monitorera) sa performance en continu. Ces mécanismes détourneront ses capacités cognitives de la tâche en cours.

---

5.   Il est néanmoins important de souligner ici que si la poursuite de buts d'évitement s'est révélée être néfaste dans divers domaines, un nombre grandissant d'études montrent que, dans certaines conditions, ces buts peuvent mener à un meilleur résultat qu'un but d'approche. En effet, selon la théorie de l'adéquation de la régulation (Grimm, Markman, Maddox et Baldwin, 2009), le résultat (succès ou échec) d'une activité dépend de l'adéquation entre les buts poursuivis par l'individu (centrés sur la perte ou le gain) et la structure de la tâche (centrée sur la perte ou le gain). Lorsque les buts poursuivis par l'individu (par exemple, éviter l'échec/les pertes) correspondent à la structure de la tâche (par exemple, dont la structure est basée sur la notion de perte), il y a adéquation et la performance dans la tâche est favorisée et non entravée (voir Grimm *et al.*, 2009 pour une description complète).

L'individu se concentrera sur ses états internes et sur l'évaluation de sa performance. Des études ont montré que les individus stigmatisés devenaient hypervigilants aux indices extérieurs qui leur permettraient d'évaluer leur performance. Par exemple, Murphy, Steele et Gross (2007) ont montré qu'après l'activation du stéréotype des femmes en mathématiques, les participantes féminines présentaient plus de souvenirs et avaient prêté davantage attention aux détails liés aux mathématiques dans une vidéo qu'elles avaient visionnée mais également à la salle d'examen dans laquelle elles se trouvaient. Cette étude montre donc l'effet «distracteur» de la menace du stéréotype. Les études montrent également que durant la tâche qu'ils réalisent, les individus stigmatisés vont présenter plus de pensées liées à leurs performances (inquiétudes quant à l'image qu'ils renvoient d'eux-mêmes) par comparaison aux personnes chez qui on n'a pas activé le stéréotype (Beilock, Rydell et McConnell, 2007 ; McIntyre, Paulson, Taylor, Morin et Lord, 2011).

Ensuite, dans la littérature sur la menace du stéréotype, beaucoup d'études ont montré que les émotions négatives et les pensées négatives pouvaient expliquer l'effet des stéréotypes sur les tâches à différentes épreuves. En effet, comme exposé plus haut, selon le modèle de Schmader *et al.* (2008), la menace du stéréotype déclencherait une série d'émotions et de pensées négatives que les individus stigmatisés tenteraient de supprimer ou de réguler. En retour, puisque les stratégies de régulation des émotions épuisent les ressources cognitives (mémoire de travail principalement), ces ressources cognitives ne seraient plus disponibles pour la réalisation de l'activité en cours. Conséquemment, la performance dans l'activité serait réduite. Du côté des émotions, on a montré que la menace du stéréotype induisait des doutes sur soi-même (Steele et Aronson, 1995). L'individu doute de ses capacités dans la réalisation de l'activité en cours. On a également montré que la menace du stéréotype induisait un sentiment de découragement (Keller et Dauenheimer, 2003). Face à une activité dans laquelle la personne est stéréotypée comme étant faible, cette dernière va éprouver du découragement avant de réaliser l'activité. La personne exprimera également des inquiétudes quant à sa possibilité de réussir l'activité en cours (Brodish et Devine, 2009). En conséquence, la menace du stéréotype induira une auto-évaluation négative dans le domaine ciblé par le stéréotype: l'individu considérera qu'il n'a pas les compétences nécessaires pour la bonne réalisation de la tâche (Cadinu *et al.*, 2003 ; Rosenthal, Crisp et Suen, 2007 ; Sekaquaptewa et Thompson, 2003 ; Smith, 2006 ; Stangor, Carr et Kiang, 1998). Avant de réaliser l'activité ciblée par le stéréotype, l'individu aura des attentes négatives envers sa future performance.

Durant l'activité en cours, la personne stigmatisée va être la cible de pensées intrusives, c'est-à-dire des pensées qui sont générées en dehors de la volonté de l'individu et qui ont ici une composante anxieuse. Dans le cadre de la menace du stéréotype, ces pensées intrusives concerneront le sentiment de compétence et l'activité en cours. Par exemple, dans une étude, des femmes réalisaient un test de mathématiques soit dans une condition neutre (sans activation du stéréotype), soit dans une condition dans laquelle on leur avait rappelé le stéréotype négatif des femmes en mathématiques (Cadinu, Maass, Rosabianca et Kiesner, 2005). Alors qu'elles réalisaient l'épreuve, elles pouvaient écrire toutes les pensées qui leur venaient à l'esprit. L'analyse de leurs pensées a montré que les femmes à qui on avait rappelé le stéréotype rapportaient plus de pensées négatives liées aux mathématiques (par exemple, «je ne suis pas douée en mathématiques») par comparaison aux femmes en condition neutre. Les analyses statistiques montraient de plus que ces pensées négatives expliquaient la diminution des résultats aux exercices de mathématiques (voir aussi Beilock, Rydell et McConnell, 2007).

7.   LE REDOUBLEMENT LAISSE-T-IL UNE CICATRICE?

Nous avons jusqu'à présent évoqué la menace du stéréotype dans ses effets à court terme. Si les études ont principalement abordé la question des effets de la menace du stéréotype au travers de paradigmes expérimentaux délimités dans le temps, d'autres études laissent supposer que la confrontation aux stéréotypes négatifs peut avoir un effet à long terme sur les émotions, les cognitions et les réalisations des individus stigmatisés (Crocker et Major, 1989; Croizet et Martinot, 2003).

En particulier, nous aborderons ici l'une des conséquences à long terme la plus évoquée dans ce domaine, à savoir la désidentification par rapport au domaine ciblé par le stéréotype. Ainsi, **l'exposition chronique aux stéréotypes négatifs qui pèsent sur leur groupe social mène les individus à désinvestir le domaine ciblé par les stéréotypes**. Dans plusieurs études transversales, on a montré que la confrontation aux stéréotypes menait les individus stigmatisés à exprimer moins d'intérêt et moins d'engagement dans le domaine ciblé par le stéréotype (voir par exemple, von Hippel, Issa, Ma et Stokes, 2011). Ces études évoquent également moins d'ambition dans ce domaine.

Malheureusement, rares sont les études qui ont envisagé l'exposition chronique des stéréotypes dans un paradigme longitudinal (c'est-à-dire dans le temps). Néanmoins, Woodcock, Hernandez, Estrada et Schultz (2012) ont conduit une étude longitudinale sur trois ans auprès d'étudiants issus de minorités sociales (sur le plan ethnique) qui s'étaient engagés dans des études scientifiques, domaine dans lequel ces individus sont stigmatisés comme étant plus faibles. À plusieurs reprises durant leur parcours scolaire, les expérimentateurs mesuraient leurs perceptions de la menace du stéréotype (sentiment de confrontation aux stéréotypes), leur identité scientifique (à quel point les sciences sont importantes pour eux) et la persistance dans leur volonté à poursuivre une carrière scientifique. Leurs résultats ont montré que les étudiants issus de minorités raciales éprouvaient des sentiments de menace du stéréotype (crainte d'être évalués en accord avec le stéréotype) durant leur parcours académique. En retour, ces sentiments de menace du stéréotype entraînaient une désidentification par rapport au domaine des sciences, c'est-à-dire qu'ils rapportaient moins d'intérêt dans le domaine des sciences et se sentaient moins « faire partie » de la communauté scientifique. Finalement, cette désidentification menait à une diminution des intentions de poursuivre une carrière scientifique. Cette étude démontre dès lors que, dans le domaine scolaire, les étudiants stigmatisés sont sujets à des sentiments de menace du stéréotype. Dans leur parcours scolaire, ils vont craindre de confirmer le stéréotype négatif qui pèse sur le groupe social. Progressivement, à force de confrontation avec ces sentiments de menace, les individus vont petit à petit se désengager et se désinvestir du domaine dans lequel ils se sont engagés. Leurs ambitions scolaires et professionnelles vont de même s'amenuiser.

Dans la littérature sur la menace du stéréotype, les auteurs (voir par exemple, Steele, Spencer et Aronson, 2002) expliquent que le désinvestissement exprimé par les individus stigmatisés aurait pour vocation de diminuer l'état d'inconfort généré par le stéréotype. L'individu se désengagerait du domaine afin de préserver son self, son image de lui-même. En désinvestissant le domaine, il protégerait son image de lui-même puisque le domaine serait devenu « insignifiant » pour son self. **La désidentification du domaine serait dès lors un mécanisme de protection du self.**

Une des conséquences à long terme de l'exposition répétée à des sentiments de menace chez l'enfant redoublant pourrait être son désengagement et son désintérêt dans les apprentissages scolaires. Progressivement, l'enfant qui aurait redoublé, à force de confrontation à des sentiments de menace du stéréotype – car il est le seul redoublant de sa classe, parce qu'il éprouve toujours des difficultés scolaires, parce que ses parents ont exprimé du mécontentement face à son échec, etc. – pourrait exprimer de moins en moins d'intérêt dans les apprentissages scolaires, d'autant plus s'il est toujours et à nouveau confronté à l'échec. Afin de préserver son image de lui-même, il abandonnerait progressivement le domaine scolaire. Rappelons que, dans le chapitre 3, la forte probabilité d'un lien entre redoublement et décrochage scolaire a été étayée par les études recensées.

Une autre conséquence de l'exposition chronique aux stéréotypes renvoie à la notion d'**internalisation du stéréotype ou du stigmate** (Allport, 1954 ; Eccles *et al.*, 1983 ; Levy, 2009), brièvement évoquée ci-dessus. À force de confrontation avec les stéréotypes négatifs qui ciblent le groupe d'appartenance, les individus ciblés par le stéréotype développent une conscience accrue du stéréotype, c'est-à-dire qu'ils perçoivent davantage que la société ou les «autres» sont porteurs de ce stéréotype et, de plus, que certains y adhèrent. Progressivement, les individus stigmatisés vont considérer que le stéréotype s'applique à eux, que le stéréotype est vrai en ce qui les concerne; ils y adhèrent. On parle alors d'internalisation du stéréotype ou d'autostigmatisation: la personne issue d'une minorité sociale stigmatisée va intégrer le stéréotype négatif à son self, à la manière dont elle se perçoit. Cette internalisation du stéréotype va avoir diverses conséquences négatives, notamment au niveau de l'estime de soi (voir par exemple, Crocker et Major, 1989; Croizet et Martinot, 2003; Rao *et al.*, 2009).

Les études sur les effets d'échecs antérieurs sur les performances futures d'élèves sont à cet égard intéressantes. Par exemple, dans une étude, Huguet, Brunot et Monteil (2001) ont recruté des enfants âgés entre 10 et 15 ans qui avaient obtenu durant les deux semestres précédents soit de beaux résultats, soit de mauvais résultats en mathématiques et en géométrie. Ces enfants étaient ensuite invités à réaliser une épreuve qui était présentée comme reflétant soit les capacités en dessin, soit les capacités en géométrie. Les résultats de cette étude sont interpellant puisque, lorsqu'on disait aux enfants que l'épreuve mesurait leurs capacités en dessin, les enfants obtenaient les mêmes résultats quel que soit leur niveau de réussite préalable en géométrie et en mathématiques. En revanche, lorsque les expérimentateurs disaient aux enfants que la tâche mesurait les capacités en géométrie, les deux groupes d'enfants différaient dans leur réalisation: les enfants qui avaient préalablement eu de mauvais résultats en géométrie et en mathématiques obtenaient de moins beaux résultats à l'épreuve que ceux qui avaient eu précédemment de beaux résultats durant les semestres passés (voir aussi Régner, Selimbegović, Pansu, Monteil et Huguet, 2016).

Dans une autre étude, les chercheurs (Selimbegovic, Régner, Sanitioso et Huguet, 2011) ont demandé à des étudiants (âgés entre 18 et 48 ans) de générer des souvenirs d'échec ou de réussite. Les participants réalisaient ensuite une épreuve d'arithmétique. Les résultats ont montré que les étudiants qui généraient des souvenirs généraux d'échec avant de réaliser la tâche obtenaient des résultats plus faibles à l'épreuve comparativement aux étudiants qui évoquaient des souvenirs généraux de réussite. Ces auteurs ont également montré que cette diminution de performance était due à une crainte plus élevée d'échouer chez les participants qui avaient évoqué des souvenirs personnels d'échec (voir aussi, Selimbegović, Régner, Huguet et Chatard, 2015).

Au fil du temps et à force de confrontations avec les stéréotypes, l'enfant redoublant pourrait alors progressivement internaliser le stéréotype et considérer qu'il n'est pas « bon » à l'école. Ceci apparaît d'autant plus vrai que l'enfant redoublant serait toujours aux prises avec des difficultés scolaires. En effet, le redoublement n'efface pas nécessairement les difficultés scolaires de l'enfant (cf. chapitre 3). L'enfant pourrait alors progressivement se former une image négative de son identité scolaire ; c'est ce qu'ont montré Dutrévis et Crahay (2013) : l'adhésion aux stéréotypes du redoublant est liée à une faible estime de soi[6]. Cette identité scolaire négative et ses échecs passés auraient alors une influence négative sur ses comportements scolaires, d'autant plus si parallèlement, il se désinvestit du domaine scolaire comme mécanisme de protection de l'image qu'il se fait de lui-même.

Le redoublement laisse-t-il une cicatrice sur l'image ou l'estime de soi et sur l'attitude de l'élève vis-à-vis de l'école ? La réponse à cette question est, dans l'état actuel de la recherche, délicate. Au chapitre 3, on a vu que les résultats des méta-analyses sur les effets du redoublement différaient selon les auteurs. Pour rappel, Holmes et Mattews (1984) obtiennent des ampleurs de l'effet négatives pour ces deux paramètres (respectivement, – 0,19 et – 0,16). Holmes (1990) retrouve un effet négatif pour l'attitude de l'élève vis-à-vis de l'école (– 0,18), mais un très faible effet positif pour l'estime de soi (+0,06). Quant à Jimerson (2001) se basant sur 16 études, il trouve des valeurs moyennes négatives pour les quatre variables de ce qu'il nomme ajustement socio-émotionnel[7]. De plus, cet auteur montre que les valeurs moyennes recouvrent des disparités importantes selon les études ; certaines concluent à des effets positifs significatifs et d'autres à des effets négatifs. Les recherches de Ehmke, Drechsel et Carstensen, (2010) et de Martin (2011a) illustrent parfaitement cet état de fait. En Allemagne, Ehmke, Drechsel et Carstensen (2010) ont étudié l'effet du redoublement au 9e grade sur les performances en sciences et en mathématiques ainsi que sur les représentations que se font les élèves d'eux-mêmes en mathématiques. Opérant une comparaison à âge constant sur un large échantillon de sujets (6 699 issus de 175 écoles), ils constatent que le redoublement ne produit pas d'effet sur les performances des élèves redoublants (celles-ci ne sont pas différentes de celles de leurs pairs aux caractéristiques similaires qui ont été promus), mais aurait un impact positif sur la vision qu'ont les élèves concernant leurs capacités en mathématiques. À l'opposé, l'étude de Martin (2011a), basée sur 3 261 élèves australiens de différents niveaux scolaires et, donc, de différentes classes d'âge (12-14 ans, 14-16 ans et 16-18 ans), conclut, au terme d'une analyse multiniveaux, à divers effets socio-affectifs négatifs : self-concept académique, motivation scolaire, estime

---

6.   Soulignons que, dans cette étude, la connaissance du stéréotype n'entretient pas de lien avec l'estime de soi.

7.   Notons que, pour la variable « social », il ne mentionne que cinq études, six pour le paramètre émotionnel ainsi que pour le concept de soi.

de soi générale, etc. On ajoutera qu'il s'agit en l'occurrence d'effet à moyen terme (le plus souvent, après un an de redoublement). Pour conclure à d'éventuels effets à long terme, il conviendrait de recourir à des études ayant déployé un design longitudinal sur plusieurs années avec des élèves qui ont « naturellement » échoué ou réussi leur année scolaire. Or des recherches de ce type sont rares.

Notons encore que, si les composantes affectives de l'apprentissage (motivation, estime de soi, image de soi, etc.) peuvent dépendre de l'échec/réussite scolaire, la causalité inverse doit aussi être envisagée dans une perspective plus systémique (Huang, 2011; Martin, 2011b). Récemment, Peixoto *et al.* (2017) ont publié les résultats d'une recherche de grande envergure qui rencontre certains de ces critères idéaux. Des élèves de 12 ans en moyenne ont été classés en quatre catégories selon qu'ils/elles ont un passé récent et/ou ancien de redoublement ou non (c'est-à-dire un passé récent et ancien de réussite). Ces élèves ont été observés sur une période de trois ans. Confirmant les résultats de Dutrevis et Crahay (2013), les auteurs montrent un effet négatif massif du redoublement sur le self-concept de compétence scolaire. Cet effet est obtenu, peu importe que le redoublement soit récent et/ou ancien. Les effets délétères du redoublement sur cette dimension socio-affective sont donc malheureusement persistants dans le temps. Peixoto *et al.* (2017) montrent également que les élèves ayant redoublé récemment adoptent majoritairement des stratégies de désengagement et un but d'évitement (« en faire le moins possible ») ainsi que des attitudes néfastes pour l'apprentissage comme l'hypervigilance aux regards des autres en situation d'échec. Ainsi, selon cette étude, il semblerait que le redoublement laisse des traces et génère un profil motivationnel peu adapté à la réussite scolaire.

8.   CONCLUSION ET PERSPECTIVES

Alors que l'on trouve beaucoup de recherches sur les effets cognitifs et scolaires du redoublement (cf. chapitre 3), trop peu de recherches ont été menées sur les conséquences socio-affectives du redoublement aussi bien en psychologie sociale, sous l'angle de la stéréotypisation du redoublant, qu'en pédagogie, sous l'angle des conséquences socio-affectives du redoublement. Cependant, les quelques travaux existants sont compatibles avec l'hypothèse d'effets délétères de la menace du stéréotype lié au statut de redoublant. Selon cette hypothèse, **le redoublement n'aurait pas un effet négatif direct sur l'élève, ses performances, son estime de soi, son sentiment de compétence et sa motivation scolaire. Son influence négative sur ces différentes dimensions serait due au moins en partie à la menace du stéréotype**. Du fait même de l'existence de stéréotypes liés à ce statut (paresseux, manquant d'intelligence, etc.) et partagés par tous les élèves, redoublants comme non-redoublants, ainsi que, probablement, par les parents et les enseignants, les élèves qui répètent une année peuvent être victimes de la menace du stéréotype. Ce phénomène n'est pas automatique; il est situationnel en ce sens que le stéréotype doit être activé par l'une ou l'autre caractéristique de l'environnement scolaire. Nous avons souligné fortement cet aspect ci-dessus sur la base d'études expérimentales; des observations réalisées en classe pourraient apporter des compléments d'information sur les consignes, les remarques d'enseignant ou tout autre élément susceptibles d'activer la menace du stéréotype. Avertis de ce qui peut induire la crainte du stéréotype, les enseignants pourraient éviter de provoquer les effets délétères sur les performances scolaires des redoublants.

Par ailleurs, nous avons fait l'hypothèse de variables modératrices: la conception de l'intelligence, le lieu et la contrôlabilité des attributions causales ainsi que les attitudes parentales. De ces hypothèses qu'il conviendrait de vérifier empiriquement, il est possible de déduire des pistes d'action. L'enseignant pourrait influencer les redoublants, mais aussi ceux qui éprouvent des difficultés scolaires, pour qu'ils adhèrent à une conception incrémentielle de l'intelligence et qu'ils attribuent leurs difficultés d'apprentissage à des causes contrôlables: attribuer ses erreurs et/ou difficultés à une mauvaise stratégie d'apprentissage a, plus que probablement, moins d'effet délétère que de les attribuer à un manque d'intelligence. De même, les enseignants pourraient tenter d'influencer les parents pour qu'ils se montrent encourageants plutôt que l'inverse.

Est-il possible d'éradiquer les stéréotypes du redoublant? Cela nous semble difficile tant il est probable qu'ils sont enracinés dans la culture scolaire des pays qui pratiquent le redoublement. Nous faisons, en revanche, l'hypothèse qu'il est possible de faire en sorte que les élèves (et les parents) n'adhèrent pas à ces stéréotypes, ce qui pourrait contribuer à éviter des effets socio-affectifs négatifs comme la baisse de l'estime de soi. Selon Croizet et Martinot (2003), la perception auto-évaluative de la discrimination peut avoir des effets positifs «aussi longtemps que la cause ou la discrimination elle-même est perçue comme instable» (p. 18). Pour aller dans ce sens, il faut avant tout briser «la loi du silence» qui entoure le redoublement. Il faut ensuite que les enseignants expliquent aux enfants redoublants les raisons de leur(s) échec(s) en termes d'attributions causales instables et contrôlables.

Enfin, il nous semble essentiel dans le futur d'étudier la question des effets du redoublement dans un contexte plus large en y incluant l'enseignant ainsi que les parents des élèves. L'échec d'un élève s'opère dans un contexte social dans lequel interviennent divers acteurs. La réaction d'un enfant redoublant est certainement fonction de la réaction de son entourage immédiat. Par ailleurs, la question du redoublement et l'étude de son impact devraient être éclairées par les recherches ayant trait aux difficultés scolaires en général (hors redoublement) ainsi qu'à la problématique des troubles des apprentissages. Dans chacun de ces cas, la mauvaise réputation de l'élève, aux yeux des autres et aux siens, pourrait peser négativement sur les apprentissages du stigmatisé.

Chapitre 5

De la croyance dans les bienfaits du redoublement à la décision de faire redoubler certains élèves

Marcel Crahay, Géry Marcoux et Fanny Boraita

1. De l'idéologie d'excellence à l'hypothèse de culture de l'évaluation, de l'échec et du redoublement

2. Croyances et connaissances : tentative de clarification conceptuelle

3. À propos du redoublement : enseignants, parents et élèves, tous d'accord

4. La croyance dans les vertus du redoublement est-elle, chez les enseignants en fonction, en relation avec d'autres croyances ?

5. Les croyances et connaissances des enseignants eu égard au redoublement sont-elles modifiables ?

6. Comment les enseignants décident-ils qu'un élève doit redoubler ?

7. Que conclure ?

1.   DE L'IDÉOLOGIE D'EXCELLENCE À L'HYPOTHÈSE DE CULTURE DE L'ÉVALUATION, DE L'ÉCHEC ET DU REDOUBLEMENT

Les taux de retard scolaire et de redoublement varient considérablement selon les pays; on l'a vu au chapitre 1. Quasiment inexistant dans certains pays, le redoublement est une pratique courante dans d'autres. Comment expliquer pareille diversité? Goos, *et al.* (2013) ont cherché une explication du côté des facteurs politiques, mais obtiennent des résultats quelque peu décevants en termes de pourcentage de variance expliquée par ceux-ci. Dans leur conclusion, ils plaident pour la prise en compte des représentations sociales et/ou des croyances pédagogiques des enseignants et, plus largement, de la population des différents pays. Ils rejoignent ainsi une hypothèse que nous avons formulée dès la version de 1996: hypothèse inspirée par la notion d'**idéologie d'excellence**, énoncée par Perrenoud en 1984 dans son ouvrage *La fabrication de l'excellence scolaire*.

Pour ce sociologue genevois, l'école assume la fonction d'instituer des normes d'excellence et de classer les individus en fonction de celles-ci, créant ainsi des hiérarchies. Le processus serait quasi inéluctable, en ce sens qu'il serait inhérent au fonctionnement des groupes sociaux. L'excellence scolaire présente, toutefois, une spécificité importante: elle s'applique à tous les enfants et, par voie de conséquence, à tous les adultes d'une société qui adhère à cette idéologie. Pour Perrenoud (1984), il s'agit là d'un fait sans précédent dans l'histoire. Dans le passé, les sociétés étaient moins unifiées et les hiérarchies d'excellence s'établissaient à l'intérieur de chaque sous-groupe. Désormais, la scolarisation est la forme dominante de socialisation des enfants dans les sociétés industrielles; le jugement d'excellence porté par l'école surpasse désormais toute autre appréciation des qualités des enfants au point d'apparaître comme la seule hiérarchie vraiment importante.

La notion même d'excellence porte les germes des pratiques d'évaluation normative[1] et de redoublement, car elle conduit à la comparaison et au classement des élèves. Dans la représentation de l'excellence, celle-ci «n'a de valeur sociale que lorsqu'elle n'est pas accessible à tous» (p. 70). Car «si chacun est excellent, nul ne l'est. L'excellence n'existe qu'à condition de n'être pas à la portée de tous» (p. 16). Il n'est dès lors guère étonnant que, dans notre culture de l'excellence, la plupart des enseignants conçoivent que l'évaluation des travaux d'élèves doit se traduire par un classement, mais

---

1.   L'évaluation normative consiste pour l'essentiel à classer les élèves les uns par rapport aux autres. La thématique de l'évaluation des élèves est approfondie au chapitre 6.

aussi par l'identification d'élèves qui n'ont pas atteint le niveau suffisant et qui, dès lors, sont en échec.

Bien plus, couplé à une conception méritocratique[2] de la réussite, le jugement d'excellence se mue en jugement moral. Toujours selon Perrenoud (1984):

> [...] à l'intérieur de chaque école s'est installé le modèle méritocratique [...] selon lequel, ayant offert à tous les mêmes chances de formation, on peut tenir ceux qui manifestent le plus haut degré d'excellence pour les plus méritants. La hiérarchie d'excellence s'assure dès lors une légitimité inattaquable et peut même se transfigurer en une hiérarchie morale, en particulier [...] là où la réussite semble dépendre surtout du travail des élèves, de leur volonté de se plier aux disciplines formatrices, de leur persévérance dans l'effort (p. 81).

Essentiel aux yeux du sociologue genevois: il ne s'agit pas de nier l'existence des différences entre élèves, mais de reconnaître que le traitement que leur applique l'école donne à ces différences un statut qu'elles n'auraient pas indépendamment d'elle. D'un élève qui manie mal les multiplications au moment où le programme prévoit cette compétence maîtrisée, l'école en fait un élève faible, un élève en échec pour lequel, il est judicieux de faire répéter l'année.

Si, dans la foulée de la réflexion de Perrenoud, nous parlons de **culture de l'évaluation et de l'échec** (Crahay, 1996, 2003, 2007), c'est d'abord pour indiquer que, pour pénétrer l'école à tous ces niveaux, l'idéologie d'excellence et la croyance en l'efficacité du redoublement doivent être partagées par la majorité des membres d'une société. Si seuls les enseignants partageaient les représentations sociales décrites par Perrenoud, l'école ne pourrait pas fonctionner telle qu'elle fonctionne dans les pays qui se caractérisent par un taux élevé de redoublement. Il faut que les parents, mais aussi les élèves adhèrent à ce même ensemble de croyances. La notion de culture est également pertinente pour souligner que la croyance dans la légitimité du redoublement fonctionne dans les mentalités des membres d'un groupe social en liaison avec d'autres croyances: adhésion à une évaluation de type normatif, adhésion en l'existence d'élèves plus ou moins intelligents et, en définitive, logique de séparation (cf. chapitre 2). Enfin, la notion de culture souligne le caractère relatif ou local de cet ensemble de croyances. Plus précisément, nous formulons l'hypothèse que cette culture de l'évaluation

---

2. Rappelons que pour Dubet (2003), le principe de mérite est l'un des deux piliers du système de fonctions nécessaires de l'école démocratique justifiant les inégalités scolaires (cf. chapitre 1).

et de l'échec n'immerge pas tous les systèmes éducatifs (p. ex. : les sociétés finlandaises, norvégiennes, suédoises, danoises, etc.[3]).

Pour valider la thèse énoncée ci-dessus, il conviendrait de démontrer les hypothèses suivantes :

1. Dans les pays où le redoublement est une pratique courante, la majorité des parents adhèrent à l'idéologie d'excellence et, plus particulièrement, croient dans les vertus du redoublement.

2. Dans ces pays, la majorité des enseignants en fonction (EF) croient également dans les vertus de cette pratique et adhèrent à l'idéologie d'excellence ; ils la légitiment par une série d'arguments, interprétant les progrès des redoublants comme résultant de la répétition de l'année sans prendre en considération d'autres explications possibles. Les résultats des recherches entrent en conflit avec leurs croyances, ce qui amène certains à opposer les savoirs théoriques aux savoirs d'expérience et, pour certains, à mettre en doute les recherches scientifiques au profit des savoirs d'expérience qu'ils ressentent comme plus personnels.

3. La croyance dans les bienfaits du redoublement n'est pas le produit de la formation des enseignants. À l'entrée en formation, les futurs enseignants (FE) sont déjà porteurs de la croyance en l'efficacité et la justesse du redoublement et d'autres croyances connexes. Quant aux dispositifs de formation, ils peuvent soit renforcer, soit déstabiliser ces croyances initiales en fonction de leurs contenus. Lorsqu'ils sont sensibilisés à l'inefficacité du redoublement et à ses effets de stigmatisation sociale, les FE sont en position de conflit par rapport à la majorité de la corporation et des enseignants. De surcroît, dès qu'ils entrent en fonction, les enseignants doivent s'insérer dans des contextes scolaires ancrés dans une culture de l'évaluation et de l'échec au sein de laquelle ils seront confrontés à des croyances contraires.

4. La croyance dans le redoublement entretient des liens avec certaines croyances concernant l'apprentissage (la répétition, la séquentialité…), l'intelligence (son innéité, notamment), l'évaluation (normative plutôt que formative) et les principes d'égalité (des acquis versus des chances).

5. Dans ces pays, les élèves adhèrent aux mêmes croyances et, considérant cette pratique comme légitime, se soumettent sans opposition aux évaluations des enseignants et aux décisions que ceux-ci prennent à leurs égards ; ils s'attribuent la cause de leur échec.

---

3.   C'est-à-dire, des systèmes à « structure unique » où l'école peut se concevoir sans un recours régulier à une pratique du redoublement (promotion quasi automatique) associée à des craintes sur ses effets délétères (cf. chapitre 1).

6. Dans les pays où le redoublement est une pratique exceptionnelle, on ne trouve pas cette adhésion à la croyance en sa légitimité et en ses bienfaits, ni plus largement à ce que nous nommons une culture de l'évaluation, de l'échec et du redoublement. À l'inverse, dans les pays où fonctionne cette culture, la croyance dans les effets du redoublement influe sur les décisions que prennent les enseignants en fin d'année quant à la promotion ou au redoublement des élèves.

La démonstration de ces six hypothèses nécessiterait un vaste programme de recherches et des collaborations internationales. En effet, il conviendrait d'interroger, en utilisant les mêmes outils de recherche, des enseignants en fonction et en formation, des parents et des élèves d'un ensemble de pays qui se différencient en ce qui concerne leur pratique du redoublement et, par voie de conséquent, leur taux de retard scolaire à la fin de l'école obligatoire.

Le lecteur qui aborde ce chapitre doit savoir que, hélas, cette démonstration n'existe pas en son entièreté et telle que l'on pourrait la souhaiter. Cependant, nous disposons d'un ensemble de recherches dont les résultats vont dans le sens des cinq premières hypothèses formulées ci-dessus et qui, partant, confèrent une certaine légitimité à la thèse générale que nous défendons. Ces données concernent trois systèmes éducatifs dans lesquels le redoublement est pratiqué selon des amplitudes diverses (cf. chapitre 1) : le canton de Genève, la FWB et la France. L'objet de ce chapitre est de présenter et de discuter les informations et les recherches dont nous disposons pour appuyer cette thèse.

- Notons que, dans son travail doctoral, Troncin (2005) a récolté, en France, des données qui confirment l'adhésion des parents, des enseignants du CP et des élèves à la pratique du redoublement[4]. Premièrement, il a interrogé 3 389 familles d'enfants de CP par questionnaires. La proposition d'un éventuel redoublement dans le cas de difficultés d'apprentissage avérées de leur enfant en fin d'année scolaire « ne heurte que moins de deux familles sur cent alors que plus d'un tiers d'entre elles y souscrit "d'emblée" » (p. 289). Deuxièmement, son étude auprès de 233 enseignants, également par questionnaire, révèle que 84 % des enseignants interrogés pensent que les élèves comblent leurs lacunes pendant l'année de leur maintien en CP. À la question « lorsque des difficultés importantes persistent en fin d'année scolaire de CP, vous proposez un maintien », 6,4 %

---

4.   Cette thèse est riche en données. Comme indiqué dans le texte, elle porte sur tous les acteurs de la scène éducative, combinant études quantitatives par questionnaires et études qualitatives par entretien. Nous y ferons recours à plusieurs reprises dans ce chapitre.

des enseignants répondent «jamais», 60,1 % «parfois» et 18 % «toujours»[5]. Douze inspecteurs interrogés expriment une opposition de principe, sans désavouer radicalement cette pratique eu égard à «la réalité du terrain». Le chercheur français s'est également entretenu avec 35 redoublants et dégage quatre tendances : i) un quart de ceux-ci ne comprend pas les enjeux de «cette décision qu'ils subissent comme tant d'autres "événements" scolaires» (p. 366) ; ii) trois enfants sont indifférents ; iii) plus de la moitié expriment de la tristesse et/ou du mécontentement ; et iv) seulement un cinquième se déclarent satisfaits vu les progrès qu'on leur promet, ceux-ci devant générer moins de souffrance. Troncin conclut que, d'une manière générale, «le principe même de la répétition d'une année à l'identique n'est pas remis en cause» (p. 496).

Avant lui, Byrnes (1989) a conduit un travail pionnier en la matière, dont elle rapporte les résultats dans un article intitulé «Attitudes of Students, Parents and Educators toward Repeating a Grade». Cette chercheuse a analysé les réponses à un même questionnaire de 1 063 parents, 145 enseignants et 35 directeurs et mené des entretiens auprès d'élèves redoublants. Ses résultats sont clairs : 74 % des directeurs sont favorables au redoublement, 65 % des enseignants et 59 % des parents. Ceci atteste de l'existence d'un large consensus autour de la répétition d'une année, avec des différences selon le statut des personnes : les directeurs sont proportionnellement plus nombreux à y être favorables que les enseignants et que les parents. Quant à ces derniers, ils sont majoritairement favorables à cette pratique même lorsqu'ils ont un enfant redoublant. Enfin, les élèves redoublants, tout en acceptant l'idée que des élèves doivent parfois répéter l'année scolaire, expriment un ressenti personnel négatif, ayant vécu leur redoublement comme une punition.

Soulignons que Byrnes (1989) et Troncin (2005) n'ont pas investigué la structuration des croyances alors qu'ici, ce sera un point crucial.

Pour commencer ce chapitre, il importe évidemment de préciser le concept de croyance et ses relations avec celui de connaissance : ce qui fera l'objet de la section suivante (section 2). Ensuite, nous étayerons l'hypothèse d'une culture d'évaluation, d'échec et de redoublement. Pour ce faire, nous tenterons de montrer que, dans certains pays, enseignants, parents et élèves partagent globalement le même point de vue sur le redoublement. Nous nous intéresserons d'abord aux croyances des enseignants dans le cadre d'une section (3.1) subdivisée en quatre sous-sections. Dans la première, un bref rappel des études antérieures relatives aux croyances des

---

5.   Les enseignants débutants, sans expérience professionnelle, se sont abstenus.

enseignants à propos du redoublement sera présenté (3.1.1). Afin d'affiner ces anciennes recherches, un questionnaire disposant de bonnes qualités psychométriques a été construit par Boraita et Marcoux (2013); il sera présenté dans la seconde sous-section (3.1.2). L'objectif est de comprendre au mieux l'organisation des croyances des FE et EF. Dans la troisième sous-section (3.1.3), nous nous intéresserons à la connaissance qu'ont les enseignants des recherches sur les effets du redoublement. La quatrième sous-section (3.1.4) sera consacrée à la comparaison des croyances des enseignants en fonction en FWB et de ceux du canton de Genève; rappelons qu'au chapitre 1 il a été montré que les taux de redoublement et de retard de ces deux systèmes diffèrent très sensiblement. L'hypothèse sous-jacente est que les croyances des enseignants genevois sont moins radicales concernant le redoublement que celles des enseignants de la FWB.

Afin de tester l'hypothèse 3 formulée ci-dessus, dans une section suivante (3.2), nous investiguerons les conceptions des futurs enseignants à l'entrée en formation dans quatre systèmes éducatifs : Genève, la FWB, la France et la Roumanie. Il s'agira de vérifier que la croyance dans les bienfaits du redoublement est présente chez les jeunes qui se destinent à l'enseignement dès le début de la formation; cette croyance initiale serait particulièrement marquée en FWB, où les taux de retard à 15 ans sont désormais supérieurs à 40 %, et moins marquée en Roumanie où ce taux avoisine les 5 %.

L'avis des parents sera au cœur de la section 3.3. À ce sujet, il existe peu de recherches scientifiques. Nous avons d'abord utilisé les résultats de sondages d'opinion (France et FWB), l'étude qualitative de Troncin (2005) dans la Corne d'or (France) ainsi que le travail de fin d'études de Bosman (2017) réalisé en FWB. Enfin, (section 3.4) nous nous concentrerons sur les élèves à partir d'une recherche, déjà ancienne, menée à Genève (Crahay, Baeriswyl et Vellas, 1996, cité dans Crahay, 1996) et à nouveau une étude qualitative de Troncin (2005).

Dans la quatrième section, nous investiguerons les relations présentes ou non entre les croyances relatives au redoublement et d'autres croyances psychologiques et pédagogiques : intelligence, apprentissage, évaluation, justice scolaire. Dans les deux versions précédentes (1996 et 2007), nous avions repris l'hypothèse de Smith (1989) qui suppose une relation entre conception du développement et décisions de redoublement et, dans la foulée, nous formulions l'hypothèse que la croyance en l'innéité de l'intelligence influençait fortement celle dans le redoublement. Des données nouvelles permettent de reprendre cette question de façon plus rigoureuse. Il en va de même pour celle portant sur de possibles liens concernant les croyances relatives à l'apprentissage, l'évaluation et la justice à l'école. Bref, il y a matière à débattre l'hypothèse 4 formulée ci-dessus.

La question des liens que pourraient avoir les croyances relatives au redoublement est importante car elle est liée à celle de leur modificabilité. L'une et l'autre font débat parmi les chercheurs. Concernant la première, le champ de recherche est dominé par deux théories. Selon le modèle conceptuel de Rokeach (1976), repris par Richardson (1996) mais aussi par Abric (1989) en France, certaines croyances seraient plus centrales que d'autres. Plus généralement, ce modèle conceptuel suggère une structuration des croyances en strates superposées: il y aurait des couches superficielles et profondes. À cette conception s'oppose celle de Green (1971) qui suggère que les personnes peuvent organiser leurs croyances en clusters (grappes, ensembles de croyances) plus ou moins isolés les uns des autres, voire totalement dépourvus de relations entre eux. Enfin, minoritaires, certains chercheurs, dans la foulée de Schommer (1990), pensent que les croyances et connaissances des enseignants fonctionnent de façon indépendante les unes des autres. On voit d'emblée l'incidence de l'une ou l'autre théorie sur le traitement que l'on sera tenté de privilégier pour changer les croyances concernant le redoublement. Si celles-ci sont indépendantes des autres champs de croyances, on privilégiera une formation ciblée essentiellement, voire uniquement sur celles-ci. Si l'on adhère à la théorie de Rokeach, on s'attellera à attaquer le noyau central ou la conception du développement si l'on adhère à l'hypothèse de Smith (1989).

Concernant la question de la modificabilité des croyances, deux clarifications conceptuelles s'imposent d'emblée. Il convient de distinguer, d'une part, changement de croyances et changement de pratiques et, d'autre part, modifications de surface (*first order change* dans la littérature anglo-saxonne) et transformations en profondeur (*second order change* ou *structural changes*). Dans une synthèse intitulée «Research on teacher education» et publiée dans la troisième édition du *Handbook of research on teaching*, Lanier et Little (1986) concluent que changer le comportement et les pensées des enseignants est possible. Il importe cependant de situer cette conclusion dans son contexte historique. On se trouve, au moment de la publication de ce *Handbook*, à l'apogée des recherches processus-produit et la revue de synthèse de Lanier et Little porte principalement sur des modifications de procédures d'enseignement, donc des modifications de premier ordre ou des changements de surface. Or, pour Richardson et Placier (2001), personne ne doute de la capacité des enseignants à modifier l'une ou l'autre stratégie comportementale spécifique (cf. p. 915). Pour notre part, cette prise de position nous paraît sous-estimer la difficulté des changements comportementaux, une question que l'un de nous a traitée jadis dans une note de synthèse intitulée «Contraintes de situation et interactions maître/élèves: changer sa façon d'enseigner, est-ce possible?» (Crahay, 1989). Toutefois, nous nous accordons avec Richardson et Placier pour considérer que la question du changement des croyances se pose désormais dans un contexte paradigmatique différent de celui marqué par le comportementalisme des années 1970 et 1980. En définitive, concernant l'une et l'autre question, nous relaterons des recherches auxquelles nous avons participé afin d'esquisser des réponses. Nous attacherons une attention particulière à l'effet que peut avoir la connaissance des recherches sur le redoublement. Dans une étude publiée en 2000, intitulée « Croyances des enseignants de la maternelle et du primaire à l'égard du redoublement », Pouliot et Potvin avaient constaté un effet déstabilisateur de cette connaissance ; à partir de ce constat, nous avons formulé l'hypothèse d'une influence de la connaissance des recherches et l'avons testée dans plusieurs recherches.

Dans une dernière section, nous nous intéresserons à une question qui nous préoccupe depuis le début de nos recherches sur le redoublement (cf. notamment, Marcoux et Crahay, 2008) : comment les enseignants prennent-ils la décision de faire redoubler tel élève et pas tel autre ? Bien sûr, le présupposé d'un effet positif de la répétition de l'année doit intervenir ; c'est ce que nous supposons évidemment. Mais pas seulement ! Dans quelle mesure les notes scolaires sont-elles prises en compte ? Et le comportement en classe ? Et les caractéristiques socio-économiques et culturelles des parents ? À quel moment la décision est-elle prise ? Très tôt dans l'année au moment où les difficultés de certains élèves sont repérées, ou, au contraire, en fin d'année, au moment où les enseignants sont pressés par l'institution de communiquer leurs verdicts ?

2. CROYANCES ET CONNAISSANCES : TENTATIVE DE CLARIFICATION CONCEPTUELLE

Cette question difficile a été abordée dans un article paru dans la *Revue française de pédagogie* sous l'intitulé « Fonctions, origines et évolution des croyances des enseignants » (Crahay, Wanlin, Laduron et Issaieva, 2010). D'emblée, nous y indiquons que la majorité des études empiriques portant sur ce que pensent les enseignants de l'enseignement et de l'apprentissage sont publiées dans des revues anglophones. Dans cette sphère culturelle, le terme *belief* (croyance) s'est imposé alors que, dans la littérature francophone, le terme « représentation » est privilégié. En fait, à bien y regarder, qu'elle soit anglophone ou francophone, la littérature de recherche abonde en termes différents : théories personnelles, perspectives, conceptions, préconceptions, théories implicites, perceptions, attitudes, dispositions... Bien que ces termes aient des définitions différentes, ils sont difficilement différenciables. Dans sa revue de la littérature, Pajares (1992) les considère d'ailleurs comme interchangeables[6].

La difficulté de définir le concept de croyance est largement reconnue. Discutant ce problème, Pajares mentionne plusieurs définitions; il en retient deux qui, tout en étant complémentaires, lui paraissent prototypiques de deux tendances différentes, décelables dans l'ensemble des productions des chercheurs. La première définition renvoie à «toute proposition simple, consciente ou inconsciente, inférée à partir de ce qu'une personne dit ou fait, pouvant être précédée par la phrase "je crois que…"» (Rokeach, 1976, cité par Pajares, 1992, p. 314). La deuxième voit la croyance comme «une représentation que se fait un individu de la réalité; celle-ci possède assez de validité, de vérité ou de crédibilité pour guider la pensée et le comportement» (Harvey, 1986, p. 313). Si la première définition est strictement opérationnelle, la deuxième renvoie à l'idée d'un «quelque chose» d'ordre cognitif, mobilisé par les individus dans certaines circonstances et véhiculant un contenu ayant trait à l'expérience de cet individu dans un certain domaine; pour les enseignants, c'est l'enseignement. On peut considérer que cette propriété – un contenu relatif à l'enseignement – constitue le noyau dur, faisant donc consensus, de toutes les recherches regroupées sous le label «teacher's beliefs»[7]. À ce stade de la réflexion, on peut donc considérer que le concept de croyances des enseignants renvoie à des contenus mentaux, ayant trait à l'enseignement, compilés dans des schémas ou des concepts, pouvant prendre la forme de propositions ou d'assertions, mais aussi d'images de scripts ou scénarios.

Certains auteurs (Fenstermacher, 1978; Hofer et Pintrich, 1997; Nespor, 1987) ont tenté de clarifier la distinction entre croyances (*beliefs*) et connaissances (*knowledge*), notamment pour montrer qu'il y a une différence de statut épistémique entre les deux termes. Les connaissances supposent un accord entre les esprits – un accord intersubjectif – fondé sur un ensemble de preuves et/ou d'arguments qui permettent de justifier la validité de la (ou des) proposition(s) retenue(s) ou, au moins, sa (ou leur) plus grande vraisemblance par rapport à d'autres conceptions relatives au même objet ou au même phénomène; de ce fait, elles sont falsifiables lorsque des preuves contradictoires émergent. Par extension, on peut considérer qu'en principe, les croyances ne présupposent pas

---

6.   Il y a là un parti pris quelque peu commode qui se justifie toutefois dans la mesure où, par-delà les différences terminologiques, un courant de recherche relatif aux enseignants porte sur leurs «constructions mentales de l'expérience – souvent condensées et intégrées dans des schémas ou des concepts» (Sigel, 1985, p. 351). Pour notre part, nous utiliserons prioritairement le terme «croyance», mais aussi celui de «conception», en le considérant comme synonyme de croyance.

7.   Notons cependant que certains auteurs contestent radicalement le caractère essentiellement propositionnel des croyances (cf. notamment Calderhead, 1996).

d'accord intersubjectif reposant sur un système de validation rigoureux. Certes, bien des croyances sont largement partagées au sein de certains groupes sociaux, mais leur évidence tient davantage au fait même qu'elles sont répandues et non contestées qu'au fait qu'elles ont été prouvées ou justifiées par une argumentation rigoureuse. Si la majorité des croyances sont d'origine sociale, elles impliquent une adhésion individuelle que des enseignants signalent, par exemple, en affirmant : «*Je sais que des recherches concluent à l'effet négatif du redoublement mais, moi, je crois que le redoublement peut parfois servir*» (Marcoux et Crahay, 2008). Ainsi, les croyances des enseignants engloberaient à la fois des éléments personnels et des éléments partagés par l'ensemble de la communauté enseignante (Verloop, Van Driel et Meijer, 2001). Elles sont à considérer comme une caractéristique psychologique de l'individu, tout en étant enracinées dans son substrat culturel. Ceci permet, selon nous, de rapprocher ce concept de celui de représentation et, plus fondamentalement, de considérer les croyances et les représentations comme des constructions à la fois cognitives et sociales. Autrement dit, les croyances ou conceptions ou encore les représentations des enseignants ont une double nature, indissociablement individuelle et sociale. Ceci ne signifie pas pour autant que tous les enseignants partagent des croyances identiques, ni qu'ils agissent de commune façon en accord avec un corpus indifférencié de croyances. Des recherches (Halkes et Deijkers, 2003 ; Munby, 1983) dévoilent, de la part d'enseignants différents, un recours idiosyncrasique aux connaissances et croyances pour sélectionner les actes d'enseignement, contrôler leur processus et évaluer leurs effets. D'autres recherches indiquent le recours à des orientations professionnelles ou à des profils de croyances ou de cognitions différents selon les enseignants, aboutissant à des comportements instructionnels hétérogènes (Buchmann, 1986, 1987).

Dans la littérature, il apparaît également que les frontières entre connaissances et croyances sont difficilement identifiables, ce qui conduit bon nombre de spécialistes à traiter ces deux termes de manière concomitante (Borko et Putnam, 1996 ; Calderhead, 1996 ; Fenstermacher, 1994 ; Pajares, 1992 ; Vause, 2009 ; Woolfolk Hoy, Davis et Pape, 2006), voire à estimer qu'il serait plus judicieux de considérer les savoirs enseignants comme étant essentiellement des croyances (Kagan, 1992). On retiendra principalement de ces travaux que les connaissances feraient davantage référence à des éléments factuels ou empiriques, alors que les croyances renverraient plutôt à des suppositions ou idéologies[8], les unes et les autres

---

8.   Dans son *Vocabulaire technique et critique de la philosophie*, Lalande (2002) signale que le terme «croyance» a, en philosophie, pris un sens particulier depuis Kant, qui propose de l'utiliser «lorsque l'assentiment n'est suffisant qu'au point de vue subjectif et qu'il est tenu pour insuffisant au point de vue objectif» (p. 198). Dès lors, paraphrasant

étant fortement empreintes des expériences personnelles et collectives des enseignants.

Dans un article riche en réflexions, Kagan (1992) propose de considérer les croyances des enseignants comme une forme de connaissance personnelle, composée de conjectures, le plus souvent implicites, concernant les élèves, l'apprentissage, la classe, le processus d'enseignement et les objets à enseigner. Pour cette auteure, qui reprend à son compte les thèses de Broudy (1980), de Floden et Clark (1988) et de Lieberman (1992), il convient de reconnaître que l'enseignement est un domaine caractérisé par l'absence quasi totale de vérités, de certitudes ou de connaissances scientifiquement établies sur la bonne façon d'enseigner[9]. Il est donc normal que les enseignants se dotent d'une pédagogie personnelle (*personal* ou *personalized pedagogy*, dans le texte). Celle-ci mélange des éléments tirés de l'expérience propre de l'enseignant, d'autres inspirés du sens commun de la communauté enseignante ou, plus largement, de la communauté culturelle à laquelle il appartient et d'autres encore venant de théories scientifiques, psychologiques, linguistiques, etc. Dans cette perspective, les connaissances constitueraient un sous-ensemble de croyances des enseignants, sous-ensemble caractérisé par le fait qu'il regroupe des assertions soutenues par des preuves empiriques et une argumentation logique. Le cas du redoublement est, selon nous, particulièrement intéressant dans la mesure où il existe un ensemble de recherches qui tendent à faire douter de l'efficacité de cette pratique. Dans la suite de ce texte, nous utiliserons le terme connaissance dans le sens précis de connaissance de recherches portant sur le redoublement et de leurs résultats. Dans la foulée, nous chercherons à appréhender comment les enseignants qui connaissent ces recherches prennent en compte cette connaissance et, partant, dans quelle mesure celle-ci affecte leur pédagogie personnelle ou, plus précisément, leurs croyances à propos du redoublement.

Dans la suite de ce chapitre et dans le suivant, nous utiliserons trois termes, croyance, conception et connaissance en les employant dans les cas suivants:

- Croyance: lorsqu'il s'agit d'idées adoptées par les enseignants (en formation ou en fonction), les parents et les élèves à propos du redoublement, de ses effets, de ses causes, etc.
- Connaissance des recherches sur le redoublement: lorsqu'il s'agit de la capacité des futurs enseignants à évoquer les résultats des

---

Kant, on pourrait dire que la croyance se caractérise par un assentiment subjectif fort et, dans un certain nombre de cas, un assentiment objectif faible, voire insuffisant.

9.   Kagan (1992) écrit: «As a domain, teaching is characterized by an almost total absence of truths, unimpeachably "correct" answers to the most important issues: why students behave as they do, the nature of learning and cognitive growth, the best way to structure a lesson, etc.» (p. 73).

recherches concernant les effets cognitifs et socio-affectifs de la pratique du redoublement

– Conception: lorsqu'il s'agit d'idées adoptées par les futurs enseignants à propos d'objets dont le débat scientifique n'est pas clos; dans notre recherche, cela correspond aux conceptions psycho-pédagogiques qui sont explorées conjointement aux croyances sur le redoublement, à savoir les conceptions relatives aux processus d'apprentissage, aux théories de l'intelligence, aux types de justice scolaire et aux fonctions de l'évaluation.

En posant ces distinctions terminologiques, nous n'avons pas la prétention de résoudre les débats conceptuels, d'ordre épistémologique, qui portent sur ces termes. Notre ambition, bien plus modeste, est de proposer un vocabulaire précis afin de permettre au lecteur des chapitres 5 et 6 de comprendre l'usage que nous faisons de ces termes. Les croyances et les conceptions impliquent une adhésion à certaines idées; ce n'est pas nécessairement le cas de la connaissance des recherches[10].

3. À PROPOS DU REDOUBLEMENT: ENSEIGNANTS, PARENTS ET ÉLÈVES, TOUS D'ACCORD

3.1. Pourquoi les enseignants croient dans le redoublement?

3.1.1. Rappel des études antérieures

Si, comme le montre l'étude d'Eurydice (2011), les enseignants de différents systèmes éducatifs persistent à pratiquer le redoublement malgré les législations visant à en restreindre l'ampleur, c'est qu'ils adhèrent à l'idée que cette pratique est légitime et, au moins dans une certaine mesure, efficace. C'est ce qu'a montré Grisay dès 1992. Dans une enquête portant sur 330 instituteurs belges francophones, elle a posé la question suivante: «À votre avis, quel taux d'échecs peut-on admettre en fin d'année au niveau où vous enseignez?»[11] Chez un peu plus de la moitié des enseignants interrogés, les chiffres avancés sont inférieurs à 10 %. Toutefois, 40 % d'entre eux estiment acceptables des taux compris entre 10 et 20 %; 5 % des enseignants

---

10. En effet, des enseignants connaissent les recherches sur le redoublement, mais persistent dans des croyances différentes de ce qu'ont montré les recherches.
11. Un questionnaire portant sur le redoublement a été proposé à 150 enseignants du degré inférieur et à 250 du degré supérieur de l'enseignement primaire; 330 ont répondu, ce qui correspond à un taux de retour de 82,5 %.

acceptent même des proportions se situant entre 20 et 30 %. Dans la même enquête relatée en détail dans les versions antérieures, Grisay révèle que ces mêmes enseignants belges n'accordent pas une efficacité absolue au redoublement, mais estiment que les effets positifs surpassent les effets négatifs. Les réponses données aux questions posées par Grisay sont présentées dans le tableau 5.1.

**Tableau 5.1 : Opinions de 330 instituteurs de la FWB
à propos de l'utilité du redoublement (Grisay, 1992)**

À votre avis, en règle générale, sur 100 cas de redoublement, combien ressemblent aux cas a, b, c, d, cités ci-dessous:

	Proportion d'instituteurs estimant que la proportion d'élèves concernés par la proposition se trouve entre:			
	0 et 25 %	26 et 50 %	51 et 75 %	75 et 100 %
a) Le redoublement a réellement permis à l'élève de se remettre en selle.	40 %	25 %	23 %	12 %
b) Le redoublement a permis une légère amélioration.	49 %	41 %	8 %	2 %
c) Le redoublement n'a amené aucun ou pratiquement aucun progrès.	81 %	13 %	4 %	2 %
d) Le redoublement a fait plus de tort que de bien.	97 %	3 %	0 %	0 %

Douze pour cent des enseignants interrogés estiment que le redoublement a permis à plus de 75 % des élèves de se remettre en selle. La majorité d'entre eux (40 %) estiment que cet effet n'est produit que sur moins de 25 % des élèves. Quarante-neuf pour cent des enseignants interrogés estiment que le redoublement a permis une légère amélioration chez 25 % des élèves et 41 % d'entre eux estiment que cette amélioration a concerné entre 26 et 50 % des élèves. Les deux derniers items du tableau qui traitent des effets négatifs voient les enseignants masser leur réponse dans l'intervalle de proportion le plus bas (0 et 25 %); ces réponses peuvent être interprétées comme une sorte de rejet de cette possibilité. Bref, bien qu'ils ne considèrent pas le redoublement comme une panacée résolvant à coup sûr les problèmes des élèves en difficulté scolaire, les enseignants de la FWB pensent qu'il s'agit de la moins mauvaise solution ou, comme certains enseignants genevois le déclarent dans des entretiens que nous avons eus avec certains d'entre eux un «pis-aller» (Marcoux et Crahay, 2008). Rappelons que Troncin (2005) a interrogé, en France, 233 enseignants de CP en 2002-2003: 84 % des enseignants interrogés pensent que les élèves comblent leurs lacunes pendant l'année de leur maintien en CP. Autrement dit, ces enseignants ne remettent pas en cause le principe même de la répétition d'une année à l'identique. En résumé, la croyance dans l'efficacité relative du redoublement se retrouve dans plusieurs études menées et cela, dans différents systèmes éducatifs (par exemple, Bourgeois, 1983 ; Pini, 1991 ; Pouliot et Potvin, 2000 ; Tomchin et Impara, 1992 ; Witmer, Hoffman et Nottis, 2004 ; Haynes, 2007). Autrement dit, il est raisonnable de conclure à une large adhésion à la pratique du redoublement de la part des enseignants de certains systèmes éducatifs. Celle-ci repose notamment sur la croyance en sa relative efficacité.

En 1991, Pini a mené une étude par questionnaires auprès de 92 enseignants primaires du canton de Genève. Celle-ci a été répliquée par De Landhseere (1993, cité par Crahay, 1996) auprès de 450 enseignants de première et deuxième années primaires de la FWB ainsi que par Stegen (1994, cité par Crahay, 1996) auprès d'enseignants secondaires du même système éducatif et par Crahay (2003, cité par Crahay, 2007)[12], dans ce même système éducatif, auprès de 91 enseignants primaires en formation pour devenir directeur d'établissement. Il ressort de ces études que le redoublement a un rôle essentiellement positif, et ce en vertu de deux mécanismes complémentaires :

- bénéficiant d'une année supplémentaire, certains élèves faibles ont l'occasion de mûrir et de mieux se préparer à affronter les difficultés de leur scolarité future ;
- en répétant une année, les élèves faibles peuvent parcourir une deuxième fois la totalité du programme.

Par ailleurs, ces chercheurs s'accordent également sur les constats suivants :

1. Pour plus de la moitié des enseignants interrogés (57 % à Genève et 53 % puis 56 % en FWB), le redoublement est inévitable dans la mesure où l'échec est principalement dû à des facteurs extrascolaires.
2. Une majorité d'enseignants ne considèrent pas le redoublement comme un échec de leur enseignement et cette mesure ne constitue pas à leurs yeux une forme d'injustice dont l'élève serait la victime.
3. Pour une majorité d'enseignants genevois et belges francophones, le redoublement est généralement considéré comme dépourvu d'effet négatif sur le plan socio-affectif et sur la réussite scolaire à plus long terme.

---

12. Pini (1991) a conçu une série de 19 propositions vis-à-vis desquelles il était demandé aux enseignants d'exprimer leur accord ou désaccord. De Landsheere (1993) a repris 13 de ces questions. Stegen (1994) en a repris 10 et Crahay (2003) l'entièreté.

4. Comme l'écrivait Pini (1991), «pour une solide majorité des instituteurs, le redoublement n'aurait une influence véritablement négative
ni sur la confiance que l'élève devrait avoir dans ses capacités et ses
moyens de réussir ni sur la situation d'enfants déjà défavorisés en
raison de leur origine sociale ou culturelle» (p. 265).

5. Enfin, le redoublement se justifie pour des raisons d'ordre institutionnel. Beaucoup d'enseignants le considèrent comme acceptable,
non seulement par respect du collègue de l'année suivante (ou par
la crainte de son jugement), mais surtout parce que, pour eux, il
serait utopique de miser sur la possibilité d'un rattrapage au cours
de l'année suivante.

3.1.2. Création d'un questionnaire aux bonnes qualités psychométriques permettant d'investiguer l'organisation des croyances des enseignants

Dans le cadre d'un programme de recherche dirigé par Crahay et
Marcoux (2010)[13], dont nous relaterons plusieurs études tout au long de ce
chapitre, Boraita et Marcoux (2013) se sont attelés à créer un questionnaire
aussi large que possible pour appréhender l'ensemble des croyances des
enseignants concernant le redoublement. Dans ce but, ils ont, au terme
d'une revue des recherches ayant utilisé un questionnaire sur ce sujet, et
s'inspirant des apports de l'étude qualitative de Marcoux et Crahay (2008),
élaboré un questionnaire de 54 items répartis dans 17 dimensions, celles-ci
pouvant être regroupées dans six méta-catégories[14]. Ce questionnaire a été
administré à 380 étudiants répartis dans les quatre années de la formation
en sciences de l'éducation de l'Université de Genève. Dans cette institution universitaire, la formation à l'enseignement primaire comporte quatre
années: la première année est commune à tous les étudiants débutant une
formation en sciences de l'éducation; à partir de la seconde année, certains
ont accès à la Formation des Enseignants Primaires (FEP), qui s'étale sur
trois années. Les items concernant le redoublement étaient insérés dans
un questionnaire plus vaste portant sur un large éventail de croyances
psychopédagogiques. Pour chaque item, les étudiants devaient marquer
leur degré d'accord sur une échelle de Likert en six points.

---

13.   Il s'agit d'un projet de recherche mené de 2010 à 2014 et subsidié par la Fonds National
Suisse de Recherche.

14.   Les items proviennent d'une part des études de Tomchin et Impara (1992), traduits
par Pouliot et Potvin (2000), et de ceux adaptés de Haynes (2007), repris de Witmer
et al. (2004), ainsi que de celle de Pini (1991). Les items créés de toute pièce ont été
inspirés par certains propos d'enseignants recueillis par Marcoux et Crahay (2008).

Encart 8. Les analyses factorielles

L'analyse factorielle est notamment utilisée pour réduire le nombre de variables observées ; le nombre de questions (ou items) d'un questionnaire par exemple. Le but est de comprendre la structure sous-jacente d'un ensemble de variables (ou d'items). Lors de la construction d'un questionnaire, le chercheur formule des questions avec l'intention que certains items mesurent, sous des formulations différentes, la même croyance ou, plus généralement, le même concept psychologique. Autrement dit, l'analyse factorielle tente de décrire un ensemble de variables observées (réponses aux questions posées) au moyen de variables latentes (non observées). Dans le cas des études sur les croyances, le principe de base est que les individus qui répondent d'une certaine manière à une question x répondront de la même manière aux questions apparentées ; autrement dit, leurs réponses à un groupe d'items corrèlent entre elles. Ceci suppose évidemment que le questionnaire initial soit élaboré sur base d'hypothèses préalables quant à la structuration des croyances dans le domaine investigué.

La valeur propre initiale est le critère le plus fréquemment utilisé pour déterminer les facteurs à retenir. Plus la valeur propre initiale est élevée, plus le facteur apporte une part de la variance totale expliquée. Par convention, tout facteur avec une valeur propre initiale supérieure à 1 est considéré comme facteur significatif. Le logiciel traduit la valeur propre de chaque facteur retenu en pourcentage de variance expliquée. Plus un facteur explique une part élevée de la variance totale, plus ce facteur est important.

Pour interpréter un facteur, il faut à la fois regarder la saturation des items dans le facteur et la signification des items composant le facteur. La saturation d'un item (en quelque sorte la corrélation des réponses à l'item particulier au facteur) renseigne sur le poids de l'item dans la constitution du facteur ; elle peut varier entre − 1,00 et +1,00. Certains facteurs sont unipolaires car ils regroupent seulement des items dont la saturation est positive et d'autres sont bipolaires car ils opposent un groupe d'items à saturation positive à d'autres à saturation négative.

Ainsi qu'il est possible de situer la position d'un sujet (ou d'un pays) sur une droite de régression (cf. chapitre 2), il est possible de situer la position d'un individu sur un facteur. Un sujet qui a obtenu des scores élevés sur les items saturés fortement dans un facteur sera caractérisé par un score factoriel élevé sur ce facteur. On peut donc calculer le score factoriel de chaque sujet ayant participé à une enquête sur chacun des facteurs retenus. Vu qu'un facteur varie entre − 1,00 et +1,00, les scores factoriels varient également entre ces deux limites.

On distingue l'analyse factorielle exploratoire (AFE) de l'analyse factorielle confirmatoire (AFC). L'AFE permet d'identifier, à partir d'une série de variables mesurées (par exemple, des items), des facteurs latents sans que ceux-ci soient précisément définis au préalable. En revanche, l'AFC définit dès le départ et de façon détaillée les facteurs latents ; l'analyse statistique consiste à vérifier la validité du modèle retenu ou, autrement dit, l'existence des facteurs latents définis d'entrée de jeu. En principe, les analyses exploratoires et confirmatoires ne se font pas sur les mêmes données. Cette règle idéale n'est pas toujours respectée. Autrement dit, l'analyse confirmatoire cherche à déterminer si un ensemble de questions développées dans un certain contexte permet de caractériser correctement le même phénomène dans un contexte différent.

Sur la base des données recueillies, des analyses de consistance interne ont été réalisées afin de tester la pertinence de la structuration adoptée *a priori* pour créer le questionnaire. Des alphas de Cronbach[15] ont été calculés pour chacune des dimensions retenues. L'alpha de Cronbach prend une valeur entre 0 et 1; plus sa valeur est proche de 1 plus l'instrument de mesure peut être considéré comme fiable. Nunnally (1978) recommande de retenir la valeur de 0,70 comme seuil de fiabilité des différentes échelles et sous-échelles[16]. Le tableau 5.2 présente les différents coefficients obtenus pour les différentes dimensions; on y lit également le nombre d'items respectifs pour l'échelle de base.

Tableau 5.2 : Structuration initiale des items :
analyse de consistance interne par (sous-)dimension

Dimensions		Nombre d'items	N	Alpha
Résultats scolaires	Atteintes des moyennes	6	367	0,386
Caractéristiques de l'élève	Attitude scolaire	3	379	0,313
Conditions familiales	Soutien scolaire	2	378	0,197
Contraintes institutionnelles	Tri des élèves selon les acquis	3	376	0,647
	Tri des élèves pour le climat de classe	2	380	0,176
	Régulation de l'ordre scolaire	2	380	**0,757**
	Justice-morale	3	376	0,349
	Habitus de l'établissement	2	378	0,416
Connaissances des recherches	Sur les résultats scolaires	4	348	0,512
	Sur les caractéristiques des élèves	2	371	**0,746**
	Sur les conditions familiales	2	374	0,240

---

15. L'alpha de Cronbach est une formule statistique qui permet de mesurer la cohérence interne d'une échelle composée de plusieurs items. Autrement dit, il permet de s'assurer que les différents items de l'échelle mesurent bien la même variable latente.

16. Lorsqu'on explore un nouveau domaine de croyances, il nous arrivera de nous montrer plus tolérant et de considérer des échelles dont l'alpha est de l'ordre de 0,60.

Dimensions		Nombre d'items	N	Alpha
Conceptions	Effet positif du redoublement acquis	2	376	**0,740**
	Effet positif du redoublement précoce	4	372	0,677
	Effet positif de l'estime de soi	4	379	**0,845**
	Effet positif de la maturation	4	380	**0,799**
	Validité des travaux sur le redoublement	4	343	0,338
	Adhésion au redoublement	5	373	**0,878**

Six des dimensions retenues satisfont au seuil de 0,70. Boraita et Marcoux (2013) ont alors procédé à des analyses factorielles exploratoires (AFE). Le but de celles-ci est de déterminer «un ensemble restreint de facteurs» pouvant expliquer «des réseaux de corrélations» parmi toutes les variables concernant les croyances sur le redoublement (Fabrigar, Wegener, MacCallum et Strahan, 1999, cités dans Bourque, Poulin et Cleaver, 2006, p. 326). Au final, les deux chercheurs obtiennent quatre facteurs qui expliquent en tout 55,37 % de la variance et dont la valeur propre est supérieure à 1. Des termes génériques ont été attribués à ces facteurs; ils renvoient aux effets, aux causes et aux conséquences du redoublement sur les plans cognitif, affectif et institutionnel. L'échelle qui résulte des AFE est composée de 20 items. Celle-ci est nommée l'échelle EFERCr (Échelle des Futurs Enseignants sur le Redoublement concernant leurs Croyances) par les auteurs[17]. Le tableau 5.3 présente la saturation des items sur les facteurs mis en évidence ainsi que la consistance interne obtenue pour chacun de ceux-ci: les quatre alphas de Cronbach sont supérieurs à 0,70.

Tableau 5.3 : Croyances des futurs enseignants sur le redoublement: analyse factorielle exploratoire et analyse de consistance interne par facteur

Méthode d'extraction: maximum de vraisemblance. **Méthode de rotation**: promax avec normalisation de Kaiser.	Facteurs			
	1 RC	2 SA	3 RS	4 RO
56. Le redoublement permet de replacer les élèves en difficulté dans un groupe adapté à leur niveau, ce qui leur est bénéfique.	0,819			

---

17. Notons que cette échelle, très légèrement adaptée, sera également utilisée auprès d'enseignants en fonction.

Méthode d'extraction: maximum de vraisemblance. Méthode de rotation: promax avec normalisation de Kaiser.	Facteurs			
	1 **RC**	**2** **SA**	**3** **RS**	**4** **RO**
65. Le redoublement est une seconde chance offerte aux élèves en difficultés scolaires.	0,790			
76. Pour l'élève qui redouble, le fait de parcourir une deuxième fois les matières prévues au programme est en général bénéfique pour ses apprentissages scolaires.	0,785			
80. Le redoublement est un moyen efficace d'aider l'élève immature à rattraper les autres.	0,771			
83. Le redoublement est un moyen efficace d'aider l'élève à l'école lorsqu'il ne reçoit pas d'aide à la maison	0,705			
48. Le redoublement permet de donner un supplément de temps aux élèves qui ne sont pas assez mûrs.	0,695			
47. Le redoublement est nécessaire pour maintenir les niveaux d'exigence requis à chaque classe.	0,695			
74. Le redoublement au cours des premières années est un moyen efficace de prévenir les échecs à un niveau plus élevé.	0,652			
69. Le redoublement donne à l'élève une mauvaise image de lui-même.		0,839		
44. Le redoublement a des effets négatifs sur la scolarité ultérieure de l'élève.		0,774		
15. Faire redoubler un élève nuit à son estime de soi.		0,734		
4. Le redoublement influe négativement sur la confiance que l'élève devrait avoir dans ses capacités.		0,689		
19. Pour décider de la promotion ou du redoublement d'un élève en difficulté, l'enseignant doit se baser uniquement sur les résultats scolaires de l'élève.			0,734	
1. Lorsque les résultats de l'élève l'exigent, l'enseignant se doit de le faire redoubler en faisant abstraction de toute autre considération.			0,692	
10. Un enfant qui n'a pas atteint les objectifs doit être retenu dans l'année qu'il vient d'effectuer.			0,661	

Méthode d'extraction : maximum de vraisemblance. Méthode de rotation : promax avec normalisation de Kaiser.	Facteurs			
	1 RC	2 SA	3 RS	4 RO
51. La prise de décision de redoublement ou de promotion d'un élève en difficulté nécessite de faire un profil global où les notes scolaires ne sont qu'un élément parmi d'autres (item inversé).			– 0,542	
20. Les élèves qui ne s'appliquent pas dans leurs études doivent redoubler.			0,526	
71. Les élèves qui n'atteignent pas les objectifs dans deux des trois matières de base (lecture, écriture, math) doivent redoubler.			0,502	
86. La menace du redoublement incite les élèves à bien se comporter.				0,979
28. Le fait de savoir qu'il peut redoubler motive l'élève à travailler plus fort.				0,652
% de variance expliquée	27,152	17,921	5,411	4,886
Consistance interne par facteur – alpha de Cronbach	0,910	0,854	0,768	0,757

Outre leurs qualités psychométriques, ces quatre sous échelles donnent une vision cohérente et parcimonieuse de l'organisation des croyances des enseignants en formation quant au redoublement.

- Le premier facteur a été nommé **régulation cognitive** (RC) car il regroupe des items affirmant que le redoublement permet de replacer les élèves dans un groupe adapté à leur niveau (#56), de leur donner une seconde chance en leur offrant l'opportunité de parcourir une deuxième fois les matières prévues au programme et de rattraper les autres en cas de manque de maturité (#65, #76 et #80). Il constitue un moyen efficace pour accorder un supplément de temps aux élèves qui manquent de maturité (#48) et aider ceux qui ne reçoivent pas d'aide à la maison (#83). Ce facteur inclut également deux items selon lesquels le redoublement est un moyen de prévenir les échecs à un niveau ultérieur de la scolarité (#74) mais aussi de maintenir les niveaux d'exigence requis à chaque classe (#47). De manière générale, ce facteur teste l'adhésion à la pratique du redoublement[18].
- Le deuxième facteur rassemble quatre items qui envisagent les **conséquences socio-affectives** (SA) du redoublement. Ceux qui répondent positivement à ces items considèrent que faire redoubler

---

18. Notons qu'en majorité les enseignants en formation interrogés se sont déclarés majoritairement en désaccord avec les items de ce facteur.

un élève nuirait à son estime de soi en lui renvoyant notamment une mauvaise image de lui-même (#15, #69), influerait négativement sur la confiance qu'il devrait avoir dans ses capacités (#4) et aurait des effets négatifs sur sa scolarité ultérieure (#44)[19].

- Avec le troisième facteur, on n'est plus sur la facette des effets ou des conséquences mais sur celle des causes : les **résultats scolaires** (RS). Les six items de ce facteur permettent de connaître l'adhésion au fait que l'on décide du redoublement en se basant uniquement sur les résultats des élèves. Hormis l'item 51[20] selon lequel « *la prise de décision de redoublement ou de promotion d'un élève en difficulté nécessite de faire un profil global où les notes scolaires ne sont qu'un élément parmi d'autres* », tous les items du facteur présentent la décision du redoublement comme une décision basée exclusivement sur l'aspect cognitif et scolaire des élèves : sur les résultats scolaires des élèves uniquement (#1, #19), sur le fait que l'élève n'ait pas atteint les objectifs à atteindre en cours d'année (#71, #10) et sur son implication scolaire (#20).

- Le quatrième facteur ajoute en quelque sorte un complément à celui décrit ci-dessus : il rassemble deux items (#28, #86) qui présentent le redoublement comme un **moyen de régulation de l'ordre scolaire** (RO) sur les élèves et qui, par ce biais, les motive : « la peur du bâton »[21].

3.1.3. *Les enseignants connaissent-ils les recherches portant sur les effets du redoublement ?*

Comme mentionné ci-dessus, dans la foulée des réflexions théoriques de Kagan (1992), nous postulons que les enseignants se dotent d'une forme de connaissance personnelle, composée de conjectures, le plus souvent implicites, concernant les élèves, l'apprentissage, la classe, le processus d'enseignement et les objets à enseigner. Le côté conjecturel des croyances est la conséquence de l'état actuel des sciences de l'éducation : peu de connaissances sont établies avec certitude. La problématique du redoublement fait exception : de nombreuses recherches menées avec de plus en plus de rigueur font douter de l'efficacité du redoublement (cf. chapitre 3). Deux questions se posent dès lors : (1) Dans quelle mesure les enseignants en formation et en fonction connaissent-ils ces recherches ? (2) Dans quelle mesure le fait de connaître ces recherches affecte-t-il les

---

19. Les étudiants genevois ont répondu en majorité favorablement à ces items.
20. Dont la saturation est négative, ce qui le rend compatible avec les autres items qui disent le contraire et ont des saturations positives.
21. En majorité, les futurs enseignants genevois s'expriment en désaccord avec cette vision du redoublement. Il en va de même en ce qui concerne les items du facteur 3.

croyances des enseignants à cet égard ou, si on reprend l'expression de Kagan, leur pédagogie personnelle ?

À notre connaissance, peu de chercheurs se sont intéressés à ces deux questions. Mentionnons, cependant, l'étude de Pouliot et Potvin (2000) qui approfondit celle de Tomchin et Impara (1992). Dans les deux cas, il s'avère que peu d'enseignants connaissent les recherches relatives aux effets du redoublement. Ce sont surtout Witmer, Hoffman et Nottis (2004) qui ont fait progresser la recherche eu égard à cette problématique. Reprenant le *Teacher Retention Beliefs Questionnaire* (TRBQ) de Tomchin et Impara (1992), ces chercheuses ajoutent une nouvelle section, ciblée sur les connaissances et composée de 13 questions à choix multiples et 3 questions ouvertes, créant ainsi le *Teacher Retention Beliefs and Knowledge Questionnaire* (TRBKQ). Ce questionnaire combine donc l'investigation des croyances des enseignants et de leur connaissance des recherches existantes. Nos propres recherches se situent dans la foulée de celle de Witmer *et al.* qui a été prolongée par l'étude de Haynes (2007). Reprenant plusieurs items à Haynes, nous en avons ajouté d'autres provenant de Pini (1991) et créé d'autres inspirés de *verbatims* recueillis par Marcoux et Crahay (2008). Ce recueil d'items aboutit au tableau 5.4.

Tableau 5.4 : Connaissances des recherches sur le redoublement

La majorité des recherches affirme que les redoublants gagnent plus au niveau de leurs résultats scolaires que ceux qui sont promus (Haynes, 2007)
Pour moi, les résultats scientifiques concernant le redoublement ne tiennent pas compte de la réalité du terrain (Marcoux & Crahay, 2008)
Les moyens proposés par les spécialistes de l'éducation pour éviter le redoublement sont peu réalistes et difficilement applicables (Pini, 1991)
La majorité des recherches affirme que le redoublement produit plus d'effets négatifs que d'effets positifs sur l'estime de soi de l'élève redoublant (Haynes, 2007)
Les recherches montrent que le redoublement n'augmente pas significativement les résultats scolaires des élèves en difficultés sur le long terme (Haynes, 2007)
La majorité des recherches affirme que le redoublement n'affecte pas l'estime de soi de l'élève redoublant (Haynes, 2007)
En ce qui concerne le redoublement, les résultats scientifiques doivent primer sur le savoir d'expérience des enseignants (Marcoux & Crahay, 2008)
La majorité des recherches affirme que tous les gains dans les résultats scolaires des élèves au cours de l'année du redoublement s'effacent avec le temps (Haynes, 2007)
Aujourd'hui, il existe d'autres solutions que le redoublement pour aider les élèves en difficulté (Marcoux & Crahay, 2008)
La majorité des recherches indique que la promotion des élèves en difficulté n'augmente pas significativement leurs résultats scolaires sur le long terme (Haynes, 2007)

Cette échelle composée de dix items a un alpha de Cronbach de 0,71, ce qui est statistiquement satisfaisant. Au final, nous disposons d'une échelle concernant spécifiquement les connaissances qu'ont les enseignants en formation sur les recherches relatives au redoublement. Celle-ci est nommée l'échelle EFERCo (Échelle des Futurs Enseignants sur le Redoublement concernant leurs Connaissances des recherches) par les auteurs; nous utiliserons le même questionnaire avec des enseignants en fonction.

3.1.4. À Genève et en FWB, des croyances similaires mais exprimées avec une intensité différente

Le questionnaire initial (54 items), à l'origine des échelles EFERCr et EFERCo a été soumis à 112 enseignants de la province de Liège et à 125 enseignants du canton de Genève. Ces données ont été utilisées dans le cadre de deux articles (Crahay, Marbaise et Issaieva, 2013; Crahay, Issaieva et Monseur, 2014) sur lesquels nous reviendrons dans la section intitulée «La croyance dans les vertus du redoublement est-elle, chez les enseignants, en relation avec d'autres croyances?» Ici, nous avons regroupé les deux bases de données. Dans les deux cas, l'échantillon (de convenance) obtenu couvre les différents niveaux scolaires de l'enseignement primaire. En FWB, une majorité sont des enseignants chevronnés (51 déclarent plus de 21 années de fonction; 30 entre 0 et 10 ans et 31 entre 11 et 20 ans). Dans l'échantillon genevois, l'ancienneté des enseignants dans le métier y est assez diversifiée (de 6 ans à plus de 25 ans) avec cependant un nombre plus élevé d'enseignants ayant une ancienneté de plus de 25 ans. Par ailleurs, davantage d'enseignants responsables des premiers apprentissages ont répondu. Trente-neuf des enseignants interrogés signalent qu'ils travaillent en tant que GNT (généraliste non titulaire), ECSP (enseignant chargé de soutien pédagogique), STACC (enseignant en structures d'accueil) ou remplaçants, voire ont omis de répondre à la question portant sur leur niveau d'enseignement. Dans l'échantillon de la FWB, on trouve à peu près le même nombre d'enseignants pour les différents niveaux scolaires: 1P-2P = 39; 3P-4P = 29 et 5P-6P = 31. À ces enseignants, il faut en ajouter 13 qui remplissent d'autres fonctions (appui, etc.).

L'analyse factorielle exploratoire (AFE) appliquée aux réponses des 237 enseignants retrouve les trois premiers facteurs de Boraita et Marcoux (2013) avec les mêmes items (à quelques nuances près); les Alphas de Cronbach sont très satisfaisants: Régulation cognitive = 0,83, Conséquences socio-affectives = 0,90 et Résultats scolaires = 0,75. Concernant les connaissances de recherche, l'AFE retrouve le même facteur que les auteurs de l'échelle avec un Alpha de 0,72. Les scores moyens (cf. tableau 5.5) laissent entrevoir de légères différences. Celles-ci concernent les conséquences socio-affectives auxquelles les enseignants liégeois croient moins que les genevois ainsi que les résultats scolaires pour lesquels on observe une tendance inverse. Concernant les connaissances des recherches, les enseignants genevois obtiennent en moyenne de meilleurs scores. Les différences vont dans le sens de notre hypothèse, mais celles-ci sont moins importantes que ce que nous supposions. Il faut dire que, de part et d'autre, rares sont les enseignants qui choisissent les valeurs extrêmes de l'échelle. En outre, en FWB, la lutte contre le redoublement est une thématique souvent abordée par les politiques et les chercheurs en sciences de l'éducation, ce qui peut faire craindre un effet de désirabilité sociale : les enseignants connaissent *grosso modo* la tendance des réponses attendues.

Tableau 5.5 : Croyances et connaissances des recherches sur le redoublement chez des EF de la FWB et à Genève

	FWB	Genève
Régulation cognitive	4,1	4,0
Conséquences socio-affectives	2,7	3,1
Résultats scolaires	2,2	1,6
Connaissances	3,6	4,1

N.B. : L'échelle de Likert proposée va de 1 à 6 : 1 = pas du tout d'accord à 6 tout à fait d'accord et 3,5 représente le milieu de ce « continuum ». Plus la moyenne tend vers 6, plus le score moyen indique un accord. Inversement, plus la moyenne tend vers 1, plus le score indique un désaccord.

Une analyse par *clustering* a été réalisée ; elle débouche sur trois groupes permettant de catégoriser 189 enseignants[22] en fonction de leurs croyances et connaissances concernant le redoublement. Les différences entre ces trois groupes sont significatives pour tous les facteurs ($p<.01$). Le tableau 5.6 donne les valeurs des croyances et des connaissances des recherches pour chaque cluster ; il fournit aussi la répartition des enseignants dans chacun d'eux pour les deux contextes.

Encart 9. : Méthodes de partitionnement des données

Le *clustering* est le terme anglais désignant le partitionnement de données ; on le nomme également analyse typologique. Le **partitionnement de données** est une des méthodes d'analyse des données qui visent à diviser un ensemble de données en différents « paquets » homogènes. L'idée est, dans le cas de questionnaires, que les sujets regroupés dans un cluster (ou grappe) partagent des caractéristiques communes ; dans le cas de questionnaires, il s'agit d'un grand nombre de réponses similaires. Ces caractéristiques communes se traduisent sur le plan statistique par des proximités (que l'on définit en introduisant des mesures et classes de distance entre objets). On considère que l'on a un bon clustering ou un bon partitionnement de données, d'une part, lorsque la variance interne à chaque grappe est minimale, ce qui atteste de son homogénéité ou de sa cohérence et, d'autre part, lorsque la variance entre clusters est maximale,

---

22. Ce qui signifie que 48 enseignants ne trouvent leur place dans aucun de ces trois clusters, soit parce qu'ils ont omis de répondre à certaines questions, soit parce que leurs réponses présentent un pattern très divergent.

ce qui atteste du fait que les différents clusters sont bien distincts les uns des autres.

Après avoir défini les clusters, ou grappes, par les items regroupés, il est possible de situer les individus qui ont répondu aux questionnaires dans les différents clusters en fonction des réponses qu'ils ont données à l'ensemble du questionnaire.

Lorsqu'une analyse factorielle a été réalisée au préalable, il est possible de procéder à une analyse par clusters sur les scores factorisés des différents sujets.

Tableau 5.6 : Résultats du clustering (moyenne et écart-type) portant sur les réponses des EF de la FWB et à Genève

	Cluster 1	Cluster 2	Cluster 5
Régulation cognitive	4,37	4,18	3,17
	(0,88)	(0,56)	(0,88)
Conséquences socio-affectives	2,25	2,83	4,01
	(0,61)	(0,61)	(0,99)
Résultats scolaires	1,47	2,76	1,32
	(0,39)	(0,49)	(0,38)
Connaissances	3,36	3,62	5,07
	(0,71)	(0,51)	(0,57)
Genève	43	23	30
FWB	32	46	15
Total des EF	75	69	45

Les deux premiers clusters se ressemblent assez fort, hormis en ce qui concerne la dimension «Résultats scolaires»: les 69 enseignants du cluster 2 ont des scores supérieurs aux 75 du cluster 1; ils se caractérisent par des scores légèrement supérieurs sur les dimensions «Conséquences affectives» et «Connaissances» et légèrement inférieurs sur la dimension «Régulation cognitive». Le cluster 3 est quant à lui très différent des deux premiers. Le score sur l'échelle «Connaissances» est très élevé (5,01), le score «Conséquences affectives» est également élevé (4,01) et le score «Régulation cognitive» (3,17) est inférieur à 3,5. Ce cluster 3 regroupe donc les 45 enseignants qui connaissent le mieux les recherches sur le redoublement, adhèrent le moins à l'idée que le redoublement permet une régulation cognitive et donne une seconde chance et redoutent le plus ses conséquences affectives. On peut considérer que ces 45 enseignants sont les plus hésitants quant aux bienfaits du redoublement, alors que ceux du cluster 1 sont les plus favorables; ceux du cluster 2 se situant assez proches de ceux-ci. Il est intéressant de constater que, parmi les 45 enseignants du cluster 3, on trouve 30 genevois pour la moitié de liégeois.

Un constat important doit être souligné et il reviendra à plusieurs reprises : lorsque le score de « Connaissances des recherches » est élevé, le score des croyances dans les bienfaits cognitifs du redoublement (RC) est plus bas et celui des conséquences affectives (SA) plus élevé. Le calcul de corrélation entre les scores des enseignants aux différentes échelles confirme cette observation. On trouve une forte corrélation entre la connaissance des recherches et la crainte des conséquences affectives du redoublement : 0,70. Les corrélations entre l'échelle « Connaissances » et les deux autres échelles (RC et SA) sont toutes deux négatives : respectivement − 0,40 et − 0,30.

3.2. Les conceptions des futurs enseignants à l'entrée de la formation

L'hypothèse 3 formulée ci-dessus affirme que la croyance dans les bienfaits du redoublement n'est pas le produit de la formation des enseignants. Ce qui revient à supposer qu'à l'entrée en formation, les futurs enseignants (FE) sont déjà porteurs de la croyance en l'efficacité et la justesse du redoublement et d'autres croyances connexes. Pour tester cette hypothèse, Boraita et Marcoux (2016) ont interrogé 1 238 enseignants en tout début de formation initiale dans différentes institutions de formation en Suisse romande (N = 679), France (N = 150) et FWB (N = 409)[23]. Pour ce faire, ils ont eu recours à l'échelle EFERCr. L'analyse factorielle exploratoire (AFE) sur les données des 1 238 FE fait apparaître une structuration de leurs croyances sur le redoublement en cinq facteurs dont quatre correspondent à ceux mis en évidence dans la validation préalable de l'échelle. Aux côtés des quatre facteurs RC (Régulation Cognitive), SA (Socio-Affectif), RS (Résultats Scolaires) et RO (Régulation Ordre Scolaire), apparaît un cinquième facteur : le facteur Maturation-Famille (MF) qui traite des éléments décisionnels se rapportant au milieu familial de l'élève et à sa maturité[24]. Le tableau 5.7 présente les moyennes et écarts-types des scores bruts obtenus sur l'échelle de Likert pour chacun des facteurs dans les trois échantillons de FE.

---

23. Dans les trois pays, il s'agit d'échantillonnage de convenance. En Suisse romande, les données recueillies viennent des cantons de Genève (formation à l'université ; N = 480) et de Vaud (formation en haute école pédagogique ; N = 199). En France, le questionnaire a été rempli par 114 FE de l'Institut de Formation des Maitres d'Auvergne et par 36 de l'Université de Paris. En FWB, les données ont été recueillies dans trois hautes écoles pédagogiques de la province de Liège (N = 307) et dans deux hautes écoles pédagogiques de la province du Luxembourg (N = 102). Il faut tout particulièrement regretter que l'échantillon français soit si faible comparativement aux deux autres.
24. Il est intéressant de souligner qu'une même structure factorielle vaut pour des futurs enseignants de pays différents ; apparemment, l'organisation des croyances concernant le redoublement ne varie pas en fonction du lieu de recueil des données.

**Tableau 5.7 : Moyennes et écarts-types des scores bruts
à l'échelle de Likert en six points pour chacun des trois pays**

	RC	SA (I)	RS	RO	MF
Suisse	3,07	4,23	3,68	2,73	3,32
	(0,82)	(1,05)	(0,70)	(1,20)	(1,15)
France	3,11	4,09	3,58	2,79	3,30
	(0,83)	(1,07	(0,69)	(1,13)	(1,17)
FWB	3,54	2,67	2,55	3,63	3,49
	(1,11)	(1,18)	(0,80)	(1,31)	(1,33)

Les analyses de variance[25] réalisées témoignent de différences significatives entre les croyances des FE concernant la fonction de régulation cognitive du redoublement, sa fonction de moyen de régulation de l'ordre scolaire, ses conséquences socio-affectives et son processus de décision à partir des résultats scolaires. De manière générale, ce sont les croyances des étudiants débutant leur formation en Belgique qui diffèrent de celles des étudiants commençant leur cursus en Suisse et en France. Le tableau 5.8 synthétise les tendances observées dans les différents pays. Il montre bien que les croyances des FE de la FWB sont plus marquées en faveur du redoublement que celles des FE de Suisse romande et de France.

**Tableau 5.8 : Récapitulatif des conceptions et structurations
des futurs enseignants entrant en formation dans le cursus suisse,
belge et français interrogés avec l'échelle EFERCr**

	Canton de Genève	France	FWB
Régulation-Cognitive (RC)	Le redoublement n'est pas vraiment un moyen de régulation cognitive.		Le redoublement est plutôt un moyen de régulation cognitive.
Socio-Affectif (SA)	Le redoublement a plutôt un impact négatif sur le plan socio-affectif.		Le redoublement n'a pas vraiment d'impact négatif sur le plan socio-affectif.
Résultats Scolaires (RS)	Les résultats scolaires ne sont qu'un élément parmi d'autres : la décision de redoublement nécessite de faire un profil global de l'élève.		Les résultats scolaires sont plutôt les seuls éléments à prendre en compte pour décider d'un redoublement.

---

25.   Il s'agit d'ANOVA réalisées sur les moyennes et écarts-types des scores factoriels de croyances.

	Canton de Genève	France	FWB
Maturation (M)[26]	Le redoublement permettrait de donner un supplément de temps aux élèves qui ne sont pas assez mûrs, mais il n'aiderait pas l'élève immature à rattraper les autres.		Le redoublement permettrait de donner un supplément de temps aux élèves qui ne sont pas assez mûrs et les aiderait à rattraper les autres.
Régulation d'Ordre scolaire (RO)	Le redoublement n'est pas un moyen de régulation de l'ordre scolaire.		Le redoublement est plutôt un moyen de régulation de l'ordre scolaire.

Par-delà ces tendances «nationales», il existe évidemment des différences individuelles dans chaque système d'enseignement. L'analyse en *clustering* fait apparaître trois groupes de FE selon leurs croyances sur la pratique du redoublement. Les différences entre ces trois groupes sont significatives pour tous les facteurs (p<.01). Les résultats de cette analyse typologique sont présentés dans le graphique de la figure 5.1. Si un des trois profils renvoie à une position plutôt défavorable à la pratique du redoublement (le cluster 2: C2), deux profils s'articulent autour d'une croyance favorable au redoublement (les clusters 1 et 3: C1 et C3). Il faut souligner que les FE qui s'expriment résolument en faveur du redoublement, minimisent ses possibles effets socio-affectifs négatifs. Notons que Boraita et Marcoux n'ont pas pu identifier un cluster de FE qui soit clairement contre le redoublement.

Figure 5.1 : Profils de croyances concernant le redoublement parmi les FE interrogés qui débutent leur formation en Suisse, Belgique et France

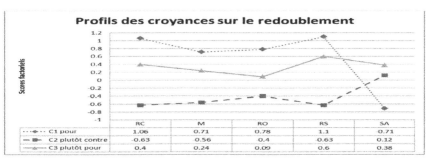

---

26. Notons que pour ces conceptions, les différences entre les FE des cursus suisse et français et du cursus belge ne sont pas significativement différentes.

La répartition des FE des trois pays est détaillée dans le tableau 5.9.

**Tableau 5.9 : Répartition du nombre de FE
dans les trois profils de croyances mis en évidence par clustering**

	Cluster 1 « Pour »	Cluster 2 « Plutôt contre »	Cluster 3 « Plutôt pour »	Total
Suisse	20	332	252	604
France	3	75	67	145
FWB	184	54	135	373
Total	207	461	454	1 122

Les tendances sont nettes. En FWB, une minorité de FE (14,5 %) se retrouve dans le cluster «plutôt contre»; ils sont 55 % en Suisse romande et 51,7 % dans l'échantillon français. Dans le cluster 1, on trouve 49,3 % de FE de la FWB, 3,3 % des FE suisses et 2 % des FE français.

Capriaora et Crahay (en préparation) ont soumis le questionnaire initial (54 items) de Boraita et Marcoux (2013) à 132 FE de l'Université de Constanta et à 90 de l'Université de Bucarest en Roumanie, un pays qui se caractérise par des taux de retard à 15 ans avoisinant les 5 % (cf. chapitre 1). L'AFE dégage trois facteurs correspondant à trois des dimensions trouvées par Boraita et Marcoux. Dans le tableau 5.10, le lecteur trouvera les scores moyens par échelle[27] et année d'études[28]. Il constatera que la majorité de ces scores sont inférieurs à 3,5, hormis pour l'échelle «méfaits socio-affectifs» pour laquelle ils sont de 4,7. Autrement dit, les FE roumains ont des croyances plutôt défavorables au redoublement: ils ont tendance à minimiser les effets cognitifs du redoublement (RC = 3,3 pour la première année) et à redouter fortement les méfaits socio-affectifs.

**Tableau 5.10 : Croyances de FE roumains concernant le redoublement.
Scores moyens par échelle en fonction de l'année d'études**

	Nbre de sujets	Régulation cognitive	Méfaits socio-affectifs	Résultats scolaires
Nbre d'items		10	4	4
1re année	70	3,3	4,7	3,6
2e année	72	3,5	4,7	3,6
3e année	80	3,2	4,7	3,3

Au terme de cette section, il semble bien que notre hypothèse 3 soit plausible. Pour la confirmer pleinement, il faudrait disposer de données issues

---

27.   L'échelle de Likert proposée va de 1 à 6 : 1 = pas du tout d'accord, 6 = tout à fait d'accord.
28.   En Roumanie, la formation des enseignants comporte trois années.

d'un nombre plus élevé de pays dans lesquels celles-ci seraient recueillies selon un plan d'échantillonnage plus rigoureux. Néanmoins, les différentes études présentées ici donnent des résultats qui vont dans le sens de l'hypothèse d'une culture de l'échec variable selon les pays. Il est intéressant, tout en restant prudent, de relever le parallélisme entre les différences de croyances observées entre pays et les taux de retard à 15 ans dont l'analyse a été faite au chapitre 1.

3.3. L'avis des parents et de Monsieur et Madame «Tout le monde»

Comme déjà mentionné, Byrnes (1989) aux États-Unis et Troncin (2005) en France ont récolté des données qui confirment l'adhésion des parents à la pratique du redoublement. À notre connaissance, ce sont les deux seules études menées sur les croyances des parents concernant le redoublement, ce qui est regrettable car il est probable que le point de vue des parents sur cette pratique influe sur les croyances et les pratiques des enseignants à cet égard. On imagine mal les enseignants persister dans une façon de faire qui serait désapprouvée par la majorité des parents qui confient leur enfant à l'école. La raison de ce désintérêt est probablement imputable au paradigme cognitiviste dans lequel les études sur les *beliefs* se sont développées, en particulier aux États-Unis. Dans la perspective systémique adoptée ici avec la notion de culture, cette dimension est évidemment digne d'intérêt et même importante. Pour étayer l'hypothèse d'une adhésion des parents à la pratique du redoublement, nous recourrons à deux enquêtes d'opinions avant de relater l'étude qualitative de Troncin et, enfin, d'exploiter un travail de fin d'études d'une étudiante liégeoise (Bosman, 2017).

En France, l'institut d'OpinionWay a été créé en mars 2000 afin de rendre plus innovant le marché des études d'opinion. Cet institut intervient dans de nombreux domaines comme la compréhension des marchés, les problématiques de marques, le développement de produits et de services, etc. En 2012, il a réalisé un sondage portant sur le redoublement auprès de 613 parents d'enfants scolarisés et 1 100 enseignants du 1er et 2e degré[29]. La figure 5.2 présente les réponses des parents et des enseignants à la question suivante : « Au final, vous personnellement, diriez-vous que, pour les élèves, le redoublement est plutôt une très bonne chose, une assez bonne chose, une assez mauvaise chose ou une très mauvaise chose ? ».

---

29. OpinionWay (2012, Novembre). Le redoublement à l'école, quels ressentis des enseignants et des parents ? Sondage. http://www.apel.fr/images/stories/apel-opinionway-redoublement.pdf. Pour les parents et les enseignants, l'échantillon a été constitué selon la méthode des quotas au regard de différents critères : sexe, âge, catégorie socioprofessionnelle, région de résidence pour les parents ; sexe, niveau d'enseignement et matière enseignée après stratification par académie pour les enseignants.

**Figure 5.2 : Réponses des parents et des enseignants
concernant les bienfaits du redoublement,
Enquête OpinionWay, 2012**

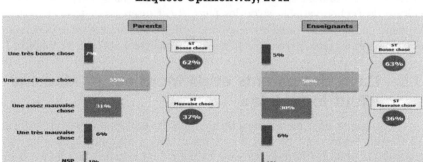

Comme on peut le lire, 62 % des parents et 63 % des enseignants répondent de façon positive à la question. De manière générale, les profils des réponses des deux groupes se ressemblent fortement. En revanche, les réponses données par les parents et les enseignants diffèrent davantage lorsqu'on leur pose la question : « *Le redoublement, c'est selon vous le plus souvent dû à... ?* » (cf. figure 5.3). Il était demandé aux répondants de se limiter à trois réponses. Septante-six pour cent des enseignants imputent le redoublement au niveau scolaire insuffisant des élèves, alors que seulement 44 % des parents donnent cette réponse. On constate, par ailleurs, que les parents (46 %) imputent davantage le redoublement au manque d'aide dont disposent les élèves au sein de l'école que les enseignants (27 %). La tendance inverse s'observe pour l'aide reçue à la maison : 49 % des enseignants contre 39 % des parents. On relèvera encore que les enseignants (47 %) mentionnent davantage le manque de maturité des élèves que les parents (32 %).

Pour la FWB, on dispose d'un sondage lancé par le journal *Le Soir* dont les résultats ont été publiés le 15 décembre 2010. La question était simple : « La ministre de l'Éducation n'interdira pas le redoublement dans le primaire et le secondaire. Une bonne chose ? ». Si 2 703 personnes ont répondu « Oui » (75,6 %), ils ne sont que 756 à avoir répondu « Non » (21,2 %). Les 115 personnes restantes (3,2 %) sont sans opinion. Certains répondants ont exprimé librement leur opinion. Celles reprises ci-dessous nous paraissent particulièrement illustratives du point de vue de « Monsieur ou Madame Tout le monde ».

« De mon temps, il y avait des examens de passage et des doubleurs. Et même des devoirs ! Ça ne posait aucun problème. »

**Figure 5.3 : Réponses des parents et des enseignants
concernant les causes du redoublement,
Enquête OpinionWay 2012**

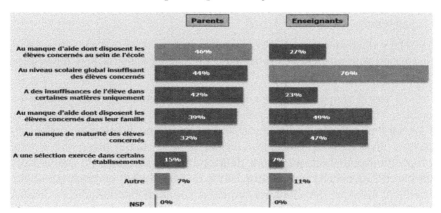

« Il y a bien des années, le redoublement était de mise en cas d'échec et personne ne s'en portait plus mal. Il y avait des intellectuels d'un côté et les manuels de l'autre…, tous se complétaient. Actuellement, tous les parents veulent que leurs chères "têtes blondes" deviennent médecin, avocat, et j'en passe… »

« Vouloir que tous les élèves deviennent intelligents, cultivés, etc. est une utopie. Faire en sorte que tous ces chers bambins accèdent aux études supérieures suppose que l'on nivelle par le bas. Le résultat : je côtoie de jeunes universitaires au travail et je constate que l'orthographe et la grammaire sont déplorables, et je ne parle pas de leur "culture générale". Parlez-leur peinture ou littérature et ils vous regardent comme si vous étiez un extraterrestre !!! »

« Et encore heureux qu'elle ne veut pas interdire le redoublement. Dans ce cas aussi, autant arrêter les évaluations puisqu'il n'y a aucune sanction, laissons le choix aussi à l'élève de venir en cours ou pas… Ce système est basé sur le fait que les élèves sont motivés et veulent réellement apprendre ; cependant sans le bâton, peu le seront et feront d'efforts. Résultat catastrophique ensuite dans les études supérieures, le boulot ou la vie en général où les évaluations et sanctions sont nombreuses. »

« Le redoublement en fin de maternelle est le plus facile à justifier d'un point de vue pédagogique (prématuré, retard, enfant avancé, mauvaise latéralisation…). L'apprentissage de la lecture en première primaire demande énormément d'efforts, une bonne latéralisation… On n'apprend pas à courir à un enfant qui ne sait pas encore marcher ! »

« Interdire tout simplement ne résout pas le problème de "maturité" de l'enfant. »

« Je connais des enfants qui ont redoublé et en sont TRÈS heureux. Avant, rien n'allait, après, ils ont repris confiance en eux. Un retard qui s'accumule finit par décourager et il arrive que recommencer son année fasse vraiment beaucoup de bien! Bien sûr, cela doit être réfléchi et replacé dans son contexte! »

« Le redoublement permet souvent à un enfant de se sentir mieux ensuite, mais si vous préférez des enfants qui sont mal dans leur peau et qui coûtent moins cher, c'est à vous de voir… »

Outre son enquête à large échelle par questionnaire relatée ci-dessus, Troncin (2005) a interviewé 30 parents à qui le redoublement du CP pour leur enfant était proposé. Ceux-ci sont donc directement concernés par les effets de cette pratique. Vingt-deux se déclarent favorables à cette proposition pour huit qui y sont défavorables. Les arguments avancés par les parents en accord avec la proposition de l'enseignant correspondent globalement à ce que dévoilent les enquêtes d'opinion mentionnées ci-dessus; les voici[30] :

- Ce serait trop dur en CE1 (N = 14)
- Le redoublement est utile, efficace (N = 10)
- Expérience familiale favorable (N = 4)
- Confiance totale dans l'avis de l'enseignant (N = 7)

Seuls huit parents se déclarent défavorables au redoublement de leur enfant. Ces parents, en quelque sorte atypiques, recourent à deux types d'arguments. Quatre d'entre eux se réfèrent à une expérience familiale qui a été ressentie négativement quant aux progrès scolaires réalisés. Ainsi, une maman explique: « Moi, j'étais pas trop d'accord parce que le grand il a redoublé le CP et après il a encore redoublé le CE1. Je pense pas que le redoublement ça sert pas à grand-chose. Son grand frère, il a continué à son rythme et les autres ont continué d'aller beaucoup plus vite que lui » (p. 392). Quatre autres parents soulignent les acquisitions réalisées au cours du premier CP qui ne sont pas prises en compte. Un papa argumente: « Non, je n'étais pas d'accord qu'elle recommence tout car le blocage c'était en lecture. J'aurais voulu qu'elle aille dans un CP-CE1 par exemple. Comme ce n'était pas possible, j'ai pensé qu'il valait mieux qu'elle redouble son CP plutôt qu'elle passe dans un CE1 sans aide particulière. Mais je pense que le redoublement ça traumatise l'enfant, car ça donne l'impression de faire "table rase" sur ce qu'il a appris » (p. 393). Et une maman se dit chagrinée « […] parce qu'en maths il savait des choses. J'aurais voulu qu'il passe et qu'il soit aidé en lecture. Ça n'a pas été possible. […] Je pense que c'est

---

30. Certains parents ont avancé plusieurs arguments, ce qui explique que leur total est supérieur au nombre de parents.

ça qui lui faisait le plus de mal, c'est de devoir tout recommencer. Il a l'impression qu'on croit qu'il est nul partout» (p. 393).

Le travail de fin d'études de Bosman (2017), intitulé «Quelles sont les croyances de Monsieur et Madame-tout-le-monde au sujet du redoublement?» présente l'intérêt de se demander si les arguments des parents présentent une structure similaire à celle des enseignants. Cette étudiante a d'abord procédé à un sondage téléphonique en sélectionnant aléatoirement des noms dans l'annuaire téléphonique belge de la région de Liège. À la fin de chaque conversation, elle demandait à la personne si elle accepterait un entretien plus approfondi sur la question du redoublement. Il a fallu contacter plus ou moins 600 personnes pour obtenir 100 réponses. Les résultats du sondage téléphonique sont éloquents: 69 personnes sont clairement pour, 22 ont donné une réponse mitigée et 9 se sont exprimées contre. Bosman a classé les arguments en faveur du redoublement selon une typologie dérivée des dimensions de l'échelle EFECr de Boraita et Marcoux (2013). Celle-ci fonctionne assez bien lorsqu'il s'agit de rendre compte des croyances et arguments énoncés par les personnes qui ont un avis favorable ou mitigé vis-à-vis du redoublement (cf. tableau 5.11).

Tableau 5.11 : Croyances et arguments des parents favorables au redoublement (Étude de Bosman, 2017)

Croyance mise en évidence	Nombre de participants qui y font référence	Exemples d'arguments évoqués
Nécessité lorsque les notes et les objectifs atteints sont insuffisants	54	– C'est nécessaire lorsque les bases ne sont pas installées et maîtrisées par l'élève. – Lorsque les lacunes sont généralisées, le redoublement est bénéfique. Il existe des matières moins importantes que d'autres; dans ce cas-là, le redoublement n'est pas nécessaire. – L'élève doit comprendre et assimiler ce qu'il vient d'apprendre pour pouvoir continuer son parcours.
Bienfaits de la régulation cognitive	34	– Les lacunes augmentent, se cumulent et persistent en cas de non-redoublement. – Le redoublement comble les lacunes d'apprentissage et apporte le bagage nécessaire à l'élève pour mieux évoluer. – Le redoublement pallie le manque de maturité (aussi bien physique que cognitif). – Le redoublement est une occasion pour l'élève de revoir ce qu'il n'a pas compris, il aura l'occasion de repartir du bon pied car plus de temps est accordé à l'élève et il aura plus de facilité l'année du redoublement.

Croyance mise en évidence	Nombre de participants qui y font référence	Exemples d'arguments évoqués
Sert à motiver l'élève et à valoriser le travail et l'effort	9	– Il paraît normal qu'un élève qui ne travaille pas, qui ne veut pas travailler ou qui ne travaille pas assez redouble (manque de travail à domicile aussi). – Si l'élève n'est pas volontaire dans ses efforts, il doit doubler et inversement. – Une mauvaise attitude face au travail doit être pénalisée par un redoublement.
Bienfaits du redoublement précoce	5	– Il vaut mieux faire redoubler un élève lorsqu'il est jeune pour tirer le meilleur bénéfice du redoublement. – Il vaut mieux faire redoubler en début du cycle primaire avant que les difficultés ne soient trop nombreuses.
Décision influencée par la situation familiale de l'élève	3	– Il faut déterminer la cause de l'échec en prenant en compte la situation familiale. – Il faut voir si la famille est capable d'aider l'élève ou non, si ce n'est pas le cas, il vaut mieux que l'élève redouble.

Comme on peut le constater, on retrouve plusieurs des dimensions identifiées par Boraita et Marcoux (2013). On trouve en sus des arguments favorables au redoublement précoce et à la prise en compte de la situation familiale de l'élève, des arguments également relevés par Marcoux et Crahay (2008) chez les enseignants genevois.

Comparativement aux personnes ayant un avis favorable, celles qui donnent un avis mitigé nuancent leur argumentation en mettant en avant la crainte d'effets socio-affectifs négatifs. On retrouve aussi ces arguments chez ceux qui s'expriment radicalement contre le redoublement. Le tableau 5.12 ci-après présente les croyances et arguments avancés contre le redoublement parmi les participants.

Tableau 5.12 : Croyances et arguments des parents exprimant un avis mitigé ou défavorable au redoublement (Étude de Bosman, 2017)

Croyance mise en évidence	Y font référence	Exemples d'arguments évoqués
Effets socio-affectifs délétères	15	– L'estime de l'élève diminue en cas de redoublement (perte de confiance en soi qui peut mener au décrochage scolaire et perte des amis), l'élève peut se sentir dévalorisé, cela peut le perturber. – L'élève peut se faire rejeter par les autres élèves.

Croyance mise en évidence	Y font référence	Exemples d'arguments évoqués
		– L'élève peut se sentir démotiver de refaire la même chose, il n'aura pas envie de se dépasser et il se demandera à quoi ça sert de travailler. – C'est une punition envers l'élève.
Effets négatifs de régulation cognitive	8	– Le redoublement ne sert pas à remédier aux difficultés. – Il faut se concentrer sur les difficultés de l'élève en le faisant passer car ce n'est pas en doublant qu'il résorbera ses lacunes. – Il faut prendre le problème à la base dès qu'il y a des lacunes et prévoir des pistes pour réagir et faire en sorte que l'élève évolue. Le redoublement est un échec pour l'élève mais aussi pour l'enseignement. – Le redoublement valorise les échecs au lieu de valoriser ce que l'élève sait déjà. – L'élève n'apprend pas mieux parce qu'il redouble. – Le rythme d'apprentissage n'est pas le même d'un élève à l'autre.
Mesure injuste se basant sur des paramètres subjectifs	3	– C'est injuste de devoir tout refaire en cas de redoublement. De plus, lorsqu'on redouble et qu'on change de professeur, des difficultés peuvent apparaître ailleurs… Quelles sont les réelles lacunes dans ce cas ?
Motivation accrue de l'élève s'il ne redouble pas	1	– L'élève sera tiré vers le haut en cas de non-redoublement.

La majorité des arguments ont trait aux séquelles socio-affectives redoutées. Il faut également relever les huit arguments qui doutent de l'effet pédagogique du redoublement et plaident en quelque sorte pour une façon plus appropriée de gérer les difficultés d'apprentissage des élèves.

Bosman a également demandé aux répondants dans quelle mesure ils étaient informés à propos des effets du redoublement et, dans le cas d'une réponse affirmative, quelle(s) étai(en)t leur(s) source(s). Voici les résultats obtenus (tableau 5.13).

En définitive, il apparaît que, peu importe que les personnes soient pour, mitigées ou contre le redoublement, une grande majorité d'entre elles annoncent ne pas détenir d'informations spécifiques sur le redoublement.

L'entretien qualitatif a permis à 10 personnes de préciser leurs opinions sur le redoublement. Comme le montre le tableau 5.14, certains changent radicalement de position par rapport à leur réponse au sondage téléphonique. Heureusement, ils sont peu nombreux.

**Tableau 5.13 : Résultats du sondage téléphonique
selon l'avis général et les informations détenues sur le redoublement
(Étude de Bosman, 2017)**

Avis général sur le redoublement	Informés sur			Non informés
	Les politiques mises en place visant à limiter le redoublement	Les mesures prises dans d'autres pays (non-redoublement)	L'impact négatif sur le développement socio-affectif de l'élève	
Pour N = 69	(13) 18,84 %	(1) 1,44 %	(2) 2,89 %	(53) 76,81 %
Mitigé N = 22	(1) 4,54 %	(3) 13,63 %	(1) 4,54 %	(17) 77,27 %
Contre N = 9*	(2) 22,22	(3) 33,33*	(2) 22,22*	(6) 66,66

* Deux personnes qui ont un avis contre sont informées sur les politiques éducatives, les mesures des autres pays et l'impact négatif sur l'élève. C'est donc pour cette raison que le nombre de personnes répertoriées dans les cases dépasse le nombre initial d'avis.

**Tableau 5.14 : Nouvelle répartition des avis dans les profils
après les entretiens qualitatifs (Étude de Bosman, 2017)**

Avis général	N'ayant pas redoublé	Ayant redoublé au primaire	Ayant redoublé au secondaire
Pour	P54, P73 et P93 + P7 + 37	P25 et P29	P62, P68, P72 et P86
Mitigé	P37 et P67 + P54		P71
Contre	P1, P7 et P87	P39	P92

Le tableau 5.15 résume les arguments développés par les 10 personnes au cours de l'entretien qualitatif.

**Tableau 5.15 : Réponses données par des parents
lors d'un entretien portant sur le redoublement (Étude de Bosman, 2017)**

Personnes	Croyances envers les bienfaits cognitifs du redoublement			Croyances qui expriment que la décision du redoublement doit être prise en fonction :			Croyances des effets socio-affectifs néfastes du redoublement sur l'élève
	Arguments se basant sur une conception maturationniste	Arguments se basant sur la séquentialité des apprentissages	Arguments sur la motivation des élèves à faire plus d'efforts	de l'intelligence des élèves	des notes insuffisantes des élèves	du soutien que peut apporter le milieu familial	
P19	X	X		X		X	
P37	X	X	X			X	X
P7		X					X
P86	X	X		X	X	X	X
P93	X	X	X			X	
P25		X	X	X			
P73		X				X	
P72		X		X		X	
P62	X	X					X
P68		X	X		X	X	
Total	5	10	4	4	2	7	4

On relèvera que les 10 personnes jugent le redoublement utile en raison du caractère séquentiel des apprentissages scolaires; 7 pensent que le milieu familial doit être pris en considération dans la décision. Par ailleurs, 4 seulement évoquent de possibles séquelles socio-affectives.

3.4. Les élèves, aussi, adhèrent à la croyance dominante, tout en étant sensibles à ses conséquences sociales et affectives

Dans les pays qui pratiquent le redoublement, les élèves sont très tôt en contact avec cette réalité. Certains la vivent en étant obligés de répéter une année et sont souvent la cible de stigmatisation (cf. chapitre 4). D'autres y échappent, mais peuvent observer certains de leurs compagnons redoubler. Face à cette réalité, on peut supposer que ces élèves qui réussissent, développent un point de vue sur cette mesure. L'hypothèse est d'autant plus plausible que, on l'a vu au chapitre 4, nombreux sont les élèves habités d'un stéréotype du redoublant. L'hypothèse formulée ici peut également s'appuyer sur le courant de recherche qui s'est développé à partir des travaux d'Astington (1993) et qui soutient que les enfants développent très tôt des théories psychologiques ou théories de l'esprit. Dès l'âge de 3 ans, les enfants ont élaboré trois compréhensions (Wellman, 1990) à partir desquelles ils vont développer leur théorie de l'esprit. Ils ont compris que l'esprit est une entité différente des catégories d'objets qui peuplent leur monde environnant et savent que les contenus de l'esprit représentent ceux du monde extérieur. Ils ont également compris qu'il y a des relations entre les entités mentales, en particulier les croyances et les désirs, et les actions que l'on exerce sur le milieu (Astington, 1993; Bartsch et Wellman, 1995; Gopnik et Slaughter, 1991; Lilliard et Flavell, 1992). Bien plus, il semble que le concept d'intentionnalité des actions se développe entre 10 et 18 mois (Tomasello et Barton, 1994). À l'âge où ils fréquentent l'école primaire et rencontrent des redoublants, les élèves qui réussissent ont nécessairement enrichi leurs théories de l'esprit de concepts psychologiques divers. On peut raisonnablement supposer qu'ils mobilisent certains de ces concepts pour s'expliquer le fait que certains de leurs compagnons sont déclarés en échec et/ou en difficulté d'apprentissage. Quels sont les concepts psychologiques mobilisés par les élèves pour expliquer l'échec de certains des leurs? Dit autrement, quelles raisons ou quels motifs invoquent-ils pour justifier le fait que les enseignants font redoubler certains élèves? De plus, comment articulent-ils leur(s) explication(s) de l'échec de certains avec l'opinion que le redoublement est une composante normale de la vie scolaire?

Ces questions ont motivé une investigation menée à Genève par Crahay, Baeriswyl et Vellas (1996, cité par Crahay, 1996) et déjà mentionnée dans les versions antérieures. L'entretien de départ a été construit selon un découpage thématique du phénomène analysé (cf. tableau 5.16).

**Tableau 5.16 : Questions posées aux élèves
non-redoublants dans le cadre de l'étude de Crahay,
Baeriswyl et Vellas (1996)**

Questions		Thèmes
1	À ton avis, pour quelles raisons l'enseignant décide-t-il de faire redoubler un élève?	Raisons
2	Est-ce que tu trouves juste que des élèves doublent? Pourquoi?	Justice
3	Si tu avais de la peine à apprendre, trouverais-tu utile de redoubler? Pourquoi?	Utilité
4	A) Connais-tu des redoublants qui deviennent ensuite de «*bons élèves*»? B) En connais-tu d'autres qui ne deviennent pas de «*bons élèves*»? C) Comment expliques-tu que certains deviennent des «*bons élèves*» et pas d'autres?	Effet
5	A) Au début de l'année, si un doublant arrive dans ta classe, que pensent les autres enfants de lui? B) Entre vous, comment appelez-vous ces enfants qui doublent?	Réactions des condisciples
6	A) Que fait l'enseignant lorsqu'un élève ne comprend pas? B) À ton avis, que faudrait-il faire pour aider les élèves qui ont de la peine?	Assistance pédagogique
7	Quand un doublant arrive dans une classe, que pense l'enseignant de lui?	Avis de l'enseignant
8	As-tu déjà discuté avec tes parents des enfants qui doublent? Si oui: que disent tes parents des enfants qui doublent? Si non: ça ne fait rien! Toi qui connais bien tes parents, à ton avis, que pensent-ils des redoublants?	Avis des parents
9	Quand un doublant arrive dans une nouvelle classe, que ressent-il? Que crois-tu qu'il pense?	Vécu du redoublant
10	Tu as déjà dit beaucoup de choses à propos du redoublement. J'aimerais encore que tu me dises quel est, à ton avis, le but de cette décision?	But du redoublement
11	Est-ce qu'il y a des inconvénients (des choses pas bien, des ennuis) quand on double?	Inconvénients

Les données analysées à l'époque portent sur le discours produit par 303 élèves, âgés de 7 à 12 ans et n'ayant pas vécu eux-mêmes la situation de redoublement[31]. L'analyse se concentrait sur les réponses obtenues aux questions relatives à quatre thèmes : utilités et inconvénients (Q. 3 et 1), d'abord ; raisons et buts (Q. 1 et 10) ensuite. Pour chacune des questions retenues, la même démarche de dépouillement avait été respectée[32].

Pour ne pas alourdir un ouvrage déjà volumineux, nous ne reproduirons pas le détail de l'analyse présentée dans les versions antérieures du présent ouvrage ; nous y renvoyons le lecteur désireux d'approfondir cette question. Ici, nous nous limiterons à résumer les observations majeures faites à l'époque.

Les élèves qui réussissent adhèrent de façon massive à l'idéologie du redoublement. Très rares sont ceux qui doutent de la pertinence de cette pratique. Bien plus, les raisons qui justifient la répétition d'une année renvoient, de façon tout aussi massive, à la responsabilité de l'élève. Jamais, au travers des discours des élèves interrogés, l'école ou l'enseignant ne sont rendus responsables de l'échec de certains élèves. L'absence d'attributions imputant le contexte scolaire constitue un fait majeur, qui atteste de ce que les élèves ont intériorisé la norme selon laquelle ils sont responsables de leur échec réel ou éventuel.

Pour expliquer leur adhésion massive à la logique du redoublement, les enfants déploient une argumentation qui fait appel à des principes d'apprentissages ainsi qu'à des conceptions psychologiques déjà bien élaborées. Le principe de séquentialité constitue une idée bien ancrée parmi les élèves. Manifestement, la grande majorité d'entre eux – sinon la totalité – ont compris que le cursus des apprentissages scolaires est organisé par paliers. Ils sont donc conscients de l'importance des prérequis – des bases, comme disent certains – et considèrent comme handicapant le fait de ne pas maîtriser certaines connaissances préalables au moment d'aborder les étapes ultérieures de l'apprentissage. Dans cette logique, le redoublement

31. Les entretiens ont été menés par des étudiants d'un cours de méthodes de recherche dispensé à la FAPSE de Genève. Chaque étudiant devait interviewer trois enfants fréquentant une école primaire et n'ayant jamais redoublé. Tous les entretiens, d'une durée moyenne de 30 minutes, ont été enregistrés et retranscrits dans leur intégralité. Au total, le matériau de base de la recherche est constitué de 474 interviews d'élèves. Afin d'homogénéiser l'échantillon sur lequel a porté l'analyse, une sélection a été opérée en fonction des critères suivants : élèves fréquentant l'école publique genevoise, dans l'un des degrés de la division primaire, soit de la 3P à la 6P, et n'ayant pas connu le redoublement comme décision s'appliquant à eux-mêmes. L'échantillon restant est de 303 élèves.

32. Un premier système de catégorisation des réponses recueillies a été construit à partir de la lecture de 75 protocoles, soit approximativement le quart de l'échantillon. La pertinence de chacun des systèmes de catégorisation a été validée sur 75 autres protocoles, soit un autre quart. Ensuite, l'échantillon complet de protocoles a été analysé. Au cours de ce processus d'analyse, il arrive qu'une réponse soit découpée dans la mesure où elle renvoie à plusieurs des catégories retenues.

apparaît comme une solution qui s'inscrit dans la perspective de la régulation rétroactive des apprentissages (cf. chapitre 6). Dans les verbalisations de nombreux enfants, le redoublement comble les lacunes au niveau des préalables par la répétition de l'enseignement. Clairement, des enfants pensent qu'en recommençant tels quels les apprentissages ratés, ça va aller mieux. Nous sommes là – pensons-nous – face à un noyau dur des théories de l'apprentissage des élèves genevois, même si quelque 17 % des enfants de notre échantillon trouvent ennuyeux ou «*embêtant*» le fait de devoir recommencer les mêmes leçons.

La fréquence du terme «comprendre» dans les *verbatims* recueillis et, surtout, son association avec le terme «apprendre» révèlent un autre point fort des conceptions psychologiques des élèves interrogés : apprendre, c'est comprendre ou, autrement dit, il faut comprendre pour apprendre.

Qu'est-ce qui explique que certains ne comprennent pas et n'apprennent pas ? Par rapport à ce questionnement essentiel, il faut constater que les élèves sont peu diserts. Sans doute, faut-il regretter la carence du protocole d'entretien à cet égard. Aucune question précise n'était prévue sur ce sujet. Il faut donc se rabattre sur les propos spontanés des élèves. Certains parlent de concentration ou d'attention, d'autres d'effort et d'autres encore de façon de travailler ou d'étudier. Vingt-neuf pour cent des élèves imputent l'échec des redoublants à des caractéristiques qui leur sont propres. Ceux-ci seraient trop lents à comprendre ou pas assez mûrs ou encore pas assez doués. Ces propos correspondent à trois théories psychologiques connues. La première évoque le nom de Bloom (1976) et renvoie à la notion de vitesse d'apprentissage. La seconde, fondée sur le concept de maturation, évoque notamment la théorie ancienne de Gesell (1933), tandis que la troisième renvoie aux théories innéistes de l'intelligence[33]. Bref, on retrouve chez les enfants des conceptions défendues par les adultes et même théorisées par certains psychologues de renom. Toutefois, il serait hasardeux de tirer des conclusions trop radicales à cet égard. Une fois encore, il faut déplorer qu'aucune question directe n'ait été posée aux enfants à ce sujet. D'autres réponses auraient pu apparaître. Simplement, les propos spontanés des élèves ne font pas étalage d'une grande diversité d'explications, eu égard aux difficultés cognitives d'apprentissage de certains élèves.

À l'opposé de ce que nous venons de souligner, eu égard aux dimensions cognitives de l'apprentissage, les données recueillies par Crahay, Baeriswyl et Vellas (1996, cité par Crahay, 1996) dévoilent la grande sensibilité des enfants à la dimension affective et sociale du redoublement. Lorsqu'ils répondent à la question des inconvénients du redoublement, des

---

33. Concernant les théories de l'intelligence, le lecteur peut consulter Grégoire (2011), «Une ou plusieurs intelligences».

enfants évoquent les réactions des pairs et celles des parents. Bien plus, ils sont nombreux à se montrer capables de se décentrer sur le vécu de ceux qui échouent et d'envisager un éventail diversifié de sentiments négatifs qui peuvent être induits par cette expérience : sentiment de différence, d'hostilité, de rejet, d'incapacité, d'infériorité, etc. La sensibilité des enfants à cet aspect des choses transparaît également lors des réponses à d'autres questions. En définitive, il semble que l'on soit en présence de deux théories concurrentes. Pour certains, le redoublement peut engendrer le découragement et la démotivation et risque dès lors de se montrer inefficace, voire nocif. Pour d'autres, le redoublement peut provoquer un déclic, une prise de conscience ou une remise en question de l'élève qui a échoué. Dans cette perspective, l'élève va se remobiliser et changer d'attitudes et de comportements en classe. Indépendamment de leurs vues antagonistes sur les effets du redoublement, ces réponses dévoilent une conscience vive de la dynamique affective et motivationnelle qui sous-tend les apprentissages scolaires et la vie en classe. Car, soulignons-le, le protocole d'entretien ne sollicitait pas directement les enfants sur cette question du vécu du redoublant. On peut donc supposer que la fréquence de ces considérations est sous-estimée.

Enfin, certains enfants subordonnent l'effet du redoublement à une condition clé : celui qui en est l'objet doit l'assumer ou bien l'accepter. On en revient à la théorie du déclic et, par le fait même, à la dimension affectivo-motivationnelle de cette expérience.

L'étude menée par Troncin (2005) conforte les informations apportées par l'étude précédente. Le chercheur français s'est entretenu avec 46 élèves de CE1 dont 23 élèves forts et 23 élèves faibles.

À la question *« Est-ce que tu sais ce que veut dire redoubler ? »*, 21 élèves « forts » répondent oui et expliquent correctement ; ils ne sont que 17 élèves faibles à donner cette réponse. Par ailleurs, cette même question a été posée à 35 redoublants de CP ; 17, c'est-à-dire près de la moitié, disent ne pas savoir.

Une majorité (27) des enfants promus en CE1 trouvent juste et normal de redoubler, 14 répondent négativement à cette question, 2 disent oui et non et 2 ne savent pas. Parmi ceux qui trouvent le redoublement juste, l'idée qu'il est normal de redoubler quand on ne travaille pas (suffisamment) bien est largement répandue (25 sur 27). Troncin relève encore 6 réponses déclarant que « Sinon ce serait trop difficile en CE1 » et 8 que « Ça ira mieux après ». Pour ceux qui trouvent la pratique injuste, on trouve les arguments suivants :

- le redoublant va faire certaines choses qu'il sait déjà faire (8) ;
- si l'enfant ne veut pas, il ne faut pas le faire redoubler (4) ;
- le redoublant fait parfois de son mieux (2) ;

– les autres élèves passent, pas le redoublant (2) ;
– les enfants sont trop tristes après (2).

À la question « pourquoi certains élèves répètent-ils l'année ? », les motifs donnés sont classiques ; le tableau 5.17 repris de Troncin les énumère.

Tableau 5.17 : Les motifs du redoublement recensés par Troncin (2005) chez les élèves non redoublants

	Effectifs des motifs	%
Les enfants travaillent mal, leurs résultats sont insuffisants.	35	76,1
Les enfants n'ont pas appris suffisamment leurs leçons.	10	21,8
Les enfants font des « bêtises », ils n'écoutent pas l'enseignant(e).	9	19,6
Les enfants ne savent pas lire.	4	8,7
l'enseignant(e) est sévère.	4	8,7
L'enfant est parmi les deux derniers de la classe.	3	6,5

Troncin a également demandé à ces non-redoublants s'ils avaient peur de redoubler lorsqu'ils étaient au CP. Vingt élèves forts répondent négativement alors qu'ils ne sont que dix faibles à donner cette réponse[34]. Manifestement, les élèves ont conscience de la manière dont ils se situent dans la classe ou, plus justement, du statut qu'ils ont par rapport à l'évaluation de l'enseignant.

4. LA CROYANCE DANS LES VERTUS DU REDOUBLEMENT EST-ELLE, CHEZ LES ENSEIGNANTS EN FONCTION, EN RELATION AVEC D'AUTRES CROYANCES ?

Deux études menées dans le cadre du programme de recherche dirigé par Crahay et Marcoux (2010) ont tenté d'apporter une réponse rigoureuse à cette question, inexplorée de façon systématique à notre connaissance. La première étude a été menée dans la province de Liège (Crahay, Marbaise et Issaieva, 2013) et la seconde dans le canton de Genève (Crahay, Issaieva et Monseur, 2015). Le recueil est identique dans les deux cas. Un questionnaire composé de différentes échelles a été soumis à des enseignants en fonction dans le canton de Genève (N = 125) et en Belgique

---

34. Cette différence est significative ([t(40) = − 3,21]).

dans la province de Liège (N = 112). Ce questionnaire comportait des questions relatives aux croyances (47 items) et connaissances sur le redoublement (8 items) ; cette partie du questionnaire était fortement inspirée des échelles EFERCr et EFERCo. D'autres questions portaient sur les :

- conceptions de l'intelligence (source : Issaieva et Crahay, 2014) : 54 items ;
- croyances relatives à l'apprentissage (source : Issaieva et Crahay, soumis) : 28 items ;
- conceptions de l'évaluation (Issaieva et Crahay, 2010) : 14 items ;
- principes de justice (Crahay, non publié) : 15 items.

Que disent ces deux recherches dont les analyses statistiques diffèrent sur quelques points ?

4.1. L'étude de Crahay, Marbaise et Issaieva (2013) : connaissance des recherches et croyances dans les méfaits du redoublement

Les réponses recueillies en province de Liège ont d'abord été traitées par des analyses factorielles exploratoires (AFE) afin de construire et valider des échelles métriques (tableau 5.18). Concernant le redoublement, nous avons retenu les items relatifs à ses effets positifs et négatifs ainsi que ceux considérant le redoublement comme un moyen de pression sur les élèves.

Tableau 5.18 : Construction et validation d'échelles par AFE

Questionnaire	Facteurs retenus	% de variance expliquée	Nombre d'items	Alphas de Cronbach
Redoublement.	Le redoublement a des effets négatifs (F1).	16,920	6	0,853
	La pratique du redoublement est bénéfique (F2).	33,632	7	0,783
	Le redoublement est perçu comme une source de motivation pour l'élève (F3).	11,327	2	0,775
Apprentissage.	L'apprentissage s'élabore autour d'une conception constructiviste (F4).	23,930	5	0,797
	L'apprentissage s'effectue par répétition (F5).	11,929	5	0,806

Questionnaire	Facteurs retenus	% de variance expliquée	Nombre d'items	Alphas de Cronbach
	L'apprentissage est transmis par une approche implicite (F6).	9,401	4	0,695
	L'apprentissage nécessite le « déclic » (F7).	5,695	3	0,659
Intelligence.	L'intelligence se développe grâce à l'interaction avec le milieu (F8).	18,762	8	0,801
	L'intelligence est vue comme innée eu égard à la vitesse de compréhension (F9).	14,647	9	0,93
	L'intelligence est vue comme innée eu égard aux différents styles d'intelligence (F10).	8,480	9	0,857
	L'intelligence est développée par l'apport cumulatif des connaissances et de la culture (F11).	6,787	6	0,761
	L'intelligence est multiple (F12).	4,339	3	0,754
Évaluation.	L'évaluation est au service de la régulation scolaire (F13).	26,835	3	0,720
	L'évaluation est considérée comme un outil normatif (F14).	22,021	3	0,680
Justice.	Égalité de traitement (F15).	23,368	4	0,727
	Égalité des acquis (F16).	27,308	2	0,768
Connaissance des recherches relatives aux effets du redoublement.	Connaissance de l'inefficacité du redoublement (F17).	30,813	3	0,732
	Connaissance affirmée de l'efficacité du redoublement(F18).	14,652	3	0,454

Toutes les AFE ont été confirmées par des AFC[35]. Concernant la croyance eu égard au redoublement et les connaissances des recherches, il ressort les constats suivants :

- Les enseignants n'expriment guère de croyances marquées sur ce sujet. Les moyennes calculées pour chacun des items de cette catégorie varient entre 2,54 et 4,26, c'est-à-dire entre des avis légèrement défavorables (entre 2,54 et 3) et légèrement favorables (entre 3 et 4,26)[36]. Bref, les tendances sont peu marquées. Les écarts-types ne sont pas non plus très élevés (entre 1,26 et 1,49). Autrement dit, ces tendances expriment des accords ou des désaccords modérés. Ceci est un premier objet d'étonnement vu ce que dévoilaient les enquêtes antérieures (cf. Crahay, 2007). Par ailleurs, l'AFE met en évidence deux facteurs qui expriment des conceptions antagonistes des effets du redoublement : le premier (F1) que nous nommons « le redoublement a des effets négatifs » et le second (F2) baptisé « la pratique du redoublement est bénéfique ». Logiquement, la corrélation entre ces deux facteurs (F1 et F2) est négative ($r = -0,49$). Ceci indique que l'échantillon se divise en deux groupes d'enseignants aux conceptions opposées. Quant au troisième facteur dévoilé par cette analyse factorielle, il correspond à la croyance selon laquelle le redoublement serait une source de motivation pour l'élève. De façon logique, ce troisième facteur (F3) est corrélé négativement au premier ($r = -0,24$). Autrement dit, les enseignants qui attribuent des effets négatifs au redoublement doutent que celui-ci puisse être une source de motivation pour les élèves qui en sont l'objet.
- L'AFE relative aux connaissances des recherches portant sur les effets du redoublement met en évidence deux facteurs opposés : l'un (F17) qui regroupe les réponses attestant de la connaissance de l'inefficacité de cette mesure et l'autre (F18) dévoilant une fausse connaissance des résultats de ces recherches. Ces deux facteurs sont logiquement corrélés négativement ($r = -0,26$) ; bref, certains enseignants sont correctement informés des recherches relatives au redoublement et d'autres pas.

D'autres constats ont trait aux autres catégories de croyances investiguées.

- Concernant l'apprentissage, il apparaît que la majorité des enseignants semblent adhérer à plusieurs théories de l'apprentissage, à savoir : le constructivisme (F4), l'apprentissage par répétition

---

35. Dans l'article original, six hypothèses ont été formulées. Afin d'alléger la présentation, nous les mentionnerons dans l'analyse de résultats.
36. Rappelons que ce sont les scores bruts qui ont été analysés et que l'échelle de Likert s'échelonnant entre 1 (pas du tout d'accord) et 6 (tout à fait d'accord), le milieu est à 3,5.

(F5), une conception que l'on peut qualifier de behavioriste et enfin l'apprentissage « par déclic » (F7). Les corrélations entre ces trois facteurs sont positives (les r varient entre 0,39 et 0,45). En revanche, ils semblent moins favorables à la notion d'apprentissage implicite (F6) ; ce facteur est d'ailleurs corrélé négativement avec les trois autres. Ces résultats sont intéressants car ils indiquent que, du point de vue des enseignants, l'opposition « constructivisme *versus* behaviorisme » n'a guère de sens alors qu'une de nos hypothèses supposait l'existence de celle-ci.

– L'AFE met en évidence cinq conceptions de l'intelligence. La première conception (F8) selon laquelle l'intelligence se développe grâce à l'interaction avec le milieu peut être qualifiée de constructiviste eu égard aux items qui saturent le premier facteur. La nature évolutive de l'intelligence apparaît également dans le facteur 11, qui se caractérise par l'importance attribuée à l'accumulation de connaissances. Les facteurs 9 et 10 dévoilent deux formes d'innéisme. La première (F9) souligne la vitesse et la facilité de certains en matière d'apprentissage : est intelligent celui qui apprend et comprend vite, quasi sans effort. La seconde (F10) est en partie inspirée de Howard Gardner et de sa théorie des intelligences multiples : l'intelligence est innée, mais elle peut prendre des formes différentes ; bref, nous venons au monde avec des potentiels différents et avec des formes d'intelligence différentes. Ces deux facteurs sont d'importance eu égard à une de nos hypothèses, qui supposait une relation entre les croyances de l'innéité de l'intelligence et les croyances favorables au redoublement. Le dernier facteur (F12) recouvre seulement 4,34 % de la variance totale ; il est saturé par trois items seulement, des items qui ont trait aux styles d'intelligence. L'examen des moyennes relatives aux items indique que les conceptions dévoilées par les facteurs 8 et 9 sont dominantes. Ceux-ci reflètent des conceptions antagonistes : une conception malléable et évolutive et, à l'opposé, une conception innée et fixe de l'intelligence. De façon surprenante, la corrélation entre eux n'est pas négative : r = 0,17. Plus généralement, la matrice de corrélation ne met en lumière aucune corrélation négative entre les différents facteurs relatifs à l'intelligence. En revanche, elle révèle une corrélation positive entre les facteurs 8 et 11 (r = 0,36) et une autre entre les facteurs 9 et 10 (r = 0,64) ; ces corrélations montrent des liens entre, d'une part, les deux conceptions évolutives et, d'autre part, entre les deux conceptions innéistes.

– En ce qui concerne l'évaluation, les croyances des enseignants se structurent en deux ensembles : (1) l'évaluation est au service de la régulation scolaire (F13) ; (2) l'évaluation sert à classer les élèves (F14). Ces deux facteurs ne sont pas corrélés entre eux (r = – 0,07), ce qui est cohérent avec une de nos hypothèses.

– Concernant les questions relatives au principe de justice, deux facteurs émergent: le F15, regroupant 4 items relatifs à l'égalité de traitement et le F16 regroupant 2 items relevant de l'égalité des acquis. Ces deux facteurs ne sont pas corrélés entre eux.

D'une manière générale, l'examen des différentes moyennes et écarts-types incite à exclure l'idée qu'il existe des croyances bien tranchées au sein du corps enseignant.

Le but principal de cette étude consistait à rechercher une «explication» aux croyances des enseignants dans les méfaits (F1) ou, à l'opposé, dans les bienfaits (F2) du redoublement et ceci en nous fondant sur les théories qui postulent que les croyances ou représentations des individus sont reliées entre elles d'une manière ou d'une autre. Une première façon d'explorer nos différentes hypothèses à ce sujet consiste à calculer des corrélations entre les différentes échelles mises en évidence par les analyses factorielles. Cette première analyse aboutit à des résultats timides: la plupart des corrélations sont peu élevées. La croyance dans les bienfaits du redoublement (F2) est corrélée avec la croyance que l'intelligence est innée eu égard à la vitesse de compréhension (F9) (r = 0,23) et aux différences de style d'intelligence (F10) (r = 0,23). Cette croyance est également corrélée à la conception normative de l'évaluation (F14) (r = 0,23). Enfin, on constate que la croyance favorable au redoublement (F2) est corrélée négativement (r = − 0,28) avec la connaissance des recherches dans le domaine (F17). À l'opposé, ce facteur 17 présente une forte corrélation positive (r = 0,82) avec le F1. Ceci suggère un effet de la connaissance des recherches sur les croyances. En résumé, les enseignants qui croient dans les vertus du redoublement auraient une conception innéiste de l'intelligence, privilégieraient l'évaluation normative et auraient une mauvaise connaissance des recherches sur le redoublement.

Le risque encouru avec une analyse corrélationnelle est de retenir des liaisons entre variables qui sont entachées de colinéarité[37]. Afin d'éviter ce biais, nous avons procédé à plusieurs régressions linéaires en introduisant différents facteurs potentiellement prédictifs. Concernant la croyance

---

37. Si deux variables liées à la variable cible (celle que l'on cherche à «expliquer») sont corrélées entre elles, il se peut que l'une des deux ne soit pas corrélée directement à la variable cible, mais le soit par transitivité. À titre d'exemple, si une corrélation positive existe entre F18 (connaissance affirmée de l'efficacité du redoublement) et la variable cible F2 (la pratique du redoublement est bénéfique) et qu'une corrélation négative existe entre F6 (l'apprentissage est transmis par une approche implicite) et F2 (la pratique de redoublement est bénéfique), cela ne démontre pas forcément un lien direct en F6 et F2. En effet, cela peut également être un signe que les enseignants qui connaissent les recherches sur le redoublement croient également en l'apprentissage implicite (corrélation entre F18 et F6).

favorable au redoublement, le modèle le plus économique et le plus satis-faisant est obtenu en utilisant seulement deux prédicteurs : l'intelligence est innée eu égard à la vitesse de compréhension (F9) et la méconnais-sance des recherches (F18). À eux seuls, ces deux prédicteurs expliquent 15,7 % de la variance de la croyance dans les bienfaits du redoublement. La présence du facteur 9 dans cette équation de régression va dans le sens d'une relation entre la croyance que l'intelligence est innée et la croyance dans les bienfaits du redoublement. Néanmoins, le résultat produit reste faible, ce que nous interprétons comme le signe que les croyances psycho-pédagogiques expliquent peu la croyance dans l'utilité du redoublement[38]. Pour expliquer la croyance dans les méfaits du redoublement, nous avons testé un seul modèle en ne retenant que les variables « connaissances des recherches » (F17 et F18). Ce modèle explique 68,6 % de la variance à prédire. Au regard de ce résultat, nous pouvons conclure à l'importance de la connaissance des recherches montrant l'inefficacité du redoublement.

Afin d'identifier le positionnement des enseignants à l'égard du redoublement, nous avons procédé à des analyses typologiques (*clustering*)[39] en introduisant dans celles-ci cinq variables : les trois fac-teurs relatifs aux croyances eu égard au redoublement et les deux facteurs propres aux connaissances des recherches. Ces analyses font émerger deux groupes d'enseignants (voir figure 5.4), rassemblant 96 sujets, les 16 autres ne pouvant être intégrés dans aucun des deux profils : d'un côté, on trouve 39 enseignants (cluster B) qui connaissent les recherches sur les effets du redoublement et qui, parallèlement, sont convaincus que le redoublement a des effets négatifs et, de l'autre côté, il y a la majorité de ceux (N = 57, cluster A) qui (1) estiment que le redoublement est un outil de régulation disciplinaire des élèves, (2) croient dans les béné-fices du redoublement, (3) ne connaissent pas les recherches affirmant de fausses connaissances à ce sujet. L'analyse de variance confirme que ces deux groupes d'enseignants diffèrent pour chacun des cinq paramètres pris en considération.

Ajoutons que l'ancienneté des enseignants n'entretient aucun lien avec l'appartenance à l'un ou l'autre de ces deux clusters. Or nous sup-posions que les enseignants les plus jeunes seraient mieux informés des recherches. Ce n'est pas le cas ; la tendance (non significative) irait plutôt dans le sens inverse. Ceci interpelle sur la formation initiale eu égard à la problématique du redoublement.

---

38.   Boraita (2015) aboutit au même constat après analyse des réponses données aux mêmes questionnaires par 592 étudiants inscrits en formation d'enseignant primaire à l'Univer-sité de Genève.

39.   Nous renvoyons ceux qui s'intéressent au détail des analyses à l'article original.

**Figure 5.4 : Profils des deux catégories d'enseignants
face au redoublement et aux connaissances
des recherches scientifiques**

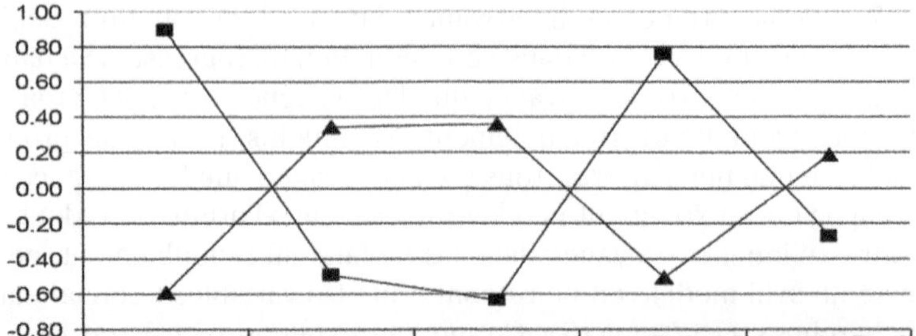

	1red_neg	2red_reg	3red_ben	conn_R_innefi cace	connais_R_ef ficace
▲ Cluster A	-0.59	0.35	0.36	-0.51	0.19
■ Cluster B	0.89	-0.49	-0.64	0.76	-0.27

4.2. L'étude de Crahay, Issaieva et Monseur (2015): le redoublement, ceux qui y croient et ceux qui n'y croient pas

Cette seconde étude a pour objectif de confirmer et d'affiner les résultats de la première. Vu que cette étude est menée dans le canton de Genève alors que la première a été conduite en province de Liège, on ne peut exclure des différences dues au contexte culturel différent. Par ailleurs, afin de faire émerger de l'AFE des facteurs les plus solides possible, nous nous sommes montrés particulièrement exigeants dans la sélection des items. Pour chacune des catégories de croyances retenues (cf. ci-dessus), nous avons procédé à des AFE[40]; les items qui saturent sur des facteurs comportant moins de 3 items ont été mis de côté, ainsi que les items qui saturent à plus de 0,50 dans plus d'une dimension. Du questionnaire général, nous avons ainsi gardé 60 questions sur les 153 préalablement disponibles. Sur ces items retenus, une série d'AFE, une par catégorie de croyances,[41] ont été reconduites, et les scores factorisés issus de cette seconde série d'analyses ont été sauvegardés. Les scores factorisés au sein de chacune des catégories de croyances le sont donc par construction orthogonale. Ainsi, la corrélation entre les deux croyances sur le redoublement, à titre d'exemple, est égale à 0.

---

40.   Pour les spécialistes, on précisera qu'il s'agit d'AFE avec rotation varimax et que le choix des facteurs a été opéré après cette rotation.

41.   Toujours avec rotation varimax.

Le tableau 5.19 présente les résultats de ces AFE. Ces derniers ne sont pas nécessairement les mêmes que ceux obtenus par Crahay *et al.* (2013), vu les aménagements méthodologiques expliqués ci-dessus.

La plupart des échelles, hormis cinq, présentent une consistance interne largement supérieure à la valeur seuil généralement admise (pour rappel 0,70, Nunnaly, 1978) pour des échelles de type Likert. Trois échelles ont un alpha supérieur à 0,60 (dont deux sont proches de 0,70). Seules les échelles portant sur les connaissances acquises par l'expérience et sur l'évaluation en tant que moyen pour distinguer les bons des mauvais élèves et de sanctionner les seconds ont un alpha inférieur à 0,60 (respectivement de 0,58 et de 0,59). Nous considérerons toutes les échelles, vu le caractère exploratoire de cette étude.

Tableau 5.19 : Thématiques couvertes par les 81 questions retenues et les 21 constructs impliqués dans nos hypothèses

Thématique	Constructs	Nbre d'items	Alpha de Cronbach
Croyances concernant le redoublement.	Le redoublement offre à l'élève une seconde chance.	9	0,93
	Le redoublement n'a pas des effets socio-affectifs négatifs.	3	0,93
Connaissance et rapport aux recherches sur le redoublement.	Les recherches montrent l'inefficacité du redoublement quant au devenir scolaire des élèves en difficulté.	5	0,83
	Les recherches scientifiques ne prennent pas en considération les réalités du terrain (donc, mise en doute des recherches).	3	0,58
Conceptions de l'intelligence.	L'intelligence est innée et immuable.	5	0,82
	L'intelligence se caractérise par une compréhension rapide avec moins d'efforts et d'explications.	4	0,75
	L'intelligence se développe par l'apport cumulatif des connaissances et de la culture.	4	0,78

Thématique	Constructs	Nbre d'items	Alpha de Cronbach
	L'intelligence est multiple (théorie de Gardner).	3	0,78
	Pour se développer, l'intelligence a besoin d'un climat affectif favorable.	3	0,67
	L'apprentissage implique la répétition.	4	0,77
	L'apprentissage implique de résoudre un problème, de surmonter un obstacle.	3	0,79
Conceptions concernant les fonctions de l'évaluation.	L'évaluation doit remplir une fonction sommative : faire un bilan des apprentissages réalisés par l'élève.	5	0,68
	L'évaluation peut remplir une fonction diagnostique des difficultés des élèves.	3	0,82
	L'évaluation permet de distinguer les bons des mauvais élèves et de sanctionner les seconds.	4	0,59
Justice corrective.	Enseignement compensatoire.	3	0,64

Par rapport aux résultats obtenus dans l'étude précédente, deux différences méritent d'être soulignées : l'apparition d'un facteur spécifiquement lié aux méfaits socio-affectifs possibles du redoublement et celle d'un facteur exprimant le doute de certains enseignants par rapport aux savoirs issus de la recherche[42].

Afin de déterminer dans quelle mesure les enseignants qui adhèrent au redoublement ont des conceptions psychopédagogiques différentes de ceux qui n'y adhèrent pas, quatre groupes ont été constitués en fonction des positions des enseignants face au redoublement. Plus précisément, nous avons considéré les deux croyances relatives au redoublement, issues de l'analyse factorielle, et, sur la base des scores factorisés, nous avons constitué quatre groupes comme indiqué dans le tableau 5.20.

---

42.   Quelques items avaient été ajoutés afin d'appréhender le rapport des enseignants aux savoirs issus des recherches.

**Tableau 5.20 : Constitution de quatre groupes d'enseignants
en fonction de leurs croyances à propos des effets du redoublement**

		Concernant l'idée que le redoublement offre une seconde chance	Concernant les méfaits socio-affectifs du redoublement
Groupe 1	Croyance 1 < 0 et croyance 2 < 0	Les plus sceptiques.	Les plus convaincus.
Groupe 2	Croyance 1 < 0 et croyance 2 >= 0	Les plus sceptiques.	Les plus sceptiques.
Groupe 3	Croyance 1 >= 0 et croyance 2 < 0	Les plus convaincus.	Les plus convaincus.
Groupe 4	Croyance 1 >= 0 et croyance 2 >= 0	Les plus convaincus.	Les plus sceptiques.

Pour chacun des quatre groupes ainsi définis, nous avons calculé les moyennes pour l'ensemble des conceptions psychopédagogiques et avons déterminé, par des ANOVA[43], si chacune de celles-ci varie de manière significative entre les quatre groupes. Les résultats de cette analyse sont présentés dans le tableau 5.21.

**Tableau 5.21 : Différences en matière de connaissance des recherches
sur le redoublement et de conceptions psychopédagogiques
en relation avec différents profils de croyances
à propos des effets du redoublement**

Constructs	G1	G2	G3	G4	F
Le redoublement offre à l'élève une seconde chance.	– 0,62	– 0,71	0,68	1,06	< 0,01
Le redoublement n'a pas des effets socio-affectifs négatifs.	– 0,78	0,84	– 0,86	0,81	< 0,01
Les recherches montrent l'inefficacité du redoublement quant au devenir scolaire des élèves en difficulté.	0,51	– 0,37	0,31	– 0,76	< 0,01
Les recherches scientifiques ne prennent pas en considération les réalités du terrain (donc, mise en doute des recherches).	– 0,65	– 0,11	0,02	0,86	< 0,01
L'intelligence est innée et immuable.	– 0,29	– 0,07	0,22	0,32	NS

---

43. L'ANOVA est l'abréviation anglaise de ANalysis Of VAriance (analyse de la variance) qui renvoie à une procédure statistique utilisée pour comparer les moyennes d'échantillons.

Constructs	G1	G2	G3	G4	F
L'intelligence se caractérise par une compréhension rapide avec moins d'efforts et d'explications.	− 0,41	− 0,38	0,54	0,43	< 0,01
L'intelligence se développe par l'apport cumulatif des connaissances et de la culture.	− 0,20	0,43	− 0,07	0,25	NS
L'intelligence est multiple (théorie de Gardner).	0,13	− 0,30	0,36	− 0,04	NS
Pour se développer, l'intelligence a besoin d'un climat affectif favorable.	− 0,12	− 0,13	0,09	0,11	NS
L'apprentissage implique la répétition.	− 0,24	− 0,24	− 0,03	0,67	< 0,01
L'apprentissage implique de résoudre un problème, de surmonter un obstacle.	− 0,16	− 0,26	0,07	0,18	NS
L'évaluation doit remplir une fonction sommative: faire un bilan des apprentissages réalisés par l'élève.	− 0,11	− 0,51	0,31	0,28	0,02
L'évaluation peut remplir une fonction diagnostique des difficultés des élèves.	− 0,34	− 0,31	0,19	0,30	0,02
L'évaluation permet de distinguer les bons des mauvais élèves et de sanctionner les seconds.	− 0,05	− 0,31	0,18	0,25	NS
Justice corrective. Enseignement compensatoire.	− 0,12	− 0,56	0,64	− 0,22	< 0,01
Nombre d'enseignants.	28	30	24	21	

Logiquement, vu la façon dont ils ont été constitués, les quatre groupes d'enseignants se distinguent de manière significative eu égard à leur croyance sur le redoublement. Parmi les autres échelles, sept différencient de manière significative les groupes, à savoir les deux échelles relatives aux connaissances sur les recherches, la conception selon laquelle l'intelligence se traduit par une compréhension rapide, celle selon laquelle l'apprentissage implique la répétition, les échelles relatives à l'évaluation sommative et l'évaluation diagnostique et enfin la conception de l'enseignement selon une justice corrective. Analysons à présent les quatre profils successivement.

- Les enseignants du groupe 1, à savoir les plus sceptiques quant à l'idée que le redoublement offre une seconde chance et les plus conscients de ses méfaits sur les plans socio-affectifs, affichent une très bonne connaissance des résultats des recherches et rejettent le plus l'idée selon laquelle ces recherches ne tiennent pas compte des réalités du terrain. Ils figurent parmi les enseignants qui adhèrent le moins à la conception selon laquelle l'intelligence se traduit par une compréhension rapide. Par ailleurs, ils se caractérisent par le rejet le plus intense du rôle de l'évaluation diagnostique. Quant aux autres échelles, ils ne se distinguent pas fondamentalement des autres groupes d'enseignants.

- Le deuxième groupe rassemble des enseignants qui, comme ceux du premier groupe, considèrent le moins que le redoublement offre une seconde chance. Par contre, ils sont parmi ceux qui nient le plus les méfaits socio-affectifs. Leur connaissance des résultats des recherches se situe légèrement en dessous de la moyenne et ce groupe se caractérise plutôt par une position centrale quant au rôle de l'expérience. Leurs scores sont négatifs concernant l'idée que l'intelligence se traduit par une compréhension rapide, celle que l'apprentissage implique la répétition et celle que les évaluations doivent avoir une fonction sommative et diagnostique. Enfin, ces enseignants rejettent le plus le rôle compensatoire (c'est-à-dire la justice corrective) de l'enseignement.

- Les enseignants du groupe 3 figurent parmi ceux qui pensent le plus que le redoublement offre une seconde chance, tout en reconnaissant ses méfaits socio-affectifs. Leur connaissance des recherches mais surtout l'importance du terrain ne les rendent pas fondamentalement atypiques. Comparativement aux autres, ils adhèrent fortement à la conception selon laquelle l'intelligence implique une compréhension rapide et sont les plus fervents défenseurs d'une justice corrective. Enfin, ils sont plutôt favorables aux évaluations, quelles qu'en soient les finalités.

- Enfin, le groupe 4 rassemble les plus fervents partisans du redoublement. Ils considèrent avec force que le redoublement offre une seconde chance et rejettent le plus l'idée selon laquelle cette pratique puisse avoir des conséquences sur les plans socio-affectifs. Ils témoignent de la plus grande méconnaissance des recherches et en corollaire, regrettent le plus que ces recherches ne prennent pas en considération la réalité du terrain. Comparativement aux autres, ces enseignants adhèrent fortement à la conception selon laquelle l'intelligence se traduit par une compréhension rapide et au fait que l'apprentissage nécessite la répétition. Comme la plupart des enseignants convaincus du bien-fondé de cette pratique, ils assignent à l'évaluation une fonction sommative, mais aussi diagnostique. Par ailleurs, ils n'ont pas fondamentalement d'avis tranché quant au rôle compensatoire de l'enseignement.

Deux résultats principaux se dégagent de ces deux recherches. Premièrement, un lien important apparaît entre les croyances à propos du redoublement et la connaissance des recherches sur ses effets. Deuxièmement, les conceptions psychopédagogiques des enseignants affectent peu ces croyances. Ceci est évidemment important dans la perspective de changer les croyances des enseignants par rapport au redoublement.

5. LES CROYANCES ET CONNAISSANCES DES ENSEIGNANTS EU ÉGARD AU REDOUBLEMENT SONT-ELLES MODIFIABLES ?

Dans la mesure où, à partir des recherches exposées ci-dessus, on peut présumer de l'influence de la connaissance des recherches sur les croyances des enseignants, il semble qu'une réponse affirmative puisse être donnée à notre questionnement. Plus précisément, on peut formuler l'hypothèse qu'en cours de formation initiale, il est possible de modifier les croyances des FE notamment en les informant des recherches sur le redoublement. C'est notamment ce que montre l'étude qualitative de Boraita (2013) qui a interrogé 11 FE primaires de l'Université de Genève avant et après un module de formation traitant spécifiquement des difficultés d'apprentissage des élèves en situation scolaire ainsi que des façons de gérer ces difficultés. Au cours de ce module que les FE suivent en troisième année de leur formation en sciences de l'éducation, ils bénéficient de cours théoriques en petits groupes ainsi que des moments de débats avec leurs formateurs universitaires et les autres FE. Après quatre semaines de formation théorique, les FE passent cinq semaines dans une école, en groupe de trois. À la fin de cette période, ils échangent sur leurs expériences et apprentissages au cours d'une séance réunissant les enseignants des classes où ils s'étaient intégrés et leurs formateurs universitaires. Le schéma ci-dessous présente l'organisation du module de formation.

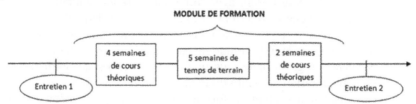

Les entretiens 1 et 2 avaient pour objectif d'appréhender les changements de croyances des 11 FE concernant le redoublement et la façon de prendre en charge les difficultés des élèves. Les propos des FE ont été retranscrits et des analyses de contenus ont été effectuées selon les principes de Huberman et Miles (1991)[44]. Les modifications de croyances des FE sont analysées selon deux catégories (Boraita et Crahay, 2013) :

– **évolution** : les croyances des FE évoluent car ils acquièrent des nouvelles connaissances sur eux-mêmes en tant qu'enseignants ainsi que sur le processus d'enseignement-apprentissage ;

---

44.   Le lecteur intéressé trouvera de nombreux verbatims dans l'article original de Boraita (2013).

– **changement** : les croyances des FE ont changé ; avant, ils pensaient A et maintenant, ils pensent B.

Vu l'organisation du cursus en sciences de l'éducation à Genève qui laisse une grande place aux choix des étudiants et à leur projet de formation, certains FE ont déjà reçu un cours sur la « Problématique de l'échec scolaire », voire plusieurs, ainsi que des cours traitant de l'évaluation. Pour ceux-là, on peut s'attendre à une évolution des croyances plutôt qu'à un changement. Le tableau 5.22, inspiré de Boraita (2013) donne une présentation synthétique des modifications de croyances par rapport au redoublement entre les deux entretiens.

Tableau 5.22 : Présentation des FE et de leur évolution pendant le module de formation

	Âge	Genre	Cours reçu	Entretien 1	Entretien 2	Type de modification
FE 1	54	F	Oui	Plutôt contre	Contre	Évolution
FE 2	31	F	Oui	Plutôt contre	Totalement contre	Évolution
FE 3	26	F	Oui	Ni pour, ni contre	Contre	Changement
FE 4	22	F	Oui	Ni pour, ni contre	Contre	Changement
FE 5	22	F	Non	Pour	Plutôt contre	Changement
FE 6	22	F	Non	Plutôt contre	Totalement contre	Évolution
FE 7	23	M	Non	Ni pour, ni contre	Contre	Changement
FE 8	22	F	Non	Plutôt contre	Totalement contre	Évolution
FE 9	42	M	Non	Ni pour, ni contre	Contre	Changement
FE 10	37	F	Oui	Plutôt contre	Contre	Évolution
FE 11	22	F	Oui	Totalement contre	Totalement contre	Statu quo

À l'entretien 1, on repère un seul FE qui se déclare en faveur du redoublement (FE 5) et un autre totalement contre (FE 11) ; les autres donnent des réponses plutôt nuancées : 5 « plutôt contre » et 4 « ni pour, ni contre ». À l'entretien 2, les croyances défavorables au redoublement sont nettement plus affirmées et mieux argumentées. En définitive, on enregistre cinq évolutions et quatre changements.

Les effets du module de formation ne se limitent pas aux croyances concernant le redoublement mais impliquent également les conceptions psychopédagogiques qui les concernent comme le montre le tableau 5.23. Ainsi, on observe que les 11 FE évoluent en ce qui concerne leur conception de la justice, adhérant à l'égalité des acquis. Ils sont 8 sur 11 à développer une vision plus interactive et formative de l'évaluation et 7 sur 11 à adhérer à une conception évolutive de l'intelligence. C'est eu égard à l'apprentissage que le module a eu le moins d'effet.

Tableau 5.23 : Changements ou évolutions rapportées par les différents FE

	Redoublement	Justice	Évaluation	Apprentissage	Intelligence
FE 1	Évolution	Évolution	Évolution	Statu quo	Évolution
FE 2	Évolution	Évolution	Statu quo	Changement	Statu quo
FE 3	Changement	Évolution	Changement	Statu quo	Évolution
FE 4	Changement	Évolution	Changement	Statu quo	Évolution
FE 5	Changement	Évolution	Changement	Changement	Évolution
FE 6	Évolution	Évolution	Évolution	Évolution	Évolution
FE 7	Changement	Évolution	Évolution	Changement	Statu quo
FE 8	Évolution	Évolution	Évolution	« Flou » : ne sait plus	Évolution
FE 9	Changement	Évolution	Statu quo	Changement	Statu quo
FE 10	Évolution	Évolution	Statu quo	« Flou » : ne sait plus	« Flou » : ne sait plus
FE 11	Statu quo	Évolution	Évolution	« Flou » : ne sait plus	Évolution
Changements	5/11	–	3/11	4/11	–
Évolutions	5/11	11/11	5/11	1/11	7/11
Statu quo	1/11	–	3/11	3/11	3/11
« Flou » : ne sait plus				3/11	1/11

Lorsque les FE ont déclaré un changement ou une évolution dans leurs conceptions, ils pouvaient évoquer l'influence du module spécifique en précisant s'il s'agissait plutôt de son volet théorique (semaines de cours théoriques) ou pratique (semaines de temps de terrain). Le tableau 5.24 présente la répartition des FE dont les conceptions ont été influencées par le module spécifique.

**Tableau 5.24 : Influence des aspects théorique et pratique
du module de formation sur les croyances des FE
qui témoignent d'un changement ou d'une évolution**

Croyances	Influence de l'aspect théorique du module	Influence de l'aspect pratique du module
Redoublement	5/10	
Justice	6/11	5/11
Évaluation	8/8	
Apprentissage	2/5	2/5
Intelligence	6/7	1/7

Notons que six FE n'ont pas évoqué le module mais leur formation de façon générale comme ayant influencé leurs évolutions et/ou changements. Nous reviendrons sur ce point ci-dessous avec la présentation d'une recherche portant sur les effets de l'ensemble de la formation des FE à l'Université de Genève.

Les résultats de l'étude de Boraita (2013) sont encourageants. Ils montrent qu'un module de formation théorique incluant un stage pratique peut exercer une influence significative sur les croyances de FE. En fait, cette analyse indique clairement qu'entre les premiers et les deuxièmes entretiens, des changements et des évolutions apparaissent pour les différentes catégories de croyances examinées. Même si la majorité des FE évoluent et changent positivement dans leurs croyances par la suite, pour certains, les conceptions stagnent, voire déclinent : c'est le cas des trois FE qui rapportent être dans le flou et ne plus savoir définir les concepts d'apprentissage et d'intelligence lors du deuxième entretien. À cet égard, nous ne parlerons pas de l'effet à rebours car les FE ne retournent pas vers une conception qu'ils détenaient auparavant, ni de période de résistance (Harrington et Hathaway, 1994) – phase pendant laquelle les FE restent attachés à leurs croyances initiales sans perspective de changement. Nous pensons plutôt que ces trois FE entament un processus de réflexion lors duquel ils prennent du recul eu égard aux apports théoriques et à leurs expériences de terrain, ce processus pouvant déboucher sur une évolution. Face au grand nombre d'apports théoriques, il n'est pas étonnant que certains FE se sentent parfois dépassés (Eisenhart, Behm et Romagnano, 1991 ; Korthagen 1988). Tous les FE évoquent ce besoin de faire le point pour construire leur propre cheminement, de discuter avec les autres, de faire le bilan. La confrontation entre les croyances personnelles et celles détenues par les autres FE, les formateurs universitaires et les formateurs de terrain, les nouveaux concepts théoriques et les expériences vécues sur le terrain semblent composer un ensemble d'expériences fortement utile pour faire évoluer au mieux les croyances (Festinger, 1957 ; Kagan, 1992).

À la différence des études quantitatives (cf. ci-dessus), Boraita relève l'existence d'un lien entre différentes catégories de croyances. Plus particulièrement, les croyances des FE concernant le redoublement sont en relation avec leurs croyances relatives à l'évaluation et la justice. On constate, en effet, chez les FE défavorables au redoublement, une adhésion à l'égalité des acquis, à la pratique de l'évaluation formative et, partant, au pari d'éducabilité.

Les résultats de cette étude ne peuvent pas être dissociés du contexte général dans laquelle elle a été menée. La formation initiale des enseignants primaires est organisée à l'Université de Genève dans la section des sciences de l'éducation au sein de laquelle la majorité des enseignants et formateurs, voire la totalité, sont contre le redoublement; plus précisément, l'idée largement partagée est qu'il est préférable de gérer les difficultés d'apprentissage des élèves à un niveau didactique plus fin que par une décision de fin d'année obligeant certains à répéter une année scolaire entière. Par ailleurs, on a vu au chapitre 1 que la propension à faire redoubler avait fortement décru au sein des écoles primaires du canton de Genève. Bref, les FE interrogés par Boraita se forment dans un contexte globalement défavorable au redoublement. Or, comme le soulignent Marcoux et Crahay (2008), la croyance dans les bienfaits du redoublement « est aussi une représentation sociale : se nourrissant du fait qu'une majorité d'enseignants la partage, au moins à des degrés divers... » (p. 512). On ne peut dès lors exclure l'influence du contexte général de la formation des enseignants et, plus globalement, de celui de la culture pédagogique de l'enseignement primaire genevois.

L'étude menée par Boraita, Crahay et Monseur (2014)[45] conforte l'hypothèse d'un effet du contexte général de la formation des enseignants. Ces chercheurs avaient pour objectifs d'explorer l'évolution des croyances de FE relatives à la pratique du redoublement en cours de formation et d'identifier les moments où d'éventuels changements de croyances s'opèrent. Pour ce faire, les échelles EFERCr et EFERCo ainsi que les échelles sur les conceptions de l'évaluation, de la justice scolaire, de l'intelligence et de l'apprentissage (cf. section 4 ci-dessus) ont été présentées à des étudiants à différents moments de leur formation d'enseignant primaire à l'Université de Genève. Au total, les réponses à deux passations du même questionnaire selon le schéma prétest/posttest (septembre/juin) de 341 FE ont pu être rassemblées. Parmi ces FE, trois cohortes ont été constituées[46] :

---

45.   On peut trouver une description détaillée de cette recherche dans la thèse de Fanny Boraita (2014).

46.   Ce plan de recueil de données offre une sorte de vue longitudinale de l'évolution des croyances des FE en cours de formation. Il s'agit bien d'un plan qui donne une approximation d'une étude longitudinale, car ce ne sont pas les mêmes sujets qui sont observés

- la cohorte 1 est composée de 192 étudiants (dont 80,2 % de sexe féminin, âge moyen = 23,19 ans) qui ont répondu au questionnaire au début et à la fin de leur première année de formation dite année de tronc commun, ceci permettra d'étudier l'effet de l'entrée en formation sur les croyances ;
- la cohorte 2 rassemble 72 FE (dont 91,7 % de sexe féminin, âge moyen = 25,62 ans) qui ont répondu au questionnaire au début de leur deuxième année (à l'entrée dans la FEP) et à la fin de leur dernière année ; cette cohorte 2 permettra donc d'examiner l'effet des trois années de la FEP destinée exclusivement aux enseignants primaires ;
- la cohorte 3 est constituée de 77 FE (dont 89,6 % de sexe féminin, âge moyen = 26,25 ans) qui ont répondu au questionnaire au début et à la fin de leur dernière année de formation de la FEP, axée essentiellement sur la réalisation de stages ; cette cohorte 3 permettra d'analyser l'effet de la confrontation avec le terrain et de la réalité de la classe.

La figure 5.5 donne une présentation schématique de cette recherche.

Figure 5.5 : Constitution des différentes cohortes
selon l'organisation de la formation d'enseignant primaire
en quatre années à l'Université de Genève

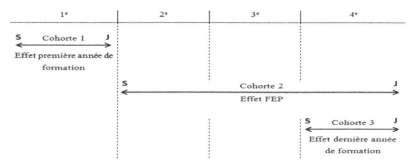

Légende : S : septembre / J : Juin / FEP : Formation Enseignant Primaire

Utilisant différentes procédures statistiques[47], ces chercheurs ont produit différentes échelles, correspondant aux différentes croyances

aux différentes étapes du cursus de formation. Les 341 FE qui constituent notre échantillon total ont chacun répondu deux fois à nos questionnaires, alors que nous aurions souhaité obtenir les réponses d'un échantillon conséquent à cinq/six reprises en cours de formation.

47. Plus précisément, les items ainsi que les croyances, conceptions et connaissances des sujets ont été estimés selon le modèle du crédit partiel (Masters, 1982) par l'intermédiaire du logiciel Conquest (Wu, Adams et Wilson, 1997). Les items ont été calibrés, échelle par échelle, sur les données de septembre, toute cohorte confondue et les scores des sujets, tant en septembre qu'en juin, ont alors été estimés en ancrant les

explorées ; toutes ont un alpha de Cronbach satisfaisant. Celles-ci ont été standardisées en prenant comme référence les échelles de septembre de la cohorte 1. Cette procédure présente plusieurs avantages :

- il a été possible de calculer un score de changement par étudiant et par échelle en soustrayant les scores de septembre des scores de juin et des autres recueils de données. Un score de changement positif traduit une augmentation de la croyance alors qu'un score de changement négatif traduit une diminution ;
- à partir de ces scores individuels, les différences moyennes (et écarts-types) par passation ont pu être calculées ;
- vu la standardisation décrite ci-dessus, les différences moyennes entre septembre et juin peuvent directement s'interpréter en termes de fraction d'écart-type ;
- les évolutions observées entre dimensions peuvent aussi être comparées.

Le tableau 5.25 illustre cette procédure pour les échelles « Croyance en faveur du redoublement » et « Connaissance des recherches ».

Tableau 5.25 : Moyennes et écarts-types des différentes échelles à chaque passation pour les cohortes 1, 2, 3

Échelles/Dimensions		Moyennes			Écarts-types		
		1	2	3	1	2	3
Croyances en faveur du redoublement.	Sep.	0,00	– 1,83	– 2,21	1,00	1,32	1,80
	Juin	– 1,11	– 1,99	– 2,10	1,19	1,51	1,68
Connaissance des recherches sur le redoublement.	Sep.	0,00	1,31	1,29	1,00	1,17	1,28
	Juin	0,87	1,20	1,35	1,09	1,13	1,32

En ce qui concerne la croyance en faveur du redoublement, on observe une baisse de 1,11 en juin par rapport aux avis exprimés par la première cohorte en septembre. En septembre, la seconde cohorte exprime des avis qui sont 1,83 inférieurs à ceux exprimés au même moment par la première cohorte. En juin, cette seconde cohorte exprime un avis encore inférieur (– 1,99) et il en va de même pour la troisième cohorte en septembre (– 2,21) et en juin (– 2,10). Bref, la croyance favorable au redoublement décroît tout au long de la formation et ceci de presque un écart-type entre la cohorte 1 (mesure de juin) qui a une moyenne de – 1,11 et la cohorte 3 (mesure de juin) qui a une moyenne de – 2,10. La connaissance des recherches sur le redoublement, quant à elle, augmente de presque un écart-type (+0,87) au cours de la première

---

paramètres d'items. Parmi les différents estimateurs ponctuels de paramètres à estimer disponibles dans le logiciel Conquest, le choix s'est porté sur le Weighted Likelihood Estimate (WLE) (Warm, 1985).

année et de près d'un demi-écart-type entre les cohortes 1 et 3 (mesures de juin). Ainsi, en considérant ces données, on peut déduire que la croyance en faveur du redoublement diminue au fil des cohortes alors que la connaissance des recherches augmente. Notons que dans tous les cas, les écarts-types sont supérieurs à 1, ce qui indique une importante variabilité des évolutions autour des moyennes.

Dans le tableau 5.26, un score de changement moyen a été calculé pour chacune des cohortes Le test de *Student* pour échantillons appariés a permis de déterminer si ces évolutions moyennes observées entre septembre et juin au sein des cohortes diffèrent statistiquement de 0. Le tableau 5.26 présente, par dimension, les moyennes des scores de changements et les évolutions statistiquement différentes de 0 à p = 0,05 sont soulignées et mises en gras.

**Tableau 5.26 : Scores moyens de changement
aux différentes échelles pour les trois cohortes**

Échelles/Dimensions	Cohortes		
	1	**2**	**3**
Croyances en faveur du redoublement.	**– 1,11**	– 0,16	0,11
Connaissances des recherches sur le redoublement.	**0,87**	– 0,11	0,06
Conceptions de l'apprentissage/*Apprentissage implicite.*	– 0,09	– 0,09	**– 0,29**
Conceptions de l'apprentissage/*Répétition.*	**– 0,16**	– 0,07	0,10
Conceptions de l'apprentissage/*Résolution de problèmes.*	**0,94**	**0,47**	**0,64**
Conceptions de l'apprentissage/Substitution des connaissances antérieures.	**0,24**	**0,37**	0,21
Conceptions de l'apprentissage/*Déclic.*	**– 0,23**	0,15	0,09
Conceptions de l'intelligence/*Interactions sociales.*	– 0,10	0,18	**0,38**
Conceptions de l'intelligence/*Hérédité-Milieu.*	**0,49**	0,03	0,21
Conceptions de l'intelligence/*Temps-Efforts.*	**0,19**	**0,27**	– 0,06
Conceptions de l'intelligence/*Climat affectif.*	**0,21**	**0,25**	0,16
Conceptions de l'évaluation/Formative et sommative critériée.	0,10	**0,73**	**0,52**
Conceptions de l'évaluation/*Normative.*	**– 0,43**	**– 0,36**	– 0,10
Conceptions de la justice/*Égalitaire de traitement.*	**– 0,39**	– 0,18	0,01+
Conceptions de la justice/Corrective – égalité des acquis.	**0,41**	0,04	0,13
Conceptions de la justice/Méritocratique – égalité des chances.	**– 0,48**	– 0,04	0,02

Comme on peut le lire dans ce tableau, les plus forts changements de moyenne s'observent pour la cohorte 1, avec notamment une diminution de la croyance relative à l'efficacité du redoublement de − 1,11 écart-type, une augmentation de la connaissance des recherches sur le redoublement de +0,87 écart-type et une adhésion plus importante pour l'apprentissage par résolution de problèmes de +0,94 écart-type. Toujours pour cette cohorte 1, il convient également de noter que les trois dimensions relatives à la justice, ainsi que celles sur l'évaluation normative et l'intelligence hérédité/milieu présentent des changements qui oscillent en valeur absolue entre plus ou moins 0,40 écart-type et 0,50 écart-type. Autrement dit, à la fin de la première année de cours, les FE croient davantage dans l'égalité des acquis et dans le développement des capacités intellectuelles sous l'influence des stimulations du milieu. En revanche, leur adhésion à l'évaluation normative, à l'égalité de traitement et à l'égalité des chances a diminué, ce qui est cohérent avec les augmentations observées. Des changements dans les conceptions concernant l'apprentissage sont également observables; elles sont de sens et d'amplitude variables: diminution pour les dimensions «répétition» et «déclic», augmentation pour les dimensions «substitution des connaissances antérieures» et «résolution de problèmes». Concernant l'intelligence, on notera encore qu'après leur première année de cours, les FE croient davantage que les efforts et le temps à consacrer ne dépendent pas de l'intelligence et que celle-ci se développe dans un climat affectif favorable. Au total, il n'y a que pour trois conceptions que les changements ne sont pas significatifs dans la cohorte 1: l'apprentissage implicite, l'intelligence qui se développe via les interactions sociales et l'évaluation formative et sommative critériée.

Au cours de la formation dévolue spécifiquement aux enseignants primaires (FEP), plusieurs évolutions de croyances sont observables. Ainsi, au sein de la cohorte 2, on relève des évolutions substantielles pour l'évaluation formative combinée à l'évaluation sommative de type critériée ainsi que pour l'apprentissage par résolution de problèmes: les augmentations sont de +0,73 écart-type pour la première de ces dimensions et de près d'un demi-écart-type pour la seconde. Il semblerait que l'effet spécifique de la FEP porte sur ces deux dimensions. D'autres changements de conceptions de moins grandes amplitudes s'opèrent, en sus, au cours de la FEP: accroissement ou renforcement de la conception de l'apprentissage par substitution de connaissances, de l'intelligence qui se développe dans un climat affectif favorable et de l'idée que celle-ci n'est pas liée aux temps et efforts à consacrer. On observe en outre un déclin dans l'adhésion à l'évaluation normative.

Plusieurs changements de conceptions s'opèrent au sein de la cohorte 3. Les plus importants touchent, comme pour la cohorte 2, l'évaluation formative et l'apprentissage par résolution de problèmes; dans ces domaines, les conceptions se renforcent. De même, on relève une augmentation en ce qui concerne l'idée que le développement de l'intelligence se produit via les interactions sociales. En revanche, on observe un déclin de la conception de l'apprentissage implicite. Pour les autres conceptions, il n'y a pas de modifications entre le début et la fin de la dernière année de formation chez les étudiants de la cohorte 3. Ainsi, la croyance concernant le redoublement et la connaissance des recherches menées sur ses effets ne sont pas l'objet de changements significatifs au cours de la FEP ; l'essentiel de leurs transformations s'est opéré pendant la première année, celle du tronc commun, et simplement l'acquis réalisé se maintient pendant la suite de la formation qui est en fait principalement ciblée sur les changements de pratiques. Ce constat reflète la structure du cursus : la première année est principalement dévolue à la formation théorique, c'est-à-dire en quelque sorte au travail sur les croyances des FE, alors que les années suivantes ont pour objectif l'apprentissage du métier d'enseignant.

Pour déterminer si les évolutions observées s'influencent mutuellement, et plus particulièrement, si une augmentation des connaissances relatives aux recherches sur le redoublement s'accompagne par exemple d'une diminution de la croyance en l'efficacité du redoublement, le score de changement de l'échelle « croyance sur le redoublement » a été corrélé avec les scores de changement des échelles des conceptions psychopédagogiques. Le résultat de cette analyse portant sur la cohorte 1 est présenté dans le tableau 5.27.

**Tableau 5.27 : Corrélations (significatives à p =.05)
entre le changement dans la croyance dans les bienfaits
du redoublement et les changements
dans les autres dimensions de l'étude**

	Échelles/Dimensions	Corrélations
Cohorte 1	Connaissances des recherches sur le redoublement.	– 0,49
	Conceptions de l'intelligence/*Interactions sociales*.	– 0,15
	Conceptions de l'évaluation/*Normative*.	0,19
	Conceptions de la justice/Corrective – égalité des acquis.	– 0,15

Les changements observés entre septembre et juin au niveau de la croyance en faveur du redoublement sont fortement corrélés avec une évolution de la connaissance des recherches ; la corrélation négative (– 0,49) indique que plus les FE améliorent leur connaissance des recherches sur le redoublement, moins ils croient dans son efficacité. On observe également une corrélation, positive cette fois, entre le changement dans la croyance en faveur du redoublement et celui qui s'opère par rapport à l'évaluation normative : moins les FE adhèrent à l'évaluation normative, moins ils croient

dans l'efficacité du redoublement et vice versa. Enfin, on constate des corrélations négatives entre la croyance dans les bienfaits du redoublement
ainsi que, d'une part, dans l'adhésion au principe de justice corrective et,
d'autre part, dans la conception que l'intelligence se développe sous l'action
du milieu. Ceci confirme notre hypothèse générale : plus les FE s'ouvrent
au pari d'éducabilité, plus ils délaissent la croyance dans la légitimité de la
pratique du redoublement.

Comme mentionné ci-dessus (tableau 5.25), les écarts-types des
scores de changement sont élevés, ce qui révèle une variabilité des évolutions. Afin d'identifier d'éventuels profils de changement des croyances des
FE au cours de la première année de formation, des analyses en classes
latentes ont été conduites respectivement avec deux, trois, quatre et cinq
classes latentes. La solution à quatre classes latentes est apparue comme
la plus adéquate selon ces différents critères.

Encart 10. Les modèles en classes latentes

Les modèles en classes latentes peuvent être considérés comme des analyses
typologiques (comme les analyses par clusters). Les classes sont construites à
partir des réponses données par des sujets sur des variables supposées indica-
trices d'un trait latent. Par rapport à l'analyse par clusters, l'analyse en classes
latentes présente notamment l'avantage de donner des indicateurs statistiques
solides qui permettent au chercheur de choisir le nombre de sous-ensembles
dans ses données.

Sur la base de l'analyse corrélationnelle discutée ci-dessus, quatre
mesures de changements ont été retenues pour cette analyse, à savoir (1) le
déclin de la croyance dans les bienfaits du redoublement, (2) l'accroissement de la connaissance des recherches sur le redoublement, (3) le déclin
de l'adhésion en faveur de l'évaluation normative et enfin (4) l'augmentation
de l'adhésion à la justice corrective afin de viser l'égalité des acquis. Le
tableau 5.28 présente pour chacun de ces quatre indices de changements
les changements moyens et leurs erreurs-types respectifs, selon une répartition en quatre classes[48].

---

48.   La solution en quatre classes a été retenue parce que le BIC ajusté présente la valeur
       la plus basse dans ce cas. Lorsqu'on choisit la solution avec cinq classes, le BLRT n'est
       pas significatif alors que, comme c'est requis, il l'est pour les modèles à deux, trois et
       quatre classes latentes. Par ailleurs, la solution à cinq classes comporte deux groupes
       avec cinq étudiants et un groupe avec 133 étudiants (soit 69 %) alors que la solution
       à quatre classes latentes ne comporte aucun groupe avec plus de 100 étudiants.

**Tableau 5.28 : Moyenne des changements
dans les quatre classes latentes retenues**

Classe latente	Changement	Moyenne	SE (moyenne)
1 (n = 52)	Croyance en faveur du redoublement.	– 1,30	0,12
	Connaissances des recherches sur le redoublement.	+1,40	0,17
	Conceptions de l'évaluation/Normative.	– 0,34	0,18
	Conceptions de la justice/Corrective – égalité des acquis.	+0,94	0,21
2 (n = 9)	Croyance en faveur du redoublement.	– 1,52	0,63
	Connaissances des recherches sur le redoublement.	+1,92	0,82
	Conceptions de l'évaluation/Normative.	– 2,12	0,53
	Conceptions de la justice/Corrective – égalité des acquis.	– 0,32	0,38
3 (n = 32)	Croyance en faveur du redoublement.	– 0,03	0,15
	Connaissances des recherches sur le redoublement.	– 0,18	0,20
	Conceptions de l'évaluation/Normative.	+0,16	0,16
	Conceptions de la justice/Corrective – égalité des acquis.	+0,11	0,19
4 (n = 99)	Croyance en faveur du redoublement.	– 0,62	0,10
	Connaissances des recherches sur le redoublement.	+0,63	0,09
	Conceptions de l'évaluation/Normative.	– 0,44	0,08
	Conceptions de la justice/Corrective – égalité des acquis.	+0,44	0,09

La classe latente 1, qui se compose de 52 étudiants, se caractérise par des changements importants et statistiquement différents de 0 au niveau de la croyance dans les bienfaits du redoublement, la connaissance des recherches sur les effets de cette pratique et de l'égalité des acquis. Ces étudiants ont largement progressé quant à leur connaissance des recherches sur le redoublement et ils croient beaucoup moins à son efficacité ; ils adhèrent moins à l'évaluation normative et assignent davantage à l'école une justice passant par l'égalité des acquis. La seconde classe latente, réduite à 9 étudiants, présente les évolutions les plus importantes au niveau de la croyance sur le redoublement, de la connaissance des recherches et de l'évaluation normative. Par contre, concernant l'égalité des acquis, on observe un recul. La troisième classe latente regroupe les 32 sceptiques ou résistants à la formation puisqu'aucun changement significatif n'y est observé. Enfin, la quatrième classe latente, classe majoritaire puisqu'elle regroupe 99 étudiants, se caractérise par des changements plutôt modérés mais tous significativement différents de 0. Comme la classe 1, ils ont acquis davantage de connaissances sur les recherches relatives au redoublement et réduit leur croyance dans l'efficacité du redoublement, ils adhèrent moins à l'évaluation normative et soutiennent davantage l'égalité des acquis. En définitive, l'analyse en classes latentes distingue principalement quatre niveaux de changement: des 32 sceptiques ou résistants (classe 3) à ceux qui changent le plus de croyances (classe 1 et 2) en passant par ceux, majoritaires, qui changent de croyances et de conceptions mais de façon modérée (classe 4). Les évolutions concernant trois mesures de changement vont à chaque fois dans le même sens dans les classes 1, 2 et 4: déclin de la croyance dans les bienfaits du redoublement et dans la conception normative de l'évaluation, et augmentation de la connaissance des recherches. Dans les classes 1 et 4, on observe en sus une augmentation de l'adhésion à l'égalité des acquis.

Cette étude qui s'apparente à une étude longitudinale n'en a pas toutes les qualités; notamment, les échantillons correspondant aux différentes étapes de la formation sont différents. C'est donc avec prudence qu'il faut considérer les résultats présentés ci-dessus. Néanmoins, ces derniers laissent entrevoir la possibilité de changer les croyances des FE grâce à une formation cohérente quant aux idées pédagogiques défendues par les différents enseignants et formateurs. Combinée à l'étude qualitative de Boraita (2013), cette formation permet d'envisager un dispositif pédagogique qui affecte les croyances initiales des FE. Nous y reviendrons en conclusion.

6.   COMMENT LES ENSEIGNANTS DÉCIDENT-ILS QU'UN ÉLÈVE DOIT REDOUBLER?

Répondre à un questionnaire ou contribuer à un entretien sur ses croyances concernant le redoublement en dehors du contexte de la classe est une chose. Décider du redoublement ou de la promotion d'un élève avec des difficultés dans le contexte réel d'une école est tout autre chose. Après avoir présenté le modèle explicatif de la décision du redoublement développé par Bless, Bonvin et Schüpbach (2005), nous ferons état de trois recherches menées sur la base d'entretiens avec des enseignants.

6.1. Le modèle explicatif de la décision du redoublement de Bless, Bonvin et Schüpbach (2005)

Dans le chapitre 3, la recherche de Bless, Bonvin et Schüpbach a été évoquée concernant les conséquences et l'efficacité du redoublement à court et moyen terme. En plus de cette étude longitudinale quasi expérimentale, ces chercheurs ont récolté[49] des données auprès de 234 enseignants de 2P (aujourd'hui 4PHarmos) en Suisse romande et alémanique[50].

Deux questionnaires leur étaient soumis. Le premier, le «Questionnaire pour l'enseignant (Teacher Questionnaire)» permettait de récolter des données descriptives (par exemple : leur situation professionnelle...), mais également leurs *opinions quant aux causes générales de l'échec, l'évaluation de l'importance de ces facteurs/causes dans la décision du redoublement ou de la promotion* et *leur attitude*[51] *face à l'efficacité du redoublement*. Le second, le «Questionnaire pour l'enseignant concernant les élèves (Teacher Student Questionnaire)»[52], leur demandait des informations sur chaque élève de leur classe. Au-delà des variables descriptives de l'élève (par exemple : nationalité, langue maternelle...), les enseignants devaient également les évaluer sur un ensemble de caractéristiques (par exemple : potentiel intellectuel, maturité développementale générale...) et pronostiquer leurs résultats aux tests de performances en mathématiques et en langue, soumis ultérieurement par les chercheurs[53].

Les données récoltées ont alors fait l'objet d'une analyse factorielle permettant de réduire le nombre de variables à huit facteurs (F1 : *Enseignant/Enseignement* ; F2 : *Performances scolaires* ; F3 : *Comportement de l'élève* ; F4 : *Situation psychosociale de l'élève* ; F5 : *Conditions scolaires* ; F6 : *Ressources familiales* ; F7 : *Élèves étrangers* ;

---

49. Mesures entre mai 2001 et mai 2003.
50. Deux cent trente-quatre classes romandes et alémaniques (N = 4 690 élèves), 117 classes de Suisse romande et 117 classes en Suisse alémanique. N = 4 248 élèves de 2P (moyenne d'âge : 8,7 ans).
51. Le terme «attitude» est à comprendre ici, selon les auteurs de cette étude, en lien avec les théories développées par Eagly et Chaiken (1998) ainsi qu'Orton (1997). Ces théories considèrent que «l'attitude ou la croyance vient combler le vide entre l'objectif poursuivi et l'action choisie pour atteindre ce but selon le modèle suivant : «Je désire résoudre tel problème (objectif) ; je pense/crois que telle méthode est efficace pour le résoudre (croyance, la connaissance peut aussi intervenir), j'applique donc telle méthode dans le cas de tel problème» (pp. 48-49).
52. On regrettera que la dimension «soutien de la part de l'environnement familial» n'ait pas été pris en considération dans ce questionnaire et, partant, que celle-ci n'apparaisse pas dans le modèle.
53. Il est à noter que «pour leur faciliter la tâche, un exemplaire de chaque test de performance leur est remis» (p. 61).

F8 : *Potentiel cognitif*) concernant les causes de l'échec scolaire et à quatre facteurs (F1 : *Comportement de l'élève* ; F2 : *Environnement familial* ; F3 : *Performances scolaires* ; F4 : *Situation psychosociale de l'élève*) pour les critères de décision.

Sur cette base, et parce que les résultats de leur étude montrent que « les redoublants ne sont pas simplement les enfants aux performances scolaires les plus faibles » (p. 121)[54], ces chercheurs ont tenté d'élaborer un modèle explicatif de décision de redoublement en fonction de ses déterminants (cf. figure 5.6).

Figure 5.6 : Modèle explicatif de la décision du redoublement issu de Bless, Bonvin et Schüpbach (2005, p. 123)

Avant toute chose, il est à noter que ce modèle, et ce n'est pas négligeable, a un pouvoir de prédiction important puisqu'il permet de prédire correctement 81,5 % des redoublements effectivement enregistrés dans cette étude. Il est composé de quatre blocs qui n'ont pas tous le même poids dans la décision. Ainsi, le bloc intitulé « Facteurs de risque initiaux pour un redoublement » n'est pas considéré comme déterminant direct.

---

54.   Nous reviendrons sur ce point au chapitre 6.

Autrement dit, ses éléments (performances scolaires faibles, concept de soi académique bas et origine étrangère) ne conduisent pas toujours à un redoublement. Par contre, quatre variables semblent directement influencer la décision de l'enseignant en faveur d'un redoublement. La première variable, déjà évoquée plusieurs fois dans ce chapitre, renvoie au concept de maturation. Ainsi, ici aussi les « élèves qui devront redoubler sont pour la plupart ceux qui sont perçus par les enseignants(e)s comme présentant une immaturité développementale » (p. 122). De même, et c'est la deuxième variable, ces élèves sont, bien souvent « sous-évalués quant à leur potentiel cognitif et leurs performances scolaires dans la langue d'enseignement par rapport aux résultats effectifs des tests » (p. 122). Autrement dit, et cela sera repris dans le chapitre 6, en complément de la recherche APER (Grisay, 1984), Bless, Bonvin et Schüpbach montrent qu'à performances égales aux tests standardisés (mathématiques, langue d'enseignement) présentés par les chercheurs, les enseignants pronostiquent quasi systématiquement, pour les futurs redoublants, des résultats inférieurs à ce qu'ils produisent réellement. En troisième variable, et en lien avec les travaux de Weiner (2000, cité par Bless, Bonvin et Schüpbach, 2005) et Reyna et Weiner (2001, cité par Bless, Bonvin et Schüpbach, 2005) apparaît le concept d'attribution causale. Dans ce cadre, les auteurs de l'étude observent que les enseignants les plus enclins à croire en l'efficacité du redoublement et à le prescrire plus fréquemment sont également ceux qui ont tendance à attribuer l'échec aux dispositions et à la responsabilité de l'élève (attributions externes) plutôt qu'à leur compétence en tant qu'enseignant, l'organisation de leur enseignement ou encore leur manière d'enseigner (attributions internes). Ce sont d'ailleurs ces enseignants « qui considèrent les performances scolaires comme un critère de décision important » (p. 123).

Au final, Bless, Bonvin et Schüpbach observent « que la décision en faveur d'un redoublement n'est au premier abord pas en lien avec les performances scolaires réellement obtenues, mais qu'elle est avant tout déterminée par les attitudes et les évaluations des enseignants » (p. 124). En ce sens, il leur semble clair « que l'on peut reprocher à ces décisions leur caractère arbitraire » (p. 124).

6.2. L'étude par entretiens de Marcoux et Crahay (2008)

Dans un autre registre que l'étude par questionnaire réalisée par Bless, Bonvin et Schüpbach (2005) mais avec, également, l'intention de mieux comprendre le processus de décision du redoublement, Marcoux et Crahay se sont demandés, dans un article intitulé « Mais pourquoi continuent-ils à faire redoubler ? Essai de compréhension du jugement des enseignants concernant le redoublement », de quelle nature est le processus psychologique qui aboutit à des décisions de redoublement? Pour ce faire, ils ont tenté, sur la base d'une quarantaine d'entretiens avec des enseignants de sixième primaire dans le canton de Genève, de comprendre le plus finement possible le processus et la formation des jugements qui aboutissent à décider du redoublement de l'un ou l'autre élève en difficulté. Chaque enseignant a été interrogé selon le même protocole. Après quelques questions d'identification, il lui était demandé de se remémorer le cas d'un élève limite qu'il avait fait redoubler et de retracer si possible la construction de sa décision. Dans une deuxième partie d'interview, il était sollicité sur le cas d'un élève qui aurait pu redoubler, mais pour lequel il avait pris une décision de promotion. Dans chaque cas, les chercheurs s'intéressaient aussi à la place des évaluations mais également aux autres facteurs entrant dans sa décision, à son sentiment concernant le bien-fondé *a posteriori* de celle-ci et à ses croyances sur le redoublement.

L'analyse des entretiens leur a permis d'élaborer un modèle d'intelligibilité, complexe par son *modus operandi*, intrinsèquement multidimensionnel, au cœur duquel une **croyance conditionnelle dans les bienfaits potentiels du redoublement** orienterait le questionnement des enseignants concernant l'opportunité de décider ou non du redoublement dans l'intérêt de l'élève. Dans ce cadre, la croyance en faveur du redoublement s'appuierait, pour une partie, sur une conception psychopédagogique concernant la séquentialité des apprentissages et leurs nécessaires enchaînements. Autrement dit, convaincus qu'un apprenant qui ne maîtrise pas les bases ne peut plus rien bâtir de solide en matière de connaissances et de compétences, les enseignants penseraient agir dans l'intérêt des élèves en leur imposant de répéter une année dès lors que leurs lacunes sont importantes. Il est à noter que cette importance est, de fait, jugée par rapport aux autres élèves de la classe: dépassé dans la plupart des apprentissages par le rythme de la classe, alors que la majorité des autres réussissent à suivre ce rythme, il paraît «perdre pied».

En sus, cette croyance dans les bienfaits du redoublement s'accommode également, comme indiqué précédemment, d'une conception maturationniste du développement surtout en ce qui concerne les jeunes élèves: la répétition d'une année donne le temps à la maturation de faire son œuvre et l'élève, retardé d'une année, abordera les apprentissages, objets de difficultés ou de blocages, avec des capacités cognitives améliorées.

Plus encore, cette croyance est «conditionnelle». En effet, soucieux de prendre la meilleure décision pour le bien de l'enfant, certains enseignants, assaillis par le doute face à certains cas d'élèves, se demandent alors si faire répéter une année servira réellement l'intérêt de l'élève. Ainsi, un enseignant déclare: «C'est toujours délicat. Mais je pense qu'il est nécessaire dans certains cas de faire redoubler un élève, si ça peut contribuer à un meilleur avenir pour lui». Un autre s'interroge «Est-ce qu'il va profiter de refaire l'année ou pas?» Et c'est clairement ce souci du bien de l'élève qui rend la décision difficile.

Cette croyance conditionnelle dans les bienfaits du redoublement fonctionne comme système de référence en ce sens qu'il opère en tant que schème d'assimilation de la réalité comme l'entendaient Noizet et Caverni (1976). En fonction de cette croyance, les enseignants perçoivent l'évolution des redoublants, orientent leurs questionnements et, plus globalement, leur réflexion concernant les élèves en grande difficulté. Il n'est alors plus question pour eux de s'interroger fondamentalement sur la pertinence de cette pratique mais sur l'opportunité de la mettre en œuvre. Autrement dit, ce qui se serait passé si l'élève en grande difficulté avait été promu n'est quasiment jamais soulevé. Quant aux contre-exemples soulevés, les redoublements qui ne produisent pas les effets escomptés, ils sont soit refoulés, soit expliqués par des causes externes (l'élève n'a pas consenti les efforts attendus; il n'a pas reçu le soutien de ses parents). En ce sens, on pourrait penser que «la croyance conditionnelle qu'ont les enseignants dans les effets potentiellement positifs du redoublement est munie d'une ceinture d'arguments protecteurs qui, saturés en attributions externes, la rend en quelque sorte infalsifiable» (p. 513). Si nécessaire, des enseignants argueront que, de toute façon, revoir une seconde fois la matière ne peut pas faire de tort.

Au final, animés de cette croyance, les enseignants sont logiquement amenés à un double questionnement: quels sont les élèves pour qui le traitement est indiqué et à qui est-il juste de l'appliquer? Le premier questionnement renvoie à une perception des élèves qui constitue en quelque sorte la facette psychologique du jugement qu'opèrent les enseignants, tandis que le second en constitue la facette éthique et débouche sur des dilemmes inéluctablement situés dans les contraintes institutionnelles de l'exercice de la profession enseignante.

Pour assumer le premier questionnement, les enseignants sont conduits à opérer des jugements sur l'état psychologique des élèves en difficulté; jugements qui prévalent sur les évaluations strictement péda-gogiques et, partant, sur les notes scolaires, ce qui confirme le modèle de Bless *et al.* (2005). Celles-ci, malléables par essence (cf. Merle, 1996), fonctionnent à la fois comme des éléments de validation du jugement psychologique de l'enseignant et comme des outils stratégiques et/ou communicationnels à l'égard des élèves et des parents. Aussi, dès lors qu'ils parlent des élèves ou de leurs familles, les enseignants énoncent des jugements normatifs. D'une part, l'élève est regardé au travers d'un prisme qui renvoie au métier d'élève tel qu'il est idéalisé par l'institution scolaire: enthousiaste, actif, participatif, autonome, soigneux, fiable, motivé, etc. D'autre part, les environnements familiaux sont appréciés en fonction d'une représentation normative de la famille idéale (souvent qualifiée paradoxalement de «normale») : parents non divorcés, parlant la langue d'enseignement à la maison, ambitionnant pour l'enfant un avenir scolaire jalonné de réussites et, partant, propices à apporter soutien et accompagnement éducatif. Cette double dimension de la perception des élèves peut, dans certains cas, déboucher sur des raisonnements de compensation et, dans d'autres, de cumulation. Ainsi, pour deux élèves ayant vécu deux situations analogues (divorce des parents et partant résultats et comportements limites) un enseignant se prononcera pour la réussite de l'élève argumentant que ce dernier a déjà vécu bien des déboires qui expliquent ces résultats (compensations) alors qu'un autre proposera le redoublement pour les mêmes raisons (accumulation).

Le second questionnement s'exprime sous la forme de dilemmes moraux (Wanlin et Crahay, 2012). Ceux-ci émergent principalement lorsque mérite et talent ne convergent pas. Il est évidemment relativement simple de décider un redoublement lorsque l'élève présente d'importantes lacunes et qu'il ne fait pas de gros efforts pour réussir. Le doute s'immisce toutefois dans l'esprit de certains enseignants lorsqu'ils sont confrontés à des cas d'élèves en difficulté mais méritants, ou à ceux d'élèves dont les performances sont juste suffisantes, mais qui exercent leur métier d'élève avec une sorte de désinvolture. Il y a aussi dilemme lorsque des enseignants considèrent qu'en décidant le redoublement d'un élève, ils peuvent aboutir à une reconfiguration du groupe d'élèves susceptible de contribuer à une dynamique de classe mieux adaptée au rythme de progrès de la majorité, mais qu'en revanche, cette décision pourrait ne pas être favorable à l'élève concerné. L'enseignant se trouve alors au cœur d'un conflit d'intérêts qui l'oblige à choisir entre l'intérêt du groupe et celui d'un ou deux individus. Ces incertitudes, exprimées à quelques occasions par des enseignants, confirment que, pour certains au moins, la croyance dans les bienfaits du redoublement n'est pas absolue.

6.3.   L'étude de Crahay, Marcoux, Revilloud et Sedooka (non publiée)

Si la question centrale de cette étude est sensiblement la même que celle posée dans l'étude précédente (comprendre comment se construisent les décisions de redoublement ou d'orientation vers l'enseignement spécialisé), son originalité réside dans le fait qu'elle se focalise aussi sur l'aspect temporel de la construction, autrement dit le «quand». Dans ce cadre, l'intérêt de cette seconde étude, également menée dans le canton de Genève, tient au schéma de recherche adopté. Quatorze enseignants primaires genevois volontaires et intéressés par la problématique de l'échec scolaire ont accepté de participer à l'étude (E1 à E14). Chacun d'entre eux s'est prêté à cinq entretiens[55] échelonnés comme suit :

Mai 2011	Septembre 2011	Décembre 2011	Mars 2012	Juin 2012
Entretien préalable	Entretien 1	Entretien 2	Entretien 3	Entretien 4

Le premier entretien (entretien préalable) avait pour objectif d'expliquer le but et la méthode de la recherche et de négocier l'adhésion des enseignants. Ces derniers étaient informés qu'il était attendu d'eux qu'au cours de l'année scolaire à venir, ils se soumettent à quatre entretiens pour parler des élèves de leur classe, de leurs attitudes en classe, de leurs difficultés s'ils en éprouvaient et de l'éventualité d'un redoublement ou d'une orientation vers l'enseignement spécialisé. L'entretien 1, deuxième semaine de la rentrée, avait pour objectif de relever les perceptions initiales des enseignants concernant chacun de leurs élèves et de comprendre comment ils envisageaient le déroulement de l'année. Appréhendaient-ils des difficultés pour certains élèves et si oui, lesquelles et pourquoi ? Les entretiens 2 et 3 permettaient le recueil des jugements, analyses et réflexions des enseignants, eu égard à chaque élève avec une attention particulière sur les élèves qu'ils jugeaient en difficulté. Il leur était aussi demandé si certains élèves risquaient un redoublement et si les élèves en difficulté bénéficiaient de soutiens, à l'école ou ailleurs. Enfin, le dernier entretien interrogeait les enseignants sur leurs décisions de redoublement ou de promotion concernant les élèves qu'ils avaient désignés comme étant en difficulté au cours des entretiens précédents. Ils étaient alors amenés à expliciter au mieux les raisons de ces décisions. Ce sont ces informations que nous analysons ici.

L'entrevue préalable a également été l'occasion d'une discussion approfondie avec les enseignants concernant leurs croyances, eu égard au redoublement. De la lecture des 14 retranscriptions, il ressort que, hormis quatre enseignants, la majorité rechigne à affirmer une position générale en faveur ou défaveur du redoublement. Deux enseignants (E1 et E8), qui se disent contre le redoublement, déclarent avec fierté n'avoir jamais fait redoubler et ceci en 26 ans de carrière pour E1 et en 12 pour E8. À l'opposé, E5 et E14 pensent que, dans certains cas, le redoublement peut être une bonne chose. Ainsi, E5 explique qu'il a déjà fait redoubler un élève « parce qu'il n'arrivait pas du tout à suivre et à acquérir les notions de base ». Le

---

55. Tous les entretiens (14 x 5 = 70) ont été enregistrés et retranscrits par la chercheuse qui les a conduits. Ensuite, tous ont été réécoutés pour vérification de retranscription par une seconde chercheuse n'ayant pas participé à la récolte. Enfin, deux nouveaux chercheurs ont procédé à l'analyse des données avant de la soumettre aux deux premières chercheuses. Au total, ce sont quatre chercheurs qui se sont confrontés et concertés sur la compréhension et l'analyse des contenus récoltés.

but était de lui donner une année supplémentaire pour avoir le temps de rattraper son retard et de se remettre à niveau.

En septembre, décembre, mars et juin, les 14 enseignants ont été invités à répondre à la question « Craignez-vous le redoublement d'un ou de plusieurs élèves ? Pensez-vous que certains devront être orientés vers l'enseignement spécialisé ? ». En juin, ils ont dû prendre des décisions de promotion, de redoublement, de passage avec dérogation (lorsqu'un élève « n'a pas atteint » le niveau de compétences et de connaissances requis) ou tolérance (lorsque l'élève a « presque atteint » le niveau de compétences et de connaissances requis) et d'orientation dans l'enseignement spécialisé[56]. Une première manière d'approcher notre questionnement quant à la construction en cours d'année des décisions de redoublement, consiste à mettre en relation les réponses obtenues à cette question portant sur les craintes de redoublement avec les décisions prises en fin d'année (tableau 5.29).

Tableau 5.29 : Anticipation de redoublements possibles et décision de fin d'année

Craintes de redoublement exprimées en					Décisions prises en fin d'année		
Ens.[57]	Classe	Septembre	Décembre	Mars	Tolérance	Dérogation	Redoublement ou spécialisé
E2	3P[58]	Trop tôt	Non	Rita, Athina, Tristan (spécialisé)		*	Tristan
E3	3P	Noé	Jade	Jade		*	
E4	4P	Non	Cléane (spécialisé)	Cléane (spécialisé) Emilia	Emilia, Merari	–	Cléane (spécialisé)
E5	4P	Altuna	Altuna	Altuna	–	Altuna	Samuel
E6	4P-5P	Denis	Non	Non	Denis	–	–
E7	6P	Non	Non	Non	Edon, Gresa	–	–
E8	6P	Trop tôt	Sofia	Non	–	–	–

---

56. Dans l'enseignement primaire genevois, le passage de classe est soumis à une législation complexe et contraignante. En fin d'année, pour chaque élève, l'enseignant dispose potentiellement des cinq possibilités mentionnées dans le texte. Le lecteur intéressé peut consulter le règlement de l'enseignement primaire C 1 10.21, articles 39 à 55. http://www.ge.ch/legislation/rsg/f/rsg_c1_10p21.html

57. E1 a dû abandonner en cours d'année pour cause de maladie.

58. Rappelons que, depuis la réforme Harmos (cf. chapitre 1), la 3P correspond à la 1P en FWB et au CP en France. La 8P est la dernière année du primaire.

Craintes de redoublement exprimées en				Décisions prises en fin d'année		
Ens.[57]	Classe	Septembre	Décembre	Mars	Tolérance	Dérogation	Redoublement ou spécialisé
E9	6P	Ali, Jérémy	Ali, Jérémy	Ali, Edmon, Jérémy	Ali, Marie, Sara, Théodore	Jérémy	Edmon (spécialisé)
E10	6P	Manon, Jessica	Manon (spécialisé), Jessica	Jessica, Manon (spécialisé), Almostafa (spécialisé)	Christophe, Cléa	Manon, Laticha	Almostapha (Institution)
E11	6P	Océane, Laila	Océane (spécialisé)	Laila, Veton	Abinaya, Jessi		Océane (spécialisé dès le mois de mars)
E12	8P	Naomi, Marcos	Marcos	Marcos	–	Marcos	–
E13	8P	Non	Non	Winsor	–	Winsor	–
E14	8P	Pamela	Pamela, Sarah (EFP)	Non	–	–	–

* N.B. : La distinction « tolérance – dérogation » n'est pas faite par le règlement du DIP avant la 4P.

D'emblée, un premier constat s'impose : quasiment tous les enseignants désignent, en cours d'année, un ou plusieurs élèves comme pouvant être sujet(s) d'un redoublement ou d'une orientation vers le spécialisé. Seul E7 n'exprime aucune crainte de redoublement ou d'orientation vers le spécialisé et ceci bien qu'en fin d'année, certains de ses élèves réussissent par tolérance.

Par ailleurs, il importe de relever que le nombre de redoublement ou d'orientation vers le spécialisé est faible : six. Tous les six ont été détectés comme potentiels redoublants ou élèves à orienter vers le spécialisé auparavant : Océane dès le mois de septembre, Cléane dès le mois de décembre ; Almostapha, Edmon et Tristan dès le mois de mars, mais Almostafa arrive dans la classe de E10 à ce moment. Le cas de Samuel est étonnant : E5 n'exprime pas explicitement de crainte de redoublement à son égard, mais décide son redoublement en fin d'année ; il explique, cependant, que, l'année précédente, son redoublement avait été proposé par l'enseignant concerné, accepté par les parents, mais refusé par le directeur. On notera encore qu'E5 le désigne comme élève en difficulté tout au long de l'année.

Autre constat, certains élèves sont désignés comme de potentiels redoublants à un moment de l'année et finissent par être promus ; la majorité d'entre eux (19 sur 24) soit par tolérance (13 sur 19), soit par dérogation (6 sur 19). Ainsi, ces élèves pour lesquels l'enseignant exprime à un moment de l'année une crainte de redoublement ou d'enseignement spécialisé finissent par réussir en fin d'année, mais dans des conditions que nous qualifierons de limites. Par ailleurs, dix élèves sont promus sans réserve malgré les craintes exprimées précédemment : Jade passe de classe car E3 monte de degré avec sa classe ; Athina, Ritta, Noé, Sophia, Jessica, Laïla, Veton, Naomi, Pamela sont promus sans réserve. Il faut cependant épingler les cas de Manon et de Naomi. On peut se demander si ces élèves n'échappent pas au redoublement en vertu de l'article 52 du règlement établi par le Département de l'Instruction Publique (DIP). Pour ces deux élèves, les enseignants (E10 et E12) signalent lors d'au moins un entretien que le redoublement n'est plus possible en ce qui les concerne car ils ont déjà redoublé. Au cours de chacun des entretiens, les enseignants ont aussi été invités à donner les noms des élèves qu'ils jugeaient en difficulté scolaire. On trouvera les réponses fournies dans le tableau 5.30. Les élèves pour lesquels l'enseignant a exprimé une crainte de redoublement ou d'orientation vers le spécialisé sont soulignés ; ceux qui ont quitté la classe sont barrés. Pour chaque classe est également indiqué, l'effectif total, le nombre total de noms différents cités, la proportion par rapport à l'effectif de classe ainsi que le nombre minimal et maximal d'élèves déclarés en difficulté lors des différents entretiens.

Au total, dix enseignants retenus[59] ont parlé de 59 élèves. C'est E6 qui a désigné le moins d'élèves en difficulté : 3 dans une classe de 16 ; donc, une proportion de 0,19. À l'opposé, E9 et E10 nous ont parlé de 9 élèves comme ayant eu des difficultés à un moment ou un autre de l'année ; dans ce cas, c'est plus de la moitié de leur classe composée de 17 élèves pour chacun des deux enseignants. En définitive, dans toutes les classes, il y a au moins un cinquième des élèves qui « connaissent » des difficultés ; en règle générale, la proportion est d'un quart ou un tiers : on trouve sept classes dont la proportion ainsi calculée varie entre 0,24 et 0,31.

Le plus souvent, ce sont les mêmes noms qui reviennent d'un entretien à l'autre. Au total, nous avons repéré 36 élèves (sur 59) déclarés en difficulté constante en ce sens qu'ils ont été nommés trois ou quatre fois. Ceux qui redoublent ou sont orientés vers le spécialisé se retrouvent parmi ces 36 élèves (y compris Almostapha qui arrive dans la classe en cours d'année et est déclaré d'emblée en difficulté) ainsi que tous ceux (hormis Noé et Athina) à propos desquels les enseignants ont exprimé à un moment ou un autre une crainte d'échec. À côté de ces élèves en difficulté constante, on peut repérer d'autres profils. Certains élèves sont nommés en difficulté en début d'année, lors des entretiens de septembre et, parfois, de décembre ; c'est le cas de Lisandro, Ibrahim, Sophia, Arig, Hugo et Thomas. Certains sont l'objet de difficultés passagères : Rinesa, Tiago et Muhammad. D'autres encore sont déclarés en difficulté en fin d'année : Umut, Daniel, Lua, Christophe et Jessi.

---

59.   Quatre enseignants ont changé de degré ou de fonction entre le mois de mai (entretien préalable) et le mois de septembre (début effectif de la recherche).

Tableau 5.30 : Les élèves déclarés en difficulté lors des différents entretiens

Ens.	Classe	Effectif classe	Nombre d'élèves avec difficulté(s)	Septembre	Décembre	Mars	Juin
E2	3P	21	6 (0,29) 3 – 4	Rita, Tristan, Lisandro, Lucie	Tristan, Lucie, Carolina	Rita, Tristan, Athina, Carolina	Rita, Tristan, Athina, Carolina
E3	3P	21	6 (0,29) 4 – 5	Nour, Bruno, Jade, Noé, Dylan	Nour, Bruno, Jade, Noé	Nour, Jade, Dylan, Umut	Nour, Jade, Dylan, Umut
E4	4P	22	6 (0,27) 3 – 5	Merari, Emilia, Sophia, Cléane, Ibrahim	Merari, Emilia, Cléane, Rinesa	Merari, Emilia, Cléane	Merari, Emilia, Cléane
E5	4P	19	5 (0,26) 2 – 5	Arig, Altuna, Hugo, Nicolas, Samuel	Altuna, Hugo, Nicolas, Samuel	Altuna, Nicolas, Samuel	Altuna, Nicolas, Samuel
E6	4P-5P	16	3 (0,19)	Denis, Leidy, Élisa	Denis, Leidy, Élisa	Denis, Leidy, Élisa	Denis, Leidy, Élisa
E7	6P	18	5 (0,28) 2 – 5	Edon, Joana, Gresa	Edon, Joana	Edon, Joana, Gresa	Edon, Joana, Gresa, Daniel, Lua
E8	6P	21	5 (0,24)	Soraya, Léa, Lara, Sophia, Andreia	Soraya, Léa, Lara, Sophia, Andreia	Soraya, Léa, Sophia, Andreia	Soraya, Léa, Lara, Sophia, Andreia
E9	6P	17	9 (0,53) 6 – 9	Ali, Jeremy, Edmon, Théodore, Steven, Dounia, Marie, Sara, Thomas	Ali, Jeremy, Edmon, Théodore, Steven, Dounia, Sara	Ali, Jeremy, Edmon, Théodore, Steven, Dounia, Marie, Sara	Ali, Jeremy, Edmon, Théodore, Steven, Marie, Sara
E10	6P	17	9 (0,53) 6 – 9	Manon, Jessica, Cléa, Laticha, Michaël, Muhammad	Manon, Jessica, Cléa, Tiago, Laticha, Michaël	Manon, Jessica, Cléa, Laticha, Michaël, Muhammad, Christophe, Almostapha	Manon, Jessica, Cléa, Laticha, Michaël, Christophe, Almostapha
E11	6P	16	5 (0,31) 3 – 5	Océane, Laila, Abinaya, Veton	Océane, Laila, Abinaya, Veton	Océane, Laila, Abinaya, Veton	Océane, Laila, Abinaya, Veton, Jessi

Pour comprendre les décisions des enseignants, le type de difficultés qu'ils attribuent aux différents élèves a été analysé. Il est, en effet, possible qu'aux yeux des enseignants, certaines difficultés soient jugées majeures par rapport à d'autres et, partant, que certaines justifient un redoublement à l'inverse d'autres. Conséquents avec cette hypothèse, nous avons recensé toutes les difficultés énoncées par les dix enseignants et avons créé une typologie. Cette analyse n'a pas permis de dresser un profil particulier des difficultés qui caractériseraient les redoublants ou ceux qui sont orientés vers le spécialisé. Les notes scolaires insuffisantes sont le lot de ces élèves, mais on retrouve cette caractéristique chez les « rescapés » (c'est-à-dire ceux pour lesquels une crainte de redoublement a été exprimée, mais ne s'est pas concrétisée) ainsi que chez des élèves pour lesquels il n'a jamais été question de redoublement ou d'enseignement spécialisé.

Les données de cette étude menée auprès de dix enseignants genevois, interrogés à cinq reprises, permettent d'esquisser un modèle de fonctionnement quant à la prise en charge des élèves en difficultés scolaires et quant à la possibilité qu'en définitive, une décision de redoublement ou d'orientation vers le spécialisé soit prise. Soulignons le fait que les propos enregistrés lors des entretiens et, partant, les modes de fonctionnement qu'ils dévoilent sont le propre d'enseignants qui ont, à l'égard du redoublement, un positionnement nuancé, voire réservé. Hormis E14 qui affirme une position relativement tranchée en faveur du redoublement, tous les autres expriment des nuances. Le redoublement, c'est aux yeux de la plupart des enseignants interrogés la solution du dernier recours ; celle que l'on prend après avoir essayé tous les autres moyens d'aides qui leur paraissent envisageables.

Très tôt dans l'année, dès septembre, les élèves en difficulté sont repérés et, comme signalé ci-dessus, la grande majorité d'entre eux (36 sur 59) sont nommés à chacun des quatre entretiens. Ce sont ceux que nous nommons « élèves en difficulté constante ». Il est rare qu'ils disparaissent de la liste ; nous en avons repéré 12, soit moins d'un cinquième. Pour d'autres, les difficultés apparaissent en cours d'année. Ils sont moins nombreux encore : nous en avons compté 6. Tous les élèves qui redoublent ou sont orientés vers le spécialisé font partie de ces élèves à difficulté constante. C'est aussi parmi ceux-ci que l'on retrouve la grande majorité de ceux qui seront promus par tolérance ou dérogation. Il nous semble dès lors possible de parler d'**un repérage précoce des élèves en difficulté**. Ce repérage ne reste pas sans suite. Il semble bien que, dans tous les cas, les enseignants alertent les parents dans le but qu'un soutien soit mis en place. Dans les cas les plus inquiétants du point de vue de l'enseignant, c'est un bilan de l'Office Médico-Pédagogique (OMP) qui est suggéré aux parents. Celui-ci est important car il donne accès à la prise en charge par un spécialiste : logopédiste[60], psychologue, etc. Cette étape (l'alerte donnée aux parents), est cruciale. Leur accord est indispensable pour aller de l'avant dans la procédure de prise en charge. Il faut que l'enseignant réussisse à convaincre les parents de la réalité des difficultés de leur(s) enfant(s), qu'ils réussissent à obtenir d'eux un investissement dans la sollicitation de l'OMP ou dans la mise en œuvre d'une autre forme d'aide : répétiteur, appui interne à l'école, études surveillées ou, plus simplement, surveillance assidue de l'élève par les parents.

Du point de vue des enseignants interrogés, l'aide à apporter aux élèves en difficulté implique le plus souvent un intervenant extérieur. Ainsi, à la question concernant l'aide fournie à ces élèves apparaît une prédilection à citer l'action du logopédiste, du psychologue, d'un répétiteur ou des parents. Des aides internes à la classe sont également évoquées, mais pas avec la même force que les aides externes. Or la question qui leur était posée ne les orientait pas spécialement vers ce type de réponse. En effet, il leur était demandé d'expliquer comment ils avaient géré ces élèves en difficulté, s'ils avaient eu recours à des moyens particuliers, si des aides internes et/ou externes avaient été, à leur connaissance, mises en œuvre. Ceci amène l'hypothèse que la représentation qu'ont ces enseignants de leur rôle professionnel consiste à repérer les élèves en difficulté, à donner l'alerte aux parents et à tout faire pour qu'une prise en charge externe à la classe soit mise en place. Bien évidemment, cette hypothèse devrait être mise à l'épreuve par d'autres études.

Quand les décisions de redoublement sont-elles prises ? Assez tardivement, sommes-nous tentés de répondre. Dans la plupart des cas, lors du dernier trimestre de l'année. Ce n'est pas à dire que ces décisions ne sont pas anticipées au préalable. En fait, les enseignants repèrent des élèves que nous qualifions « à risque » ou de « redoublants potentiels ». Cependant, il est manifeste que les anticipations de redoublement ne sont pas des décisions arrêtées une fois pour toutes à un moment de l'année. L'imminence de la fin de l'année et, partant, l'obligation de devoir communiquer leurs décisions de promotion, de redoublement ou d'orientation vers le spécialisé créent une sorte de pression qui se fait sentir lors des entretiens de mars ; c'est à cette occasion que nous avons enregistré le plus de réponses à la question demandant aux enseignants de nommer les élèves pour lesquels ils redoutaient une non-promotion : 16 enfants sont cités en mars alors qu'on n'en compte que 13 en septembre et 11 en décembre. Par ailleurs, les analyses des propos des enseignants qui ont fini par décider d'un redoublement ou d'une orientation vers le spécialisé donnent à voir des cas de revirement : en mars, Rita, Athina et Altuna étaient désignées comme redoublants probables ;

---

60.   C'est le terme utilisé à Genève, alors qu'en FWB on parle de logopède.

en juin, ce sont leurs pairs Tristan et Samuel qui ne passent pas. Quelle aurait été la décision de ces enseignants s'ils avaient dû la prendre en mars ?

En sus, le rôle des parents et, plus précisément, leur indolence constituent un facteur qui pèse lourdement dans la décision qui est prise. Ceci ne signifie pas que les enseignants punissent les parents qui ne font rien en condamnant leur enfant au redoublement ou à une orientation vers le spécialisé. Il nous paraît plus juste de parler de résignation. Alors qu'ils ont tiré la sonnette d'alarme, plusieurs fois dans la plupart des cas, «après avoir tapé du poing sur la table» (E9) pour que quelque chose soit entrepris, les enseignants déplorent l'absence de suivi dont sont victimes certains élèves. Ainsi, s'agissant d'Edmon, E4 déclare :

> Parce qu'il n'est plus suivi du tout. Ils ont laissé tomber. S'ils font ça, ça vaut la peine qu'il refasse son année, parce qu'il va pouvoir améliorer ses résultats. Parce que de toute façon, en français, il n'écrit pas. Il ne sait pas aligner trois mots. Il n'a pas d'orthographe du tout. Vraiment, il est énormément en retard. [...] Donc la question qui est à se poser, c'est si les parents ne font rien, est-ce que ça vaut la peine de le garder encore une année de plus à l'école ? C'est dramatique de raisonner comme ça mais le souci c'est que s'il devient plus grand et les parents ne font rien. Non, ils ont laissé tomber, les parents. Il était suivi, mais ils ont arrêté. Là c'est indispensable qu'ils reprennent quelque chose de sérieux. Il en a besoin cet enfant. Il n'est pas bien.

À l'opposé, concernant Emilia, E4 explique :

> J'ai dit à la maman : «Vous avez réussi des miracles la première fois, je vous en demande des nouveaux et travaillez avec elle. Faites-la lire et puis surtout travaillez avec elle les mathématiques, la numération, elle en aura besoin l'année prochaine.» La maman s'est engagée à le faire. Donc voilà, je l'ai quand même mise en mesures d'accompagnement, forcément, parce qu'elle n'a pas tout le [...]. Et je pense que ça va l'aider d'être entourée, soutenue à ce moment-là. Donc voilà, pour elle j'ai bon espoir. Je pense qu'elle est vraiment sur la pente qui monte et donc voilà.

En définitive, nous retrouvons ici le processus de psychologisation que, réanalysant les entretiens menés par Burdevet (1994) auprès de 11 enseignants genevois, Crahay (1996) avait mis en évidence. Nous retrouvons aussi la prévalence des attributions externes mises en évidence par Bless, Bonvin et Schüpbach (2005) et Marcoux et Crahay (2008) pour justifier les décisions de redoublement.

6.4. L'étude de Demarcin (2016)

Dans le cadre de son travail de fin d'études, Demarcin a répliqué l'étude précédente en province de Liège (FWB). Elle a interrogé dix enseignants de 1P avec le protocole d'entretien développé à Genève, à quatre reprises : en septembre, décembre, mars et juin.

Comme vu dans le chapitre 1, le contexte institutionnel du système éducatif de la FWB est très différent de celui du canton de Genève. Dans ce système fonctionnant comme un quasi-marché (Maroy, 2006), les parents ont le libre choix de l'école de leur(s) enfant(s). Le rapport des parents à l'école est dès lors différent de celui des parents genevois dont les enfants sont affectés (sauf dérogation) à une école en fonction de leur domicile. De surcroît, la réglementation concernant le redoublement est différente en FWB de celle en vigueur dans le canton de Genève. En ce qui concerne la première étape regroupant les cycles 1 et 2 (cf. chapitre 1), les élèves en difficulté peuvent «bénéficier» d'une année complémentaire. Celle-ci peut se traduire par un maintien en troisième maternelle[61], mais elle peut être décidée au terme de la 1P ou de la 2P. La circulaire administrative «organisation de l'enseignement maternel et primaire ordinaire» du 30 juin 2015[62], destinée, entre autres, aux pouvoirs organisateurs et aux directions des écoles, précise que l'année complémentaire «ne peut toutefois être qu'exceptionnelle, ne peut en aucun cas être confondue avec un redoublement et doit s'accompagner de la constitution d'un dossier pédagogique pour chaque élève concerné» (p. 23). Dans ce cas, l'équipe éducative, en accord avec les parents, choisit le moment le plus opportun pour décider d'y recourir, en fonction des particularités de l'enfant. La mise en place de l'année complémentaire ne doit donc pas nécessairement se situer en fin d'étape. Les modalités d'organisation de cette mesure pédagogique sont propres aux écoles et doivent être mentionnées dans le projet d'établissement et/ou le règlement des études. Bref, la promotion de la 1P à la 2P n'est pas soumise à une réglementation contraignante puisque les modalités d'évaluation et d'organisation de l'année complémentaire sont laissées au libre choix du pouvoir organisateur[63] de l'école fréquentée (Ministère de la Communauté française, 2013, p. 7).

Le tableau 5.31, ci-dessous, présente de façon synthétique les données recueillies par Demarcin. On y lit le nombre d'années d'expérience de chaque enseignant et l'indice socio-économique (ISE) de l'école dans laquelle chacun est en fonction. Ce dernier permet de classer les écoles sur une échelle de 1 (ISE le plus faible) à 20 (ISE le plus élevé). Les classes de 1 à 5 bénéficient de l'encadrement différencié, c'est-à-dire de moyens supplémentaires en vue de renforcer les apprentissages de base, de lutter contre l'échec, de favoriser la remédiation immédiate et de prévenir le

---

61. Dans ce cas, il faut demander et obtenir une dérogation du ou de la ministre de l'Éducation.
62. http://www.gallilex.cfwb.be/document/pdf/43378_000.pdf.
63. Le pouvoir organisateur d'un établissement d'enseignement est l'autorité, la ou les personne(s) physique(s) ou morale(s), publique(s) ou privée(s), qui en assume(nt) la responsabilité. Les pouvoirs organisateurs sont officiels (publics) ou libres (ASBL ou autres).

décrochage. Ceci est rappelé dans le tableau par un astérisque associé au nom de l'enseignant. Certains établissements organisent la «montée» de l'enseignant avec sa classe au sein d'une partie du même cycle (de la 1P à la 2P); ceci est indiqué dans la colonne 3. On trouve, dans les quatre dernières colonnes, les prénoms des élèves que les enseignants ont déclarés comme ayant des difficultés d'apprentissage. Ceux pour lesquels, l'enseignant a exprimé une crainte de redoublement sont soulignés. Les élèves pour lesquels une décision de redoublement est prise sont en gras dans la colonne du mois de juin. La colonne 5 (intitulée «élèves») indique le total d'élèves déclarés au moins une fois en difficulté, l'effectif de la classe et le rapport entre ces deux nombres. La colonne 6 est importante eu égard à l'objet de ce chapitre: elle renseigne de façon synthétique sur la croyance des enseignants à propos du redoublement.

À un moment ou à un autre (voire plusieurs) de l'année scolaire, les dix enseignants suivis par Demarcin ont désigné 60 élèves éprouvant des difficultés. C'est E7 qui a déclaré le moins d'élèves en difficulté: 2 dans une classe de 17 (0,12), Louise n'apparaissant qu'une seule fois et Matéo (qui va redoubler) à chaque entretien. À l'opposé, E2 a désigné 9 élèves distincts sur une classe de 22 (0,41) comme présentant des difficultés à un ou plusieurs moment(s) de l'année avec une proportion maximale atteinte au deuxième trimestre: 7 élèves pour cette même période. Avec la classe au plus faible effectif (12), E10 se singularise par la proportion la plus importante d'élèves jugés en difficulté en début d'année scolaire: 5 élèves sur 12 (0,42). Au final, dans huit classes sur dix, on comptabilise au minimum un quart d'élèves connaissant des difficultés ponctuelles ou constantes; leurs fréquences relatives varient entre 0,27 et 0,42. Si l'on considère les dix enseignants, la proportion d'élèves désignés au moins une fois comme éprouvant des difficultés varie entre 0,12 et 0,42, ce qui est fort semblable à ce qui a été observé à Genève (entre 0,19 et 0,53).

Toutes classes confondues, on repère 21 élèves sur 50 en difficulté continue dans la mesure où ils ont été cités par leur enseignant au minimum à trois reprises comme éprouvant des difficultés. Au mois de juin, tous ces élèves sont toujours signalés en difficulté et pour la plupart d'entre eux, les enseignants pronostiquent un parcours compliqué pour la deuxième année. Un point de vue assez général illustré par les propos de ces deux enseignants:

> E4: «Il n'a pas mis son année à profit. Il aura difficile l'année prochaine parce qu'il a trop traîné. Il a des lacunes et je ne le sens pas plus disposé à travailler autrement. Cela va être compliqué[...]. C'est un gamin qui va se laisser vivre jusqu'à ce que ça coince réellement.»

**Tableau 5.31 : Les élèves déclarés en difficulté
lors des différents entretiens avec quelques enseignants liégeois :
craintes et décisions de redoublement plus quelques caractéristiques
concernant l'enseignant et sa classe**

	Exp.	Montée	ISE	Élèves	Croyance	Septembre	Décembre	Mars	Juin
E1*	4	Non	20	7 18 (0,39)	Mitigée	Manon, Georges, Emmy, Basile	Emmy, Emma	Emmy, Emma, Clara	Emmy, Clara, Estelle
E2*	0	Non	5	9 22 (0,41)	Plutôt pour	Melissa, Myriam, Roy	Axel, Chris, Ethan, Nolan, Nora Rayan, Roy	Nolan, Nora, Rayan, Roy	**Nora, Nolan,** Rayan, Roy
E3*	29	Non	7	4 24 (0,17)	Pour	Cyrine, Line	Cyrine, Line, Lucas	Cyrine, Olivia	Cyrine
E4*	14	Oui	20	7 18 (0,39)	Mitigée	Henri, Juliette, Delal, Otman	Nathan, Sofia, Ydris	Nathan, Ydris	Nathan, Ydris
E5*	18	Oui	3	6 21 (0,29)	Plutôt pour	Channel, Nicolas	Louane, Mehdi, Nicolas	Emerik, Luigi, Mehdi, Nicolas	Mehdi, Nicolas
E6	6	Non	2	8 20 (0,40)	Contre	Ayaan, Moïse, Mariam, Raresh, Rouqaya	Ayaan, Idris, Moïse, Raresh, Rouqaya, Wassim	Ayaan, Moïse, Rouqaya, Sevdie, Wassim	Ayaan, Moïse, Rouqaya
E7	17	Non	10	2 17 (0,12)	Pour	Matéo	Matéo	Louise, Matéo	Matéo
E8	14	Oui	20	6 19 (0,32)	Mitigée	Louis, Noa, Romain	Achille, Emmanuelle, Louis, Romain	Achille, Curtis	Achille, Curtis
E9	15	Non	16	6 22 (0,27)	Mitigée	Camélia, Lina, Lena, Matis, Noé	Camélia, Julie, Lina, Lena, Matis, Noé	Lina, Matis, Noé	Lina, Matis, Noé
E10	31	Non	17	5 12 (0,42)	Mitigée	Alexandre, Jérémy, Raphaël, Théo, Tyler	Jérémy, Théo, Tyler	Alexandre, Jérémy, **Théo,** Tyler	Jérémy, **Tyler**

E9 : « C'est vraiment un des cas les plus limites qui de toute façon ne pouvait pas doubler vu qu'il avait recommencé sa troisième maternelle. [...] J'ai préconisé qu'il lise pendant les vacances parce que s'il y a cassure pendant deux mois, cela pourrait être vraiment, vraiment problématique pour sa deuxième année [...]. Cet enfant a de gros problèmes de compréhension, de sens mais il progresse... »

Les 6 élèves qui vont redoubler – Nora, Nolan, Cyrine, Matéo et Tyler – ou être orientés vers le spécialisé (Théo dès le mois de mars) font partie des élèves en difficulté constante. Ces six élèves ont fait, au préalable, l'objet d'une crainte relative à leur maintien en 1P, au(x) deuxième et/ou troisième trimestre(s). Huit autres élèves ont été indiqués par les enseignants comme des redoublants potentiels. En définitive, les enseignants ont douté de la promotion en 2P pour 14 élèves. Cette crainte se concrétise pour 6 d'entre eux alors que 8 autres échappent à cette présomption négative et sont promus. Hormis E4 et E8, tous les enseignants expriment des craintes de redoublement pour un ou plusieurs élève(s). Signalons que les enseignants E1, E2, E9 et E10 ont évité d'exprimer clairement leur crainte de redoublement envers des élèves qui, retardés en troisième maternelle, ne pouvaient plus être l'objet d'une année complémentaire. Pour illustrer ceci, on citera E10 qui parle de Raphaël :

E10 : « Il y a Raphaël qui a déjà deux ans de plus que les autres, qui n'aime pas l'école, ça se voit comme le nez au milieu de la figure. Il est hyper mal mais il est très attachant, un pauvre gamin dont on ne s'occupe pas beaucoup chez lui. L'école n'est pas une priorité ! Il va aller de toute façon en deuxième, on verra [...]. Il est faible en tout. »

En ce qui concerne la possible influence de facteurs contextuels, nous constatons que le profil défavorisé de l'implantation scolaire ne distingue pas les enseignants qui ont abouti à une ou des décision(s) de redoublement. Certes, on trouve chez E2 et E3, dont les classes ont respectivement un ISE de 5 et 7, la moitié des élèves maintenus en 1P, mais il faut noter que l'autre moitié sont chez E7 et E10 dont l'ISE est élevé (respectivement, 10 et 17). Notons encore que E5* et E6*, dont la classe bénéficie de l'encadrement différencié, n'ont pas prononcé de redoublement au même titre que E1*, E4*, E8 et E9 qui enseignent dans des écoles favorisées (les ISE sont respectivement de 20, 20, 19 et 20). Enfin, aucun des trois enseignants qui montent de degré avec leurs élèves ne prononce de redoublement.

Quand les enseignants prennent-ils la décision de maintenir un élève en 1P ?

Comme les enseignants genevois dans l'étude précédente, les enseignants liégeois de 1P ne prennent pas de décision arrêtée concernant le redoublement de certains élèves au cours du premier trimestre. En septembre, ils désignent un certain nombre d'élèves qui leur paraissent éprouver certaines difficultés. Plusieurs des prénoms cités à ce moment-là ne se retrouvent plus lors des entretiens suivants : 14 sur 34. La liste des élèves en difficulté commence à se stabiliser en décembre : sur les 38 prénoms cités, on trouve les 21 élèves en difficulté constante alors qu'il n'était que 13 sur 34 en septembre ; ces 21 prénoms sont encore présents dans la liste des enseignants en mars et en juin[64]. Les six élèves qui ne seront pas promus en fin d'année font logiquement partie de ces élèves en difficulté constante. La crainte d'une non-promotion est exprimée pour 3 de ces élèves en décembre, pour les 6 en mars. En résumé, il semble que la détection des élèves qui seront maintenus en 1P ou orientés vers le spécialisé s'opère assez tôt dans l'année (au moins, en décembre). Cependant, il faut ajouter que 8 des élèves désignés comme des redoublants potentiels finissent par réussir : Emmy, Roy, Medhi, Ayaan, Moïse, Raresh, Rouqaya et Noé. On constate donc que le jugement des enseignants concernant les élèves peut varier en cours d'année. En définitive, il apparaît que les enseignants identifient très rapidement les apprenants les plus faibles de leur classe[65]. En revanche, les décisions de redoublement, même si elles sont anticipées, ne sont pas figées et s'opèrent principalement lors du dernier trimestre de l'année scolaire.

Qu'est-ce qui distingue les élèves qui vont redoubler des autres élèves en difficulté constante et pour lesquels l'enseignant a exprimé un risque de redoublement ?

Demarcin constate d'abord que la nature des difficultés des élèves ne permet pas de distinguer les six élèves qui ne sont pas promus des autres élèves en difficulté constante ; notamment, tous éprouvent des difficultés en lecture. En revanche, l'évolution favorable de l'enfant semble être un facteur décisif quant à son passage dans la classe supérieure ; ainsi, E5 explique à propos de Medhi :

> E5 : « J'ai encore précisé au papa hier, qu'il va en deuxième parce qu'il a vraiment les capacités et qu'il est en progression, mais il faut mettre des choses en place. »

Cet élément intervient également en faveur d'Emmi, Roy, Nathan, Ydris, Ayaan, Raresh, Achille, Lina, Noé et Jérémy. Il intervient en défaveur de Nora et Nolan ainsi que de Cyrine et Matéo. Quant au soutien familial, il joue en faveur de Roy et Nathan et en défaveur de Nora et Nolan ainsi que de Cyrine. Pour illustrer ceci, citons les propos de E2 à propos de Nora :

> E2 : « Les parents disent eux-mêmes qu'ils ont arrêté de s'occuper des enfants, qu'ils ont lâché prise, que les enfants faisaient ce qu'ils voulaient, qu'ils avaient trop de choses en tête pour faire les devoirs avec les enfants. »

---

64. Exception faite de Théo (E10) qui est déjà orienté vers l'enseignement spécialisé en mars.
65. Concernant la FWB, ce constat ressort également de l'étude de Chenu *et al.* (2011).

À propos du rôle des parents dans la décision d'orientation et/ou de maintien, les cas de Tyler et Théo méritent d'être racontés. Malgré de nombreuses tentatives de l'enseignante (E10) de remettre Tyler en selle et d'avoir constaté son évolution, les parents, soutenus par la logopède, ont décidé de le changer d'école afin qu'il répète sa première année et ce, contre l'avis de l'enseignante. Celle-ci est également affectée par le départ de Théo vers l'enseignement spécialisé au mois de mars. Elle déplore son impuissance face à la décision d'orientation et signalera tout de même la perte d'une année pour cet enfant puisqu'il recommençait déjà sa première primaire.

Enfin, on notera le rôle des croyances des enseignants. La majorité déclare une position mitigée. Seul E6 se déclare franchement contre et ne fait redoubler aucun élève. En revanche, E3 et E7 sont «pour» et E2 et E5 «plutôt pour»; or, c'est chez E2, E3 et E7 que l'on trouve les élèves qui vont redoubler. L'analyse du discours de ces trois enseignants pour expliquer leur décision de proposer le redoublement de certains élèves repose, au mois de mars ou de juin, sur le jugement qu'ils portent entre autres sur l'élève, sa maturité, son évolution en fin d'année, son attitude face au travail ou, autrement dit, sa manière d'assumer son métier d'élève ainsi que le bilan des compétences acquises et plus encore sa capacité estimée d'affronter les apprentissages de 2P. Enfin, comme déjà souligné, le rôle des parents s'avère prépondérant dans les décisions de redoublement qui ont été prises et dans celles qui n'ont pas été prises. Dans plusieurs cas, les craintes de redoublement se sont estompées suite au constat d'un suivi parental jugé suffisant pour proposer la promotion en 2P d'élèves en difficulté constante. Jamais les enseignants ne font référence à une erreur ou un manquement didactique de leur part. Une fois encore, à l'instar de Bless, Bonvin et Schüpbach (2005) ainsi que de Marcoux et Crahay (2008), on constate que les enseignants attribuent l'échec des élèves à des «causes» externes à leur action pédagogique. Tous regrettent le manque d'alternatives au redoublement, ce qui est à nouveau une sorte d'attribution externe. Préoccupés par les problèmes rencontrés par certains pour progresser dans les apprentissages scolaires, la majorité des enseignants interrogés par Demarcin font mention de toute une série de pratiques pédagogiques «soutenantes» internes à la classe: explications individualisées, feuilles d'exercices différentes, matériels (cubes, réglettes, images) et objectifs différents. Cependant, lorsque les difficultés de certains leur paraissent très importantes, ils recommandent l'intervention de spécialistes externes: de logopèdes dans le cas de problèmes dans l'apprentissage de la lecture[66], de psychologues lorsqu'ils perçoivent un mal-être affectif. Ceci est une manière de dire que les remédiations les plus importantes

---

66.   Demarcin a compté 30 élèves suivis par un(e) logopède.

doivent être prises en charge par des spécialistes externes à l'école. Ainsi, E9, parlant de Noé, déclare qu'il a de grosses difficultés face à l'écrit; Demarcin lui demandant si elle bénéficie de soutiens, E9 répond: «Non, on en a parlé avec les parents, mais ce n'est pas encore mis en place. Pour moi, une logopède serait nécessaire. Je n'ai pas les clés pour pallier ce genre de difficultés.»

Les enseignants tiennent-ils compte de la circulaire administrative de juin 2015 concernant l'octroi possible d'une année complémentaire dans le courant de la première étape de l'enseignement fondamental? Pas vraiment, paraît la réponse la plus juste. Tous savent que les élèves doivent franchir cette étape en quatre ans maximum. Ainsi, E1, E2, E9 et E10 refusent d'exprimer leur crainte de redoublement envers des élèves qui sont déjà en retard scolaire vu qu'ils ont été retenus en troisième maternelle. En revanche, aucun enseignant ne mentionne le fait que le maintien en 1P «ne peut en aucun cas être confondu avec un redoublement et doit s'accompagner de la constitution d'un dossier pédagogique pour chaque élève concerné». En outre, il ne semble pas que la décision concernant le moment pour recourir à l'année complémentaire soit discutée au niveau de l'équipe éducative. En définitive, il semble bien que la non-promotion d'un élève reste un vrai redoublement, c'est-à-dire la répétition telle quelle d'une année scolaire.

7. QUE CONCLURE?

Les recherches rapportées dans ce chapitre concernent pour l'essentiel trois pays dans lesquels le redoublement est pratiqué selon des amplitudes variables (cf. chapitre 1): la France, la FWB et le canton de Genève. L'analyse des données recueillies au cours de ces différentes recherches tend à confirmer la thèse selon laquelle ces systèmes éducatifs sont imprégnés par une culture de l'évaluation, de l'échec et du redoublement. Une majorité de parents, d'enseignants et d'élèves adhèrent à la pratique du redoublement et, en France et en FWB, ne paraissent pas scandalisés par l'ampleur des échecs scolaires. Le concept de culture de l'échec se justifie donc pleinement; il souligne le caractère systémique des croyances. Autrement dit, les croyances des enseignants ne sont pas les seules à prendre en considération; celles des parents et des élèves jouent également un rôle. De notre point de vue, il est particulièrement significatif de constater que la majorité des futurs enseignants adhèrent à cette croyance en débutant leur formation.

Cette culture de l'échec semble particulièrement vivace en FWB. C'est ce que tend à montrer l'étude de Boraita et Marcoux (2016) portant sur les croyances des FE en tout début de formation en France, en FWB et à Genève. L'analyse des réponses données aux questionnaires EFERCr et EFERCo par 112 enseignants de la province de Liège (FWB) et par 125 enseignants du canton de Genève (cf. la section 3.1.4) laisse apparaître des tendances allant dans ce sens, en particulier en ce qui concerne la crainte de séquelles socio-affectives dues au redoublement, plus faiblement exprimée en FWB qu'à Genève. Par ailleurs, concernant les enseignants en fonction, il est pertinent de parler d'une croyance conditionnelle (Marcoux et Crahay, 2008). D'une part, les réponses qu'ils donnent aux items de l'EFERCr se situent pour bon nombre au milieu de l'échelle de Likert, ce qui se traduit par des moyennes se situant souvent entre 2,5 et 4. Ainsi, en FWB, les moyennes calculées pour les items mesurant l'adhésion au redoublement comme moyen de régulation cognitive varient entre 2,54 et 4,26 c'est-à-dire entre des avis légèrement défavorables (entre 2,54 et 3) et légèrement favorables (entre 3 et 4,26). Autrement dit, la majorité des EF rechignent désormais à exprimer des avis tranchés, ce qui constitue un changement par rapport aux études antérieures menées dans ce système éducatif. D'autre part, les études réalisées par entretien indiquent que le redoublement est considéré par bon nombre d'enseignants comme la solution de dernier recours (cf. notamment Marcoux et Crahay, 2008).

Grâce aux études par questionnaire, nous avons pu explorer la structuration des croyances à propos du redoublement. Les analyses factorielles (AFE et AFC) débouchent souvent sur les mêmes facteurs. Il est tentant de résumer un grand nombre de nos observations par la formule suivante : nombreux sont les enseignants qui pensent que le redoublement peut offrir une seconde chance aux élèves en difficulté en apportant ce que Boraita et Marcoux (2013) ont proposé de nommer une régulation cognitive (RC). Cependant, ils redoutent des conséquences socio-affectives (SA) qui pourraient affecter leur estime de soi bien que certains croient que la menace de l'échec peut jouer un rôle sur la motivation scolaire et garantir une certaine forme d'ordre scolaire (RO). À propos des résultats scolaires, les enseignants se divisent concernant le poids à leur accorder dans la décision de redoublement : les EF de FWB et de Genève sont plutôt défavorables à l'idée de se baser uniquement sur ce paramètre pour prendre une décision aussi importante alors que les FE de FWB sont plutôt favorables à cette idée. Les études de Crahay, Marcoux, Revilloud et Sedooka, d'une part, et de Demarcin, d'autre part, tendent à confirmer, sur de petits échantillons, que les EF de Genève et de la FWB prennent en compte d'autres éléments lorsqu'il s'agit de décider de la promotion ou non des élèves. Nous y reviendrons ci-dessous.

Le résultat le plus important des études par questionnaire est, de notre point de vue, celui qui révèle l'influence de la connaissance des recherches sur les croyances. Ce constat ressort de toutes les études où ce paramètre a été mesuré, qu'il s'agisse de FE ou d'EF, de FWB ou de Genève.

Les analyses réalisées pour investiguer les liens possibles entre les croyances relatives au redoublement et les conceptions psychopédagogiques des FE (Boraita, 2015) et des EF (Crahay, Marbaise et Issaieva, 2013; Crahay, Issaieva et Monseur, 2014) donnent des résultats décevants eu égard à l'espoir que nous avions mis dans cette exploration. Les régressions indiquent, dans tous les cas, que la connaissance des recherches joue un rôle plus important que n'importe quelle conception psychopédagogique. L'analyse la plus poussée a été réalisée dans l'étude de 2014 dans laquelle quatre groupes d'enseignants (G1 à G4) ont été distingués en fonction de leurs croyances concernant l'idée que le redoublement offre une seconde chance et la crainte de méfaits socio-affectifs. Elle nous permet de réfuter l'hypothèse, inspirée de Smith (1989) et reprise dans les versions antérieures, selon laquelle les enseignants «nativistes» sont plus enclins à faire redoubler que ceux qui ont une conception évolutive du développement cognitif. Dans notre analyse, la croyance que l'intelligence est innée et immuable ne distingue pas les quatre groupes constitués comme expliqués ci-dessus. En revanche, ces groupes d'enseignants se distinguent par rapport à la conception selon laquelle l'intelligence se traduit par une compréhension rapide, à la conception selon laquelle l'apprentissage implique la répétition, les échelles relatives à l'évaluation sommative et l'évaluation diagnostique et enfin la conception de l'enseignement selon une justice corrective. Les enseignants sceptiques vis-à-vis de l'idée que le redoublement offre une seconde chance (G1 et G2) s'expriment en désaccord avec ces cinq conceptions alors que ceux qui croient dans le redoublement (G3 et G4) y sont plutôt favorables (hormis pour la conception «L'apprentissage implique la répétition» vis-à-vis de laquelle les EF du G3 sont légèrement contre et la justice corrective pour laquelle les EF du G4 sont défavorables). Difficile de trouver une logique dans ces résultats. Quelle conclusion tirer? Les enseignants n'ont-ils pas de théorie psychopédagogique reliant de façon relativement cohérente leurs différentes croyances, connaissances et conceptions? Ou faut-il reconnaître avec Broudy (1980), Kagan (1992), Fenstermacher (1994), Floden et Clark (1988) et Lieberman (1992) que ce manque de cohérence résulte de la nature de l'enseignement, un domaine caractérisé par la quasi-absence de totales vérités, certitudes ou connaissances scientifiquement établies sur la bonne façon d'enseigner? Quoi qu'il en soit, cela n'empêche pas la nécessité que chaque enseignant réfléchisse à l'articulation de ses connaissances, croyances et conceptions afin de se construire une théorie pédagogique personnelle la plus cohérente possible. C'est notamment ce qui est tenté avec un certain succès dans la formation genevoise des FE comme l'a montré l'étude de Boraita (2013) portant sur les effets d'un module de formation.

De même, les études ayant trait à la modificabilité des croyances permettent de se réjouir avec prudence. Celles-ci évoluent en cours de formation (Boraita, Crahay et Monseur, 2014) et peuvent être travaillées en profondeur comme le suggère Boraita (2013). Ce constat réjouissant porte sur des effets à court terme. Or rien ne garantit que les changements et évolutions observés dans ces recherches soient des transformations en profondeur et, donc, durables des conceptions des enseignants. La recherche menée par Hausoul (2005) en FWB montre que l'entrée en fonction peut perturber des convictions engendrées par un dispositif de formation initiale. Les FE ayant participé à l'étude de Boraita sont conscients qu'ils devront affronter le monde de l'école avec ses traditions et ses contradictions. Ils sont plusieurs à craindre cette épreuve de la réalité. Dans les entretiens en fin de module de formation, Boraita a demandé aux FE de se projeter dans leur profession vis-à-vis de leur position sur le redoublement. Chez huit FE, il ressort des propos analogues à celui de FE 6: «J'ai peur. J'ai des appréhensions à tomber dans une école qui est pour le redoublement parce qu'en donnant notre point de vue, on devra se heurter à ce que partage la communauté.» Quant à FE 2, réaliste, il craint l'institution: «on devra tenir compte de notre hiérarchie même si on pense autrement».

Quand et comment les enseignants décident-ils qu'un élève doit redoubler? Nous avons relaté quatre études explorant cette question. Les données permettent de progresser dans la compréhension du processus décisionnel des enseignants.

Le modèle explicatif de Bless, Bonvin et Schüpbach (2005) indique que le processus est multidimensionnel: la position des enseignants par rapport au redoublement intervient ainsi que la représentation que se font ceux-ci des élèves sur différentes dimensions; les performances (faibles) des élèves ne sont qu'un élément parmi d'autres.

Les études au cours desquelles des enseignants ont été interrogés à quatre reprises en cours d'année permet d'appréhender comment ce processus se déploie dans le temps.

Très tôt dans l'année, les enseignants repèrent les élèves qui éprouvent des difficultés. Dans chaque classe, l'enseignant doit prendre en charge un groupe d'élèves (dont le nombre varie) qui présentent des difficultés constantes. Pour certains de ces élèves, une crainte de redoublement est formulée. Pendant l'année scolaire, les enseignants vont mettre en place des pratiques «soutenantes» au bénéfice de ces élèves en difficulté. Ils vont aussi alerter les parents en espérant que ceux-ci agissent d'eux-mêmes pour aider leur enfant ou en faisant appel à un spécialiste (logopède ou logopédiste, psychologue, etc.). En définitive, les décisions de redoublement sont prises assez tardivement: dans la plupart des cas, lors du dernier trimestre de l'année. Certes, comme indiqué ci-dessus, certains redoublements sont redoutés au préalable. Cependant, il est manifeste que ces «pronostics» négatifs ne sont pas des décisions arrêtées une fois pour toutes au moment où ils sont formulés. Des revirements de point de vue ont été observés dans les deux études où des enseignants ont été interrogés plusieurs fois en cours d'année. On constate donc que le jugement des enseignants concernant les redoublants potentiels varie en cours d'année, ce qui conduit à se demander si ce serait les mêmes qui redoubleraient si la décision devait être prise en décembre plutôt qu'en juin. Par ailleurs, il semble bien que l'imminence de la fin de l'année et, partant, l'obligation de devoir communiquer leurs décisions de promotion, de redoublement ou d'orientation vers le spécialisé crée une pression institutionnelle qui se fait sentir lors des entretiens de mars ; c'est à ce moment que sont exprimées, dans les deux études, le plus de réponses à la question demandant aux enseignants de nommer les élèves pour lesquels ils redoutaient une non-promotion. La fin de l'année approchant, les enseignants sont en quelque sorte contraints de prendre la question des redoublements à bras le corps. De façon surprenante à nos yeux, la nature des difficultés éprouvées par les élèves ne paraît pas déterminante dans la décision qui sera prise. Ainsi, dans l'étude liégeoise menée en 1P, tous les élèves pour lesquels une crainte de redoublement a été exprimée ont des difficultés en lecture. Dans l'étude genevoise, il a été noté que les notes scolaires insuffisantes caractérisent les redoublants mais on retrouve cette caractéristique chez les rescapés (c'est-à-dire ceux pour lesquels une crainte de redoublement a été exprimée, mais ne s'est pas concrétisée) ainsi que chez des élèves pour lesquels il n'a jamais été question de redoublement ou d'enseignement spécialisé. En revanche, l'évolution positive en fin d'année des élèves en difficulté semble être un facteur décisif quant à leur promotion dans la classe supérieure ; elle paraît interprétée par les enseignants comme le signe que l'élève pourra aborder les apprentissages de l'année supérieure. L'implication des parents ou, au contraire, leur manque d'engagement dans la scolarité de leur enfant pèse lourdement dans la décision finale.

Il est indéniable que les décisions de redoublement reposent sur la croyance (conditionnelle) en ses bienfaits potentiels ; les enseignants ont le souci d'agir dans l'intérêt des élèves. Comme le remarquaient Marcoux et Crahay (2008), cette croyance oriente le questionnement des enseignants pensant être pressés par l'institution (ou, plus justement, par la tradition institutionnelle) de prendre, à certains moments du cursus scolaire des décisions de redoublement. Il ne faut pas oublier, en effet, qu'à Genève comme en FWB, les responsables du système éducatif ont déclaré la guerre au redoublement ; en FWB, la circulaire administrative de juin 2015 a remplacé le terme de redoublement par celui d'année complémentaire pouvant être accordée à n'importe quel moment de la première étape de l'enseignement fondamental. Il est donc légitime de parler de tradition institutionnelle car la législation – en tout cas, en FWB – permet de postposer la décision. Il semble que l'on puisse formuler que, pressés par la perspective de la fin de l'année scolaire et celle de devoir transmettre leurs élèves à un collègue, les enseignants se sentent tenus de prendre une décision quant à l'avenir scolaire de ceux qui éprouvent des difficultés persistantes. Ils sont alors amenés à se demander quels sont les élèves pour qui le traitement est indiqué et à qui il est juste de l'appliquer. C'est alors qu'ils opèrent des jugements sur l'état psychologique des élèves en difficulté mais aussi sur le soutien familial dont ils peuvent ou non bénéficier; ces jugements qui renvoient, d'une part, au métier d'élève tel qu'il est idéalisé par l'institution scolaire et, d'autre part, à une vision normative du rôle des parents, prévalent sur les évaluations strictement pédagogiques et, partant, sur les notes scolaires. Comme l'ont indiqué Marcoux et Crahay (2008), cette perception des élèves en double perspective peut déboucher sur des raisonnements de compensation ou, à l'opposé, de cumulation. Des élèves accumulant des lacunes dans les apprentissages scolaires seront promus grâce au potentiel de ressources éducatives dont la famille peut faire preuve. À l'opposé, un élève moyennement faible, mais dont la famille fait preuve d'un manque d'implication dans la scolarité de leur enfant, se verra signifier un redoublement. En définitive, on peut se demander si ce n'est pas autant les parents que les élèves qui sont jugés en échec scolaire, ce qui devrait susciter un questionnement éthique de la part des enseignants.

Chapitre 6

L'évaluation des élèves : Docteur Jekyll and Mister Hyde de l'enseignement

Marcel Crahay, Lucie Mottier Lopez et Géry Marcoux

1. LES DEUX VISAGES DE L'ÉVALUATION À L'ÉCOLE

Il n'existe pas d'enseignement ni d'apprentissage sans évaluation, y compris dans des situations informelles de formation. L'évaluation sert à piloter l'activité en train de se réaliser. De façon consciente ou non, la personne – qu'il s'agisse de l'enseignant ou de l'élève – prend des repères sur ce qu'elle est en train de faire et sur les contraintes situationnelles pour adapter son activité par rapport aux buts visés. Elle peut aussi décider de renoncer à son activité après avoir jugé que les obstacles étaient trop importants. Les personnes ont besoin de se transmettre des rétroactions quand elles doivent se coordonner sur un projet commun. Dans un contexte formel de formation, l'enseignant évalue constamment le niveau sonore de sa classe, la qualité d'attention des élèves quand il donne une explication, le niveau de compréhension manifestée par une réponse d'un élève pour poursuivre son enseignement, etc. Il a besoin d'établir des bilans réguliers pour vérifier l'acquisition des notions enseignées. L'élève, de son côté, évalue également son enseignant et se positionne vis-à-vis attentes qu'il perçoit. Il formule des jugements évaluatifs sur son propre travail, négatifs ou positifs, l'amenant à s'engager plus ou moins dans la tâche. Autrement dit, la question n'est pas d'être pour ou contre l'évaluation: l'évaluation est constitutive de l'activité humaine et de son développement. **À l'école, ce qui fait légitimement débat, ce sont les usages pédagogiques et sociaux de l'évaluation, entre une évaluation des élèves qui a pour fonction de soutenir leurs apprentissages et de les aider à progresser quand ils rencontrent une difficulté versus une évaluation qui sert à classer les élèves et à les hiérarchiser dans un but plus ou moins avoué de sélection et de reproduction sociales.** Dans cette seconde perspective, l'évaluation contribue à établir des hiérarchies d'excellence entre élèves (Perrenoud, 1984) et à déterminer de manière plus ou moins positive leur destinée scolaire; c'est sa face Mister Hyde. Dans la première perspective, l'évaluation contribue à la qualité des apprentissages au point qu'il ne paraît plus possible désormais d'envisager le processus d'apprentissage sans des phases d'évaluation et/ou d'auto-évaluation. C'est sa face Docteur Jekyll.

L'évaluation est un concept riche. Il peut remplir des fonctions diverses, même si toutes ont pour visée l'une ou l'autre forme de régulation que nous présenterons ci-après. Une clarification est indispensable car la confusion des fonctions engendre des dérives qu'il convient de désigner comme l'avait fait Cardinet dès 1985. Ces confusions ont, selon nous, deux sources principales: la tradition méritocratique de l'école et l'influence de la psychométrie sur l'évaluation scolaire. Suivant Perrenoud, nous parlerons ici d'évaluation pratiquée dans une perspective d'excellence et nous nous attacherons à en montrer les effets délétères en rappelant l'essentiel de la recherche APER[1] (1992) ainsi que celle de Bless, Bonvin et Schüpbach (2005). À cette forme d'évaluation, nous y opposons une autre inspirée de la pédagogie de maîtrise de Bloom (1979) qui, depuis, a été élargie de façon considérable (Allal et Mottier Lopez, 2005 ; Mottier Lopez, 2015). C'est cette perspective que nous préconisons.

Les chercheurs se sont attachés à affiner les définitions et, partant, le champ conceptuel de l'évaluation[2]. Cependant, dans ce domaine comme dans d'autres en éducation (notamment, le redoublement), les avancées de la recherche n'ont pas eu l'impact souhaité sur le terrain des pratiques évaluatives. L'ouvrage collectif, dirigé par Gilléron Giroud et Ntamakilio (2010) consacré aux réformes introduites dans les cantons de Suisse romande le montre hélas fort bien ; le titre est éloquent : *Réformer l'évaluation scolaire : mission impossible ?* Il paraît donc légitime de s'intéresser aux conceptions des enseignants eu égard à l'évaluation. Distinguent-ils différentes fonctions ? Si oui, lesquelles ? Et comment les articulent-ils ? Quant aux élèves, perçoivent-ils les buts des enseignants lorsque ceux-ci les soumettent à des épreuves évaluatives ? Perçoivent-ils les différentes fonctions régulatrices que l'évaluation peut remplir ? Sur ce point également, il y a matière à recherche.

2. DES FONCTIONS MULTIPLES, MAIS UNE VISÉE COMMUNE DE RÉGULATION

Selon Allal (1991),

les modalités d'évaluation adoptées par un système de formation ont toujours une fonction de régulation, c'est-à-dire qu'elles ont pour but d'assurer l'articulation entre les caractéristiques des personnes en formation, d'une part, et les caractéristiques du système de formation, d'autre part (p. 48).

Toutefois cette régulation peut être de différents types. Surtout, elle conduit à des décisions différentes qui caractérisent les fonctions multiples de l'évaluation des apprentissages des élèves.

Le premier type de régulation est classiquement associé à l'**évaluation formative** dont la fonction est « l'adaptation des activités d'enseignement et d'apprentissage afin de favoriser la progression des apprenants vers les objectifs de formation » (Allal, 2008, p. 312). La régulation consiste ici à assurer que les conditions et moyens de formation répondent

---

1. Amélioration des Pratiques d'Évaluation-bilan en vue d'une réduction des Redoublements.
2. L'ADMEE (Association pour le Développement des Méthodologies d'Évaluation en Éducation) a beaucoup contribué au développement et à la structuration de ce champ de recherche.

aux caractéristiques et besoins des élèves (Allal, 1991). Deux plans sont habituellement différenciés sur le plan conceptuel. Premièrement, la régulation de l'enseignement désigne le processus par lequel l'enseignant décide d'adapter et de différencier son enseignement à partir des résultats produits par l'évaluation formative (dans des modalités formelles et informelles). Deuxièmement, la régulation des apprentissages de l'élève qui, étant activement impliqué dans des évaluations formatives, développe des capacités d'autorégulation favorables à son apprentissage par le moyen notamment de démarches d'auto-évaluation. Dans la communauté francophone, ce premier type de régulation est celui qui est le plus fréquemment associé à l'évaluation des apprentissages des élèves, permettant notamment d'élargir la notion de feed-back proposée par Bloom, Hastings et Madaus (1971) dans leur modèle de la pédagogie de maîtrise.

La régulation associée à l'évaluation peut aussi servir des décisions administratives et de gestion des cursus des élèves (Allal, 1991). Ce deuxième type de régulation concerne deux fonctions différentes de l'évaluation. (1) **L'évaluation sommative** qui sert à «établir un bilan certifiant les compétences et les connaissances acquises par l'apprenant à la fin d'une étape intermédiaire (ex., semestre) ou d'une étape finale (ex., année ou cycle pluriannuel) d'un cycle de formation» (Allal, 2008, p. 312). Elle est appelée évaluation «certificative» quand celle-ci débouche sur l'octroi d'une attestation officielle de réussite, d'une certification ou d'un diplôme à la fin d'une unité de formation. (2) **L'évaluation pronostique** dont la fonction «est de fournir des informations qui guident les décisions d'admission ou d'orientation de l'apprenant vers une nouvelle étape ou un nouveau cursus de formation» (p. 312). Les résultats et décisions associées à ces deux évaluations[3] sont établis dans des documents officiels qui ont une valeur administrative et juridique. Elles servent à réguler les parcours de formation des élèves dans les structures organisationnelles et contraignantes des systèmes éducatifs. S'il s'agit par exemple de sélectionner les élèves susceptibles de fréquenter de façon profitable une formation spécialisée ou d'orienter un ensemble d'individus vers des filières de formation appropriées à leurs caractéristiques individuelles, on est face à une décision de type pronostique[4]. En revanche, s'il convient de déterminer dans quelle mesure tel élève maîtrise les compétences et connaissances essentielles assignées

---

3.   Les évaluations sommatives et pronostiques peuvent déboucher sur des notes (sur 6, ou 10, 20, 30, etc.) ou sur des appréciations qualitatives (par exemple : bien, très bien, excellent ou encore satisfaction, distinction, grande distinction, très grande distinction).

4.   Plus clair encore est le cas où une institution a décidé de limiter l'accès des étudiants en appliquant un *numerus clausus* : il conviendra de disposer d'une épreuve qui permette d'identifier les individus qui présentent au plus haut degré les caractéristiques qui prédisent le mieux la réussite future.

comme objectifs à une étape donnée de formation, l'évaluation assume une fonction sommative.

Quelle que soit la fonction concernée, les procédures et outils de l'évaluation doivent être pensés de façon à permettre la décision visée et à en assurer la qualité. Dans une perspective formative, les questions et tâches évaluatives seront ciblées sur les apprentissages en cours. Plus précisément, on concevra l'évaluation, instrumentée ou non, de manière à diagnostiquer précisément quelles sont les composantes de l'apprentissage qui posent problème à des fins de régulation. L'évaluation formative sert aussi à planifier des activités de formation différenciées, principalement pour les élèves qui rencontrent des difficultés mais aussi pour ceux qui ont besoin de nouveaux défis d'apprentissage. Dans une perspective sommative, les procédures d'évaluation doivent couvrir l'éventail des objectifs qui sont considérés comme fondamentaux dans l'étape de formation concernée. Les questions propres à un domaine particulier sont moins détaillées. Elles visent à apprécier la compétence globale ou intégrée que le processus graduel d'enseignement s'est attaché à construire. Le point de vue est encore tout autre lorsque la visée est pronostique. Dans ce cas, il est légitime de formuler des questions anticipant sur les apprentissages qui seront abordés ultérieurement. Et lorsqu'il y a un *numerus clausus*, il est logique de privilégier des questions difficiles, c'est-à-dire qui hiérarchisent les élèves du meilleur au moins bon. Cette discrimination des élèves n'a aucun sens quand l'évaluation a une fonction formative ou une fonction sommative.

La distinction entre ces trois fonctions évaluatives s'est progressivement imposée parmi les chercheurs[5]. Certes, il y a encore débat entre eux, afin d'affiner ces concepts de base par rapport notamment à des spécifications terminologiques, à la façon de les penser de manière plus ou moins interreliée dans les pratiques de classe, ou encore de les intégrer dans un dispositif de pilotage en cas d'évaluation externe (Mottier Lopez et Crahay, 2009). On peut toutefois considérer que ces distinctions sont établies sur le plan théorique. Ce n'est vraiment pas le cas dans la pratique ; nous le montrerons à plusieurs reprises dans ce chapitre.

3. CONFUSIONS ENTRE LES FONCTIONS DE L'ÉVALUATION

En 1985, Cardinet faisait état des multiples confusions de perspectives qui grèvent le bon fonctionnement des institutions éducatives :

---

5. Pour un rapide rappel historique de l'émergence et évolution de ces notions, le lecteur pourra consulter Crahay (2006) ou encore Mottier Lopez (2015).

Confusion des fonctions pronostique et formative

1. L'enseignant ou l'enseignante utilise les réponses des élèves à des tests formatifs pour fonder une appréciation des capacités des élèves et pour prédire leur avenir scolaire.

2. Par crainte de ne pouvoir classer les élèves, les tests formatifs et les procédures de *remédiation* sont réduits au minimum.

Confusion des fonctions pronostique et sommative

3. Les examens de sélection à l'entrée d'une école portent sur le programme antérieur et non sur les aptitudes prérequises à cette nouvelle formation.

4. Les épreuves sommatives privilégient les questions discriminatives et éventuellement comportent des questions auxquelles les élèves n'ont pas été préparés afin d'obtenir une *bonne* distribution des notes et de permettre un classement des élèves.

Confusion des fonctions formative et sommative

5. Les régulations formatives sont notées et fondent la certification de fin de cursus.

6. Les tests sommatifs sont calqués sur la phase formative qui les a précédés ; ils portent sur des items abondamment corrigés en classe et non sur les compétences terminales dont la maîtrise devait être favorisée par les procédures formatives ; ils donnent lieu à de nouvelles remédiations.

Comment expliquer ces confusions, plus particulièrement celles entre la fonction pronostique, d'une part, et les fonctions formative et sommative, d'autre part ? Deux facteurs semblent combiner leurs effets négatifs : la tradition méritocratique de l'école et l'influence de la psychométrie sur l'évaluation scolaire.

4. ÉVALUER DANS UNE PERSPECTIVE D'EXCELLENCE OU DE MAÎTRISE ?

Dans son livre *La fabrication de l'excellence scolaire*, Perrenoud (1984) a montré que l'école a pour tradition de fabriquer des hiérarchies d'excellence. Il est, par conséquent, logique qu'elle ait privilégié une **évaluation à référence normative**[6]. La norme dont il est question est une norme psychotechnique. Pour interpréter le score obtenu à un test de

---

6. Paraphrasant de Landsheere (1980, p. 295), on définira l'évaluation normative comme suit : toute performance d'élève est évaluée par comparaison avec celles d'individus placés dans la même situation afin de classer le sujet parmi ceux-ci.

connaissances ou d'intelligence, la psychométrie nous a habitués à le situer dans une distribution statistique : la performance d'un individu est jugée par référence à celle d'autrui. L'usage s'est propagé et est devenu *le bon usage*. Il n'est guère étonnant que, dans la culture de l'excellence et de l'échec qui habite certains systèmes éducatifs, de nombreux enseignants conçoivent que l'évaluation des travaux d'élèves doive se traduire par un classement de ceux-ci. Se croyant tenus de produire une hiérarchisation des élèves, ces enseignants sont inéluctablement amenés à privilégier les questions discriminatives et à créer pour chaque épreuve une échelle – souvent artificielle – de valeurs qui, idéalement, débouchera sur une distribution gaussienne des notes. Cette évaluation est pronostique : toute évaluation du travail de l'élève fait partie du jugement final qui sera porté sur lui et qui déterminera son admission au niveau supérieur du cursus scolaire ou son orientation dans telle ou telle filière de formation. On peut dès lors craindre qu'en fin d'année, ces enseignants ne se soucient que très partiellement d'évaluation sommative et que leurs décisions de promotion ou de redoublement ne se fondent que partiellement sur un bilan des acquisitions réalisées durant l'année écoulée. Ils s'attachent à anticiper dans quelle mesure chaque élève est apte à suivre les enseignements de l'année à venir. Ainsi à Genève, une institutrice interrogée par Burdevet (1994, cité par Crahay, 1996), lui déclarait :

> Je me dis, maintenant en fin de 3P : est-ce que cet élève sera capable d'attaquer le programme de 4P avec toutes ses nouvelles matières ? C'est ma réponse à cette question qui va influencer ma décision.

Cette attitude que l'on rencontre, trop souvent encore, chez les enseignants face à la décision de promotion est pronostique. Il arrive que le jugement pronostique de l'enseignant se réalise et se sédimente avant la fin d'un cycle de formation ; c'est évidemment une dérive contre laquelle les enseignants doivent tenter de se prémunir.

L'évaluation pronostique est par essence sélective : s'interroger sur les élèves aptes à suivre avec succès un degré d'enseignement ultérieur, c'est nécessairement suspecter que certains n'en sont pas capables. Il convient de les repérer. Pour ce faire, le meilleur moyen consiste à privilégier des questions discriminatives ou plus justement des épreuves qui obligent les élèves à risque (c'est-à-dire susceptibles de ne pas pouvoir réussir l'année ultérieure) à se dévoiler. En définitive, l'évaluation pronostique est – pensons-nous – consubstantielle de la culture de l'échec qui prévaut dans les systèmes d'enseignement qui pratiquent le redoublement (cf. chapitre 5).

Les partisans de la pédagogie de maîtrise prennent le contre-pied de cette conception méritocratique de l'école. Pour eux, la mission de l'enseignant n'est pas de fabriquer des hiérarchies d'excellence, mais de susciter un maximum d'apprentissages chez un maximum d'élèves. **L'évaluation**

sommative se doit d'être à référence critérielle ou critériée (Glaser, 1963; de Landsheere, 1992, p. 301), c'est-à-dire devra situer l'élève par rapport aux compétences à maîtriser. Plus important encore! Pour atteindre la finalité de la pédagogie de maîtrise – c'est-à-dire pour amener la quasi-totalité des élèves à un même niveau élevé de réussite, et ce malgré leurs différences initiales –, il faut nécessairement des adaptations fréquentes du processus d'enseignement et d'apprentissage. En cours de processus, il convient dès lors d'utiliser l'évaluation à des fins formatives. En définitive, **évaluation formative et évaluation sommative à référence critériée doivent être articulées**.

Tout processus d'apprentissage implique des processus de régulation par lequel le sujet procède à l'ajustement de la compétence ou de la compréhension qu'il construit. L'évaluation formative et les activités de remédiation ou de consolidation qui en découlent sont censées offrir aux élèves les opportunités de régulation qui leur sont nécessaires. Elles constituent un moyen de différencier le temps d'apprentissage en fonction des besoins des élèves: les élèves qui ont manifesté des faiblesses lors du «test» formatif reçoivent un complément de formation qui, idéalement, prendra des formes différentes de l'enseignement initial. Ce complément de formation sera d'autant plus adapté aux difficultés de l'élève et donc d'autant plus efficace que l'évaluation formative aura un caractère diagnostic, c'est-à-dire qu'il permettra de repérer les obstacles que l'apprenant n'a pas réussi à surmonter. Comme le remarque Allal (1988), la conception de Bloom de la pédagogie de maîtrise «s'appuie de toute évidence sur le postulat d'un double mécanisme de régulation situé d'une part, au niveau de l'action d'apprentissage de l'élève et, d'autre part, au niveau de l'action pédagogique de l'enseignant» (p. 96).

À ce point de la discussion, il est possible de systématiser à l'aide d'un tableau (tableau 6.1.) les caractéristiques principales des deux perspectives que nous opposons.

Que faut-il entendre précisément par «évaluation à référence critérielle» (ou critériée). Dans son *Dictionnaire de l'évaluation et de la recherche en éducation*, de Landsheere (1992, p. 301) donne l'explication suivante:

> Actuellement, on assiste à une réaction contre l'utilisation abusive de tests de connaissance destinés essentiellement à classer (tests normatifs). Cette réaction est d'autant plus vive que, dans de nombreux cas, les items retenus pour constituer ces tests trouvent plus leur justification dans leur pouvoir de discriminer des individus que dans le fait qu'ils représentent des apprentissages importants.
>
> Si le souci d'éduquer prend le pas sur la sélection, l'important devient le progrès de chaque élève vers les objectifs assignés (ou, mieux, choisis

de commun accord). En pareil cas, la performance individuelle n'est plus jugée en fonction de celle des autres, mais en fonction de la distance qui la sépare d'un objectif, dont la définition opérationnelle précise le critère de réussite de l'apprentissage. C'est pourquoi de nouveau, faute de mieux on parle ici de tests critériels (*criterion referenced tests*), appellation proposée par Glaser (1963).

**Tableau 6.1 : L'évaluation dans une perspective
de création de hiérarchies d'excellence et d'équité éducative**

Évaluation dans une perspective d'excellence	Évaluation dans une perspective de maîtrise
L'évaluation est normative, c'est-à-dire qu'elle vise à classer les individus les uns par rapport aux autres et vise une distribution gaussienne des notes. Elle conduit l'enseignant à créer une échelle de valeurs. L'évaluation normative conduit l'enseignant à privilégier les questions discriminatives. L'évaluation poursuit essentiellement une fonction pronostique. Elle aide l'enseignant à répondre à la question : l'élève est-il apte à suivre les enseignements du degré ultérieur ? L'évaluation pronostique est par essence sélective : s'interroger sur les élèves aptes à suivre un degré d'enseignement ultérieur, c'est nécessairement suspecter que certains n'en sont pas capables.	Dans le cadre de la pédagogie de maîtrise, **l'évaluation sommative est nécessairement à référence critérielle**, c'est-à-dire qu'elle doit permettre de situer chaque élève de la classe par rapport aux compétences assignées comme objectifs au dispositif de formation. **La pédagogie de maîtrise** assigne également à **l'évaluation une fonction formative.** Pour assurer la fonction formative de l'évaluation, l'enseignant doit adopter une posture qui cherche à comprendre les difficultés éprouvées par l'élève ; à cette fin, il peut recourir à des tests diagnostiques ou analyser les réponses des élèves aux exercices réalisés en classe ou en dehors (devoirs) ; il peut également tirer parti de ses interactions avec les élèves et de leur observation. La réorientation induite par l'évaluation formative a une double facette : enseignant et élèves doivent opérer un ou des réajustement(s). L'évaluation formative conduit logiquement à une différenciation du temps d'enseignement en fonction des besoins des élèves ou à une différenciation des dispositifs d'enseignement. L'évaluation formative doit permettre à tous les élèves d'aborder les nouveaux apprentissages avec les bases (les prérequis) nécessaires.

On ne peut être plus clair. « **Si le souci d'éduquer prend le pas sur la sélection**», on optera inéluctablement pour des épreuves critérielles**. Celles-ci supposent nécessairement une définition précise des objectifs prioritaires ou des compétences-socles. C'est le même esprit qui anime Cardinet (1988b) quand il consacre un chapitre de son ouvrage

Évaluation scolaire et mesure à la question « Faut-il encore mettre des notes ? ». Sa réponse est sans ambiguïté : « Lorsque l'école se sera donné les moyens de sa politique et qu'une évaluation au service des élèves aura commencé à fonctionner, le système actuel des notes paraîtra définitivement périmé et disparaîtra de lui-même » (p. 21). Quel sens y a-t-il, en effet, à chiffrer la qualité d'une composition ou d'un résumé de livre ou encore d'un rapport d'expérience ? Et plus encore : quel sens y a-t-il à cumuler les points obtenus en grammaire, en orthographe, en conjugaison et compréhension en lecture pour en faire la moyenne, comme si une piètre orthographe pouvait être compensée par une bonne compréhension en lecture et inversement ?

5. QUAND L'ÉVALUATION ENGENDRE DES ÉCHECS NON JUSTIFIÉS

5.1. La recherche APER en FWB, une démonstration implacable des effets délétères de l'évaluation normative

En 1984, Grisay publiait les résultats d'une étude portant sur 1503 élèves ayant fréquenté en 1980-1981 les classes de 5ᵉ année de 53 écoles de la région liégeoise. L'essentiel de son analyse consistait en la confrontation des résultats obtenus par ces élèves à un test de français, d'une part, à l'examen de leur instituteur respectif, d'autre part. Le test, construit de façon à évaluer au plus près la maîtrise des compétences inscrites au programme de 5ᵉ, était constitué de trois sous-sections : Langue écrite et grammaire (28 questions), Vocabulaire (40 items) et Compréhension de lecture (18 questions).

Pour rendre les résultats des élèves au test de français comparables à ceux qu'ils obtiennent à l'examen, les deux séries de notes ont été traduites en scores standardisés (notes réduites). En conséquence, les résultats des élèves ne sont plus exprimés en points obtenus, mais en écarts par rapport à la moyenne (plus exactement en fractions d'écart-type par rapport à la moyenne). Les notes réduites donnent une information de type *normatif* : elles indiquent où se situe l'élève parmi l'ensemble de ses condisciples de même année scolaire. Procédant de la sorte, Grisay (1984) a pu mettre en évidence que, lorsqu'on compare, classe par classe, les résultats exprimés en notes réduites, on constate que l'écart-type des notes à l'examen est supérieur à celui des résultats au test de français. En termes courants, ceci signifie que, dans toutes les classes, la dispersion des notes scolaires est supérieure à celle des résultats à l'épreuve externe. Tout se passe comme si l'évaluation pratiquée par les maîtres produisait une amplification de l'hétérogénéité des performances des élèves.

Encart 12. Notes réduites

Les **notes réduites** également appelées écarts-réduits ou notes types ou encore note Z, se calculent selon la formule : $x = \dfrac{X - M}{S}$ Une échelle de note réduite constitue une échelle normalisée : elle a zéro pour moyenne et l'écart-type est égal à un. Elle permet de positionner chaque note ou score par rapport à la moyenne en termes de fraction d'écart-type. Un écart réduit positif signifie que la note ou le score est supérieur à la moyenne ; il est négatif dans le cas inverse.

L'analyse exemplative de trois classes mérite d'être reprise. La figure 6.1, que nous empruntons à Grisay (1984), schématise les relations existantes entre les notes des élèves de ces trois classes à l'examen de français et leurs scores au test.

Plusieurs constats méritent d'être épinglés :

1. Avec une moyenne de – 1,6 sigma au test, la classe 1 est nettement plus faible que la classe 2 (M = 0,30) et surtout que la classe 3 (M = 0,50). Si l'on accepte de considérer que le test apporte des informations relativement fiables sur le niveau de compétences des élèves, on peut conclure qu'il existe des différences effectives entre les trois classes.

2. Le classement des élèves est relativement comparable pour chacune des classes, que l'on consulte les résultats au test ou à l'examen. Il suffit pour s'en convaincre de comparer, à l'intérieur de chaque classe, la distribution des rangs au test et à l'examen (cf. tableau 6.2). Dans la classe A, la correspondance est totale. Dans la classe B, on observe deux permutations (pour les élèves B et C, d'une part ; D et E, d'autre part). Dans la classe C, il y a correspondance pour les six premiers élèves et le dernier. En revanche, l'ordre des élèves B, C, D et E est renversé.

3. À l'intérieur de chacune des classes, les écarts entre élèves sont plus importants à l'examen qu'au test. Ainsi, si, classe par classe, on considère l'écart entre l'élève le plus faible et l'élève le plus fort au test et à l'examen, on aboutit aux constats suivants :

Test	Examen
inférieur à un écart-type[7] dans la classe 1	de 3 écarts-types dans la classe 1,
égal à 1,5 écart-type dans la 2	de 4 écarts-types dans la 2
proche de 2,5 écarts-types dans la 3	de presque 4,5 écarts-types dans la 3

---

7. L'écart-type (ou déviation standard ou encore sigma) est un indice de dispersion. Lorsque la distribution est normale, un écart-type de part et d'autre de la moyenne englobe *grosso modo* 68 % des cas, deux écarts-types 95 % et trois écarts-types 99 %.

**Figure 6.1 : Dispersion comparée des résultats au test
et à l'examen de français dans trois classes de 5ᵉ primaire**

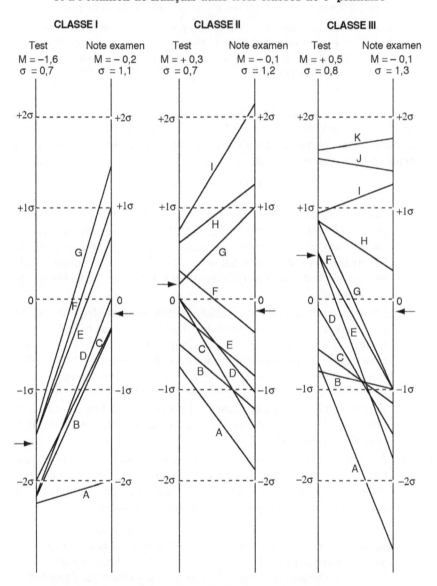

N.B. : Pour chaque élève, les résultats au test et à l'examen sont reliés par un trait.
Une trentaine d'élèves seulement sont représentés.
La moyenne des classes au test et à l'examen est indiquée par une flèche.

Tableau 6.2 : Classement des élèves dans trois classes de 5ᵉ primaire de la région liégeoise selon que l'on considère les résultats à une épreuve externe ou à une épreuve interne. Source : Grisay (1984)

Classe A			Classe B			Classe C		
Élèves	Test	Examen	Élèves	Test	Examen	Élèves	Test	Examine
A	**7**	**7**	**A**	**9**	**9**	**A**	**11**	**11**
B	6	6	B	8	7	B	10	7
C	5	5	C	7	8	C	9	8
D	4	4	D	6	5	D	8	9
E	3	3	E	5	6	E	7	10
F	2	2	F	4	3	F	6	6
G	1	1	G	3	4	G	5	5
			H	2	2	H	4	4
			I	1	1	I	3	3
						J	2	2
						K	1	1

Bref, les niveaux de compétences des élèves paraissent plus hétérogènes à l'examen qu'au test. On pourrait dire que les épreuves conçues par les enseignants fonctionnent comme un prisme amplifiant les différences entre élèves. On notera encore que, dans la classe 2, les résultats des élèves au test se concentrent autour de la moyenne, entre $+ 1\sigma$ et $- 1\sigma$. À l'examen, les résultats des mêmes élèves donnent l'image d'une classe clivée en deux groupes.

4. Dans la classe 1, l'élève A doit redoubler. Sa note au test est faible (inférieure à $- 2,2\sigma$), mais guère plus faible que celle de l'élève B qui, à l'examen, bénéficie d'une note nettement plus élevée et, peut-être, surestimée. Dans la classe 2, trois élèves (A, B et C) sont amenés à redoubler ; ils sont cinq dans ce cas dans la classe C (A, B, C, D et E). Ces huit élèves obtiennent au test des notes supérieures à celle du meilleur élève de la classe 1.

La démonstration est éclatante, mais désolante : l'échec et le redoublement des élèves sont tributaires de la classe qu'ils fréquentent. Plus précisément, certains élèves sont sanctionnés par le redoublement alors qu'ils ont, à une épreuve externe ciblée sur les objectifs du programme, des résultats largement supérieurs à ceux d'élèves qui réussissent aisément dans d'autres classes. Autrement dit, avec un même niveau de compétence (mesuré par une épreuve externe), des élèves peuvent soit être amenés à redoubler, soit se retrouver parmi les meilleurs d'une classe.

L'expérience de Grisay a été reproduite par Grisay, De Bal et De Landsheere (1984) dans le cadre d'une recherche connue en FWB sous le nom d'APER-primaire. Ces chercheurs ont soumis les élèves de toutes les classes des 52 écoles impliquées dans la recherche à des tests de connaissance (un test de français et un test de mathématiques adaptés à chaque niveau scolaire).

Parallèlement, ils ont recueilli :

– les notes des mêmes élèves aux bilans effectués par les enseignants en fin d'année ;
– les questions composant les bilans conçus par les enseignants ;
– les décisions d'admission ou de refus de passage à la classe supérieure.

Ainsi, lorsqu'on classe les élèves en fonction de leurs notes standardisées au test, on peut repérer des redoublants pour chaque catégorie de résultats. À titre illustratif, les données obtenues sur les 1364 élèves de 4e année sont présentées dans le tableau 6.3.

**Tableau 6.3 : Distribution des redoublements
dans 72 classes de 4e année primaire selon le niveau de performance
à un test standardisé de français (Recherche APER)**

Parmi les élèves qui ont obtenu au test de français une note Z	Ceux qui passent sont au nombre de	Ceux qui redoublent sont au nombre de
Inférieure à – 3,00	4	0
Comprise entre – 2,00 et – 3,00	20	17
Comprise entre – 1,00 et – 2,00	130	29
Comprise entre – 0,50 et – 1,00	149	16
Comprise entre 0,00 et – 0,50	212	10
Supérieure à 0,00	773	4

Alors que quatre élèves réussissent leur année avec une note Z inférieure à – 3,00 σ, quatre autres élèves doublent avec une note Z supérieure à la moyenne. Pour ces quatre élèves, la décision paraît particulièrement cruelle : ils sont contraints de redoubler alors qu'au moins 587 élèves du même niveau scolaire sont plus faibles qu'eux en français et réussissent leur année scolaire. Pour un même niveau de réussite au test (entre – 2,00 et – 3,00), 20 élèves « réussissent » et 17 redoublent.

L'analyse des résultats montre, de façon nette, la relativité des décisions de redoublement : les élèves d'une classe X qui sont condamnés par leur enseignant au redoublement, pourraient, avec le même bagage de connaissances, être parmi les meilleurs d'une autre classe.

5.2. En Suisse aussi, des redoublements et des promotions aléatoires

Dans leur étude déjà citée aux chapitres 3 et 5, Bless, Bonvin et Schüpbach (2005) apportent des données qui vont dans le même sens que celles de Grisay *et al.* (1984). Pour rappel, ils ont recueilli une série de données pour constituer un groupe expérimental et un groupe de contrôle aussi semblables que possible. Dans une analyse spécifique, ils se sont intéressés à la concordance entre les résultats obtenus pas 4 051 élèves à un test d'intelligence (CFTI de Weis et Osterland, 1992, cité par Bless *et al.*, 2005) et le pronostic des enseignants (N = 234)[8] concernant le potentiel intellectuel des élèves de leurs classes (2-3 P). Ils ont fait de même pour les tests de langue (allemand ou français selon les cantons) et de mathématiques. Plus précisément, les chercheurs ont demandé aux enseignants de pronostiquer, avant la passation des tests, le résultat de chaque élève de leur classe concernant leur niveau en langue d'enseignement, en mathématiques ainsi que leur potentiel cognitif (aptitudes : échelle à 5 niveaux). Pour Bless *et al.*, « les évaluations des enseignant(e)s peuvent être considérées comme une appréciation informelle du potentiel des enfants (image que les enseignant(e)s se font des aptitudes des élèves) » (p. 94).

Un premier constat important révèle que les pronostics des enseignants distinguent de manière significative le groupe expérimental du groupe contrôle. En ce qui concerne la Suisse alémanique, ceci vaut tant en langue d'enseignement qu'en mathématiques tandis qu'en Suisse romande, les mêmes effets sont observés mais seulement significatifs pour la langue d'enseignement. Par ailleurs, de part et d'autre de la Sarine, les enseignants sous-évaluent les futurs redoublants dans les deux domaines (par rapport aux résultats réellement obtenus aux tests de performances) et surestiment systématiquement les futurs promus (cf. p. 95).

Une deuxième observation mène au constat que les pronostics par l'enseignant du potentiel intellectuel des élèves discriminent clairement les redoublants (1,96) des promus (3,51) alors que les résultats au test d'intelligence ne permettent pas une prédiction aussi claire. Comme le soulignent les auteurs : « On constate une sous-évaluation systématique des futurs redoublants quant à leur potentiel cognitif (comparaison entre l'évaluation du potentiel cognitif par l'enseignant(e) et l'intelligence réellement mesurée) » (p. 95).

Enfin, troisième constat : observant les élèves classés par les enseignants dans la catégorie la plus faible pour ce qui est de leur potentiel intellectuel (2,8 % de l'échantillon total), les chercheurs constatent que le

---

8. Pour rappel, l'étude porte sur 117 classes de Suisse alémanique et 117 de Suisse romande.

redoublement n'est prescrit que pour 19,5 % d'entre eux (les 80 % autres sont promus). À l'inverse, 2,7 % des redoublants sont placés dans la catégorie «très bon potentiel intellectuel», 20 % dans la catégorie «bon potentiel», 48 % dans la catégorie «potentiel intellectuel moyen». Ceci montre de façon indiscutable que «tous les élèves faibles ne redoublent pas forcément» (p. 82) et que des élèves jugés disposés d'un potentiel intellectuel moyen, bon voire très bon peuvent être retenus en 2P.

Le tableau 6.4 que nous leur empruntons porte non plus sur les pronostics, mais sur les résultats au test d'intelligence ainsi qu'à ceux ayant trait à la langue d'enseignement et aux mathématiques. Les taux de redoublement sont livrés par quartile ainsi que pour le premier décile.

Encart 13. Les quantiles

De manière générale, les quantiles sont les valeurs qui divisent un jeu de données en intervalles contenant le même nombre de sujets Quartiles, déciles et percentiles font partie des quantiles. Pour obtenir un quartile, il suffit de diviser l'ensemble des données récoltées en quatre parts égales, de sorte que chaque partie représente 1/4 de l'échantillon de population. Le décilage consiste à diviser l'échantillon en dix parts égales. Si on divise l'échantillon en 100 parts égales, on obtient des percentiles.

Tableau 6.4 : Taux de redoublement dans les différentes zones de la distribution au test d'intelligence ainsi qu'aux tests de langue et de mathématiques

Variables	Percentiles	Taux de redoublement				
		1er décile	1er quartile	2e quartile	3e quartile	4e quartile
		1-10	1-25	26-50	51-75	76-100
Quotient intellectuel		6,5 %	4,5 %	1,9 %	0,7 %	0,5 %
Langue d'apprentissage		9,4 %	6,4 %	1,2 %	–	0,2 %
Mathématiques		9,8 %	6,4 %	0,7 %	0,3 %	0,2 %

À l'analyse de ces chiffres, les chercheurs suisses écrivent:

La proportion d'enfants devant redoubler la 2P est certes la plus forte dans le quartile inférieur, respectivement dans le décile inférieur, mais pourtant une grande majorité des enfants de ce groupe passe au degré supérieur. Le fait pour un enfant de se situer au niveau le plus faible dans la distribution des performances est certes un facteur de risque très important, mais néanmoins non déterminant pour un redoublement (p. 82).

Bien plus, certains élèves ayant de bons résultats (3ᵉ quartile), voire de très bons résultats (4ᵉ quartile, c'est-à-dire se situant parmi les 25 % supérieurs) redoublent l'année. Certes, les pourcentages sont faibles, mais ce fait est interpellant.

5.3. Loi de Posthumus ou les mirages de l'évaluation[9]

On peut voir dans les données recueillies par Grisay *et al.* (1984) une nouvelle illustration d'un phénomène dont on fait le constat depuis le début des années 1940 et connu sous l'expression *loi de Posthumus* : quelle que soit la distribution des compétences au début de l'année scolaire, la distribution des notes en fin d'année épouse *grosso modo* une forme gaussienne (allure de la courbe normale). de Landsheere (1980) en donne la définition suivante :

> Formulée dès 1947, la loi de Posthumus peut s'exprimer de la façon suivante : un enseignant tend à ajuster le niveau de son enseignement et ses appréciations des performances des élèves de façon à conserver d'année en année, approximativement la même distribution (gaussienne) de notes (p. 224).

En conséquence, un élève moyen (selon un test passé à un échantillon représentatif des élèves d'un âge déterminé) peut obtenir un résultat terminal de 80-90 % si la majorité de ses condisciples de classe sont plus faibles que lui. Un autre élève, également moyen, peut obtenir en fin d'année un résultat de 50-60 % si ses condisciples de classe sont plus forts que lui et risque d'être jugé par l'enseignant *trop faible* pour être promu.

Les données recueillies par Detheux (1992) dans une trentaine d'établissements d'enseignement secondaire de la région liégeoise illustrent la *loi de Posthumus*. Les élèves de ces établissements ont été soumis, en tout début d'année, à un test de français portant sur les compétences qui, selon le programme en vigueur à l'époque en FWB, devaient être maîtrisées à la fin de l'enseignement primaire. Dans la figure 6.2, les résultats des élèves de quelques classes issues de deux établissements sont présentés selon leur appartenance aux déciles calculés sur l'ensemble total des élèves testés. En vis-à-vis, on trouve les résultats de ces mêmes élèves à l'épreuve d'examen conçue par leur enseignant respectif. Ici, les notes sont exprimées en pourcentages.

---

9. L'expression « Les mirages de l'évaluation » est reprise à Grisay (1984) qui en a fait le titre d'un article.

**Figure 6.2 : Distribution des scores obtenus par les élèves
de quelques classes issues de deux établissements d'enseignement
secondaire à un test de français présenté en début d'année
et de leurs notes de fin d'année en français**

ÉCOLE A
Résultats au test de français

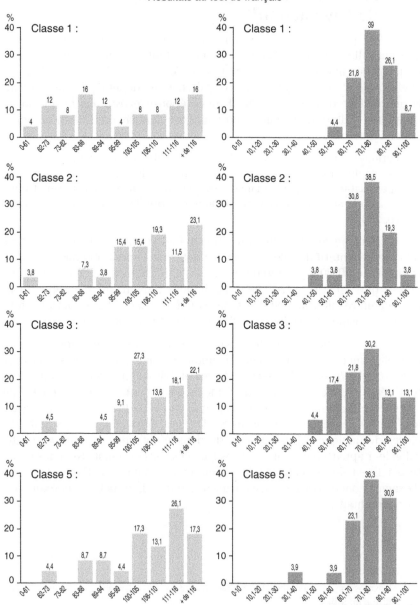

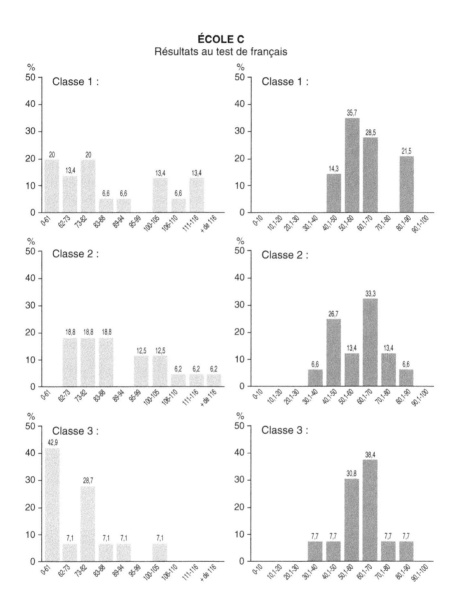

ÉCOLE C
Résultats au test de français

Deux observations peuvent être tirées de ces graphiques :

1. Pour interpréter correctement les histogrammes de gauche, il est important de rappeler que le décilage est une technique statistique (cf. l'encart 12 de ce chapitre) qui, partant des résultats des élèves à un test (ici un test de français), permet la constitution de dix classes d'intervalles inégaux (0-61, 62-73, 74-82, etc.) dont chacune comprend 10 % des sujets. Par conséquent, si la composition des

classes était le fruit du hasard, celles-ci devraient toutes comporter approximativement un dixième des élèves dans chaque décile. On est loin de cette situation. Pour se convaincre des différences inter-classes, il suffit de comparer la classe 3 de l'école A à la classe 3 de l'école C. Dans la premsière de ces deux classes, plus de la moitié des élèves appartiennent aux trois déciles supérieurs tandis que, dans la classe 3 de l'école C, trois quarts des élèves se retrouvent dans les trois déciles inférieurs. D'une manière générale, il semble que, dans les deux écoles, des classes de niveau ont été constituées. Dans l'école A, les classes 2, 3 et 4 sont composées majoritairement d'élèves forts. Dans l'école C, la classe 3 est principalement compo-sée d'élèves faibles.

2. Dans toutes les classes, la distribution des notes obtenues à l'épreuve de fin d'année épouse *grosso modo* les contours de la courbe de Gauss. On remarquera, en tout cas, que les courbes de fin d'année des classes 3 des écoles A et C sont moins différentes que les courbes issues du testing de début d'année. Assurément, on peut voir dans ces données une illustration de la loi de Posthumus.

Commentant la distribution des notes dans les trois classes présen-tées au graphique de la figure 6.1, Grisay (1984) propose une explication qui tend à préciser le processus sous-jacent à cette loi de Posthumus ; elle écrit :

> Les trois exemples illustrent un même mécanisme d'adaptation de la note scolaire au niveau de performance de la classe. Ils mettent bien en évi-dence le caractère tout relatif d'une notion comme celle d'hétérogénéité, sur laquelle se fonde, en principe, le redoublement. Une classe tout à fait homogène peut parfaitement paraître disparate à l'enseignant, puisque l'examen et l'échelle d'évaluation qu'il utilise sont adaptés au niveau des élèves : il ne va pas enregistrer, par exemple dans le cas de la classe 1, la faiblesse commune qui fonde l'homogénéité du groupe ; il sera par contre sensible à des variations entre élèves plus fines que celles enregistrées par le test (p. 35).

On pourrait dire que, dans son évaluation des performances des élèves, l'enseignant est prisonnier du microcosme que constitue la classe : plus son épreuve d'examen est adaptée aux spécificités du groupe-classe, plus elle mettra l'accent sur les différences individuelles, induisant par le fait même une surestimation des écarts entre élèves. En même temps, plus les épreuves d'examen sont ajustées aux caractéristiques des groupes-classes, plus elles tendent à offrir des distributions de résultats similaires de classe à classe, occultant par le fait même les écarts entre classes.

Pour confirmer cette interprétation, une autre analyse peut être conduite : elle consiste à calculer, sur les données recueillies par Grisay *et al.* (1984), la part respective de variation des scores au test et des scores aux examens imputable, d'une part, aux différences entre élèves dans les classes et, d'autre part, aux différences entre classes[10]. Le tableau 6.5 indique les estimations obtenues par analyse de variance.

Tableau 6.5 : Répartition de la variance entre classes et entre élèves dans les classes (1503 élèves et 53 classes).

	Scores au test standardisé	Score à l'examen
Variations entre élèves	57,9 %	82,8 %
Variations entre classes	42,1 %	17,2 %

Les variations des scores au test sont imputables pour 58 % aux différences interindividuelles et pour 42 % aux différences entre classes. Les variations des scores aux épreuves conçues par les enseignants sont pour l'essentiel (83 %) attribuables aux différences interindividuelles. Indéniablement, les évaluations gérées par les enseignants amplifient la dispersion des notes des élèves et ceci peut être interprété comme une des manifestations de la loi de Posthumus.

Cet ajustement de l'évaluation aux caractéristiques des élèves qui composent la classe ne constitue en rien un aspect caché de la pratique professionnelle des enseignants. Les réponses données à trois questions posées lors de la *Radioscopie de l'enseignement en Communauté française de Belgique* (1992) en attestent. On trouvera le détail des questions et des réponses dans le tableau 6.6.

Tableau 6.6 : Réponses des enseignants concernant leurs pratiques d'évaluation (fréquences brutes et pourcentages)

	Jamais ou rarement	Quelques fois	Assez souvent	Très souvent
J'adapte les épreuves d'évaluation en fonction du niveau des élèves de ma classe	18 (5,63 %)	31 (9,69 %)	107 (37,44 %)	164 (51,25 %)
Mes critères d'évaluation varient d'année en année en fonction du niveau des élèves de ma classe	17 (5,30 %)	44 (13,71 %)	99 (30,84 %)	161 (50,16 %)
Je tiens compte des résultats de mes élèves aux épreuves pour ajuster mes critères d'évaluation	22 (7,28 %)	53 (17,55 %)	95 (31,46 %)	132 (43,71 %)

---

10.   Une explication de la décomposition de la variance des scores à un test est proposée à l'encart 4 du chapitre 2.

Il semble, en définitive, que les enseignants ne soient pas conscients des conséquences d'une pratique dont ils reconnaissent avoir usage. Ils ne se doutent pas de ce que cet ajustement des épreuves et des critères d'évaluation au niveau global de la classe les détourne d'une évaluation centrée sur les objectifs et qu'il les empêche de voir quelles compétences sont maîtrisées par tous ou, à l'inverse, ignorées par tous. Restant probablement convaincus qu'il leur appartient de distinguer les bons élèves des autres, les enseignants continuent de pratiquer l'évaluation normative, c'est-à-dire celle où l'on s'attache à situer les élèves les uns par rapport aux autres.

Autre indice de cette façon normative d'évaluer les élèves : les progrès des élèves ne sont pas pris en compte en tant que tels. Bounafaa (1992) a fourni une excellente illustration de ce phénomène. Elle a recueilli les notes attribuées par les professeurs de français aux élèves dans trois classes de première année de l'enseignement secondaire appartenant au même établissement. Parallèlement, elle a fait passer un test de français en début et en fin d'année, celui utilisé par Detheux (1991) dans la recherche discutée ci-dessus. Ce test porte sur les compétences qui doivent être maîtrisées en fin d'enseignement primaire, mais contient également des questions propres à évaluer au mieux les objectifs inscrits au programme de première secondaire. Par analyse de régression, Bounafaa (1992) a estimé le progrès (scores résiduels) réalisé par chaque élève entre le test de début et celui de fin d'année.

On s'intéressera d'abord aux élèves pour lesquels l'enseignant a préconisé le redoublement en conseil de classe. Leurs notes (en pourcentages et en notes réduites) au bilan des enseignants et aux tests de début et fin d'année sont indiquées dans le tableau 6.7. On peut également y lire le score résiduel. La valeur de celui-ci est d'autant plus proche de zéro que le progrès de l'élève entre le test d'entrée et le test final correspond à la tendance générale. Il est positif lorsque le progrès de l'élève a été plus important que ce qui lui a été prédit en fonction de la tendance générale ; il est négatif dans le cas inverse.

Tableau 6.7 : Résultats d'élèves menacés de redoublement au bilan des enseignants et à deux tests de français (début et fin d'année). Les notes réduites sont entre parenthèses

Élèves	Classes	Bilan des évaluations de l'enseignant	Test d'entrée	Test final	Progrès (scores résiduels)
E 5	1 LA	22 % (– 3,43)	43 % (– 2,33)	39 % (– 2,77)	– 14,24
E 6	1 LA	44 % (– 1,84)	64 % (– 0,79)	59 % (– 0,92)	– 3,79

Élèves	Classes	Bilan des évaluations de l'enseignant	Test d'entrée	Test final	Progrès (scores résiduels)
E 33	1 LB	58 % (– 0,83)	58 % (– 1,21)	52 % (– 1,54)	– 8,34
E 35	1 LB	56 % (– 0,96)	76 % (0,14)	69 (– 0,07)	– 2,05
E 50	1 MA	53 % (– 0,74)	70 % (– 0,32)		
E 53	1 MA	47 % (– 1,63)	45 % (– 2,2)	58 % (– 1,01)	+12,55
E 54	1 MA	47 % (– 1,63)	47 % (– 2,1)	55 % (– 1,33)	+6,03
E 60	1 MA	42 % (– 1,99)	56 % (– 1,4)	51 % (– 1,65)	– 7,95

Le cas de deux sujets (E 53 et E 54) est parlant : leurs progrès en cours d'année sont supérieurs à la tendance générale (respectivement, +12,55 et +6,03). Leur faiblesse par rapport à leurs condisciples subsiste, toutefois ; c'est ce dont témoignent notamment les notes réduites au bilan du professeur (– 1,63 pour les deux) comme au test final (respectivement, – 1,01 et – 1,33). Autrement dit, bien que ces deux élèves se soient fortement améliorés en cours d'année, ils restent parmi les élèves les plus faibles de la classe 1 MA ; c'est en fonction de ce paramètre que l'enseignant a préconisé le redoublement.

L'examen minutieux des données recueillies par Bounafaa (1992) montre que les élèves menacés de redoublement sont ceux qui, dans leurs classes respectives, ont les notes les plus basses au bilan de l'enseignant (et, fort souvent, au test final) ; l'ampleur de leurs progrès en cours d'année n'entre pas en ligne de compte. On a regroupé dans le tableau 6.8 neuf élèves qui ont été promus, mais dont les progrès en cours d'année (progrès mesurés par les scores résiduels) sont largement inférieurs à ceux des huit élèves menacés de redoublement (tableau 6.7). Bien plus, ces élèves ont réalisé au test final un score qui, exprimé en notes réduites, est inférieur à celui du test d'entrée. Pourquoi ces neuf élèves ont-ils été proposés à la promotion par l'enseignant de français ? On devine la réponse à la lecture des notes réduites calculées à partir du bilan des évaluations de l'enseignant : les positions respectives de ces neuf élèves dans la distribution des notes finales sont plus avantageuses que celle des huit élèves proposés au redoublement.

**Tableau 6.8 : Résultats de neuf élèves promus, au bilan des enseignants
et à deux tests de français (début et fin d'année)**

Élèves	Classes	Bilan des évaluations de l'enseignant	Test d'entrée	Test final	Progrès (scores résiduels)
E 8	1 LA	64 % (– 0,40)	81 % (– 0,44)	60 % (– 0,83)	– 17,92
E 9	1 LA				– 20,67
E 12	1 LA	65 % (– 0,33)	70 % (– 0,32)	57 % (– 1,16)	– 13,63
E 27	1 LB	63 % (– 0,47)	66 % (– 0,65)	54 % (– 1,44)	– 13,99
E 32	1 LB	66 % (– 0,26)	86 % (– 0,82)	63 % (– 0,62)	– 19,36
E 34	1 LB	80 % (0,75)	87 % (0,93)	60 % (– 0,91)	– 25,39
E 43	1 LB	74 % (0,31)	70 % (– 0,32)	45 % (– 2,19)	– 29,54
E 51	1 MA	60 % (– 0,69)	64 % (– 0,81)	53 % (– 1,46)	– 12,20
E 52	1MA	77 % (0,53)	78 % (0,25)	59 % (– 0,99)	– 18,19

La logique de tout ceci est claire : il est possible de réussir son année tout en ayant peu amélioré ses compétences en français ; l'essentiel est de ne pas se retrouver parmi les plus faibles de la classe. À l'inverse, il ne suffit pas d'améliorer sensiblement ses compétences pour échapper au redoublement ; il faut encore ne pas se retrouver parmi les plus faibles de la classe.

5.4. Diversité des exigences des enseignants et de la pondération des points attribués aux diverses disciplines ou sous-disciplines

S'il faut produire une distribution gaussienne de notes au terme d'un examen, il faut – comme le remarquait déjà Posthumus en 1947 – « que les enseignants ajustent leurs exigences de façon à toujours retrouver la même distribution de notes » (p. 67). Le jeu de l'évaluation – en tout cas de l'évaluation normative – consiste donc à concevoir l'épreuve non pas de telle sorte qu'elle couvre les aspects essentiels de la matière qui a été enseignée (ce qui est la visée des évaluations sommatives critériées), mais de telle sorte qu'une faible proportion réussisse la majorité des questions, qu'une proportion plus grande réussisse un peu plus de la moitié des questions et qu'une faible proportion échoue à une majorité de questions. De Landsheere (1989) propose une formulation synthétique de cette idée. Elle écrit :

> Quand un maître sait ou croit savoir d'avance que tous ses élèves ignorent une matière, il ne pose pas de questions d'examen à ce propos. De même, quand il sait ou croit savoir d'avance que tous les élèves réussiront une question, il l'évite. Bref, les maîtres s'arrêtent de préférence aux matières qui différencieront les élèves entre eux. Ils n'évaluent donc ni le déficit commun ni l'acquis commun de leur classe, ce qui les conduit à une surestimation de l'hétérogénéité de leur classe.

Ce mécanisme d'adaptation du niveau d'exigence des questions aux capacités de la majorité supérieure des élèves débouche inévitablement sur une grande diversité des épreuves d'examens présentées dans les diverses classes d'un même système éducatif.

Dans le cadre de la recherche APER-primaire, les questions d'examens conçues par les enseignants ont été recueillies et analysées. Le degré d'exigence attendu des élèves d'un même niveau scolaire varie de façon considérable d'une classe à l'autre. Dans les versions antérieures, nous avons illustré abondamment ce phénomène. L'importance de cette diversité est telle que l'on peut affirmer que, pour passer de la 3e à la 4e primaire, il faut dans certaines écoles maîtriser les objectifs relevant de la 4e (voire de la 5e) primaire alors que, dans d'autres, la maîtrise des objectifs de fin de 2e est suffisante (Grisay, 1988).

Detheux et Kellens (1992) ont réalisé une analyse comparable sur un corpus de 2000 questions de français recueillies dans des classes de 1re année de l'enseignement secondaire. Elles constatent également une diversité considérable dans la difficulté des questions supposées évaluer le même objectif.

Si l'on prend pour exemple la compréhension en lecture, on constate que le niveau de difficulté des épreuves diffère à plusieurs égards : longueur du texte, nature et nombre de questions posées. Ainsi, dans une épreuve relative à un texte de Sempé-Goscini, les questions portent principalement sur des faits explicitement décrits ; pour répondre aux questions, il suffit de les relever. Dans une autre classe de 1re secondaire, le texte à comprendre est de J. Vallès ; dans ce cas, les questions posées requièrent de l'élève une démarche d'interprétation ou d'inférence : il doit relever des indices qui expriment des sentiments, ceux-ci peuvent se trouver à différents endroits.

Detheux et Kellens (1992) analysent également des questions portant sur la grammaire et, plus précisément sur la capacité de transformer une phrase active en phrase passive. Elles mettent à nouveau en évidence que, pour une même compétence, les exigences des professeurs diffèrent sensiblement. Dans une épreuve, on trouve des sujets impersonnels ainsi que des cas pronominalisés. Dans une autre, il s'agit uniquement de transformations simples : le complément d'objet direct, toujours sous forme nominale, devient systématiquement sujet. Il est encore possible de faire un constat analogue pour les épreuves ayant trait à la ponctuation : à ce sujet aussi, les exigences des enseignants peuvent être très différentes selon les classes et, en conséquence, les démarches intellectuelles sollicitées varient. Dans une épreuve, l'élève doit ajouter les signes de ponctuation qui manquent dans un texte continu ; la tâche est ardue. Dans une autre, il s'agit simplement d'ajouter deux signes de ponctuation absents (chaque fois, un point) et de justifier la réponse proposée. Dans une autre épreuve encore, l'élève doit pouvoir ponctuer une même phrase de deux manières différentes afin de lui donner le sens demandé.

Des observations analogues ont été faites pour des épreuves d'anglais (Detheux et Kellens, 1992) et de mathématique (Detheux, Demonty et Vlassis, 1995) de première secondaire. On n'alourdira pas davantage le propos par des exemples relatifs à ces disciplines.

Soulignons un fait qui a son importance : les enseignants ne sont pas vraiment conscients de leurs divergences quant à leurs exigences. Regroupées par compétences évaluées, un recueil de questions a été présenté aux maîtres qui les avaient rédigées. Ceux-ci se sont montrés consternés en découvrant les écarts (estimés souvent à plus de deux ans de scolarité) qui séparent les épreuves de français proposées à un même niveau.

Au sein d'une même discipline, la répartition des points attribués par les enseignants aux diverses sous-disciplines varie également de façon importante. Detheux et Kellens (1992) l'ont mis en évidence notamment avec le tableau 6.9, que nous leur empruntons.

Tableau 6.9 : Répartition des points établie par 16 professeurs de français de première secondaire entre les différentes sections que doit comporter un examen de fin d'année (maximum = 60)

	1	2	3	4	5	6	7	8	9	10	11	12	13	14	15	16
Grammaire	25	30	28	22	21	30	29	38	23	23	39	26	30	14	27	29
Orthographe	10	15	13	17	22	2	19	11	13	16	13	9	17	8	13	11
Vocabulaire	13	1	0	1	9	7	1	0	0	7	2	2	3	6	0	0
Stylistique	3	3	0	0	0	9	1	0	6	2	1	0	1	0	0	0
Compréhension de textes	4	7	13	10	8	5	6	9	15	0	0	13	3	13	8	17
Production écrite	5	4	6	10	0	7	4	2	3	12	5	10	6	19	12	3
Total	60	60	60	60	60	60	60	60	60	60	60	60	60	60	60	60

Dans tous les cas hormis le professeur 5, la grammaire est le domaine d'évaluation privilégié par les enseignants. L'orthographe vient en deuxième position dans 11 cas sur 16. La compréhension de textes dépasse 10 points sur 60 dans 6 cas seulement ; la production écrite dans 5 cas. Si on combine les points attribués par chaque professeur à la grammaire et à l'orthographe, on constate que, pour tous les enseignants sauf 1 (le professeur 14), l'évaluation de ces apprentissages formels correspond au moins à la moitié des points. Plus précisément, on observe la distribution suivante :

- En dessous de 30   1 professeur,
- 31-35   4 professeurs,
- 36-40   5 professeurs,
- 41-45   2 professeurs,
- 46-50   3 professeurs,
- au-dessus de 51   1 professeur.

Ainsi, bien que, chez 15 enseignants sur 16, les points attribués à la grammaire et l'orthographe dépassent la moitié, des variations importantes subsistent : chez le professeur 14, les apprentissages formels comptent pour 22 points tandis que, chez le professeur 11, ils comptent pour 52. Ces deux enseignants (11 et 14) présentent des profils de répartition des points très différents. Chez l'enseignant 11, les apprentissages formels comptent pour 52 points, la production écrite pour 5, le vocabulaire et la stylistique pour 3 points ; la compréhension de textes n'est pas évaluée. Chez le maître 14, la répartition paraît plus équilibrée : 14 points pour la grammaire, 8 points pour l'orthographe, 19 points pour la production écrite, 13 points pour la compréhension de textes, 6 pour le vocabulaire et 0 pour la stylistique. Assurément, les élèves de ces deux enseignants ne doivent pas faire preuve des mêmes compétences pour réussir leur première secondaire.

Au sein d'un même établissement d'enseignement secondaire, les pondérations des notes varient également d'une classe à l'autre. Bounafaa (1992) a relevé les points attribués aux différents domaines aux examens de Noël et de juin dans quatre classes de 1re d'un établissement de la région liégeoise. Dans le tableau 6.10, les pondérations ont été traduites en pourcentages afin de faciliter la comparaison ; le total réel des points attribués apparaît en dernière ligne.

**Tableau 6.10 : Répartition (en %) des points attribués
par quatre enseignants de français
aux différentes sous-disciplines à Noël et en juin**

Noël	1LA	1LB	1MA	1MB
Orthographe	20 %	20 %	7 %	15 %
Grammaire	40 %	35 %	43 %	40 %
Compréhension de textes	20 %	15 %	20 %	25 %

Noël	1LA	1LB	1MA	1MB
Expression écrite	20 %	30 %	30 %	20 %
Total des points	100	100	140	140
Juin	**1LA**	**1LB**	**1MA**	**1MB**
Orthographie	10 %	17 %	10 %	5 %
Grammaire	40 %	33 %	40 %	45 %
Compréhension de textes	30 %	20 %	30 %	20 %
Expression écrite	20 %	30 %	20 %	30 %
Total des points	200	200	200	280

Les poids différents accordés aux sections d'une épreuve ont leur importance. On peut le montrer à partir du cas de deux élèves pour qui le professeur de français de la classe 1MA ci-dessus a plaidé avec succès la relégation en section professionnelle sur la base des notes suivantes :

Tableau 6.11 : Points obtenus par deux élèves en difficulté

	Points attribués	Points de E1	Points de E2
Compréhension de texte	30	25	21
Expression écrite	40	17	18
Orthographe	10	4	1
Grammaire	60	20	21
Total	140	66	60
Pourcentage	100 %	47 %	43 %

Comme le montre la simulation suivante, il eût suffi que l'enseignant accorde à la compréhension de textes le poids attribué à la grammaire et *vice versa* pour que le bilan de ces deux enfants soit différent.

**Tableau 6.12 : Simulation de ce qu'auraient obtenu
les deux élèves en difficulté observés par Bounafaa (1992)
si la pondération des points avait été différente**

	Points attribués	Points de E1	Points de E2
Compréhension de textes	60	50	42
Expression écrite	40	17	18
Orthographe	10	4	1
Grammaire	30	10	10
Total	140	77	71
Pourcentage	100 %	55 %	50,7 %

La diversité des exigences selon les professeurs et les écoles et la variation dans la répartition des points attribués par les enseignants aux diverses sous-disciplines relevant d'une même matière permettent de parler d'un grand arbitraire dans le système d'évaluation des élèves par les enseignants, en tout cas en FWB. Ces phénomènes résultent de la grande liberté qui leur est laissée dans leurs manières d'évaluer les élèves. Cette liberté a un effet négatif grave à nos yeux : comme mis en évidence par Grisay (1984), à compétences égales, un élève d'une classe X peut réussir – et même être jugé brillant – et un élève d'une autre classe Y devoir redoubler.

Les démonstrations produites par la recherche APER datent des années 1980 et 1990. Depuis lors, il y a eu le Décret Mission (1997), la définition d'un socle de compétences et la mise en place d'un important dispositif d'évaluations externes. Sans réplication, on ne peut affirmer radicalement que les mêmes constats seraient refaits aujourd'hui. Néanmoins, les observations qu'ont pu faire Lafontaine, Baye et Monseur au chapitre 2 eu égard à l'équité du système d'enseignement en FWB nous incitent – hélas – à formuler une hypothèse positive. L'importance de la variance inter-écoles y est tellement grande qu'il paraît logique de penser que les inégalités d'évaluation persistent malgré les diverses tentatives de réforme.

5.5. Les élèves en difficulté sont-ils victimes d'un effet de stéréotypie ?

Si les progrès des élèves n'entrent guère en ligne de compte dans les décisions de réussite et de redoublement prises par les enseignants (Bounafaa, 1992), on peut craindre pour les élèves en difficulté un effet de stéréotypie (de Landsheere, 1980). En docimologie, l'effet de stéréotypie renvoie à la tendance à attribuer la même note aux élèves malgré des variations de performance significatives de leur part.

L'examen des notes attribuées par les enseignants de français dans les quatre classes étudiées par Bounafaa (1992) révèle une grande stabilité en cours d'année. Elle a en effet pu recueillir les notes inscrites dans les livrets scolaires (ou bulletins) de 83 élèves à six évaluations périodiques : octobre, décembre, février, mars, mai et juin. Les résultats aux examens de français de Noël et de fin d'année ont également été pris en considération. Lorsqu'on calcule des corrélations entre toutes ces séries de notes, on obtient la matrice présentée au tableau 6.13.

**Tableau 6.13 : Corrélations entre les notes de français
aux différentes périodes de l'année scolaire pour l'ensemble des classes**

	Décembre	Examen de Noël	Février	Mars	Mai	Juin	Examen de fin d'année
Octobre	0,62	0,74	0,65	0,64	0,59	0,64	0,80
Décembre		0,76	0,67	0,71	0,69	0,68	0,66
Noël			0,76	0,77	0,77	0,80	0,84
Février				0,80	0,82	0,91	0,81
Mars					0,88	0,91	0,81
Mai						0,93	0,80
Juin							0,87

Les corrélations des notes de français sont toutes supérieures à 0,6 et la plupart à 0,80. Les notes attribuées par les enseignants en octobre prédisent de façon forte celles des examens de fin d'année scolaire (0,80 soit 64 % de la variance). À partir de février, les choses semblent figées : les corrélations recensées dans la moitié inférieure du tableau sont toutes supérieures à 0,80. Ce sont les évaluations de décembre qui sont les moins sûres en matière de prédiction : les corrélations de notes de cette période avec les autres se situent entre 0,60 et 0,75 ; leur corrélation avec les notes de fin d'année correspond seulement à 0,65 (soit 42 % de la variance). Les enseignants expliquent aisément ce constat : en décembre, ils sous-évaluent délibérément les étudiants afin de mettre les élèves sous pression ; en particulier, les bons élèves qui seraient « tentés de se reposer sur leurs lauriers ».

La stéréotypie des notes attribuées aux élèves est peut-être tributaire de la réalité des choses. Il se peut, en effet, que les performances scolaires des 83 élèves concernés par l'étude soient restées stables tout au long de l'année. Ce serait donc faire un mauvais procès aux enseignants que de parler d'effet de stéréotypie. Pour mettre notre hypothèse à l'épreuve des faits, il suffit de comparer l'évolution des notes attribuées par les enseignants à l'évolution des scores obtenus par les 83 élèves à une épreuve externe de français. C'est ce que nous sommes en mesure de faire puisqu'un test de français a été présenté dans trois des quatre classes en début et en fin d'année.

En début d'année, les compétences des élèves en français mesurées par le test varient en fonction de l'appartenance à un type de section, mais aussi selon que les élèves ont ou non redoublé en primaire. Qu'en est-il en fin d'année ? Les tableaux 6.14a et b permettent d'ébaucher une réponse à cette question. Le premier présente les moyennes par classe aux tests de début et de fin d'année (ainsi que les pourcentages de réussite et les résultats d'une analyse de variance visant à cerner l'effet-classe). Le second présente les scores moyens des redoublants et des autres en début et en fin d'année.

Tableau 6.14a. Moyenne des scores par classe aux tests de français (début et fin d'année) et pourcentage de réussite (fixée à 60 % des points)

Classes	Début d'année		Fin d'année	
	(max. = 136)	% de réussite	(max. = 144)	% de réussite
1LA	108,9	80,07	102,7	70,62
1LB	103,2	75,88	101,7	71,29
1MA	90,5	66,56	94,9	65,91
F	5,65		1,11	

**Tableau 6.14b. Moyenne des scores des élèves redoublants
versus les autres aux tests de français
(début et fin d'année) et pourcentage de réussite**

	Début d'année		Fin d'année	
	N	Moyenne	N	Moyenne
Redoublants	14	88,66	13	95,1
Les autres	46	105,55	46	101,99
F	10,66		1,88	

Manifestement, les différences de résultats entre classes tendent à s'estomper en cours d'année ; les progrès relatifs de la classe moderne (1MA) sont plus importants que ceux des deux classes latines, ce qui se traduit au niveau du F qui est nettement plus bas lorsqu'on compare les moyennes en fin d'année (1,11) et en début d'année (5,65). Par ailleurs, lorsqu'on compare les scores des élèves qui ont redoublé à ceux des autres, on aboutit à un constat analogue. En début d'année, l'écart était important ; il s'est atténué en fin d'année. Même si les analyses statistiques présentées dans les tableaux qui précèdent sont précaires vu le nombre de sujets, un constat se dégage avec netteté : dans cette école, un processus d'égalisation des acquis en français s'est opéré au cours de la première année d'enseignement secondaire. En début d'année, les élèves ayant redoublé et dotés de moindres connaissances en français se sont principalement retrouvés en moderne. Si l'on en juge aux analyses effectuées sur une classe de section moderne et deux de section latine, les inégalités de compétences se sont estompées en fin d'année. Comment ? Est-ce le fait d'une démarche délibérée des enseignants ? Probablement pas, puisque les notes des enseignants de français attribuées à ces mêmes élèves sont restées stables tout au long de l'année. Bref, à nouveau, il apparaît que les enseignants sont restés insensibles aux évolutions de ceux qui démarraient dans les conditions les plus difficiles.

La stéréotypie des notes attribuées par un enseignant est un phénomène connu de longue date. Dans son livre *Évaluation continue et examens*, de Landsheere (1980) en analysait déjà le processus, indiquant qu'il y avait en quelque sorte contagion des résultats: «un premier travail médiocre incline à penser que le second le sera aussi; si cela se vérifie, la tendance à accorder une note médiocre au troisième s'accroît encore, et ainsi de suite» (p. 42). Il soulignait le côté sournois du phénomène, indiquant que tout enseignant est susceptible d'en être victime.

On peut craindre que l'on soit ici en présence d'une logique de la prédestination, en ce sens que les enseignants interprètent certaines caractéristiques personnelles des élèves pour prédire leur réussite ou, au contraire, leur échec. Ainsi, pour le professeur de français responsable des classes 1LB et 1MB, «un élève qui a déjà redoublé au primaire, c'est plutôt mauvais signe». Ou encore, «on ne va pas envoyer en latine un élève qui a déjà eu des difficultés en primaire». Le professeur responsable des classes 1LA et 1MA est plus nuancé. Il concède: «il est rare qu'un élève qui a déjà redoublé au primaire n'aie pas de problème au secondaire», mais ajoute «il ne faut pas être fataliste».

Le phénomène paraît, en tous cas, répandu comme le suggèrent les données que nous avons recueillies dans 22 classes primaires de la FWB (tableau 6.15). Les notes attribuées par chaque enseignant aux élèves de leur classe ont été recueillies au moins à deux moments de l'année, début et fin, et ceci pour le français, les mathématiques et le bilan global (lorsque l'enseignant en établissait un). Pour chaque classe, la corrélation entre la mesure de début et de fin d'année a été calculée. On connaît également le nombre d'élèves en échec en octobre et en fin d'année.

Toutes les corrélations sont positives hormis dans une classe (W) où elles sont modérément négatives. Dans ce cas, l'enseignant se donne explicitement pour objectif de renverser la destinée des élèves. Notons encore que la plupart des corrélations sont supérieures à 0,75, ce qui est évidemment élevé. Enfin, dans un bon nombre de classes, l'élève qui est en échec au mois d'octobre l'est également au mois de juin. Bref, dans de nombreuses classes, le sort des élèves en difficulté est scellé dès la fin du mois d'octobre.

Tableau 6.15 : Corrélations entre notes de début et de fin d'année dans 22 classes primaires de la CFBW

	Enseignant		Classe		Nombre d'élèves ayant déjà redoublé	Échec		Français	Math	Bilan global
	Genre	Ancienneté	Degré	Effectif		en octobre	en juin			
A	M	27	1e–2e	15	0	0	0	0,83	0,88	0,97
B	F	8	1e	15	–	1	1	0,88	0,89	–
C	F	13	1e	23	–	2	1	0,83	0,87	–
D	F	20	1e	16	0	1	1	0,88	0,71	–
E	F	18	1e	13	1	1	1	0,84	0,89	–
F	F	32	1e	17	2	2	2	0,96	0,30	0,74
G	F	21	1e	24	1	1	3	0,90	0,93	0,96
H	F	9	2e	17	1	1	1	–	–	0,75
I	M	18	3e	23	1	0	0	0,68	0,60	0,81
J	F	4	3e	24	1	2	1	0,91	0,83	
K	M	15	3e	22	3	0	0	0,91	0,78	0,94
L	F	23	3e	21	2	1	1	0,93	0,79	0,76
M	M	10	3e – 4e	12	1	1	1	0,93	0,91	–

| | Enseignant | | Classe | | Nombre d'élèves ayant déjà redoublé | Échec | | Français | Math | Bilan global |
	Genre	Ancienneté	Degré	Effectif		en octobre	en juin			
N	F	21	4ᵉ	17	3	0	0	–	–	0,85
O	F	23	4ᵉ	18	2	0	0	0,94	0,77	–
P	F	12	4ᵉ	31	9	0	0	0,84	0,40	0,72
Q	F	23	5ᵉ	11	3	1	1	0,97	0,82	–
R	F	22	5ᵉ	19	2	0	0	0,71	0,38	0,54
S	M	20	5ᵉ-6ᵉ	20	1	1	1	0,85	0,85	–
T	F	8	5ᵉ-6ᵉ	13	1	0	1	0,87	0,75	0,8
U	F	19	6ᵉ	21	2	0	0	–	–	0,91
V	M	26	6ᵉ	16	–	0	0	0,97	0,99	–
W	M	10	6ᵉ	20	3	0	1	–0,15	–0,17	–
X	M	15	5ᵉ	27	3	0	1	0,89	0,89	–
Y	F	25	6ᵉ	29	4	0	0	0,81	0,74	0,75

5.6. Les notes scolaires, un alibi ?

C'est ce qu'affirmait une enseignante (CB) à Burdevet (1994, cité par Crahay, 1996) qui l'interrogeait sur le rôle des notes dans ses décisions de redoublement. Elle ajoutait, cependant :

[…] mais c'est quand même la preuve qu'il y a quelque chose qui ne suit pas. […] Il faut voir aussi comme la fillette travaille dans la classe, son degré de maturité, son caractère. […] Le travail au jour le jour compte carrément plus que les notes. Les notes viennent pour appuyer l'impression du travail au jour le jour qui ne se fait pas.

Et concernant les pratiques de ses collègues, elle déclare :

Chacun fait selon sa personnalité comme bon lui semble ! Il y a un enseignant *bonne pâte* qui a tendance à faire passer tout le monde et on a connu des maîtresses beaucoup plus sévères que d'autres. […] Chacun agit en fonction de son vécu avec sa classe.

Cet avis est largement partagé par les dix autres enseignants genevois interrogés par Burdevet à propos de ce qui a motivé leurs décisions de redoublement. Pour preuve, nous reproduisons plusieurs verbatims.

CK : C'était pas du tout en fonction des notes. C'est une enfant qui n'apprenait pas…

CE : Oui, les notes, ça a une importance. Mais le manque de maturité et le comportement sont plus importants. [Et concernant la décision de redoublement] On fait comme bon nous semble !

DD : C'est surtout l'état psychologique qui compte. C'est plus important que les notes. […] Chr essayait de faire des efforts […], mais l'écart avec ses camarades s'est encore accentué. [Concernant ses collègues] On n'a pas un programme suffisamment strict, des exigences suffisamment précises pour qu'on soit un peu tous au même niveau. Dans le GRAPP, chacun peut comprendre ce qu'il a envie de comprendre et exiger ce qu'il a envie d'exiger. […] Donc un enseignant qui en demanderait trop, en pensant bien faire, pourrait faire redoubler un enfant qui n'aurait pas doubler ailleurs.

DQ : Je ne me suis pas basé sur les notes, plutôt sur le comportement en classe. […] J'avais cette impression tellement forte qu'ils n'arriveraient pas à suivre. […] Chacun fait sa cuisine. Puisque chacun fait sa cuisine pour les notes, chacun fait sa cuisine pour les redoublements. Il n'y a aucune position commune.

ID : Non ce n'est pas ça [Ndlr : pas les notes.] C'était dans la classe, comment ils se débrouillaient face à leur travail de semaine […] leur manière d'entreprendre les choses, d'être en classe.

MT : Je n'ai pas beaucoup de contact avec la façon de juger mes collègues... Je dirais plutôt que les gens font un petit peu comme ils pensent de cas en cas.

RK : Les notes, à la limite, on peut un peu faire ce qu'on veut. Si on a envie de faire passer un élève, on fait un peu du bachotage. [...] Je trouve que les notes, c'est quand même très secondaire. On en met parce que, bien sûr, il faut en mettre. À la limite, il y a certains enfants qui en ont même besoin. [...] Ils ne travaillent que pour la note. [...] Si, pour cette petite fille, j'avais mis les notes d'orthographe qu'elle aurait dû avoir, j'aurais mis 1 pour le papier que je fournissais. En principe, je ne mets jamais au-dessous de 2 au départ parce qu'en dessous, on n'arrive plus à les repêcher. Je mets des 2, mais qui en réalité sont plus bas.[11]

WO : C'est énormément le jugement qui intervient...

WB : C'est vrai que les notes interviennent, mais je pense que c'est plus une attitude face à la tâche qu'on demande, une participation à la vie de la classe. [...] Les notes, bien sûr puisqu'on est dans un système où il en faut, mais je juge plutôt la capacité qu'a un enfant à aborder la matière d'un certain degré. Je me dis, maintenant en fin de 3P : est-ce que cet élève sera capable d'attaquer le programme de 4P avec toutes ses nouvelles matières ? C'est ma réponse à cette question qui va influencer ma décision ! [...] Avec mes collègues, nous n'avons pas de consensus au niveau du redoublement et en fait chacun fait sa petite cuisine.

Ces propos sont datés (1994) et situés (écoles primaires genevoises). De nouvelles recherches demandent à être menées pour confirmer et élargir la teneur de ces propos. Nous pensons, néanmoins, que la pertinence de ces propos reste intacte et qu'actuellement, nombreux sont les enseignants de France et de FWB qui pensent et font de même : leur «cuisine personnelle» avec les notes scolaires et les décisions de redoublement. Les propos rapportés dans la section 6 du chapitre précédent («Comment les enseignants décident-ils qu'un élève doit redoubler ? ») et, plus spécifiquement, le modèle explicatif de Bless *et al.* (2005) vont dans le même sens : **les décisions de redoublement résultent du jugement que les enseignants primaires**[12] **portent sur les élèves**, leur maturité, leur potentiel intellectuel, leur comportement en classe et leur attitude face au travail c'est-à-dire leur façon de s'investir dans le métier d'élève, et, même parfois, leur état psychologique, ou encore leur capacité à suivre le rythme des apprentissages tel qu'imprimés par l'enseignant à l'ensemble

---

11.   Pour rappel, les enseignants genevois notent sur 6.
12.   La grande majorité des données de recherche utilisées dans ce chapitre et le précédent porte sur des enseignants du primaire ; d'où l'adjectif que nous utilisons. Qu'en est-il des croyances et des pratiques évaluatives des enseignants du secondaire ? Des recherches les ciblant spécifiquement sont nécessaires.

de la classe. Évidemment, ce jugement repose sur la croyance au moins conditionnelle dans les vertus du redoublement.

Si chaque enseignant fait sa cuisine personnelle pour attribuer les notes et décider de la promotion ou non des élèves, on est loin de la pratique d'une évaluation sommative qui s'appuie sur une référence à des critères communs, fixés pour chaque année scolaire ou pour chaque fin de cycle. **Il semble, hélas, qu'en fin d'année bon nombre d'enseignants mélangent évaluation normative et pronostique, comparant les élèves entre eux et s'efforçant de pronostiquer dans quelle mesure chaque élève est *apte à suivre les enseignements de l'année à venir plutôt que de certifier les acquis à la fin d'une période de formation.*** On est dans ces cas face à une dérive importante de l'évaluation de fin d'année devant déboucher sur des décisions de promotion ou de redoublement.

6. QUELLES SONT LES CONCEPTIONS DES ENSEIGNANTS EU ÉGARD À L'ÉVALUATION DES ÉLÈVES ?

Comme on vient de le lire, les chercheurs en éducation, inspirés par la pédagogie de maîtrise de Bloom (1979) préconisent le couplage de l'évaluation formative avec l'évaluation sommative de type critériée, ceci afin de s'approcher de l'égalité des acquis[13]. Mais qu'en est-il sur le terrain pédagogique ? Plus précisément, quelles sont les conceptions des enseignants en ce qui concerne l'évaluation des élèves ? Ce questionnement doit être contextualisé comme pour les croyances relatives au redoublement. Précisément, nous supposons que les conceptions des enseignants concernant l'évaluation des élèves varient selon les contextes institutionnels et cultures dans lesquels opèrent les enseignants. Ainsi, nous formulons l'hypothèse qu'au sein des systèmes éducatifs ayant adopté la promotion automatique, l'évaluation normative a fait place à l'articulation de l'évaluation formative et sommative à référence critériée. Hélas, nous n'avons pu recueillir des données dans un système éducatif de ce type. Dans les pages qui suivent, nous utiliserons essentiellement des données recueillies dans le canton de Genève et en FWB. Dans une étude menée par Issaieva, Yerly, Petkova, Marbaise et Crahay (2015), il a été possible de comparer les conceptions évaluatives des enseignants de quatre pays : le canton de Genève, la FWB, la Bulgarie et la Turquie.

---

13. À propos de l'égalité des acquis, nous renvoyons le lecteur à l'ouvrage édité par Crahay (2012) *L'école peut-elle être juste et efficace ?*

Soulignons que le système éducatif de la FWB et du canton de Genève diffèrent sur plusieurs points qui, selon nous, peuvent avoir un impact sur les conceptions des enseignants eu égard à l'évaluation des élèves.

Comme indiqué au chapitre 1, en FWB, le système éducatif fonctionne comme un quasi-marché (Maroy et Dupriez, 2000) au sein duquel les parents ont le libre choix de l'école de leur(s) enfant(s). Ceci a notamment pour conséquence que les « meilleures » écoles cherchent à recruter les « meilleurs » élèves et que les parents cherchent à placer leur enfant dans ces écoles. Pareil fonctionnement dans lequel les écoles sont en compétition implique des évaluations normatives car le système a besoin d'un classement (d'une sélection) des élèves. Par ailleurs, la pratique de l'évaluation formative est fortement encouragée par les responsables de l'enseignement (ministres, inspecteurs, pédagogues, etc.)[14]. On peut donc considérer que les enseignants sont pris en tenaille entre les recommandations pédagogiques « officielles » et les contraintes de fonctionnement du système ainsi que les attentes des parents. Dans ce contexte compétitif de la FWB, qu'en est-il des conceptions des enseignants à l'égard de l'évaluation ? Et autre question en parallèle, adhèrent-ils à l'égalité des acquis ?

Dans le canton de Genève, les élèves sont affectés aux écoles primaires en fonction de leur domicile. D'une manière générale, on peut considérer que le système éducatif genevois n'est pas englué dans un quasi-marché. Le contexte y est différent. De surcroît, ce canton se caractérise par une tradition de chercheurs (Allal, Bain, Mottier Lopez, Perrenoud, Wegmuller, etc.) engagés dans des recherches ciblées sur l'évaluation ; dans un nombre important de cas, ces recherches ont été menées en collaboration avec des enseignants (principalement du primaire). Le contexte culturel y est donc très différent de ce qu'il est en FWB et, partant, on peut présumer que les conceptions des enseignants en matière d'évaluation des élèves y sont différentes de ce qu'elles sont en FWB.

Nous disposons de deux recherches pour tester cette hypothèse[15]. D'une part, Crahay, Issaieva et Marbaise (2013) ont soumis un questionnaire portant sur les fonctions de l'évaluation, mais aussi sur les principes de justice à des enseignants primaires en fonction dans la FWB, répartis dans une trentaine d'écoles. D'autre part, Boraita, et Issaieva (2013) ont mené une double étude dans le canton de Genève sur les conceptions en matière d'évaluation : la première s'adresse à des enseignants primaires en formation et la seconde à des enseignants primaires en fonction. Le tableau 6.16 fournit les informations essentielles sur les échantillons des trois études.

---

14.   C'est très clair dans le Décret Mission de 1997 et dans le Pacte d'excellence de 2018.
15.   Ces deux recherches ont été précédées par une autre qui, menée auprès d'enseignants français, avait pour objectif de construire et valider des échelles. Le lecteur intéressé consultera Issaieva et Crahay (2010).

Tableau 6.16 : Description brève des échantillons des études de Crahay
***et al.* (2013) et de Boraita et Issaieva (2013)**

En FWB (Crahay et al.)	Dans le canton de Genève (Boraita et Issaieva)	
• 112 enseignants primaires en fonction, répartis dans une trentaine d'écoles. • Le questionnaire a été présenté en décembre 2011. • Les âges varient entre 1 et plus de 21 années d'ancienneté. • 39 enseignent en 1P-2P, 29 en 3P-4P et 31 en 5P-6P.	• 339 étudiants en formation « enseignement primaire » à l'Université de Genève. • Le questionnaire a été présenté en septembre 2010 et en juin 2011. • 87 % de femmes et 13 % d'hommes. • Les âges varient entre 19 et 54 ans (moyenne 24,3 ans, SD = 5,6). • 46 % d'entre eux sont en 1re année, 25 % en 2e année, 21 % en 3e année et 8 % en dernière année	• 134 enseignants primaires en fonction • 62 % de femmes et 38 % d'hommes • Les âges varient entre 22 et 58 ans (moyenne 42,3 ans, SD = 9,5). • 14 % d'entre eux ont moins de 5 ans d'expérience, 20 % entre 5 et 10 ans, 54 % entre 10 et 20 ans et 12 % plus de 20 ans.

Les questionnaires utilisés par Boraita et Issaieva sont les mêmes que ceux de Crahay, Issaieva et Marbaise. L'identité des questionnaires permet de comparer rigoureusement les résultats obtenus dans ces deux systèmes éducatifs.

Le questionnaire relatif à l'évaluation comporte trois dimensions :

- la première dimension envisage l'évaluation comme un processus formatif visant la régulation des apprentissages et la remédiation des difficultés scolaires ;
- la deuxième dimension renvoie à l'idée que l'évaluation peut être perçue comme un processus visant à appréhender si les élèves ont atteint les objectifs (critères) fixés (évaluation sommative critériée) ;
- la troisième dimension se rapporte aux finalités sommative et normative de l'évaluation.

Les items de ce questionnaire sont présentés dans le tableau 6.17.

Tableau 6.17 : Items du questionnaire
« Évaluation » présenté aux enseignants de différents pays

Dimensions	ITEMS
Évaluation formative (5 items)	Les évaluations permettent de repérer les élèves qui ont besoin d'une explication supplémentaire.
	Lors des évaluations, les réponses des élèves permettent de cerner les progrès qu'ils ont réalisés depuis le début de l'année.
	L'analyse des résultats des élèves aux évaluations permet d'ajuster l'enseignement en fonction de leurs faiblesses.

Dimensions	ITEMS
	Les évaluations permettent de repérer ce qu'il faut retravailler avec mes élèves.
	Les contrôles permettent de savoir si je peux avancer dans la matière ou si je dois reprendre certain(e) s notions ou exercices.
Évaluation normative (4 items)	Les résultats des élèves aux évaluations permettent d'identifier les élèves qui n'ont pas d'aptitude naturelle.
	Les évaluations sanctionnent les élèves qui n'ont pas travaillé.
	Les évaluations sont l'occasion pour les élèves de montrer ce qu'ils valent.
	Les évaluations permettent de repérer les bons et les mauvais élèves.
Évaluation critériée (5 items)	Les évaluations permettent de voir si les objectifs du programme sont atteints.
	En fin d'enseignement, il faut évaluer dans quelle mesure les élèves maîtrisent suffisamment les compétences minimales.
	En fin d'enseignement, il faut évaluer les acquis des élèves, en évitant tout classement.
	Les épreuves bilans permettent d'évaluer les effets de l'enseignement dispensé.
	Les évaluations permettent de voir si les élèves maîtrisent le contenu de l'enseignement.

Les mêmes analyses statistiques, toutes réalisées par Issaieva, sont les mêmes pour les trois échantillons :

- les données recueillies au moyen de ce questionnaire ont d'abord été soumises à des analyses descriptives (distribution des items, degré d'asymétrie et d'aplatissement) ;
- puis à une analyse factorielle exploratoire et ensuite à des analyses factorielles confirmatoires afin de tester la validité de la structure des croyances apparues ;
- et, enfin, à des analyses corrélationnelles, puis typologiques (clusters).

Le lecteur trouvera le détail des résultats de ces analyses dans les articles publiés. Le plus important pour notre propos est de souligner que les résultats diffèrent selon le système éducatif :

- les analyses factorielles exploratoires et confirmatoires réalisées sur les réponses des enseignants en exercice dans le canton de Genève dévoilent deux facteurs cohérents : le premier facteur regroupe les items relatifs à l'évaluation formative et à l'évaluation sommative critériée ; le second facteur regroupe les items correspondant à l'évaluation normative ;
- ces mêmes analyses appliquées aux réponses des enseignants de la FWB produisent également deux facteurs, mais de signification très

différente : le premier facteur rassemble des items correspondant à l'évaluation formative et le second des items relatifs à l'évaluation normative. Aucun item appartenant à la dimension «Évaluation sommative critériée» n'est retenu par les analyses factorielles. Autrement dit, les analyses statistiques n'arrivent pas à trouver une cohérence parmi les réponses que les 112 enseignants de la FWB donnent aux items relatifs à cette fonction évaluative. Ce constat suggère que celle-ci n'existe pas en tant que telle dans la pensée pédagogique de ces enseignants. Par ailleurs, l'analyse typologique met en évidence trois groupes d'enseignants. Le premier, composé de 38 enseignants, adhèrent à l'évaluation formative et rejettent l'évaluation normative. Dans le second, on trouve 41 enseignants qui adhèrent à l'évaluation normative et rejettent l'évaluation formative. Enfin, dans le troisième groupe (N = 30), les enseignants adhèrent simultanément à l'évaluation normative et formative ; ce qui paraît paradoxal.

Pour nous, l'ennemi à terrasser, c'est l'évaluation normative ; le Mister Hyde de l'évaluation. Il semble qu'à Genève, la lutte en faveur d'un dispositif d'évaluation au service des apprentissages des élèves soit plus avancée qu'en FWB avec pour effet des taux de redoublement bien plus bas à Genève qu'en FWB ; nous l'avons constaté au chapitre 1.

L'étude menée à Genève avec les enseignants en formation est intéressante, d'autant plus que nous avons une mesure en septembre et en juin et à différents moments de la formation (1re, 2e et 3e année). Bien que les analyses soient en quelque sorte biaisées par le nombre élevé d'étudiants en 1re année (46 %) et très faible en 3e année (8 %), les résultats sont intéressants ; ils indiquent que ces futurs enseignants genevois distinguent les trois fonctions de l'évaluation et ceci dès la première année en particulier lors de la mesure de juin. De plus, au fur et à mesure qu'ils avancent dans la formation, on observe de leur part une meilleure articulation de l'évaluation formative et sommative critériée.

Le questionnaire portant sur les principes de justice soumis aux enseignants de la FWB renforce le constat que, dans ce système éducatif, les concepts relatifs à l'évaluation et à la justice sont mal articulés entre eux. Ce questionnaire comportait trois dimensions correspondant à trois conceptions de la justice à l'école (Crahay, 2012) :

- Égalité de traitement : tous les élèves, quelles que soient leurs caractéristiques, ont droit au même enseignement. Cette forme d'égalité est appelée par Aristote (cité par Lecoq, 2008, p. 13) «égalité arithmétique». Ainsi, nous ne différencions pas les individus au sein d'une société donnée, tous ont le droit au même traitement : riche ou pauvre, ignorant ou cultivé.

- Égalité des chances ou justice méritocratique: l'école doit récompenser les meilleurs, ceux qui ont le plus de talent et/ou qui font le plus d'effort.
- Égalité des acquis: l'école doit prendre en compte les différences individuelles dans une perspective de justice corrective et viser l'égalité des acquis de base par une différenciation de l'enseignement basée sur l'évaluation formative.

Les items de ce questionnaire sont présentés dans le tableau 6.18.

**Tableau 6.18 : Items du questionnaire
« Justice » présenté aux enseignants de différents pays**

Dimensions	Items
Égalité de traitement (5 items)	L'enseignant doit consacrer la même énergie à tous les élèves, sans distinction.
	Tout enseignant se doit d'accorder à chacun la même attention.
	L'école doit offrir les mêmes opportunités d'apprentissage à tous les élèves.
	C'est en donnant à tous – doués et peu doués – les mêmes opportunités d'apprentissage que l'on réalise une école juste.
	Les élèves devraient tous recevoir le même enseignement, quelles que soient leur origine sociale et l'école fréquentée.
Égalité des chances (5 items)	Il est juste que chacun reçoive un enseignement à sa mesure, c'est-à-dire que chacun reçoive des opportunités d'apprentissage proportionnelles à ses capacités.
	Il est normal que l'école pousse au maximum les élèves qui ont le potentiel d'apprentissage le plus élevé peu importe l'origine sociale de ceux-ci.
	Chacun possède un potentiel de formation déterminé. L'école doit donner à chacun les meilleures chances de développer le talent qu'il possède.
	L'école doit donner à tous, un enseignement de qualité équivalente et ensuite repérer les élèves doués afin de les pousser au maximum de leurs capacités.
	Les élèves performants méritent que l'on s'intéresse plus particulièrement à eux.

Dimensions	Items
Égalité des acquis (5 items)	Il est légitime que les enseignants accordent plus d'attention aux élèves en difficulté.
	Un bon enseignant est celui qui, sans freiner la progression des meilleurs, les encourage à aider les plus faibles.
	Il est légitime que les enseignants s'efforcent de faire progresser les plus lents, peu importe si les plus rapides sont quelque peu ralentis.
	L'école doit être compensatoire, c'est-à-dire donner plus à ceux qui ont moins.
	Il est anormal que les élèves terminent l'école avec des acquis inégaux. L'enseignement doit compenser les inégalités de départ.

Les analyses factorielles exploratoires et confirmatoires débouchent sur deux facteurs. Dit simplement, elles distinguent deux groupes d'enseignants : le premier, majoritaire (N = 71) adhère à l'égalité de traitement alors que le second (N = 40) adhère à l'égalité des acquis. On n'obtient pas de facteur correspondant à l'égalité des chances que nous supposions majoritaire. Par ailleurs, selon Crahay (2012), il devrait y avoir un lien entre l'égalité des acquis et les fonctions formative et sommative critériée de l'évaluation et, à l'opposé, un lien entre l'évaluation normative et les égalités des chances et de traitement. L'analyse typologique réalisée en regroupant les réponses aux deux questionnaires (Évaluation et justice) met en évidence trois groupes d'enseignants :

- Le groupe 1 (N = 47) les enseignants expriment une adhésion nette à l'égalité de traitement et n'ont pas de position nette eu égard à l'évaluation des élèves.
- Le groupe 2 (N = 43) les enseignants privilégient nettement l'évaluation normative et adhèrent aussi bien à l'égalité de traitement qu'à l'égalité des acquis.
- Le groupe 3 (N = 19) les enseignants adhèrent à l'égalité des acquis et privilégient l'évaluation formative.

En définitive, force est de constater que, sur 109 enseignants[16], 19 seulement (17 %) adhèrent aux valeurs qui sont au cœur du Décret Mission adopté en 1997 et du Pacte d'excellence (2018) : pratique de l'évaluation formative et sommative critériée en vue de s'approcher de l'égalité des acquis.

L'examen conjoint de ces différentes recherches permet de nourrir la réflexion. L'étude menée par Boraita et Issaieva (2013) avec les 339 futurs enseignants genevois indique que les conceptions en matière d'évaluation sont sensibles à la formation reçue et aboutit, d'une part, à

---

16. Il a fallu exclure 3 enseignants de cette analyse en raison de données manquantes.

ce que tous ces enseignants distinguent clairement les trois fonctions évaluatives et, d'autre part, qu'une majorité d'entre eux finissent par articuler évaluation formative et évaluation sommative critériée. C'est un constat réjouissant. Par ailleurs, il est manifeste que les conceptions des enseignants en matière d'évaluation varient selon les systèmes éducatifs.

L'article co-écrit par Issaieva, Yerly, Petkova, Marbaise et Crahay (2015), intitulé « Conceptions et prises de position des enseignants face à l'évaluation scolaire dans quatre systèmes éducatifs : quel est le reflet des cultures et politiques évaluatives ? » confirme à plus large échelle le constat formulé à la fin du paragraphe précédent. Dans ce texte, les chercheurs examinent les réponses obtenues au questionnaire « Évaluation » présenté ci-dessus par des enseignants de quatre pays : le canton de Genève, la FWB, la Bulgarie et la Turquie. Les tendances observées dans les deux premiers de ces pays ont déjà été largement discutées ci-dessus ; nous n'y reviendrons plus. Soulignons, toutefois, que les analyses factorielles mettent en évidence un facteur correspondant à l'évaluation normative dans les quatre systèmes éducatifs. L'adhésion à une évaluation à visée normative est particulièrement forte en Turquie, puis en Bulgare et ensuite en FWB ; elle est la plus faible dans le canton de Genève. Il semble qu'en Bulgarie et, plus encore, en Turquie, les perspectives formative et sommative critériée en matière d'évaluation sont largement méconnues ; elles émergent chez un minimum d'enseignants. Comme l'écrivent ces chercheurs, les résultats obtenus reflètent l'histoire de chaque pays eu égard à l'évaluation des élèves. Comme déjà signalée ci-dessus, Genève a été très tôt le creuset d'une réflexion approfondie à ce propos ; des recherches nombreuses en collaboration avec des enseignants et des formations y ont pris place. Malgré les efforts de certains chercheurs (de Landsheere, en premier), la FWB est restée en retrait par rapport à ce qui s'est passé dans la Cité de Calvin. En Turquie, comme en Bulgarie, la culture pédagogique y est très marquée par l'idéologie méritocratique.

Ces résultats ne sont pas difficiles à interpréter à la lumière des caractéristiques de la situation et de la culture évaluative des différents pays. Les quatre pays baignent dans un contexte méritocratique avec certaines fluctuations qui peuvent expliquer les variations dans la manière d'assumer et pratiquer l'évaluation normative. Ainsi en Turquie, l'évaluation normative est la forme prévalente depuis longtemps. En Bulgarie, c'est le cas également même si l'apparition de l'évaluation par objectif a vu le jour dans les années 1950, l'évaluation formative y est restée absente jusqu'à récemment. En FWB, les efforts consentis pour modifier les pratiques évaluatives n'ont pas eu l'effet escompté. Pour comprendre cet échec, il faut – pensons-nous – rappeler que ce système éducatif fonctionne comme un quasi-marché au sein duquel les pratiques d'évaluation normative et de redoublement jouent un rôle clef, mais préjudiciable à l'efficacité et à l'équité de l'École. À Genève où les élèves sont affectés à une école en fonction d'une carte scolaire et où les recherches collaboratives concernant l'évaluation sont nombreuses, un nombre important d'enseignants articule évaluation formative et sommative critériée ; cependant, l'évaluation normative n'a pas été éradiquée.

7. LES ÉLÈVES COMPRENNENT-ILS LES ENJEUX DES DIVERSES FONCTIONS ÉVALUATIVES ?

Les élèves sont soumis à des évaluations régulières, la fréquence étant probablement plus importante dans certains systèmes éducatifs que dans d'autres et, pour un même système d'enseignement, plus souvent dans certaines écoles que dans d'autres. Quoi qu'il en soit de ces variations, on peut affirmer qu'être évalué régulièrement est au cœur du métier d'élève. Habitués à être évalués quasi quotidiennement pour leurs performances, les élèves trouvent probablement cet assujettissement normal. Cependant, une question importante se pose : lorsque les élèves sont face à des enseignants qui différencient, tout en les articulant, évaluation formative et évaluation sommative, sont-ils conscients de cette différence ? Ont-ils conscience que l'évaluation formative est un moment didactique qui a pour but de les aider à discerner ce qu'ils maîtrisent de ce qu'ils ne maîtrisent pas ? Ont-ils conscience que l'enseignant s'attache à ce moment-là à diagnostiquer leurs difficultés pour ensuite les aider à les surmonter ? Et lorsque celui-ci décide de faire un bilan sommatif parce qu'une période ou un cycle d'enseignement se termine, a-t-il conscience que l'enjeu est différent ? Et enfin, sont-ils sensibles à la différence entre une évaluation sommative à référence critériée et une évaluation normative ?

Ces questions sont sous-jacentes à l'étude menée par Issaieva et Crahay (2010) et intitulée *Conceptions de l'évaluation scolaire des élèves et des enseignants : validation d'échelles et étude de leurs relations*. Celle-ci n'est que l'ébauche de recherches plus approfondies qui devraient être menées pour comprendre ce que les élèves comprennent des pratiques d'évaluation de leur(s) enseignant(s). L'hypothèse générale de cette recherche menée auprès d'enseignants français peut être schématisée comme suit :

Figure 6.3 : Modèle hypothétique reliant les conceptions des enseignants à celle des élèves eu égard à l'évaluation

Conceptions qu'ont les enseignent en ce qui concerne l'évaluation	→	Perceptions qu'ont les élèves des conceptions de leur(s) enseignant(s) en ce qui concerne l'évaluation	→	Conceptions qu'ont les élèves en ce qui concerne l'évaluation

L'idée de départ de ces deux chercheurs est que les élèves perçoivent les intentions évaluatives de leur(s) enseignant(s) et que, du fait de cette perception, ils adoptent des conceptions similaires. Pour vérifier cette hypothèse qui prend ancrage dans le paradigme des processus médiateurs (Doyle, 1986), Issaieva et Crahay ont d'abord mesuré de façon distincte, mais avec des questionnaires apparentés :

- Les conceptions qu'ont les enseignants en matière d'évaluation scolaire.
- Les perceptions (ou représentations) qu'ont les élèves des conceptions de l'évaluation de leur(s) enseignant(s).
- Les conceptions que les élèves ont de l'évaluation.

Ensuite, ils ont étudié le degré de cohérence de ces trois paramètres afin de voir dans quelle mesure s'accordent les points de vue des élèves et ceux des enseignants en matière d'évaluation scolaire.

De façon précise, les deux chercheurs ont mis au point et utilisé trois questionnaires :

- Un questionnaire « enseignant » (20 items ; deux dimensions : évaluation formative et évaluation normative).
- Un questionnaire « élève » (identique au questionnaire adressé aux enseignants).
- Un questionnaire adressé aux élèves : mêmes questions, mais précédées de la formule « mon enseignant pense que ».

Le questionnaire portant sur les perceptions des élèves eu égard aux conceptions évaluatives des élèves leur a été présenté environ une semaine après qu'ils aient livré leur propre conception, le but de ce délai étant d'éviter un biais consistant à répéter ses propres réponses. Le tableau 6.19 donne une vue assez précise du dispositif de recherche adopté :

**Tableau 6.19 : Présentation synthétique du dispositif
de la recherche de Issaieva et Crahay (2010)**

Questionnaires destinés aux	Enseignants	Élèves
Échelle de mesure (de type Likert) des conceptions évaluatives	Mesure de 2 dimensions : ➤ formative (10 items) ➤ normative (10 items)	Mesure de 2 dimensions : ➤ formative (10 items) ➤ normative (10 items)
Échelle de mesure (de type Likert) de la perception par les élèves des conceptions des enseignants		Mesure de 2 dimensions : ➤ formative (10 items) ➤ normative (10 items)
Questionnaire d'ordre général	Questionnaire d'ordre général (sexe, ex. prof. formation)	Questionnaire d'ordre général (origine socio-économique, niveau scolaire, sexe)

L'échantillon est composé de 1 112 élèves provenant de 50 classes CM2, soit la dernière année du primaire en France, réparties dans 39 écoles situées dans trois circonscriptions du département de la Haute-Savoie en France. Les élèves qui ont redoublé représentent 12,7 % de l'échantillon et les élèves en avance, 3,6 %. Parmi les 50 enseignants titulaires des classes embrigadées dans l'étude, on distingue 62 % de femmes et 38 % d'hommes. Les âges varient entre 22 et 58 ans (moyenne 42,26 ans, écart-type = 9,5). Trois analyses factorielles exploratoires (suivies de trois analyses factorielles confirmatoires) des réponses des enseignants et des élèves ont été réalisées, le but étant de comparer les trois structures factorielles obtenues afin de voir leurs convergences.

À nouveau, nous n'entrerons pas dans le détail de ces analyses, renvoyant le lecteur intéressé à l'article lui-même. L'important est la réfutation de l'hypothèse de départ. En effet, l'examen du degré d'accord entre les trois paramètres ne permet pas de retenir l'hypothèse de départ : autrement dit, les conceptions des enseignants n'influent pas sur celles des élèves à travers l'interprétation que ces derniers s'en font.

- En ce qui concerne d'éventuelles correspondances entre les conceptions des élèves et celles des enseignants, on constate l'absence de relations significatives (corrélations) ou l'existence de liens très faibles.
- En ce qui concerne les conceptions des enseignants et les perceptions qu'en ont les élèves, les indices calculés ne sont pas d'ampleur suffisante pour conclure positivement.
- En revanche, les perceptions qu'ont les élèves des conceptions de leur enseignant sont corrélées à leurs propres conceptions de l'évaluation.

En résumé, les interprétations que les élèves se font des conceptions de l'évaluation de leurs enseignants ne convergent pas avec ce que déclarent les enseignants eux-mêmes. Au contraire, les analyses réalisées et leurs résultats donnent à penser que les élèves ne distinguent pas leur point de vue de celui de l'enseignant et que leurs perceptions des conceptions des enseignants reflètent avant tout leurs propres conceptions.

Dans un second article intitulé « Positionnements des enseignants et des élèves du primaire face à l'évaluation : une convergence existe-t-elle ? », Issaieva, Pini et Crahay (2011) ont procédé à de nouvelles analyses statistiques afin de dépasser les constats généraux du premier article et d'explorer dans quelle mesure il est possible d'identifier des classes au sein desquelles les enseignants et les élèves ont des points de vue communs et, à l'inverse, des classes au sein desquelles enseignants et élèves ont des points de vue en opposition. Pour ce faire, les trois chercheurs ont principalement eu recours aux analyses typologiques. Dans la foulée, ils ont tenté de caractériser les classes convergentes *versus* divergentes en tenant compte de la posture de l'enseignant. Parallèlement, ces chercheurs se sont attachés à déterminer dans quelle mesure les postures des élèves appartenant à un même groupe-classe sont cohérentes, indépendamment du point de vue de l'enseignant.

Que montrent les diverses analyses réalisées par Issaieva, Pini et Crahay ? Premier constat : les analyses typologiques donnent des clusters fort semblables pour les trois paramètres (conceptions des enseignants, conceptions des élèves et perceptions des élèves eu égard aux conceptions des enseignants) ; ceci facilite évidemment les mises en relation, desquelles ressortent cinq constats :

- Il arrive souvent que les élèves d'une même classe ont des conceptions diversifiées en ce qui concerne les fonctions de l'évaluation scolaire.
- En revanche, concernant les perceptions qu'ont les élèves des conceptions de leur enseignant, les divergences sont moins grandes.
- Estimant que, dans une classe, il existe une convergence des points de vue si plus de deux tiers des élèves appartiennent au cluster caractérisant l'enseignant de la classe, on repère 7 classes sur 47[17] qui répondent à ce critère.
- Parallèlement, si on estime qu'il y a divergence lorsque plus de deux tiers des élèves appartiennent à des clusters différents de celui de l'enseignant, on compte 5 classes sur 47 qui se trouvent dans ce cas.
- Enfin, si on estime qu'il y a, au sein de la classe, une bonne perception des intentions de l'enseignant lorsque deux tiers des élèves perçoivent correctement les conceptions évaluatives de leur enseignant, on trouve 9 classes sur 47 au sein desquelles il y a un alignement satisfaisant entre ces ceux paramètres. Pour 14 classes, il est possible de tirer la conclusion opposée.

Hélas, de tout cela, on peut s'écrier « c'est du Kafka ! ». En effet, il y a peu de classes au sein desquelles les élèves captent correctement les attentes et intentions de leur enseignant en matière d'évaluation. Autrement dit, on ne peut pas affirmer qu'en règle générale, les élèves et les enseignants réussissent à créer un espace commun de conceptions en ce qui concerne les fonctions évaluatives à privilégier. On peut donc imaginer une classe au sein de laquelle l'enseignant pense privilégier l'évaluation formative alors que les élèves perçoivent la situation dans une perspective compétitive : « il me faut montrer au maître que je fais partie des meilleurs ! ». On peut également imaginer la situation inverse.

Assurément, cette recherche peut être critiquée dans la mesure où elle s'efforce d'étudier des processus subtils avec des instruments assez

---

17.   En raison de données manquantes, il a fallu écarter trois classes pour ces analyses.

grossiers. Il n'empêche qu'elle soulève – pensons-nous – deux questions cruciales. La première est de savoir si les élèves comprennent l'enjeu des évaluations auxquelles ils doivent se soumettre. La seconde est de savoir dans quelle mesure les enseignants ont le souci de faire comprendre aux élèves quelles sont leurs intentions lorsqu'ils organisent une évaluation. Concrètement, on peut se demander combien d'enseignants communiquent leur(s) but(s) aux élèves lorsqu'ils planifient une évaluation formative ou, à l'inverse, une évaluation certificative à visée normative. La clarté à propos des fonctions des évaluations ne devrait-elle pas être la règle ? Poser la question, c'est déjà y répondre.

8. QUAND L'ÉVALUATION SOUTIENT L'APPRENTISSAGE DES ÉLÈVES

8.1. L'évaluation formative selon Bloom (1976/1979)[18]

À partir d'un article de Scriven (1967) sur l'évaluation des programmes de formation, Bloom (1968) a appliqué l'évaluation formative à l'apprentissage des élèves dans son modèle de la pédagogie de maîtrise. Pour lui, l'objectif de l'école devrait consister à amener la quasi-totalité des élèves à un niveau élevé de maîtrise des connaissances et compétences figurant dans les programmes scolaires, et ceci indépendamment des différences individuelles de départ entre élèves. Pour ce faire, il faut nécessairement des adaptations fréquentes des processus d'enseignement et d'apprentissage. Comme déjà indiqué précédemment, dans cette perspective, la maîtrise des connaissances et compétences en fin d'un cycle de formation doit se faire par l'intermédiaire d'une évaluation sommative à référence critériée. Pendant le processus d'enseignement et d'apprentissages, des dispositifs d'évaluation formative doivent offrir des opportunités de régulation à l'enseignant et, plus encore, aux élèves. Dans cette conception initiale, il s'agit essentiellement de recourir à des tests formatifs. Dans la conception de Bloom, l'évaluation formative se réalisait sous la forme d'un contrôle papier-crayon, après une phase d'enseignement liée à des objectifs explicites de formation.

> Les résultats de ce contrôle produisent un feed-back à l'intention de l'enseignant et des élèves, et ils sont utilisés pour concevoir des démarches appropriées de correction destinées aux élèves qui ne maîtrisent pas encore les objectifs définis. L'action corrective peut revêtir diverses formes :

18. 1976 pour la version originale en anglais et 1970 pour l'adaptation française par V. de Landsheere.

exercices supplémentaires, nouveau type de matériel pédagogique (verbal *vs* représentations visuelles), discussions en petit groupe, tutorat individuel, utilisation de l'outil informatique. Dans tous les cas, le but reste la *remédiation des difficultés d'apprentissage* que l'évaluation formative a permis d'identifier. Chacune des phases (enseignement, contrôle, remédiation) est planifiée, préparée et gérée par l'enseignant, qui tente d'assurer la maîtrise par tous les élèves des objectifs de l'unité de formation. (Allal et Mottier Lopez, 2005, p. 268)

C'est principalement sur ce point qu'il y a eu controverses entre chercheurs et, en définitive, des élargissements conceptuels.

8.2. Les élargissements conceptuels de l'évaluation formative dans la littérature francophone

Allal et Mottier Lopez (2005) ont réalisé une revue de littérature donnant à voir les principaux élargissements conceptuels qui ont été réalisés dans les travaux francophones par rapport à la conception initiale de Bloom. Cette revue comporte 105 articles publiés dans la revue *Mesure et évaluation en éducation* entre 1978 et 2002, et 18 ouvrages portant sur la problématique de l'évaluation des apprentissages des élèves, dont 5 issus de colloques de l'ADMEE et 2 du Réseau Éducation et Formation (REF). Le tableau 6.20, repris à Allal et Mottier Lopez (2005), expose cet élargissement conceptuel de l'évaluation formative (EF) tel qu'il a été dégagé en 2005. Nous exposerons ensuite quelques prolongements issus de travaux actuels.

Tableau 6.20 : Conception initiale de Bloom versus conception élargie de l'évaluation formative dans la littérature scientifique francophone

Conception initiale de Bloom	Conception élargie
• Insertion de l'EF après une phase d'enseignement	• Intégration de l'EF dans toutes les situations d'apprentissage
• Utilisation de tests formatifs	• Utilisation de divers moyens de recueil d'information
• Feed-back + correction ➜ remédiation	• Feed-back + adaptation de l'enseignement ➜ régulation
• Gestion de l'EF par l'enseignant	• Participation active des élèves à l'EF
• Maîtrise des objectifs par tous les élèves	• Différenciation de l'enseignement et, dans une certaine mesure, des objectifs
• Remédiation bénéfique aux élèves qui ont été évalués	• Régulation à 2 niveaux : pour les élèves évalués, pour les futurs élèves (amélioration continue de l'enseignement)

Les travaux francophones ont élargi la conception initiale de l'évaluation formative sur plusieurs points essentiels :

- **L'évaluation formative peut avoir lieu à tout moment de la séquence d'enseignement**, au début à des fins diagnostiques pour planifier au mieux l'enseignement, pendant la séquence pour prendre de l'information sur les démarches d'apprentissage des élèves et intégrer des ajustements, en fin de séquence pour constater les apprentissages réalisés et concevoir des prolongements différenciés en fonction des besoins des élèves.
- Ce faisant, **les procédures d'évaluation se diversifient**, comme vu plus haut. Il ne s'agit plus seulement de recueillir de l'information par le moyen de contrôles écrits formels, mais également par l'observation des activités des élèves et des interactions avec eux, fondés sur des démarches instrumentées ou non instrumentées. L'évaluation formative vise à prendre en compte les situations singulières, propres à certains élèves ou groupes d'élèves ; elle se veut ouverte à la pluralité et à la diversité.
- La notion de feed-back, chère aux travaux anglophones sur l'évaluation formative, est remplacée par celle de *régulation* de l'enseignement et de l'apprentissage. Tout en incluant le feed-back en tant que retour d'information à l'enseignant et à l'élève, la régulation pointe les adaptations réalisées à partir des résultats de l'évaluation pour l'enseignement, et pour soutenir des démarches d'autorégulation de l'élève. Un ensemble de concepts ont été développés pour caractériser la régulation, notamment sa temporalité, ses modalités de réalisation, le degré d'explicitation qu'elle vise et ses fonctions métacognitives[19]. Désormais, l'évaluation formative et les régulations qu'elle engendre sont considérées comme faisant pleinement partie de l'enseignement et de l'apprentissage.
- Les retours d'informations multiples permettent à l'enseignant d'orienter efficacement et souplement son enseignement, de le différencier en fonction des caractéristiques et progressions effectives des élèves, dans différents espaces-temps, y compris pour d'autres cohortes d'élèves dans une perspective d'amélioration continue de l'enseignement.
- Mais l'adaptation et la différenciation de l'enseignement ne suffisent pas. En effet, **l'enseignant ne peut pas « réguler à la place l'élève », il ne peut que soutenir l'autorégulation de celui-ci.** Autrement dit, l'évaluation formative doit s'adresser en premier chef à l'élève, afin qu'il prenne conscience de ses stratégies d'apprentissage, des difficultés qu'il rencontre, de sa façon – ou non – de les surmonter par rapport à des

---

19. Voir l'organisation conceptuelle proposée par Mottier Lopez (2012) à partir de l'analyse de la littérature sur la régulation des apprentissages en contexte de classe.

objectifs d'apprentissage explicités. Un ensemble de travaux ont alors insisté sur l'implication de l'élève dans des démarches d'auto-évaluation, d'évaluation entre pairs, ou de co-évaluation (confrontation de l'auto-évaluation de l'élève à l'évaluation de l'enseignant).

De façon synthétique, on soulignera que l'évaluation formative a pour fonction essentielle de contribuer au processus de régulation des apprentissages en cours (Abrecht, 1991 ; Allal, 1982 ; Cardinet in Allal *et al.*, 1979 ; de Landsheere, 1980 ; Mottier Lopez, 2015 ; Perrenoud, 1998). Elle représente une stratégie fondamentale pour l'apprentissage autorégulé des élèves (Cartier et Mottier Lopez, 2017).

L'analyse de la littérature d'Allal et Mottier Lopez (2005) a mis en évidence quatre développements majeurs qui ont contribué à l'élargissement de la conception de l'évaluation formative : (1) son instrumentation, notamment par le moyen de banques d'items, (2) la recherche de cadres théoriques en faveur d'ancrages plus étayés, (3) l'étude des pratiques existantes en contexte, (4) et l'implication des élèves dans l'évaluation formative. Mais cette même revue de littérature a permis également d'observer que, contrairement aux travaux anglophones, on ne se préoccupe pas de vérifier systématiquement l'impact de l'évaluation formative sur l'apprentissage des élèves. Les recherches expérimentales contrôlées sont rares. L'élaboration des instruments n'est pas suffisamment intégrée dans des projets de recherche à long terme. Les études sur les pratiques sont épisodiques et dispersées dans plusieurs contextes, rendant difficile l'identification de modèles ou de tendances. Autrement dit, les promesses théoriques des travaux de langue française sur l'évaluation formative auraient besoin d'un ancrage empirique nettement plus solide (Allal et Mottier Lopez, 2005, p. 282).

Nous poursuivons ci-dessous avec quelques travaux empiriques, anglophones et francophones, qui donnent à voir comment certains de ces axes se sont déployés depuis et vers quelles nouvelles problématiques ils se sont dirigés.

8.3. Impliquer les élèves dans des démarches d'auto-évaluations formatives associées à l'évaluation de l'enseignant

Les injustices produites par l'évaluation à référence normative ont été dénoncées plus haut dans le chapitre. Par essence, l'évaluation formative ne peut être que critériée (Allal, 1988), d'autant plus quand elle est *formatrice* (Nunziati, 1990), c'est-à-dire quand son but est d'impliquer l'élève dans l'ensemble du processus d'évaluation formative. À partir d'une recherche expérimentale menée entre 1974 et 1977 à Marseille, Nunziati (1990) a mis en évidence **l'impact positif chez les élèves (en termes de gains d'apprentissage) quand ils sont en mesure de s'approprier**

les critères d'évaluation des enseignants, d'autogérer leurs erreurs et de maîtriser des outils d'anticipation et de planification de l'évaluation en classe. La conception défendue par l'évaluation formatrice est que les élèves doivent apprendre à « s'auto-évaluer correctement » en tant que « compétence prioritaire à construire » (p. 48). L'évaluation dite formatrice désigne plus spécifiquement les dispositifs et les outils pédagogiques qui engagent activement l'élève dans (l'apprentissage) des démarches d'auto-évaluation et d'autorégulation, caractéristiques des travaux sur l'autorégulation métacognitive : construire une représentation correcte des buts d'apprentissage fixés, réaliser des opérations d'anticipation, de planification, de contrôle, d'ajustements et de vérification.

À l'origine, les auteurs ont eu tendance à opposer l'évaluation formatrice à l'évaluation formative, la première étant vue comme le fait d'un élève responsable de *toutes* les opérations de l'évaluation (de la définition initiale des critères d'évaluation, au recueil d'information, à des fins d'auto-évaluation et d'actions d'autorégulation), alors que la deuxième, l'évaluation formative, était considérée comme gérée exclusivement par l'enseignant. Depuis la conception élargie de l'évaluation formative présentée plus haut (Allal et Mottier Lopez, 2005), la majorité des travaux du domaine ne retiennent plus cette opposition entre évaluation formative et formatrice (à quelques exceptions près), peu opérationnelle et réaliste dans les pratiques réelles de classe. Les modèles actuels insistent plutôt sur des démarches évaluatives qui impliquent **une coresponsabilité entre les enseignants et les élèves, dans des modalités dynamiques et complémentaires** (e.g., Andrade et Cizek, 2010 ; Mottier Lopez, 2015 ; Pryor et Crossouard, 2008 ; Young et Kim, 2010). La définition de différentes modalités d'auto-évaluation (un élève qui s'auto-évalue), d'évaluation mutuelle (évaluation par les pairs), de co-évaluation (confrontation de l'auto-évaluation de l'élève à l'évaluation de l'enseignant) souligne la diversité possible des pratiques d'auto-évaluation *formative* (Allal, 1999 ; Black et William, 2004 ; Stiggins, 2001). Parfois, les élèves peuvent être plus spécialement impliqués dans certaines opérations de l'évaluation formative (par exemple pour co-construire avec l'enseignant le référentiel de l'évaluation ou pour établir des relations de sens entre différents travaux réunis dans un portfolio formatif), sans pour autant être responsables de l'ensemble du processus évaluatif comme le voudrait l'évaluation formatrice. La littérature actuelle de recherche insiste sur l'utilité des démarches d'auto-évaluation et d'évaluation mutuelle entre pairs, mais également sur la nécessité d'un étayage de l'enseignant pour soutenir le développement de leurs compétences auto évaluatives, notamment par rapport aux difficultés que les élèves ont à interpréter leur productions au regard des « cibles d'apprentissage » et critères d'évaluation, et pour envisager les actions de régulation à entreprendre pour progresser (Black et Wiliam, 2004).

8.4. L'évaluation informelle par le moyen des «dialogues évaluatifs» et des régulations interactives

Les travaux des premières heures de la pédagogie de maîtrise ont mis en avant les évaluations formatives *formelles*, c'est-à-dire sous forme d'épreuves (ou tests) papier-crayon, débouchant sur un feed-back critérié explicite. Depuis, sans nier l'importance des évaluations formatives formelles, d'autres travaux se sont aussi intéressés aux évaluations formatives *informelles*, c'est-à-dire qui ont pour caractéristiques d'être pleinement intégrées aux processus d'enseignement et d'apprentissage en contexte de classe. Ruiz-Primo et Furtak (2007) explicitent les différences entre évaluations formatives formelles et informelles comme suit.

Tableau 6.21 : Différences entre pratiques d'évaluation formative formelle et informelle en classe (adapté de Ruiz-Primo et Furtak, 2007, p. 60)

Évaluations formatives formelles Conçues tout spécialement pour produire des traces et indices/preuves (*evidence*) sur l'apprentissage de l'élève		
Recueillir *(Gathering)*	**Interpréter** *(Interpreting)*	**Agir** *(Acting)*
L'enseignant recueille et réunit des informations sur ses élèves dans un temps planifié.	L'enseignant prend du temps pour analyser les informations recueillies, souvent hors de la présence des élèves.	L'enseignant planifie une action pour aider l'élève à atteindre le but d'apprentissage.
Ex., Par le moyen de grilles critériées, de questionnaires, de contrôles écrits.	Ex., Il lit le travail de chaque élève, analyse les réponses et rédige un commentaire écrit.	Ex., Il modifie sa planification d'enseignement en envisageant des activités différenciées.
Évaluations formatives informelles Traces et indices/preuves (*evidence*) générées pendant les activités quotidiennes de la classe		
Solliciter *(Eliciting)*	**Reconnaître** *(Recognizing)*	**Utiliser** *(Using)*
L'enseignant prend de l'information en sollicitant des réponses verbales des élèves.	L'enseignant réagit à chaud, en reconnaissant les réponses des élèves au regard des concepts de la discipline enseignée.	L'enseignant exploite immédiatement l'information dans le cours des activités continues de la classe.
Ex., Les élèves sont incités à formuler des explications sur une démarche réalisée et valider leur proposition.	Ex., Il reformule les réponses des élèves en établissant le lien avec les concepts concernés.	Ex., Il demande aux élèves de réélaborer leur réponse, d'expliquer le but poursuivi, d'argumenter.

Source: Mottier Lopez, 2015.

Ruiz-Primo et Furtak examinent les cycles qui caractérisent les « discussions évaluatives » entre l'enseignant et ses élèves, plus particulièrement dans l'enseignement des sciences, à partir des quatre composantes ci-dessous :

1. **L'enseignant sollicite des réponses de la part des élèves**. « Cette sollicitation d'informations s'appuie sur des stratégies qui permettent aux élèves de partager, de rendre visible, et d'expliciter leur compréhension de façon la plus complète possible » (p. 60, notre traduction).
2. **Les élèves répondent** aux sollicitations de l'enseignant.
3. **L'enseignant reconnaît les réponses des élèves**. « La reconnaissance par l'enseignant de la pensée des élèves requiert de sa part de pouvoir juger les différences entre les réponses des élèves, leurs explications, leurs modèles mentaux et, plus généralement, les dimensions pertinentes de leurs apprentissages susceptibles d'être rendues explicites » (pp. 60-61, notre traduction).
4. **L'enseignant utilise (exploite) les réponses des élèves**. « Cette utilisation d'informations provenant des discussions évaluatives implique pour l'enseignant d'intervenir à partir des réponses des élèves, afin de les aider à atteindre les buts d'apprentissage visés » (p. 61, notre traduction). (Et reprise si besoin du cycle).

Les chercheuses croisent ces composantes avec une analyse des contenus des échanges en distinguant trois grands domaines qu'elles associent à l'enseignement des sciences : (1) le cadre épistémique qui caractérise le type d'activité demandé aux élèves dans la discipline enseignée, (2) la structure conceptuelle travaillée avec les élèves sur les notions en jeu, (3) les processus sociaux sollicités auprès des élèves sur les savoirs visés. Le but est de décrire les « discussions évaluatives » en classe, de tenter de caractériser les stratégies privilégiées par les enseignants et d'en observer l'effet sur les apprentissages des élèves. Leur étude exploratoire auprès de trois enseignants expérimentés montre que ces derniers sollicitent volontiers l'information auprès des élèves mais peinent à les reconnaître et à les exploiter pour soutenir l'autorégulation des élèves. Une analyse des performances des élèves montre une relation significative avec la structure interactionnelle et conceptuelle des évaluations informelles : celles qui sont les plus proches des activités propres à la discipline concernée apparaissent plus favorables.

Cette façon d'étudier les processus interactifs informels en jeu dans l'évaluation formative en classe élargit considérablement la notion de feedback initialement proposée par la pédagogie de maîtrise et qui représente, aujourd'hui encore dans de nombreux travaux anglophones, le cœur de la conception de l'évaluation formative. Elle entre en résonance avec les propositions francophones sur la notion de *régulation interactive*, initialement développées par Allal dans les années 1980, puis largement reprise dans des travaux actuels (e.g., Fagnant, Dupont et Demonty, 2016; Kahn, Defrance, Robin, Genot et Belsack, 2016; Mottier Lopez, 2012, 2015; Schillings, Neuberg et Housen, 2016). Un des enjeux scientifiques est de mieux comprendre les structures participatives – ou dynamiques interactives – et les effets produits par cette régulation formative qui se déploie dans l'interaction sociale (élève(s)-enseignant(s); entre élèves) et/ou avec les ressources matérielles et symboliques disponibles dans les situations d'apprentissage (Allal, 1988).

Fagnant *et al.* (2016) s'intéressent, par exemple, tout spécialement aux interactions entre l'enseignant et ses élèves dans des configurations collectives afin d'interroger ce que serait une «régulation interactive efficace» dans une tâche complexe en mathématiques (observation de cinq classes de 6ᵉ année primaire, élèves de 11-12 ans, en Belgique francophone). Les types de guidage des enseignants ont été caractérisés à partir d'un continuum proposé par Mottier Lopez (2008) entre **un guidage «ouvert»** (sollicitation de contributions de développement de la part des élèves, d'échanges et de confrontations de points de vue entre eux) versus un guidage «fermé» (sollicitation auprès des élèves de contributions de restitution de contenus préalablement connus et attendus par l'enseignant qui gère et structure fortement les interactions). Fagnant *et al.* examinent les phases de mise au travail des élèves, de résolution du problème, puis de mises en commun. Les résultats montrent que «les interactions collectives orchestrées par l'enseignant prennent la forme d'un guidage directif orienté par la logique de l'adulte plutôt que d'une régulation s'insérant dans le raisonnement de l'élève» (p. 236). Aucun enseignant observé n'a été en mesure d'aménager les conditions d'une confrontation des différentes démarches développées par les élèves pendant la phrase de résolution de problèmes. Selon Fagnant *et al.* (2006):

> Il est possible que les enseignants éprouvent certaines appréhensions à partir d'une confrontation des démarches des élèves, notamment parce qu'il n'est pas toujours aisé d'interpréter, lors d'une correction collective gérée «dans le feu de l'action», les démarches informelles, incomplètes ou incorrectes développées par les élèves. Par ailleurs, ces derniers ne sont pas toujours à même d'expliquer leurs propres démarches et les enseignants sont sans doute relativement démunis quant à la façon de susciter des échanges de type métacognitif susceptibles d'aider les élèves à prendre conscience des logiques d'action qui sous-tendent leurs démarches (p. 236).

Par rapport à la difficulté que représente la compétence professionnelle pour les enseignants à orchestrer de telles régulations interactives, Kahn *et al.* (2016) ont mené une étude exploratoire sur la résolution de tâches complexes par les élèves, notamment quand ces tâches convoquent une «réalité sensible» (registre dit premier faisant référence aux objets concrets du monde et à la culture particulière de l'élève) devant être quittée en faveur d'un registre dit second relatif à la culture et aux objets de l'école, vus comme adéquats pour résoudre la tâche scolaire en jeu. Il s'agit précisément de susciter un processus de secondarisation, un processus sur lequel nous reviendrons dans les conclusions. Les chercheuses se sont interrogées sur la nature des ajustements effectués par une enseignante en cours d'interaction avec ses élèves, plus précisément par rapport à l'enjeu du passage d'un registre à l'autre. L'hypothèse était que si l'enseignante connaissait préalablement la tâche (rapport de familiarité avec celle-ci), elle saurait mieux ajuster ses interventions à des fins de régulation interactive propice aux apprentissages des élèves. La recherche exploratoire présentée par Kahn *et al.* a examiné deux séquences pédagogiques filmées avec la même enseignante belge et deux groupes comparables d'élèves de 12 ans, tous connus par l'enseignante. Dans la première séquence, l'enseignante ne connaît pas la tâche. Elle la découvre en même temps que ses élèves. Dans la deuxième séquence, l'enseignante connaît la tâche ainsi que ses buts d'apprentissage, travaillés avec les chercheuses et ayant fait conjointement l'objet d'une analyse *a priori* à propos des savoirs mathématiques et des opérations cognitives en jeu. À partir d'analyses qualitatives et quantitatives, Kahn *et al.* montrent que l'enseignante conduit autrement sa classe quand la tâche est connue par elle. Elle mène ses élèves plus directement vers les objectifs d'apprentissage visés, et elle apparaît être en mesure de mieux prendre en considération différentes appréhensions des élèves du savoir mathématique concerné (ici, la proportionnalité).

> En revanche, la familiarité avec la tâche ne lui a pas permis de « comprendre », de saisir tous les « pièges » cognitifs dans lesquels sont pris les élèves du fait de leur mauvaise ou incomplète représentation de la situation portée par la tâche… Les ajustements produits (par l'enseignante) n'ont pas permis à tous les élèves de comprendre la situation – à partir de leur arrière-plan culturel – pour aller vers la tâche ; en bref de circuler entre le registre singulier, acquis à travers leurs propres expériences, et le registre scolaire, plus commun, dans un mouvement de va-et-vient (Kahn *et al.*, 2016, p. 217).

Ces études, parmi d'autres, mettent en avant les défis que représente la pratique d'une évaluation formative informelle fondée sur la régulation interactive – ou cycle en quatre composantes définies par Ruiz-Primo et Furtak (2007) – ainsi que la nécessité de mieux comprendre les contraintes et obstacles qui pèsent sur cette pratique pour qu'elle soit efficace. Parfois, certains auteurs considèrent que ce type d'évaluation formative informelle est déjà « naturellement » présente dans l'enseignement ; elle ne représente pas une compétence professionnelle propre à l'évaluation des apprentissages des élèves (e.g., Perrenoud, 1998). Les études empiriques contemporaines montrent au contraire qu'il s'agit d'une compétence particulièrement complexe, exigeant de l'enseignant « d'articuler et de négocier les savoirs propres à la classe et les savoirs culturels de référence avec les apprenants dans l'initiation et le développement des pratiques évaluatives afin d'atteindre les buts d'apprentissage » (Willis, Adie et Klenowski, 2013, p. 242, notre traduction). Dans une approche socioculturelle, Willis *et al.* définissent exactement en ces termes la « littéracie en évaluation», considérée comme une pratique sociale dynamique et foncièrement dépendante du contexte. Un des enjeux des travaux de recherche actuels est alors de mieux comprendre ce rapport entre évaluation formative, contexte(s) et culture(s) pour soutenir les progressions d'apprentissage des élèves et les conditions d'une pratique évaluative efficace.

8.5. Une évaluation formative foncièrement contextualisée

La revue de littérature réalisée par Young et Kim (2010) sur l'utilisation des évaluations pour améliorer l'enseignement montre que

> l'environnement social de la classe est de plus en plus considéré comme un facteur important et une conséquence (*outcome*) de comment les enseignants mettent en œuvre différentes pratiques évaluatives. L'environnement social s'applique particulièrement aux interventions qui visent à promouvoir des productions d'élèves (orales ou écrites) en tant que traces qui montrent leurs raisonnement et compréhension, et qui sont susceptibles d'éclairer et de renseigner l'enseignant. (p. 16, notre traduction).

Afin d'appréhender l'environnement social de la classe, plus spécialement en termes de *microcultures de classe* dont les travaux de Cobb, Gravemeijer, Yackel, McClain et Whitenack (1997) ont montré l'impact significatif sur la nature des apprentissages réalisés par les élèves, la recherche de Mottier Lopez (2008) a examiné la façon dont les normes sociales coconstruites entre l'enseignant et les élèves sont susceptibles d'influencer les processus de régulation formative et d'autorégulation des élèves. La chercheuse a observé deux classes comparables de Suisse romande (élèves de 8-9 ans) pendant une année scolaire. Toutes les leçons observées (39 au total) portaient sur des problèmes dans le champ de la multiplication, proposés par les moyens didactiques utilisés par les enseignants. Deux types d'observation ont été effectués: (1) des observations régulières tous les quinze jours dans chaque classe, (2) l'observation de deux séquences d'enseignement dans chaque classe, composée d'une suite de leçons successives, portant sur des problèmes identiques issus des moyens d'enseignement officiels. Les analyses qualitatives entreprises se sont appuyées sur les transcriptions des interventions de l'enseignant au fil des leçons et des interactions collectives entre lui et ses élèves après une phase de résolution de problèmes en petits groupes ou individuellement (les leçons ont été filmées et enregistrées), ainsi que sur des entretiens semi-structurés menés avec l'enseignant après chaque leçon, et sur les traces écrites des résolutions des élèves. Les analyses visaient notamment à inférer les normes sociales caractéristiques du fonctionnement de chaque microculture de classe, à étudier la façon dont elles se négocient au fil des interactions entre l'enseignant et les élèves, à examiner la nature des contributions participatives de chacun, ainsi que les processus de régulation associés. Enfin, un pré-test a été soumis aux élèves des deux classes la semaine précédant la première observation au début de l'année scolaire, puis un post-test au cours de la semaine suivant la dernière observation en fin d'année scolaire.

Une analyse à gros grains des leçons et de leur succession montre que les deux classes semblent fonctionner de façon proche *a priori* : les deux enseignants ne fournissent pas d'explications préalables aux élèves pour résoudre les problèmes mathématiques ; les élèves doivent chercher par eux-mêmes des solutions puis les expliquer dans des mises en commun. Suite à celles-ci, de nouveaux problèmes ou « exercices de prolongement » leur sont proposés. L'analyse fine des structures de participation de chaque classe met cependant en évidence des différences subtiles de pratiques d'évaluation formative informelle et de régulation interactive. Le tableau 6.22, adapté de Mottier Lopez (2012), résume les différences principales entre les deux microcultures de classe.

**Tableau 6.22 : Pratiques de régulation
dans chaque microculture de classe**

	Classe 1 : Paula	Classe 2 : Luc
Pendant les travaux de groupes	L'enseignante intervient directement auprès des élèves (étayage à des fins d'intervention *directe* de régulation). L'enseignante ne donne pas la réponse aux élèves.	L'enseignant intervient pour encourager les régulations entre élèves ; il agit délibérément sur les variables de la tâche plutôt que d'intervenir lui directement sous forme d'étayage (intervention *indirecte* de régulation). Il ne donne pas la réponse aux élèves.
Normes de participation aux interactions collectives faisant suite à des phases de résolution en petits groupes ou individuellement	La norme sociale de participation (attente) est que les élèves doivent expliquer différentes procédures de résolution pertinentes pour un même problème. Les différentes procédures sont toutes acceptées par l'enseignante qui les socialise au plan collectif. Les raisonnements erronés ne sont par contre pas traités collectivement, mais ils le sont de façon « privée » entre l'enseignante et l'élève concerné. Tout au long de l'année scolaire, une différenciation des procédures pertinentes est acceptée et valorisée par l'enseignante.	La norme sociale de participation (attente) est que les élèves doivent expliquer différentes procédures de résolution de problèmes qu'elles soient pertinentes ou non. Les raisonnements mathématiques expliqués par les élèves sont débattus collectivement. Les erreurs sont explicitement traitées au plan collectif de la classe. Progressivement, il est attendu par l'enseignant puis collectivement que les élèves privilégient les résolutions les plus « efficaces » ; ils doivent alors renoncer aux autres procédures.

	Classe 1 : Paula	Classe 2 : Luc
Explications au plan mathématique et cognitif (interactions collectives)	Les explications sollicitées auprès des élèves sont principalement d'ordre procédural. Les explications des élèves doivent être complètes et détaillées, étape après étape ; elles sont d'ordre métacognitif. Les élèves doivent également pouvoir (ré)expliquer les procédures des pairs pour se les approprier.	Ce sont essentiellement des «principes de résolution» que les élèves doivent expliquer, fondés sur des notions mathématiques, plus que des explications procédurales. Les explications des élèves sont plus brèves et elles sont d'ordre argumentatif. Les élèves doivent pouvoir justifier la pertinence (ou non) des résolutions exposées par les pairs (décentration par rapport à leurs propres résolutions).
Responsabilité de l'évaluation (interactions collectives)	L'évaluation des propositions des élèves est sous la responsabilité systématique de l'enseignante.	La responsabilité de l'évaluation des propositions des élèves est partagée entre l'enseignant et les élèves.

En bref, on retiendra que la microculture de classe de Paula est caractérisée par des processus de guidage ciblé de la part de l'enseignante : c'est elle qui porte la responsabilité de l'évaluation des propositions des élèves ; il est attendu que ces derniers soient en mesure d'expliciter de façon très précise et structurée leurs raisonnements et procédures mathématiques sur un plan métacognitif. Dans la microculture de Luc, l'évaluation des propositions mathématiques est quant à elle partagée entre l'enseignant et ses élèves par le moyen de comparaisons interactives et de mises en débat ; le mode attendu de participation des élèves à la régulation interactive consiste surtout à justifier la pertinence des propositions exposées au plan collectif. Les raisonnements et procédures développées par les élèves dans les travaux de groupe (ou individuellement) sont peu explicités au plan métacognitif comme c'est le cas dans la microculture de Paula. Les raisonnements erronés des élèves sont par contre des objets de débats, contrairement à Paula qui choisit systématiquement de les traiter dans une configuration «privée», entre elle et l'élève concerné. Enfin, une différence majeure entre les deux microcultures de classe porte sur l'évolution au fil de l'année scolaire des raisonnements et des procédures mathématiques considérés au plan collectif comme légitimes à mobiliser. Dans la classe de Paula, toutes les procédures, y compris celles qui sont moins expertes, sont acceptées sous condition qu'elles permettent de répondre à la question du problème. Dans la classe de Luc, c'est aussi le cas au début de l'année scolaire, mais la norme sociale de la microculture est ensuite de privilégier les procédures reconnues au plan collectif comme étant les plus efficaces, signifiant alors d'écarter les autres (qui ne sont désormais plus acceptées)[20].

Tout en se gardant évidemment de généraliser, les résultats aux pré et post-tests montrent des effets différenciés des fonctionnements sociaux de chacune des deux microcultures de classe. Le fonctionnement social de la classe de Paula apparaît plus profitable aux élèves d'un niveau scolaire faible (en mathématiques) comparativement aux élèves au profil comparable de la classe de Luc. Inversement, les élèves de niveau scolaire élevé (en mathématiques) ont davantage tiré profit du fonctionnement social de la microculture de classe de Luc.

Les études citées dans l'analyse de la littérature de Young et Kim (2010) insistent sur le fait que les contextes de classe doivent permettre aux élèves de se sentir confortables de rendre publics leurs raisonnements, y compris pour prendre le risque de soumettre des réponses incorrectes. Les auteurs rapportent également des pratiques de discussions collectives critiques dans lesquelles les élèves confrontent des idées alternatives afin d'apprécier les forces et les limites de leur propre raisonnement et de celui des pairs par rapport aux attentes du référentiel formel. Pour ce faire, les élèves ont besoin de feed-back sur la qualité de leurs réponses (p. 16). L'étude des microcultures de Paula et de Luc, dans Mottier Lopez (2008), sensibilise au fait que **les pratiques d'évaluation formative informelle demandent à être différenciées, certaines structures de participation et normes sociales étant plus ou moins favorables à certains profils d'élèves.** Autrement dit, il ne s'agit pas seulement pour **l'enseignant** d'être capable de capitaliser sur les propositions des élèves pour engager des processus de régulation et d'autorégulation, mais il **doit également être en mesure de différencier en partie le fonctionnement social et cognitif de sa classe pour répondre aux besoins et caractéristiques de ses élèves.**

9. EN CONCLUSION : UN DOUBLE CHANGEMENT PARADIGMATIQUE POUR LUTTER CONTRE L'ÉCHEC SCOLAIRE

La lutte contre l'échec scolaire appelle nécessairement un double changement paradigmatique eu égard aux pratiques d'évaluation :

1. Abandon de l'évaluation normative au profit d'une articulation de l'évaluation formative et l'évaluation sommative à référence critériée.

---

20. Nous suggérons aux lecteurs intéressés de consulter Mottier Lopez (2008, 2012) pour une exposition plus détaillée des résultats de cette recherche.

2. Intégration de la notion de régulation au cœur de l'évaluation formative.

Les méfaits de l'évaluation normative sont connus et dénoncés depuis des lustres. Néanmoins, ce type d'évaluation reste pratiqué par de nombreux enseignants en France, en FWB, au Luxembourg et même dans le canton de Genève. Il était dès lors nécessaire de rappeler les recherches de Grisay (1984), Bounafaa (1992) mais aussi de Bless, Bonvin et Schüpbach (2005). Dans cette conception de l'évaluation, inspirée de la psychométrie classique, la performance d'un élève est évaluée par comparaison avec celles d'autres individus, notamment celles de ses compagnons de classe ou de cours, tous soumis à la même épreuve. Cette conception véhicule l'idée que l'évaluation scolaire doit inéluctablement déboucher sur un classement des élèves. Elle véhicule aussi l'idée que les scores ou notes des élèves se distribuent selon la courbe normale, avec quelques élèves forts, beaucoup de moyens et quelques faibles. Dès 1947, Posthumus a eu la sagacité de dénoncer ce qui est, en définitive, une croyance. Certes, lorsqu'on dispose d'une mesure fiable d'un paramètre (par exemple, la taille) et d'un échantillon aléatoire et simple, on obtient une distribution dite normale, également appelée courbe de Gauss. Cependant, comme le soulignait Posthumus, les classes sont rarement composées selon un échantillonnage aléatoire et simple ; de surcroît, la composition d'une classe n'est pas soumise à la loi des grands nombres[21]. Au contraire, nombreuses sont les classes et les écoles où l'on observe un effet d'agrégation mélangeant à la fois l'origine sociale des élèves et leurs « aptitudes » (Crahay et Monseur, 2006 ; Monseur et Crahay, 2008) ; ceci aboutit à ce que l'on nomme des écoles sanctuaires *versus* des écoles ghettos. Bref, il n'y a aucune raison pour qu'au sein des classes, on retrouve systématiquement une distribution gaussienne des notes scolaires. Cette croyance que partagent encore beaucoup d'enseignants, comme il a été montré ci-dessus (Crahay, Issaieva et Marbaise, 2013 ; Boraita et Issaieva, 2013 ; Issaieva, Yerly, Petkova, Marbaise et Crahay, 2015) doit être déconstruite, éradiquée car, non seulement elle est fausse, mais en plus elle est la source de divers dysfonctionnements quant à l'évaluation des élèves et à leur carrière scolaire. Le plus grave est incontestablement celui dévoilé par Grisay ainsi que par Bless, Bonvin et Schüpbach : avec un même niveau de compétence (mesuré par un test externe), des élèves appartenant à des classes différentes peuvent être promus ou, à l'inverse, être amenés à redoubler. Certains échecs sont injustes car ils résultent du fait que la « faiblesse » du redoublant résulte de la comparaison avec les performances de ses compagnons de classe, peu importe que les objectifs

---

21.   En statistique, la loi des grands nombres exprime le fait que les caractéristiques d'un échantillon aléatoire se rapprochent des caractéristiques statistiques de la population lorsque la taille de l'échantillon augmente.

et/ou compétences définies par le programme scolaire soient ou non maîtrisées par ce redoublant. Autrement dit, certains élèves redoublent parce qu'ils se retrouvent dans une classe « forte » alors que d'autres réussissent parce qu'ils fréquentent une classe « faible ».

Cette fausse croyance dans la loi de Posthumus amène les enseignants à construire des épreuves d'évaluation qui produisent la distribution gaussienne des notes scolaires. Car cette fausse croyance s'impose comme un impératif : une bonne évaluation est celle qui fournit une distribution gaussienne des notes. Les mécanismes utilisés, sans mauvaise intention, par les enseignants sont connus : prédilection pour les questions discriminatives, pondération variable des différentes questions, ajustement des exigences au niveau de la classe plutôt que respect du programme, effet de stéréotypie.

Le premier changement de paradigme en ce qui concerne l'évaluation des élèves implique donc l'abandon des fausses croyances et des pratiques caractéristiques de l'évaluation normative au profit de croyances et de pratiques articulant évaluation formative et évaluation sommative à référence critériée comme l'a préconisé Bloom dès 1968. La première étape de ce changement requiert que les enseignants distinguent les différentes fonctions de l'évaluation. Or cet objectif n'est pas encore atteint ; tant s'en faut. L'étude d'Issaieva, Yerly, Petkova, Marbaise et Crahay (2015), menée dans quatre systèmes éducatifs (le canton de Genève, la FWB, la Bulgarie et la Turquie) suggère que la situation varie considérablement d'un système à l'autre. Toutefois, dans chacun d'entre eux, on trouve des enseignants qui adhèrent à l'évaluation normative ; évidemment, selon des ampleurs différentes. C'est dans le canton de Genève que les croyances des enseignants se rapprochent le plus des recommandations de Bloom. On peut y voir un effet de la formation des enseignants : l'étude de Boraita et Issaieva (2013) montre que, dès la fin de la première année de formation, les futurs enseignants genevois distinguent les trois fonctions de l'évaluation. De surcroît, au fur et à mesure qu'ils avancent dans la formation, on observe de leur part une meilleure articulation de l'évaluation formative et sommative critériée, ce qu'on constate également chez les enseignants genevois en fonction. Ce constat est réjouissant ; il laisse augurer d'une possible évolution des croyances des enseignants sous l'effet d'une formation adéquate. Certes, réformer l'évaluation scolaire n'est pas chose aisée comme le révèlent les différentes analyses (concernant plusieurs cantons helvétiques) regroupées par Gilliéron Giroud et Ntamakiliro (2010). Nous voulons croire que ce n'est pas mission impossible.

Plus largement, nous pensons que la mise en place de procédures d'évaluation formative et sommative à référence critérielle implique un changement de croyances des enseignants face à l'idée des potentialités de réussite des enfants. Les enseignants ont, en réalité, à révolutionner complètement leur façon de considérer les différences individuelles de résultats. Les modalités courantes d'organisation de l'enseignement sont la traduction d'une idéologie qui combine les concepts d'égalité des chances et de méritocratie. Dans cet esprit, il est légitime d'offrir le même enseignement à tous et d'imputer les inégalités de réussite aux différences de maturation, de talents et/ou d'efforts des élèves. Dans le modèle de Bloom (1976/1979) de l'égalité de réussite, les différences de résultats sont à interpréter comme le reflet de l'inadéquation des procédures d'enseignement aux caractéristiques initiales des élèves. Autrement dit, les échecs ne peuvent être attribués à un manque d'aptitude ou d'effort des élèves. Face à un élève en difficulté d'apprentissage, l'enseignant est invité à reconsidérer la pertinence du dispositif didactique qu'il avait mis en place et surtout à offrir de nouvelles opportunités d'apprentissage aux élèves.

Nous osons croire que l'évolution des croyances des enseignants concernant l'évaluation des élèves et concernant les formes d'égalité à l'école permettrait le développement de pratiques autres de prise en charge des difficultés d'apprentissage des élèves. Suppléant au redoublement, elles auraient pour effet de réduire substantiellement les taux de retard scolaire. La mise en parallèle des croyances, d'une part, des enseignants de la FWB et, d'autre part, de celles des enseignants genevois avec les taux de retard enregistrés dans ces deux systèmes éducatifs (cf. chapitre 1) va dans ce sens. En FWB, où les taux de redoublement sont extrêmement élevés, les enseignants adhèrent encore largement à l'évaluation normative et peu nombreux sont ceux qui adhèrent à l'égalité des acquis alors que celle-ci est inscrite dans les textes officiels. Dans le canton de Genève où les taux de redoublement sont nettement plus bas, bon nombre d'enseignants adhèrent à une articulation de l'évaluation formative et sommative à référence critériée.

Pour affronter à bras le corps les difficultés d'apprentissage des élèves, il faut aller plus loin et opérer un second changement de paradigme; celui-ci implique la **mobilisation du concept de régulation**.

La Pédagogie de Maîtrise (PM), conçue par Bloom dès 1968, finalement théorisée dans l'ouvrage majeur *Human characteristics and school learning* (1976) et traduit en français sous le titre *Caractéristiques individuelles et apprentissages scolaires* repose sur le postulat d'éducabilité sinon de tous les élèves, du moins de la grande majorité d'entre eux. Pour lui,

> la plupart des élèves sont capables de réaliser des apprentissages de niveau élevé, si l'enseignement est adéquat et si les élèves sont aidés quand et là où ils rencontrent des difficultés, si on leur donne suffisamment de temps pour atteindre la maîtrise et s'il existe des critères clairs de ce qu'est cette maîtrise (pp. 15-16).

Assurément, il s'agit de **postuler l'éducabilité de la majorité des élèves de façon conditionnelle**. Il convient notamment que des critères clairs définissent ce qu'est la maîtrise d'une compétence ou d'une connaissance ; autrement dit, il faut que l'éducation finale, qualifiée de certificative lorsqu'elle conduit à l'octroi d'un certificat de réussite voire d'un diplôme, soit critériée. Il convient également que l'enseignement soit adéquat, ce qui signifie dans les termes de Bloom (1976/1979) que l'enseignant fournisse des indices, donne des renforcements, stimule la participation des élèves et organise des procédures de feed-back et de correction (cf. p. 131). Le pédagogue américain souligne qu'il est crucial que les enseignants indiquent le plus clairement possible quel est l'apprentissage attendu des élèves, c'est-à-dire qu'ils leur communiquent des indices – ou, en anglais, Cues – afin de les aider à identifier la nature exacte des apprentissages à réaliser (pp. 121-123). Disciple de Carroll (1974 et 1985), Bloom reconnaît et souligne à maintes reprises la variabilité individuelle des élèves : « l'optimum pour l'un n'est pas l'optimum pour l'autre » (p. 118), notamment en termes de temps nécessaire pour apprendre ; d'où la condition « si on leur donne suffisamment de temps pour atteindre la maîtrise ». Le titre même de l'ouvrage souligne la nécessité d'adapter l'enseignement aux différentes caractéristiques individuelles. Il convient, d'une part, de différencier le temps d'enseignement/apprentissage selon les élèves et, implicitement, selon les propriétés disciplinaires de l'apprentissage à réaliser et, d'autre part, d'aider les élèves quand et là où ils rencontrent des difficultés. Avec cette exigence concernant l'aide à apporter aux élèves en difficulté, on se trouve au cœur de l'évaluation formative et, aujourd'hui encore, on ne peut qu'être en accord avec ces préceptes. On peut toutefois se demander dans quelle mesure les modalités pratiques de la PM réalisent cet idéal pédagogique. Car, comme expliqué ci-dessus (tableau 6.20), dans la pratique de la PM classique, les phases didactiques sont scindées : l'enseignement est suivi d'un test formatif qui, lui-même, est suivi du (ou des) feed-back(s) et, enfin, d'éventuelle(s) remédiation(s). Cette organisation est sans doute pertinente lorsqu'il s'agit d'enseignement universitaire dispensé à de grands groupes, ce qui constitue l'essentiel des expériences de PM (cf. Crahay, 2012). Elle nous paraît clairement discutable lorsqu'il s'agit de l'enseignement fondamental (primaire et secondaire), voire dans le contexte de l'enseignement supérieur quand l'intention est de promouvoir également des pratiques d'évaluation formative et certificative « pour apprendre » (*assessment for learning*, Mottier Lopez, 2017). Les feed-back (pour parler comme Bloom) ou, les régulations (selon le terme préconisé par Allal, 1988, et par Allal et Mottier Lopez, 2005) doivent faire partie de l'enseignement. Comme écrit ci-dessus, l'évaluation formative peut et même doit idéalement avoir lieu à tout moment de la séquence d'enseignement. Par ailleurs, il ne s'agit pas pour l'enseignant de se limiter à désigner les bonnes et les mauvaises réponses, il lui faut accompagner le processus cognitif par lequel l'élève va construire l'apprentissage qui est attendu de lui. Dans cette perspective, **le terme «régulation» s'impose car il inclût l'acte par lequel l'enseignant donne un retour d'information à l'élève sur sa (ou ses) réponse(s) ou sa performance, mais aussi ceux par lesquels il stimule et guide l'autorégulation de l'élève**. Nous sommes ici au cœur du **deuxième changement de paradigme** que nous pensons nécessaire pour lutter contre l'échec scolaire: il faut **passer de l'évaluation formative à la régulation des apprentissages scolaires des élèves**.

Il ne s'agit pas, de notre point de vue, de renoncer à la Pédagogie de Maîtrise, mais de promouvoir son élargissement (Huberman, 1988), principalement en y intégrant la notion de régulation et les postures didactiques que celle-ci implique. Car, en réalité, la régulation telle qu'expliquée ci-dessus revient à réellement aider les élèves quand et là où ils rencontrent des difficultés. Bien sûr, il ne faut pas exclure des cas d'élèves qui, ayant bénéficié de dialogues évaluatifs et de régulations interactives, éprouvent encore des difficultés face à un apprentissage. Dans de telles circonstances, le tutorat, le préceptorat, ou encore les groupes flexibles à la façon «Plan Joplin» peuvent être mobilisés (cf. Crahay, 2012). L'élément crucial est qu'il convient de réagir au plus vite lorsque des élèves éprouvent une difficulté en ciblant au mieux la nature de cette difficulté.

Dans un texte intitulé «Quelles pratiques d'enseignement pour les élèves en difficulté d'apprentissage?», Cèbe, Pelgrims et Martinet (2009) soulignent «le rôle fondateur de l'explicitation dans la construction des connaissances» (p. 48). Ces auteures apportent une réponse pédagogique à la dénonciation sociologique de Bourdieu et Passeron (1970) qui affirmait que l'École reste inégalitaire parce qu'elle «n'enseigne pas explicitement à tous ce qu'elle exige de tous» (cité par Cèbe *et al.*, p. 48). Elles écrivent: «Nous faisons l'hypothèse que les pratiques pédagogiques peuvent réduire les inégalités à condition qu'on aide les enseignants à repérer, parmi les compétences requises pour réussir à l'école, celles qui y sont encore insuffisamment exercées» (p. 48). Elles continuent en postulant «que certaines des activités proposées et l'usage qu'en font les enseignants contribuent parfois à faire acquérir des attitudes, des habitudes de traitement et des représentations qui s'avèrent contre-productives pour l'apprentissage et la réussite scolaire». Avec ce postulat, ces chercheuses font explicitement référence à la théorie des malentendus cognitifs du groupe RESEIDA[22] et à celle de Bernstein (2007) de la pédagogie invisible selon laquelle «dans de nombreuses classes, les règles, les objectifs, les tâches, leurs enjeux cognitifs, les activités intellectuelles à mobiliser, les modalités de travail et d'évaluation font rarement l'objet d'une explicitation» (p. 48). Les ensei-

---

22.   Recherches sur la Socialisation, l'Enseignement, les Inégalités et les Différenciations dans les Apprentissages.

gnants laissent donc aux élèves la tâche de découvrir par eux-mêmes les savoirs dissimulés dans les activités.

Sans rejeter l'évaluation formative formelle, il paraît essentiel de mettre en avant l'évaluation formative informelle, c'est-à-dire la régulation dans l'interaction entre l'enseignant et ses élèves, entre élèves, et avec des ressources matérielles disponibles dans l'environnement pédagogique. L'activité mentale des enseignants est, dans cette approche, exigeante. Tout comme le médecin pratique une anamnèse afin de diagnostiquer au mieux la nature du problème de son patient, l'enseignant doit rechercher les indices et/ou recourir à des outils appropriés pour identifier ce qui fait obstacle à l'apprentissage de ses élèves. Fondamentalement, il lui faut intérioriser une attitude de questionnement face aux difficultés de l'élève qui balaye l'ensemble des causes possibles. Pour ce faire, il importe d'amener l'élève à s'exprimer pour, le cas échéant, prendre conscience et dévoiler son (ou ses) incompréhension(s). L'enseignant doit alors reconnaître, dans ce que produit l'élève, les indices de difficultés ou d'incompréhension ; il lui faut exploiter cette information pour ajuster sa démarche d'enseignement afin de tendre vers une forme dynamique de guidage du processus d'apprentissage de l'élève qui soit la plus appropriée aux caractéristiques de chacun.

Selon Bautier et Goigoux (2004), « à l'école, il ne suffit pas de "faire ce que le maître dit" pour réussir, il faut aussi comprendre ce qu'on fait et comment on le fait » (p. 91). Cèbe, Pelgrims et Martinet (2009) vont dans le même sens, lorsqu'elles écrivent « si l'exposition directe aux stimuli fournis par l'environnement était suffisante, tous les élèves, soumis aux mêmes informations, devraient atteindre un niveau de développement comparable » (p. 49). Or ce n'est pas le cas : certains élèves comprennent correctement les demandes et consignes des enseignants et d'autres pas. Pour Bautier et Rochex (2007), ce qui fait souvent obstacle à l'apprentissage des élèves, ce sont des malentendus cognitifs. Selon ces auteurs et, plus généralement les chercheurs du réseau RESEIDA, la plupart, sinon toutes les pratiques d'enseignement, comportent un implicite que les élèves doivent appréhender pour apprendre. L'activité proposée par les enseignants est un prétexte à la découverte de notions, de concepts ou de procédures. Pour apprendre, il faut inférer les notions « cachées » dans les situations pédagogiques préparées par les enseignants, ce dont sont capables certains élèves, ceux qui peuvent mobiliser ce que les auteurs de RESEIDA nomment une attitude de secondarisation[23]. D'autres, au contraire, focalisent leur attention sur la tâche à réaliser et ne se concentrent pas sur les notions, concepts et procédures qui représentent le véritable objectif de l'enseignement. Il y a là une source importante des difficultés d'apprentissage. De plus, comme l'ont

---

23. Par ces termes, Bautier et Goigoux (2004) désignent une posture cognitive orientée vers la compréhension des enjeux réels des tâches scolaires.

montré ces auteurs, mais aussi Bonnéry (2009) ou encore Cèbe, Pelgrims et Martinet (2009), ce phénomène est lié aux inégalités sociales d'apprentissages scolaires puisque ce sont principalement les élèves issus de familles de statut socio-économique modeste qui se montrent incapables de l'attitude de secondarisation attendue par l'école. Plus précisément, selon ces chercheurs, les inégalités en matière d'apprentissage et d'accès au savoir résulteraient d'un processus combinant les dispositions sociolangagières et sociocognitives des élèves et le caractère implicite de certaines activités scolaires. Une de leurs idées centrales est donc que certains élèves, en raison de leur « culture familiale », éprouvent des difficultés à identifier les visées de l'enseignant lors des activités organisées en classe. Nous pensons que **les dialogues évaluatifs et les régulations interactives qui caractérisent l'évaluation formative informelle peuvent précisément contribuer à la construction des attitudes de secondarisation et des normes sociales qui demandent à s'y rapporter dans les microcultures de classe.**

Le changement paradigmatique orientant l'évaluation formative vers des démarches de régulation donne à l'élève un rôle nettement plus actif que dans la conception de Bloom : il lui faut devenir l'acteur de ses ajustements cognitifs, d'où la nécessité de l'impliquer le plus régulièrement dans des démarches d'auto-évaluation formative. Ceci ne signifie évidemment pas que l'enseignant se retire du processus et échappe à toute responsabilité en ce qui concerne les procédures que doit mettre en place l'élève pour progresser dans ses apprentissages. Il convient plutôt d'envisager **une coresponsabilité entre les enseignants et les élèves**, dans une dynamique où les uns et les autres prennent l'initiative en fonction de la part du processus que les élèves peuvent prendre en charge. Ceci suppose que les élèves partagent avec leurs enseignants des conceptions communes quant aux fonctions de l'évaluation. Or, à cet égard, l'étude menée par Issaieva et Crahay (2010) dans 47 classes françaises de CM2 n'est guère rassurante : dans l'état actuel de l'enseignement de ce pays, les élèves ne semblent pas toujours percevoir les fonctions évaluatives que leurs enseignants poursuivent. Faute de communication sur le pourquoi de l'évaluation ? L'hypothèse est plausible. Elle est confortée par les analyses complémentaires d'Issaieva, Pini et Crahay (2011) : sur les 47 classes de l'échantillon, on en trouve seulement 9 au sein desquelles il y a un alignement satisfaisant entre les perceptions des élèves et les conceptions de l'enseignant et 14 dans lesquelles on trouve la situation inverse. Ce dernier constat est préoccupant, du moins si l'on ose se demander dans quelle mesure il est généralisable. Si c'est le cas, il est à craindre que les meilleures intentions formatives de certains enseignants restent lettre morte puisqu'elles ne seraient pas perçues par leurs élèves. La perception qu'ont les élèves des buts poursuivis par leurs enseignants lorsqu'ils les évaluent est actuellement un champ de recherche trop peu exploré. Il en va de même de la communication par les enseignants de leurs intentions évaluatives. Ceux-ci expliquent-ils quelles sont leurs visées lorsqu'ils mettent en place des dispositifs de dialogue évaluatifs, des démarches d'auto-évaluation. Or, si l'on souhaite que les dispositifs de régulations formatives produisent les effets escomptés, il nous paraît d'une importance cruciale que les élèves comprennent que l'objectif de ces dispositifs, c'est l'optimisation de leurs apprentissages scolaires. L'élève qui vient à l'école pour obtenir des notes maximales grâce à ses performances scolaires est susceptible de trouver désuètes les idées d'auto-évaluation, de coresponsabilité enseignant-élève.

> Moi, je suis ici pour le diplôme, disait récemment un élève de la FWB et pour cela, il me faut des points. Alors, je m'arrange […] principalement avec les copains. Tous les moyens sont bons, mais entre nous c'est la loyauté absolue.

Comment les enseignants, du primaire, du secondaire et, rêvons jusqu'au bout, de l'enseignement supérieur, peuvent-il nouer ou renouer un dialogue vrai avec les élèves/étudiants pour construire une culture évaluative commune ? Une culture qui pourrait s'épanouir dans de véritables communautés d'apprenants au sein desquelles chacun(e) œuvre aux progrès cognitifs de tous. Car, si l'évaluation normative est la clef de voûte de la compétition, de la rivalité et, *in fine* de l'individualisme, l'évaluation formative et encore plus la régulation interactive ont fermenté dans les moules de la solidarité, de la coopération, de la visée de l'apprentissage pour lui-même, du savoir comme outil de compréhension de l'humanité, de son passé, son présent et, de façon spéculative, de son avenir.

Comment obtenir des élèves qu'ils adhèrent à une culture de l'évaluation davantage soucieuse des savoirs à construire que de la performance et des notes chiffrées ? Les chercheurs de demain devront se concentrer sur cette question capitale.

En guise de conclusion :

Du redoublement à la régulation des apprentissages

Marcel Crahay

1. Le redoublement est inefficace

2. Peut-on lutter contre le redoublement en changeant les croyances?

3. Changer les pratiques d'évaluation des enseignants : une priorité!

4. Est-il possible d'éradiquer le redoublement?

5. Le postulat d'éducabilité pour tous, une fiction mobilisatrice

1. LE REDOUBLEMENT EST INEFFICACE

Le redoublement est censé produire deux effets : (1) susciter l'investissement des élèves dans les apprentissages scolaires en brandissant la menace de l'échec et (2) aider les élèves en grande difficulté scolaire à se « remettre en selle ». Les données internationales analysées dans le chapitre 2 et la revue de la littérature présentée au chapitre 3 nous amènent à affirmer que le redoublement ne remplit pas ces deux fonctions.

Il convient d'abord de rappeler un constat réalisé dès le chapitre 1 : dans de nombreux pays, des redoublements ne sont décidés que très occasionnellement au point qu'à 15 ans les retards scolaires sont inférieurs à 5 %. À l'opposé, en 2015, dans quelques pays (Communauté germanophone de Belgique, Espagne, Luxembourg, Mexique et Portugal), les taux de retard à 15 ans sont supérieurs à 30 %, voire à 40 % en FWB. Le premier groupe de pays montre qu'un système d'enseignement peut fonctionner sans brandir le spectre du redoublement. Cette affirmation prend d'autant plus de force que les pays qui recourent massivement au redoublement ne se caractérisent pas nécessairement par des performances moyennes à PISA ou à PIRLS particulièrement élevées. Au chapitre 2, Lafontaine, Baye et Monseur ont mis en relation, au niveau des pays, les taux de retard et les performances moyennes des élèves en utilisant les deux bases de données. Dans PISA, les performances ont tendance à être légèrement moins élevées lorsque les taux de retard sont plus importants. Dans PIRLS, les résultats varient selon les cycles : dans deux des cycles, la tendance est la même que dans PISA, mais c'est l'inverse dans les deux autres cycles. Nous ne reviendrons pas ici sur les différences entre ces deux programmes internationaux ; ceci a été discuté en profondeur dans le chapitre 2. Insistons, toutefois, sur le fait que les différences d'échantillonnage ne sont pas sans importance sur les résultats mis en évidence par les analyses statistiques réalisées, au contraire. Concernant l'efficacité du redoublement, il est erroné d'affirmer que là où la promotion automatique est appliquée, il y a baisse de niveau. De façon quelque peu surprenante, il ressort des analyses des trois chercheurs liégeois que le recours plus fréquent au redoublement est, en définitive, assez peu lié aux performances des systèmes éducatifs.

En utilisant les données PIRLS et PISA, Lafontaine, Baye et Monseur ont étudié différents effets du redoublement au niveau de la 4ᵉ primaire et à l'âge de 15 ans. Ils constatent que c'est principalement en ce qui concerne les inégalités sociales que les résultats sont les plus nets et les plus concordants. **Là où le redoublement est pratiqué de façon importante, les inégalités liées à l'origine socioculturelle de l'élève sont particulièrement marquées, tant au primaire que dans le secondaire.** De façon générale, pour ces trois chercheurs, **le redoublement amplifie les inégalités sociales de performances**. Des analyses fouillées menées sur les données PISA révèlent que des élèves qui ont le même niveau de compétence ne courent pas le même risque de redoubler; celui-ci est plus élevé pour les élèves d'origine sociale modeste. Il y a donc bien injustice!

Toujours dans ce chapitre 2, Lafontaine, Baye et Monseur défendent l'idée que le redoublement participe d'une logique de séparation ou de tri qui est à l'origine de différences entre écoles. Ainsi, ils montrent que le niveau de performances d'une école à l'autre varie nettement plus dans les pays où les taux de retard sont plus élevés et ceci est vrai tant dans le primaire (PIRLS) que dans le secondaire (PISA). Par ailleurs, l'hétérogénéité des élèves dans les écoles est moindre là où les taux de retard sont plus élevés. Autrement dit, on observe une amplification des différences entre écoles et une homogénéisation des élèves à l'intérieur des écoles là où le recours au redoublement est plus fréquent. Comme l'écrivent les trois chercheurs:

> Ce résultat n'a rien de surprenant: c'est précisément une logique et des conceptions pédagogiques qui consistent à penser que l'enseignement sera plus efficace si les élèves sont plus semblables, ou si les classes sont plus homogènes, qui justifient le recours au redoublement et aux autres mécanismes de tri et de sélection des élèves (pp. 114-115).

Notons encore que les indicateurs de ségrégation sociale (disponibles uniquement pour PISA) montrent que celle-ci est nettement plus élevée dans les systèmes où la pratique du redoublement est importante.

Y a-t-il plus d'élèves excellents lorsque le redoublement est pratiqué de façon importante? Les analyses réalisées sur les données PISA ne permettent pas de conclure; en revanche, si on considère les données PIRLS, on observe une tendance inverse: plus le taux de retard est important, moins il y a d'élèves très performants. Concernant la proportion d'élèves faibles, on relève que, dans PISA, elle est plus élevée quand les taux de retard sont plus élevés; dans PIRLS, les tendances varient selon les cycles. Enfin, en ce qui concerne l'ampleur des écarts entre les élèves les plus et les moins performants, c'est-à-dire la dispersion des résultats, elle est plus élevée dans PISA pour les pays qui pratiquent davantage le redoublement et moins élevée dans PIRLS. Comme expliqué en détail dans le chapitre 2, ce résultat contradictoire est lié à la différence entre les méthodes d'échantillonnages des deux programmes de recherche. Lorsqu'on examine les performances d'élèves sur un échantillon fondé sur l'année d'étude (PIRLS), les élèves les plus faibles ont été retenus dans une année scolaire inférieure et il est donc logique d'observer une plus grande variabilité au niveau de l'âge des élèves et une plus grande homogénéité des performances.

Appréhender la problématique du redoublement au niveau des systèmes éducatifs conduit *in fine* à l'idée que lutter contre cette pratique revient à lutter contre les inégalités d'origine socio-économique et contre la ségrégation sociale et scolaire sans,

néanmoins, prendre le risque d'une baisse de niveau. L'évolution des performances dans cinq systèmes éducatifs où les taux de retard ont sensiblement diminué ne démontre aucun effondrement du niveau. La France donne une illustration de ceci: entre 2003 et 2015, le taux de retard a diminué drastiquement, passant de 39,5 % à 22,1 % et les performances moyennes sont restées stables en lecture et en sciences, mais ont (légèrement) diminué en mathématiques (de 511 à 494). Efficacité et équité des systèmes éducatifs ne sont donc pas incompatibles; au contraire, selon Monseur et Lafontaine (2012) et l'OCDE (2016), une liaison légèrement positive relie ces deux paramètres dans les divers systèmes éducatifs examinés dans ces deux études: **plus un système est équitable, plus il est efficace, et vice-versa**.

Qu'en est-il de la seconde fonction attribuée au redoublement par ceux qui préconisent son maintien, à savoir l'aide apportée aux élèves en difficulté?

Avant de discuter les apports principaux du chapitre 3, il paraît indispensable de rappeler qu'il est erroné de concevoir l'échec scolaire comme le reflet direct des performances des élèves. Cette affirmation s'appuie sur plusieurs éléments empiriques.

- La recherche APER menée par Grisay *et al.* (1984) illustre combien les redoublements peuvent être indépendants des acquis des enfants (chapitre 6). De façon précise, il apparaît que des élèves d'une classe donnée peuvent être condamnés au redoublement par leur enseignant alors qu'avec le même bagage de connaissances, ils seraient parmi les meilleurs dans une autre classe. De même, Bless, Bonvin et Schüpbach (2005) ont montré de façon irréfutable que tous les élèves faibles ne redoublent pas forcément: seulement 6,4 % des 25 % les plus faibles redoublent; ce qui signifie que 93,6 % des élèves appartenant au quartile des élèves les plus faibles sont promus. À l'inverse, toujours selon ces chercheurs, des élèves jugés disposés d'un potentiel intellectuel moyen, bon voire très bon peuvent être retenus en 2P.
- Dans la foulée de la démonstration précédente, Bless *et al.* (2005) ont développé un modèle qui, reprenant plusieurs paramètres élèves et enseignants mesurés par un questionnaire, permet de prédire 81,5 % des décisions de redoublement. Du côté «élève», outre les performances scolaires, interviennent un concept de soi académique bas et l'origine étrangère. Les redoublants sont par ailleurs perçus comme immatures par leur enseignant qui, en outre, sous-évaluent leur potentiel intellectuel ainsi que leurs performances en langue et en mathématiques. Du côté «enseignant», on trouve une attitude favorable au redoublement ainsi que l'idée selon laquelle l'enseigne-

ment dispensé influe peu sur l'échec scolaire et celle selon laquelle les notes scolaires doivent jouer un rôle important dans la décision de redoublement.

- Les études par entretien de Marcoux et Crahay (2008), de Crahay *et al.* (non publiée) et de Demarcin (2016) indiquent que les enseignants jugent le soutien familial pour décider du redoublement des élèves. Un mécanisme de compensation est mobilisé dans le processus décisionnel des enseignants : il leur arrive souvent de juger qu'un élève faible bénéficiant d'un environnement familial soutenant peut être promu alors qu'un élève, éventuellement moins faible mais laissé à lui-même par sa famille, tirera profit d'un redoublement.

- Enfin, on a pu observer dans le canton de Genève que les redoublements sont pour ainsi dire inexistants lorsque les enseignants «montent» avec leurs élèves d'une année à l'autre (Hutmacher, 1993). Cette observation a été répliquée par Demarcin (2016) en FWB. Autrement dit, les difficultés scolaires sont sanctionnées par un redoublement chaque fois qu'un groupe d'élèves est transmis d'un enseignant à un autre.

Ces divers constats interpellent et incitent à poser la question : qu'est-ce qu'un redoublement ? Assurément, la décision de faire redoubler un élève relève plus d'un jugement construit à partir de différents éléments que du simple constat de faiblesses dans les apprentissages scolaires. Cette conclusion, nous l'avions déjà avancée dans les versions antérieures de cet ouvrage ; il faut la répéter avec force. Parmi les éléments énoncés plus haut, il faut se demander lesquels peuvent être «soignés» par la répétition d'une année scolaire entière. L'immaturité ? Les sous-estimations des enseignants dont sont victimes les répétants ? Le manque de soutien familial ? Les «ratés» dans les apprentissages scolaires qui auraient dû être réussis ?

En ce qui concerne les effets cognitifs du redoublement, on aurait pu croire que le débat était clos avec la méta-analyse de Jimerson qui, en 2001, venait conforter les conclusions de Holmes (1989) et des synthèses antérieures (Jackson, 1975 ; Holmes et Matthews, 1984). C'était sans compter sur le travail de réévaluation de la qualité des études incluses dans ces méta-analyses, réalisé par Lorence (2006), un article qui a en quelque sorte sorti de l'ombre la critique rédigée antérieurement par Alexander, Entwisle et Dauber (1994). Depuis lors, et plus particulièrement depuis la méta-analyse d'Allen, Chen, Wilson et Hughes (2009), les estimations des amplitudes de l'effet (AE) sont revues à la baisse : – 0,11 plutôt que – 0,31. Plus important encore à nos yeux : Allen *et al.* (2009) soulignent un résultat, pourtant déjà mis en évidence auparavant par Jimerson (2001), à savoir que les AE varient selon les études (entre – 0,95 et +0,85 selon Allen). Autrement dit, dans certaines études, le redoublement engendre des effets tout à fait positifs et, dans d'autres, ils sont franchement négatifs. Bien plus, dans une même étude, on peut trouver des élèves qui ont bénéficié de la répétition de l'année scolaire comparativement à leur «jumeau expérimental» et d'autres qui en ont subi un préjudice. Il est intéressant de se remémorer ici les résultats de Troncin (2005). Examinant les résultats finaux de chacun des 103 binômes constitués dans son étude par un redoublant et son pair promu, le chercheur constate que, dans un quart des cas, les élèves redoublants obtiennent des résultats supérieurs à ceux des promus alors même que leur niveau initial en fin de première année de scolarisation élémentaire était comparable. Bien sûr, la tendance majeure reste défavorable au redoublement puisque, dans trois quarts des cas, on relève la tendance inverse. Néanmoins, ces constats obligent à nuancer les conclusions quant aux effets cognitifs du redoublement. Une variabilité des effets existe et il est surprenant que les chercheurs s'y soient si peu intéressés. Conséquence de ce faible intérêt : on ne peut guère expliquer cette double variabilité (inter-études et inter-sujets).

On sait toutefois qu'une variante du redoublement tend à générer des effets positifs à court terme : il s'agit d'accompagner les redoublants et de leur fournir une aide individuelle ou de leur proposer des cours d'été. En effet, aux États-Unis en tout cas, certaines politiques éducatives ont évolué : la répétition d'une année est, dans certains États (notamment celui de Floride[1]), conditionnée à un score minimal à un test standardisé et assorti de mesures d'aide spécifiques. Il s'agit d'un véritable bouleversement dans la mesure où, à la suite de ces nouvelles politiques, la décision de faire redoubler un élève ne dépend plus du ou des enseignant(s) ; elle est prise administrativement, indépendamment des élèves concernés, de la classe ou de l'école fréquentée et du soutien parental dont ceux-ci peuvent bénéficier. Par conséquent, les effets de subjectivité dénoncés dans la première partie du chapitre 6 ne peuvent plus se manifester. Des effets positifs de cette façon de procéder ont été mis évidence dans l'État de Floride par Swherdt, West et Winters (2017). Cependant, ces effets sont de courte durée, ils s'estompent les années scolaires passant. Bien plus, comme montré, au chapitre 3, il semble, que cette pratique spécifique de redoublement-remédiation ne permette pas, malgré des bénéfices d'apprentissage à court terme, aux élèves redoublants de convertir ce gain d'apprentissage en un diplôme menant soit à une profession, soit à une inscription dans l'enseignement supérieur ; ce résultat conforte le constat précédemment rapporté par l'étude de Jacob et Lefgren (2009). De surcroît, les conclusions de la belle étude de Grissom et Shepard (1989) ont été validées par des études plus récentes (Jimerson, Anderson et Whipple, 2002) et il reste juste d'affirmer l'existence d'un

---

1.   Cette politique a également été adoptée dans le district de Chicago dans le cadre du «eighth-grade promotion gate».

lien fort entre redoublement et décrochage scolaire, celui-ci déterminant largement celui-là.

Faut-il nécessairement adjoindre le redoublement aux mesures de soutien pour que celles-ci produisent l'effet escompté ? Telle est la question qu'il nous paraît indispensable de poser. La réponse semble négative. En effet, la recherche déjà ancienne de Leinhart (1980) indique que, lorsqu'on compare des élèves redoublants à des élèves faibles promus tout en permettant aux deux groupes d'élèves de bénéficier du même dispositif d'aide individualisé, les deux groupes progressent de manière équivalente (AE = − 0,016). Bien sûr, l'échantillon de cette étude est faible (44 redoublants et 32 faibles promus), la différence est légère et il n'y a pas de suivi longitudinal de ces élèves, ce qui fait que la chercheuse américaine n'a appréhendé que des effets à court terme. Tout ceci incite à la prudence. Rappelons cependant que Peterson, Degracie et Ayabe (1987), au terme de leur évaluation de l'innovation pédagogique implantée dans les *MESA Public Schools*, recommandent d'aller dans le sens défendu par Leinhardt. Ces chercheurs montrent, en effet, que l'adjonction d'assistance individualisée au redoublement a bien des effets à court terme, mais que ceux-ci s'estompent rapidement (cf. chapitre 3). Il faut donc se poser la question fondamentale concernant le redoublement : faut-il vraiment répéter une année scolaire entière si c'est pour, au bout du compte, se retrouver au même niveau que les faibles promus ? *In fine*, il convient de reprendre la conclusion d'Allen *et al.* (2009) :

> «Le constat que même les études qui contrôlent strictement les phénomènes de biais de sélection [...] ne parviennent pas à trouver de bénéfices au redoublement indique l'importance de se concentrer sur les stratégies à employer lorsque les enfants ne parviennent pas à atteindre les compétences attendues pour leur niveau scolaire, afin de les aider à réussir à l'école» (p. 495).

L'examen des effets du redoublement n'est donc guère concluant lorsqu'on aborde cette problématique (1) au niveau des systèmes éducatifs et (2) au niveau des élèves en difficulté scolaire afin de déterminer dans quelle mesure le fait de répéter une année leur était profitable. Qu'en est-il lorsqu'on se tourne vers les effets socio-affectifs ? Au chapitre 3, on a vu que les résultats des méta-analyses sur les effets socio-affectifs du redoublement différaient selon les auteurs : Holmes et Mattews (1984) obtiennent des AE négatives pour l'attitude de l'élève vis-à-vis de l'école et pour l'estime de soir (respectivement, − 0,19 et − 0,16) ; Holmes (1990) retrouve un effet négatif pour le premier paramètre (− 0,18), mais un très faible effet positif pour le second (+0,06)[2]. Quant à Jimerson (2001) se basant sur 16 études,

---

2.   Soulignons la difficulté d'obtenir une bonne mesure de l'estime de soi ; il faut en effet tenter de limiter le biais de désirabilité sociale.

il trouve des valeurs moyennes négatives pour les quatre variables de ce qu'il nomme ajustement socio-émotionnel. Cet auteur montre également que les valeurs moyennes recouvrent des disparités importantes selon les études. Ceci est assez général : certaines études concluent à des effets positifs significatifs, telle celle de Ehmke, Drechsel et Carstensen (2010) menée en Allemagne et d'autres à des effets négatifs, telle celle de Martin (2011a) en Australie. On ajoutera qu'il s'agit en l'occurrence d'effets à court terme (le plus souvent, après un an de redoublement). Pour conclure à d'éventuels effets à long terme, il conviendrait de recourir à des études ayant déployé un design quasi expérimental avec prises de mesures répétées sur plusieurs années avec des élèves qui ont « naturellement » échoué ou réussi leur année scolaire. Or des recherches de ce type sont, à notre connaissance, inexistantes.

Dans le chapitre 4, Fresson et Dardenne partent du constat que les élèves redoublants sont la cible de stéréotypes dévalorisants. Ils postulent dès lors que les redoublants risquent d'être victimes de stigmatisation et, en prolongement, de perte d'estime de soi. Ils qualifient leur approche d'exploratoire car, hélas, il existe peu d'études portant directement sur cette légitime hypothèse. Selon celle-ci, **le redoublement n'aurait pas par lui-même un effet négatif sur l'élève, ses performances, son estime de soi, son sentiment de compétence et sa motivation scolaire.** Ses effets négatifs transiteraient par **la stigmatisation des redoublants** du fait de l'existence de stéréotypes dévalorisants liés à ce statut (paresseux, manquant d'intelligence, etc.). Victimes de stigmatisation, les redoublants sont susceptibles d'être l'objet de différents mécanismes aux effets délétères ; parmi eux, la discrimination et la menace du stéréotype. C'est essentiellement ce dernier mécanisme qui est envisagé par Fresson et Dardenne.

La menace du stéréotype a été abondamment étudiée en psychologie sociale dans le cadre de recherches menées sur les différences selon le genre ou les groupes ethniques. Il renvoie au processus par lequel des individus stigmatisés vont sous-performer face à des problèmes qu'ils pourraient résoudre dans d'autres circonstances, du fait de percevoir dans une situation donnée une menace d'évaluation. Craignant de confirmer le stéréotype attaché à leur statut, les stigmatisés vont le confirmer du fait même de la menace qu'ils sentent peser sur eux. Ce phénomène aux effets préjudiciables est dû à la connaissance que l'individu a quant au regard négatif que les autres portent sur son groupe ou à la mauvaise réputation générale de celui-ci dans la société. En ce qui concerne le redoublement, il a été montré par Dutrévis et Crahay (2013) que les stéréotypes négatifs liés au fait d'en avoir été l'objet sont partagés par tous les élèves, redoublants comme non-redoublants. On peut penser qu'il est probablement partagé par les parents et les enseignants. Les redoublants connaissent donc les caractéristiques négatives qui leur sont attribuées ; certains d'entre eux y adhèrent.

Il a en effet été montré que l'exposition chronique aux stéréotypes tend à induire une internalisation du stéréotype ou du stigmate. Autrement dit, certains redoublants se pensent paresseux, incompétents, peu motivés, etc. D'autres, en revanche, développent des stratégies de protection de soi, parmi lesquelles la plus courante est probablement le désengagement scolaire. Dans un cas comme dans l'autre, l'effet est négatif.

La menace du stéréotype n'est pas automatique, mais situationnelle : en effet, le stéréotype doit être activé par l'une ou l'autre caractéristique de l'environnement scolaire. Il serait intéressant que des observations en classe soient entreprises afin de savoir comment les enseignants sont susceptibles – probablement à leur insu – d'activer la menace du stéréotype ; ceci permettrait de les conseiller sur les comportements ou attitudes à éviter. Par ailleurs, les effets délétères de la menace du stéréotype sont d'autant plus insidieux que ce mécanisme opère sans que la victime en prenne conscience. Par bonheur, des modérateurs seraient susceptibles d'en réduire l'impact : conception de l'intelligence, lieu de contrôle et contrôlabilité des attributions causales ainsi que les attitudes parentales et celles des enseignants. Ceci amène Fresson et Dardenne à formuler deux hypothèses (parmi d'autres) qui pourraient expliquer le fait que les effets du redoublement varient selon les individus (Troncin, 2005). Premièrement, les redoublants qui ont une conception incrémentielle de l'intelligence seraient moins vulnérables aux effets négatifs de la menace du stéréotype que ceux qui ont une conception figée de celle-ci. Deuxièmement, les attributions causales influençant l'engagement des enfants dans sa scolarité, il est important d'orienter celles-ci vers des causes internes, variables et surtout contrôlables. En effet, les élèves qui ont tendance à produire ce type d'attribution sont susceptibles de persévérer dans les apprentissages scolaires à l'inverse de ceux qui ont tendance à attribuer leurs échecs à des causes internes, stables et incontrôlables. Rappelons une fois encore les conséquences néfastes du sentiment d'impuissance ou d'incompétence acquis, résultant de l'exposition à des événements ou situations incontrôlables : fatalisme et tendance à la résignation face aux difficultés. En définitive, il nous semble qu'un regard posé sur le redoublement au départ de la psychologie sociale est susceptible de renouveler les recherches sur les effets du redoublement, d'une part en fournissant des hypothèses d'explication et d'autre part en permettant d'esquisser des pistes d'action.

Par ailleurs, il serait erroné de penser qu'il suffirait d'abolir le redoublement pour solutionner tous les problèmes auxquels est confrontée l'École. Depuis 1996, notre thèse est que le redoublement est une mauvaise réponse à un vrai problème. Car, malheureusement, tous les élèves n'apprennent pas avec aisance ce que l'école est censée leur enseigner. Certains élèves éprouvent des difficultés pour apprendre à lire. D'autres – et parfois les mêmes – éprouvent des difficultés à apprendre à calculer et à résoudre des problèmes, etc. (nous n'allons pas énumérer toutes les difficultés scolaires possibles). Sur base des recherches scientifiques, nous affirmons depuis plus de deux décennies que **le redoublement n'est pas un remède adéquat aux difficultés d'apprentissages scolaires éprouvés pas certains, ou alors exceptionnellement**. L'école n'a pas besoin du redoublement pour susciter les apprentissages qu'elle se donne pour objectif. Une école sans redoublement ou avec redoublement très exceptionnel peut fonctionner. Soulignons par ailleurs que l'expression «difficultés d'apprentissage» est chargée d'un jugement qui, en définitive, stigmatise les élèves qui peinent à suivre le rythme «normal» des enseignements et qui justifie un traitement pédagogique spécifique sous forme de remédiation ou de rattrapage. Le point de vue qui règne dans les pays d'Europe du Nord (Danemark, Finlande, Islande, Norvège et Suède) est différent: chaque enfant a des besoins particuliers et l'école doit les prendre en compte sans les écarter de leur groupe classe, opérant selon une logique d'intégration. C'est cette conception de l'école que nous aimerions voir triompher partout.

2.   PEUT-ON LUTTER CONTRE LE REDOUBLEMENT EN CHANGEANT LES CROYANCES ?

La foi des enseignants dans le redoublement n'est pas inconditionnelle. Si elle l'était, ils n'hésiteraient pas autant lorsqu'il faut prendre la décision de faire redoubler un élève. S'ils étaient sûrs que tout élève en grande difficulté scolaire bénéficie du redoublement, ils prescriraient ce traitement à tous les élèves faibles ; or ce n'est pas le cas. S'ils le considéraient comme une panacée, ils en useraient, sans se restreindre, avec une majorité d'élèves éprouvant une quelconque difficulté d'apprentissage. À nouveau, ce n'est pas le cas. Même dans un système éducatif comme la FWB où les taux de redoublement et de retard sont supérieurs à tous les pays de l'OCDE et de l'Europe non-OCDE, les enseignants s'imposent des limites en la matière. Or quel sens y a-t-il à se restreindre lorsqu'on pense disposer du Saint Graal ? Dans la réalité, les enseignants agissent tout autrement ; ils hésitent à décider le redoublement de tel ou tel élève et, lorsque la décision a été prise, leur discours prend une allure autojustificatrice, exprimant le souhait que la répétition de l'année produise les bienfaits escomptés. En définitive, il est particulièrement indiqué de parler pour la plupart des enseignants d'une croyance conditionnelle (Marcoux et Crahay, 2008).

Par ailleurs, dans nos différentes enquêtes par questionnaires (Crahay *et al.*, 2013, 2014), la majorité des réponses portent sur les niveaux médians des échelles de Likert. Si les enseignants évitent les réponses extrêmes, c'est que leurs avis ne sont pas tranchés, hormis pour une minorité. De surcroît, les diverses analyses typologiques montrent que les croyances des enseignants ne forment pas un ensemble homogène : tous ne sont pas pour le redoublement. Dans l'étude de Crahay *et al.* (2013) menée en FWB, ce type d'analyse distingue deux profils d'enseignants, d'une part il y a une minorité qui, connaissant les recherches portant sur le redoublement, se déclare contre et d'autre part la majorité qui y croit, mais dont la plupart ne connaissent pas les recherches en la matière.

Si la foi dans le redoublement de la majorité des enseignants n'est pas inconditionnelle, elle ne doit pas être inébranlable. C'est ce que confirment les études de Boraita (2013) et de Boraita *et al.* (non publiée) : ces deux recherches menées à l'Université de Genève montrent qu'il est possible de faire évoluer les croyances des futurs enseignants. C'est évidemment encourageant. Ces changements sont-ils pérennes ? Là est désormais la question. Sur la base de la seule étude menée par Hausoul (2005) en FWB, on est en droit d'en douter ; celle-ci indique que l'entrée en fonction peut perturber des convictions engendrées par un dispositif de formation initiale. De plus, les futurs enseignants ayant participé à l'étude de Boraita (2013) sont conscients qu'ils devront affronter le monde de l'école avec ses traditions et ses contradictions. La plupart craignent l'épreuve de la réalité. Quant aux enseignants en fonction, il a été montré que nombreux sont ceux qui redoutent l'avis des collègues lorsqu'ils envisagent de promouvoir un élève avec difficultés (Pini, 1991 ; De Landhseere, 1993 et Stegen, 1994, cités par Crahay, 1996 ; Chenu *et al.*, 2011). Autrement dit, beaucoup d'enseignants en formation ou en fonction pressentent ou ressentent le poids de l'institution.

Pour tenter de répondre à la question de la modificabilité en profondeur des croyances relatives au redoublement, le concept de culture de l'échec est primordial. Il souligne le caractère systémique des croyances. Autrement dit, les croyances des enseignants ne sont pas les seules à prendre en considération, celles des parents et des élèves jouent également un rôle. Dans les systèmes éducatifs comme la FWB, la France, le Luxembourg, la Suisse et sans doute ailleurs, le redoublement fait partie de la tradition pédagogique. Depuis « toujours », en tout cas, depuis que l'école est obligatoire pour tous, des élèves réussissent et d'autres pas. Il fût un temps où l'échec se soldait par une sortie de l'école et un retour aux champs pour les enfants de paysans. À cette époque, le redoublement était une vraie deuxième chance. Avec l'allongement de la scolarité obligatoire et la massification du secondaire, les choses ont changé. Comme on l'a rappelé dans les pages précédentes, le redoublement pèse dans l'orientation des élèves vers les filières les moins prestigieuses (chapitres 1 et 2) ; il est aussi un prédicteur de décrochage scolaire (cf. chapitre 3) et, de surcroît, une expérience qui stigmatise celui qui en est l'objet et, souvent, affecte négativement son estime de soi (chapitre 4). Pourtant, nombreux sont les parents, les élèves et les enseignants en fonction ou en formation qui continuent de croire dans la légitimité de cette pratique vis-à-vis de certains cas d'élèves. Le terme de croyance se justifie car il s'agit bien d'une adhésion à une idée admise par la majorité au sein de certaines populations, sans exigence de preuves à cet égard. Par ailleurs, il faut reconnaître que cette croyance n'est pas aberrante en soi. D'une certaine façon, le redoublement relève du bon sens: si un élève éprouve de lourdes difficultés au terme d'une année scolaire, il paraît logique de lui demander de répéter cette année, de recommencer les apprentissages qu'il n'a pas réussi à faire. Lorsque les enseignants expliquent qu'il convient de solidifier les apprentissages de base afin d'éviter de construire sur du sable, ils tiennent compte de la séquentialité d'un grand nombre d'apprentissages scolaires. Cette logique se trouve chez les parents, comme le montre l'étude de Bosman (2017), ainsi que chez les élèves, comme on l'a vu dans l'étude de Crahay, Baeriswyl et Vellas (1996). Pour preuve de la conviction qu'ont certains parents qu'un redoublement peut aider leur enfant, rappelons les cas de Tyler qui va redoubler la 1P en changeant d'école et de Théo qui est orienté vers l'enseignement spécialisé contre l'avis de son enseignante (Demarcin, 2016). En définitive, la croyance dans les bienfaits du redoublement tire sa force de cette adhésion quasi générale parmi les parents, les élèves et les enseignants. Il est significatif à cet égard que les enseignants qui entrent en formation adhèrent à cette croyance; l'étude de Boraita et Marcoux (2016) montre bien qu'en France, en FWB et en Suisse romande, les futurs enseignants croient – bien sûr, avec des ampleurs variables – dans le bien-fondé du redoublement. Cette croyance ne résulte pas de leur formation; au contraire, dans certaines institutions, celle-ci est combattue par les formateurs.

Que conclure de tout ceci?

La connaissance des recherches sur les effets du redoublement peut jouer le rôle de levier pour modifier les croyances des enseignants à son propos. Toutes nos recherches convergent sur ce point. On peut donc affirmer qu'il serait souhaitable que tous les enseignants disposent de cette connaissance, ce qui est encore loin d'être le cas. Sera-ce suffisant pour changer les pratiques à cet égard? Répondre par l'affirmative serait faire preuve d'un optimisme exagéré. Comme nous venons de le rappeler, dans un certain nombre de pays, les enseignants doivent faire avec une culture de l'échec au sein de laquelle les parents et le reste des citoyens sont convaincus des vertus du redoublement. Si on peut espérer toucher les enseignants soit au niveau de leur formation (comme à Genève), soit par des conférences pédagogiques ou tout autre dispositif de formation continue, il est plus difficile d'influencer l'ensemble de la population d'un pays, ce qu'il faudrait pouvoir faire en misant sur les médias. Vu le caractère systémique des croyances relatives au redoublement, il faut espérer une évolution de celles-ci au niveau de la société. Sans cela, il faut craindre que la pression des parents ne pousse les enseignants à continuer à décréter des redoublements tout en doutant de leur efficacité. Par ailleurs, il n'est pas sûr que la connaissance des recherches sur le redoublement dissipe toute résistance de la part des enseignants.

3.   CHANGER LES PRATIQUES D'ÉVALUATION DES ENSEIGNANTS : UNE PRIORITÉ !

L'évaluation normative est au cœur de l'échec scolaire. Dès lors que des enseignants croient être tenus de classer leurs élèves selon une distribution gaussienne avec quelques forts, beaucoup de moyens et quelques faibles, il va de soi que ces plus faibles sont candidats au redoublement, en tout cas dans les contextes où il y a croyance dans les bienfaits du redoublement. On peut résumer nos analyses en affirmant que les échecs scolaires résultent de la combinaison de deux croyances : la première concerne la légitimité du redoublement comme pratique d'enseignement, tandis que la seconde consiste à penser qu'il est « normal » de repérer dans n'importe quelle classe des forts, des moyens et des faibles (loi de Posthumus). Cette seconde croyance a de nombreux effets délétères que nous avons dénoncés dans la première partie du chapitre 6. Le premier consiste à désigner des élèves faibles, ce qui revient à leur faire porter un stigmate et, partant, à les rendre sensibles à la menace du stéréotype. Le second aboutit à trop souvent ignorer leurs efforts pour progresser ; en effet, en observant les effets de stéréotypie (cf. la section 5.5 du chapitre 6), on est en droit de se demander si, pour certains enseignants, la qualité d'élèves faibles est réversible. Le troisième, sans doute le plus choquant, a été démontré par Grisay (1984) : à compétences égales, certains redoublent tandis que d'autres réussissent, cette injustice dépendant notamment de la composition de la classe. Il y a donc une part importante d'aléatoire dans le fait d'être mis en échec. Ajoutons à ceci ce que nous avons rappelé ci-dessus : le soutien familial dont l'élève peut ou non bénéficier pèse dans les décisions de redoublement.

Nous sommes convaincus qu'il serait souhaitable d'éradiquer les pratiques d'évaluation normative. Dit autrement, il conviendrait que les enseignants ne comparent plus les élèves entre eux, qu'ils arrêtent de les classer selon une ou des hiérarchie(s) d'excellence. Il faut que tous bénéficient du postulat d'éducabilité. La grande majorité des élèves peuvent apprendre si des conditions adaptées à leurs caractéristiques individuelles leur sont offertes. C'est le postulat qui fonde la théorie de la maîtrise de Bloom (1976/1979). Cette conception pédagogique veut rompre avec la pratique de l'évaluation normative pour y substituer une articulation des évaluations formatives et sommatives. À la fin d'une séquence ou d'une période d'enseignement, il faut faire un bilan de ce qui a été appris et de ce qui n'a pas été appris, sans se soucier du classement des élèves. En cours d'enseignement, il faut intervenir là et quand les élèves éprouvent des difficultés, ce qui revient à pratiquer l'évaluation formative ou mieux à contribuer à la régulation des apprentissages en cours.

Il faut distinguer et articuler évaluations sommative et formative. Il faut les distinguer car elles remplissent des fonctions différentes; il faut les articuler car leurs fonctions sont complémentaires. L'évaluation sommative consiste à faire un bilan et, de ce fait, doit être à référence critériée, c'est-à-dire qu'elle doit cibler les compétences et connaissances principales de la séquence d'enseignement qui s'achève. Elle sera de qualité si elle mesure bien ce qui a été au coeur de l'enseignement. L'évaluation formative doit apporter une aide aux apprentissages en cours en diagnostiquant ce qui fait obstacle à l'apprentissage d'un savoir ou d'un savoir-faire et proposer des opportunités pour recommencer ce qui n'a pu être appris. Cette conception, qui est celle de Bloom (1976/1979), reste pertinente dans les cas où un ou des élève(s) achoppe(nt) sur un obstacle. Avec Allal et Mottier Lopez (2005), nous pensons que cette conception peut être élargie. En intégrant autant que faire se peut les feed-back donnés aux élèves au cœur de l'enseignement, il devient possible de réguler en direct les apprentissages alors qu'ils sont en train de se réaliser. Il est également possible et souhaitable d'impliquer les apprenants dans des démarches d'auto-évaluation, l'enseignant les aidant à porter un regard analytique sur leurs performances. Il est aussi recommandable d'entretenir des «dialogues évaluatifs» avec les apprenants. Ce faisant, les enseignants aident les élèves à développer des procédures métacognitives et autocorrectives.

Dans cette perspective de régulation, il est important de communiquer avec les élèves, de leur expliciter les buts que l'enseignant poursuit, lorsqu'il apporte une correction, lorsqu'il fait refaire un exercice, lorsqu'il interroge l'élève sur sa démarche sur le pourquoi de ses réponses. Or, nous l'avons vu au chapitre 6, il est fréquent que les élèves n'aient pas conscience du but poursuivi par l'enseignant lorsque celui-ci les évalue. «Une évaluation, c'est lorsqu'on est noté», nous disait un élève du secondaire de la FWB et lorsque nous avons tenté de lui expliquer que certaines évaluations pouvaient être qualitatives et l'aider dans son apprentissage, il n'a pu dissimuler sa surprise, voire son incompréhension. Cette anecdote est révélatrice d'un fait: dans trop de classes encore, l'évaluation formative n'est pas pratiquée et, si elle l'est, beaucoup d'élèves n'en sont pas conscients. Or il est essentiel que les élèves deviennent sujets de leur évaluation. Trop souvent encore, ils n'en sont que les objets, la subissant, soumis aux décisions des enseignants. Si la visée de l'école est la réussite de la majorité des élèves, si elle assume pleinement le postulat d'éducabilité, ceux-ci doivent devenir acteurs dans les procédures d'évaluation et, idéalement, de régulation. Ce dont nous rêvons, c'est que les élèves viennent à l'école pour apprendre et pas seulement pour éviter l'échec.

Selon nous, la lutte contre l'échec scolaire passe inévitablement par un changement des pratiques d'évaluation des enseignants. Au redoublement d'une année scolaire, il faudrait réussir à y substituer la régulation des apprentissages.

4. EST-IL POSSIBLE D'ÉRADIQUER LE REDOUBLEMENT ?

Les données analysées au chapitre 1 obligent à une réponse nuancée. La situation des pays de l'OCDE et des pays européens non-OCDE est très variable. Dans certains d'entre eux, le redoublement est quasiment inexistant ; les taux sont inférieurs à 5 % dans 17 pays sur 42 (PISA 2015). Dans plus de la moitié des pays considérés dans le tableau 1.1, ils sont inférieurs à 10 %. Les systèmes éducatifs qui, comme le Portugal, la Communauté germanophone de Belgique, le Luxembourg, qui affichent des taux de redoublement supérieurs à 30 %, font figure d'anomalies. Et que dire de la FWB avec ses 46 % d'élèves qui ont redoublé au moins une année à 15 ans ? Le cas de la France est également interpellant : entre 2003 et 2015, le taux de redoublants est passé de 39,5 % à 22,1 % ; une diminution impressionnante et ceci d'autant plus qu'elle ne s'est pas accompagnée d'une baisse de niveau, au contraire (Mattenet et Sorbe, 2014). Ces données suffisent à démontrer que l'école peut fonctionner et même bien fonctionner sans ou quasi sans redoublements ; elle n'a pas besoin de l'échec !

Entre la démonstration théorique et la réalité de terrain, il existe un fossé qui peut s'avérer important. À cet égard, il faut pointer la FWB. Dans ce système éducatif, les taux de redoublement ont grimpé de 38,6 % en 2003 à 46 % en 2015 et ceci malgré les efforts répétés des responsables politiques pour juguler la propension des écoles à faire redoubler. Autrement dit, en FWB, il semble impossible de faire reculer le redoublement alors que ce serait possible en France, mais aussi au Luxembourg, dans le canton de Genève, en Turquie, aux Pays-Bas, en Irlande et au Canada. Comment expliquer l'exception que constitue la FWB[3] ? Sans doute par le quasi-marché qui s'y est imposé. Dans pareil système, le redoublement remplit des fonctions que Draelants (2006, 2009) a bien analysées. Selon ce sociologue, dans le système éducatif de la FWB, le redoublement remplit quatre fonctions latentes : (1) gestion de l'hétérogénéité et de tri des élèves au

---

3. Nous n'oublions pas le cas de l'Autriche qui a connu une augmentation de 10,2 % en 2003 à 15,2 % en 2015. Cependant, cette croissance laisse le taux de redoublement dans les marges de 15 %, ce qui est plus acceptable que les 46 % de la FWB.

sein des établissements, (2) positionnement stratégique et symbolique des établissements par rapport à d'autres environnants, (3) régulation de l'ordre scolaire au sein de la classe et de motivation des élèves et (4) maintien de l'autonomie professionnelle des enseignants. Les deux premières de ces quatre fonctions sont à l'origine de la concurrence entre établissements pour attirer la clientèle qu'ils se sont donnée pour cible : des élèves à l'heure dans les écoles sanctuaires, les autres dans les écoles ghettos. La première fonction contribue aussi à trier les élèves au sein des établissements pour constituer les filières. En définitive, il semble logique de supposer que le redoublement est consubstantiel du fonctionnement des systèmes éducatifs au sein desquels prévaut une logique de la séparation. Le tableau 1.3 montre clairement que, dans tous les pays dotés d'un système à filière, les taux de retard à 15 ans sont supérieurs à 15 %. Face à ce constat, une question se pose en ce qui concerne le futur de ces pays : jusqu'à quel pourcentage le taux de redoublement peut-il descendre ? Dans le canton de Genève, où l'on observe une diminution forte des taux de retard à la fin de l'école obligatoire au cours des trente dernières années, la barrière des 20 % n'a jamais été franchie[4]. Notons, cependant, qu'en 2003, l'Autriche affichait un taux de 10,2 %. Ce constat permet d'espérer que ce seuil puisse être atteint par ces pays qui conservent des filières.

Ici, nous reprenons l'idée développée par Lafontaine, Baye et Monseur au chapitre 2 : le redoublement est une composante de la logique de séparation qui caractérise un certain nombre de systèmes éducatifs. Ceci signifie à nos yeux qu'il n'est pas possible de lutter contre le redoublement sans combattre les autres composantes de cette logique : la concurrence entre les établissements et l'existence de filières au début du secondaire, notamment. Mais peut-on espérer que là où des filières existent, un vrai tronc commun soit instauré ? Peut-on espérer que là où les parents ont le choix de l'école, celui-ci leur soit retiré au profit d'une affectation automatique des élèves aux écoles ? Il s'agit bien d'un espoir car nous ne sommes pas sûr que pareil bouleversement soit facilement accepté par les citoyens, parents et enseignants y compris, de ces pays.

Plus largement, il faut se demander dans quelle mesure les parents sont susceptibles de suivre les enseignants dans une évolution de pratiques alliant régulations formatives et évaluations sommatives à référence critériée. La votation à Genève de septembre 2006 a révélé, au grand dam des spécialistes en matière d'évaluation, que 76 % des citoyens souhaitaient le retour des notes chiffrées alors qu'elles avaient été abandonnées dans le primaire quelques années auparavant avec l'accord d'un grand nombre d'enseignants.

---

4.   Pour rappel, entre 1990 et 2017, les taux de retard sont passés de 35 à 20 %.

Nonobstant les obstacles qu'elles pourraient rencontrer, il est inté-ressant de tenter un inventaire des réformes et/ou actions qui, au terme de nos analyses, devraient permettre de lutter contre l'échec scolaire. À cet égard, il faut rappeler le constat majeur qu'il a été possible de tirer du tableau 1.3 : tous les pays qui ont adopté la structure unique et l'affecta-tion des élèves aux écoles se caractérisent par des taux de retard à 15 ans inférieurs à 5 %. À l'inverse, tous les pays qui conjuguent organisation de filières et choix de l'école par les parents ont des taux de retard supérieurs à 15 %. Il y a évidemment une proposition à tirer de ce double constat : opter pour une structure unique et l'affectation des élèves aux écoles sont deux réformes qui devraient aboutir à une réduction significative des redou-blements. Réformes difficiles sans aucun doute car il s'agit de passer d'une logique de la séparation à une logique de l'intégration ; une véritable révolu-tion, nous y reviendrons ci-dessous. Celles-ci permettraient de juguler deux fonctions latentes attribuées par Draelants (2006, 2009) au redoublement : la fonction de positionnement stratégique et symbolique par rapport à des établissements environnants et celle de gestion de l'hétérogénéité et de tri des élèves au sein des établissements. On peut penser que la création d'un vrai tronc commun pourrait avoir un effet allant dans le même sens ; ce serait un moyen d'éviter le triage des élèves avant 15 ans. Dans une telle éventualité, il conviendrait de s'inspirer de ce qui se fait en Grèce, en Lettonie, en République tchèque et au Royaume-Uni plutôt qu'en Espagne et en France.

Selon nous, il n'existe donc pas une solution unique pour éradiquer le redoublement. Il faut attaquer le problème à plusieurs niveaux. Structurel ou institutionnel en s'appliquant à instaurer un tronc commun ou, mieux encore, une structure unique et en prenant des mesures pour réduire la concurrence entre établissements. Sur un plan individuel, en ébranlant la croyance des enseignants, mais aussi des parents, dans les vertus du redou-blement par la diffusion des recherches sur son inefficacité et en formant les enseignants à de nouvelles pratiques d'évaluation et de régulation des apprentissages. On peut espérer que plus il y aura d'enseignants et de parents qui doutent du redoublement, moins la pression sociale en faveur du redoublement sera forte. Nous avons rappelé ci-dessus combien celle-ci pouvait freiner les enseignants qui souhaitent une école sans redoublement. Il est un autre moyen pour diminuer la pression qui se joue entre collègues, au sein des établissements : inciter les enseignants à « monter » de classe avec leur groupe d'élèves. Plusieurs résultats de recherche soutiennent cette proposition :

- Les enseignants tiennent compte du collège de la classe de niveau supérieur pour décider du redoublement des élèves faibles. Ceci a été montré par Pini dès 1991. Celui-ci a proposé à cent enseignants gene-vois l'item suivant : « Vis-à-vis du collège qui recevra ma classe l'année suivante, je n'ai pas le droit de promouvoir un élève qui présente des lacunes importantes.» Septante et un enseignants ont répondu positivement. Cet item a été repris tel quel par De Landhseere (1993, cité par Crahay), 67 % des 450 enseignants primaires de la FWB qu'elle a interrogés ont également répondu positivement. Une tendance confirmée par Stegen (1994, cité par Crahay, 1996) qui a obtenu 64 % de réponses favorables auprès de 263 enseignants du secondaire de cette même FWB. Et, en 2003, Crahay a obtenu 53 % d'accord auprès de 91 enseignants primaires, à nouveau en FWB. Enfin, toujours en FWB, Chenu *et al.* (2011) ont obtenu 67 % de réponses positives auprès de 719 institutrices maternelles à cet item. Ils ont également interrogé les instituteurs de 1P des mêmes écoles, leur proposant l'item «J'attends de l'institutrice de 3e maternelle qu'elle ne laisse pas entrer en 1re primaire un élève qui présente des difficultés importantes»; 79 % ont répondu affirmativement. Manifestement, un mécanisme social opère par lequel les enseignants de l'année scolaire N exercent une pression sur leurs collègues de l'année scolaire inférieure.

- Les futurs enseignants genevois qui ont bénéficié d'un module portant spécifiquement sur l'évaluation, le redoublement et la différenciation pédagogique (Boraita, 2013) sont conscients de la culture du redoublement selon laquelle faire répéter une année est une pratique admise et habituelle. Ils craignent l'entrée en fonction et la confrontation avec les enseignants plus âgés, la direction voire les parents; bref, la tradition institutionnelle. Oseront-ils s'opposer à la pensée dominante? Lorsque la question leur est posée, leur réponse n'est pas catégorique. Car ils savent que, dans les écoles, la majorité des enseignants restent favorables à cette pratique et ils savent que c'est aussi le cas de la majorité des parents. Ils savent qu'ils devront appliquer la loi qui les oblige à décider en fin d'année scolaire de la promotion ou non de chacun de ses élèves; cette loi s'accompagne d'une norme qui rend difficilement concevable qu'un enseignant ne fasse jamais redoubler.

- Cette norme semble jouer en sens contraire lorsque l'enseignant monte d'année d'étude avec sa classe. Comme l'a montré Hutmacher (1993) en analysant les statistiques du canton de Genève, dans de telles circonstances, il n'y a pas de redoublement qui soit décidé. Un constat qu'a confirmé Demarcin (2016) à plus petite échelle en FWB; parmi les dix enseignants de 1P qu'elle a observés, trois montent de degré avec leurs élèves et aucun ne prononce de redoublement.

5. LE POSTULAT D'ÉDUCABILITÉ POUR TOUS, UNE FICTION MOBILISATRICE

Des pistes existent pour lutter contre l'échec scolaire là où il sévit encore selon des ampleurs inacceptables. Encore faut-il les mettre en œuvre! Et c'est à ce niveau que les obstacles opèrent. Ils sont d'abord d'ordre culturel. C'est essentiellement la croyance qu'il n'est pas possible de changer l'école telle qu'elle fonctionne en l'état. C'est aussi l'idée qu'il n'y a pas de raisons de changer. Celles-ci sont pourtant simples à énoncer. Pourquoi continuer à pratiquer le redoublement alors que les avantages qu'il est susceptible d'engendrer ne sont pas effectifs, au contraire? Pourquoi retarder autant d'élèves, inutilement? Pourquoi perpétuer une tradition qui a un coût considérable pour des effets positifs incertains, de nombreux effets négatifs connus et qui reste socialement injuste?

Hélas, il n'est guère aisé de bouleverser en profondeur les mentalités et les fausses croyances. Or c'est à une révolution pérenne des croyances ou, plus précisément, de culture que nous appelons. Il faut que, là où règnent la logique de séparation et, partant, la culture de l'évaluation (normative) et du redoublement, s'installe la logique de l'intégration et, donc, une culture de l'épanouissement et de la réussite de tous.

Cette révolution est indispensable car nous ne pouvons pas imaginer que les choses restent en l'état: d'un côté, des pays où le redoublement n'existe quasiment pas et qui s'avèrent beaucoup plus égalitaire; de l'autre, des pays où il affecte un tiers voire plus d'élèves et creuse les écarts entre eux, notamment entre les enfants du peuple et ceux des classes aisées. Ce changement de logique doit nous conduire à assumer pleinement le postulat d'éducabilité pour tous. Ceci implique de poser un autre regard sur les élèves. Chacun doit être vu comme capable d'apprendre ce que l'école juge essentiel qu'il apprenne. Ceci implique de la part des enseignants une posture volontariste pour trouver les conditions qui permettront à des profils cognitifs différents d'apprendre à lire, calculer, raisonner, argumenter, résoudre des problèmes, etc.

Le postulat d'éducabilité pour tous est ce que l'on pourrait nommer une fiction mobilisatrice. Qu'entend-on par «tous» les élèves? L'objection fréquemment formulée par de nombreux enseignants et, sans doute, nombre de quidams est qu'il est impossible qu'absolument tous les élèves réussissent à maîtriser tous les apprentissages que l'école exige d'eux. Et on ne peut leur donner tort. Nous ne naissons pas tous égaux. Très tôt, on observe des différences dans le rythme de développement et d'apprentissage des enfants. Certains sont victimes de handicap. Le postulat d'éducabilité pour tous est une fiction mobilisatrice: il s'agit d'accueillir chaque élève avec la croyance qu'il peut apprendre ce qui va lui être enseigné et d'agir avec la ferme conviction qu'il est possible de mettre en œuvre les moyens pour aider chaque élève à franchir les obstacles qu'ils peinent à surmonter. Le «Serment de Socrate»[5], créé en FWB par la ministre Dupuis est à l'école ce que le serment d'Hippocrate est à la médecine, texte fondateur de la déontologie médicale. Il impose à l'enseignant qui le prononce à son entrée en fonction de promouvoir l'égalité devant la réussite scolaire de tous ses futurs élèves et de faire tout ce qui est en son pouvoir pour y arriver. Ce serment devrait être inscrit au fronton de chaque école, de chaque classe, car il exprime la volonté qui doit animer chaque enseignant lorsqu'il pose un acte face à n'importe lequel de ses élèves. C'est en cela que le postulat d'éducabilité pour tous doit être mobilisateur.

Le postulat d'éducabilité pour tous ne peut être tenu sans changements structurels de l'école, là où sévit le redoublement. Procédons à une argumentation *a contrario*. Si la concurrence entre établissements et le choix de l'école par les parents sont maintenus, inévitablement s'opérera une hiérarchie des écoles: celles pour les élites et celles pour les autres. Pour répondre à cette hiérarchie des écoles, il faut nécessairement que subsistent des hiérarchies d'excellence entre élèves. C'est encore plus évident si des filières sont maintenues au début du secondaire. Or il y a incompatibilité entre le classement hiérarchique des élèves et le postulat d'éducabilité pour tous. Celui-ci implique que l'on fasse rupture avec les pratiques d'évaluation normative. Il appelle une orientation générale qui se détourne des pratiques où l'on s'attelle à repérer les élèves qui ne seraient pas aptes à suivre l'enseignement de l'année ultérieure pour privilégier une évaluation des progrès réalisés par les élèves. C'est à nos yeux le principal enjeu de la lutte contre l'échec scolaire: changer la visée de l'évaluation, c'est-à-dire favoriser l'émergence d'habitudes, d'un état d'esprit, d'une culture grâce auxquels les progrès des élèves sont régulièrement observés pour optimiser l'action éducative. Ce que l'évaluation doit mettre dans la lumière, ce n'est pas le classement des élèves, mais les acquis engrangés et les progrès réalisés, quelle que soit leur ampleur. Procéder de la sorte revient à renverser complètement la perspective de l'évaluation: renoncer à mettre en évidence les plus forts mais aussi les plus faibles, pour donner le maximum de visibilité aux progrès de chacun et aux étapes restant à franchir. Plus fondamentalement, il faut rompre avec la méritocratie et les pratiques qui la véhiculent pour adopter des pratiques de justice corrective qui aident les plus démunis à réussir.

---

5.   Le texte de ce serment est le suivant: «Je m'engage à mettre toutes mes forces et toute ma compétence au service de l'éducation de chacun des élèves qui me seront confiés.»

Éléments bibliographiques

Abric, J.-C. (1989). L'étude expérimentale des représentations sociales. In D. Jodelet (dir.), *Les représentations sociales* (pp. 189-203). Paris : Presses universitaires de France.

Abric, J.-C. (1994). Les représentations sociales : aspects théoriques. In J.-C. Abric (dir.), *Pratiques sociales et représentations* (pp. 11-36). Paris : Presses universitaires de France.

Albrecht, R. (1991). *L'évaluation formative. Une analyse critique.* Bruxelles : De Boeck.

Alexander, K. L., Entwisle, D. R. et Dauber, S. L. (1994). *On the success of failure : A reassessment of the effects of retention in the primary grades.* New York, NY : Cambridge University Press.

Allal, L. (1982). *Cours : évaluation pédagogique, régulation des processus de formation, Fascicule I.* (3ᵉ éd.). Genève : Université de Genève, Centrale des polycopiés.

Allal, L. (1988a). Vers un élargissement de la pédagogie de maîtrise : processus de régulation interactive, rétroactive et proactive. In M. Huberman (dir.), *Assurer la réussite des apprentissages scolaires ? Les propositions de la pédagogie de maîtrise.* Neuchâtel : Delachaux & Niestlé.

Allal, L. (1988b). Pour une formation transdisciplinaire à l'évaluation formative. In M. Gather-Thurler et P. Perrenoud (dir.), *Savoir évaluer pour mieux enseigner.* Genève : Cahiers du Service de la recherche sociologique, n° 26.

Allal, L. (1988c). Quantitative and qualitative components of teachers' evaluation strategies. *Teaching and Teacher Education, 4*, 41-51. doi : 10.1016/0742-051X(88)90023-6

Allal, L. (1991). *Vers une pratique de l'évaluation formative.* Bruxelles : De Boeck.

Allal, L. (1999). Impliquer l'élève dans le processus d'évaluation : promesses et pièges de l'auto-évaluation. In C. Depover et B. Noël (dir.), *L'évaluation des compétences et des processus cognitifs* (pp. 35-56). Bruxelles : De Boeck.

Allal, L. et Laveault, D. (2009). Assessment for learning : Évaluation-soutien d'apprentissage. *Mesure et évaluation en éducation, 32*(2), 99-106. doi : 10.7202/1024956ar

Allal, L. et Mottier Lopez, L. (2005). Formative assessment of learning : A review of publications in French. In *Formative Assessment – Improving Learning in Secondary Classrooms* (pp. 241-264). Paris : OECD-CERI Publication (What works in innovation in education).

Allal, L. et Ntamakiliro, L. (1997). Échec précoce et maîtrise de l'écrit. In C. Barré-de-Miniac et B. Lété (dir.), *L'illettrisme : de la prévention chez l'enfant aux stratégies de formation chez l'adulte* (pp. 83-101). Bruxelles : De Boeck.

Allal, L. et Schubauer-Leoni, M. L. (1993). Progression scolaire des élèves : la facette « redoublement ». *Recherche en éducation. Théorie et pratique, 11-12,* 41-52.

Allal, L., Cardinet, J. et Perrenoud, P. (dir.). (1979). *L'évaluation formative dans un enseignement différencié* (5ᵉ éd.). Berne : Peter Lang.

Allen, C. S., Chen, Q., Wilson, V. L. et Hughes, J. N. (2009). Quality of research design moderates effects of grade retention on achievement: A meta-analytic, multilevel analysis. *Educational Evaluation and Policy Analysis, 31,* 480-499. doi : 10.3102/0162373709352239

Allensworth, E. (2004). *Ending social promotion : Dropout rates in Chicago after implementation of the eighth-grade promotion gate.* Chicago, IL : Consortium on Chicago School Research.

Allensworth, E. M., Healey, K., Gwynne, J. A. et Crespin, R. (2016). *High school graduation rates through two decades of district change : The influence of policies, data records, and demographic shifts.* Chicago, IL : University of Chicago Consortium on School Research.

Allport, G. W. (1954). *The nature of prejudice.* Cambridge, MA : Addison-Wesley.

Ambady, N., Shih, M., Kim, A. et Pittinsky, T. L. (2001). Stereotype susceptibility in children : Effects of identity activation on quantitative performance. *Psychological Science, 12,* 385-390. doi : 10.1111/1467-9280.00371

Andrade, H. et Cizek, G. J. (Eds.). (2010). *Handbook of formative assessment.* New York, NY : Taylor and Francis.

Aronson, J., Fried, C. B. et Good, C. (2002). Reducing the effects of stereotype threat on African American college students by shaping theories of intelligence. *Journal of Experimental Social Psychology, 38,* 113-125. doi : 10.1006/jesp.2001.1491

Astington, J. W. (1993). *The child's discovery of the mind.* Cambridge, MA : Harvard University Press.

Bartsch, K. et Wellman, H. M. (1995). *Children talk about the mind.* New York : Oxford University Press.

Bautier, E. (2003). Décrochage scolaire : genèse et logique des parcours. *Ville École-Intégration Enjeux, 132,* 30-45, http://www.crefe38.fr/IMG/pdf/BAUTIER_VEI-2003decrochagescolairegeneseetlogiquedeparcours.pdf.

Bautier, E. et Goigoux, R. (2004). Difficultés d'apprentissage, processus de secondarisation et pratiques enseignantes : une hypothèse relationnelle. *Revue française de pédagogie, 148,* 89-100. doi : 10.3406/rfp.2004.3252

Bautier, E. et Rochex, J.-Y. (2007). Apprendre : des malentendus qui font la différence. In J. Deauvieau et J.-P. Terrail (dir.), *Les sociologues et la transmission des savoirs* (pp. 227-241). Paris : La Dispute.

Baye, A., Chenu, F., Crahay, M., Lafontaine, D. et Monseur, C. (2014). *Le redoublement en Fédération Wallonie-Bruxelles. Rapport d'expertise commandité par le groupe parlementaire du Parti socialiste*, https://orbi.uliege.be/bitstream/2268/165801/1/Le%20redoublement%20en%20FWB.pdf.

Becker, L. A. (2000). *Effect Size (ES)*, https://www.uccs.edu/lbecker/effect-size.html.

Beilock, S. L., Rydell, R. J. et McConnell, A. R. (2007). Stereotype threat and working memory: Mechanisms, alleviation, and spillover. *Journal of Experimental Psychology: General, 136*, 256-276. doi: 10.1037/0096-3445.136.2.256

Bernstein, B. (2007). Classes et pédagogies: visibles et invisibles. In J. Deauvieau et J.-P. Terrail (dir.), *Les sociologues et la transmission des savoirs* (pp. 85-112). Paris: La Dispute.

Bertholet, M. (2015). *Trimestre de naissance: impact sur le parcours scolaire, les aspirations académiques et professionnelles des élèves de 15 ans. Analyse des données PISA 2003 et 2012* (Mémoire de Master non publié). Université de Liège, Liège, Belgique.

Bhanot, R. et Jovanovic, J. (2005). Do parents' academic gender stereotypes influence whether they intrude on their children's homework? *Sex Roles, 52*, 597-607. doi: 10.1007/s11199-005-3728-4

Bian, L., Leslie, S. J. et Cimpian, A. (2017). Gender stereotypes about intellectual ability emerge early and influence children's interests. *Science, 355*(6323), 389-391. doi: 10.1126/science. aah6524

Black, P. et Wiliam, D. (2006). Developing a theory of formative assessment. In J. Gardner (Ed.), *Assessment and Learning* (pp. 81-100). London: Sage.

Bless, G., Bonvin, P. et Schuepbach, M. (2005). *Le redoublement scolaire: ses déterminants, son efficacité, ses conséquences* [Grade retention: Determinants, efficiency, and consequences]. Bern/Stuttgart/Wien: Haupt-Verlag.

Bloom, B. S. (1968). Learning for mastery. Instruction and curriculum. Regional Education Laboratory for the Carolinas and Virginia, Topical Papers and Reprints, Number 1. *Evaluation Comment, 1*(2).

Bloom, B. S., Madaus, G. F. et Hastings, J. T. (1971). *Handbook on Formative and Summative Evaluation of Student Learning.* New York, NY: McGraw-Hill.

Bloom, B. S. (1976). *Human characteristics and school learning.* New York, NJ: Mc Graw-Hill. Traduit en français par V. De Landsheere en 1979 sous le titre *Caractéristiques individuelles et apprentissages scolaires.* Bruxelles: Labor; Paris: Nathan.

Bond, L. (1996). Norm- and criterion-referenced testing. *Practical Assessment, Research & Evaluation, 5*(2), https://files. eric. ed.gov/fulltext/ED410316.pdf.

Bonnéry, S. (2009). Scénarisation des dispositifs pédagogiques et inégalités d'apprentissage. *Revue française de pédagogie, 167*, 13-23. doi: 10.4000/rfp.1246

Bonvin, P., Bless, G. et Schuepbach, G. (2008). Grade retention: Decision-making and effects on learning as well as social and emotional development. *School Effectiveness and School Improvement, 19*, 1-19. doi: 10.1080/09243450701856499

Boraita, F. (2013). Effet d'un module de formation sur les croyances de futurs enseignants eu égard au redoublement. Étude qualitative à l'Université de Genève. *Revue suisse des sciences de l'éducation, 35*, 347-369.

Boraita, F. (2014). *Les étudiants futurs enseignants face à la pratique du redoublement: quelles sont leurs croyances? Comment se structurent-elles? Comment évoluent-elles en formation initiale?* Genève: Université de Genève, Faculté de psychologie et des sciences de l'éducation.

Boraita, F. (2015). Les croyances de futurs enseignants sur le redoublement au regard de leurs connaissances sur ses effets et de leurs conceptions psychopédagogiques. *Revue des sciences de l'éducation, 41*(3), 483-508. doi: 10.7202/1035314ar

Boraita, F. et Crahay, M. (2013). Les croyances des futurs enseignants: est-il possible de les faire évoluer en cours de formation initiale et, si oui, comment? *Revue française de pédagogie, 183*, 99-158. doi: 10.4000/rfp.4186

Boraita, F. et Issaieva, E. (2013). *Les conceptions de l'évaluation chez les futurs enseignants et enseignants en exercice: une étude dans le canton de Genève.* Actes du 25ᵉ colloque de l'ADMEE-Europe. Évaluation et auto-évaluation. Université de Fribourg, Suisse, http://www.admee2013.ch/ADMEE-2013/7_files/Boraita-Issaieva-ADMEE-2013.pdf.

Boraita, F. et Marcoux, G. (2013). Adaptation et validation d'échelles concernant les croyances des futurs enseignants et leurs connaissances des recherches à propos du redoublement. *Mesure et évaluation en éducation, 36*(1), 49-81. doi:10.7202/1024465ar

Boraita, F. et Marcoux, G. (2016). Croyances quant à la pratique du redoublement de futurs enseignants entrant en formation dans différents contextes éducatifs. *Éducation comparée, 16*, 91-115.

Boraita, F., Crahay, M. et Monseur, C. (2014). Effet de la formation initiale sur les croyances de futurs enseignants eu égard au redoublement. Résultats d'une étude menée à l'Université de Genève. In F. Boraita (2014) *Les étudiants futurs enseignants face à la pratique du redoublement: Quelles sont leurs croyances? Comment se structurent-elles? Comment évoluent-elles en formation initiale?* Thèse de doctorat par articles présentée à la Faculté de psychologie et des sciences de l'éducation de l'Université de Genève

Borko, H. et Putnam, R. T. (1996). Learning to teach. In D. L. Berliner et R. C. Calfee (Eds.), *Handbook of educational psychology* (pp. 673-708). New York, NY: MacMillan.

Bosman, Ch. (2017). *Quelles sont les croyances de Monsieur et Madame-tout-le-monde au sujet du redoublement?* (Mémoire de licence en sciences de l'éducation). Université de Liège, Liège, Belgique.

Bounafaa, N. (1992). *Pratiques d'évaluation et échec scolaire dans un établissement d'enseignement secondaire* (Mémoire de licence, Faculté de Psychologie et des Sciences de l'Éducation de l'Université, Liège). Université de Liège, Liège, Belgique.

Bourdieu, P. et Passeron, J.-C. (1964). *La reproduction.* Paris: Les Éditions de Minuit.

Bourgeois, J.-P. (1983). Comment les instituteurs perçoivent l'échec scolaire. *Revue française de pédagogie, 62*, 27-39. doi : 10.3406/rfp.1983.1862

Bourque, J., Poulin, N. et Cleaver, A. (2006). Évaluation d'utilisations et de présentations des résultats d'analyses factorielles et d'analyses en composantes principales en éducation. *Revue des sciences de l'éducation, 32*, 325-344. doi : 10.7202/014411ar

Bressoux, P. (2010). *Modélisation statistique appliquée aux sciences sociales.* Bruxelles : De Boeck.

Bressoux, P., Kramarz, F. et Prost, C. (2009). Teachers' training, class-size and students' outcomes : Learning from administrative forecasting mistakes. *The Economic Journal, 119*, 540-561. doi:10.1111/j.1468-0297.2008.02247.x

Brodish, A. B. et Devine, P. G. (2009). The role of performance-avoidance goals and worry in mediating the relationship between stereotype threat and performance. *Journal of Experimental Social Psychology, 45*, 180-185. doi : 10.1016/j.jesp.2008.08.005

Brophy, J. (2006). *Grade retention.* Bruxelles : International Academy of Education.

Broudy, H. (1980). What do professors of education profess? *The Educational Forum, 44*, 441-451.

Brown, R. P. et Pinel, E. C. (2003). Stigma on my mind : Individual differences in the experience of stereotype threat. *Journal of Experimental Social Psychology, 39*, 626-633. doi:10.1016/S0022-1031(03)00039-8

Brown, C. S. et Stone, E. A. (2016). Gender stereotypes and discrimination : How sexism impacts development. *Advances in Child Development and Behavior, 50*, 105-133. doi : 10.1016/bs. acdb.2015.11.001

Buchmann, M. (1986). Role over person : Legitimacy and authenticity in teaching. In M. Ben Peretz, R. Bromme et R. Halkes, *Advances of research on teacher thinking* (pp. 55-69). Lisse, NL : Swets & Zeitlinger B.V.

Buchmann, M. (1987). Role over person : Justifying teacher action and decisions. *Scandinavian Journal of Educational Research, 31*, 1-21. doi : 10.1080/0031383870310101

Busino, G. (1982). De la sociologie de l'éducation en Suisse romande de 1960 à 1982. *Revue européenne des sciences sociales, 63*, 251-302.

Butera, F., Buchs, C. et Darnon, C. (2011). *Menaces dans l'évaluation.* Paris : Presses universitaires de France.

Byrnes, D. A. (1989). Attitudes of students, parents and educators toward repeating a grade. In L. A. Shepard et M. L. Smith (Eds.), *Flunking grades : Research and policies on retention.* London : The Falmer Press.

Cadinu, M., Maass, A., Frigerio, S., Impagliazzo, L. et Latinotti, S. (2003). Stereotype threat : The effect of expectancy on performance. *European Journal of Social Psychology, 33*, 267-285. doi : 10.1002/ejsp.145

Cadinu, M., Maass, A., Lombardo, M. et Frigerio, S. (2006). Stereotype threat: The moderating role of locus of control beliefs. *European Journal of Social Psychology*, *36*, 183-197. doi: 10.1002/ejsp.303

Cadinu, M., Maass, A., Rosabianca, A. et Kiesner, J. (2005). Why do women underperform under stereotype threat? Evidence for the role of negative thinking. *Psychological Science*, *16*, 572-578. doi: 10.1111/j.0956-7976.2005.01577.x

Calderhead, J. (1996). Teachers: Beliefs and knowledge. In D. L. Berliner et R. C. Calfee, *Handbook of educational psychology* (pp. 673-708). New York, NY: MacMillan.

Capriaora, D. et Crahay, M. (en préparation). *Les futurs enseignants roumains face au redoublement: quelles sont leurs croyances?*

Carroll, J. B. (1974). Fitting a model of school learning to aptitude and achievement data over grade levels. In D. R. Green (Ed.), *The aptitude-achievement distinction: Proceeding of the 2nd CTB/Mc Graw-Hill Conference on issues in educational measurement*. Carmel, CA: CTB/Mc Graw-Hill.

Carroll, J. B. (1985). The model of school learning: Progress of an idea. In L. W. Anderson (Ed.), *Perspectives on school learning. Selected writings of John B. Carroll* (pp. 31-56). Hillsdale, MI: Lawrence Erlbaum Associates.

Cartier, S. C. et Mottier Lopez, L. (2017). Introduction: moyens et dispositifs de l'apprentissage autorégulé et de la régulation des apprentissages, une perspective contemporaine. In S. C. Cartier et L. Mottier Lopez (dir.), *Soutien à l'apprentissage autorégulé en contexte scolaire: perspectives francophones* (pp. 1-26). Québec, Canada: Presses universitaires du Québec.

Cèbe, S., Pelgrims, G. et Martinet, C. (2009). Quelles pratiques d'enseignement pour les élèves en difficulté d'apprentissage? In G. Chapelle et M. Crahay (dir.), *Réussir à apprendre* (pp. 47-57). Paris: Presses universitaires de France.

Chalabaev, A., Sarrazin, P., Stone, J. et Cury, F. (2008). Do achievement goals mediate stereotype threat?: An investigation on females' soccer performance. *Journal of Sport and Exercise Psychology*, *30*, 143-158. doi:10.1123/jsep.30.2.143

Chenu, F. et Blondin, C. (2013). *Décrochage et abandon scolaire précoce, mise en perspective européenne de la situation en Fédération Wallonie-Bruxelles*. Bruxelles: Fédération Wallonie-Bruxelles.

Chenu, F., Dupont, V., Lejong, M., Staelens, V., Hindryckx, G., Grisay, A., Monseur, C. et Lafontaine, D. (2011). *Analyse des causes et conséquences du maintien en 3e maternelle*. Bruxelles: Ministère de la Communauté française, Administration Générale de l'Enseignement et de la Recherche scientifique.

Cheung, A. C. K. et Slavin, R. E. (2016). How methodological features affect effect sizes in education. *Educational Researcher*, *45*, 283-292. doi: 10.3102/0013189x16656615

Closson, L. M. (2009). Status and gender differences in early adolescents' descriptions of popularity. *Social Development*, *18*, 412-426. doi: 10.1111/j.1467-9507.2008.00459.x

CNESCO (2014). *Lutter contre les difficultés scolaires: le redoublement et ses alternatives? Partie 1. Le redoublement en France et dans le monde: une comparaison statistique et réglementaire.* Rapport préparatoire à la conférence de consensus de décembre 2014.

Cobb, P., Gravemeijer, K., Yackel, E., McClain, K. et Whitenack, J. (1997). Mathematizing and symbolizing: The emergence of chains of signification in one first-grade classroom. In D. Kirshner et J. A. Whitson (Eds.), *Situated cognition, social, semiotic, and psychological perspectives* (pp. 151-233). Mahwah, NJ: Lawrence Erlbaum Associates Publishers.

Cochrane Suisse. (2017). *Les revues systématiques (systematic reviews),* http://swiss.cochrane.org/fr/les-revues-syst%c3%a9matiques-systematic-reviews.

Cohen, J. (1988). *Statistical power analysis for the behavioral sciences* (2. Auflage). Hillsdale, NJ: Erlbaum.

Commission européenne (2011). *La lutte contre l'abandon scolaire: une contribution essentielle à la stratégie Europe 2020. Communication de la Commission au Parlement européen, au conseil, au comité économique et social européen et au comité des régions,* http://eur-lex.europa.eu/legal-content/FR/TXT/PDF/?uri=CELEX:52011DC0018&from=EN.

Commission européenne/EACEA/Eurydice (2017). *Structure des systèmes éducatifs européens 2017/2018: diagrammes. Eurydice – Faits et chiffres.* Luxembourg: Office des publications de l'Union européenne.

Conseil de l'Union européenne (2009). *Conclusions du Conseil concernant un cadre stratégique pour la coopération européenne dans le domaine de l'éducation et de la formation* («Éducation et formation 2020»), JO C 119/2, 28.5.2009.

Conseil National d'Évaluation du Système Scolaire (CNESCO) (2014a). *Conférence de consensus. Lutter contre les difficultés scolaires: le redoublement et ses alternatives. Partie 2. Le redoublement en France et dans le monde: de l'étude de ses impacts à la croyance en son utilité.* Paris: Institut Français de l'Éducation.

Conseil National d'Évaluation du Système Scolaire (CNESCO) (2014b). *Conférence de consensus. Lutter contre les difficultés scolaires: le redoublement et ses alternatives. Partie 3. Le redoublement en France et dans le monde: quelles alternatives.* Paris: Institut Français de l'Éducation.

Cosnefroy, O. (2010). *Âge d'entrée à l'école élémentaire, habiletés d'autorégulation en classe et devenir scolaire des enfants* (Thèse de doctorat en psychologie). Université de Nantes, Nantes, http://archive.bu.univ-nantes.fr/pollux/show.action?id=820c58b9-bed1-443f-a5d8-e3b599865aec.

Cosnefroy, O. & Rocher, T. (2005). Le redoublement au cours de la scolarité obligatoire: nouvelles analyses, mêmes constats, *Les Dossiers*, n° 166, MENESR-DEP.

Crahay, M. (1988). Contraintes de situation et interactions maître-élève: changer sa façon d'enseigner, est-ce possible? *Revue française de pédagogie, 88,* 67-94.

Crahay, M. (1996/2003/2007). *Peut-on lutter contre l'échec scolaire?* (1re/2e/3e éd.). Bruxelles: De Boeck.

Crahay, M. (2006). L'évaluation des élèves: entre mesure et jugement. In G. Figari et L. Mottier Lopez (dir.), *Recherche sur l'évaluation en éducation* (pp. 132-138). Paris: L'Harmattan.

Crahay, M. (2010). Les réformes pédagogiques échouent et pourtant l'école change. In P. Gilliéron Giroud et L. Ntamakiliro (dir.), *Réformer l'évaluation scolaire: mission impossible?* (pp. 231-264). Berne, Suisse: Peter Lang.

Crahay, M. (2012). (dir.), *L'école peut-elle être juste et efficace?* (2e éd. revue et actualisée, pp. 363-419). Bruxelles: De Boeck.

Crahay, M. (2012). Pourquoi la pédagogie de maîtrise est efficace. In M. Crahay (dir.), *Pour une école juste et efficace* (pp. 363-419). Bruxelles: De Boeck.

Crahay, M. et Felouzis, G. (2012). École et classes sociales. In M. Crahay (dir.), *Pour une école juste et efficace* (pp. 91-140). Bruxelles: De Boeck.

Crahay, M. et Marcoux, G. (2010). *Comment et pourquoi les enseignants décident du redoublement de certains élèves?* Fonds national suisse de recherche.

Crahay, M. et Monseur, C. (2006). Différences individuelles et effets d'agrégation en ce qui concerne les performances en lecture. Analyse secondaire des données PISA 2000. In C. Houssemand, R. Martin et P. Dickes, *Perspectives de psychologie différentielle* (pp. 23-34). Rennes: Presses universitaires de Rennes.

Crahay, M., Issaieva, E. et Marbaise, C. (2013). *Conceptions de l'évaluation et principes de justice chez des enseignants primaires en Fédération Wallonie-Bruxelles*. Actes du 25e colloque de l'ADMEE-Europe. Évaluation et auto-évaluation, quels espaces de formation, Fribourg, Suisse, http://www.admee2013. ch/ADMEE-2013/7_files/Crahay-Issaieva-Marbaise-ADMEE-2013.pdf.

Crahay, M., Issaieva, E. et Monseur, C. (2014). Les enseignants face au redoublement: ceux qui y croient et ceux qui n'y croient pas. Étude de leurs conceptions psychopédagogiques et de leur connaissance des recherches. *Revue française de pédagogie, 187*, 35-53. doi: 10.4000/rfp.4467

Crahay, M., Marbaise, C. et Issaieva, E. (2013). What is teachers' belief in the virtues of student retention founded on? *Giornale Italiano della Ricerca Educativa. Italian Journal of Educational Research, 11*, 75-94.

Crahay, M., Marcoux, G., Revilloud, M. et Sedooka, A. (non publié). *Quand les jugements des enseignants sur leurs élèves en difficulté aboutissent à une décision de redoublement ou d'orientation vers une classe spécialisée.*

Crahay, M., Wanlin, Ph., Laduron, I. et Issaieva, E., (2010). Fonctions, origines et évolution des croyances des enseignants. *Revue française de pédagogie, 172*, 85-129. doi: 10.4000/rfp.2296

Creemers, B.P.M. et Kyriakides, L. (2008). *The dynamics of educational effectiveness: A contribution to policy, practice and theory in contemporary schools.* London: Routledge.

Crisafulli, G., Guida, C., Perreard Vité, A. et Crahay, M. (2002). Stéréotypes du redoublant chez des enfants non-redoublants d'une école primaire genevoise. *Revue de psychologie de l'éducation, 5*, 18-40.

Crocker, J. et Major, B. (1989). Social stigma and self-esteem: The self-protective properties of stigma. *Psychological Review, 96*, 608-630. doi: 10.1037/0033-295x.96.4.608

Croizet, J. C. et Leyens, J. P. (2003). *Mauvaises réputations: réalités et enjeux de la stigmatisation sociale*. Paris: Armand Colin.

Croizet, J.-C. et Martinot, D. (2003). Stigmatisation et estime de soi. In J.-C. Croizet et J.-P. Leyens (dir.), *Mauvaises réputations. Réalités et enjeux de la stigmatisation sociale* (pp. 25-59). Paris: Armand Colin.

Cuffe, S., Moore, C. et McKeown, R. (2005). Prevalence and correlates of ADHD symptoms in the national health interview survey. *Journal of Attention Disorders, 9*, 392-401. doi: 10.1177/1087054705280413

Cvencek, D., Meltzoff, A. N. et Greenwald, A. G. (2011). Math-gender stereotypes in elementary school children. *Child Development, 82*, 766-779. doi: 10.1111/j.1467-8624.2010.01529.x

Daeppen, K. (2007). Le redoublement: un gage de réussite? *Revue de littérature et étude d'une volée d'élèves vaudois*. Lausanne: URSP 07.2.

Daeppen, K., Ricciardi Joos, P. et Gieruc, G. (2009). *Analyse et évolution des décisions de fin d'année, du CIN au degré 9, en 2005-06 et 2006-07*. Lausanne: URSP, 142.

Dardenne, B., Dumont, M. et Bollier, T. (2007). Insidious dangers of benevolent sexism: Consequences for women's performance. *Journal of Personality and Social Psychology, 93*, 764-779. doi: 10.1037/0022-3514.93.5.764

Dardenne, B., Dumont, M., Sarlet, M., Phillips, C., Balteau, E., Degueldre, C. et Collette, F. (2013). Benevolent sexism alters executive brain responses. *NeuroReport, 24*, 572-577. doi: 10.1097/WNR.0b013e3283625b5b

Davies, P. G., Spencer, S. J. et Steele, C. M. (2005). Clearing the air: Identity safety moderates the effects of stereotype threat on women's leadership aspirations. *Journal of Personality and Social Psychology, 88*, 276-287. doi: 10.1037/0022-3514.88.2.276

de Boer, H., Donker, A. S. et van der Warf, M. P. C. (2014). Effects of the attributes of educational interventions on students' academic performance: A meta-analysis. *Review of Education Research, 84*, 509-545. doi: 10.3102/0034654314540006

de Landsheere, G. (1980). *Examens et évaluation continue. Précis de docimologie*. Bruxelles, Paris: Labor, Nathan.

de Landsheere, G. (1992). *Dictionnaire de l'évaluation et de la recherche en éducation*. Paris: Presses universitaires de France.

De Landsheere, V. (1988). *Faire réussir, faire échouer. La compétence minimale et son évaluation*. Paris: Presses universitaires de France.

De Landsheere, V. (1989). La réussite à l'école primaire. Une loterie? *Éducation. Tribune libre, 212,* 37-40.

Del Río, M. F. et Strasser, K. (2013). Preschool children's beliefs about gender diffe-rences in academic skills. *Sex roles, 68,* 231-238. doi: 10.1007/s11199-012-0195-6

Delvaux, B. (2005). Ségrégation scolaire dans un contexte de libre choix et de ségré-gation résidentielle. In M. Demeuse, A. Baye, M.-H. Straeten, J. Nicaise et A. Matoul (dir.), *Vers une école juste et efficace* (pp. 275-295). Bruxelles: De Boeck.

Delvaux, B. et Serhadlioglu, E. (2014). La ségrégation scolaire, reflet déformé de la ségrégation urbaine. Différenciation des milieux de vie des enfants bruxellois. *Les Cahiers de recherche du Girsef, 100.*

Demarcin, E. (2016). *Le redoublement des élèves en Fédération Wallonie-Bruxelles. Quels processus décisionnels?* (Mémoire de licence en sciences de l'éducation). Université de Liège.

Dennebaum, J. M. et Kulberg, J. M. (1994). Kindergarten retention and transition classrooms: Their relationship to achievement. *Psychology in the Schools, 31,* 5-12. doi: 10.1002/1520-6807(199401)31: 1<5::aid-pits2310310102>3.0.co; 2-6

Désert, M., Préaux, M. et Jund, R. (2009). So young and already victims of stereotype threat: Socio-economic status and performance of 6 to 9 years old children on Raven's progressive matrices. *European Journal of Psychology of Education, 24,* 207-218. doi: 10.1007/bf03173012

Devine, P. G. (1989). Stereotypes and prejudice: Their automatic and control-led components. *Journal of Personality and Social Psychology, 56,* 5-18. doi:10.1037/0022-3514.56.1.5

Dierendonck, C. (2011). *Ségrégation scolaire, pratiques éducatives familiales et réussite scolaire au Luxembourg* (Thèse de doctorat inédite). Université de Liège.

Dierendonck, C., Le Bihan, E. et Baye, A. (2011). La ségrégation des élèves au Luxembourg. In C. Dierendonck (dir.), *La ségrégation scolaire, pratiques édu-catives familiales et réussite scolaire au Luxembourg* (Thèse de doctorat non publiée, pp. 15-55). Université de Liège.

Dolan, L. (1982). A follow-up evaluation of a transition class program for children with school and learning readines problems. *The Exceptional Child, 29,* 101-110. doi: 10.1080/0156655820290205

Dong, Y. (2010). Kept back to get ahead? Kindergarten retention and academic performance. *European Economic Review, 54,* 219-236. doi: 10.1016/j.euroe-corev.2009.06.004

Doyle, W. (1986). Paradigmes de recherche sur l'efficacité des enseignants. In M. Cra-hay et D. Lafontaine (dir.), *L'art et la science de l'enseignement* (pp. 435-479). Bruxelles: Labor.

Draelants, H. (2006). Le redoublement est moins un problème qu'une solution. Comprendre l'attachement social au redoublement en Belgique francophone. *Les Cahiers de recherche en éducation et formation, 52.*

Draelants, H. (2009). *Réforme pédagogique et légitimation. Le cas d'une politique de lutte contre le redoublement.* Bruxelles : De Boeck Université.

Dubet, F. (2002a). Pourquoi ne croit-on pas les sociologues ? *Éducation et sociétés, 9,* 13-25. doi : 10.3917/es.009.0013

Dubet, F. (2002b). *Le déclin de l'institution.* Paris : Seuil.

Dubet, F. (2006). Ce que l'école fait aux vaincus. In G. Chapelle et D. Meuret (dir.), *Améliorer l'école* (pp. 37-49). Paris : Presses universitaires de France.

Dubet, F. et Martucelli, D. (1996). *À l'école. Sociologie de l'expérience scolaire.* Paris : Seuil.

Duckworth, A. L. et Seligman, M. E. P. (2006). Self-discipline gives girls the edge : Gender in self-discipline, grades, and achievement test scores. *Journal of Educational Psychology, 98,* 198-208. doi : 10.1006/lmot.1996.0014.

Dumont, M., Sarlet, M. et Dardenne, B. (2010). Be too kind to a woman, she'll feel incompetent : Benevolent sexism shifts self-construal and autobiographical memories toward incompetence. *Sex Roles, 62,* 545-553. doi : 10.1007/s11199-008-9582-4

Dunham, Y., Baron, A. S. et Banaji, M. R. (2016). The development of implicit gender attitudes. *Developmental Science, 19,* 781-789. doi : 10.1111/desc.12321

Dunkin, M. J. (1996). Types of errors in synthesizing research in education. *Review of Educational Research, 66,* 87-97. doi:10.3102/00346543066002087

Durkheim, E. (1985). *Éducation et sociologie* (5ᵉ éd.). Paris : Presses universitaires de France.

Dutrévis, M. et Crahay, M. (2013). Redoublement et stigmatisation : conséquences pour l'image de soi des élèves. *L'orientation scolaire et professionnelle, 42.* doi : 10.4000/osp.4150

Dutrévis, M. et Toczek, M.-C. (2007). Perception des disciplines scolaires et sexe des élèves : le cas des enseignants et des élèves de l'école primaire en France. *L'Orientation scolaire et professionnelle, 36,* 379-400. doi : 10.4000/osp.1469

Dutrévis, M. et Toczek, M.-C. (en préparation). La perception des disciplines scolaires par les élèves du secondaire inférieur en France. Soumission prévue à la *Revue française de pédagogie.*

Dweck, C. S. (1986). Motivational processes affecting learning. *American Psychologist, 41,* 1040-1048. doi:10.1037/0003-066X.41.10.1040

Dweck, C. S. (1999). *Self-theories : Their role in motivation, personality and development.* Philadelphia, PA : Taylor and Francis/Psychology Press.

Dweck, C. S. et Leggett, E. L. (1988). A social-cognitive approach to motivation and personality. *Psychological Review, 95,* 256-273. doi:10.1037/0033-295X.95.2.256

Dweck, C. S., Chiu, C.-Y. et Hong, Y.-Y. (1995). Implicit theories and their role in judgments and reactions : A word from two perspectives. *Psychological Inquiry, 6,* 267-285. doi:10.1207/s15327965pli0604_1

Eagly, A. H. et Chaiken, S. (1998). Attitude structure and function. In D. T. Gilbert, S. T. Fiske et G. Lindzey (Eds.), *The handbook of social psychology* (vol. 1, pp. 269-322). Boston, MA: Oxford Univeristy Press.

Eccles, J., Adler, T. F., Futterman, R., Goff, S. B., Kaczala, G. M., Meece, J. L. et Midgley, C. (1983). Expectancies, values, and academic behaviors. In J. T. Spence (Ed.), *Perspective on achievement and achievement motivation* (pp. 75-146). San Francisco, CA: W. H. Freeman.

Ehmke, T., Drechsel, B. et Carstensen, C. H. (2010). Effects of grade retention on achievement and self-concept in science and mathematics. *Studies in Educational Evaluation, 36*, 27-35. doi:10.1016/j.stueduc.2010.10.003

Eisenhart, M., Behm, L. et Romagnano, L. (1991). Learning to teach: Developing expertise or rite of passage? *Journal of Education for Teaching, 17*, 51-71. doi: 10.1080/0260747910170106

Elliot, A. J. et McGregor, H. A. (2001). A 2×2 achievement goal framework. *Journal of Personality and Social Psychology, 80*, 501-519. doi: 10.1037//0022-3514.80.3.501

Elliot, A. J., McGregor, H. A. et Gable, S. (1999). Achievement goals, study strategies, and exam performance: A mediational analysis. *Journal of Educational Psychology, 91*, 549-563. doi:10.1037/0022-0663.91.3.549

European Commission. (2017, November 15). *Early school leaving*, https://ec. europa. eu/info/education/policy-educational-issues/shared-challenges-education-and-training/early-school-leaving_en.

Eurydice (2011). *Le redoublement dans l'enseignement obligatoire en Europe: réglementations et statistiques*. Bruxelles: Eurydice.

Eurydice (2017). *Countries. Description of national education systems*, https:// webgate.ec.europa.eu/fpfis/mwikis/eurydice/index.php/Countries

Fagnant, A., Dupont, V. et Demonty, I. (2016). Régulation interactive et résolution de tâches complexes en mathématiques. In L. Mottier Lopez et W. Tessaro (dir.), *Le jugement professionnel, au cœur de l'évaluation et de la régulation des apprentissages* (pp. 229-251). Berne: Peter Lang.

Felouzis, G., Liot, F. et Perroton, J. (2005). *L'apartheid scolaire*. Paris: Seuil.

Fenstermacher, G. (1978). A philosophical consideration of recent research on teacher effectiveness. *Review of Research in Education, 6*, 157-185. doi: 10.2307/1167245

Fenstermacher, G. (1994). The knower and the known: The nature of knowledge in research on teaching. *Review of Research in Education, 20*, 3-56. doi: 10.3102/0091732X020001003

Ferguson, P. C. (1991). Longitudinal outcome differences among promoted and transitional at-risk kindergarten students. *Psychology in the Schools, 28*, 139-146. doi:10.1002/1520-6807(199104)28:2<139::AID-PITS2310280208>3.0.CO;2-Z

Festinger, L. (1957). *A theory of cognitive dissonance*. Stanford, CA: Stanford University Press.

Floden, R. et Clark, C. (1988). Preparing teachers for uncertainty. *Teacher College Record*, *89*, 505-524.

Fresson, M., Dardenne, B. et Meulemans, T. (2018a). Impact of diagnosis threat on neuropsychological assessment of people with acquired brain injury: Evidence of mediation by negative emotions. *Archives of Clinical Neuropsychology*. doi: 10.1093/arclin/acy024

Fresson, M., Dardenne, B. et Meulemans, T. (2018b). Influence of diagnosis threat and illness cognitions on the cognitive performance of people with acquired brain injury. *Neuropsychological Rehabilitation*. doi:10.1080/09602011.2018.1439756

Fresson, M., Dardenne, B. et Meulemans, T (2018c). Diagnosis threat and underperformance: The threat must be relevant and implicit. *Journal of Clinical and Experimental Neuropsychology*, *40*, 682-697. doi: 10.1080/13803395.2017.1420143

Fresson, M., Dardenne, B., Geurten, M. et Meulemans, T. (2017). Stereotype contrast effect on neuropsychological assessment of contact-sport players: The moderating role of locus of control. *Journal of Clinical and Experimental Neuropsychology*, 39, 913-930. doi: 10.1080/13803395.2017.1280450

Fresson, M., Meulemans, T., Dardenne, B. et Geurten, M. (2018). Overdiagnosis of ADHD in boys: Stereotype impact on neuropsychological assessment. *Applied Neuropsychology: Child*, 1-15. doi: 10.1080/21622965.2018.1430576

Froehlich, L., Martiny, S. E., Deaux, K., Goetz, T. et Mok, S. Y. (2016). Being smart or getting smarter: Implicit theory of intelligence moderates stereotype threat and stereotype lift effects. *British Journal of Social Psychology*, *55*, 564-587. doi: 10.1111/bjso.12144

Fruehwirth, J. C., Navarro, S. et Takahashi, Y. (2015). How the timing of grade retention affects outcomes: Identification and estimation of time-varying treatments effects. *Journal of Labor Economics*, *34*, 1-84. doi: abs/10.1086/686262

Galdi, S., Cadinu, M. et Tomasetto, C. (2014). The roots of stereotype threat: When automatic associations disrupt girls' math performance. *Child Development*, *85*, 250-263. doi: 10.1111/cdev.12128

Gasq, P. O., Conton, E. et Blanché, E. (2016). Les élèves du second degré à la rentrée 2016: une baisse généralisée des taux de redoublement. *Note d'information* n° 41 de décembre 2016 de la DEPP, http://cache.media.education.gouv.fr/file/2016/17/1/depp-ni-2016-41-constat-2d-degre-2016_689171.pdf.

Gather-Thurler, M. (1998). Rénovation de l'enseignement primaire à Genève: vers un autre modèle de changement. Premières expériences et perspectives, In F. Cros (dir.), *Dynamiques du changement en éducation et en formation. Considérations plurielles sur l'innovation* (pp. 229-257). Paris: INRP.

Gesell, A. (1933). Maturation and the patterning of behavior. In C. Murchison (Ed.), *A handbook of child psychology* (2nd ed. rev., pp. 209-235). Worcester, MA: Clark University Press.

Gilliéron Giroud, P. et Ntamakiliro, L. (dir.). (2010). *Réformer l'évaluation scolaire: mission impossible?* Berne: Peter Lang.

Glaser, R. (1963). Instructional technology and the measuring of learning outcomes: Some questions. *American Psychologist, 18*, 519-521. doi: 10.1037/h0049294

Glass, G. V. (1977). Integrating findings: The meta-analysis of research. In L. S. Shulman (Ed.), *Review of Research in Education* (pp. 351-379). Itasca, IL: Peacock.

Glass, G. V., Cahen, L. S., Smith, M. L. et Filby, N. N. (1982). *School class size: Research and policy.* Beverly Hills, CA: Sage Publication.

Glass, G. V., McGaw, B. et Smith, M. L. (1981), *Meta-analysis in social research.* Beverly Hills, CA: Sage.

Gleason, K. A., Kwok, O.-M. et Hugues, J. N. (2007). The short-term effect of grade retention on peer relations and academic performance of at-risk first graders. *The Elementary School Journal, 107,* 327-340. doi: 10.1086/516667

Goffman, E. (1963) *Stigma: Notes on the Management of Spoiled Identity'.* Englewood Cliffs, N.J.: Prentice-Hall.

González-Betancor, S. M. et López-Puig, A. (2016). Grade retention in primary education is associated with quarter of birth and socioeconomic status. *PloS ONE, 11,* 1-19. doi: 10.1371/journal. pone.0166431

Good, C., Aronson, J. et Inzlicht, M. (2003). Improving adolescents' standardized test performance: An intervention to reduce the effects of stereotype threat. *Journal of Applied Developmental Psychology, 24,* 645-662. doi:10.1016/j. appdev.2003.09.002

Goos, M. (2013). *Grade retention. The role of the national education policy and the effects on students' academic achievement, psychosocial functioning and school career* (Unpublished doctoral dissertation). Leuven: Katholieke Universiteit Leuven.

Goos, M., Belfi, B., Van Damme, J., Onghena, P., Petry, K et de Bilde, J. (2013). First-grade retention in the Flemish educational context: Effects on children's academic growth, psychosocial growth, and school career throughout primary education. *Journal of School Psychology, 51,* 323-347. doi: 10.1016/j. jsp.2013.03.002

Goos, M., Schreier, B. M., Knipprath, H. M., De Fraine, B., Van Damme, J. et Trautwein, U. (2013). How can cross-country differences in the practice of grade retention be explained? A closer look at national educational policy factors. *Comparative Education Review, 57,* 54-84. doi: 10.1086/667655

Gopnik, A. et Slaughter, V. (1991). Young children's understanding of changes in their mental states. *Child Development, 62,* 98-110. doi: 10.2307/1130707

Grant, H. et Dweck, C. S. (2003). Clarifying achievement goals and their impact. *Journal of Personality and Social Psychology, 85,* 541-553. doi: 10.1037/0022-3514.85.3.541

Green, T. (1971). *The activities of teaching.* New York, NY: McGraw-Hill.

Greene, J. P. et Winters, M. A. (2007). Revisiting grade retention: An evaluation of Florida's test-based promotion policy. *Education Finance and Policy, 2,* 319-340. doi: 10.1162/edfp.2007.2.4.319

Grégoire, J. (2011). Une ou plusieurs intelligences. In E. Bourgeois et G. Chapelle (dir.), *Apprendre et faire apprendre* (pp. 75-101). Paris : Presses universitaires de France.

Grenet, J. (2010). La date de naissance influence-t-elle les trajectoires scolaires et professionnelles ? Une évaluation sur données françaises. *Revue économique, 61*, 589-598. doi : 10.3917/reco.613.0589

Grimm, L. R., Markman, A. B., Maddox, W. T. et Baldwin, G. C. (2009). Stereotype threat reinterpreted as a regulatory mismatch. *Journal of Personality and Social Psychology, 96*, 288-304. doi : 10.1037/a0013463

Grisay, A. (1984). Les mirages de l'évaluation scolaire (1). Rendement en français, notes et échecs à l'école primaire ? *Revue de la Direction générale de l'organisation des études, 19*(5), 29-42.

Grisay, A. (1992). *Examens et échecs dans l'enseignement fondamental*. Liège : Université de Liège, Service de Pédagogie expérimentale.

Grisay, A., De Bal, R. et de Landsheere, V. (1984). *Comment situer les compétences de mes élèves en français et en mathématiques ? (2ᵉ année)*. Liège, Université de Liège, Service de Pédagogie expérimentale.

Grissom, J. (1988). *Structural equation modeling of retention and overage effects on dropping out of school* (Doctoral dissertation). University of Colorado, Boulder, Colorado.

Grissom, J. et Shepard, L. A. (1989). Repeating and dropping out of school. In L. A. Shepard et M. L. Smith (Eds.), *Flunking grades : Research and policies on retention* (pp. 34-63). London : The Falmer Press.

Hagborg, W. J., Masella, G., Palladino, P. et Shepardson, J. (1991). A follow-up study of high school students with a history of grade retention. *Psychology in the Schools, 28*, 310-317. doi : 10.1002/1520-6807(199110)28 : 4<310 ::aid-pits2310280405>3.0.co ; 2-j

Halkes, R. et Deijkers, R. (2003). Teachers' teaching criteria. In M. Kompf et P. Denicolo (Eds.), *Teacher thinking twenty years on : Revisiting persisting problems and advances in education* (pp. 3-13). London : Taylor & Francis.

Harrington, H. et Hathaway, R. (1994). Computer conferencing, critical reflection, and teacher development. *Teaching and Teacher Education, 10*, 543-554. doi : 10.1016/0742-051X(94)90005-1

Hartley, B. L. et Sutton, R. M. (2013). A stereotype threat account of boys' academic underachievement. *Child Development, 84*, 1716-1733. doi : 10.1111/cdev.12079

Hattie, J. (2009). *Visible learning, a synthesis of over 800 meta-analyses relating to achievement*. London : Routledge.

Hausoul, E. (2005). *Quels sont les effets de l'insertion professionnelle des enseignants sur leurs représentations sociales et, plus précisément, sur leur représentation de l'échec scolaire ?* (Mémoire de licence en sciences de l'éducation). Université de Liège, Liège.

Havey, J. M., Olson, J. M., McCormick, C. et Cates, G. L. (2005). Teachers' perceptions of the incidence and management of attention-deficit hyperactivity disorder. *Applied Neuropsychology, 12,* 120-127. doi:10.1207/s15324826an1202_7

Haynes, S. (2007). *Principal and teacher beliefs and knowledge regarding grade retention: a case study* (Doctoral dissertation). University of Missouri, Columbia, Missouri.

Hcéé (2004). *Avis du Haut conseil de l'évaluation de l'école. Le redoublement permet-il de résoudre les difficultés rencontrées au cours de la scolarité obligatoire?*, Hcéé / MEN-DEP.

Hedges, L. V. et Olkin, I. (1985). *Statistical methods for meta-analysis.* Orlando, FL: Academic Press.

Heyder, A. et Kessels, U. (2015). Do teachers equate male and masculine with lower academic engagement? How students' gender enactment triggers gender stereotypes at school. *Social Psychology of Education, 18,* 467-485. doi: 10.1007/s11218-015-9303-0

Heyder, A. et Kessels, U. (2017). Boys don't work? On the psychological benefits of showing low effort in high school. *Sex Roles, 77,* 72-85. doi: 10.1007/s11199-016-0683-1

Hofer, B. K. et Pintrich, P. (1997). The development of epistemological theories: Beliefs about knowledge and knowing and their relation to learning. *Review of Educational Research, 67,* 88-140. doi: 10.2307/1170620

Hofstetter, R., Schneuwly, B. et Freymond, M. (2014). Pénétrer dans la vérité de l'école pour la juger pièces en main. L'irrésistible institutionnalisation de l'expertise dans le champ pédagogique (XIXe-XXe siècle) In Ph. Borgeaud, Ch. Bruland, R. Hofstetter, J. Lacki, M. Porret, M. Ratcliff et B. Schneuwly (dir.), *La Fabrique des savoirs* (pp. 79-116) Chêne-Bourg, Suisse: L'Équinoxe.

Holmes, C. T. (1989). Grade-level retention effects. A meta-analysis of research studies. In L. A. Shepard et M. L. Smith (Eds.), *Flunking grades: Research and policies on retention* (pp. 16-33). London: The Falmer Press.

Holmes, C. T. et Mattews, K. M. (1984). The effects of non-promotion on elementary and junior high school pupils: A meta-analysis. *Review of Educational Research, 54,* 225-236. doi: 10.3102/00346543054002225

Hong, G. et Raudenbush, S. (2005). Effects of kindergarten retention policy on children's cognitive growth in reading and mathematics. *Educational Evaluation and Policy Analysis, 27,* 205-224. doi: 10.3102/01623737027003205

Horton-Salway, M. (2013). Gendering attention deficit hyperactivity disorder: A discursive analysis of UK newspaper stories. *Journal of Health Psychology, 18,* 1085-1099. doi: 10.1177/1359105312456326

Huang, C. (2011). Self-concept and academic achievement: A meta-analysis of longitudinal relations. *Journal of School Psychology, 49,* 505-528. doi: 10.1016/j.jsp.2011.07.001

Huberman, M. (dir.). (1988). *Assurer la réussite des apprentissages scolaires? Les propositions de la pédagogie de maîtrise.* Neuchâtel: Delachaux & Niestlé.

Huberman, A. M. et Miles, M. B. (1991). *Analyse des données qualitatives: recueil de nouvelles méthodes*. Bruxelles: De Boeck.

Hughes, J. N., Chen, Q., Thoemmes, F. et Kwok, O.-M. (2010). An investigation of the relationship between retention in first grade and performance on high stakes tests in 3rd grade. *Educational Evaluation and Policy Analysis, 19*, 166-182. doi: 10.3102/0162373710367682

Huguet, P. et Régner, I. (2007). Stereotype threat among schoolgirls in quasi-ordinary classroom circumstances. *Journal of Educational Psychology, 99*, 545-560. doi: 10.1037/0022-0663.99.3.545

Huguet, P. et Régner, I. (2009). Counter-stereotypic beliefs in math do not protect school girls from stereotype threat. *Journal of Experimental Social Psychology, 45*, 1024-1027. doi: 10.1016/j. jesp.2009.04.029

Huguet, P., Brunot, S. et Monteil, J. M. (2001). Geometry versus drawing: Changing the meaning of the task as a means to change performance. *Social Psychology of Education, 4*, 219-234. doi: 10.1023/A: 1011374700020

Husén (1967). *International Study of Achievement in Mathematics: A Comparison of Twelve Countries*, Vol. I and II, Stockholm/New York: Wiley/Almqvist and Wiksell.

Hutmacher, W. (1992). L'école a besoin d'échec. In J.-P. Fragnière et A. Compagnon (dir.), *Échec scolaire et illettrisme* (pp. 51-69). *Cahier EESP*, n° 14. Lausanne, Suisse: EESP.

Hutmacher, W. (1993). *Quand la réalité résiste à la lutte contre l'échec scolaire. Analyse du redoublement dans l'enseignement primaire genevois*. Genève: Service de la Recherche sociologique, Cahier n° 36.

Isambert-Jamati, V. (1992). Quelques rappels de l'émergence de l'échec scolaire comme problème social. In B. Pierrehumbert (dir.), *Échec à l'école. Échec de l'école* (pp. 27-42). Neuchâtel: Delachaux et Niestlé.

Issaieva, E. et Crahay, M. (2010). Conceptions de l'évaluation scolaire des élèves: quel rôle jouent les perceptions des élèves à propos des conceptions des enseignants? Étude corrélationnelle auprès d'élèves et d'enseignants en fin d'école primaire en France. *Mesure et évaluation en éducation, 1*, 31-62.

Issaieva, E. et Crahay, M. (2010). Conceptions de l'évaluation scolaire des élèves et des enseignants: validation d'échelles et étude de leurs relations. *Mesure et évaluation en éducation, 33*(1), 31-61. doi: 10.7202/1024925ar

Issaieva, E. et Crahay, M. (2014). Conceptions et postures des enseignants du primaire à propos de l'intelligence. *Revue des sciences de l'éducation, 40*, 129-156. doi: 10.7202/1027626ar

Issaieva, E. et Crahay, M. (Soumis). *Les enseignants primaires en formation et en exercice face à l'apprentissage scolaire: structuration de leurs conceptions et prises de position.*

Issaieva, E., Pini, G. et Crahay, M. (2011). Positionnements des enseignants et des élèves du primaire face à l'évaluation: une convergence existe-t-elle? *Revue française de pédagogie, 176*, 5-26. doi: 10.4000/rfp.3362

Issaieva, E., Yerly, G., Petkova, I., Marbaise, C. et Crahay, M. (2015). Conceptions et prises de position des enseignants face à l'évaluation scolaire dans quatre systèmes éducatifs : quel est le reflet des cultures et politiques évaluatives ? In L. Belair et P.-F. Coen (dir.), *Évaluation et auto-évaluation : quelle espace de formation ?* (pp. 73-98). Bruxelles : De Boeck Université.

Jackson, C. et Dempster, S. (2009). "I sat back on my computer... with a bottle of whisky next to me" : Constructing "cool" masculinity through "effortless" achievement in secondary and higher education. *Journal of Gender Studies, 18,* 341-356. doi:10.1080/09589230903260019

Jackson, G. B. (1975). The research evidence on the effects of grade retention. *Review of Educational Research, 45,* 613-635. doi : 10.2307/1170067

Jacob, B. A. et Lefgren, L. (2004). Remedial education and student achievement : A regression-discontinuity analysis. *The Review of Economics and Statistics, 86,* 226-244. doi : 10.1162/003465304323023778

Jacob, B. A. et Lefgren, L. (2009). The effect of grade retention on high school completion. *American Economic Journal : Applied Economics, 3,* 33-58. doi : 10.1257/app.1.3.33

Jimerson, S. R. (1999). On the failure of failure : Examining the association between grade retention and education and employment outcomes during late adolescence. *Journal of School Psychology, 37,* 243-272. doi:10.1016/S0022-4405(99)00005-9

Jimerson, S. R. (2001). Meta-analysis of grade retention research : Implications for practice in the 21st century. *School Psychology Review, 30,* 420-437, http:// web.a.ebscohost.com/ehost/detail/detail?vid=0&sid=0a25bece-734a-4c84-87ea-e42 d8069bf5b%40sessionmgr4007&bdata=JnNpdGU9ZWhvc3QtbGl2ZQ%3d%3d#AN =5508140&db=aph.

Jimerson, S. R., Anderson, G. E. et Whipple, A. D. (2002). Winning the battels and losing the war : Examining the relation between grade retention and dropping out of high school. *Psychology in the Schools, 39,* 441-457. doi : 10.1002/pits.10046

Jimerson, S. R., Ferguson, P., Whipple, A. D., Anderson, G. E., Dalton, M. J. (2002). Exploring the association between grade retention and dropout : A longitudinal study examining socio-emotional, behavioural, and achievement characteristics of retained students. *The California School Psychologist, 7,* 51-62. doi : 10.1007/ BF03340889

Jimerson, S. R. et Kaufman, A. M. (2003). Reading, writing, and retention : A primer on grade retention research. *The Reading Teacher, 56,* 622-635, https://eric. ed.gov/?id=EJ664327.

Jones, S. et Myhill, D. (2004). "Troublesome boys" and "compliant girls" : Gender identity and perceptions of achievement and underachievement. *British Journal of Sociology of Education, 25,* 547-561. doi : 10.1080/0142569042000252044

Jussim, L. et Harber, K. D. (2005). Teacher expectations and self-fulfilling prophecies : Knowns and unknowns, resolved and unresolved controversies. *Personality and Social Psychology Review, 9,* 131-155. doi : 10.1207/s15327957pspr0902_3

Jussim, L., Crawford, J. T. et Rubinstein, R. S. (2015). Stereotype (in) accuracy in perceptions of groups and individuals. *Current Directions in Psychological Science, 24*, 490-497. doi: 10.1177/0963721415605257

Kagan, D. (1992). Implications of research on teacher beliefs. *Educational Psychologist, 27*, 65-90. doi: 10.1207/s15326985ep2701_6

Kahn, S., Defrance, A., Robin, F., Genot, P. et Belsack, E. (2016). Interactions lors d'une tâche inédite: une ébauche d'analyse des régulations. In L. Mottier Lopez et W. Tessaro (Éds), *Le jugement professionnel, au cœur de l'évaluation et de la régulation des apprentissages* (pp. 201-228). Berne: Peter Lang.

Keller, J. et Dauenheimer, D. (2003). Stereotype threat in the classroom: Dejection mediates the disrupting threat effect on women's math performance. *Personality and Social Psychology Bulletin, 29*, 371-381. doi: 10.1177/0146167202250218 15273014

Keshavarzi, Z., Bajoghli, H., Mohamadi, M. R., Holsboer-Trachsler, E. et Brand, S. (2014). Attention deficit hyperactivity disorder in children is found to be related to the occurrence of ADHD in siblings and the male gender, but not to birth order, when compared to healthy controls. *International Journal of Psychiatry in Clinical Practice, 18*, 272-279. doi: 10.3109/13651501.2014.957704

Kiefer, A. K. et Sekaquaptewa, D. (2007). Implicit stereotypes and women's math performance: How implicit gender-math stereotypes influence women's susceptibility to stereotype threat. *Journal of Experimental Social Psychology, 43*, 825-832. doi: 10.1016/j.jesp.2006.08.004

Kleck, R. E. et Strenta, A. (1980). Perceptions of the impact of negatively valued physical characteristics on social interaction. *Journal of Personality and Social Psychology, 39*, 861-873. doi: 10.1037/0022-3514.39.5.861

Korthagen, F. (1988). The influence of learning orientations on the development of reflective teaching. In J. Calderhead (Ed.), *Teachers' professional learning* (pp. 35-50). London Falmer Press.

Lafontaine, D. (2006). Tronc commun: reculer pour mieux sauter? *TRACeS de ChanGements, 226*, 20-21. http://hdl.handle.net/2268/203376

Lafontaine, D. (2017). *La différenciation dans les systèmes éducatifs: pourquoi, comment et avec quels effets?* Rapport de synthèse en vue de la conférence de consensus sur la différenciation pédagogique du CNESCO et de l'Ifé/ENS de Lyon. https://www.cnesco.fr/fr/differenciation-pedagogique.

Lafontaine, D. et Baye, A. (2012). PISA, instrument ou témoin du changement: évolution des performances en lecture et des politiques éducatives dans cinq systèmes européens. *Éducation comparée, 7*, 59-101, http://hdl.handle.net/2268/129225.

Lafontaine, D., Felouzis, G. Crahay, M. et Monseur, C. (2012). Des parcours émaillés de discriminations négatives. In M. Crahay (dir.), *Pour une école juste et efficace* (pp. 141-183). Bruxelles: De Boeck.

Lalande, A. (2002). *Vocabulaire technique et critique de la philosophie*. Paris: Presses universitaires de France.

Lanier, J. E. et Little, J. W. (1986). Research on teacher education. In M. Wittrock, *Handbook of research on teaching* (3ᵉ éd., pp. 527-569). New York, NY : MacMillan.

Latsch, M. et Hannover, B. (2014). Smart girls, dumb boys !? : How the discourse on "Failing Boys" impacts performances and motivational goal orientation in German school students. *Social Psychology*, *45*, 112-126. doi:10.1027/1864-9335/a000167

Le Roy-Zen Ruffinen, O. et Martz, L. (2017). Repères et indicateurs statistiques n° 50 D1. Transitions dans l'enseignement primaire public. L'indicateur « D1. Transitions dans l'enseignement primaire public » des repères et indicateurs statistiques n° 50 de septembre 2017 publié par le SRED.

Leclercq, J.-M. (1993). *L'enseignement secondaire obligatoire en Europe*. Paris : la Documentation française.

Lefcourt, H. M. (2014). *Locus of control : Current trends in theory and research*. New York, NY : Psychology Press.

Legrand, L. (1982). *Pour un collège démocratique. Rapport au ministre de l'Éducation nationale*. Paris : la Documentation française.

Leinhardt, G. (1980). Transition rooms : Promoting maturation or reducing education ? *Journal of Educational Psychology*, *72*, 53-61. doi : 10.1037/0022-0663.72.1.55

Levy, B. (2009). Stereotype embodiment : A psychosocial approach to aging. *Current Directions in Psychological Science*, *18*, 332-336. doi : 10.1111/j.1467-8721.200 9.01662.x

Leyens, J. P., Désert, M., Croizet, J. C. et Darcis, C. (2000). Stereotype threat : Are lower status and history of stigmatization preconditions of stereotype threat ? *Personality and Social Psychology Bulletin*, *26*, 1189-1199. doi : 10.1177/0146167200262002

Li Wan Po, A. (1998). *Dictionary of Evidence-Based Medicine*. Abingdon, UK : Radcliffe Medical Press Ltd.

Lieberman, A. (1992). Introduction : The chanching contexts of teaching. In A. Lieberman (Ed.), *The changing contexts of teaching. Ninety first yearbook of the National society for the study of education* (pp. 1-10). Chicago, IL : University of Chicago Press.

Lightbody, P., Siann, G., Stocks, R. et Walsh, D. (1996). Motivation and attribution at secondary school : The role of gender. *Educational Studies*, *22*, 13–25. doi : 10.1080/0305569960220102

Lillard, A. S. et Flavell, J. H. (1992). Young children's understanding of different mental states. *Developmental Psychology*, *28*, 626-634. doi : 10.1037/0012-1649.28.4.626

Lipsey, M. W. et Wilson, D. B. (2001). *Applied social research methods series. Vol. 49 : Practical meta-analysis*. Thousand Oaks, CA : Sage Publications, Inc.

Lorence, J. (2006). Retention and academic achievement research revisited from a United States perspective. *International Education Journal*, *7*, 731-777, https:// files.eric.ed.gov/fulltext/EJ854336.pdf.

Lorence, J. et Dworkin, A. G. (2006). Elementary grade retention in Texas and Reading achievement among racial groups. *Review of Policy Research*, *23*, 999-1033. doi: 10.1111/j.1541-1338.2006.00247.x

Lorence, J., Dworkin, A. G., Toenjes, L. A. et Hill, A. N. (2002). Grade retention and social promotion in Texas, 1994-1999: Academic achievement among elementary school students. In D. Ravitch (Ed.), *Brookings Papers on Education Policy 2002*. Washington, DC: The Brookings Institution.

Maison, P. (2010). La méta-analyse sur données résumées. *Recherche en soins infirmiers*, *2*, 18-24. doi: 10.3917/rsi.101.0018

Major, B., Dovidio, J. et Link, B. G. (Eds.) (2018). *Oxford Handbook of Stigma, Discrimination and Health*. Oxford: Oxford University Press.

Mantzicopoulos, P. (2003). Academic and school adjustment outcomes following placement in a developmental first-grade program. *The Journal of Educational Research*, *97*, 90-105. doi: 10.1080/00220670309597512

Marcoux, G. et Crahay, M. (2008). Mais pourquoi continuent-ils à faire redoubler? Essai de compréhension du jugement des enseignants concernant le redoublement. *Revue suisse des sciences de l'éducation*, *30*, 501-518.

Marissal, P. (2014). La ségrégation entre écoles maternelles. Inégalités entre implantations scolaires: les inégalités sociales entre quartiers ont trop bon dos. *Éducation et formation*, *302*, 191-203.

Maroy, C. (2006). *École, régulation et marché. Une comparaison de six systèmes scolaires locaux en Europe*. Paris: Presses universitaires de France.

Maroy, C. (2007). Pourquoi et comment réguler le marché scolaire? *Les Cahiers de recherche en éducation et formation*, *55*.

Maroy, C. (2009). Régulation post-bureaucratique des systèmes d'enseignement et travail enseignant. In L. Mottier Lopez et M. Crahay (dir.). *Évaluations en tension. Entre la régulation des apprentissages et le pilotage des systèmes* (pp. 83-100). Bruxelles: De Boeck Université.

Maroy, Ch. et Dupriez, V. (2000). La régulation dans les systèmes scolaires: proposition théorique et analyse du cadre structurel en Belgique francophone. *Revue française de pédagogie*, *130*, 73-87. doi: 10.3406/rfp.2000.1054

Marsh, H. W. et Martin, A. J. (2011). Academic self-concept and academic achievement: Relations and causal ordering. *British Journal of Educational Psychology*, *81*, 59-77. doi: 10.1348/000709910X503501

Marsh, H. W., Pekrun, R., Parker, P. D., Murayama, K., Guo, J., Dicke, T. et Lichtenfeld, S. (2017). Long-term positive effects of repeating a year in school: Six-year longitudinal study of self-beliefs, anxiety, social relations, school grades, and test scores. *Journal of Educational Psychology*, *109*, 425-438. doi: 10.1037/edu0000144

Martin, A. J. (2011). Holding back and holding behind: Grade retention and students' non-academic and academic outcomes. *British Educational Research Journal*, *37*, 739-763. doi: 10.1080/01411926.2010.490874

Masters, G. (1982). A Rasch model for partial credit scoring. *Psychometrika*, *47*, 149-74. doi: 10.1007/BF02296272

Mattenet, J.-P. et Sorbe, X. (2014). Forte baisse du redoublement: un impact positif sur la réussite des élèves. *Note d'information Direction de l'Évaluation, de la Prospective et de la Performance*, *36*, 1-4, http://cache.media.education.gouv.fr/file/2014/18/0/DEPP_NI_2014_36_forte_baisse_redoublement_impact_positif_reussite_eleves_364180.pdf.

Maulini, O. (2003a). L'école de la mesure. Rangs, notes et classements dans l'histoire de l'enseignement. *Éducateur*, numéro spécial «Un siècle d'enseignement en Suisse Romande», *2*, 33-37.

Maulini, O. (2003b). La note: claire, juste et exigeante? Contre-argumentaire pour votation populaire. *Éducateur*, *3*.

Maulini, O. (2012). Resserrer ou justifier les classements? L'évaluation scolaire entre deux injonctions. *Diversité*, *169*, 133-137.

McFarlane, A. C. (1987). Posttraumatic phenomena in a longitudinal study of children following a natural disaster. *Journal of the American Academy of Child & Adolescent Psychiatry*, *26*, 764-769. doi: 10.1097/00004583-198709000-00025

McIntyre, R. B., Paulson, R. M., Taylor, C. A., Morin, A. L. et Lord, C. G. (2011). Effects of role model deservingness on overcoming performance deficits induced by stereotype threat. *European Journal of Social Psychology*, *41*, 301-311. doi: 10.1002/ejsp.774

McKown, C. et Strambler, M. J. (2009). Developmental antecedents and social and academic consequences of stereotype – consciousness in middle childhood. *Child Development*, *80*, 1643-1659. doi: 10.1111/j.1467-8624.2009.01359.x

McKown, C. et Weinstein, R. (2003). The development and consequences of stereotype consciousness in middle childhood. *Child Development*, *74*, 498-515. doi: 10.1111/1467-8624.7402012

Merle, P. (1996). *L'évaluation des élèves. Enquête sur le jugement professoral.* Paris: Presses universitaires de France.

Merle, P. (2011). Concurrence et spécialisation des établissements scolaires. Une modélisation de la transformation du recrutement social des secteurs d'enseignement public et privé. *Revue française de sociologie*, *52*, 133-169. doi: 10.3917/rfs.521.0133

Merle, P. (2012). *La ségrégation scolaire*. Paris: La Découverte.

Micklewright, J. L., King, T. Z., O'Toole, K., Henrich, C. et Floyd, F. J. (2012). Parental distress, parenting practices, and child adaptive outcomes following traumatic brain injury. *Journal of the International Neuropsychological Society*, *18*, 343-350. doi: 10.1017/S1355617711001792

Millard, E. (1995). Hauriou et la théorie de l'institution. *Droit et Société*, *30-31*, 381-412.

Miller, C. F., Lurye, L. E., Zosuls, K. M. et Ruble, D. N. (2009). Accessibility of gender stereotype domains: Developmental and gender differences in children. *Sex Roles*, *60*, 870-881. doi: 10.1007/s11199-009-9584-x

Milner, J.-C. (1984). *De l'école*. Paris : Le Seuil.

ministère de l'Éducation nationale et de la Formation professionnelle (2005). *Les chiffres clés de l'éducation nationale. Statistiques et indicateurs. Année scolaire 2003-2004*. Luxembourg.

ministère de l'Éducation nationale, de l'Enfance et de la Jeunesse (2017). *Les chiffres clés de l'éducation nationale. Statistiques et indicateurs 2015/2016*. Luxembourg.

Mok, M. M. C., Kennedy, K. J. et Moore, P. J. (2011). Academic attribution of secondary students : Gender, year level and achievement level. *Educational Psychology*, *31*, 87-104. doi : 10.1080/ 01443410.2010.518596

Molden, D. C. et Dweck, C. S. (2006). Finding "meaning" in psychology : A lay theories approach to self-regulation, social perception, and social development. *American Psychologist*, *61*, 192-203. doi : 10.1037/0003-066X.61.3.192

Mons, N. (2007). *Les nouvelles politiques éducatives : la France fait-elle les bons choix ?* Paris : Presses universitaires de France.

Monseur, C. et Baye, A. (2016). *Quels apports des données PISA pour l'analyse des inégalités scolaires ?* Contribution au rapport du Cnesco : comment l'école amplifie-t-elle les inégalités sociales et migratoires ?, http://www.cnesco.fr/wp-content/uploads/2016/09/monseur1.pdf.

Monseur, C. et Crahay, M. (2008). Composition académique et sociale des établissements, efficacité et inégalités scolaires : une comparaison internationale. *Revue française de pédagogie*, *164*, 55-65. doi : 10.4000/rfp.2128 (Numéro spécial sur l'éducation comparée, dirigé par N. Mons de l'Université de Grenoble).

Monseur, C. et Lafontaine, D. (2009). L'organisation des systèmes éducatifs : quel impact sur l'efficacité et l'équité ? In V. Dupriez et X. Dumay (dir.), *L'efficacité en éducation, promesses et zones d'ombre* (pp. 185-219). Bruxelles : De Boeck.

Monseur, C. et Lafontaine, D. (2012). Structure des systèmes éducatifs et équité : un éclairage international. In M. Crahay (dir.), *Pour une école juste et efficace* (pp. 145-173). Bruxelles : De Boeck.

Monso, O. (2014). L'effet d'une réduction de la taille des classes sur la réussite scolaire en France : développements récents. *Éducation et formations*, 85, 47-61.

Morris, S. B. (2008). Estimating effect sizes from pretest-posttest-control group designs. *Organizational Research Methods*, *11*, 364-386. doi : 10.1177/1094428106291059

Morris, S. B. et DeShon, R. P. (2002). Combining effect size estimates in meta-analysis with repeated measures and independent-groups designs. *Psychological Methods*, *7*, 105-125. doi : 10.1037//1082-989X.7.1.105

Moser, S. E., West, S. G. et Hughes, J. N. (2012). *Trajectories of math and reading achievement in low achieving children in elementary school : Effects of early and later retention in grade. Journal of Educational Psychology*, *104*, 603-621. doi : 10.1037/a0027571

Mottier Lopez, L. (2008a). *L'apprentissage situé : la microculture de classe en mathématiques*. Berne : Peter Lang.

Mottier Lopez, L. (2008b). Reconnaissance d'une professionnalité : un processus situé d'évaluation interprétative. In A. Jorro (dir.), *Les défis de la reconnaissance professionnelle : évaluer, valoriser, légitimer* (pp. 123-146). Ottawa : Presses universitaires d'Ottawa.

Mottier Lopez, L. (2012). *La régulation des apprentissages en classe*. Bruxelles : De Boeck.

Mottier Lopez, L. (2015). *Évaluations formative et certificative des apprentissages. Enjeux pour l'enseignement.* Bruxelles : De Boeck.

Mottier Lopez, L. (2017). L'étude d'un dispositif d'évaluation formative et certificative visant à soutenir l'autorégulation des apprentissages des étudiants en contexte universitaire. In S. C. Cartier et L. Mottier Lopez (dir.), *Soutien à l'apprentissage autorégulé en contexte scolaire : perspectives francophones* (pp. 55-83). Québec, Canada : Presses universitaires du Québec.

Mottier Lopez, L. et Crahay, M. (dir.) (2009). *Évaluation en tension. Entre la régulation des apprentissages et le pilotage des systèmes.* Bruxelles : De Boeck.

Munby, H. (1983, April). A qualitative study of teachers' beliefs and principles. Paper presented at the Annual Meeting of the American Educational Research Association, Montreal, Canada. https://eric. ed.gov/? id = ED228215

Muntoni, F. et Retelsdorf, J. (2018). Gender-specific teacher expectations in reading : The role of teachers' gender stereotypes. *Contemporary Educational Psychology, 54*, 212-220. doi : 10.1016/j. cedpsych.2018.06.012

Murphy, M. C., Steele, C. M. et Gross, J. J. (2007). Signaling threat : How situational cues affect women in math, science, and engineering settings. *Psychological Science, 18*, 879-885. doi : 10.1111/j.1467-9280.2007.01995.x

Muzzatti, B. et Agnoli, F. (2007). Gender and mathematics : Attitudes and stereotype threat susceptibility in Italian children. *Developmental Psychology, 43*, 747-759. doi : 10.1037/0012-1649.43.3.747

Nespor, J. (1987). The role of beliefs in the practice of teaching. *Journal of Curriculum Studies, 19*, 317-328. doi : 10.1080/0022027870190403

Neuburger, S., Jansen, P., Heil, M. et Quaiser-Pohl, C. (2012). A Threat in the Classroom. *Zeitschrift für Psychologie, 220*, 61-69. doi : 10.1027/2151-2604/ a000097

Neuville, E. et Croizet, J.-C. (2007). Can salience of gender identity impair math performance among 7-8 year old girls ? The moderating role of task difficulty. *European Journal of Psychology of Education, 22*, 307-316. doi : 10.1007/ BF03173428

Nguyen, H.-H. D. et Ryan, A. M. (2008). Does stereotype threat affect test performance of minorities and women ? A meta-analysis of experimental evidence. *Journal of Applied Psychology, 93*, 1314-1334. doi : 10.1037/a0012702

Noizet, G. et Caverni, J.-P. (1976). *Psychologie de l'évaluation scolaire.* Paris : Presses universitaires de France.

Nunnally, J. (Ed.). (1978). *Psychometric theory* (2ᵉ éd.). New York, NY: McGraw-Hill.

Nunziati, G. (1990). Pour construire un dispositif d'évaluation formatrice. *Cahiers pédagogiques, 280*, 47-64.

Nylund, K., Asparouhov, T. et Muthén, B. (2007). Deciding on the number of classes in latent class analysis and growth mixture modeling: A Monte Carlo simulation study. *Structural Equation Modeling: A Multidisciplinary Journal, 14*, 535-569. doi: 10.1080/10705510701575396

Oakes, J., Gamoran, A. et Page, R. N. (1992). Curriculum differentiation: Opportunities, outcomes, and meanings. In P. W. Jackson (Ed.), *Handbook of research on curriculum: A project of the American Educational Research Association* (pp. 570-608). New York, NY: Macmillan.

OCDE (2011a). *Résultats du PISA 2009: savoirs et savoir-faire des élèves*. Paris: Éditions OCDE.

OCDE (2011b). *Résultats du PISA 2009: surmonter le milieu social: l'égalité des chances et l'équité du rendement de l'apprentissage*. Paris: Éditions OCDE.

OECD. (2014). *PISA 2012 Results: What Students Know and Can Do – Student Performance in Mathematics, Reading and Science* (vol. 1, Revised edition). Paris: OECD Publishing.

OECD. (2016). *PISA 2015 Results. Excellence and equity in education* (Vol. 1). Paris: OECD Publishing.

OECD. (2011). *Education at a Glance 2011. Highlights*. Paris: OECD Publishing.

OECD. (2012). *Grade expectations. How marks and education policies shape students' ambitions*. Paris: OECD Publishing.

OpinionWay (2012, Novembre). *Le redoublement à l'école, quels ressentis des enseignants et des parents?* Sondage, http://www.apel.fr/images/stories/apel-opinionway-redoublement.pdf.

Ou, S. R. et Reynolds, A. J. (2010). Grade retention, postsecondary education, and public aid receipt. *Educational Evaluation and Policy Analysis, 32*, 118-139. doi: 10.3102/0162373709354334

Pajares, M. (1992). Teachers' beliefs and educational research: Cleaning up a messy construct. *Review of Educational Research, 62*, 307-332. doi: 10.2307/1170741

Pansu, P., Régner, I., Max, S., Colé, P., Nezlek, J. B. et Huguet, P. (2016). A burden for the boys: Evidence of stereotype threat in boys' reading performance. *Journal of Experimental Social Psychology, 65*, 26-30. doi:10.1016/j.jesp.2016.02.008

Parents United for Responsible Education. (2010). *Discrimination Complaint under Title VI of the Civil Rights Act of 1964*. Chicago, IL: Office for Civil Rights, http://pureparents.org/data/files/complaintfinal12-06-10.pdf.

Paul, J.-J. (1997). Le redoublement à l'école: une maladie universelle? *International Review of Education, 43*(5-6), 611-627. doi: 10.1023/A: 1003062710219

Peers, I. A. (1996). *Statistical Analysis for Education and Psychology Researchers*. London: Falmer Press.

Peixoto, F., Monteiro, V., Mata, L., Sanches, C., Pipa, J. et Almeida, L. S. (2017). Corrigendum: "To be or not to be retained… That's the question!" Retention, self-esteem, self-concept, achievement goals and grades. *Frontiers in Psychology, 8*, 1233. doi: 10.3389/fpsyg.2017.01233

Perrenoud, Ph. (1984). *La fabrication de l'excellence scolaire*. Genève: Droz.

Perrenoud, Ph. (1996). Lorsque le sage montre la lune, l'imbécile regarde le doigt. De la critique du redoublement à la lutte contre l'échec scolaire. *Éduquer & Former, Théories et Pratiques, 5-6*, 3-30.

Perrenoud, Ph. (1998). *L'évaluation des élèves*. Paris: De Boeck.

Peterson, E. R., Rubie-Davies, C., Osborne, D. et Sibley, C. (2016). Teachers' explicit expectations and implicit prejudiced attitudes to educational achievement: Relations with student achievement and the ethnic achievement gap. *Learning and Instruction, 42*, 123-140. doi: 10.1016/j. learninstruc.2016.01.010

Peterson, S. E., Degracie, J. S. et Ayabe, C. R. (1987). A longitudinal study of the effects of retention/promotion on academic achievement. *American Educational Research Journal, 24*, 107-118. doi: 10.2307/1162854

Pierson, L. et Connell, J. (1992). Effect of grade retention on self-system processes, school engagement and academic performance. *Journal of Educational Psychology, 84*, 300-307. doi:10.1037/0022-0663.84.3.300

Pinel, E. C. (1999). Stigma consciousness: The psychological legacy of social stereotypes. *Journal of Personality and Social Psychology, 76*, 114-128. doi: 10.1037/0022-3514.76.1.114

Pini, G. (1991). Effets et méfaits du discours pédagogique: échec et redoublement vus par les enseignants. *Éducation et recherche, 13*, 255-271.

Poncelet, D. et Lafontaine, D. (2011). Un modèle en pistes causales pour appréhender la complexité du phénomène d'accrochage scolaire lors de la transition primaire-secondaire. *Mesure et évaluation en éducation, 34*, 55-95. doi: 10.7202/10248

Posthumus, K. (1947). *Levensgehell en school*. La Haye: s. éd.

Pouliot, L. et Potvin, P. (2000). Croyances d'enseignants de la maternelle et du primaire à l'égard du redoublement. *Revue canadienne de l'éducation, 25*, 247-261. doi: 10.2307/1585849

Protheroe, N. (2007). Alternatives to retention in grade. *Principal, 86*(3), 30-34, https://www.naesp.org/sites/default/files/resources/1/Principal/2007/J-Fp30.pdf.

Pryor, J. et Crossouard, B. (2008). A socio-cultural theorization of formative assessment. *Oxford Review of Education, 34*, 1-20. doi: 10.1080/03054980701476386

Quittre, V., Crépin, F. et Lafontaine, D. (2018). *Les compétences des jeunes en sciences, en mathématiques et en lecture. Résultats de PISA 2015 en Fédération Wallonie-Bruxelles*. Liège: Université de Liège, Service d'Analyse des systèmes et des pratiques d'enseignement.

Randall, C. V. (1966). *A study of early school leavers and significant causes.* Bloomington, MN: Bloomington Public Schools.

Rao, D., Choi, S. W., Victorson, D., Bode, R., Peterman, A., Heinemann, A. et Cella, D. (2009). Measuring stigma across neurological conditions: The development of the stigma scale for chronic illness (SSCI). *Quality of Life Research, 18*, 585-595. doi: 10.1007/s11136-009-9475-1

Rastoldo, F. et Mouad, R. (2018). *Repères et indicateurs statistiques (n° 61). D3. Transitions à l'intérieur de l'enseignement secondaire I.* Note d'information. Genève: SRED.

Räty, H., Vänskä, J., Kasanen, K. et Kärkkäinen, R. (2002). Parents' explanations of their child's performance in mathematics and reading: A replication and extension of Yee and Eccles. *Sex Roles, 46*, 121-128. doi:10.1023/A:1016573627828

Régner, I., Selimbegović, L., Pansu, P., Monteil, J.-M. et Huguet, P. (2016). Different sources of threat on math performance for girls and boys: The role of stereotypic and idiosyncratic knowledge. *Frontiers in Psychology, 7*, 637. doi:10.3389/fpsyg.2016.00637

Retelsdorf, J., Schwartz, K. et Asbrock, F. (2015). "Michael can't read!" Teachers' gender stereotypes and boys' reading self-concept. *Journal of Educational Psychology, 107*, 186-194. doi: 10.1037/a0037107

Reynolds, A. J. (1992). Grade retention and school adjustment: An explanatory analysis. *Educational Evaluation and Policy Analysis, 14*, 101-121. doi: 10.2307/1164496

Richa, S., Rohayem, J., Chammai, R., Kazour, F., Haddad, R., Hleis, S.,..., Gerbaka, B. (2014). ADHD prevalence in Lebanese school-age population. *Journal of Attention Disorders, 18*, 242-246. doi: 10.1177/1087054712445065

Richardson, V. (1996). The role of attitudes and beliefs in learning to teach. In J. Sikula (Ed.), *The handbook of research on teacher education* (2ᵉ éd., pp. 102-119). New York, NY: Macmillan.

Richardson, V. et Placier, P. (2001). Teacher change. In V. Richardson (Ed.), *Handbook of research on teaching* (pp. 905-947). Washington, DC: American Educational Research Association.

Rice, W. K., Toles, R. E., Schulz, E. M., Harvey, J. T. et Foster, D. L. (1987). *A longitudinal investigation of effectiveness of increased promotion standards at eighth grade on high school graduation.* Paper presented at the annual meeting of the American Educational Research Association, Washington, D.C.

Rokeach, M. (1976). *Beliefs, attitudes and values: A theory of organization and change.* San Francisco, CA: Jossey-Bass.

Roller, S. et Haramein, A. (1961*). Enquête sur les retards scolaires. Résultats concernant le 6ᵉ degré de la scolarité obligatoire.* Genève: Département de l'Instruction publique.

Rosenthal, H. E. et Crisp, R. J. (2007). Choking under pressure: When an additional positive stereotype affects performance for domain identified male mathematics students. *European Journal of Psychology of Education*, *22*, 317-326. doi: 10.1007/BF03173429

Rosenthal, H. E., Crisp, R. J. et Suen, M.-W. (2007). Improving performance expectancies in stereotypic domains: Task relevance and the reduction of stereotype threat. *European Journal of Social Psychology*, *37*, 586-597. doi: 10.1002/ejsp.379

Rotter, J. B. (1966). Generalized expectancies for internal versus external control of reinforcement. *Psychological Monographs: General and Applied*, *80*(1), 1-28. doi: 10.1037/h0092976

Ruiz-Primo, M. A. et Furtak, E. M. (2007). Exploring teachers' informal formative assessment practices and students' understanding in the context of scientific inquiry. *Journal of Research in Science Teaching*, *44*, 57-84. doi: 10.1002/tea.20163

Rumberger, R. W. (1995). Dropping out of middle school: A multilevel analysis of students and schools. *American Educational Research Journal*, *32*, 583-625. doi:10.3102/00028312032003583

Rumberger, R. et Lim, S. (2008). *Why students drop out of school: A review of 25 years of research*. California Dropout Research Project. Santa Barbara, CA: University of California.

Sassi, R. B. (2010). Attention-deficit hyperactivity disorder and gender. *Archives of Women's Mental Health*, *13*, 29-31. doi: 10.1007/s00737-009-0121-2

Schillings, P., Neuberg, F. et Housen, A. (2016). L'atelier de négociation graphique, un cadre pour analyser les interventions régulatrices de l'enseignant? In L. Mottier Lopez et W. Tessaro (Éds), *Le jugement professionnel, au cœur de l'évaluation et de la régulation des apprentissages* (pp. 253-281). Berne: Peter Lang.

Schillings, P., Dupont, V., Dejaegher, Ch., Géron, S. et Matoul, A. (direction scientifique Lafontaine, D.) (2018). *PIRLS 2016, Étude internationale sur les compétences en lecture*. Rapport final. Liège: Université de Liège, aSPe.

Schmader, T. (2002). Gender identification moderates stereotype threat effects on women's math performance. *Journal of Experimental Social Psychology*, *38*, 194-201. doi: 10.1006/jesp.2001.1500

Schmader, T., Johns, M. et Barquissau, M. (2004). The costs of accepting gender differences: The role of stereotype endorsement in women's experience in the math domain. *Sex Roles*, *50*, 835-850. doi: 10.1023/B: SERS.0000029101.74557.a0

Schmader, T., Johns, M. et Forbes, C. (2008). An integrated process model of stereotype threat effects on performance. *Psychological Review*, *115*, 336-356. doi: 10.1037/0033-295X.115.2.336

Schommer, M. (1990). Effects of beliefs about the nature of knowledge on comprehension. *Journal of Educational Psychology*, *82*, 498-504. doi: 10.1037/0022-0663.82.3.498

Scriven, M. (1967). The Methodology of Evaluation. In R. Tyler, R. Gagne et M. Scriven (Eds.), *Perspectives on curriculum evaluation*. Chicago, IL: Rand McNally.

Schwerdt, G. et West, M. R. (2012). *The effects of early grade retention on student outcomes over time: Regression discontinuity evidence from Florida.* Harvard, MA: Program on Education Policy and Governance Working Paper Series.

Schwerdt, G., West, M. R. et Winters, M. A. (2017). The effects of test-based retention on student outcomes over time: Regression discontinuity evidence from Florida. *Journal of Public Economics, 152*, 154-169. doi: 10.1016/j. jpubeco.2017.06.004

Seibel, C. (1984). Genèse et conséquences de l'échec scolaire. *Revue française de pédagogie, 67*, 7-28. doi:10.3406/rfp.1984.1571

Seibt, B. et Förster, J. (2004). Stereotype threat and performance: How self-stereotypes influence processing by inducing regulatory foci. *Journal of Personality and Social Psychology, 87*, 38-56. doi: 10.1037/0022-3514.87.1.38

Sekaquaptewa, D. et Thompson, M. (2003). Solo status, stereotype threat, and performance expectancies: Their effects on women's performance. *Journal of Experimental Social Psychology, 39*, 68-74. doi:10.1016/S0022-1031(02)00508-5

Seligman, M. E. (1975). *Helplessness: On depression, development, and death. A series of books in psychology.* New York, NY: WH Freeman/Times Books/Henry Holt & Co.

Selimbegović, L., Régner, I., Huguet, P. et Chatard, A. (2015). On the power of autobiographical memories: From threat and challenge appraisals to actual behaviour. *Memory, 24*, 1382-1389. doi: 10.1080/09658211.2015.1111908

Selimbegovic, L., Régner, I., Sanitioso, R. B. et Huguet, P. (2011). Influence of general and specific autobiographical recall on subsequent behavior: The case of cognitive performance. *Journal of Experimental Social Psychology, 47*, 72-78. doi:10.1016/j.jesp.2010.08.011

Shadish, W. R., Cook, T. D. et Campbell, D. T. (2002). *Experimental and quasi-experimental designs for generalized causal inference.* Boston, MA: Houghton Mifflin Company.

Shapiro, J. R. et Williams, A. M. (2012). The role of stereotype threats in undermining girls' and women's performance and interest in STEM fields. *Sex Roles, 66*, 175-183. doi: 10.1007/s11199-011-0051-0

Shepard, L. S. et Smith, M. L. (1989). Synthesis of research on grade retention. *Educational Leadership, 47*, 84-88.

Sigel, I. (1985). A conceptual analysis of beliefs. In I. Sigel, *Parental belief systems: The psychological consequences for children* (pp. 345-371). Hillsdale, NJ: Erlbaum.

Slavin, R. E. (1986). Best evidence synthesis: An alternative to meta-analytic and traditional reviews. *Educational Researcher*, 5-11. doi: 10.3102/0013189X015009005

Slavin, R. E. (2002). Evidence-Based Education Policies: Transforming educational practice and research. *Education Researcher, 31*(7), 15-21. doi: 10.3102/0013189X031007015

Slavin, R. E. (2007). *Education Research in an Age of Accountability.* Boston, MA: Pearson Education.

Slavin, R. E. et Smith, D. (2009). The relationship between sample sizes and effect sizes in systematic reviews in education. *Education Evaluation and Policy Analysis, 31*, 500-506. doi: 10.3102/0162373709352369

Smith, J. L. (2004). Understanding the process of stereotype threat: A review of mediational variables and new performance goal directions. *Educational Psychology Review, 16*, 177-206. doi: 10.1023/B: EDPR.0000034020.20317.89

Smith, J. L. (2006). The interplay among stereotypes, performance-avoidance goals, and women's math performance expectations. *Sex Roles, 54*, 287-296. doi: 10.1007/s11199-006-9345-z

Smith, M. L. (1989). Teachers' beliefs about retention. In L. A. Shepard et M. L. Smith (Eds.), *Flunking grades: Research and policies on retention* (pp. 132-151). London: The Falmer Press.

Smith, M. L. et Shepard, L. A. (1989). Flunking grades: A recapitulation. In L. A. Shepard et M. L. Smith (Eds.), *Flunking grades: Research and policies on retention* (pp. 214-236). London: The Falmer Press.

Sorhagen, N. S. (2013). Early teacher expectations disproportionately affect poor children's high school performance. *Journal of Educational Psychology, 105*, 465-477. doi: 10.1037/a0031754

Stangor, C., Carr, C. et Kiang, L. (1998). Activating stereotypes undermines task performance expectations. *Journal of Personality and Social Psychology, 75*, 1191-1197. doi:10.1037/0022-3514.75.5.1191

Steele, C. M. (1997). A threat in the air: How stereotypes shape intellectual identity and performance. *American Psychologist, 52*, 613-629.

Steele, C. M. et Aronson, J. (1995). Stereotype threat and the intellectual test performance of African Americans. *Journal of Personality and Social Psychology, 69*, 797-811. doi: 10.1037/0022-3514.69.5.797

Steele, C. M., Spencer, S. J. et Aronson, J. (2002). Contending with group image: The psychology of stereotype and social identity threat. *Advances in Experimental Social Psychology, 34*, 379-440. doi: 10.1016/S0065-2601(02)80009-0

Stevenson, R. L. (2001). *L'étrange car du docteur Jekyll et M. Hyde.* Paris: Bibliothèque de la Pléiade (The Strange Case of Dr. Jekyll and Mister Hyde, 1881).

Stiggins, R. J. (2001). *Student-involved classroom assessment* (3ʳᵈ edition). Upper Saddle River, NJ: Merrill-Prentice Hall.

The Cochrane Collaboration (2017). *Glossary*, http://community.cochrane.org/glossary#letter-S.

Thibert, R. (2013). Le décrochage scolaire: diversité des approches, diversité des dispositifs. *Dossier d'Actualité Veille et Analyses, 84*, 1-28, http://www.agence-erasmus.fr/docs/20130718_veille-et-analyses-ife-84-mai-13.pdf.

Tolen, A. et Quinlin, A. (2016). T*he efficacy of student retention: A review of research & literature.* Saint-Joseph, MO: Saint-Joseph School District.

Tomasello, M. et Barton, M. (1994). *Learning words in nonostensive contexts. Developmental Psychology, 30*, 639-650. doi:10.1037/0012-1649.30.5.639

Tomasetto, C., Alparone, F. R. et Cadinu, M. (2011). Girls' math performance under stereotype threat : The moderating role of mothers' gender stereotypes. *Developmental Psychology*, *47*, 943-949. doi : 10.1037/a0024047

Tomchin, E. M. et Impara, J. C. (1992). Unraveling teachers' beliefs about grade retention. *American Educational Research Journal*, *29*, 199-223. doi : 10.2307/1162908

Trautwein, U., Lüdtke, O., Köller, O., Marsh, H. W. et Baumert, J. (2006). Tracking, grading, and student motivation : Using group composition and status to predict self-concept and interest in ninth-grade mathematics. *Journal of Educational Psychology*, *98*, 788-806. doi : 10.1037/0022-0663.98.4.788

Troncin, T. (2004). *Le redoublement au cours préparatoire*. Séminaire interne de l'Institut de Recherche sur l'Éducation (IREDU). Dijon.

Troncin T. (2005). *Le redoublement : radiographie d'une décision à la recherche de sa légitimité* (Thèse de doctorat en sciences de l'éducation). Université de Bourgogne, Bourgogne, https://tel.archives-ouvertes.fr/tel-00140531/document.

Tyler, J. H. (2005). The general educational development (GED) credential : History, current research, and directions for policy and practice. *Review of Adult Learning and Literacy*, *5*, 45-84, http://www.ncsall.net/index.html@id=778.html.

Vandecandelaere, M., Vansteelandt, S., De Fraine, B. et Van Damme, J. (2015). The effects of early grade retention : Effect modification by prior achievement and age. *Journal of School Psychology*, *54*, 77-93. doi :10.1016/j.jsp.2015.10.004

Vandenberghe V. (1998), L'enseignement en Communauté française de Belgique : un quasi-marché. *Reflets et perspectives de la vie économique*, *37*(1), 65-75.

Vause, A. (2009). Les croyances et connaissances des enseignants à propos de l'acte d'enseigner : vers un cadre d'analyse. *Les Cahiers de recherche en éducation et formation*, n° 66.

Verloop, N., Van Driel, J. et Meijer, P. (2001). Teacher knowledge and the knowledge base of teaching. *International Journal of Educational Research*, *35*, 441-461. doi : 10.1016/S0883-0355(02)00003-4

Veuthey, C. et Marcoux, G. (2016). Évaluation à l'école première : une clarification des objectifs scolaires porteuse d'échec ? (pp. 97-115). In C. Veuthey, G. Marcoux et T. Grange (dir.), *L'école première en question : analyses et réflexions à partir des pratiques d'évaluation*. Louvain-la-Neuve : EME Éditions.

Vité, L. (2012). Feu l'école enfantine n'est pas à primariser ! *Éducateur*, *3*, 31.

von Hippel, C., Issa, M., Ma, R. et Stokes, A. (2011). Stereotype threat : Antecedents and consequences for working women. *European Journal of Social Psychology*, *41*, 151-161. doi : 10.1002/ejsp.749

Voyer, D. et Voyer, S. D. (2014). Gender differences in scholastic achievement : A meta-analysis. *Psychological Bulletin*, *140*, 1174-1204. doi : 10.1037/a0036620

Wanlin, P. et Crahay, M. (2012). La pensée des enseignants durant l'interaction en classe : une revue de la littérature anglophone. *Éducation et didactique*, *6*(1), 9-46. doi : 10.4000/educationdidactique.1287

Warm, T. (1985). *Weighted likelihood estimation of ability in item response theory with tests of finite length* (Doctoral Dissertation). University of Oklahoma, Norman, OK.

Weiner, B. (1985). An attributional theory of achievement motivation and emotion. *Psychological Review, 92*, 548-573. doi: 10.1037/0033-295X.92.4.548

Weis, M., Heikamp, T. et Trommsdorff, G. (2013). Gender differences in school achievement: The role of self-regulation. *Frontiers in Psychology, 4*, 442. doi: 10.3389/fpsyg.2013.00442

Weiss, D. (2016). On the inevitability of aging: Essentialist beliefs moderate the impact of negative age stereotypes on older adults' memory performance and physiological reactivity. *The Journals of Gerontology. Series B, Psychological Sciences and Social Sciences, 73*, 925-933. doi:10.1093/geronb/gbw087

Wellman, H. M. (1990). *Children's theories of mind.* Cambridge, MA: MIT Press.

Wheeler, S. C. et Petty, R. E. (2001). The effects of stereotype activation on behavior: A review of possible mechanisms. *Psychological Bulletin, 127*, 797-826. doi: 10.1037/0033-2909.127.6.797

Willis, J., Adie, L. et Klenowski, V. (2013). Conceptualising teachers' assessment literacies in an era of curriculum and assessment reform. *The Australian Educational Researcher, 40*, 241-256. doi: 10.1007/s13384-013-0089-9

Witmer, S. M., Hoffman, L. M. et Nottis, K. E., (2004). Elementary teachers' beliefs and knowledge about grade retention: How do we know what they know? *Education, 125*(2), 173-194.

Woodcock, A., Hernandez, P. R., Estrada, M. et Schultz, P. W. (2012). The consequences of chronic stereotype threat: Domain disidentification and abandonment. *Journal of Personality and Social Psychology, 103*, 635-646. doi:10.1037/a0029120

Woolfolk Hoy, A., Davis, H. et Pape, S. (2006). Teachers' knowledge and beliefs. In P. A. Alexander et P. H. Winne (Eds.), *Handbook of educational psychology* (2ᵉ éd., pp. 715-737). Mahwah, NJ: Lawrence Erlbaum.

Wu, M., Adams, R. et Wilson, M. (1997). *ConQuest: Multi+Aspect Test Software* [computer program]. Camberwell, Vic.: Australian Council for Educational Research.

Young, V. M. et Kim, D. H. (2010). Using assessments for instructional improvement: A literature review. *Education Policy Analysis Archives, 18*(19). doi: 10.14507/epaa. v18n19.2010

Yzerbyt, V. (2016). Intergroup stereotyping. *Current Opinion in Psychology, 11*, 90-95. doi: 10.1016/j.copsyc.2016.06.009

Zajonc, R. B. (1965). *Social facilitation.* Ann Arbor, MI: Research Center for Group Dynamics, Institute for Social Research.

Les contributeurs

Ariane Baye est professeure au département Éducation et Formation de la Faculté de Psychologie, Logopédie et des Sciences de l'Éducation de l'Université de Liège. Elle dirige le service Analyses et Interventions dans les domaines du Décrochage et de l'Exclusion. Elle s'intéresse en particulier à la lutte contre l'échec et le décrochage et promeut la mise en place de dispositifs dont on évalue rigoureusement l'efficacité. En lien avec le présent ouvrage, on peut mentionner de nombreux travaux portant sur l'analyse comparée des systèmes éducatifs en lien avec les inégalités scolaires, ainsi que son expertise en matière de revues systématiques développée dans le cadre de ses collaborations avec le Center for Research and Reform in Education de la Johns Hopkins University.

Fanny Boraita est docteure en Sciences de l'éducation de l'Université de Genève. Actuellement, elle travaille comme coordinatrice pédagogique de la Faculté d'Informatique à l'Université de Namur. Les recherches qu'elle y mène sont liées à la pédagogie de l'enseignement supérieur, la formation des enseignants et l'éducation au numérique. De 2010 à 2015, elle a travaillé à l'Université de Genève dans l'équipe du Professeur Marcel Crahay ; elle y a réalisé sa thèse de doctorat portant sur l'étude des croyances des futurs enseignants primaires concernant le redoublement et leur évolution au cours de la formation initiale. Elle a ensuite travaillé pendant deux années à l'Université de Liège comme chercheuse au sein de l'équipe de Dominique Lafontaine. Ses recherches ont alors porté principalement sur les évaluations externes non certificatives.

Marcel Crahay est professeur honoraire des Facultés de Psychologie et des Sciences de l'Éducation des Universités de Genève et de Liège où il enseignait la psychologie de l'éducation et la psychologie des apprentissages scolaires. Il est l'auteur de nombreux articles et ouvrages sur l'échec scolaire, l'évaluation, la problématique des compétences et celle de la justice et l'efficacité de l'école. Il a mené plusieurs recherches sur les croyances relatives au redoublement et aux fonctions de l'évaluation.

Dylan Dachet est assistant et chercheur à la Faculté de Psychologie, Logopédie et des Sciences de l'Éducation de l'Université de Liège. Spécialiste des méta-analyses et des études expérimentales, il travaille sur des revues systématiques de la littérature en éducation avec des organismes de recherche tels qu'Education Endowment Foundation (Royaume-Uni) et la Best Evidence Encyclopedia (États-Unis). Il dispense des cours et des conférences sur des sujets liés à l'effet statistique des dispositifs d'enseignement et de formation dont, notamment, le redoublement.

Benoît Dardenne est professeur de psychologie sociale à la Faculté de Psychologie, Logopédie et des Sciences de l'Éducation de l'Université de Liège et est membre de l'unité de recherche PsyNCog. Ses enseignements couvrent diverses thématiques comme les relations intergroupes et la psychologie environnementale. Il a publié plus d'une cinquantaine d'articles scientifiques dans le domaine de la cognition sociale. Ses recherches actuelles portent sur le sexisme et plus généralement la discrimination ainsi que sur la modification des comportements liés à l'environnement.

Megan Fresson est docteure en sciences psychologiques à Faculté de Psychologie, Logopédie et des Sciences de l'Éducation de l'Université de Liège. Sa thèse, au croisement de la psychologie sociale et de la neuropsychologie, concerne l'influence des stéréotypes sur les capacités cognitives lors d'évaluation neuropsychologique. Plus généralement, ses travaux de recherches évaluent l'influence des stéréotypes et de la discrimination concernant différentes populations stigmatisées. Dans ses travaux sur la menace du stéréotype, elle s'intéresse aux variables (modératrices) qui rendent les individus davantage vulnérables aux stéréotypes et aux variables (médiatrices) qui sous-tendent les effets des stéréotypes.

Dominique Lafontaine est professeure ordinaire à la Faculté de Psychologie, Logopédie et des Sciences de l'Éducation de l'Université de Liège, où elle dirige le service d'Analyse des systèmes et des pratiques d'enseignement. Ses enseignements portent sur la pédagogie expérimentale, les processus d'enseignement, l'approche comparée des systèmes éducatifs ainsi que la construction de tests et de questionnaires. Ses travaux de recherche se sont déployés dans différents domaines : les apprentissages et l'évaluation de la lecture, l'efficacité et l'équité des systèmes éducatifs, en particulier l'impact que des phénomènes structurels comme le redoublement et les filières précoces peuvent avoir sur les acquis d'apprentissage et les inégalités sociales, la méthodologie des enquêtes internationales ou encore les inégalités en fonction du genre. Dominique Lafontaine est membre du groupe international d'experts en lecture de l'enquête PISA depuis 1999 et du groupe international d'experts en charge des questionnaires contextuels pour PISA 2018. En Belgique francophone, Dominique Lafontaine est membre de la Commission de pilotage de l'enseignement obligatoire et est régulièrement consultée pour son expertise sur les questions de politiques éducatives.

Géry Marcoux est chargé d'enseignement à la Faculté de Psychologie et des Sciences de l'Éducation de l'Université de Genève dans l'équipe « Instruction, Développement, Éducation et Apprentissage » (IDEA). Il assure l'enseignement des « Processus d'apprentissage et interactions sociales ». Ses travaux de recherche s'inscrivent dans une perspective de psychologie des apprentissages scolaires. Ses problématiques de recherche s'orientent autour des axes suivants : la construction et l'évolution possible des croyances et connaissances des enseignants et futurs enseignants dans leurs prises de décisions ainsi que dans le choix de leurs pratiques (Axe 1) ; la construction et l'évolution des conceptions des élèves face aux tâches scolaires et leurs influences sur l'apprentissage (Axe 2).

Christian Monseur est professeur ordinaire à la Faculté de Psychologie, Logopédie et des Sciences de l'Éducation de l'Université de Liège où il assure les enseignements liés aux approches quantitatives des faits éducatifs, y compris les méthodes d'échantillonnage, de modèles de mesures et des traitements statistiques. Après avoir été le représentant national pour l'étude TIMSS, il a assumé durant 4 ans, des responsabilités importantes au sein de l'*Australian Council for Educational Research* : directeur adjoint et data manager du projet PISA2000, directeur du projet PISA Plus, responsable statistique d'ACER. Il est actuellement membre du *Technical Advisory Group* de PISA, de l'étude TALIS commanditée par l'OCDE. Ses recherches portent sur la méthodologie des enquêtes internationales, plus particulièrement sur la sensibilité des indicateurs statistiques à certains choix méthodologiques et sur l'étude de l'équité et l'efficacité des systèmes éducatifs au départ des bases de données internationales.

Lucie Mottier Lopez est professeure ordinaire à la Faculté de Psychologie et des Sciences de l'Éducation de l'Université de Genève. Elle dirige le groupe de recherche « Évaluation, régulation et différenciation des apprentissages dans les systèmes d'enseignement » (EReD). Elle a présidé l'ADMEE-Europe (Association pour le développement des méthodologies de l'évaluation-Europe) de 2008 à 2012. Elle est Co-coordinatrice du réseau thématique RCPE (Recherches collaboratives sur les pratiques évaluatives) de l'ADMEE-Europe et Membre du collectif CREPE (Collectif romand d'études des pratiques évaluatives). Elle est l'auteure de nombreux articles et ouvrages sur l'évaluation et la régulation des apprentissages en classe.

Table des matières

AFSIN K., Psychopédagogie de l'écoute musicale. Entendre, écouter, comprendre

ALBARELLO L., BOUHON M., DELVAUX B., Réfléchir l'école de demain

ANNOOT E., La réussite à l'université. Du tutorat au plan licence

BAILLAT G., DE KETELE J.-M., PAQUAY L., THÉLOT C. (sous la direction de), Évaluer pour former.
    Outils, dispositifs et acteurs

BAILLAT G., NICLOT D., ULMA D., (sous la direction de), La formation des enseignants en Europe.
    Approche comparative

◆ BARBÉ G., COURTILLON J., Apprentissage d'une langue étrangère/seconde.
    4. Parcours et stratégies de formation

BAUDRIT A., L'apprentissage collaboratif. Plus qu'une méthode collective ?

BAUDRIT A., L'apprentissage coopératif.
    Origines et évolutions d'une méthode pédagogique, 2ᵉ édition

BAUDRIT A., Mentorat et tutorat dans la formation des enseignants

BAUDRIT A., La relation d'aide dans les organisations. Santé Éducation Travail social

BAUDRIT A., Relations d'aide entre élèves à l'école

BECKERS J., CRINON J., SIMONS G. (sous la direction de), Approche par compétences et réduction
    des inégalités d'apprentissage entre élèves. De l'analyse des situations scolaires
    à la formation des enseignants

BECKERS J., Compétences et identité professionnelles. L'enseignement et autres métiers
    de l'interaction humaine

BECKERS J., Enseignants en Communauté française de Belgique. Mieux comprendre le système,
    ses institutions et ses politiques éducatives pour mieux situer son action, 2ᵉ édition

BEITONE A., DOLLO Chr., HEMDANE E., LAMBERT J. R., Les sciences économiques et sociales.
    Enseignement et apprentissages

BÉLAIR L.M., COEN P.-F., Évaluation et autoévaluation. Quels espaces de formation ?

BLAYA C., Décrochages scolaires. L'école en difficulté

BLAYA C., Les ados dans Les ados dans le cyberespace. Prises de risque et cyberviolence

BOILEVIN J.-M., Rénovation de l'enseignement des sciences physiques et formation des
    enseignants, Regards didactiques

BOURASSA M., MENOT-MARTIN M., PHILION R., Neurosciences et éducation. Pour apprendre
    et accompagner

CAPRON PUOZZO I., La créativité en éducation et formation. Perspectives théoriques et pratiques

CAUSA M., Formation initiale et profils d'enseignants de langues, Enjeux et questionnements

CHARLIER E., BIEMAR S. (sous la direction de), Accompagner Un agir professionnel

COEN P.-F., BÉLAIR L. M. (sous la direction de), Évaluation et autoévaluation
    Quels espaces de formation ?

COLARDYN D., Évaluations et examens aux États-Unis. Quelles leçons pour l'éducation en Europe ?

COLARDYN D., La formation des adultes aux États-Unis, Quelles leçons pour la formation en Europe ?

COLARDYN D., La High School aux États-Unis, Quelles leçons pour l'éducation en Europe ?

COSNEFROY L., DE KETELE J.-M., HUGONNIER B., PARMENTIER P., Quelle excellence
    pour l'enseignement supérieur ?

CRAHAY M., VERSCHAFFEL L., DE CORTE É. et GRÉGOIRE J., Enseignement et apprentissage
    des mathématiques. Que disent les recherches psychopédagogiques, 2ᵉ édition

CRAHAY M. (sous la direction de), L'école peut-elle être juste et efficace ? De l'égalité des chances
    à l'égalité des acquis, 2ᵉ édition

CRAHAY M., Peut-on lutter contre l'échec scolaire ?, 3ᵉ édition

DETROZ P., CRAHAY M., FAGNANT A., L'évaluation à la lumière des contextes et des disciplines

DIEMER A., MARQUAT C. (sous la direction de), Éducation au développement durable.
    Enjeux et controverses

DE KETELE J.-M., CHASTRETTE M., CROS D., METTELIN P., THOMAS J., Guide du formateur,
    3ᵉ édition

DE KETELE J.-M., HUGONNIER B., PARMENTIER P., COSNEFROY L., Ouelle excellence pour
    l'enseignement supérieur ?

DE MAN-DE VRIENDT M.-J. (Éd.), Apprentissage d'une langue étrangère/seconde.
    1. Parcours et procédures de construction du sens

DEVELAY M., Comment refonder l'école primaire ?, Regards croisés

DIERENDONCK Chr., LOARER E., REY B., L'évaluation des compétences en milieu scolaire
    et en milieu professionnel

DOUDIN P.-A., TARDIF E. (Sous la direction de), Neurosciences et cognition :
    Perspectives pour les sciences de l'éducation

N° d'éditeur : DBSSI20200156 – N° d'imprimeur : E20/59841P
Imprimé en France en juin 2020 par l'Imprimerie Maury S.A.S. à Millau (12)

PEFC 10-31-2774 / Certifié PEFC / Ce produit est issu de forêts gérées durablement et de sources contrôlées. / pefc-france.org